XLIX Semana Internacional
de Estudios Medievales
Estella-Lizarra
18/21 de julio de 2023

XLIX Erdi Aroko Ikerlanen
Nazioarteko Astea
Estella-Lizarra
2023ko uztailak 18/21

TRANSFORMACIONES DEL MEDIOAMBIENTE EN LA EDAD MEDIA

Paisajes, recursos
y acción humana

INGURUMENAREN ERALDAKETAK ERDI AROAN

Paisaiak, baliabideak
eta giza ekintza

XLIX Semana Internacional
de Estudios Medievales
Estella-Lizarra
18/21 de julio de 2023

XLIX Erdi Aroko Ikerlanen
Nazioarteko Astea
Estella-Lizarra
2023ko uztailak 18/21

TRANSFORMACIONES DEL MEDIOAMBIENTE EN LA EDAD MEDIA
Paisajes, recursos y acción humana

INGURUMENAREN ERALDAKETAK ERDI AROAN
Paisaiak, baliabideak eta giza ekintza

Gobierno de Navarra
Departamento de
Cultura, Deporte y Turismo

Nafarroako Gobernua
Kultura, Kirol eta Turismo
Departamentua

Título/Izenburua: Transformaciones del medioambiente en la Edad Media.
Paisajes, recursos y acción humana
(XLIX Semana Internacional de Estudios Medievales. Estella-Lizarra.
18/21 de julio de 2023)

Ingurumenaren eraldaketak Erdi Aroan.
Paisaiak, baliabideak eta giza ekintza
(XLIX Erdi Aroko Ikerlanen Nazioarteko Astea. Estella-Lizarra.
2023ko uztailak 18/21)

Todos los originales han sido revisados según los protocolos en uso en revistas referenciadas por evaluadores del comité científico de la Semana Internacional de Estudios Medievales de Estella-Lizarra. Este comité está formado por los siguientes evaluadores: Pascual Martínez Sopena, Véronique Lamazou-Duplan, Juan José Larrea Conde, Eloísa Ramírez Vaquero, Julia Pavón Benito, Ana Rodríguez López y María Bonet Donato.

Edita / Argitaratzailea: Gobierno de Navarra / Nafarroako Gobernua
Departamento de Cultura, Deporte y Turismo
Kultura, Kirol eta Turismo Departamentua

Dirección General de Cultura-Institución Príncipe de Viana
Vianako Printzea Erakundea-Kultura Zuzendaritza Nagusia

Imagen de la cubierta / Azaleko irudia: *Livre des prouffitz champestres et ruraulx. XVe siècle (1470-1475)*.
Pierre de Crescens
Bibliothèque Nationale de France. Bibliothèque de l'Arsenal.
Ms-5064

Composición / Konposizioa: Pretexto
Impresión / Inprimatzea: Rodona Industria Gráfica

ISBN 978-84-235-3705-1
DL NA 786-2024
DOI: https://doi.org/10.35462/siemel.49

Promoción y distribución / Fondo de Publicaciones del Gobierno de Navarra
Sustapena eta banaketa: Nafarroako Gobernuaren Argitalpen Funtsa
Navas de Tolosa, 21
31002 Pamplona/Iruña
Tel.: 848 427 121
fondo.publicaciones@navarra.es
https://publicaciones.navarra.es

Índice

PONENCIAS

Transformación y catástrofe en Europa: reacciones a las amenazas medioambientales en la Edad Media[*]

Christopher Gerrard

University of Durham (Reino Unido)

c.m.gerrard@durham.ac.uk

Para los investigadores interesados en el estudio de la población y de los paisajes medievales de Europa (en un periodo entendido aquí como entre el año 1000 y 1600 d. C.), los riesgos medioambientales han tenido siempre un especial interés. Algunos, por ejemplo las inundaciones o los terremotos, afectaron directamente a la población medieval, mientras que otros tuvieron un efecto acumulativo a largo plazo, por ejemplo el cambio climático. Tanto en uno como en otro caso, el arqueólogo y el historiador pueden contribuir a su estudio, tanto en lo que respecta a la datación, la escala y la frecuencia de dichos sucesos, como a la hora de analizar la reacción humana ante ellos. Además, ambas disciplinas pueden estudiar ejemplos a través del tiempo, comparar distintos eventos occuridos en fechas diversas o en diferentes lugares y, sobre todo, entender el contexto social que rodea a tales catástrofes. Como veremos más adelante, la cadena de causas que generan un desastre suele terminar en la gente y en la sociedad en la que esta vive.

Este artículo examina los diferentes tipos de desastres ocurridos en diversas partes de Europa, basándose en el análisis de edificios, de asentamientos y de paisajes, y analizando los datos que se pueden extraer de cada uno de ellos. El enfoque será arqueológico, con énfasis en el componente cultural de los desastres y centrándose especialmente en sucesos de «inicio rápido», como los terremotos, examinando tanto las consecuencias inmediatas como la respuesta humana que generaron. Desastres y catástrofes nos permiten abrir fascinantes ventanas para observar la sociedad medieval. No es ninguna sorpresa que los paralelos expuestos en la retórica y en la mentalidad política utilizadas durante la pandemia del COVID-19 resuenen para los investigadores que estudian la Edad Media.

* Este artículo está basado en estudios realizados durante el proyecto ARMEDEA (2014-2017), un *Marie Curie Intra European Fellowship* para Dr. Paolo Forlin dentro del *7ᵗʰ European Community Framework Programme*, y por el proyecto *Risk and Resilience* (2018-2020), financiado por el Leverhulme Trust.

XLIX SEMANA INTERNACIONAL DE ESTUDIOS MEDIEVALES. ESTELLA-LIZARRA. 2023 | Transformaciones del medioambiente en la Edad Media

DOI: https://doi.org/10.35462/siemel.49 | 11-43

1. LOS RIESGOS MEDIOAMBIENTALES EN LA EDAD MEDIA

La Edad Media sufrió en 1257/58 la erupción volcánica más grande de los últimos 7000 años, el terremoto más poderoso de la Europa central cerca de Basilea (Suiza) en 1356, la hambruna más grave de la historia europea en 1315-21, la peor crisis de salud pública desde la Peste Negra de 1346-53, así como inundaciones generalizadas como las de 1421 sufridas en los Países Bajos. Algunos de los lugares más amenazados de la Europa medieval estaban en zonas de España y de Portugal, pero sobre todo en Italia. El terremoto de diciembre de 1456 que sufrió el reino de Nápoles en la Italia central, por ejemplo, costó 70 000 vidas[1].

La clasificación de riesgos como estos está rodeada de polémica. Muchos de ellos tienen un origen híbrido o están tan influidos por las acciones humanas que en realidad son «medioambientales». A pesar de ello, pueden ser agrupados en tres categorías principales. Los «peligros naturales» incluyen riesgos clasificados como geológicos (terremotos, erupciones volcánicas, etc.), atmosféricos (huracanes, tormentas), hidrológicos (inundaciones, sequía) y biológicos (enfermades, incendios). El tiempo de aviso es corto, suponen una amenza directa a la vida y a la propiedad, las pérdidas son inmediatas y la exposición al peligro es involuntaria. En ocasiones también afectan a la población humana de forma indirecta, como la peste bovina. A modo de ejemplo se puede citar la abadía benedictina de Crowland (Lincolnshire, Reino Unido) que perdió 9000 de sus 11 000 ovejas entre 1313 y 1321[2]. Las consecuencias fueron no solo económicas directas, ya que con la muerte de los animales también se perdió el abono natural que producían, lo que a su vez afectó a la fertilidad de los campos de cultivo. En otro caso, la peste bovina se expandió en 1316-21 desde el este por toda Europa, diezmando el ganado, en ocasiones reduciendo a la mitad el número de cabezas en diversos lugares[3] y fomentando la venta desesperada de animales sanos. Además de reducir las existencias de carne y de lácteos, estas catástrofes paralizaron la capacidad reproductiva del ganado y acabaron también con los bueyes, forzando el uso del caballo para labrar[4].

El segundo grupo lo componen los «peligros inherentes al contexto», entre los que figuran la contaminación del aire y el cambio climático, la degradación

---

[1] E. Guidoboni y G. Ferrari, «The effects of earthquakes in historical cities: the peculiarity of the Italian case», *Annali di Geofisica*, 43(4), 2000, pp. 667-686.

[2] I. Kershaw, «The Great Famine and Agrarian Crisis in England 1315-1322», *Past & Present*, 59, 1973, pp. 3-50.

[3] B. M. S. Campbell, «Nature as historical protagonist: environment and society in pre-industrial England», *Economic History Review*, 63(2), 2010, pp. 281-314.

[4] B. M. S. Campbell, *English seigniorial agriculture, 1250-1450,* Cambridge, CUP, 2000.

medioambiental, la urbanización intensiva y los «eventos de gran peligro» tales como desplazamientos de tierra de gran magnitud o meteoritos. Estos provocan consecuencias a gran escala, ambas crónicas e inusuales, derivadas de cambios medioambientales de carácter global, aunque se les da menor importancia en comparación con aquellos que amenazan de forma inminente vidas humanas o la propiedad. Esta clase de peligro incluye también los grandes cambios climáticos forzados que ocurrieron durante la Edad Media, como por ejemplo la erupción volcánica de 1028-32 de Baitoushan en China/Corea del Norte, y la de Kuwae, Vanuatu, en 1453, las cuales impactaron directamente en las temperaturas del hemisferio norte produciendo un enfriamiento notable[5]. La mayor erupción del periodo histórico tuvo lugar a mediados del año 1257 o a comienzos del 1258, probablemente en algún lugar de los trópicos. Sus efectos fueron visibles en Europa, con los cielos constantemente encapotados y los dramáticos efectos lunares típicos de una niebla seca estratosférica, que provocaron los veranos más fríos de los últimos mil años en el hemisferio norte en 1258 y 1259[6].

El útimo grupo son los «peligros tecnológicos» que acarrean grandes accidentes (industriales, fallos estructurales). Hoy en día los asociamos con siniestros en el transporte público, como accidentes de tren, el derrumbamiento de edificios o las explosiones industriales o nucleares. Aunque la tecnología existente en la Edad Media era mucho menos peligrosa, dentro de este grupo figuran, por ejemplo, los puentes, que podían sufrir derrumbamientos frecuentes con consecuencias trágicas. En Praga (Checoslovaquia), el puente de la reina Judith sufrió daños considerables en 1271 y, una vez reparado, fue totalmente destruido en 1342 por una banquisa. El puente nuevo, Puente Carlos, de más de 500 metros de longitud, se dañó en 1359, 1367, 1370, 1373 y 1374, para volver a sufrir daños catastróficos en 1432 y de nuevo en 1496[7]. Aunque por lo general los construidos de piedra podían soportar las crecidas de los ríos y la presión del agua, la adición de otras cargas, por ejemplo hielo o madera, podía actuar como factor decisivo para hacerlos caer.

5   C. Oppenheimer, «Ice core and palaeoclimatic evidence for the timing and nature of the great mid-13th century volcanic eruption», *International Journal of Climatology*, 23, 2003, pp. 417-426; J. Esper *et al.*, «European summer temperature response to annually dated volcanic eruptions over the past nine centuries», *Bulletin of Volcanology*, 75.736, 2013, pp. 1-14.
6   K. R. Briffa *et al.*, «Influence of volcanic eruptions on Northern Hemisphere summer temperatures over 600 years», *Nature*, 393, 1998, pp. 450-455; R. B. Stothers, «Climatic and demographic consequences of the massive volcanic eruption of 1258», *Climatic Change*, 45, 2000, pp. 361-374.
7   M. F. Drdácký y Z. Sližková, «Flood and post-flood performance of historic stone arch bridges», *ARCH'07 – 5th International Conference on Arch Bridges*, 2007, pp. 163-170.

Las consecuencias principales de estos tres tipos de peligro sobre la población humana fueron claras: pérdida de vidas, gasto económico de la reconstrucción, presión sobre la economía local, dificultad para la obtención de alimentos y cuantiosos daños en las infraestructuras. La documentación escrita contemporánea hace referencia a todos ellos, desde pagos para construir y reconstruir hasta visitas eclesiásticas a los lugares afectados. Por otro lado, hay escasa constancia de las impresiones individuales de los afectados y en ocasiones también se cuestiona la fiabilidad de algunas de las evidencias presentadas[8].

El estudio de edificios puede abarcar una amplia gama de aspectos, pero incluye el análisis desde un punto más objetivo. Un ejemplo de esto es el estudio detallado de la fábrica, la dendrocronología y la fotogrametría, como la de la torre Asinelli en Bologna, Italia[9]. La arqueología no hace uso exclusivo de la excavación, sino que también incorpora estudios cartográficos y de historia del arte, LIDAR, imagen de satélite, SIG, drones, prospección geofísica y radar, bases de datos, teledetección, estudios de campo, y muestreo e identificación y datación de objetos. Para abordar el estudio del paisaje, se puede recurrir al análisis de la paleobotánica, sedimentología y geoarqueología (decisivas en el caso de inundaciones), biogeoquímica, XRF (para rastros de minería), datación (C14, OSL), isótopos (para paleoclima) (por ejemplo, para el estudio de la inundación del siglo XII de Florencia)[10]. La bioarqueología a su vez analizará los restos humanos (con aspectos sobre la demografía, salud, marcadores de estrés, etc.), ADN antiguo (para patógenos) y restos de fauna (para enfermedades de animales, un aspecto muy descuidado hasta ahora en los estudios sobre desastres).

Evidentemente, una sola disciplina es incapaz de abordar todos estos aspectos por sí sola y cada una contará con retos distintos a la hora de realizar el estudio. En la actualidad, muchas de las investigaciones son multidisciplinares, pero una excepción ejemplar es el estudio del terremoto de Basilea (Suiza) ocurrido en 1356, para el cual se recogieron datos en diversos puntos por toda la ciudad[11]. El terremoto destruyó entre treinta y cuarenta castillos en un radio de diez kilómetros alrededor de Basilea, además de otras edificaciones fuera de este

[8] E. g., G. Schwarz-Zanetti et al., «The false earthquake of May 12, 1021», Journal of Seismology, 12, 2008, pp. 125-129.

[9] P. Riva et al., «Seismic analysis of the Asinelli Tower and earthquakes in Bologna», Soil Dynamics and Earthquake Engineering, 17, 1998, pp. 525-550.

[10] M. E. Fedi et al., «Radiocarbon dating in late-Roman and medieval contexts: an archaeological excavation in the center of Florence, Italy», Radiocarbon, 49.2, 2007, pp. 611-616.

[11] D. Fäh et al., «The 1356 Basel earthquake: an interdisciplinary revision», Geophys. J. Int., 178, 2009, pp. 351-374.

radio. El equivalente moderno del gasto provocado por esta catástrofe ha sido estimado en unos 67 billiones de euros[12]. La evidencia arqueológica analizada incluye restos de conflagración, escombro, depósitos de nivelación hechos como base para nuevos edificios, el hallazgo de objetos de valor (armas, objetos de metal, etc.) que fueron perdidos o abandonados durante los temblores, quedando sepultados entre los escombros. Los cambios arquitectónicos en edificios, por ejemplo la construcción de tejado nuevos, quedaron confirmados por análisis dendrocronolgico, y también se estudiaron los patrones del derrumbe y colapso parcial y distorsión de los pilares de la catedral. El estudio de Basilea se centra exhaustiva y específicamente en la distribución espacial y cronológica del terremoto, pero otras investigaciones abordan estudios similares a escalas mucho más amplias. En estos casos, por ejemplo para abordar el estudio de las inundaciones, la investigación geomorfológica y paleohidrológica abarca grandes zonas geográficas que generalmente incluyen todo un sistema fluvial y analiza los cambios sufridos en el medio ambiente, tanto a medio como a largo plazo, considerando temas tales como la recuperación de tierras, la colonización de humedales o tierras altas, o el abandono de un lugar en un momento dado[13].

2. CONSTRUYENDO UN VOCABULARIO

Los peligros naturales tienen sus propias escalas científicas de magnitud para medir la intensidad del episodio físico; la de Richter, por ejemplo, para terremotos. Lamentablemente, tales escalas no tienen aplicación alguna a la hora de valorar las consecuencias sufridas por la catástrofe, por lo menos a largo plazo. Los terremotos, por mencionar solo un ejemplo, dañan la infraestructura, pero también pueden provocar incendios generalizados (como el de Basilea en 1356)[14] y demandar gastos para la reconstrucción muchos años después del suceso. La estimación de los daños es compleja y tiene también sus límites, ya que no toma en consideración aspectos intangibles como la reputación individual o colectiva y el bienestar personal, o el hecho de que un solo desastre catastrófico puede tener menos repercusiones que una cadena de desastres más pequeños pero que ocurren con mayor frecuencia. Las secuelas sociales de tales catástrofes es uno de los aspectos que ha sido más ignorado a la hora de estudiar desastres

[12] G. Schwarz-Zanetti *et al.*, «The false earthquake...», *op. cit.*
[13] *E. g.*, M. Dotterweich, «The history of soil erosion and fluvial deposits in small catchments in central Europe: Deciphering the long-term interaction between humans and the environment – A review», *Geomorphology*, 10, 2008, pp. 192-208.
[14] D. Fäh *et al.*, «The 1356 Basel earthquake...», *op. cit.*

XLIX SEMANA INTERNACIONAL DE ESTUDIOS MEDIEVALES. ESTELLA-LIZARRA. 2023 | Transformaciones del medioambiente en la Edad Media
DOI: https://doi.org/10.35462/siemel.49 | 11-43

ya que, por lo menos hasta el momento, estos se han centrado solo en identificar, describir y reconstruir dichos sucesos.

Para profundizar en estos temas podemos partir del esquema mostrado en la figura 1. Esta muestra por un lado el 'peligro' y, en el lado opuesto, la 'vulnerabilidad', es decir, el grado de exposición de las personas ante tal peligro, dependiendo del grado de percepción, el tamaño de la población, etc. La diferencia entre 'peligro' y 'vulnerabilidad' es importante: dos personas pueden sufrir el mismo terremoto en el mismo lugar y a la misma hora, es decir, el peligro es el mismo para ambas, pero el riesgo puede ser mucho menor para alguien que vive en un edificio mejor construido para resistir el terremoto.

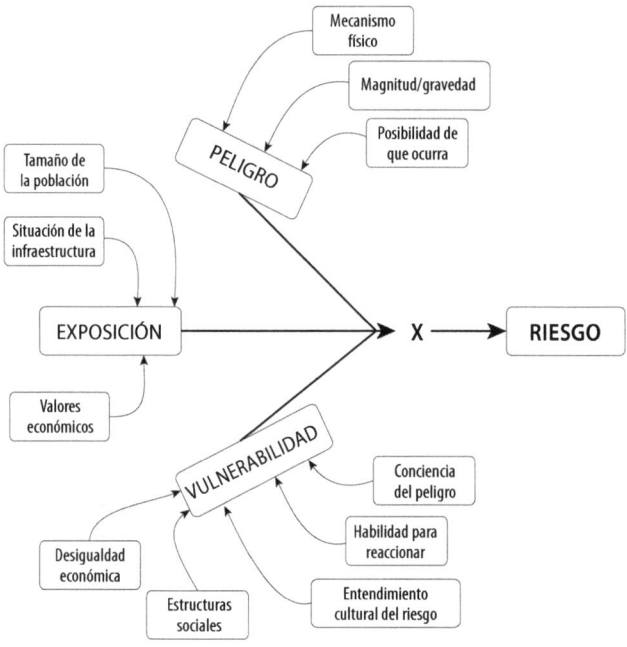

Figura 1. Gráfico que muestra el riesgo como un producto del peligro y de la vulnerabilidad de la población local (basado en Peter J. Brown, 2021).

Varios factores característicos de la Edad Media hicieron que las poblaciones pudieran resistir y afrontar riesgos diversos. Uno de estos factores fue la diversificación: la propiedad individual de huertos y unos cuantos animales facilitó la supervivencia y superación de catástrofes cuando afectaron a algún componente específico de la dieta de la población; por ejemplo cuando las cosechas fueron diezmadas por episodios climáticos extremos. La existencia de campos explotados colectivamente (*common fields*) en Inglaterra, por ejemplo, se ha justificado como una respuesta colectiva para hacer frente al riesgo de perder la cosecha[15] y han servido como estudio piloto para plantear teorías económicas que explican algunos mecanismos utilizados para compartir riesgos[16]. El «agricultor prudente», como ha sido denominado, distribuía sus campos por zonas de diversos tipos de tierra y topografía para protegerse contra la catástrofe personal, pero de esta manera también se compartía entre todos los vecinos el riesgo de obtener una cosecha pobre. Las grandes propiedades, por ejemplo los monasterios, esparcían sus cultivos por situaciones topográficas varias y por tipos de tierra diversos para poder afrontar así posibles crisis gracias a la variedad de los recursos que poseían.

El principio es similar al de diversas pequeñas unidades económicas medievales, cada una con su población y todas con acceso a los mismos recursos: pastos de montaña, bosques y agua[17]. La vulnerabilidad de la comunidad se reducía drásticamente cuando el acceso a dichos recursos esenciales era compartido entre todos[18]. Hacia finales de la Edad Media la explotación de los recursos comunes era generalmente de temporada y podía incluir la pesca, la excavación de turba para combustible de uso doméstico y para cubrir tejados, la recogida de madera, el segado del heno y los pastos en dehesas. Muchas de estas actividades agropecuarias han dejado evidencia arqueológica que confirma un uso más sostenible del paisaje, por ejemplo, la construcción de bancales, sistemas de irrigación y asentamientos estacionales[19].

Evidentemente, es importante poder reconstruir sucesos extremos causados por factores naturales, por ejemplo terremotos, y en este aspecto tanto la historia como la arqueología pueden ser las únicas disciplinas para ayudar a entender la frecuencia y severidad de tales catástrofes. Más allá de las causas, el siguiente paso es investigar las razones por las que una población era vulnerable

[15] *E. g.*, D. N. McCloskey, «English Open Fields as behavior towards risk», *Research in Economic History*, 1, 1976, pp. 124-70; *idem*, «The Prudent Peasant: new findings on open fields», *Journal of Economic History*, 51(2), 1991, pp. 343-355.

[16] M. S. Kimball, «Farmers' cooperatives as behavior toward risk», *American Economic Review*, 78(1), 1988, pp. 224-232; R. M. Townsend, *The medieval village economy: a study of the Pareto mapping in general equilibrium models*, Princeton, PUP, 1993.

[17] M. A. Aston, *Interpreting the landscape. Landscape Archaeology in Local Studies*, Londres, Batsford, 1985, pp. 42-43.

[18] H. Jones y C. M. Gerrard, «Property and commons: the tangible and intangible», en N. Graham, M. Davies y L. Godden (eds.), *The Routledge Handboook of Property, Law and Society*, Londres, Routledge, 2022, pp. 349-361.

[19] H. G. Ramm, R. W. McDowall y E. Mercer, *Shielings and bastles*, Londres, HMSO, 1970; H. S. A. Fox, *Dartmoor's Alluring Uplands: Transhumance and Pastoral Management in the Middle Ages*, Exeter, UEP, 2012.

ante un peligro determinado[20]. ¿Qué factores sociales, económicos o culturales expusieron a ciertas sociedades a peligros naturales y les alentaron a enfrentarse a tales riesgos? ¿Qué estrategias existieron en el pasado para afrontar desastres, para mitigarlos y para prevenirlos? El mundo natural no tiene un estatus neutro, ni ahora ni en la Edad Media. Es fundamentalmente un producto resultante de fuerzas sociales, políticas, económicas e ideológicas; en resumen, es una cuestión de percepción[21]. Visto de otro modo, podemos decir que ni los desastres ni las condiciones que los produjeron son indiscutiblemente «naturales». Todo desastre tiene una trayectoria social[22] y algunos de los estudios más interesantes realizados hasta la fecha se han centrado en indagar cómo han cambiado a lo largo del tiempo las respuestas ante ciertos grupos de peligros naturales en lugares donde la amenaza es tan rutinaria que ha pasado a formar parte de la vida diaria, algo que se ha denominado «cultura del desastre»[23]. En tales circunstancias, los desastres mismos pudieron influir el comportamiento de las poblaciones durante periodos de tiempo mucho más largos, más allá del suceso mismo.

3. LAS PRINCIPALES FASES DEL CICLO DE UN DESASTRE

Existe en la actualidad una terminología moderna que se emplea a la hora de estudiar catástrofes actuales. Dicho vocabulario puede ser adoptado por historiadores y arqueólogos para estructurar el debate sobre la secuencia de sucesos que ocurren tras un desastre. La figura 2 muestra el organigrama de la gestión del riesgo[24] que tiene dos fases principales. La primera es la «recuperación tras el desastre», que incluye cuatro fases de asistencia, rehabilitación, reconstrucción y evaluación de lo que se ha aprendido. La segunda es la «protección antes del desastre», que a su vez incluye gestión del riesgo, mitigación, preparación y planes de emergencia. Nos centraremos a continuación en las partes de dicho esquema que tienen mayor relevancia para la Europa medieval, aunque es importante recalcar que se trata meramente de un marco orientador más que de una teoría explicativa, ofreciéndonos un vocabulario para abordar el tema.

---

[20] M. Juneja y F. Mauelshagen, «Disasters and pre-industrial societies: historiographic trends and comparative perspectives», *Medieval History Journal*, 10, 2007, pp. 1-31.

[21] J. McGlade, «Archaeology and the ecodynamics of human modified landscapes», *Antiquity*, 69, 1995, pp. 113-32.

[22] D. Alexander, «The study of natural disasters 1977-97. Some reflections on a changing field of knowledge», *Disasters*, 1997, 21(4), pp. 284-304.

[23] Especialmente para Filipinas: G. Bankoff, *Cultures of Disaster. Society and natural hazards in the Philippines*, Nueva York, Routledge, 2003.

[24] K. Smith y D. N. Petley, *Environmental hazards: assessing risk and reducing disaster*, Londres, Routledge, 2009, p. 65.

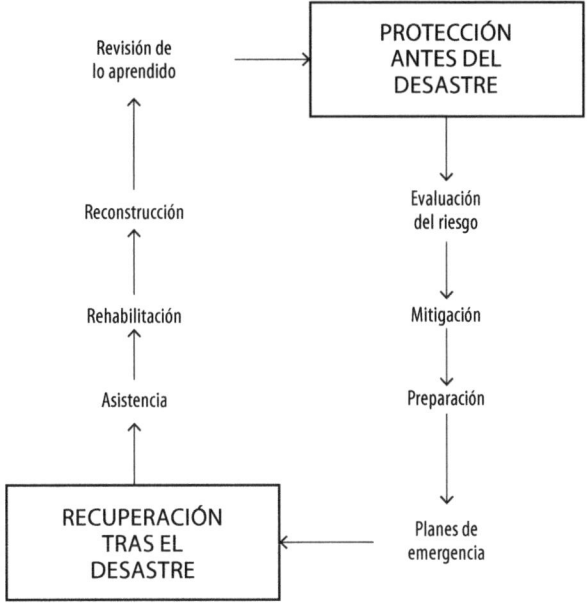

Figura 2. La «gestión del riesgo» (basado en Smith y Petley, 2009, p. 65).

3.1. Recuperación tras el desastre

3.1.1. *Asistencia*

Al igual que hoy en día, las primeras horas inmediatas después de un desastre en la Edad Media se centraron en el rescate de los supervivientes y en la retirada de las víctimas. Fueron momentos en los que la cooperación y la asistencia mutua fueron extremas, periodos de emergencia en los que los «conflictos de la comunidad» desaparecen, como han señalado muchos investigadores sociales refiriéndose a sucesos modernos[25]. En esta fase, el nivel de consenso entre los supervivientes es muy alto a la hora de tomar decisiones sobre lo que hay que hacer, por ejemplo para retirar escombros o atender a los heridos: el problema no desaparece, pero requiere atención. Las percepciones individuales del suceso varían de un individuo a otro y estarían influidas por factores tales como la edad o el nivel de alfabetización de cada uno. Las cuestiones clave que influyeron en la reacción inmediata de la sociedad medieval fueron prin-

---

[25] E. L. Quarantelli y R. R. Dynes, «Community conflict: Its absence and its presence in natural disasters», *Mass Emergencies*, 1, 1976, pp. 138-152.

cipalmente el tener memoria de sucesos similares anteriores y la existencia de estrategias de respuesta[26], mano de obra disponible para la operación de rescate y un líder para dirigirlas, facilidad para obtener asistencia externa, tecnología y herramientas (con sus costes y beneficios) y, por supuesto, el contexto cultural y social. La duración y el momento del suceso –ya sean minutos, horas o días– fue igualmente clave. Algunos desastres ocurrieron sin previo aviso, otros en medio de la noche cuando la población y el ganado estaban en casa y a cobijo, lo que les hizo más vulnerables. En Baza, España, durante el terremoto de 1531, el número de animales domésticos muertos fue especialmente alto al producirse durante la noche, ya que estaban encerrados[27].

La fe cristiana tuvo una influencia significativa y práctica durante esta fase del ciclo. En la muerte repentina no daba tiempo a recibir la extrema unción o la confesión, pero el deseo de dar a las víctimas un entierro cristiano era muy fuerte, así que se hacían grandes esfuerzos para recuperar a todas las víctimas y a la vez encontrar a los supervivientes, que a veces quedaban sepultados entre escombros, como ocurrió en Estrómboli en 1343[28]. Esta urgencia por recuperar a las víctimas puede explicar por qué se encuentran tan pocos cuerpos durante las excavaciones arqueológicas. En las Azores se utilizaron perros para hallar a la gente que quedó sepultada por los escombros tras el terremoto y el gran deslizamiento de tierra de 1522[29] y seguramente esta fuera una práctica extendida por otras zonas. También se ha subrayado que los supervivientes hacían grandes esfuerzos por recuperar la Hostia sagrada de las iglesias, que simboliza el cuerpo de Cristo, que en cierto modo era la víctima más importante atrapada debajo de los restos[30].

Lamentablemente, en algunos casos la recuperación de cuerpos fue simplemente imposible. Un caso bien documentado es el de la gran fortaleza de

[26] V. Fanta, M. Šálek y P. Sklenicka, «How long do floods throughout the millennium remain in the collective memory?», *Nature Communications*, 10(1), 2019, pp. 1-9.

[27] M. Bertrand, M.ª de los Á. Pérez Cruz y L. Sánchez Quirante, «Los baños árabes de Baza. La intervención de urgencia de apoyo a la restauración», *Anuario Arqueológico de Andalucía*, III-1, 2000, pp. 598-616.

[28] M. Rosi *et al.*, «Geoarchaeological evidence of Middle-Age tsunamis at Stromboli and consequences for the tsunami hazard in the Southern Tyrrhenian Sea», *Nature*, 677, 2018. https://doi.org/10.1038/s41598-018-37050-3

[29] C. M. Gerrard, P. Forlin y P. Brown (eds.), *Waiting for the end of the world? New perspectives on natural disasters in medieval Europe*, The Society for Medieval Archaeology Monograph 43, Londres y Nueva York, Routledge, 2021; C. M. Gerrard *et al.*, «The archaeology of a landslide: unravelling the Azores earthquake disaster of 1522 and its consequences», *Journal of European Archaeology*, 24(3), 2021, pp. 388-411.

[30] P. Forlin, «Rituals of resilience. The interpretative archaeology of post-seismic recovery in medieval Europe», en C. M. Gerrard *et al.*, 2021, pp. 21-42.

los cruzados en Saranda Kolones, cerca de Paphos en Chipre, destruida por el terremoto de 1222. El colapso del edificio atrapó a los caballos en el foso y a un hombre que se intentó refugiar en una cloaca, falleciendo allí mismo; sus restos fueron descubiertos durante las excavaciones arqueológicas[31]. Forlin[32] cita otro caso en Dyrrachium, Albania, donde un varón adulto estaba encadenado con un collar metálico, sugiriendo que se trataba de un esclavo. Tanto él como su familia no fallecieron aplastados por los escombros del terremoto, sino asfixiados, y es posible que no fueran rescatados dada su condición social.

En la Europa medieval cristiana, la percepción de los desastres se forjó en gran medida a través de la lectura de la Biblia, especialmente del Génesis y del Apocalipsis. El viejo y nuevo testamento consagraron la idea de que Dios daba aviso a la humanidad y la castigaba con catástrofes, desde inundaciones hasta terremotos. Tal idea se enseñaba a una población preindustrial a través de pinturas murales, manuscritos, esculturas, vidrieras, obras de teatro y procesiones. Los desastres eran «actos de Dios», un castigo divino sobrenatural por los pecados del hombre. Incluso la Peste Negra fue vista como una «plaga divina» en la mente de un cronista contemporáneo en Viterbo[33]. Ello explica por qué la gente buscaba rápidamente un culpable, a veces señalando a minorías sociales, para intentar identificar el pecado que había provocado la catástrofe: leprosos, judíos y brujas fueron víctimas propiciatorias[34]. Aún hoy en día, los desastres modernos buscan igualmente al culpable; recientemente, el 31 % de los ciudadanos norteamericanos vio el COVID-19 como un mensaje divino[35]. La identificación del «enemigo» común es claramente ventajosa, pues asigna la responsabilidad moral del desastre a factores externos a las estructuras normales de la sociedad, lo que beneficia a la autoridad local, que queda así libre de culpa alguna.

....

[31] J. Rosser, «Archaeological and literary evidence for the destruction of 'Saranda Kolones' in 1222», *Cyprus Research Centre Annual Review*, 30, 2004, pp. 39-50.

[32] P. Forlin, «Rituals of resilience...», *op. cit.*, pp. 26-29.

[33] S. K. Cohn, *The Black Death transformed: disease and culture in early Renaissance Europe*, Londres, Arnold, 2002, p. 228; L. A. Smoller, «Of Earthquakes, Hail, Frogs, and Geography: Plague and the Investigation of the Apocalypse in the Later Middle Ages», en C. Walker Bynum y P. Freedman (eds.), *Last Things: Death and the Apocalypse in the Middle Ages*, Philadelphia, UPP, 2000, pp. 156-187.

[34] W. Behringer, «Climatic change and witch-hunting: The impact of the Little Ice Age on mentalities», *Climate Change*, 43, 1999, pp. 335-351; J. Richards, *Sex, dissidence and damnation. Minority groups in the Middle Ages*, Londres y Nueva York, Routledge, 1990, pp. 102-104.

[35] *The Guardian* (15 May 2020), «Two-thirds of US believers see Covid-19 as message from God, poll finds». http://www.theguardian.com/world/2020/may/15/us-coronavirus-message-god-poll-results

Para apaciguar la furia divina, se recurrió a la oración, al ayuno, la limosna... actos de fe y de conciliación manifestados públicamente por medio de procesiones religiosas. Los ejemplos domentados son numerosos. Cuando la peste azotó Winchester (Inglaterra) en 1348, el obispo ordenó a los monjes de la prioría de Saint Swithun que recitaran salmos y penitencias, además de organizar una procesión por el centro de la ciudad y una misa especial en la catedral[36]. En Barcelona tuvieron lugar ceremonias similares en el mismo año[37], mientras que en Valencia en el siglo XV el pregonero municipal solicitaba el cierre de las tiendas para que los ciudadanos pudieran acudir a las procesiones[38]. En casos graves, la devoción era voluntaria, como ocurrió durante la peste de 1348 en Portugal, cuando eran «miles» los que acudían a la catedral cantando himnos[39].

Otras medidas conciliadoras incluían, por citar varias, celebraciones excesivas y la creación de una nueva hermandad para cuidar a pobres y peregrinos tras la inundación que asoló Florencia en 1333, auto-flagelación ante la llegada de la peste[40], regulación sobre la «modestía» en el vestir impuestas en Speyer, Alemania (a doscientos kilómetros de Basilea), tras el terremoto de 1356[41] y un año más tarde y en Estrasburgo, Francia, la prohibición de usar joyas[42]. Todas y cada una de estas acciones fueron diseñadas para aplacar a un dios encolerizado, de modo que cuando las aguas que inundaron Colonia, Alemania, en 1374 bajaron de nivel, la causa fue atribuida a la renovada devoción de sus ciudadanos[43].

Las catástrofes modernas dejan tras de sí imágenes perdurables del caos y de la desorganización seguidos por todo tipo de comportamiento antisocial[44]. En esos momentos inmediatos tras el desastre, al menos durante la Edad Me-

[36] T. Beaumont James, *The Black Death in Hampshire*, Hampshire Papers 18, 1999, Hampshire County Council.

[37] O. J. Benedictow, *The complete history of the Black Death*, Woodbridge, The Boydell Press, 2021, p. 80.

[38] M. Gallent Marco, «Sanidad y urbanismo en la Valencia del XV», *En la España medieval*, 7, 1985, pp. 1567-1580.

[39] M. Elíade, *História das crenças e das idéias religiosas*, vol. 3, París, Res, 1983, p. 187.

[40] R. B. Stothers, «Climatic and demographic...», *op. cit.*, pp. 361-374.

[41] D. Fäh *et al.*, «The 1356 Basel earthquake...», *op. cit.*

[42] G. J. Schenk, «Disastri: Modelli interpretativi delle calamità naturali dal Medioevo al Rinascimento», en M. Maltheus *et al.* (eds.), *Le calamità ambientali nel tado Medioevo europeo: realtà, percezioni, reazioni*. Florencia, FUP, 2010, pp. 23-76.

[43] C. Rohr, «Writing a catastrope: describing and constructing disaster perception in narrative sources from the Late Middle Ages», *Historical Social Research*, 32, 2007, pp. 88-102.

[44] R. A. Stallings, «Conflict in natural disasters: a codification of consensus and conflict theories», *Social Science Quarterly*, 60(3), 1988, pp. 569-586; R. Stallings, «Disaster and the theory of social order», en E. L. Quarantelli (ed.), *What is a disaster? Perspectives on the question*, Londres, Routledge, 1998, pp. 127-145.

dia, eran frecuentes los delitos menores con instancias de delicuencia común. Durante la hambruna que sufrió Inglaterra en 1315-1322, se documentaron robos de cereal, pan, cerveza y ganado[45], mientras la documentación escrita sobre terremotos incluye referencias a gente rescatando y robando objetos entre los escombros, como por ejemplo en Vera La Vieja, España, en 1518[46], a la vez que también se realizaban labores legales de recuperación de materiales de construcción. A veces también tienen lugar acciones con repercusiones más serias, como en el caso de Creta, donde la población local era mayoritariamente griega pero estaba bajo control político de Venecia; tras el terremoto y el tsunami de 1303 que afectó a la isla gravemente, la población se rebeló y comenzaron los saqueos[47]. De hecho, algunos historiadories han argumentado que los desastres tienen unos efectos disruptivos sobre la cohesión social, pudiendo provocar resistencia cuando la vida «normal» se ve amenazada[48].

3.1.2. Rehabilitación

Las preocupaciones de los supervivientes han cambiado poco con los siglos. Tras el terremoto de 1518 en Vera La Vieja, cerca de Almería, el secado de los pozos de agua forzó a los habitantes a buscar urgentemente nuevas fuentes de agua potable[49]. Otra necesidad básica fue la provisión temporal de un techo bajo el que cobijarse, encontrar alimento y trasladar a los habitantes a una zona segura. Por ejemplo, los ciudadanos de Mesina en Sicilia huyeron al campo cuando llegó la Peste Negra[50]. En otra ocasión, tras el terremoto que asoló la isla de Kos en 1493, la Orden Hospitalaria no solo envió médicos, cirujanos y medicamentos, sino que su flota también proveyó además de grandes cantidades de comida y vino, madera para construir cierto acomodo temporal y piedras de molino para moler el grano del pan[51]. Pasado el primer momento trágico, la gente no tardó en empezar a preocuparse por el futuro. Catástrofes tales como

---

[45]   I. Kershaw, «The Great Famine...», *op. cit.*, pp. 3-50.
[46]   C. Olivera Serrano, *La actividad sísmica en el reino de Granada (1487-1531). Estudio histórico y documentos*, Madrid, Instituto Geográfico Nacional, 1995, p. 49.
[47]   E. Guidoboni y A. Comastri, «The large earthquake of 8 August 1303 in Crete: seismic scenario and tsunami in the Mediterranean area», *Journal of Seismology*, 1, 1997, pp. 55-72.
[48]   D. Curtis, «Preserving the ordinary. Social resistance during the second pandemic plagues in the Low Countries», en C. M. Gerrard *et al.*, 2021, pp. 280-297.
[49]   C. Olivera Serrano, «La defensa costera en Vera y Mojácar tras el terremoto de 1518», *Actas del Congreso la Frontera Oriental Nazarí como sujeto histórico (ss. XIII-XVI)*, Almería, Instituto de Estudios Almerienses, 1997, pp. 647-656.
[50]   O. J. Benedictow, *The complete history of the Black Death*, Woodbridge, The Boydell Press, 2021, p. 71.
[51]   B. Figliuolo, «Il fenomeno sismico nel bacino del Mediterraneo in età rinascimentale», *Studi Storici*, 43(4), 2002, pp. 881-919.

los terremotos pueden tener efectos devastadores en la economía autosuficiente, como quedó de manifiesto con la destrucción causada por el terremoto de Vera en 1518, que acabó con el vino, el trigo y las olivas almacenados, además de los caballos y otro ganado. El contexto geográfico es irrelevante, y aunque muchas, incluso la mayoría, de las familias medievales tendrían cereal almacenado tras cada cosecha para sembrar al año siguiente, el efecto amortiguador de tal previsión no fue solución suficiente a largo plazo[52].

Una característica común a todos los desastres es que aquellos en posición de autoridad (hoy en día por lo general se trata del gobierno local con el apoyo del ejército) intervinieron para establecer control. Por lo general no escatimaron esfuerzos para intentar reducir los trastornos causados a raíz de la catástrofe y restaurar la rutina diaria. Muchos de los gobiernos medievales con sus sistemas burocráticos adoptaron medidas muy similares para establecer un control en diversas zonas europeas; algunos viajaban de país a país desde aquellos que sufrían con más frecuencia las consecuencias de ciertas catástrofes[53]. En ocasiones las autoridades salían en persecución de los «desertores»; por ejemplo en Puebla de Alcócer (Badajoz), ya en el siglo XVII[54], y en otras, como a los médicos que abandonaron Zaragoza con la peste de 1564, se les amenazaba con demoler sus casas si no regresaban a la ciudad[55]. Una preocupación especial durante la Edad Media fue la posibilidad de que la población huyera y desertara, lo que repercutiría negativamente en la economía de mercado, reduciendo el ingreso de impuestos. Algunas autoridades, por ejemplo las de Siena y Orvieto en Italia, aprobaron leyes que limitaban el libre movimiento de campesinos tras la Peste Negre[56]. En 1518 se permitió a los supervivientes del terremoto de Vera (España) salir de la ciudad en ruinas, pero sin abandonar sus campos de cultivo[57]. Otras medidas prácticas incluían consentir

---

[52] J. Claridge y J. Langdon, «Storage in medieval England: the evidence from purveyance accounts, 1295-1349», *Economic History Review*, 64(4), 2011, pp. 1241-1265.

[53] D. Porter, *Health, Civilization and the State: A history of public health from ancient to modern times*, Londres y Nueva York, Routledge, 1999; L. Abreu, «The city in times of plague: preventive and eradication measures against epidemic outbreaks in Évora between 1579 and 1637», *SIDeS. Popolazione e Storia*, 2006, 2(I), pp. 9-125.

[54] J. P. Blanco Carrasco, «Laurel y ramos de naranjo: La lucha contra la epidemia de peste de 1682 en una pequeña comunidad rural», en E. Jarque Martínez (ed.), *Cuando las cosas van mal. El concejo y la gestión de sus dificultades (siglos XVI-XVIII)*, Zaragoza, Prensas de la Universidad de Zaragoza, 2017, pp. 109-134.

[55] F. J. Alfaro Pérez, *La Merindad de Tudela en la Edad Moderna*, Fitero, Ayuntamiento de Fitero, 2006. pp. 49-50.

[56] S. Cohn, «After the Black Death: labour legislation and attitudes towards labour in late-medieval western Europe», *Economic History Review*, 60.3, 2007, pp. 457-485.

[57] C. Olivera Serrano, «La defensa costera en Vera y Mojácar...», *op. cit.*, pp. 647-656.

a las viudas volver a contraer nupcias tras seis meses –en vez de doce– en Castilla tras la plaga de 1351[58] o atraer a emigrantes de zonas circundantes, por ejemplo ciudadanos franceses a Aragón tras la gran mortandad padecida en el siglo XVI; los trasvases de población también podían ocurrir del campo a la ciudad para ocupar los puestos de trabajo vacantes tras el desastre[59] .

Evidentemente, la fuga de la población solo interesaba cuando el estrés medioambiental era espacialmente limitado y muchas veces no afectada a los grupos sociales más acomodados, que podían decidir cuándo marchar tras el desastre, aunque en ocasiones se quedaban para velar por sus negocios[60]. Tras los terremotos, en Italia se recurrió a la implantación de medidas especiales para reducir la tentación de huir, medidas que incluían incentivos económicos, desgravación fiscal y el reparto de un impuesto especial para los más afectados[61]. Otras formas de ayuda podían ser, por ejemplo, imponer un precio máximo para los alimentos básicos, obras de caridad y ayuda financiera por parte de los monarcas, terratenientes, cofradías y gremios, así como tribunales señoriales que redistribuyeron recursos a los campesinos que habían caído en ruina.

Se afirma con frecuencia, por lo menos en Gran Bretaña, que incluso las catástrofes graves como la Peste Negra tuvieron poca repercusión en los asentamientos de población, aunque no hay duda de que algunas aldeas fueron abandonadas por completo tras el año 1350, por ejemplo Tilgarsley en Oxfordshire, cuyos restos son todavía visibles hoy en día. Los recaudadores de impuestos de la época enumeraron pueblos abandonados a consecuencia de la peste donde no había recaudación alguna, aunque a veces no permanecieron vacíos durante mucho tiempo; Quob en Hampshire, por ejemplo, solo tardó tres años en repoblarse[62]. En otras ocasiones, el asentamiento se desplazaba, como es el caso de Combe cerca de Woodstock en Oxfordshire, que se trasladó a lo alto de una colina, disponiendo sus casas en un trazado geométrico alrededor de una plaza central[63]. El mejor ejemplo arqueológico inglés es tal vez el de Faccombe Netherton en Hampshire. En la década de los años 1320, la casa señorial presumía de palomar, estanques con pescado y edificios varios, pero la excavación arqueo-

[58]   Cortes de los antiguos reinos de León y Castilla, II, 1351 a 1405, Madrid, Real Academia de la Historia, 1863, p. 16, disposición 27.
[59]   J. L. Betrán, Historia de las epidemias: en España y sus colonias (1348-1919), Madrid, La Esfera de los Libros, 2020.
[60]   C. Rawcliffe, Urban bodies: communal health in late medieval English towns and cities, Woodbridge, The Boydell Press, 2013, p. 76.
[61]   E. Guidoboni y G. Ferrari, «The effects of earthquakes…», op. cit., pp. 667-686.
[62]   T. Beaumont James, The Black Death in Hampshire, op. cit.
[63]   C. C. Taylor, Village and farmstead. A history of rural settlement in England, Londres, George Philip, 1983, p. 171.

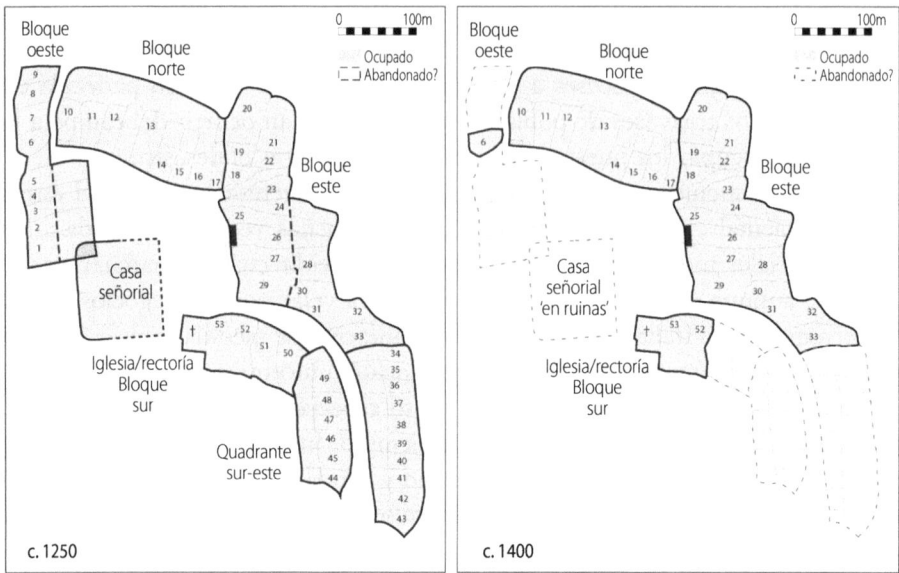

Figura 3. La contracción de Faxton (Northamptonshire, Reino Unido), tras la Peste Negra de siglo XIV (adaptado de Butler y Gerrard, 2021, fig. 12.2).

lógica ha recuperado una secuencia de cerámica y de monedas que demuestra el abandono total hacia 1350[64] y poco después, en 1379, el salón principal solo daba cobijo al ganado lanar local.

La mayoría de los lugares parecen haber sobrevivido a los catastróficos efectos de la Peste Negra, incluso cuando la población disminuyó de manera tan drástica. El pueblo de Faxton en Northamptonshire (Inglaterra) contó con el máximo número de habitantes hacia 1250, cuando tenía cincuenta y dos solares para casas; hacia 1400 solo quedaban treinta y dos (fig. 3), mientas que en sus alrededores otros lugares más pequeños y vulnerables quedaron completamente abandonados a finales del siglo XIV[65]. Más allá de estudios basados en casos aislados como el de Faxton, el problema que se plantea el arqueólogo que intenta entender la deserción a una mayor escala es la datación. En Inglaterra, un proyecto reciente ha utilizado catas de sondeo para investigar este tema, contando con las comunidades locales para excavar catas de un metro por un metro en los

---

[64] J. Fairbrother, *Faccombe Netherton: excavation of a Saxon and medieval manorial complex,* British Museum Occasional Paper 74, Londres, British Museum, 1990, pp. 53-54, 73, 79.

[65] L. Butler y C. M. Gerrard, *Faxton. Excavations in a deserted Northamptonshire village 1966-68.* The Society for Medieval Archaeology Monograph 42, Abingdon y Nueva York, Routledge, 2021, pp. 19, 256.

pueblos de una zona determinada. Tras la excavación se estudian los materiales, sobre todo la cerámica, para entender el crecimiento y el declive de cada lugar[66]. Al comparar la densidad cerámica antes y después de la Peste Negra, se constata un descenso en el número de cerámica que parece estar además más dispersa, lo que a su vez sugiere una disminución de la población y una posible reducción del tamaño del asentamiento. Este mismo modelo se repite en muchas decenas de pueblos investigados en Inglaterra para documentar los cambios en cada lugar.

3.1.3. Reconstrucción

Una característica típica de numerosos desastres es el fuerte deseo de los supervivientes por «volver a la normalidad», es decir, volver a como eran las cosas antes del desastre. Al igual que ocurre hoy en día, no parece que en la Edad Media nadie tuviera deseo alguno de sufrir o promover cambios fundamentales. Este deseo de «normalidad» se manifiesta claramente en la tendencia a mantener los edificios *in situ*. En el caso de los terremotos, esto incluía reparación y refuerzo, la colocación de contrafuertes y, cuando se trataba de reedificar edificios enteros, podía implicar la construcción de cimientos considerablemente ampliados y más estables. La figura 4 muestra la iglesia de San Jaime de Sesoliveres en Igualada (España), con sus grandes contrafuertes de refuerzo para sostener los muros dañados posiblemente debido al terremoto de 1428[67]. La figura 5 es una de las dos iglesias afectadas probablemente por el terremoto de 1373 en Montañana (España), donde se observa que la base de la torre de la iglesia ha sido reforzada visiblemente. La figura 6 muestra toda la anchura de este enorme refuerzo en la base de la torre. Se puede ver la puerta original al fondo, con la piedra clave caída en el centro del arco, una de las consecuencias típicas de un terremoto violento. Otras iglesias de la misma región, por ejemplo Capella (fig. 7), también revelan múltiples indicios de daños por terremoto: las puertas han sido tapiadas, las grietas son muy visibles y la parte superior de las paredes laterales ha sido sustituida, posiblemente después de que el tejado se haya derrumbado. Datar estos cambios no es fácil. Se puede fechar el mortero de cal a través análisis científicos, pero lo más habitual es que existan características arquitectónicas reconocibles que se tapian o se dañan y luego se reemplazan por otras. Con cuidado y precaución, es posible construir una cronología en una

---

[66] C. Lewis, «Reconstructing the impact of 14th-century demographic disasters on late medieval rural communities in England», en C. M. Gerrard *et al.*, 2021, pp. 298-327.

[67] C. Olivera i Lloret *et al.*, *Els terratrèmols dels segles XIV i XV a Catalunya*, Barcelona, Institut Cartogràfic de Catalunya, 2006.

XLIX SEMANA INTERNACIONAL DE ESTUDIOS MEDIEVALES. ESTELLA-LIZARRA. 2023 | Transformaciones del medioambiente en la Edad Media

DOI: https://doi.org/10.35462/siemel.49 | 11-43

Figura 4. La iglesia de San Jaime de Sesoliveres, Igualada (España), siglo XI, con sus grandes contrafuertes y grietas visibles en el ábside, fachada y laterales, tal vez surgidos a consecuencia de los terremotos de los años 1427-1428 y 1448 (Foto: Jordiferrer, CC BY 3.0).

región más amplia. En casos excepcionales, por ejemplo cuando las iglesias han sido excavadas por completo, a veces se puede constatar más detalladamente las modificaciones y reparaciones realizadas. Por ejemplo, en la iglesia de Saint Michael, en lo alto del Glastonbury Tor en Somerset (Inglaterra), se documentaron fisuras en la roca madre que fueron rellenadas de mortero para crear una plataforma que sirviera de base más estable donde construir la torre tras el terremoto de septiembre de 1275[68].

Las reparaciones estructurales pueden llevar largo tiempo. Tras el terremoto de Creta en agosto de 1303, todavía en julio del 1315 no se había comenzado a reparar el tejado derrumbado de la iglesia de San Tito, y pasaron más de cincuenta años hasta que se restauraron algunas de las fortalezas

---

[68] P. Rahtz, «Excavations on Glastonbury Tor, Somerset, 1964-1966», *Archaeological Journal*, 127, 1970, pp. 1-82.

Figura 5. Iglesia de Nuestra Señora de Baldós, Montañana (Huesca, España). La base de la torre, vista aquí desde el sur, está embutida en obra de piedra para ofrecer refuerzo estructural. El daño en la mampostería se produjo seguramente tras el terremoto de 1373 (Foto: C. Gerrard).

Figura 6. Detalle del refuerzo añadido a la base de la torre de la iglesia de Montañana (Huesca, España), donde se puede apreciar el grosor de la nueva pared y el desplazamiento de la piedra clave de la puerta original, al fondo de la imagen (Foto: Paolo Forlin).

dañadas en la misma isla[69]. El plazo medio de reconstrucción en Italia se ha estimado entre diez y cuarenta años[70]. Esta demora parece haber sido generalizada y algunos estudios recientes han documentado el efecto que tuvo la gran crisis del siglo XIV en los grandes proyectos de construcción en toda Europa[71], mientras que nuevos datos sacados de 1695 iglesias de cinco países europeos demuestran cómo disminuyó también de forma generalizada la construcción de iglesias en esa época[72].

[69] E. Guidoboni y A. Comastri, «The large earthquake...», *op. cit.*, pp. 55-72.
[70] E. Guidoboni y G. Ferrari, «The effects of earthquakes...», *op. cit.*, p. 681.
[71] B. M. S. Campbell, *The Great Transition: Climate, Disease and Society in the Late Medieval World*, Cambridge, CUP, 2016, pp. 310-313.
[72] E. Burigh *et al.*, «Church building and the economy during Europe's 'Age of Cathedrals', 700-1500 CE», *Explorations in Economic History*, 76, 2020, 27.

Figura 7. Iglesia de San Martín de Tours, Capella (Huesca, España), desde el noroeste. Esta iglesia, románica originalmente, muestra muchas de las huellas típicas dejadas por un terremoto: daños estructurales en la parte alta de la pared de piedra, evidencia de reparaciones y de reconstrucción; y tapiado de ventanas y de puertas para estabilizar el edificio (Foto: C. Gerrard).

3.2. Protección antes del desastre

3.2.1. Conmemoración

En Würzberg (Baviera, Alemania), hay una lápida conmemorativa de una «megainundación» en el río Meno sufrida en 1342[73]. La inscripción reza:

> El duodécimo día antes de las calendas de agosto de 1342, el domingo antes de Jacobi, el río Meno creció más que nunca. El nivel del agua alcanzó la escalinata de la catedral de Würzberg y fluyó alrededor de las primeras estatuas de piedra. El puente con la torre, las murallas y muchas casas de piedra de Würzberg se derrumbaron. Ese mismo año hubo inundaciones similares en toda Alemania y en otras regiones. Y esta casa fue construida por el maestro Miguel de Würzberg.

Muchos otros lugares también se vieron afectados por la inundación de Santa María Magdalena, entre ellos Frankfurt, donde se ven placas en los edifi-

---

[73] M. Dotterweich *et al.*, «Quantifying historical gully erosion in northern Bavaria», *Catena*, 50, 2003, pp. 135-150.

cios que registran la altura que alcanzó el agua, al igual que en Colonia y Maguncia. Lamentablemente, la inundación se produjo antes de que se pudiera cosechar el grano[74]. Existen varios monumentos conmemorativos de este tipo en toda Europa, aunque no suelen ser tan detallados. Algunos de los más antiguos son del siglo XII y se encuentran en Italia. Se suelen situar en lugares accesibles para que el público las pueda leer, por lo general sobre puertas en el exterior de edificios. Su propósito es identificar dónde y cuándo ocurrió el suceso utilizando puntos históricos fijos reconocibles en el paisaje actual, recordar a los viandantes lo que ocurrió allí y describir su impacto (advirtiendo de lo que podría ocurrir en el futuro). De esta manera, funcionan a modo de «examen o revisión de lo aprendido» y en el sentido moderno tienen una función educativa.

Los recordatorios personales son más informales y mucho menos frecuentes. Un ejemplo famoso es el de la iglesia de Ashwell en Hertfordshire (Inglaterra), donde alguién anotó con una incisión en el muro la llegada de la Peste Negra en 1349/50, continuándose como una especie de calendario hasta 1362, cuando una gran tormenta azotó este pequeño pueblo[75]. Esta inscripción estaba en un lugar semi-público y probablemente no contó con aprobación institucional.

3.2.2. Mitigación

En la actualidad, esta fase incluiría aspectos relacionados con los seguros y los permisos de obras (por ejemplo, para evitar la construcción en terrenos inundables), pero también se incluyen aquí la creación de estructuras de protección, ya sean físicas o sociales, para evitar que se repita el suceso. El mismo proceso existía durante el periodo medieval y la prevención de incendios es uno de los ejemplos mejor documentados. En el Londres del siglo XIII, la preocupación por posibles incendios en la capital hizo que se adoptaran medidas preventivas, entre las que figuran el tratar de eliminar los tejados de paja y las construcciones de madera; además, también se prohibió el uso de ciertos combustibles en algunas ocupaciones, como a los panaderos, a los que también se les restringió el horario laboral[76].

---

[74] M. Bauch, «St Mary Magdalene's flood (1342) at the intersection of environmental history and the history of infrastructures: a compound event as a catalyst of medieval infrastructure development and public welfare», *Naturwissenschaften, Technik und Medizin*, 27(3), 2019, pp. 273-309.

[75] P. J. Brown, P. Forlin y C. M. Gerrard, «Catalogue of Medieval Disasters», en C. M. Gerrard *et al.*, 2021, pp. 387-389; M. Champion, «Medieval Graffiti Inscriptions», en C. M. Gerrard y A. Gutiérrez (eds.), *The Oxford Handbook of Later Medieval Archaeology in Britain*, Oxford Handbooks, 2018, pp. 626-680.

[76] C. Rawcliffe, *Urban bodies: communal health in late medieval English towns and cities*, Woodbridge, The Boydell Press, 2013, p. 169.

Cuando el número de fallecidos fue elevado, especialmente tras desastres biológicos como la peste bubónica, la necesidad de responder de una manera coordinada y efectiva fue especialmente urgente. La cuarentena es en sí misma un concepto medieval que se originó en Ragusa (Croacia) en 1377 y continuó en Venecia, cuando la isla de Santa María de Nazaret (más tarde Lazzaretto) se reservó primero para enterrar a las víctimas de la peste y después para cuidar de ellos a partir de 1423[77]. La cuarentena aislaba a los enfermos y establecía medidas especiales para mantenerlos separados de las personas sanas, pero servía igualmente para proteger a los sanos de los enfermos. La prohibición de entrar o salir de pueblos y ciudades fue una medida general, al igual que lo fue vigilar las puertas de entrada a los asentamientos, controlar la calidad de los suministros de agua, quemar las ropas y las pertenencias de las víctimas de la peste, y el entierro temporal en cementerios fuera de la ciudad antes de volver a ser inhumados. Los ejemplos están muy bien documentados por toda Europa, incluyendo la Valencia del siglo XV[78]. Una medida de aislamiento para evitar el contagio incluía la construcción de cabañas distantes entre sí donde aislar a los enfermos y evitar la propagación de enfermedades contagiosas, por ejemplo, en Huesca (España) en 1599[79] y en Edimburgo (Escocia) también en la misma época[80]. El aislamiento fue preceptivo durante graves epidemias como la peste o el tifus[81].

Los primeros ejemplos europeos del uso de elementos estructurales de mitigación en edificios fueron introducidos en el siglo XIV. O'Neill[82] defiende que las modificaciones arquitectónicas realizadas en Chipre se realizaron a partir de mediados del siglo XIV como respuesta a los temblores que sacudían la isla: contrafuertes, planos centralizados con mayor rigidez, edificios más bajos, vanos más pequeños, y la adición de otros elementos de madera o hierro. Otras numerosas innovaciones aparecieron también en Italia, tal vez uno de los lugares más peligrosos para vivir en la Europa medieval, donde la densidad de población era muy alta en las ciudades y los pueblos estaban asentados en zonas de máxima actividad sísmica. La figura 8 muestra los tirantes insertados en la

77 M. Signoli, *Etude anthropologique de crises démographiques en context épidémique. Aspects paléo- et biodémographiques de la Peste en Provence*. BAR Int Series 1515, Oxford, Archaeopress, 2006.
78 M. Gallent Marco, «Sanidad y urbanismo...», *op. cit.*, pp. 1567-1580.
79 M. Camps, C. Aler Ibarza y M. Camps, «La peste de 1599 en Loporzano (Huesca)», *Actas del IX Congreso Nacional de Historia de la Medicina*, vol. 2, Zaragoza, 1991, p. 468.
80 W. J. Simpson [1905], *A Treatise on Plague: Dealing with the Historical, Epidemiological, Clinical, Therapeutic and Preventive Aspects of the Disease*, Cambridge University Press reprinted, 2020, p. 343.
81 J. I. Carmona, *Enfermedad y sociedad en los primeros tiempos modernos*, Sevilla Universidad de Sevilla, 2005.
82 R. O'Neill, «Seismic adaption in the Latin churches of Cyprus», en C. M. Gerrard *et al.*, 2021.

Figura 8. Vista del interior de la basília de Santa Maria Assunta (Aquileia, Friuli-Venezia, Italia), donde se observan los tirantes que sujetan las paredes de la nave (Velvet CC BY-SA 4.0).

nave central de la Basilica di Santa Maria Assunta en Aquileia, a orillas del mar Adriático, tras el terremoto de 1348/49 que afectó a todo el norte de Italia. En el siglo XV en Italia, la inserción de tirantes en los muros fue frecuente en algunas zonas y su adopción y distribución nos permite hablar de la existencia de una «cultura sísmica». La población estaba tan familiarizada con los terremotos que el ciclo de reparación y mitigación casi pasó a convertirse en algo rutinario. Algunos de estos tirantes de muros tienen terminales en forma de lirio, lo que ha sido interpretado como una posible referencia al simbolismo de la Virgen María y a su importante papel protector. De ser así, tal medida ofrecía tanto una protección tecnológica como sobrenatural para el edificio[83].

---

[83] P. Forlin, «Rituals of resilience...», *op. cit.*, pp. 26-29.

Las comunidades medievales eran capaces de hacer frente a los desastres y, a menudo y cuando era posible, adoptaron medidas prácticas para combatir su situación. Entre las medidas tomadas en Europa figuran, por ejemplo, la excavación de zanjas de drenaje en asentamientos vulnerables para defenderse de la subida de las aguas, como hicieron en Landbeach (Cambridgeshire, Reino Unido), en el siglo XIV[84], mientras que la construcción de muros y de esclusas eran frecuente cerca de estuarios importantes como el Támesis[85]. En general, aquellos que se beneficiaban directamente de estas medidas de protección (normalmente terratenientes y comunidades locales) estaban obligados a contribuir a su mantenimiento, pero cuando el riesgo era elevado, los costes resultaban desproporcionadamente elevados y si la propiedad de la tierra estaba muy fragmentada y los propietarios eran numerosos, se necesitaban mecanismos más centralizados para hacer frente a las obras y a los costes. De esta manera, la construcción de los primeros sistemas integrales de diques en Holanda y en Utrecht ya antes de 1250 se realizaron en respuesta al riesgo de inundaciones, pero su gestión se centralizó y estuvo rápidamente regulada dada la escala del proyecto[86]. Tras la inundación de 1342 sufrida en la Europa central, se produjeron muchos cambios en el diseño de puentes (por ejemplo, se reforzaron los pilares de los puentes para resistir el hielo, como demuestran los registros arqueológicos) y se adoptaron nuevas medidas de protección contra las inundaciones. Dichas modificaciones de ingeniería han sido interpretadas como una reacción a inundaciones catastróficas sufridas en estas zonas[87].

También hay ejemplos numerosos de mitigación personal, por lo general a través de objetos. Unos de los más conocidos son las insignias de peregrino que, prendidas con alfileres o cosidas en la ropa, constituían un testimonio visible de la peregrinación realizada por una persona para obtener la protección de un santo determinado, del cumplimiento de algún voto o promesa, o de haber hecho penitencia. Además, podían actuar como amuletos, pues la insignia había tocado un santuario, una reliquia o una imagen santa y con ello adquiría funciones protectoras y curativas. Es por estas cualidades talismánicas que a finales de la Edad Media en la zona del Rin en Alemania las insignias de peregrinos se incrustaban en las campanas de las iglesias, con otros ochenta ejemplos conocidos

[84] J. R. Ravensdale, *Liable to floods. Village landscape on the edge of the fens AD 450-1850*, Cambridge, CUP, 1974, p. 129.

[85] J. A. Galloway y J. S. Potts, «Marine flooding in the Thames Estuary and tidal river *c.* 1250-1450: impact and response», *Area*, 39(3), 2007, pp. 370-379.

[86] R. S. J. Tol y A. Langen, «A concise history of Dutch river floods», *Climatic Change*, 46, 2000, pp. 357-369.

[87] M. Bauch, «St Mary Magdalene's flood (1342)...», *op. cit.*, pp. 273-309.

en Escandinavia[88]. Parece que se colocaron allí para transmitir el poder divino a través del tañido de las campanas, especialmente para ahuyentar las tormentas[89], o tal vez actuaran de protección para la propia iglesia contra el mal tiempo.

El uso de todo tipo de amuletos fue extendido durante el periodo medieval y aquellos que protegían contra el riesgo de sufrir alguna desgracia o enfermedad, especialmente la peste, fueron singularmente populares[90]. Por ejemplo, los equinoideos o erizos de mar fosilizados se guardaban como protección contra truenos y rayos[91]. Los más populares y frecuentes por toda Europa tenían letras inscritas en pequeños objetos personales, como anillos, colgantes o finas láminas de plata y más tarde en papel[92]. Antonio Guaineri (m. †? c. 1412), médico de Amadeo VIII de Saboya, ya los menciona en su tratado sobre la peste, equiparándolos a las reliquias religiosas[93]. La figura 9 muestra un colgante de oro con la inscripción AGLA, abreviatura común de una frase hebrea que se creía que podía proteger al usuario; es decir, la inscripción actuaba como una palabra mágica. Otro ejemplo procede del norte de Portugal, donde las excavaciones arqueológicas en el monasterio cisterciense de São João de Tarouca descubrieron un anillo medieval insertado en la pared de la sala capitular. El anillo lleva inscrita una secuencia de dieciocho letras mayúsculas (+Z+DIA+BIZ+SAB+Z+MGF+BFRS), cada una la primera letra de una frase entera de una oración utilizada para ahuyentar accidentes y guardar la salud. En este caso, las letras actúan como recurso mnemotécnico para recordar al portador las oraciones recomendadas para ahuyentar la peste[94]. En Venecia, el uso de talismanes personales dedicados a san Sebastián cobró popularidad a partir del siglo XVI, pues se creía que rezando a diario y llevando consigo el talismán, se quedaba protegido contra la peste[95]. Además de letras, simples imágenes o la natu-

---

[88] M. F. Simonsen, «Medieval pilgrim badges. Souvenirs or valuable charismatic objects», en M. Vedeler *et al.* (eds.), *Charismatic objects from Roman times to the Middle Ages*, Oslo, Cappelen Damn, 2018, pp. 169-196.

[89] E. Cameron, *Enchanted Europe. Superstition, reason, and religion, 1250-1750*, Oxford, OUP, 2010, p. 198.

[90] P. J. Brown, *Meteorological disasters in Medieval Britain. Archaeological, historical and climatological perspectives within a wider European context*, Berlín/Boston, De Gruyter, 2023, pp. 137-181.

[91] R. Gilchrist, «Magic for the dead? The archaeology of magic in later medieval burials», *Medieval Archaeology*, 52, 2008, pp. 119-159.

[92] C. W. King, «Talismans and amulets», *Archaeological Journal*, 26(3), 1869, pp. 227-228.

[93] C. Lecouteux, *The High Magic of Talismans and Amulets: Tradition and Craft*, Rochester, Inner Traditions, 2014, pp. 80-81.

[94] M. J. Barroca, «A medieval prayer finger ring from São João de Tarouca (Portugal)», en M. Carver y J. Klápště (eds.), *The Archaeology of Medieval Europe, vol. 2. Twelfth to Sixteenth centuries*, Aarhus University Press, 2011, pp. 432-433.

[95] A. Niero, «Pietà ufficiale e pietà popolare in tempo di peste», *Venezia e la peste: 1348-1797*, Venecia, Comune del Venezia, Assessorato alla cultura e belle arti, Marsilio, 1980, p. 289.

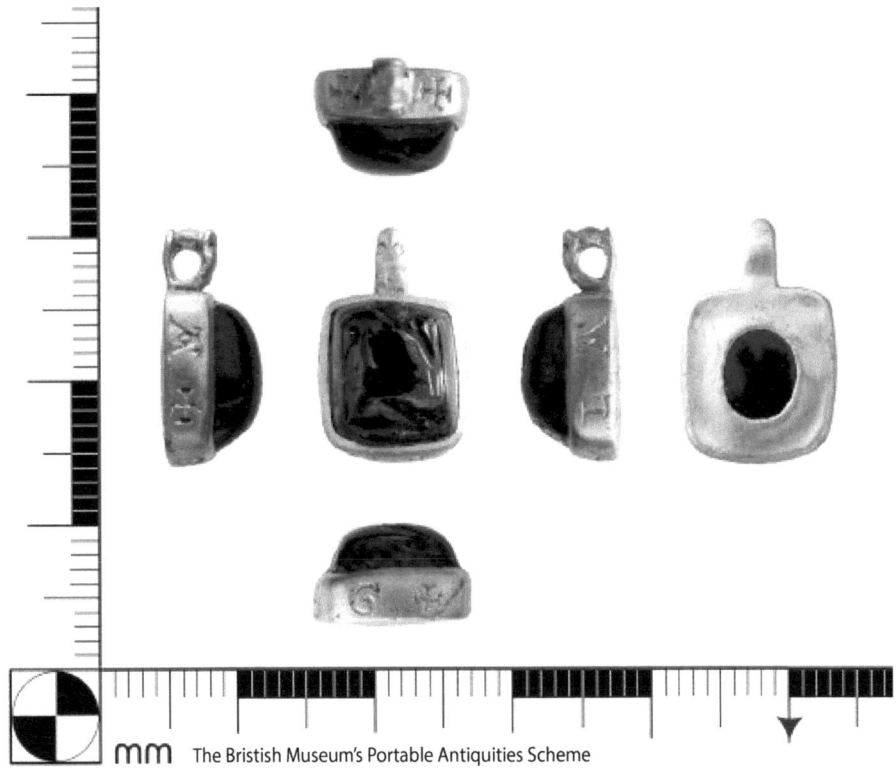

mm   The Bristish Museum's Portable Antiquities Scheme

Figura 9. Colgante de oro y granate encontrado en Essex (Reino Unido), fin del siglo XII-XIII, con la inscripción +A+G+LA+ en los laterales (Record ID: SUR-4329F6. NCL07C084. The Portable Antiquities Scheme/The Trustees of the British Museum, CC BY 3.0).

raleza y el color de piedras y gemas preciosas podían tener poderes similares. Un manuscrito inglés del siglo XIII recomendaba una gema con la imagen de un perro y de un león para protegerse de la peste o de cualquier otra enfermedad[96], mientras que el tratado de 1564 de un médico que sobrevivió a la peste en Zaragoza reconocía las cualidades ocultas de determinados objetos y recomendaba llevar ciertas piedras preciosas cerca del corazón[97]. Dichas gemas solían tener también una inscripción en el reverso[98].

[96] P. Aakhus, «Astral magic in the Renaissance: gems, poetry, and patronage of Lorenzo de Medici», *Magic, Ritual and Witchcraft*, 3(2), 2008, p. 192.

[97] J. T. Porcell, *Información y curación de la peste de Çaragoça y praeservación contra la peste en general*, Zaragoza, viuda de Bartholome Nagera, 1564, cap. VII.

[98] N. Horcajo, «Los colgantes renacentistas», *Espacio, tiempo y forma*, 1, 1998, pp. 87-88.

Cada individuo también podía recurrir directamente a los poderes protectores de los santos; por ejemplo se invocaba a santa Bárbara y a san Cristóbal contra la muerte súbita, ya que el morir sin haber confesado era uno de los mayores temores durante el periodo medieval. También se invocaba a santa Escolástica contra los rayos. Esas «flechas del cielo [que] atravesaban el cerebro del hombre», como las describía el libro de milagros de san Foy[99], representaban un final especialmente cruel, ya que la intención de Dios no solo se anunciaba a bombo y platillo (con truenos), sino que además se dirigía con gran precisión a la víctima. Los cultos locales proliferaron por doquier, por ejemplo en Portugal san Benito era el que proporcionaba seguridad contra terremotos y tormentas, entre otros poderes[100]. Cuando amenazaba la peste, se solía recurrir a la protección de la Virgen, san Sebastián (m. 268 d. C.) o san Roque (m. 1327)[101], cuyo acrónimo VSR (viva san Roque) se añadía a las puertas de las casas en el Languedoc, norte y este de España como protección contra la peste todavía hasta el siglo XIX[102]. San Sebastián está documentado como santo de la peste desde finales del siglo VIII, mientras que san Roque, uno de los favoritos a partir de finales del siglo XV, aparece representado convencionalmente en el arte religioso levantándose la túnica de peregrino para mostrar la marca de su infección, con cicatrices visibles de la enfermedad pero muy vivo[103]. Desafiando a toda lógica, las catástrofes mismas pudieron también producir milagros: la talla de la Virgen de Santa María de los Huertos en Segovia (España) apareció inesperadamente cuando el monasterio estaba siendo arrasado por las aguas en 1304[104]. En otro caso de comienzos del siglo XVI, la Virgen se le apareció al juez Andreu Soler, declarando que la peste terminaría si se les daba permiso a los dominicos para establecerse en Orihuela, Alicante; el permiso fue concedido y la orden recibió una ermita en 1512[105].

La veneración religiosa por supuesto pudo adoptar muchas formas, por ejemplo la construcción de ermitas e iglesias nuevas, como las de San Giobbe

99 P. Sheingorn, *The Book of Sainte Foy*, The Middle Ages Series, Philadelphia, UPP, 1995, pp. 73-77.
100 G. J. A. Coelho Dias, «O culto popular de San Bento – uma forma de terapêutica religiosa», *Revista da Faculdade de Letras Do Universidade Do Porto*, 10, 2019, pp. 233-244.
101 J. Brossollet, «Quelques aspects religieux de la Grande Peste du XIVème siècle», *Revue d'Histoire et de Philosophie religieuse*, 64.1, 1984, pp. 53-66.
102 C. Cahier, *Caractéristiques des saints dans l'art populaire* (vol. 1), París, Poussielgue frères, 1867.
103 L. Marshall, «Manipulating the sacred: image and plague in Renaissance Italy», *Renaissance Quarterly*, 47(3), 1994, pp. 485-532.
104 B. Bartolomé y C. Sánchez, «Nuestra Señora de las Aguas, una olvidada advocación segoviana», *Estudios Segovianos*, 37(94), 1966, pp. 153-170.
105 J. Hinojosa, «Ermitas, conventos y cofradías en tierras de Alicante durante la Edad Media», *Anales de la Universidad de Alicante. Historia Medieval*, 8, 1992, pp. 288-289.

(1450-93) y San Rocco (1489-1508) en Venecia, levantadas como prueba de devoción ante la peste o en agradecimiento por haberla sobrevivido[106]. En el ámbito privado, las devociones a los «santos de la peste» eran cuidadosamente transcritas en los Libros de Horas por sus propietarios[107], mientras que la promesa de peregrinar a un santuario se hacía físicamente doblando una moneda de plata (fig. 10). Tales promesas eran frecuentes en el lecho del enfermo y la evidencia arqueológica de tal práctica es cada vez más frecuente en Inglaterra[108]. En otros casos, la tripulación de un barco navegando en momentos de peligro podía prometer una peregrinación si era rescatada rápidamente. La mentalidad medieval no entendía los desastres marítimos con gran simpatía, especialmente dada la asociación existente entre las inundaciones y el Juicio Final, pero entre los exvotos

Figura 10. Penique de plata de Eduardo I, doblado, hallado en Somerset (Reino Unido), fechado en 1282-1289 (Record ID: WMIDC980C3. The Portable Antiquities Scheme /The Trustees of the British Museum, CC BY 3.0).

dejados por los peregrinos que cumplían sus peregrinaciones en el santuario del San Tomás de Cantilupe en la catedral de Hereford en el siglo XIV figuran 170 barcos de plata y 41 de cera[109].

El individuo también podía apelar al poder de las reliquias veneradas localmente para conseguir su protección o ayuda, una práctica ampliamente documentada, especialmente en tiempos de sequía. Por ejemplo, en el monasterio cisterciense de Fitero (Navarra, España), entre el 3 de mayo y el 14 de septiembre se subían las cajas-relicario a la torre de la iglesia anualmente para favorecer la formación de nubes[110]. La petición podía ser más pública y colectiva, con procesiones que incluían el desfile de reliquias y del Sacramento, como se hacía

---

[106] H. Avery, «Plague churches, monuments and memorials», *Proceedings of the Royal Society of Medicine*, 59(2), 1966, pp. 110-116.

[107] E. Duffy, *The stripping of the altars. Traditional religion in England 1400-1580*, New Haven y Londres, Yale University Press, 1992, p. 178.

[108] R. Kelleher, «Pilgrims, pennies and the ploughzone: folded coins in medieval Britain», en N. M. Burstrom y G. T. Ingvardson (eds.), *Divina Moneta: Coins in Religion and Ritual*, Londres, Routledge, 2018, pp. 68-86.

[109] R. C. Finucane, *Miracles and pilgrims. Popular beliefs in medieval England*, Basingstoke, Macmillan, 1995, p. 98.

[110] R. Férnandez Gracia, *Monasterio de Fitero: primer monasterio cisterciense de la Península*, León, Edilesa, 2002.

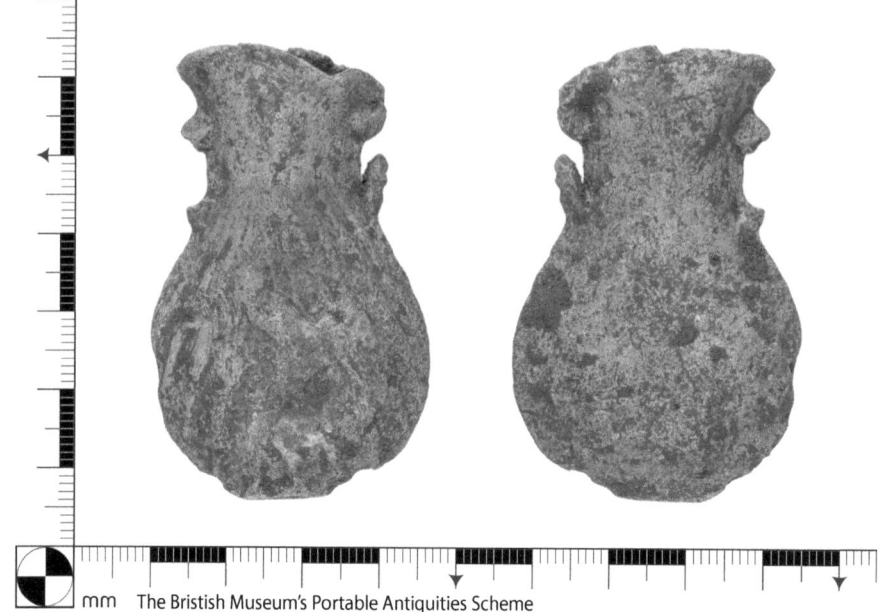

mm   The Bristish Museum's Portable Antiquities Scheme

Figura 11. Ampolla de plomo hallada en Nortumbria (Reino Unido), del siglo XII-fines del XIV, con incisiones imitando la concha de una vieira (Record ID: NCL07C084. The Portable Antiquities Scheme/The Trustees of the British Museum, CC BY 3.0).

en Erice, en el oeste de Sicilia, cuando amenazaban sequías o epidemias[111] o la de san Adrián en Bilbao en 1530, de la que sobrevive una descripción muy detallada[112]. En el sur de Alemania, Austria y Suiza, las reliquias o la hostia sagrada podían asistir a las procesiones a mediados del siglo XIV, mientras que las «cruces meteorológicas» protegían de truenos y relámpagos[113]. Acontecimientos como estos podían ir acompañados del toque de campanas, del recitado de letanías y de la celebración de misa, como ocurrió tras la cosecha fallida de 1315, cuando el clero inglés realizó la procesión descalzo[114].

La mitigación también era asumida dentro de la comunidad. La rogación de entre finales de abril y comienzos de junio conllevaba la bendición de los

....

[111] E. Piervitali y M. Colacino, «Evidence of drought in western Sicily during the period 1565-1915 from liturgical offices», *Climatic Change*, 49, 2001, pp. 225-238.

[112] T. Guiard, *Historia de la Noble Villa de Bilbao*, Bilbao, La Gran Enciclopedia Vasca, vol. II, 1971, p. 438.

[113] C. Zika, «Hosts, processions and pilgrimages: controlling the sacred in 15th century Germany», *Past and Present*, 118, 1988, pp. 25-64.

[114] I. Kershaw, «The Great Famine...», *op. cit.*, pp. 3-50.

campos, que podía realizarse de muchas formas; en Newlyn (Cornualles, Inglaterra) se colocaban cruces y reliquias de diversos santos sobre cuatro piedras adyacentes a la iglesia mientras la gente se reunía al aire libre para escuchar el sermón[115]. En Inglaterra, los hallazgos en tierras de cultivo de «ampollas» o vasijas en miniatura (fig. 11) que contenían agua, aceite y polvo de santos, santuarios o agua bendita, se han explicado como ofrendas rituales a modo de seguro contra la pérdida de cosechas[116]. En toda España, donde las ceremonias parecen haberse desarrollado a partir del siglo XV, estas solían ser *pro pluvia* y eran promovidas por la población local, aunque también se podían adoptar con otros fines, por ejemplo para combatir el frío y contra las inundaciones[117]. En otros lugares también podían quemarse cruces hechas con ramas de palmera para ahuyentar las tormentas[118].

4. CONCLUSIONES

Los paradigmas de los riesgos medioambientales han evolucionado rápidamente en las últimas décadas, desde uno inicial «ingeniero», centrado principalmente en lo cuantitativo, que consideraba las catástrofes como sucesos inevitables que requerían soluciones tecnológicas para proteger la infraestructura y a las poblaciones expuestas, hasta investigaciones más recientes de ciencias sociales y humanidades que a su vez siguen cuestionándose si las catástrofes son realmente «naturales»[119]. En la actualidad, se acepta la idea de que los factores políticos, sociales y económicos son especialmente importantes, algo que Brown y Goldwin[120] señalaron ya por primera vez hace sesenta años dentro del contexto de las catástrofes modernas. En cuanto a las sociedades pasadas, la arqueología y la historia desempeñan un papel importante a la hora de evaluar el impacto sociocultural sufrido y de identificar los factores que expusieron a la sociedad a estos peligros naturales, así como para explicar las razones de su vulnerabilidad.

---

[115] G. Rosser, «Religious practice at the margins», en J. Blair y C. Pyrah (eds.), *Church Archaeology: Research Directions for the future*, CBA Research Report, 104, 1996, p. 82.

[116] W. Anderson, «Blessing the fields? A study of Late-medieval *ampullae* from England and Wales», *Medieval Archaeology*, 54, 2010, pp. 182-203.

[117] J. Martín-Vide y M. Barriendos Vallvé, «The use of rogation ceremony records in climatic reconstruction: a case study from Catalonia (Spain)», *Climatic Change*, 30, 1995, pp. 201-221.

[118] E. Cameron, *Enchanted Europe. Superstition, reason, and religion, 1250-1750*, Oxford, OUP, 2010, p. 59.

[119] M. Juneja y F. Mauelshagen, «Disasters and pre-industrial societies...», *op. cit.*, pp. 1-31.

[120] M. Brown y A. Goldwin, *Collective behaviour: a review and reinterpretation of the literature*, Pacific Palisades, California, Goodyear, 1973.

Todas las catástrofes tienen una trayectoria social. En particular, los estudios de los casos descritos anteriormente cuestionan la teoría de que la falta de desarrollo económico es sinónimo de incapacidad o pasividad para enfrentarse a tales desastres y catástrofes. La visión del juicio divino en la Edad Media, en vez de frenar la respuesta humana y la reconstrucción, promovió acciones responsables y caritativas. La población medieval no era simplemente vulnerable, sino que podía ser resiliente y tenía gran capacidad para adaptarse, aprender y organizarse.

Merece la pena volver a examinar la figura 2. Aunque describe las actividades previas y posteriores a las catástrofes modernas, hemos visto que muchas de las actividades que se citan en el gráfico –como el socorro, la rehabilitación, la reconstrucción y la mitigación– ya eran familiares en el medievo. Otras actividades, sin embargo, son menos visibles. Se omiten los «planes de emergencia» y la «preparación», al menos en el sentido formal de acumular o almacenar asistencia (a no ser que incluyamos aquí el almacenamiento de grano) y planificar las rutas de evacuación. Podría decirse que, más allá de la fase de rescate tras una catástrofe, la prioridad de las instituciones cívicas y estatales medievales no fue la de capacitar al individuo, sino poder garantizar la provisión de infraestructuras mucho más amplias. También debemos reconocer que a la hora de percibir un riesgo natural alguno, la población medieval de la Europa cristiana se surtía de una combinación variada que incluía teología, creencias populares y la teoría científica existente en un momento dado. Sus interpretaciones podían ser literales y morales, pero también alegóricas y místicas, y la evidencia que nos ha llegado no nos sugiere que los cristianos de la Edad Media actuaran al unísono[121]. Las perspectivas también evolucionaron, muy posiblemente a consecuencia de las epidemias y de las hambrunas de la primera mitad del siglo XIV. De la astrología y lo divino se fue pasando a otras causas como el hacinamiento, las condiciones antihigiénicas, los «vapores corruptos», a la vez que tratados sobre la peste aconsejaban cómo evitar su propagación y cómo curar a las víctimas[122]. Esto significa que, por lo menos para algunos tipos de peligro, se creía que se *podía* hacer algo. No hay duda de que la experiencia proveyó medidas de prevención; por ejemplo, para los episodios de peste de los siglos XVI y posteriores se podía reaccionar con rapidez instalando medidas ya bien definidas (aislamiento, cuarentena, higiene) y sorprendentemente comunes a gran parte de Europa.

Por último, podemos observar que, si bien muchos sucesos documentados causaron trastornos localizados, un pequeño número de grandes catástrofes fue-

---

[121] B. Abou-El-Hai, «The Audiences for the Medieval Cult of Saints», *Gesta*, 30(1), 1991, pp. 3-15.
[122] S. K. Cohn, *The Black Death transformed…, op. cit.*, p. 76.

ron responsables de la gran proporción de pérdidas y daños humanos ocurridas durante la Edad Media. Aunque los riesgos biológicos fueron la mayor amenaza directa para las vidas de la época medieval, la vulnerabilidad de las poblaciones se acentuó cuando las catástrofes se sucedieron rápidamente, causando efectos acumulativos, especialmente cuando afectaron a la población agrícola. La crisis agraria de 1315-22 fue una de ellas, un periodo en el que se calcula que los Países Bajos, por ejemplo, perdieron entre el 5 % y el 10 % de su población debido a las graves inundaciones de 1313 y 1315 y a la subsiguiente hambruna de 1314-1317[123]. La escasez recurrente de alimentos está asociada a la malnutrición, a las infecciones y a la mortalidad infantil, lo que a su vez se puede documentar en el registro arqueológico. En Inglaterra se observa para este mismo periodo un pronunciado declive en los trabajos de construcción de iglesias, catedrales y monasterios, junto con un abandono palpable de lugares tanto urbanos como rurales[124], a la vez que hay cambios visibles en los tipos de objetos que se fabricaban[125].

La población de la Europa medieval estuvo constantemente expuesta a una amplia gama de peligros medioambientales que deben ser estudiados por historiadores geógrafos y arqueólogos. Más allá de la simple datación, identificación de la magnitud y de la frecuencia de los sucesos, es necesario también evaluar la respuesta humana ante tales catástrofes. El marco de estas investigaciones es muy amplio y permite profundizar y ampliar la metodología del trabajo de campo a la vez que desarrollar análisis que van más allá de los sucesos más extraordinarios y sus consecuencias inmediatas. Pero, sobre todo, debemos desterrar la noción popular de que el periodo medieval fue una época de histeria supersticiosa y de desesperanza, ya que en muchos sentidos esta fue también una «sociedad del riesgo» que tenía a su disposición un conjunto de herramientas cada vez más sofisticadas para mitigar peligros y desarrollar medidas de protección. La fe religiosa no fue un obstáculo para ello y, aunque la sociedad medieval tal vez no fuera la mejor protegida contra los peligros medioambientales, ni la mejor dotada de recursos, ni la que pretendía tener un conocimiento completo de los riesgos a los que se enfrentaba, quizá tampoco fue la más asustadiza.

[123] R. S. J. Tol y A. Langen, «A concise history...», *op. cit.*, pp. 357-369.
[124] C. Dyer, «The crisis of the early fourteenth century. Some material evidence from Britain», en D. Boisseuil *et al.* (eds.), *Écritures de l'espace social. Mélanges d'histoire médiévale offerts à Monique Bourin*, París, Sorbona, 2010, pp. 491-506.
[125] E. Oksanen y M. Lewis, «Evaluating transformations in small metal finds following the Black Death», *Medieval Archaeology*, 67(1), 2023, pp. 159-186.

Nuevos cultivos, nuevos sabores: los recursos vegetales en época medieval en la península ibérica a partir de la arqueobotánica

Leonor Peña-Chocarro
Instituto de Historia (CSIC), Madrid
leonor.chocarro@cchs.csic.es

Guillem Pérez-Jordà
Universitat de València
guillem.perez@uv.es

1. INTRODUCCIÓN

Entre los muchos avances que se han producido en la arqueología medieval de la península ibérica en las últimas tres décadas gracias al impulso de la arqueología[1], destaca el desarrollo de los estudios arqueobotánicos que, fundamentalmente, se ha realizado en los últimos diez años. El olvido y la marginación al que han estado sometidos por parte de arqueólogos e historiadores, salvo excepciones contadas, explican la ausencia de iniciativas de implementación de estrategias de muestreo sistemático y de recuperación de los restos vegetales hasta hace relativamente pocos años. Todo esto ha conllevado la pérdida de información en su mayor parte irrecuperable. Solo si se piensa en la cantidad de pozos negros y de letrinas que se han excavado en ciudades islámicas y que rara vez han sido muestreados, o los numerosos yacimientos medievales en los que se ha intervenido en el marco del enorme desarrollo de la arqueología preventiva y de urgencia y de los que nunca se recuperaron los restos vegetales, se puede imaginar la información irremediablemente perdida.

Existen trabajos excelentes sobre alimentación a partir de la documentación escrita (crónicas, documentos fiscales y otros documentos de archivos de los territorios bajo dominio cristiano), en los que la información de las plantas

---

[1] J. A. Quirós Castillo (ed.), *Treinta años de arqueología medieval en España*, Oxford, Archeopress, 2018.

generalmente se refiere a productos agrícolas o a su utilización en pagos de rentas[2]. También encontramos datos indirectos en documentos sobre propiedades e infraestructuras agrícolas. Se trata de textos en general de origen eclesiástico, y la mayor parte son registros notariales en los que aparecen datos de interés sobre prácticas y estrategias agrarias, pero en los que a menudo las categorías de productos son muy amplias (cereales, pan, fruta, etc.) sin que sea posible, en muchos casos, obtener información sobre las especies concretas, sus ciclos agrícolas, sus necesidades de procesado, o del papel que tuvieron las preferencias humanas para seleccionar una u otra variedad o especie. También se han abordado aspectos de gran interés, como la agricultura islámica, a partir de los textos botánicos y médicos de los autores hispano-árabes y de las fuentes jurídicas, y en este sentido destaca la labor de autoras como Expiración García, Julia M.ª Carabaza o Inmaculada Camarero, entre otras, como ponen de manifiesto los numerosos trabajos basados en las traducciones de diferentes tratados de agricultura y materializados en la colección «Ciencias de la Naturaleza en Al-Ándalus», coordinada por E. García Sánchez, que desde el año 1990 publica obras de enorme interés de los principales estudiosos de la materia. Trabajos más recientes[3] suponen una aportación de suma importancia para el conocimiento de las especies cultivadas en la península ibérica en el periodo islámico, tanto de interés agrícola como forestal. Sin embargo, nos falta la evidencia arqueológica de la mayor parte de ellas.

Por otra parte, el desarrollo de la arqueología agraria centrada especialmente en los espacios agrarios ha proporcionado datos muy complejos sobre los paisajes medievales y sobre muchos aspectos relacionados con la vida campesina y la gestión de los espacios de producción[4], pero no siempre ha

[2] A. Riera Melis, «Las plantas que llegaron de Levante. Acerca del legado alimentario islámico en la Cataluña medieval», *Anuario de Estudios Medievales*, 31(2), 1991, pp. 787-841; A. Riera Melis, «Documentació notarial i història de l'alimentació», *Estudis d'Història Agrària*, 13, 1999, pp. 17-43; A. Riera Melis, «De la cuenca del Yangtsé a las marismas del Guadalquivir: la introducción del cultivo y del consumo del arroz asiático (*Oryza sativa*) en Al-Andalus durante la Edad Media», *Estudis d'Història Agrària*, 28, 2016, pp. 149-16; A. Riera Melis, *Alimentación, sociedad, cultura y política en el Occidente medieval*, Gijón, Trea, 2021; W. Davies, «Gardens and gardening in early medieval Spain and Portugal», *Early Medieval Europe*, 27(3), 2019, pp. 327-348.

[3] E. García Sánchez, J. M. Carabaza Bravo y J. E. Hernández Bermejo, *Flora agrícola y forestal de Al-Andalus, vol. II: especies leñosas*, Madrid, Ministerio de Agricultura, Pesca y Alimentación, 2021; J. E. Hernández-Bermejo, E. García-Sánchez y J. M. Carabaza Bravo, *Flora agrícola y forestal de Al-Andalus, vol. I: monocotiledóneas, cereales, bulbosas y palmeras*, Madrid, Ministerio de Agricultura, Alimentación y Medio Ambiente, 2012.

[4] H. Kirchner (ed.), *Por una arqueología agraria: perpectivas de investigación sobre espacios de cultivo en las sociedades medievales hispánicas*, BAR International Series, Oxford, Archeopress, 2010; M. Fernández Mier, J. Fernández Fernández y P. López Gómez, «Agrarian archaeology: A research and

ido acompañada de estudios arqueobotánicos y estos son en general muy recientes[5].

En definitiva, a pesar de los potentes desarrollos de la arqueología medieval durante los últimos treinta años, caracterizados por nuevos planteamientos, metodologías y protocolos, así como por novedosas formas de aproximarse a la vida campesina, a las tareas cotidianas de sus protagonistas y a los espacios de trabajo, el estudio de los restos vegetales (semillas y frutos), que constituyen una de las evidencias más directas de las especies cultivadas y del aprovechamiento de los recursos vegetales en este periodo, ha quedado relegado a un plano muy marginal. Los numerosos proyectos de excavación arqueológica que se llevaron a cabo en España desde los años 90 hasta la crisis de 2008, en muchos casos vinculados a la arqueología de gestión, contemplaron pocas veces la recuperación de las evidencias botánicas, en muchas ocasiones por la falta de recursos para el estudio posterior de los materiales, pero también por el escaso interés y desconocimiento sobre su potencial para acercarnos a la vida de las comunidades del pasado.

Esta situación difiere en gran medida de otras zonas europeas en las que la arqueología medioambiental se ha desarrollado de forma importante desde los años 70 del pasado siglo. En países como el Reino Unido, Irlanda, Alemania, Polonia, etc., e incluso en países del ámbito mediterráneo como Italia, Francia o en nuestro vecino Portugal, los estudios de arqueobotánica medieval están mucho más desarrollados[6] y han proporcionado interesantes conocimientos sobre la dieta vegetal, el desarrollo agrícola y el uso de las plantas en la Edad Media.

....

social transformation tool», *Heritage*, 6, 2023, pp. 300-318; V. Mayoral Herrera, I. Grau Mira y J. P. Bellón Ruiz, *Arqueología y sociedad de los espacios agrarios: en busca de la gente invisible a través de la materialidad del paisaje*, Madrid, CSIC, 2021; A. Orejas Saco del Valle, «Arqueología de los paisajes agrarios e historia rural», *Arqueología Espacial*, 26, 2006, pp. 7-19.

[5] J. A. Quirós-Castillo, J. P. Tereso y L. Seabra, «Social history of agriculture at medieval rural sites in the northern of the Iberian Peninsula: Aistra and Zornoztegi (Alava, Spain)», *Journal of Archaeological Science: Reports*, 33, 2020, 102442; N. Alonso, F. Antolín y H. Kirchner, «Novelties and legacies in crops of the Islamic period in the northeast Iberian Peninsula: The archaeobotanical evidence in Madîna Balagî, Madîna Lârida, and Madîna Turṭûša», *Quaternary International*, 346, 2014, pp. 149-161; H. Kirchner, A. Virgili y A. Antolín, «Un espacio de cultivo urbano en Al-Andalus: Madîna Turṭûša (Tortosa) antes de 1148», *Historia Agraria*, 62, 2014, pp. 11-45.

[6] La bibliografía arqueobotánica medieval es muy abundante, por lo que solo se señalan ciertas obras fundamentales para algunos países. Para Francia, se pueden consultar los numerosos trabajos del equipo de M. P. Ruas, entre los que destaco: M. P. Ruas *et al.*, «Regard pluriel sur les plantes de l'héritage arabo-islamique en France médiévale», en C. Richarté, R. P. Gayraud y J. M Poisson (eds.), *Héritages arabo-islamiques dans l'Europe méditerranéenne*, París, La Découverte-INRAP, 2015, pp. 347-376. Para Italia, pueden consultarse los trabajos realizados por los miembros del Laboratorio de Archeobiologia de Como: M. Rottoli, «Reflections on Early Medieval resources in northern Italy. The archaeobotanical and archaeozoological data», *Quaternary International*, 346,

Esta enorme diferencia entre la situación de la arqueobotánica española en relación a la europea va acortando distancias gracias a los trabajos de un nutrido grupo de arqueobotánicos –asentados en universidades españolas y portuguesas, el CSIC, o trabajando autónomamente–, que en los últimos años están llevando a cabo numerosos estudios en el marco de tesis doctorales y proyectos de investigación. En 2019 se publica un trabajo en la revista *Quaternary International*, coordinado por la autora de este trabajo y en el que participaron la mayor parte de los arqueobotánicos asentados en la península ibérica[7], que constituye un punto de inflexión al recoger los datos arqueobotánicos sobre plantas cultivadas (cereales, leguminosas, frutales y hortícolas), tanto de época romana como medieval, publicados hasta el momento, pero especialmente los inéditos. En él se ponen de manifiesto los grandes vacíos tanto geográficos como cronológicos. Posteriormente se han ido publicando otros trabajos[8], se han realizado dos tesis doctorales en las que la arqueobotánica medieval está muy presente[9] y al menos otras dos están en marcha.

....

2014, pp. 20-27. Sobre Irlanda, destaco: M. McClatchie *et al.* «Early medieval farming and food production: a review of the archaeobotanical evidence from archaeological excavations in Ireland», *Vegetation History and Archaeobotany*, 24(1), 2015, pp. 179-186. En el Reino Unido hay numerosos trabajos, pero uno de los más recientes es: M. McKerracher, *Farming transformed in Anglo-Saxon England: Agriculture in the long eighth century*, Oxford, Windgather Press, 2018. En Portugal, en los últimos años ha habido un importante desarrollo de la arqueobotánica medieval, como ponen de manifiesto los trabajos del equipo de J. P. Tereso en Lisboa, de los que señalo uno de los más recientes: L. Seabra *et al.*, «Crops on the rocks: production, processing, and storage at the Early Medieval site of Senhora do Barrocal (Municipality of Sátão, Central Portugal)», *Plants*, 11, 2022, p. 471.

7   L. Peña-Chocarro *et al.*, «Roman and medieval crops in the Iberian Peninsula: A first overview of seeds and fruits from archaeological sites», *Quaternary International*, 499, 2019, pp. 49-66.

8   L. Peña-Chocarro y G. Pérez-Jordà, «Garden plants in medieval Iberia: the archaeobotanical evidence», *Early Medieval Europe*, 27(3), 2019, pp. 374-393; J. Ros *et al.*, «Bioarchaeological results from the House 1 at Albalat (Romangordo, Extremadura, Spain): agriculture, livestock and environment at the margin of Al-Andalus», *Journal of Islamic Archaeology*, 5(5), 2018, pp. 71-102; J. Ros *et al.*, «Alimentación vegetal y agricultura en los márgenes de Al-Andalus: nuevos datos arqueobotánicos», en M. M. Delgado Pérez y L. G. Pérez-Aguilar (eds.), *Economía y trabajo. Las bases materiales de la vida en Al-Andalus*, Sevilla, Alfar Universidad, 2019, pp. 43-80; M. Lityńska-Zajãc y M. Rębkowski, «Plant use in Muslim Spain: Preliminary results from the medieval town of Madīnat Ilbīra», *Acta Palaeobotanica*, 60(2), 2020, pp. 296-306; L. Seabra *et al.*, «Crops on the rocks...», *op. cit.*; J. A. Quirós-Castillo, J. P. Tereso y L. Seabra, «Social history of agriculture at medieval rural sites...», *op. cit.*; A. Teira-Brión *et al.*, «The city as dissipative structure: The flow of agricultural production in the medieval Kingdom of Galicia», *Journal of Anthropological Archaeology*, 69, 2023, 101482.

9   E. R. Treasure, *The frontier of Islam: An archaeobotanical study of agriculture in the Iberian Peninsula (c. 700-1500 CE)*, tesis doctoral, Department of Archaeology, University of Durham, 2020, http://etheses.dur.ac.uk/; L. Seabra, *Agricultural and storage choices, environmental conditions and human dynamics from the Iron Age to the Early Medieval period in Northern Portugal*, tesis doctoral, Faculty of Sciences, University of Porto, https://hdl.handle.net/10216/151380

Este trabajo centra su atención en los recursos vegetales y, en particular, en los restos botánicos (semillas y frutos) que se conservan en los contextos arqueológicos, así como en su potencial para acercarnos a la agricultura, la alimentación vegetal y las transformaciones que se suceden en estos ámbitos en época medieval. Desde el punto de vista arqueobotánico, el periodo medieval se conoce poco debido a que la mayor parte de la investigación arqueobotánica se ha centrado en la prehistoria, siendo mucho menos abundantes los análisis dedicados a los periodos históricos. Cuestiones como los orígenes de la agricultura y la domesticación de las plantas, o la expansión de la arboricultura con especial énfasis en la vid y el olivo, son temáticas recurrentes en la investigación arqueobotánica.

En la primera parte de este trabajo se presentan los restos vegetales susceptibles de aparecer en contextos arqueológicos, se explican sus diferentes modos de conservación y los métodos de recuperación en el campo. Posteriormente, se analizan los datos arqueobotánicos de los que disponemos hasta el momento.

2. LOS RESTOS BOTÁNICOS EN CONTEXTOS ARQUEOLÓGICOS: CONSERVACIÓN Y RECUPERACIÓN

Las semillas y los frutos constituyen el grueso de los restos vegetales que habitualmente se recuperan en las excavaciones. Se trata de semillas tanto de plantas cultivadas (cereales, leguminosas, frutales, plantas textiles, etc.) como silvestres (malas hierbas, vegetación natural). Además, es frecuente recuperar las diferentes partes de las espigas de los cereales (cascabillo, aristas, etc.), así como nudos de la paja que proporcionan información de interés para identificar las diferentes fases del procesado de los cereales (aventado, cribado...). Otras categorías de restos vegetales están representadas por tubérculos, raíces, rizomas y, en general, órganos de almacenamiento subterráneos de los que apenas contamos con información para el periodo medieval. Ocasionalmente, y en condiciones de conservación excepcionales, también se pueden recuperar hojas, flores y otras partes de las plantas. Todos estos tipos de restos nos permiten profundizar en la dieta y subsistencia de las comunidades medievales, en las formas en las que los recursos vegetales se procesaban, consumían, desechaban o se almacenaban, y las interacciones entre las comunidades humanas y el mundo vegetal a través de diferentes actividades destinadas a la producción de alimento.

Los avances metodológicos de la última década han permitido también la identificación de restos de alimentos de origen vegetal carbonizados accidentalmente que abren una vía extraordinaria para explorar los diferentes ingredientes utilizados en las preparaciones alimenticias, las prácticas de procesado y cocinado, así como los productos finales y, por lo tanto, profundizar sobre las diferentes costumbres y tradiciones culinarias, así como acercarnos a las preferencias alimentarias de determinados grupos. Estos restos se presentan como fragmentos amorfos carbonizados que requieren estudios de microscopia muy detallados. El análisis de los restos alimentarios permite, por ejemplo, conocer el uso de otros recursos vegetales, como las especias y los condimentos, de los que habitualmente contamos con pocos datos arqueobotánicos. También es posible analizar los residuos orgánicos de dichos restos con el enorme potencial para determinar la presencia de ingredientes de origen animal (miel, leche y grasas de origen vegetal/animal, pescado) y documentar la combinación de diferentes especies vegetales. Por otra parte, el análisis de micro-texturas de los restos alimentarios ofrece la posibilidad de conocer con mayor detalle actividades culinarias como la molienda, el hervido y la fermentación, arrojando así nueva luz sobre la elaboración de alimentos clave como el pan, las gachas y las bebidas fermentadas.

Un aspecto importante de los estudios arqueobotánicos es la forma de conservación de los restos. En los ámbitos mediterráneos, la manera más habitual de conservación es la carbonización a partir de incendios o actividades relacionadas con el procesado o preparación de alimentos en las que intervenga el fuego. Las semillas y otros restos carbonizados suelen conservar la morfología original, siendo posible su identificación con mayor o menor precisión. Las semillas y los frutos también se pueden conservar embebidos en agua en yacimientos inundados. En estos contextos, extremadamente ricos en restos vegetales, la ausencia de oxígeno frena cualquier actividad microbiana, así como el posible ataque por parte de insectos y animales y, por lo tanto, los restos botánicos se preservan en óptimas condiciones que permiten la conservación, en muchos casos íntegramente, de la materia orgánica de modo excepcional. Aunque este tipo de conservación es más propio de la Europa del norte y Centroeuropa, existen ejemplos peninsulares tan emblemáticos como el yacimiento neolítico de La Draga (Banyoles, Girona), el puerto romano de Irun (Gipuzkoa), o La Tabacalera (Gijón), en los que además de semillas se han recuperado objetos de madera, cuero y cestería. Aunque menos habitual, la mineralización también facilita la conservación de los restos botánicos. En estos casos, los minerales reemplazan las células de semillas u otras partes de la planta, de forma que se obtiene una réplica de la parte mineralizada. Finalmente, los restos vegetales también pueden conservarse desecados, como ocurre en Egipto. En España, este tipo de conservación la documentamos en situaciones excepcionales en yacimientos en los que las condiciones ambientales han permanecido estables a lo largo del tiempo con un grado de humedad muy reducido. Quizá los ejemplos más conocidos son los de los cestos y alpargatas de esparto de la cueva de

Los Murciélagos (Albuñol, Granada), aunque para el periodo medieval también contamos con ejemplos como los de las llamadas cuevas-ventana o cuevas-granero vinculadas al mundo islámico en los que está siendo posible recuperar espigas de cereal enteras, así como muchos otros restos botánicos en un estado de conservación excepcional.

Los avances en la arqueobotánica medieval de los últimos años ya mencionados en la introducción de este trabajo son el resultado de programas de muestreo sistemático de sedimentos arqueológicos y de la aplicación de la flotación como sistema de recuperación de restos botánicos en contextos arqueológicos. La flotación es un método que permite rescatar los restos vegetales carbonizados del sedimento arqueológico. Lejos de ser una técnica compleja, la flotación es un método sencillo para procesar grandes volúmenes de tierra de forma rápida y extraer los restos botánicos (semillas, carbones), así como otros restos como microfauna. Consiste en lavar el sedimento arqueológico en un bidón lleno de agua de manera que, al entrar en contacto con el agua, la muestra de tierra se deshace, liberando los restos carbonizados que flotan hacia la superficie del bidón, donde se vierten a través de una lengüeta en una criba de 0,25 mm. Esta técnica solo se aplica cuando los restos están carbonizados, mientras que si nos enfrentamos a material conservado en agua o mineralizado, se procede con una criba de agua en columna de tamices de diferentes tamaños (4, 2, 1, 0,5 y 0,25 mm). En el caso de trabajar con materiales desecados, se aconseja la criba en seco para no dañar los restos.

3. LAS PLANTAS EN LA VIDA MEDIEVAL

Las plantas constituyen la base de la cultura material de cualquier sociedad y, como en otras épocas, en la vida cotidiana medieval estaban presentes en muchos ámbitos. Las comunidades medievales dedicaban gran parte de su tiempo a adquirir, producir, procesar y preparar alimentos, unos procesos que seguramente variaron en función de los diferentes hábitos alimentarios, de las rutinas diarias, de las costumbres sociales y religiosas o de las experiencias de las personas. En el caso de las comunidades campesinas, el trabajo diario se regía por los ritmos de las tareas agrícolas y por las actividades relacionadas con los trabajos de procesado y preparación de alimentos. Profundizando en los significados de estas actividades, es evidente que las plantas tuvieron un papel destacado en las tareas cotidianas que se repetían anualmente. A ellas se sumaban otros trabajos estacionales vinculados al cuidado de los cultivos (siega, poda, injertos, cuidado de los huertos...), la obtención de materias primas (construcción, contenedores, fabricación de adhesivos, colorantes, etc.), la recolección de plantas y frutos silvestres, o la elaboración de artesanías en la que las plantas también ocuparon un lugar central. Las plantas fueron también el elemento fundamental en prácticas curativas y medicinales y en los rituales y la magia. Y tampoco podemos olvidar su poder para deleitar el espíritu con colores, fragancias y sabores. Por otra parte, las plantas informan sobre difusión, hablan de trayectorias desde lugares lejanos, de adaptación e innovación, pero también de agencia. Por ello, sus historias son de interés para reconstruir el entorno social y económico de los lugares a los que llegaron.

Pero quizás el aspecto más significativo de las plantas es que están cargadas de significado y forman parte de las relaciones sociales y de los rituales y creencias de la comunidad, reflejando la profunda interrelación entre los modos de vida de las personas y su entorno natural y social. Este significado les confiere un potencial extraordinario para investigar diferentes aspectos de la experiencia humana. Las plantas son, en realidad, como un prisma a través del cual es posible observar y explorar diferentes ámbitos de esta experiencia humana que van desde las estrategias alimentarias, los cambios tecnológicos, las interacciones sociales o las relaciones de poder. Y es este enorme potencial el que obliga a poner el foco de atención en ellas como primer paso para comprender las relaciones entre el mundo vegetal y las comunidades medievales.

La arqueobotánica proporciona una herramienta muy útil para acceder a la materialidad de las plantas y explorar lo cotidiano, poniendo el foco en la vida de la gente corriente, en su adaptación y resiliencia a los cambios y transformaciones que se sucedieron en este periodo. Sin embargo, a pesar de su gran potencial, la arqueobotánica no ha formado parte de la investigación arqueológica medieval española hasta hace poco, obviando la información que puede desvelar el estudio de los restos botánicos.

4. CULTIVOS EN ÉPOCA MEDIEVAL: APORTACIONES DESDE LA ARQUEOBOTÁNICA

Los estudios arqueobotánicos en yacimientos peninsulares nos hablan de una agricultura basada en una amplia diversidad de cultivos cerealísticos y de leguminosas a los que, a partir de la época islámica, se añaden nuevas plantas cultivadas procedentes de zonas lejanas: cítricos, hortícolas, especias y nuevos cereales.

Entre los cereales, las principales especies cultivadas son los trigos desnudos y la cebada vestida. Aunque las fuentes hablan con profusión del cultivo del trigo, rara vez se determina las especies concretas. Así pues, entre los trigos desnudos –aquellos en los que los granos se desprenden fácilmente de su cascabillo durante la trilla–, la arqueobotánica pone de manifiesto que se cultivan dos especies diferentes: el trigo harinero (*Triticum aestivum*) y el trigo duro (*Triticum durum*) (fig. 1), que constituyen las especies más abundantes y frecuentes en los yacimientos medievales peninsulares. Apenas se constata el cultivo de los trigos vestidos –aquellos cuyo grano permanece envuelto en el cascabillo tras la trilla y que, por lo tanto, requieren operación de descascarillado para obtener el grano– como la escaña (*Triticum monococcum*), la escanda melliza (*Triticum dicoccum*) y la escanda (*Triticum spelta*). En toda la península también se cultiva la cebada vestida (*Hordeum vulgare vulgare*) que, junto a los trigos desnudos, es el binomio cerealístico más común.

Otros cereales cultivados en este periodo son el centeno (*Secale cereale*) (fig. 2), que en algunas zonas como el centro de Portugal alcanza proporciones muy elevadas[10], en parte debido a su adaptabilidad a condiciones climáticas más adversas en las que otros cereales tendrían mayor dificultad para adaptarse. También se constata su presencia en zonas del noreste, e incluyo en yacimientos de Madrid y Toledo[11]; más recientemente, vinculado a yacimientos islámicos, se ha identificado en las llamadas cuevas-ventana de Madrid y Valencia (fig. 3). La avena (*Avena sativa*) es otro de los cultivos de este momento, aunque ante la ausencia de elementos de la espiga que permiten identificar con precisión la avena cultivada, muchas veces la identificación de especie resulta imposible y en muchos trabajos arqueobotánicos solo se constata la presencia de *Avena* sp.

Por último, es necesario mencionar el grupo de los mijos, que incluye dos especies

1 mm

Figura 1. Espiga de trigo duro (*Triticum durum*) de la cueva de Benaxuai (Valencia).

1 mm

Figura 2. Cariópside de centeno (*Secale cereale*) de la cueva de Benaxuai (Valencia).

---

[10] L. Seabra *et al.*, «Crops on the rocks...», *op. cit.*
[11] L. Peña-Chocarro *et al.*, «Roman and medieval crops in the...», *op. cit.*

Figura 3. Cuevas-ventana en Castilléjar (Granada).

diferentes: el mijo común (*Panicum miliaceum*) y el panizo (*Setaria italica*), ambos cultivos de gran importancia en época medieval. Los dos se cultivaron en muchas zonas peninsulares con especial énfasis en la mitad norte peninsular[12], en donde se han seguido cultivando hasta nuestros días[13].

Los datos arqueobotánicos ponen de relieve que también se cultivaron diferentes leguminosas, ya bien conocidas desde el Neolítico: las habas (*Vicia faba*), los guisantes (*Pisum sativum*), las lentejas (*Lens culinaris*), las almortas (*Lathyrus sativus*) y algunas forrajeras como las vezas (*Vicia sativa*), los yeros (*Vicia ervilia*)

---

[12] A. Teira Brión, *Cambio e resiliencia na agricultura e xestión de recursos vexetais no nw da península ibérica (1000 a.N.E.-400 d.N.E.)*, tesis doctoral, Universidad de Santiago de Compostela, 2019, http://hdl.handle.net/10347/20497; L. Zapata y M. Ruiz-Alonso, «Agricultura altomedieval y usos forestales en Gasteiz. Datos carpológicos y antracológicos», en A. Azkarate Garai-Olaun y J. L. Solaun Bustinza (eds.), *Arqueología e historia de una ciudad: los orígenes de Vitoria-Gasteiz*, Vitoria, Servicio Publicaciones Universidad del País Vasco, 2013, pp. 253-278.

[13] A. Moreno-Larrazabal *et al.*, «Ethnobotany of millet cultivation in the north of the Iberian Peninsula», *Vegetation History and Archaeobotany*, 24(4), 2015, pp. 541-554; A. Teira Brión, «Traditional millet cultivation in the Iberian Peninsula: Ethnoarchaeological reflections through the lens of social relations and economic concerns», en W. Kirleis, M. dal Corso y D. Filipovic (eds.), *Millet and what else? The wider context of the adoption of millet cultivation in Europe*, Leiden, Sidestone Press, 2022, pp. 263-277.

Figura 4. Semilla de garbanzo (*Cicer arietinum*) de La Ayuela (Cáceres).

y los titarros (*Lathyrus cicera*). La especie menos representada es el garbanzo (*Cicer arietinum*), tan solo documentado en L'Esquerda[14] y en entornos islámicos (siglo IX) en La Ayuela (Cáceres) (fig. 4).

Entre los frutales, la evidencia arqueobotánica confirma el consumo de numerosas especies. Las más habituales son las uvas (*Vitis vinifera*), los higos (*Ficus carica*) y las aceitunas (*Olea europaea*), dependiendo de las áreas geográficas, pero también se consumieron cerezas (*Prunus avium*), ciruelas (*Prunus domestica*), melocotones (*Prunus persica*), granadas (*Punica granatum*), manzanas (*Malus domestica*) y melones (*Cucumis melo*), así como frutos secos como las nueces (*Juglans regia*), las almendras (*Prunus dulcis*), las castañas (*Castanea sativa*), las avellanas (*Corylus avellana*) o los piñones (*Pinus pinea*). Aunque algunos de ellos crecerían de forma natural en los entornos de los yacimientos, la gran mayoría son especies cultivadas que se desarrollarían en huertos o espacios protegidos.

Recientemente se ha documentado por primera vez en el periodo medieval la presencia de *Mespilus germanica*, el níspero europeo (no confundir con el níspero japonés que actualmente consumimos), aunque ya en época romana se conoce en diferentes lugares de Europa. El níspero europeo aparece por primera vez en contextos arqueológicos en época medieval en Galicia[15] y en Andalucía (inédito), y no tenemos constancia de su cultivo hasta el siglo XVI en el País Vasco.

....

14 C. Cubero Corpas *et al.*, «From the granary to the field; archaeobotany and experimental archaeology at l'Esquerda (Catalonia, Spain)», *Vegetation History and Archaeobotany*, 17(1), 2008, pp. 85-92.
15 A. Teira-Brión *et al.*, «The city as dissipative structure...», *op. cit.*; L. Peña-Chocarro, P. Alkain y M. Urteaga, «Wild, managed and cultivated plants in northern iberia: an archaeobotanical approach to Medieval plant exploitation in the Basque Country», *European Journal of Post-Classical Archaeologies*, 4, 2014, pp. 201-226.

Figura 5. Semilla de cilantro (*Coriandrum sativum*) de la cueva de Benaxuai (Valencia).

Sobre plantas hortícolas (verduras, especias, condimentos, etc.) tenemos mucha menos información arqueobotánica a pesar de que las fuentes escritas, especialmente los tratados de agricultura hispano-árabes, mencionan una importante variedad de especies cultivadas en huertos y espacios irrigados. En un reciente trabajo[16], señalábamos la evidencia de una serie de vegetales como las Brassicaceae, un género que incluye muchas especies cultivadas como las coles, repollos, nabos, mostaza, etc. En bastantes ocasiones, la identificación queda limitada al género, y tan solo podemos decir que se trata de un miembro del género Brassica (*Brassica* sp.); en otros casos, la conservación permite afinar la identificación y es posible conocer la especie concreta. En época medieval se ha identificado la *Brassica oleracea* (nombre genérico para col, ya que lo que distingue unas y otras son las variedades sobre las que no tenemos información) y la *Brassica nigra* (mostaza negra). Además, más recientemente, a partir de la identificación de la testa de las semillas (capa más externa de la semilla), se ha puesto de manifiesto la presencia de *Brassica rapa* que se corresponde con los nabos o con los grelos[17]. Otras especies hortícolas bien documentadas son el apio (*Apium*

---

16 L. Peña-Chocarro *et al.*, «Roman and medieval crops in the...», *op. cit.*
17 A. Teira-Brión *et al.*, «The city as dissipative structure...», *op. cit.*

graveolens), el cilantro (*Coriandrum sativum*) (fig. 5), la zanahoria (*Daucus carota*), el hinojo (*Foeniculum vulgare*), la calabaza de agua (*Lagenaria siceraria*), el ajenuz o comino negro (*Nigella* sp.)[18], la alholva (*Trigonella foenum-graecum*). También se ha identificado un diente de ajo completo (*Allium sativum*) en Aragón[19]. Otras especies de las que existe evidencia arqueobotánica –como la menta, la lavanda, el romero o la verbena– pudieron haber sido recolectados en el entorno de los yacimientos.

5. DIVERSIDAD DE LA AGRICULTURA: LA REVOLUCIÓN VERDE MEDIEVAL

Cuando se debate sobre la enorme diversidad agrícola medieval, es inevitable hablar sobre la hipótesis planteada por John Watson[20], que se concreta en su propuesta de la «revolución agrícola verde» que habría ocurrido entre los siglos VII y XI tras la unificación de una enorme región que se extendía desde Asia Central hasta la península ibérica. Esta unificación habría conllevado un continuo movimiento de personas, conocimientos y bienes entre los que los cultivos habrían tenido un papel muy importante. De hecho, Watson sugiere que al menos 18 especies (en su mayoría cultivos destinados a la alimentación, pero no solo) se habrían introducido en Europa a través de la península ibérica. Algunas de estas especies, adaptadas en su mayoría a zonas áridas, se aclimataron sin problemas, mientras otras requirieron soluciones técnicas como el regadío para adaptarse a los nuevos territorios. Es cierto que el trabajo de Watson no contempló los datos arqueobotánicos, seguramente muy escasos en ese periodo, y algunas de las especies consideradas ya se conocían en Europa desde momentos previos. En cualquier caso, lo que queda claro es que la difusión de estas nuevas especies se produjo de la mano de las comunidades islámicas.

A pesar de la información escrita, la mayor parte de las especies consideradas por Watson están ausentes del registro arqueobotánico de la península ibérica, quizás porque el número de yacimientos islámicos analizados es todavía muy limitado.

....

[18] N. Alonso, «Agriculture and food from the Roman to the Islamic Period in the North-East of the Iberian Peninsula: archaeobotanical studies in the city of Lleida (Catalonia, Spain)», *Vegetation History and Archaeobotany*, 14(4), 2005, pp. 341-36.

[19] E. R. Treasure, *The frontier of Islam: An archaeobotanical study...*, *op. cit.*

[20] A. J. Watson, «The Arab agricultural revolution and its diffusion, 700-1100», *The Journal of Economic History*, 34(1), 1974, pp. 8-35; A. J. Watson, *Agricultural innovation in the Early Islamic world: The diffusion of crops and farming techniques, 700-1100*, Cambridge, CUP, 1983.

Los estudios que estamos llevando a cabo en numerosos yacimientos vinculados al mundo islámico en varias zonas geográficas constatan la presencia de novedades tanto entre los cereales como entre los frutales. Entre los cereales hemos identificado por primera vez el arroz (*Oryza sativa*) en la provincia de Valencia. Ya desde el siglo X, los textos mencionan su cultivo (*Calendario de Córdoba*). Posteriormente, diferentes autores hispano-árabes describen las técnicas empleadas en su cultivo (siembra, zonas apropiadas tanto en zonas irrigadas como de secano), trasplante, cosecha. Datos sobre la presencia de arroz en época romana existen para varias zonas de Europa[21], pero el ejemplo valenciano es el único para la península ibérica. Una novedad interesante es la aparición en contextos vinculados al mundo islámico de un nuevo cereal, nunca identificado en la península ibérica, como el mijo perlado (*Pennisetum glaucum*). Se trata de un cereal de origen subsahariano que hemos identificado en varios yacimientos de Andalucía y Valencia y en cuyo estudio estamos trabajando actualmente.

El periodo islámico supuso además la entrada de nuevos frutales y de nuevas técnicas utilizadas para su cultivo y gestión. Las fuentes textuales, en su mayoría tratados de agricultura escritos por agrónomos hispanoárabes, incluyen una gran diversidad de especies, así como información sobre métodos de plantación, técnicas de injerto, épocas adecuadas para llevar a cabo prácticas agrícolas específicas (abonado, riego, poda, almacenamiento, etc.), así como sobre su consumo y usos. Por primera vez aparecen semillas de cítricos tanto en Portugal como en España[22], a pesar de que ya hay datos sobre su utilización en Europa desde periodos anteriores[23]. También se encuentran por vez primera el albaricoque (*Prunus armeniaca*) en un yacimiento islámico en Portugal[24] y el membrillo (*Cydonia oblonga*), que se ha hallado en un yacimiento islámico gaditano[25]. Sin embargo, la mayor

[21] A. Livarda, «Spicing up life in northwestern Europe: exotic food plant imports in the Roman and Medieval world», *Vegetation History and Archaeobotany*, 20(2), 2011, pp. 143-164; S. Muthukumaran, «Between archaeology and text: The origins of rice consumption and cultivation in the Middle East and the Mediterranean», *Papers from the Institute of Archaeology*, 24(1), 2014, pp. 1-7; K. Reed y T. Leleković, «First evidence of rice (*Oryza* cf. *sativa* L.) and black pepper (*Piper nigrum*) in Roman Mursa, Croatia», *Archaeological and Anthropological Science*, 11(1), 2019, pp. 271-278; K. Reed *et al.*, «Food and agriculture in Slavonia, Croatia, during the Late Middle Ages: the archaeobotanical evidence», *Vegetation History and Archaeobotany*, 31(4), 2022, pp. 347-361.

[22] L. Peña-Chocarro y G. Pérez-Jordà, «Plants from distant places: 1st millennium CE archaeobotanical record from Iberia», *Vegetation History and Archaeobotany*, en prensa.

[23] C. Pagnoux *et al.*, «The introduction of Citrus to Italy, with reference to the identification problems of seed remains», *Vegetation History and Archaeobotany*, 22(5), 2013, pp. 421-438.

[24] J. Pais, «Paleoetnobotânica (finais séc. XI a séc. XIII/XIV) do sul de Portugal-Setúbal, Mértola e Silves», *Arqueologia Medieval*, 4, 1996, pp. 277-282.

[25] D. García-Rivero *et al.*, «Andalusi populations at La Dehesilla Cave (Sierra de Cádiz, Southern Iberia): An interdisciplinary approach to their rural economic systems», *Journal of Islamic Archaeology*, 5(2), 2018, pp. 119-151.

parte de los frutales citados por Watson en su obra no se han identificado todavía en el registro arqueológico.

Otra especie de interés que se documenta arqueológicamente en época medieval en la península ibérica en yacimientos islámicos es el cáñamo (*Cannabis sativa*) (fig. 6), conocido ya en periodos anteriores en otras zonas de Europa[26].

1 mm

Figura 6. Semilla de cáñamo (*Cannabis sativa*) de la cueva de Benaxuai (Valencia).

John Watson[27] se interesó por los agentes responsables de la introducción de nuevas plantas, sugiriendo que podría tratarse de gobernantes con interés en incorporar plantas exóticas a sus jardines o de élites que importaban plantas para uso comercial. También planteó la posibilidad de que los agricultores llevaran a las zonas conquistadas sus propios cultivos o variedades de cultivos, aquellos a los que estaban acostumbrados en sus tierras de origen o los que más les gustaban por su valor específico. Las fuentes islámicas casi no mencionan nada al respecto, salvo algunos ejemplos. Un caso particular es la descripción del traslado de Damasco a Córdoba de una variedad de granada conocida como «safarí», que aún se cultiva, bajo Abd al-Rahman I, primer emir de Córdoba[28]. Otros ejemplos apuntan al higo «doñegal» o incluso a algunas variedades de palmera[29].

6. BREVES CONCLUSIONES

A pesar del retraso con respecto a otros países europeos, la arqueobotánica medieval ibérica ha despegado con vigor en los últimos años. Los yacimientos estudiados aún son escasos, pero la información que se está obteniendo revela el

[26] L. Bouby, «Le chanvre (*Cannabis sativa* L.): une plante cultivée à la fin de l'âge du Fer en France du Sud-Ouest ? Hemp (*Cannabis sativa* L.): a Late Iron Age cultivated plant in southwestern France?», *Comptes Rendus Palevol*, 1(2), 2002, pp. 89-95; M. Larsson y P. Lagerås, «New evidence on the introduction, cultivation and processing of hemp (*Cannabis sativa* L.) in southern Sweden», *Environmental Archaelogy*, 20(2), 2015, pp. 111-119.

[27] A. J. Watson, *Agricultural innovation in the Early Islamic...*, op. cit.

[28] J. Samsó, «Ibn Hisam Al-Lajmi y el primer jardín botánico en Al-Andalus», *Revista del Instituto Egipcio de Estudios Islámicos en Madrid*, XXI, 1981-1982, pp. 136-141.

[29] G. P. Nabhan, *Cumin, camels and caravans. A Spice Odyssey*, Berkeley y Los Ángeles, CUP, 2014.

potencial de la disciplina para informar sobre numerosos aspectos vinculados a la agricultura y la alimentación humana, y proporcionar datos complementarios a los de las fuentes escritas.

Las especies cerealísticas identificadas incluyen trigos vestidos y desnudos, cebada, centeno, avena, así como los mijos (mijo común, mijo perlado y panizo) y el arroz. Las novedades de este periodo son el arroz y el mijo perlado. Entre las leguminosas no se observan cambios con respecto a periodos anteriores, siendo las principales especies cultivadas las habas, lentejas, garbanzos, guisantes, almortas y las forrajeras como los yeros, vezas y titarros. La fruta, con su aporte de vitaminas y minerales, también formaba parte de la dieta medieval. A las especies ya conocidas desde periodos anteriores (manzanas, granadas, almendras, ciruelas, melocotones, etc.), ahora se unen los cítricos (el albaricoque, el níspero europeo y el membrillo), aunque siguen sin documentarse muchos de los frutales mencionados por Watson.

Las especies hortícolas fueron sin duda mucho más numerosas de lo que refleja el conjunto de datos arqueobotánicos peninsulares, sesgado por la conservación de los restos. Esta categoría de plantas se ve favorecida por la preservación en contextos húmedos, que en la península ibérica no son los más habituales. De hecho, la escasa información con la que contamos sobre plantas de hortalizas, verduras y aromáticas procede en su mayoría de yacimientos con niveles inundados. Sin embargo, las fuentes escritas, especialmente los textos de los agrónomos hispano-árabes y la información de otros yacimientos europeos, apuntan a una enorme variedad de especies. Finalmente, destaca la identificación de una nueva especie, el cáñamo, cuyas fibras tuvieron una gran importancia en la fabricación de cuerdas, tejidos, etc.

Estos datos son solo el inicio de un camino que, sin duda, a partir de los diferentes proyectos en marcha sobre el tema, aportarán nueva información y detalles concretos sobre las especies que llegaron para quedarse y que, junto a muchas otras ya conocidas, conformaron la dieta vegetal de las comunidades medievales. Los nuevos productos contribuyeron a la dieta con nuevos sabores y texturas, nuevas formas de combinarlos, una forma diferente de organizar el trabajo agrícola, y aportaron nuevos valores y significados que se integraron en las tradiciones culinarias locales que más tarde se extenderían a otras zonas europeas.

Transformaciones antrópicas, organización de los paisajes y cambios medioambientales en Andalucía entre los siglos XIII y xv. Casos de estudio y propuestas de investigación

Emilio Martín Gutiérrez

Universidad de Cádiz
emilio.martin@uca.es

> Una ricerca sul paesaggio nasce da uno sguardo sinte-
> tico sulle forme del territorio, da una lettura complessi-
> va dei luoghi. La comprensione del quadro ambientale
> è sempre il punto di partenza per l'indagine storica, che
> s'interroga sulle cause che hanno determinato l'assetto
> odierno, risalendo all'indietro nel tempo. Gli edifici, le
> sistemazioni agrarie, i resti delle strutture abitative e del
> lavoro dell'uomo appaiono fortemente legati al contesto
> naturale in cui si collocano[1].

1. PLANTEAMIENTO DEL PROBLEMA

El tema que he elegido para mi reflexión gira en torno a las transformaciones antrópicas, la organización de los paisajes y los cambios medioambientales en Andalucía entre los siglos XIII y XV. El actual territorio andaluz,
con una superficie de 87 268 km², está compuesto por tres unidades geológicas:
Sierra Morena, las Cordilleras Béticas y la cuenca del Guadalquivir. A lo largo
de su recorrido, desde la sierra de Cazorla hasta Sanlúcar de Barrameda, el
Guadalquivir ha dado origen a paisajes fértiles y productivos, caracterizados
por la presencia del agua y por el uso del regadío. La cuenca del Guadalquivir

---

[1] C. Tosco, *Il paesaggio storico. Le fonti e i metodi di ricerca tra Medioevo ed età moderna*, Roma-Bari, Laterza, 2009, p. 98.

XLIX SEMANA INTERNACIONAL DE ESTUDIOS MEDIEVALES. ESTELLA-LIZARRA. 2023 | Transformaciones del medioambiente en la Edad Media

DOI: https://doi.org/10.35462/siemel.49 | 61-91

ha sido el principal punto de referencia regional desde una perspectiva histórica, política, cultural, económica, geográfica y ecológica. Por otro lado, mientras que las tierras llanas y las depresiones con menos de 600 metros de altitud representan el 62 % del total del territorio andaluz, el 38 % restante se caracteriza por ser zonas de media y alta montaña. Aunque en la actualidad el centro de gravedad de la población y del desarrollo económico se localiza en el litoral y en las zonas llanas, no siempre ha sido así[2].

El rápido bosquejo que acabo de delinear muestra un territorio extenso y una amplia variedad de ecosistemas. A pesar de la complejidad de su estudio, he querido plantear este tema, siendo consciente, por un lado, de que el trabajo del historiador es siempre provisional y, por otro, de que el debate se enriquece con el intercambio de ideas y perspectivas. Así pues, inicio mi intervención con algunas reflexiones con las que abordaré el problema de la organización de los paisajes y de los cambios medioambientales a finales de la Edad Media. En el resumen de la ponencia que en su momento envié a los organizadores del congreso, incluí una cita del libro *Guerreros y Campesinos* de Georges Duby: «La fisonomía del paisaje refleja la densidad del poblamiento y el estado de los útiles de trabajo; pero también el sistema de cultivo que, a su vez, depende de las tradiciones alimenticias»[3].

En este párrafo el aspecto externo del paisaje es interpretado como el resultado de la distribución de la estructura poblacional y de las tierras cultivadas; de la capacidad tecnológica y de los gustos propios de la alimentación. Como es sabido, el medievalista francés publicó su libro en 1973 y, aunque en aquel momento ya se estaban produciendo las primeras respuestas ambientales frente a las repercusiones generadas por el desarrollo del sistema capitalista, aún no había una preocupación generalizada en torno a esta cuestión. En cambio, ahora, en 2023, la situación es muy diferente y el riesgo ante las consecuencias del calentamiento global está muy presente, dejando al margen algunas voces, en nuestras vidas[4]. Es obvio que las preocupaciones de cada generación estimulan el estudio de los historiadores. Desde este pun-

---

2   F. Rodríguez Martínez, «La protección ambiental y el desarrollo de la montaña en Andalucía», en F. Rodríguez Martínez, *Montañas y paisajes del sur de España*, Granada, Universidad, 2005, pp. 207-226. A. Mariana Navarro, *Ciudades de Andalucía. Paisajes e imágenes. Siglos XIII-XVII*, Madrid, Dykinson, 2017, pp. 69-70.

3   G. Duby, *Guerreros y campesinos. Desarrollo inicial de la economía europea, 500-1200*, Madrid, Siglo XXI, 1992, 11.ª ed., p. 21.

4   J. R. McNeill y P. Engelke, *La Grande accelerazione. Una storia ambientale dell'Antropocene dopo il 1945*, Turín, Einaudi, 2018. J. Hickel, *Siamo ancora in tempo! Come una nuova economia può salvare il pianeta*, Milán, Il Saggiatore, 2021.

to de vista, la Historia Ambiental –entendida no como una moda historiográfica, sino como una respuesta a los problemas de nuestra contemporaneidad– es una herramienta adecuada para abordar el estudio de la interacción de la sociedad con el medio ambiente desde un punto de vista diacrónico[5]. En la actualidad, contamos ya por suerte con una bibliografía relativamente abundante que permite transitar con soltura por esta narrativa. Aunque no pretendo elaborar un estado de la cuestión, sí quisiera indicar algunas síntesis interpretativas que considero significativas y que incluyo en la siguiente nota a pie de página[6].

El análisis de cualquier paisaje antropizado –agrario, pecuario o silvopastoril– está ligado, por un lado, al dinamismo ecológico del medio, y, por otro, a la lógica del sistema que lo ha organizado[7]. En mis investigaciones he articulado el estudio de la interacción sociedad-medio ambiente mediante la combinación de los conceptos de «paisaje» y de «riparia». El concepto de «paisaje» –y no me refiero, obviamente, a la fisonomía de un territorio– está en constante evolución y ha ido adquiriendo significados a lo largo del tiempo[8]. En un trabajo reciente, en el que tuve la ocasión de reflexionar sobre el libro «Storia del paesaggio agrario italiano» de Emilio Sereni, abordé este problema[9]. Pero no se trata solo de reconocer su trayectoria evolutiva, sino, sobre todo, de insistir en su perfil interdisciplinar. Así, en palabras de Carlo Tosco, en la actualidad «si tende piuttosto a guardare al paesaggio come a uno spazio d'incontro tra discipline diverse, che

---

[5] M. González de Molina, «Argumentos ambientales para la renovación de la Historia Agraria», *Vínculos de Historia*, 1, 2012, pp. 95-114. J. M. Naredo, «Orígenes y enfoques de la Economía Ecológica», *Gestión y Ambiente*, 21, Suplemento 1, 2018, pp. 35-48.

[6] D. Moreno, *Dal documento al terreno. Storia e Archeologia dei sistemi agro-silvo-pastorali*, Génova, University Press, 2018. M. Armiero y S. Barca, *La Storia dell'Ambiente. Un'introduzione*, Roma, Carocci, 2004. R. Hoffmann, *An Environmental History of Medieval Europe*, Cambridge, CUP, 2015. P. Horden y N. Purcell, *The corrupting sea. A study of Mediterranean history*, Oxford, Blackwell, 2000. R. Delort y F. Walter, *Storia dell'ambiente europeo*, Bari, Dedalo, 2002. R. Rao, *I paesaggi dell'Italia medievale*, Roma, Carocci, 2015. I. Martín Viso, *Asentamientos y paisajes rurales en el Occidente medieval*, Madrid, Síntesis, 2016. F. Mouthon, *Le sourire de Prométhée. L'homme et la nature au Moyen Âge*, París, La Découverte, 2017. A. Cortonesi, *Il Medioevo degli alberi. Piante e paesaggi d'Italia (secoli XI-XV)*, Roma, Carocci, 2022.

[7] E. Martín Gutiérrez, «Los paisajes rurales en las comarcas gaditanas: transformaciones y permanencias. Interacción entre sociedad y medio ambiente, siglos XIII al XV», en J. Torró y E. Guinot (eds.), *Trigo y ovejas. El impacto de las conquistas en los paisajes andalusíes (siglos XI-XVI)*, Valencia, Universidad, 2018, pp. 227-255.

[8] C. Tosco, *El paisaje como historia*, Cádiz, Universidad, 2020.

[9] E. Martín Gutiérrez, «Il paesaggio in evoluzione: riflessioni sul libro di Emilio Sereni Storia del paesaggio agrario italiano», en C. Tosco y G. Bonini (a cura di), *Il paesaggio agrario italiano. Sessant'anni di mutamenti da Emilio Sereni a oggi (1961-2021)*, Roma, Viella, 2023, pp. 61-73.

si confrontano con le loro competenze e tentano di costruire una collaborazione proficua»[10].

En los últimos años he venido planteando una propuesta de estudio, de la mano de las investigaciones realizadas por Ella Hermon, en torno al concepto de «riparia» y su aplicación a los ecosistemas sensibles –ríos, humedales, estuarios, bosques– en clave diacrónica[11]. La necesidad de ampliar el campo semántico de la noción ecológica de ecosistema, con el objeto de hacerla compatible con los estudios interdisciplinares centrados en la interacción sociedad-medio ambiente, aboga por profundizar en varias líneas de investigación que van desde la gestión integrada de los recursos naturales, en general, y del agua, en particular, a la gobernanza y al aprovechamiento de los recursos naturales, pasando por el desarrollo sostenible y los cambios climáticos[12].

En mis investigaciones –al conjugar ambos conceptos, esto es, «paisaje» y «riparia»– he planteado el estudio de un espacio geográfico como un espacio socio-ecológico[13]. Esta lectura requiere obviamente estudiar las características y el dinamismo del ecosistema, así como analizar la intervención antrópica. Esto último me lleva a repensar aquellos elementos que había sido tratados desde el paradigma de la Historia Agraria –y retomo, de nuevo, la cita de Duby–, como es el caso del número de habitantes, la red poblacional, las relaciones sociales, la capacidad tecnológica, el desarrollo de las ciudades o los cambios en las dietas alimentarias.

Así pues, tomando en consideración el planteamiento del problema que acabo de presentar de manera sucinta, en la primera parte de este estudio reflexionaré en torno a dos grandes líneas argumentales centradas en los procesos de conquistas y en la gobernanza con el objeto de abordar su impacto en la organización de los paisajes; en la segunda, fijaré la atención en las marismas del Guadalquivir que me parece un caso de estudio significativo. Finalmente, en las consideraciones finales plantearé algunas propuestas que podrían llevarse a cabo en los próximos años.

[10] C. Tosco, «Dove va la storia del paesaggio? Tendenze e orientamenti in Italia», en P. Berladi, S. Merli y M. Vaquero Piñeiro (a cura di), *Il castello di Solfagnano. La natura del bel paesaggio*, Perugia, Università, 2017, pp. 17-24, 18.
[11] E. Hermon (dir.), *Riparia dans l'Empire Romain pour la définition du concept. Actes des Journées d'étude de Québec, 29-31 octobre 2009*, Oxford, BAR, 2010, pp. 4-5.
[12] Id., «Aspects de l'histoire environnementale comparée: la gestion intégrée de l'eau (GIRE) dans la perspective de bassin versant», *Riparia*, 7, 2021, pp. 1-22.
[13] E. Martín Gutiérrez, «Sistemas socio-ecológicos. El aprovechamiento de las marismas en la región del Golfo de Cádiz durante el siglo XV», en J. Arias-García, G. García-Contreras Ruiz y A. Malpica Cuello (eds.), *Los humedales de Andalucía como sistemas socio-ecológicos. Aproximaciones multidisciplinares*, Granada, Alhulia, 2019, pp. 61-119, 64.

2. EL IMPACTO DE LAS CONQUISTAS EN LOS PAISAJES

Es evidente que la conquista de un territorio lleva consigo una transformación profunda del sistema político, social y cultural. En el caso concreto de Andalucía, la sustitución de la sociedad andalusí por la feudal propició, entre otras consecuencias, una nueva organización del paisaje. Como ya propuso Thomas F. Glick, las diferencias culturales manifestadas en la organización de los paisajes descansaban, en última instancia, en que las sociedades andalusí y feudal llevaban a la práctica «sistemas ecológicos» diferentes[14]. Aunque ahora no puedo entrar en su desarrollo, un punto central en este debate ha girado en torno a los agroecosistemas: el agroecosistema mediterráneo y el agroecosistema de irrigación[15].

Josep Torró, a la hora de reflexionar sobre los paisajes de frontera entre los siglos XII y XIV, ha señalado que la expansión agraria no se correspondió con una mera «conquista de huecos desiertos, espacios ajenos a cualquier actividad humana, incluso al propio cultivo de la tierra». Esta afirmación conecta con los planteamientos de Robert Bartlett en lo tocante a la expansión feudal europea en los siglos pleno medievales. El debate en torno al papel desempeñado por los bosques en las zonas fronterizas europeas no está cerrado[16].

En estrecha consonancia con esta cuestión, vuelve a plantearse el significado de los despoblados cuyo estudio debe tener en cuenta los contextos políticos y económicos de la región examinada[17]. Tras el establecimiento de la frontera entre Castilla y el reino nazarí de Granada, el poblamiento rural se configuró en torno a la concentración de la población en ciudades y villas fortificadas, y el consiguiente abandono de las alquerías andalusíes que habían estado activas con anterioridad a la conquista[18]. En un contexto político y social marcado tanto por la conquista como por la expulsión de la población

---

[14] T. Glick, *Cristianos y musulmanes en la España medieval (711-1250)*, Madrid, Alianza, 1991, pp. 66-142. *Id.*, *Paisajes de conquista. Cambio cultural y geográfico en la España medieval*, Valencia, Universidad, 2007, p. 20.

[15] A. Malpica Cuello, «Le trasformazioni agricole e l'avanzata cristiana nella Penisola Iberica», en *I paesaggi agrari d'Europa (secoli XIII-XV). Pistoia, 16-19 maggio 2013*, Roma, Viella, 2015, pp. 101-125.

[16] R. Bartlett, *La formación de Europa. Conquista, civilización y cambio cultural, 950-1350*, Valencia, Universidad, 2003, pp. 193 y 209-213. J. Torró, «Paisajes de frontera: conquistas cristianas y transformaciones agrarias (siglos XII al XIV)», *Edad Media. Revista de Historia*, 20, 2019, pp. 13-46.

[17] I. Martín Viso, *Asentamientos y paisajes rurales, op. cit.*, pp. 183-203.

[18] M.ª A. Carmona Ruiz, «La transformación de los paisajes rurales en el valle del Guadalquivir tras la conquista cristiana (siglo XIII)», en J. Torró y E. Guinot (eds.), *Trigo y ovejas. El impacto de las conquistas en los paisajes andalusíes (siglos XI-XVI)*, Valencia, Universidad, 2018, pp. 93-117. E. Martín Gutiérrez, «Los paisajes rurales en las comarcas gaditanas...», *op. cit.*, pp. 227-255.

mudéjar, se podría afirmar –como en su momento lo hizo Mercedes Borrero– que hubo abundancia de tierras para todos aquellos que quisieron o pudieron quedarse en esta región. Durante el siglo XIV hubo un «activo y barato mercado de tierras» que facilitó la creación de grandes propiedades y permitió el mantenimiento de la pequeña propiedad. La comprensión de este escenario debe ser puesta en relación con los débiles índices demográficos de la región andaluza en aquel periodo[19].

Aunque en algunas comarcas se llevaron a cabo rozas que ampliaron la superficie cultivable en detrimento del bosque –como por ejemplo en Los Pedroches o en la sierra de Córdoba[20]– en otras, el mantenimiento o el avance de las masas forestales fue evidente. Al respecto, la información del *Libro de la Montería* de Alfonso XI (*c.* 1345) es significativa, aunque no incluya todos los espacios incultos andaluces. Centrado en la descripción de los ecosistemas idóneos para la caza mayor –oso y jabalí, fundamentalmente– se enumeran 374 cazaderos en Sierra Morena, en la cuenca del Guadalquivir y en las Cordilleras Béticas.

En Sierra Morena, donde el encinar fue la especie predominante, había alcornoques, rebollos, fresnos y acebuches. Estas masas arbóreas estaban acompañadas con otras herbáceas y arbustivas como madroños, romeros, jaras, espárragos y cambrones. La vegetación de la riparia tomaba forma en sotos, cañaverales y membrillas. En la cuenca del Guadalquivir, los bosques estaban concentrados en la Campiña de Sevilla, la Tierra de Gibraleón y en la Campiña de Córdoba. En esta última comarca, sobresalía el biotopo de la riparia –con referencias a cañaverales, sotos y zarzas– y el de los interfluvios, con menciones esporádicas a encinas, alcornoques y a especies de matorral y herbáceas como, por ejemplo, coscojas, madroños o lentiscos. En las Cordilleras Béticas fueron abundantes las encinas, los robles y los alcornoques en el sector cordobés y jiennense, o los pinares y las tejadas en la sierra de Segura. En la sierra de Cádiz y en el Campo de Gibraltar proliferaron topónimos como «pinarejo, xara, lentiscar, madroñal, acebuchal, hinojera, alcornocal» y se ha localizado una referencia a un «alcornocal fermoso». La vegetación

---

19 M. González Jiménez, *La repoblación de la zona de Sevilla durante el siglo XIV*, Sevilla, Universidad, 1993. M. Borrero Fernández, «Andalucía ante las crisis agrarias. La incidencia decisiva del factor endeudamiento a fines de la Edad Media», en P. Benito i Monclús (ed.), *Crisis alimentarias en la Edad Media. Modelos, explicaciones y representaciones*, Lleida, Milenio, 2013, pp. 231-250, 232-234.

20 E. Cabrera Muñoz, «El problema de la tierra en Córdoba a mediados del siglo XIV», *Cuadernos de Estudios Medievales*, IV-V, 1979, pp. 41-71, 45. C. Argente del Castillo, *La ganadería medieval andaluza. Siglos XIII-XVI (Reinos de Jaén y Córdoba)*, 2 vols., Jaén, Diputación, 1991, vol. I, p. 31.

de la riparia englobaba escobares, cañaverales, carrizos, almeces, morales y helechos[21].

La presencia de estos bosques ha permitido a algunos investigadores sostener que estos ecosistemas actuaron como marcas forestales entre las sociedades feudal y andalusí. Si hasta el último cuarto del siglo XIII los bosques y pastizales de la Algaida o el bosque de Cote convivieron con espacios destinados al cereal, olivar y árboles frutales, tras el establecimiento de la frontera estos funcionaron «como auténticos viveros de plantas y animales que se lanzaron a su propia conquista del territorio dejado como tierra de nadie por los humanos»[22]. Otros medievalistas, sin embargo, sostienen que los bosques de encinas, alcornocales y quejigos no fueron espacios impenetrables. Así, las investigaciones de María Antonia Carmona o Antonio Malpica han subrayado que su aprovechamiento ganadero, cinegético y apícola fue frecuente por parte de las comunidades campesinas establecidas en ambos lados de la frontera[23].

En otras publicaciones he analizado este problema tomando en consideración tres casos estudio situados en las comarcas gaditanas[24].

El primero se localiza en el entorno de la laguna del Gallo, en la proximidad de la desembocadura del Guadalete. Este espacio, marcado por el agua –ríos, arroyos, humedales y marismas– y por suaves colinas, se caracteriza por sus tierras albarizas miocénicas. En las campañas arqueológicas llevadas a cabo entre 1997 y 1998, se localizaron un conjunto de instalaciones agrarias que debían de corresponderse con las alquerías y machares citados en el *Libro del Repartimiento* de Cádiz. Por indicar un único ejemplo, la alquería de Grañina-Grañinilla incluía dos áreas pobladas, una mayor y otra menor, separadas por un espacio sin construcciones. Los restos localizados han sido identificados con torres, casas, pozos, corrales, silos y una herrería[25].

[21] A. López Ontiveros, B. Valle Buenestado y F. García Verdugo, «Caza y paisaje geográfico en las tierras béticas según el *Libro de la Montería*», *Actas del V Coloquio de Historia Medieval de Andalucía. Andalucía entre Oriente y Occidente (1236-1492)*, Córdoba, Caja de Ahorros, 1988, pp. 281-309.

[22] M.ª T. Henares Guerrero, «El bosque de Cote: una aproximación al paisaje antiguo y medieval de Montellano (Sevilla, España)», *Archeologia Medievale*, XXVIII, 2001, pp. 607-623, 621.

[23] M.ª A. Carmona Ruiz, «Ganadería y frontera: los aprovechamientos pastoriles en la frontera entre los reinos de Sevilla y Granada. Siglos XIII al XV», *En la España Medieval*, 32, 2009, pp. 249-272. A. Malpica Cuello, *Las últimas tierras de Al-Andalus. Paisaje y poblamiento del reino nazarí de Granada*, Granada, Universidad, 2014, p. 74.

[24] E. Martín Gutiérrez, «Los paisajes rurales en las comarcas gaditanas...», *op. cit.*, pp. 234-238. *Id.*, «Los paisajes de la frontera en las comarcas gaditanas durante el siglo XIV. Una prospectiva ambiental», en M. García Fernández, A. Galán Sánchez y R. G. Peinado Santaella (eds.), *Las fronteras en la Edad Media hispánica. Siglos XIII-XVI*, Granada-Sevilla, Universidad, 2019, pp. 323-338, 333.

[25] J. J. López Amador, J. A. Ruiz Gil y F. Giles Pacheco, *Las huellas de Al-Andalus en El Puerto de Santa María*, El Puerto de Santa María, El Boletín, 2011, pp. 77-78.

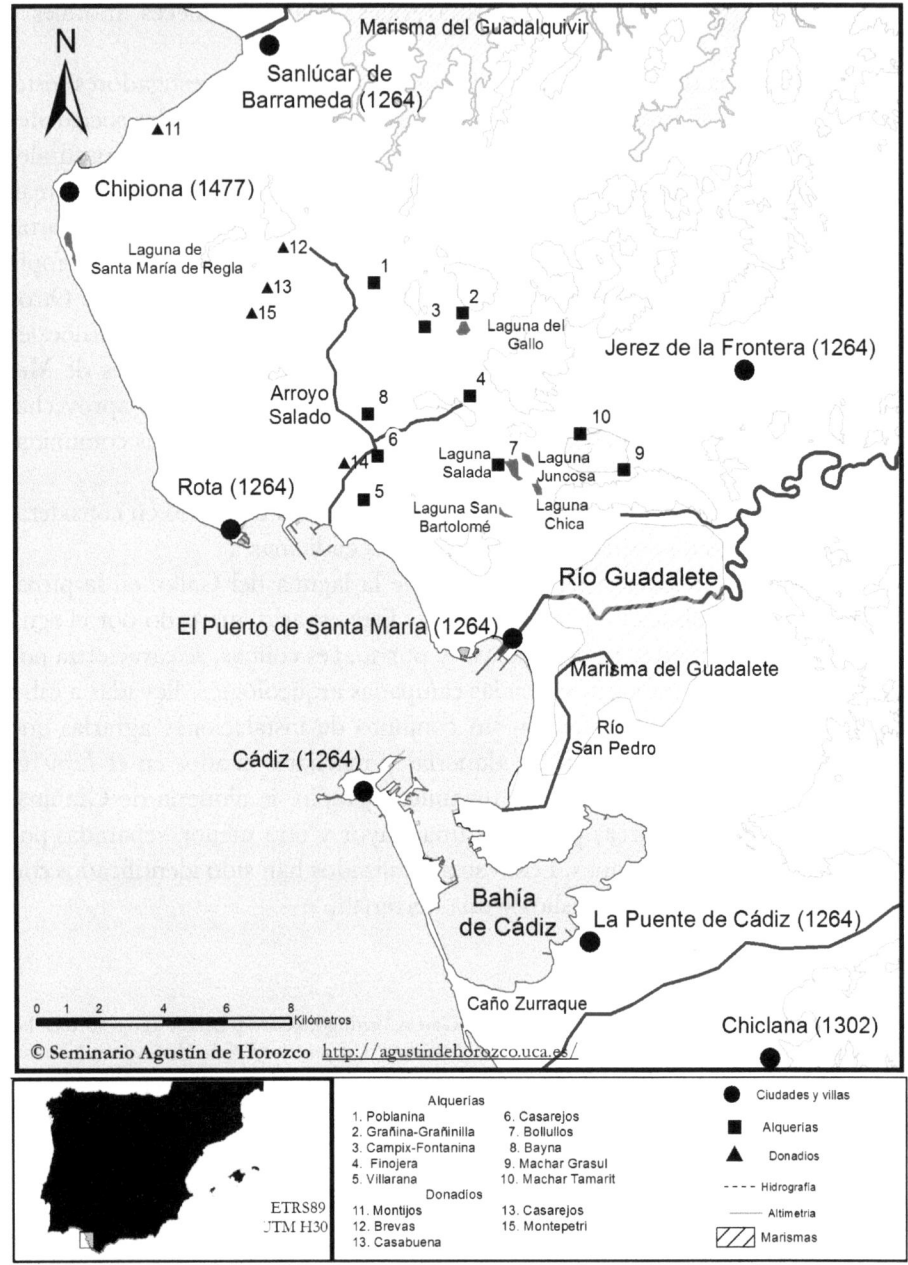

Figura 1. Propuesta con la ubicación de las alquerías y machares según el *Libro del Repartimiento* de Cádiz[26].

26 La cartografía SIG ha sido realizada por Pablo Fernández Lozano en el Seminario Agustín de Horozco de la Universidad de Cádiz.

Aunque en un principio estas alquerías y machares dependían de Jerez, tras la conquista se produjo un cambio en su adscripción: primero pasaron a Cádiz y, después, a El Puerto de Santa María[27]. Además de los repartos de tierras –cereal y viñas–, se contempló la necesidad de iniciar procesos roturadores[28]. La interpretación de este paisaje agrario se enriquece gracias a los estudios palinológicos que ofrecen estos porcentajes: cereales, 50 %; frutales –olivos, vides e higueras– 40 %; leguminosas –guijas y habas– 10 %[29]. Durante los siglos XIV y XV, el poblamiento se mantuvo en tres núcleos: *al-*Qanāṭir, el actual El Puerto de Santa María, Sidueña hasta 1335 y Grañina hasta 1458. Ahora bien, aunque el resto de las alquerías y machares acabaron siendo abandonados, el aprovechamiento de los recursos naturales de esos entornos se mantuvo gracias al establecimiento de explotaciones agropecuarias: dehesas, donadíos o pagos.

El segundo caso de estudio se ubica en la campiña litoral a siete kilómetros de Chiclana de la Frontera. El entorno de La Mesa, a cincuenta metros sobre el nivel del mar, se caracteriza por las tierras de bujeos, las vegas aluviales y las terrazas diluviales del río Iro. En el *Libro de Repartimiento* de Vejer de la Frontera aparecen citados treinta y cuatro núcleos rurales entre alquerías y machares[30]. La campaña arqueológica llevada a cabo en 1998 se concentró en una de esas alquerías: Benafoçín. Los trabajos se desplegaron en torno a una estructura rural –alrededor de 442 m²–, un espacio habitacional, un campo de silos y una torre cuadrangular. En la zona sur del asentamiento se localizó una estructura circular que serviría de vertedero doméstico. La tipología de la cerámica almohade localizada abarca un arco cronológico que se extiende desde el siglo XIII al XIV[31].

Debido a la situación fronteriza, la repoblación fue compleja y se llegaron a efectuar dos repartimientos en 1288 y 1293. En 1293, de las veinte yugadas de tierras de pan asociadas a la alquería de Benafoçín –que limitaba con las heredades de Gelín, Finojera, Cortes y con un alcornocal–, doce fueron concedidas a Gonzalo Ferrández y el resto quedó por repartir[32]. La imagen de un paisaje

---

[27] E. Martín Gutiérrez, «El aprovechamiento de humedales y marismas en el término de Cádiz: segunda mitad del siglo XIII», en L. Lagóstena Barrios (ed.), *Qui lacus aquae stagna paludes sunt... Estudios históricos sobre humedales en la Bética*, Cádiz, Seminario Agustín de Horozco, 2015, pp. 121-147, 130-132.

[28] M. González Jiménez (ed.), *Repartimiento de El Puerto de Santa María*, Sevilla-El Puerto de Santa María, Universidad, 2002.

[29] J. J. López Amador, J. A. Ruiz Gil y F. Giles Pacheco, *Las huellas de Al-Andalus...*, *op. cit.*, p. 129.

[30] M. González Jiménez (ed.), *Los repartimientos de Vejer de la Frontera (1288-1318)*, Cádiz, Real Sociedad Económica de Amigos del País de Vejer, 2014.

[31] J. Ramos Muñoz (ed.), *Excavaciones arqueológicas en La Mesa (Chiclana de la Frontera, Cádiz). Campaña de 1988. Aproximación al estudio del proceso histórico de su ocupación*, Cádiz, Diputación, 1999, pp. 291-296.

[32] M. González Jiménez (ed.), *Los repartimientos de Vejer...*, *op. cit.*, p. 57.

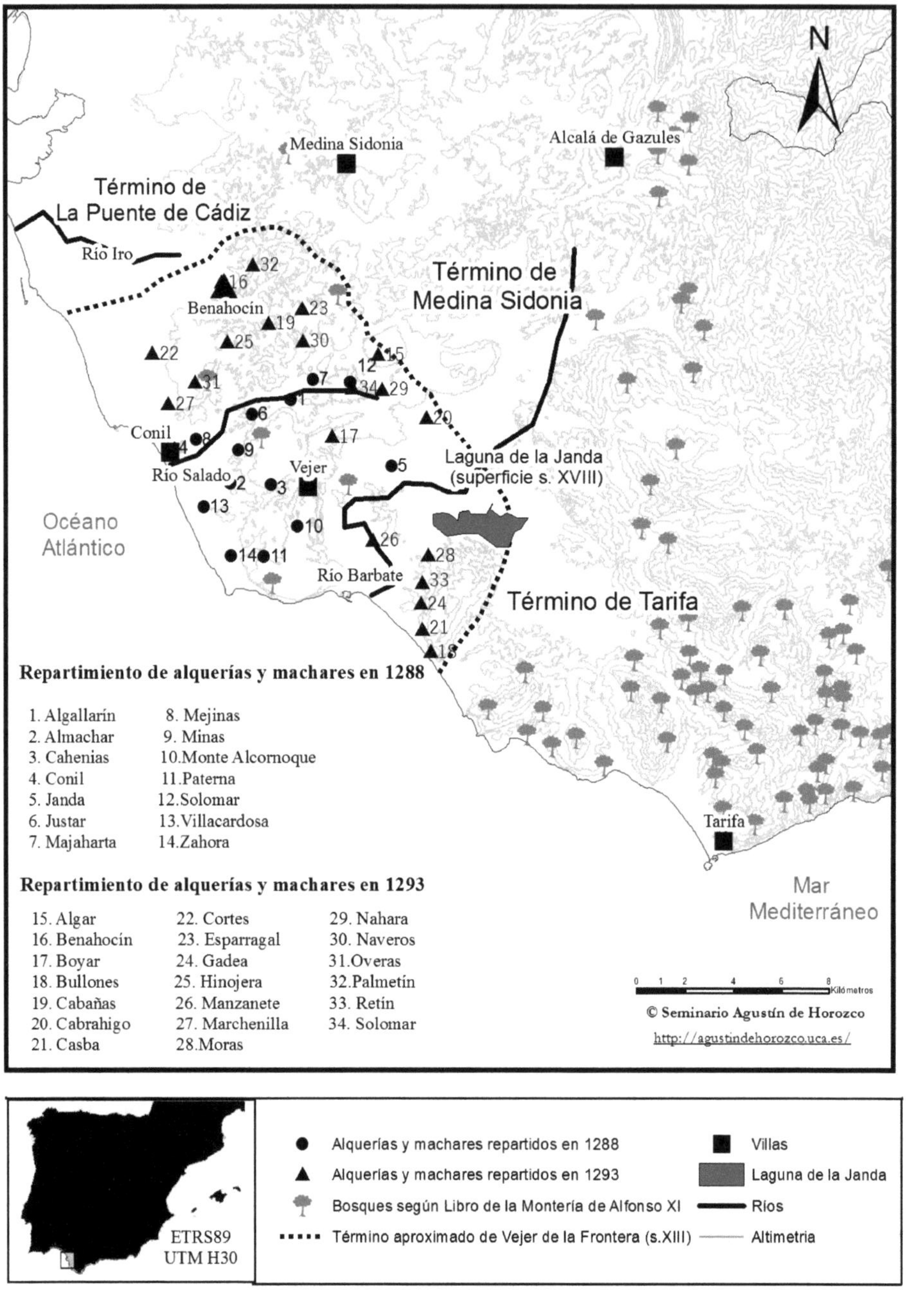

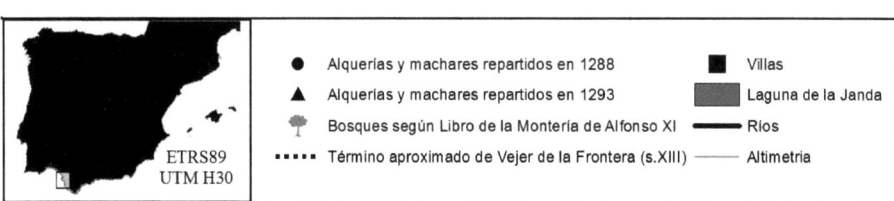

Figura 2. Propuesta con la ubicación de las alquerías y machares según *el Libro del Repartimiento* de Vejer de la Frontera.

eminentemente cerealístico puede ampliarse con los datos ofrecidos desde el registro arqueológico: agricultura de secano con cultivos como el cereal y el olivar, ganadería a base de bóvidos y ovicápridos, actividad cinegética mediante la captura de ciervos y pesca gracias al marisqueo[33]. El poblamiento solo se mantuvo en Vejer de la Frontera y en Conil; el resto de las alquerías y de los machares se convirtió en explotaciones agropecuarias.

El tercer caso de estudio es la alquería de Abadín. Situada en un valle entre los ríos Guadalete y Guadalcacín, contaba en sus cercanías con los bosques de Abadín y Hoz de Guillena descritos en el *Libro de la Montería* de Alfonso XI. A mediados del siglo XIII, Abadín estuvo probablemente vinculada al ḥiṣn de Tempul. Tras la conquista, se produjeron cambios en lo tocante a su adscripción, ya que la alquería pasó a depender, primero, de Arcos de la Frontera y, después, de Jerez de la Frontera. Pero también se produjeron alteraciones en relación con su propiedad: fue adjudicada a Esteban García de Vargas, que la mantuvo hasta 1322, en que perdió todos sus bienes tras participar en una conjura contra Alfonso XI. En ese año el rey donó a Simón Ruiz de Torres la entonces llamada aldea de Abadín con las tierras cultivadas, los prados, los molinos y las pesquerías. A partir de aquel momento, el paisaje empezó a organizarse en torno a la dehesa de Abadín, cuya puesta en explotación incluía el aprovechamiento de los recursos silvopastoriles de los ecosistemas cercanos[34].

Así pues, el planteamiento que acabo de presentar apunta a que la proliferación de despoblados en las comarcas gaditanas no implicó el abandono del territorio, sino una reordenación que afectó a la organización de los paisajes y al aprovechamiento de los recursos naturales de aquellos entornos, incluidos los bosques. Estos procesos también han sido analizados en otras comarcas andaluzas con resultados parecidos. Las investigaciones de José Luis Villalonga –centradas en el caso de Utrera, pero que tienden a valorar la evolución del poblamiento en la Campiña sevillana durante el siglo XIV– son una llamada de atención que debe ser tenida en cuenta a la hora de repensar este problema; no tanto la existencia de un abandono de las tierras como «una suerte de poblamiento disperso y provisional protagonizado por las gentes que explotaban las tierras»[35]. En la Campiña Sur de Córdoba –y mediante la expresión, aparentemente paradójica, de «despoblado habitado»–, Javier López Rider ha estudiado aquellos espacios que, aunque habitados, no llegaron a disponer del número mínimo, marcado por la normativa vi-

---

[33] J. Ramos Muñoz (ed.), *Excavaciones arqueológicas en La Mesa...*, *op. cit.*, p. 297.
[34] E. Martín Gutiérrez, «Los paisajes de la frontera...», *op. cit.*, p. 333.
[35] J. L. Villalonga Serrano, *Las estructuras agroganaderas de la campiña sevillana a finales de la Edad Media. El caso de Utrera*, Sevilla, Diputación, 2008, p. 49.

gente, para que ser considerados lugares poblados[36]. Estos casos invitan a pensar no tanto en la creación de espacios vacíos, sino en la reorientación del aprovechamiento de los recursos naturales. Fue una reformulación que dejó su impronta en muchos de los ecosistemas andaluces con la creación de las dehesas[37].

3. LA GOBERNANZA: EL IMPACTO DE LA CIUDAD EN LA ORGANIZACIÓN DE LOS PAISAJES

La ciudad es un factor a tener en cuenta a la hora de estudiar el impacto antrópico sobre el medio, como han puesto de relieve, entre otros investigadores, Richard Hoffmann[38]. Durante el siglo XV hubo un desarrollo urbano asentado en las actividades artesanales, agropastoriles y mercantiles en Andalucía.

Con el objeto de presentar un marco general, indico algunos datos que se corresponden con el periodo final de la Edad Media. Las ciudades más pobladas fueron Sevilla con 50 000 habitantes y Córdoba con 25 000 habitantes; un grupo de núcleos urbanos –Jaén, Úbeda, Baeza, Écija, Jerez de la Frontera– oscilaba entre los 18 000 y los 12 000 habitantes; de las localidades con un número de habitantes entre 10 000 y 6 000 se podrían citar los casos de Carmona, Utrera, El Puerto de Santa María, Andújar o Marchena[39].

Pero la entidad de un núcleo urbano, con independencia del número de habitantes, se asienta en el dinamismo de su cuerpo social. La ciudad medieval podría ser entendida, y sigo el planteamiento de Patrick Boucheron y Denis Menjot, como una sociedad que interactuaba con el campo[40]. Esta imbricación ha estado bien presente en nuestras sociedades hasta tiempos relativamente recientes[41]. Fue una relación, no exenta de conflictividad, que posibilitó la «creazione di nuovi paesaggi sociali»[42]. Desde esta perspectiva, la gobernanza es un factor importante a la hora de evaluar los procesos que culminaron en la organización de los paisajes rurales.

----

[36] J. López Rider, *Paisajes medievales en la campiña sur de Córdoba (siglos XIII-XV)*, Murcia, SEEM, 2020, pp. 89-124.

[37] M.ª A. Carmona Ruiz, «La transformación de los paisajes rurales en el valle del Guadalquivir...», *op. cit.*, pp. 108-111.

[38] R. Hoffmann, *An Environmental History...*, *op. cit.*, p. 231.

[39] M. A. Ladero Quesada, *Andalucía a fines de la Edad Media. Estructuras. Valores. Sucesos*, Cádiz, Universidad, 1999, pp. 26-27.

[40] P. Boucheron y D. Menjot, *La ciudad medieval*, Valencia, Universidad, 2010, pp. 14-15.

[41] G. Pinto, *Città e spazi economici nell'Italia comunale*, Bologna, CLUEB, 1996, p. 15. *Id.*, «I rapporti economici tra città e campagna», en R. Greci (a cura di), *Economie urbane ed etica economica nell'Italia medievale*, Roma-Bari, Laterza, 2005, pp. 3-73.

[42] R. Rao, *I paesaggi dell'Italia...*, *op. cit.*, p. 176.

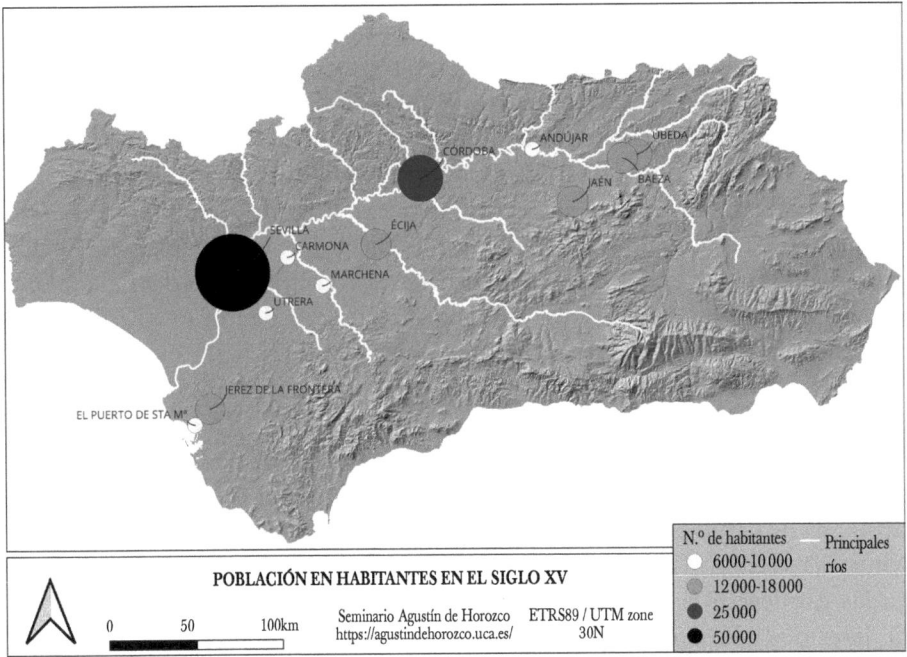

Figura 3. La población andaluza a finales del siglo XV.

Así pues, de los muchos temas que podrían ser abordados, plantearé algunas consideraciones relacionadas con los sistemas de abastecimiento, la organización de los paisajes vitivinícolas, el aprovechamiento de los recursos naturales en los bosques y los sistemas de conectividad.

3.1. Los sistemas de abastecimiento

Las investigaciones llevadas a cabo por Ramón Banegas López han subrayado que «las aglomeraciones urbanas no pueden existir sin un buen sistema de abastecimiento de alimentos y otros productos básicos», lo que implicaba una estrecha relación entre las ciudades y «los canales de distribución»[43]. En efecto, las políticas de abastecimiento urbanas estuvieron vinculadas no solo al intento de aplicar en lo cotidiano el concepto de «buen gobierno», sino, sobre todo, a la necesidad de mantener el orden del sistema político con el objetivo de evitar

....

[43] R. A. Banegas López, *Sangre, dinero y poder. El negocio de la carne en la Barcelona bajomedieval*, Lleida, Milenio, 2016, p. 27.

desórdenes o revueltas sociales[44]. Así pues, como ha apuntado Antoni Furió para el caso valenciano, el gobierno urbano trató de presentarse como el catalizador idóneo entre el interés público y los intereses privados[45].

En un trabajo reciente he abordado el tema del abastecimiento de carne en las ciudades de Andalucía occidental a finales de la Edad Media[46]. Su estudio me ha permitido establecer una conexión entre la ciudad y los espacios pecuarios destinados al ganado. Así, por ejemplo, el que abastecía Sevilla procedía de La Campiña, el Campo de Matrera, las marismas del Guadalquivir y la Sierra Norte de Sevilla, comarcas integradas dentro de la «Tierra de Sevilla». En los momentos en que fue necesario adquirir un mayor número de cabezas, el gobierno urbano recurrió a las ferias organizadas en Badajoz, Medellín o Ronda, como sucedió por ejemplo en 1562[47]. En cambio, en otras localidades la fórmula aplicada fue otra; así, en Sanlúcar de Barrameda, debido a que el ganado que pastaba en su término municipal no podía satisfacer la demanda de carne de la ciudad, el gobierno urbano optó por adquirirlo en las comarcas vecinas. Por ejemplo, en 1532, la mayor parte de la carne vendida en las carnicerías de Sanlúcar de Barrameda fue comprada a los ganaderos de Jerez de la Frontera, Medina Sidonia y Rota, que tenían sus reses en sus respectivos términos[48].

Aunque no parece que se produjesen situaciones semejantes en Andalucía, el control político ejercido sobre el abastecimiento de la carne –y, por extensión, sobre los carniceros– se materializó en una decisión preventiva de las autoridades públicas frente a posibles revueltas, como ha mostrado Valentina Costantini en el caso de Siena[49].

---

[44] P. Boucheron y D. Menjot, *La ciudad...*, *op. cit.*, pp. 279-309.

[45] A. Furió, «Del abastecimiento urbano al gobierno de la ciudad: los carniceros de Valencia y de su reino, siglos XIII al XV», en B. Del Bo e I. Santos Salazar (a cura di), *Carne e macellai tra Italia e Spagna nel Medioevo. Economia, politica, società*, Milán, FrancoAngeli, 2020, pp. 221-252, 237.

[46] E. Martín Gutiérrez, «Macellai, vendita e mercati: qualche riflessione sull'interazione società e l'ambiente nell'Andalusia occidentale nel XV secolo». En prensa.

[47] G. García-Baquero López, *Sevilla y la provisión de alimentos en el siglo XVI. Abastecimiento y regulación del mercado por el concejo municipal en la Sevilla del siglo XVI*, Sevilla, Diputación, 2006, p. 225. D. Carvajal de la Vega, «Los carniceros y sus negocios en el mundo rural castellano a fines del siglo XV e inicios del XVI», en C. Verna y S. Victor (coords.), *Los carniceros y sus oficios (España-Francia, siglos XIII-XVI)*, Valencia, Universidad, 2020, pp. 279-301, 290-291.

[48] En concreto, la adquisición fue la siguiente: 2 967 carneros, 638 cerdos, 253 bueyes, 206 vacas, 75 terneros y 58 toros. Los datos en: A. Moreno Ollero, *Sanlúcar de Barrameda a fines de la Edad Media*, Cádiz, Diputación, 1983, pp. 100-104.

[49] V. Costantini «Carne e rivolta. I macellai di Siena sulla scena europea (secoli XIII-XV)», en B. Del Bo e I. Santos Salazar (a cura di), *Carne e macellai tra Italia e Spagna nel Medioevo. Economia, politica, società*, Milán, FrancoAngeli, 2020, pp. 111-127, 111.

3.2. La organización de los paisajes vitivinícolas

Como indicaba anteriormente, la gobernanza también se manifestó en los procesos que culminaron en la organización de los paisajes rurales. El viñedo muestra una estrecha conexión entre el gobierno urbano, la apuesta por este cultivo y la incidencia del mercado. En su momento, Antonio Miguel Bernal indicó que la vid se había convertido en uno de los factores clave en la transformación capitalista de la agricultura andaluza durante el siglo XVI[50]. Las investigaciones de Mercedes Borrero no han hecho sino consolidar esta interpretación. En efecto, la necesidad de atender el consumo interno de Sevilla y la demanda del comercio internacional provocó que la oligarquía sevillana concentrase su atención en la Sierra Norte, convertida en la zona «de mayor producción vitivinícola». En Cazalla de la Sierra había «numerosas propiedades de viñas de entre 20 y 30 aranzadas de extensión» –una propiedad vitivinícola de 30 aranzadas de viñas podía incluir alrededor de 50 000 cepas– cuyos propietarios eran miembros de la élite local y de la oligarquía de Sevilla. Los vinos de esta zona fueron «los más cotizados en el mercado urbano de la época». Su puesta en explotación requirió una mano de obra temporera y una fuerte inversión por parte de los propietarios. Como apunta Mercedes Borrero, «sin duda estamos ante un claro ejemplo de lo que el factor mercado puede influir en la conformación de la estructura de la propiedad y en la morfología de las explotaciones»[51]; y añado, en la creación de un paisaje.

Por mi parte, he analizado este asunto tomando en consideración la organización del paisaje vitivinícola jerezano durante el siglo XV. Aunque ahora no entraré en detalle, sí quisiera señalar que la oligarquía urbana, los comerciantes, las instituciones religiosas, los artesanos o los campesinos participaron en la explotación del viñedo. La ciudad –encargada, en última instancia, de organizar y gestionar todas las facetas vinculadas con este cultivo– estaba perfectamente integrada en la red comercial y financiera de la época. Me limito a indicar un único ejemplo: desde 1515, el mercader portugués Arias de Coimbra fue adquiriendo viñas en el término jerezano, gestionando el proceso de producción y exportando vinos hacia Canarias, Orán o Lisboa. Cuando falleció en 1522, sus negocios quedaron en manos de su sobrino Simón de Coimbra. Durante

50   A. M. Bernal Rodríguez, «Andalucía, siglo XVI. La economía rural», en M. González Jiménez y J. E. López de Coca Castañer (dirs.), *Historia de Andalucía*, Madrid, Planeta, 1982, vol. IV, p. 151.
51   M. Borrero Fernández, *La organización del trabajo. De la explotación de la tierra a las relaciones laborales en el campo andaluz (siglos XIII-XVI)*, Sevilla, Universidad, 2003, p. 52. J. L. Carriazo Rubio, «Un texto sobre la explotación de viñas en Cazalla de la Sierra a mediados del siglo XVI», *Archivo Hispalense*, 78, 1995, 238, pp. 29-64.

aquellos años los Coimbra se introdujeron dentro grupo social más destacado de la ciudad. Su participación en el sistema político no se hubiese producido «sin la apuesta por la producción y comercialización del vino realizada por Arias de Coimbra»[52].

3.3. El aprovechamiento de los recursos naturales en los bosques

Los ecosistemas forestales mediterráneos no son una realidad fija en el tiempo, sino que constituyen «sistemas abiertos que intercambian energía y materiales con otros sistemas», como pueden ser otros bosques, los sistemas acuáticos y la atmósfera[53]. En este sentido, el estudio de la «resiliencia» permite evaluar la capacidad de un ecosistema de integrar una perturbación en su funcionamiento, sin llegar a modificar su estructura cualitativa[54].

Pero junto a la propia dinámica evolutiva de los ecosistemas, hay que prestar atención a las intervenciones antrópicas. La conquista feudal produjo alteraciones en los bosques, materializadas a través de talas y roturaciones. Esta deforestación fue la respuesta con la que, desde los nuevos parámetros vigentes –dos culturas, dos «sistemas ecológicos», vuelvo de nuevo a la idea de Thomas F. Glick–, se buscó obtener una mayor optimización de los recursos en función de «una agricultura de secano más extensa, en la que la vid y el cereal debieron de ocupar un lugar preponderante». Este marco interpretativo relativo al reino de Granada podría completarse con ejemplos específicos que apuntan, como en el caso de Motril, a un mayor consumo de leña en consonancia con el desarrollo de la fabricación de azúcar tras la conquista castellana[55].

52 E. Martín Gutiérrez, «Los paisajes vitivinícolas a finales de la Edad Media. El ejemplo de Jerez de la Frontera», *Edad Media. Revista de Historia*, 20, 2019, pp. 184-214. E. Martín Gutiérrez y E. Ruiz Pilares, *El viñedo en Jerez durante el siglo XV. Un mercado de trabajo en torno al vino*, Cádiz, Peripecias Libros, 2019.

53 V. Jurado Doña, *Los bosques de las Sierras del Aljibe y del Campo de Gibraltar (Cádiz-Málaga). Ecología, transformaciones históricas y gestión forestal*, Sevilla, Junta de Andalucía. Consejería de Medio Ambiente, 2002, p. 11. En un libro que verá la luz en los próximos meses, reflexiono, precisamente, sobre estas cuestiones y, en concreto, sobre el aprovechamiento de los recursos naturales en los bosques de Andalucía durante el siglo XV.

54 C. Aschan-Leygonie, «Vers une analyse de la résilience des systèmes spatiaux», *Espace Géographique*, 29(1), 2000, pp. 64-77, 65. C. Tosco, *Il paesaggio storico...*, *op. cit*, p. 107. E. Martín Gutiérrez, «Los paisajes rurales en las comarcas gaditanas...», *op. cit.*, p. 229.

55 A. Malpica Cuello, *Medio físico y poblamiento en el delta del Guadalfeo. Salobreña y su territorio en época medieval*, Granada, Universidad, 1996, pp. 235-237. Id., «El medio natural y el poblamiento medieval del Reino de Granada», en J. Clemente Ramos (ed.), *El medio natural en la España Medieval. Actas del I Congreso sobre Ecohistoria e Historia Medieval*, Cáceres, Universidad, 2001, pp. 141-162, 162.

La gobernanza de la ciudad también puede seguirse a través del aprovechamiento de los recursos naturales de los bosques. La vida cotidiana en muchas ciudades y pueblos estuvo marcada por la recogida de madera como combustible o para otros usos, por la obtención de materia prima, por la caza menor, por la adquisición de pasto para el ganado temporal o permanente, o por el consumo de algunos frutos como las castañas[56]. Y todas estas actividades acabaron siendo reglamentadas y reguladas por las normativas emitidas por los gobiernos locales. Al igual que en otras comarcas peninsulares –estoy pensando, por ejemplo, en Extremadura[57]–, en Andalucía las «Ordenanzas de Montes» empezaron a promulgarse a partir de la segunda mitad del siglo XV. El incremento demográfico y el desarrollo urbano tuvieron como consecuencia la reducción de las masas forestales. Este tipo de medidas estuvo presente en las normativas aprobadas en las Cortes durante los reinados de los Reyes Católicos, Carlos V o Felipe II[58]. La respuesta desde los poderes urbanos y señoriales vino de la mano de la emisión de unas normativas con las que se buscaba la conservación de estos ecosistemas. El valor de sus recursos naturales –que está en la base de los procesos de privatización sufridos por los espacios comunales[59]– justificó su protección frente a una explotación indiscriminada.

....

[56] M.ª C. Carlé, «El bosque en la Edad Media», *Cuadernos de Historia de España*, LIX-LX, 1976, pp. 320-365. Cabrera Muñoz, «El bosque, el monte y su aprovechamiento en la España del sur durante la Baja Edad Media», en J. Pérez-Embid (ed.), *Andalucía medieval. Actas I Jornadas de Historia Rural y Medio Ambiente (Almonte, 23-25 mayo 2000)*, Huelva, Universidad, 2002, pp. 249-272. M.ª A. Carmona Ruiz, «La apicultura sevillana a fines de la Edad Media», *Anuario de Estudios Medievales*, 30(1), 2000, pp. 387-421. E. Martín Gutiérrez, «En los bosques andaluces. Los carboneros a finales de la Edad Media», en B. Arizaga Bolumburu (ed.), *Mundos medievales. Espacios, sociedades y poder. Homenaje al profesor José Ángel García de Cortázar*, 2 vols., Santander, Universidad, 2012, vol. II, pp. 1561-1572. M.ª A. Carmona Ruiz, «La lucha contra los incendios forestales en Andalucía en el tránsito de la Edad Media a la Modernidad (siglos XV-1/2 XVI) a través de la normativa local», en I. Ait y A. Esposito (a cura di), *Agricoltura, lavoro, società. Studi sul Medioevo per Alfio Cortonesi*, Bologna, CLUEB, 2020, pp. 91-104.

[57] J. Clemente Ramos, «La evolución del medio natural en Extremadura (*c.* 1142-*c.* 1525)», en J. Clemente Ramos (ed.), *El medio natural en la España Medieval. Actas del I Congreso sobre Ecohistoria e Historia Medieval*, Cáceres, Universidad, 2001, pp. 15-56.

[58] Ya en 1351, como es sabido, se denunció en las Cortes de Valladolid la destrucción de los montes debido a prácticas incontroladas consistentes en la proliferación de rozas, la tala de árboles o los incendios intencionados. Las multas impuestas fueron muy altas; si por cada pie de pino o encina cortado se estipuló 100 maravedíes, las rozas o incendios merecieron la pena de muerte. *Cortes de León y Castilla*, vol. II., Madrid, 1863, n.º 61.

[59] C. Wickham, «Espacio y sociedad en los conflictos campesinos en la Alta Edad Media», en A. Rodríguez (ed.), *El lugar del campesino. En torno a la obra de Reyna Pastor*, Valencia, Universidad-CSIC, 2007, pp. 33-60. R. Rao, *Comunia. Le risorse collettive nel Piemonte comunale*, Milán, Il Filarete, 2008, pp. 16-39. J. M.ª Monsalvo Antón, «Paisaje agrario, régimen de aprovechamientos y cambios de propiedad en la Tierra de Ávila durante el siglo XV. La creación del término redondo de Zapardiel de Serrezuela», en J. M.ª Monsalvo Antón, *Comunalismo concejil abulense. Paisajes agrarios, conflictos*

XLIX SEMANA INTERNACIONAL DE ESTUDIOS MEDIEVALES. ESTELLA-LIZARRA. 2023 | Transformaciones del medioambiente en la Edad Media

DOI: https://doi.org/10.35462/siemel.49 | 61-91

De los muchos casos concretos que podrían citarse –como por ejemplo las «Ordenanzas de la Sierra de Cazorla»[60]–, me detengo en la «Ordenanza de Monte» de Jerez de la Frontera aprobada por Carlos V en 1541. Tras constatar el deterioro de los ecosistemas forestales jerezanos –se «han fecho e fazen de cada día muchos daños en los árboles»– y tras establecer una relación de causalidad entre la ciudad y el bosque –«que la república della a resçebido e resçiue muy notorio perjuyzio»–, se procedió a elaborar la normativa. El articulado contempló la protección del arbolado y el aprovechamiento sostenible, procurando que las extracciones no superasen la capacidad de regeneración del ecosistema y el mantenimiento del ganado. Así, desde mediados de octubre –cuando «los puercos podían entrar a comer la bellota»–, se prohibió «varear los árboles de bellota», cortarlos o desgajarlos, «saluo que la dicha bellota se coma, como ella se cayere». En relación con el corte madera, se estipuló que «si fuera de árbol que tenga fruto de bellota», utilizada con frecuencia para «hacer zahúrdas y tinadores», los propietarios del ganado lo conservasen y protegiesen frente a las agresiones de otros ganaderos. Estas medidas conservacionistas coinciden, como no podía ser de otra manera, con la política proteccionista vigente en las ciudades bajomedievales[61].

3.4. Los sistemas de conectividad

El desarrollo urbano de la mano de la construcción puede ser relacionado con los sistemas de conectividad que aparecen, de esta manera, como un elemento de la gobernanza a tener en cuenta en el estudio de la interacción sociedad-medio ambiente. Un caso interesante es el relativo a la explotación de las canteras de la sierra de San Cristóbal, a 124 metros sobre el nivel del mar, ubicada frente a la bahía gaditana en el límite de los términos municipales de Jerez de la Frontera y El Puerto de Santa María. El aprovechamiento de sus recursos naturales estuvo estrechamente unido a la construcción de la catedral de Sevilla, iniciada en 1433. Tras desechar otros escenarios, se decidió extraer mayoritariamente las

y percepciones del espacio rural en la Tierra de Ávila y otros concejos medievales, Madrid, Diputación de Ávila, 2010, pp. 19-112, 60. E. Martín Gutiérrez, «El aprovechamiento de los recursos naturales: la grana en Andalucía occidental durante el siglo XV», Espacio, Tiempo y Forma. Serie III. Historia Medieval, 34, 2021, pp. 505-526, 509.

[60] M.ª del M. García Guzmán, «Unas ordenanzas de la Sierra de Cazorla», en M.ª del M. García Guzmán, El Señorío de Cazorla en la Baja Edad Media, Cazorla, Ayuntamiento, 2006, pp. 143-165, 143 y 163.

[61] M.ª A. Carmona Ruiz y E. Martín Gutiérrez (eds.), Recopilación de las ordenanzas del concejo de Xerez de la Frontera. Siglos XV y XVI. Estudio y edición, Cádiz, Universidad, 2010, pp. 499-503. E. Martín Gutiérrez, Paisajes, ganadería y medio ambiente en las comarcas gaditanas. Siglos XIII al XVI, Extremadura-Cádiz, Universidad, 2015, pp. 409-503.

piedras de las canteras de San Cristóbal. Julián Clemente Rodríguez ha estudiado el esfuerzo logístico y económico desplegado por la Fábrica de la Catedral de Sevilla; las piedras fueron transportadas en carros hacia un embarcadero en el Guadalete, desde el río fueron llevadas por mar hacia Sanlúcar de Barrameda, y por el Guadalquivir hacia Sevilla. En los trabajos de extracción participaron canteros portuenses y jerezanos[62].

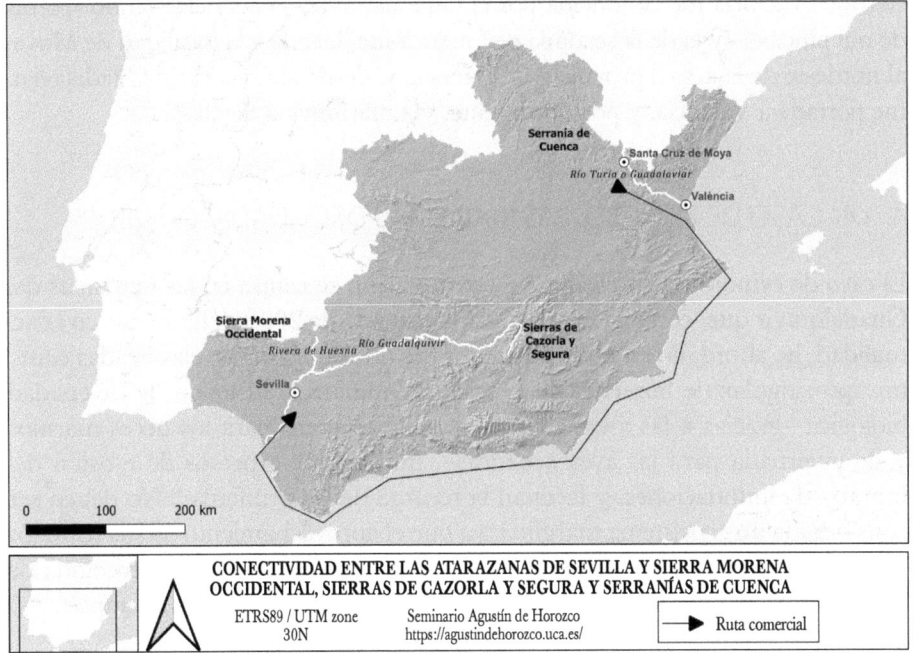

Figura 4. Los sistemas de conectividad: las atarazanas de Sevilla y los ecosistemas forestales.

En otra publicación he profundizado en el estudio de los sistemas de conectividad tomando en consideración la conexión entre el arsenal de Sevilla y los ecosistemas forestales[63]. La madera que llegaba a las atarazanas de Sevilla proce-

---

[62] J. C. Rodríguez Estévez, *Cantera y obra. Las canteras de la Sierra de San Cristóbal y la Catedral de Sevilla*, El Puerto de Santa María, Ayuntamiento, 1998, pp. 54 y 96. E. Martín Gutiérrez, «Entre la costa y la sierra gaditanas. De los paisajes rurales a la interacción sociedad-medio ambiente en el siglo XV», *Revista de Arqueología y Territorio Medieval*, 25, 2018, pp. 227-259.

[63] E. Martín Gutiérrez, «Gli statuti municipali nell'Andalusia del XV secolo: nuove letture per la storia agraria e gli studi sul paesaggio», en G. Giammaria e S. Notari (a cura di), *Gli statuti del Lazio meridionale Confronti peninsulari ed europei*, Anagni, Istituto di storia e di arte del Lazio meridionale, 2023, pp. 173-193, 190.

día de Sierra Morena occidental, en las actuales provincias de Sevilla y Huelva, de la sierra de Cazorla y de la sierra de Segura, en la actual provincia de Jaén, y de la serranía de Cuenca, en el Sistema Ibérico, en la actual provincia de Cuenca, en la Comunidad Autónoma de Castilla-La Mancha. Visto en su conjunto, su transporte comportaba un complejo sistema que integraba la red viaria, fluvial y marítima. Así, mientras que la madera de Sierra Morena fue transportada a través de los ríos Guadalimar y Guadalquivir[64], la de las sierras de Segura y de la sierra de Cazorla fue conducida por el Guadalquivir –la conocida como «piaras de mil pinos»[65]– y la de la serranía de Cuenca fue llevada a la localidad de Moya, al nordeste de la actual provincia de Cuenca, y, desde allí, vía el río Guadalaviar, fue portada a Valencia, y posteriormente, vía marítima, a Sevilla[66].

4. UN CASO DE ESTUDIO: LAS MARISMAS DEL GUADALQUIVIR

El caso de estudio que presentaré a continuación se centra en las marismas del Guadalquivir que, con una extensión aproximada de 200 000 hectáreas en la actualidad, he abordado en otras publicaciones[67]. Las marismas, clasificadas como un tipo singular de humedal de génesis fluviomareal, sustentan la diversidad biológica –gracias a las áreas de desove y de criadero para los peces marinos y de invernada para las aves acuáticas–, mitigan los procesos de erosión del litoral y de inundaciones, y facilitan la recarga de los acuíferos[68]. No deben ser considerada un ecosistema marginal, ya que el aprovechamiento de sus recursos naturales –mediante la ganadería, las salinas, la pesca, la caza o la recogida de plantas, por citar algunas actividades– fue frecuente a lo largo del tiempo[69].

....

[64] P. E. Pérez-Mallaína, *Las Atarazanas de Sevilla. Ocho siglos de historia del arsenal del Guadalquivir*, Sevilla, Universidad, 2019, p. 448.

[65] J. Rodríguez Molina, «Monte y cultivos en el Alto y Medio Guadalquivir. 1230-1350», en F. J. Pérez-Embid Wamba (coord.), *La Andalucía medieval...*, *op. cit.*, pp. 159-208, 160-163.

[66] P. E. Pérez-Mallaína, *Las Atarazanas de Sevilla...*, *op. cit.*, pp. 449 y 512.

[67] E. Martín Gutiérrez, «Ciudades y procesos de *agrarización* en Andalucía occidental durante el siglo XV», en A. A. Andrade y G. da Silva (eds.), *Abastecer a cidade na Europa Medieval*, Castelo de Vide, Instituto de Estudos Medievais, 2020, pp. 63-89. Las localidades que actualmente están en las marismas del Guadalquivir son las siguientes: Aznalcázar, Las Cabezas de San Juan, Dos Hermanas, Lebrija, Isla Mayor, Los Palacios y Villafranca, La Puebla del Río, El Palmar de Troya y Utrera en la provincia de Sevilla; Trebujena y Sanlúcar de Barrameda en la provincia de Cádiz; Almonte e Hinojos en la provincia de Huelva.

[68] F. González Bernáldez, *Los paisajes del agua: terminología popular de los humedales*, Madrid, Reyero, 1992, pp. 137-139.

[69] M. Borrero Fernández, *El mundo rural sevillano en el siglo XV: Aljarafe y Ribera*, Sevilla, Diputación, 1983, pp. 312 y 434. M.ª A. Carmona Ruiz, *La ganadería en el Reino de Sevilla durante la Baja Edad Media*, Sevilla, Diputación, 1998, pp. 133-136. M. Borrero Fernández «Lebrija en la Edad Media.

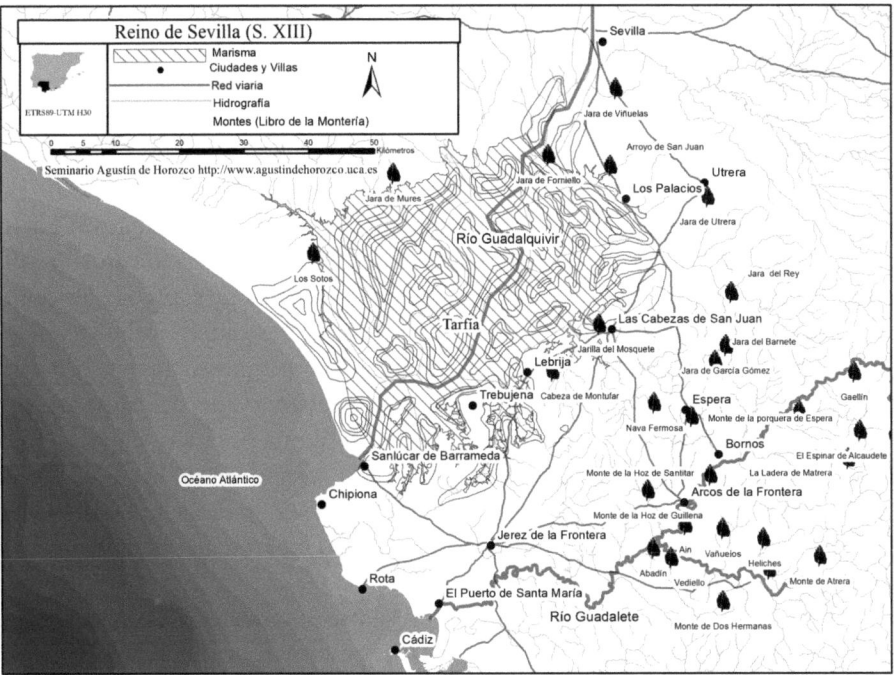

Figura 5. Las marismas del Guadalquivir.

En la margen derecha de la desembocadura del Guadalquivir se ubica Do-ñana, un entono integrado en el Parque Nacional de Doñana desde su creación en 1969 y posteriormente ampliado bajo la denominación de Parque Natural de Doñana, en 1989 y en 1997. Con una superficie total de 122 487 hectáreas, este espacio protegido incluye un conjunto de ecosistemas –playas, dunas, marismas, cotos– que alberga una extraordinaria biodiversidad, ya sea como lugar de paso, cría e invernada de aves europeas y africanas, ya sea como hábitat de especies en peligro de extinción, como el águila ibérica o el lince ibérico[70].

Desde el año 1309, las marismas, la dehesa de El Carrizal y la dehesa de La Figuera –espacios que conformarán «El Coto»– pertenecieron a la Casa de

....

Población y economía», en M. González Jiménez (ed.), *I Jornadas de Historia de Lebrija*, Lebri-ja, Ayuntamiento, 2005, pp. 81-100, 96. J. L. Villalonga Serrano, *Las estructuras agroganaderas...*, *op. cit.*, p. 292. A. Bazzana, *Madīnat Šalṭīš. Une ville islamique dans les marécages de l'Odiel (Huelva, Andalousie) du IXᵉ au XIIIᵉ siècle*, Namur, Études et Documents, Archéologie, 2011.

70 Portal del Ministerio para la transición ecológica y el reto demográfico: https://www.miteco.gob. es/es/parques-nacionales-oapn/red-parques-nacionales/parques-nacionales/donana/

Medina Sidonia. A este elenco también hay que sumar los «Terrenos de la Cuestión», cuyo nombre alude a los pleitos en los que se vieron envueltos los duques de Medina Sidonia y la villa de Almonte[71]. En 1769 se redactó la «Descripción de las clases de terreno que posee el Coto», en el que se describen los tres grandes ecosistemas de Doñana –el sistema de dunas móviles, las marismas y las arenas estabilizadas –y el Guadalquivir[72].

Las transformaciones del paisaje marismeño aportan información en lo tocante a la resilencia de un ecosistema sensible ante la intervención antrópica[73]. En el Pleistoceno, el estuario del Guadalquivir –el *Lacus Ligustinus* de las fuentes clásicas, con una superficie estimada de 1600 km²– estuvo influido por el dinamismo de las mareas y del río. La combinación de ambos factores provocó que el estuario se fuese reduciendo debido a la creación de depósitos de arenas, gravas y cantos rodados durante el Holoceno. En última instancia, el progresivo incremento del componente oceánico provocó la formación de la contraflecha de la Algaida[74]. Las investigaciones geoarqueológicas están desvelando su evolución paleogeográfica y están aportando las claves para entender el poblamiento en un paisaje cambiante y en movimiento[75].

Aunque sea con brevedad, convien presentar los niveles demográficos del entorno marismeño a final de la Edad Media. Sevilla, con 50 000 habitantes, y Jerez de la Frontera, con 19 000 habitantes, fueron las dos ciudades más importantes: situadas fuera de esta comarca, estaban bien comunicadas con el mar a través del Guadalquivir y del Guadalete, respectivamente. En las marismas sobresalían los núcleos de Sanlúcar de Barrameda con 5080 habitantes, Lebrija con 4000 o Almonte con 2090. Las restantes poblaciones se movían en una hor-

[71] D. Muñoz Bort, *La ganadería caballar en la villa de Almonte. Introducción histórica*, Almonte, Ayuntamiento, 2004, pp. 31-35.

[72] M. Granados Corona, «La Casa de Medina Sidonia y el Coto de Doñana», en J. Rubiales Torrejón (coord.), *El río Guadalquivir. Del mar a la marisma. Sanlúcar de Barrameda*, Sevilla, Junta de Andalucía, 2011, pp. 143-159, 157. D. Muñoz Bort, *La ganadería caballar...*, *op. cit.*, pp. 31-35.

[73] J. F. Ojeda Rivera y L. del Moral Ituarte, «Percepciones del agua y modelos de su gestión en las distintas fases de la configuración de Doñana», *Investigaciones Geográficas*, 35, 2004, pp. 25-44.

[74] J. A. Bocanegra Barba, «Hidrología y vegetación potencial del entorno de los emplazamientos históricos de Asido, Carteia, Ocuri, Hasta, Gades y Baelo», en L. Lagóstena Barrios y F. Zuleta Alejandro (coords.), *La captación, los usos y la administración del agua en la Baetica: estudios sobre el abastecimiento hídrico en comunidades cívicas del Conventus Gaditanus*, Cádiz, Universidad, 2009, pp. 61-85.

[75] F. Borja Barrera, «Geoarqueología urbana en Sevilla», en J. Beltrán Fortes y O. Rodríguez Gutiérrez (coords.), *Sevilla arqueológica. La ciudad en época protohistórica, antigua y andalusí*, Sevilla, Ayuntamiento, 2014, pp. 276-315, 278-279. L. Lagóstena Barrios «La percepción de la ribera en la costa atlántica de la provincia Hispania Ulterior Baetica. El *Lacus Ligustinus*», en E. Hermon y A. Watelet (eds.), *Riparia, un patrimoine culturel: la gestion intégrée des bords de l'eau*, Sudbury, BAR, 2012, pp. 189-197.

quilla que oscilaba entre los 1240 habitantes de Hinojos, los 440 de Trebujena o los 300 de las Cabezas de San Juan[76].

Durante los siglos medievales, en un entorno marcado por la presencia del agua, fue habitual la navegación por algunos de los caños, como Alventos y Casarejos, en las proximidades de Asta. A finales del siglo XV, Antonio de Nebrija reflexionó sobre los cambios sufridos por el cauce del Guadalquivir; si Lebrija y Asta «están situadas en medio del estuario del Betis», según se desprende de las fuentes clásicas, algo tuvo que suceder para que estuviesen alejadas «del río no menos de ocho mil pasos».

> Sin duda, aquel álveo que bañaba Lebrija y Asta se cerró con el limo, de modo que sin embargo sus huellas se ven hoy en día con estuarios y canales de conducción fabricados, como dice Estrabón, para transportar en esquifes y chalupas los productos de la tierra desde los campos a las ciudades vecinas[77].

En la explicación de Antonio de Nebrija –que acepta implícitamente la evolución del paisaje –hay referencias explícitas a que se seguía navegando por los caños y por los «canales de construcción», introduciendo así en su argumento el factor antrópico. En efecto, durante la segunda mitad del siglo XV, desde la localidad de Lebrija se impulsaron obras de canalización y desde Sevilla se ordenó la construcción de un canal en el caño de Tarfía con el objeto de facilitar el movimiento de las embarcaciones[78].

Si el agua es fuente de vida, también constituye un factor de riesgo con el que las sociedades han convivido a lo largo del tiempo. En 1503 –según un rastreo efectuado en Utrera para evaluar las tierras adecuadas de pastos–, se describieron las marismas como un entorno apropiado para el ganado. Pero lo que interesa resaltar aquí es que algunos testigos de esa encuesta afirmaron que este ecosistema podía frecuentarse solo «durante ocho meses», pues en el invierno era impracticable «por el creciente del río»[79]. Este ha sido a lo largo del tiempo uno de los problemas de las localidades marismeñas. De hecho, la reordenación del

....

[76] A. Domínguez Ortiz, «La población del Reino de Sevilla», *Cuadernos de Historia. Anexo de la Revista Hispania*, 7, 1977, pp. 337-355. M. A. Ladero Quesada, *Andalucía...*, *op. cit.*, pp. 21-27. Como ya he apuntado, el término de Utrera, aunque situado en la Campiña, incluía una parte de las marismas cuyo aprovechamiento fue, fundamentalmente, pecuario. J. L. Villalonga Serrano, *Las estructuras agroganaderas...*, *op. cit.*, p. 292.

[77] A. de Nebrija, «Historia de los Reyes Católicos», en V. Bonmati y F. Álvarez (eds.), *Nebrija historiador*, Cádiz, Muy Antigua Ilustre y Real Hermandad de los Santos de Lebrija, 1992, pp. 107-136, 133.

[78] E. Martín Gutiérrez, «Paisajes palustres entre la desembocadura del Guadalquivir y el Guadalete durante los siglos XIII al XV», en A. Malpica Cuello (ed.), *Zonas húmedas en Andalucía medieval. Inicio de un debate*, Granada, Alhulia, 2017, pp. 11-49, 39.

[79] J. L. Villalonga Serrano, *Las estructuras agroganaderas...*, *op. cit*, p. 292.

tramo inferior del Guadalquivir no se realizó hasta el siglo XVIII, con la supresión de los meandros (las «cortas»). En cualquier caso, el río no fue domesticado hasta la construcción de las obras hidráulicas en la segunda mitad del XX[80].

Así pues, y con antelación a las intervenciones que acabo de mencionar, las crecidas del río fueron habituales y afectaron a la vida y a la economía de los hombres y mujeres que habitaron en las localidades marismeñas. En 1878, el catedrático de Derecho Romano Francisco de Borja Palomo publicó un libro en el que –tomando como base las referencias documentales, historiográficas y epigráficas –delineó la historia de las riadas de Sevilla[81]. Este ejercicio de erudición elaborado a finales del siglo XIX es leído a inicios del XXI desde una perspectiva marcada por la sensibilidad ambiental, que entronca con una narrativa que desarrolla esta línea de investigación[82]. La avenida del Guadalquivir del año 1485 fue descrita por el cronista castellano Andrés Bernáldez. Sus consecuencias se dejaron sentir en Sevilla y en algunas localidades de la ribera del Guadalquivir[83]. Los efectos ocasionados por la riada –muertes de personas y animales, daños en casas e instalaciones, pérdidas económicas asociadas a los cultivos– hubiesen merecido la declaración, desde nuestro plantemiento actual, de zona catastrófica. Pero aun siendo impactante, lo verdaderamente clave es que no se trató de un caso aislado. En efecto, Armando Arberola ha trazado un cuadro general con las sequías e inundaciones registradas en España a partir del siglo XVI. Estas pulsiones climatológicas estuvieron relacionadas con los efectos de la Pequeña Edad del Hielo. En 1510, por ejemplo, las inundaciones fueron muy frecuentes en Andalucía y en la Meseta Norte[84]. Estos estudios permiten trazar comparaciones con otros casos, como la inundación del río Arno del año 1333 narrada por el cronista florentino Giovanni Villani[85]. Como ha subrayado Giuliano Pinto, «che la più documentata alluvione fiorentina si sia verificata nel

....

[80] J. M. Suárez Japón, «Sobre el río Guadalquivir y las riadas que asolaban a sus pueblos y sus campos», en M. Castillo Martos, J. Rodríguez Mateos y J. M. Suárez Japón, *Sevilla y su río en el siglo XVIII. Un proyecto ilustrado para la mejora del cauce del Guadalquivir*, Sevilla, Universidad, 2012, pp. 5-94, 67.

[81] F. B. Palomo, *Historia crítica de las riadas o grandes avenidas del Guadalquivir en Sevilla desde su Reconquista hasta nuestros días*, Sevilla, 1878.

[82] F. Salvestrini, «L'Arno e l'alluvione fiorentina del 1333», en M. Matheus (a cura di), *Le calamità ambientali nel Tardo Medioevo europeo: realtà, percezioni, reazioni*, Florencia, FUP, 2010, pp. 231-256. A. Alberola Romá, *Los cambios climáticos. La Pequeña Edad del Hielo en España*, Madrid, Cátedra, 2014, pp. 144-178. T. Labbé, *Les catastrophes naturelles au Moyen Âge. XIIᵉ-XVᵉ siècle*, Paris, CNRS, 2020, p. 49. E. Jiménez Rayado, «La riada de 1499 en Madrid. Retórica y estrategias municipales ante una catástrofe natural», *Cuadernos del CEMyR*, 30, 2022, pp. 177-199.

[83] A. Bernáldez del Castillo, *Historia del reinado de los Reyes Católicos*, Madrid, BAE, 1962, pp. 166-167.

[84] A. Alberola Romá, *Los cambios climáticos...*, *op. cit.*, p. 146.

[85] T. Labbé, *Les catastrophes naturelles...*, *op. cit.*, pp. 64-68.

primo trentennio del Trecento» no fue un hecho casual, pues coincidió con un incremento de la tala de árboles debido a la demanda, siempre al alza, de las ciudades[86]. Como ya he indicado, en Andalucía los procesos de deforestación se intensificaron a partir de la segunda mitad del siglo XV. La pérdida de masa forestal es un factor determinante a la hora de analizar el problema del cambio climático en clave histórica.

Las investigaciones de Loïc Ménanteau están aportando datos muy interesantes sobre la erosión del litoral del golfo de Cádiz, en general, y del estuario del Guadalquivir, en particular. Junto a las causas de origen natural –como la resistencia de los materiales a los agentes marinos, la dinámica costera, la acción de las tormentas, los tsunamis o el aumento del nivel del mar–, se contempla la incidencia antrópica llevada a cabo a partir de los años setenta del pasado siglo, mediante la extracción de sedimentos en los estuarios y en la plataforma continental, las obras de dragados, el desarrollo hidráulico, la instalación de infraestructuras o los procesos de urbanización. Su estudio introduce una nueva variable que debe ser tenida en cuenta; además de incidir en la economía, en las infraestructuras y en las personas, estas transformaciones también han afectado –y continúan afectando– a los bienes patrimoniales: destrucción de fortificaciones, estructuras arqueológicas o instalaciones portuarias. Por ejemplo, en Sanlúcar de Barrameda, la erosión del litoral destruyó el castillo de la Punta del Espíritu Santo construido en 1588. Aunque en 1770 la fortificación fue reconstruida más al interior, los procesos erosivos provocaron el desprendimiento del acantilado. En la Punta de Malandar, la erosión, que dejó sentir sus efectos en los cordones dunares de La Marismilla, derribó la torre vigía de San Fernando construida en el siglo XVIII[87].

Los procesos roturadores y la apuesta por el cereal –lo que el medievalista británico Robert Bartlett ha denominado «cerealización»– marcaron el perfil de los paisajes rurales en diversas comarcas europeas[88]. Estableciendo una equivalencia entre la tierra puesta en cultivo y su productividad, Josep Torró ha abogado por sustituir la palabra «cerealización» por la de «agrarización», incluyendo así el cereal y otros cultivos como el viñedo y el olivar[89]. En principio, se podría adoptar el mismo esquema –esto es, la explotación agraria y la productividad de la tierra– para analizar el poblamiento en las marismas del Guadalquivir durante la segunda mitad del XV. En efecto, los esfuerzos

[86] G. Pinto, *Campagne e paesaggi toscani del Medioevo*, Florencia, Nardini, 2002, p. 33.
[87] L. Ménanteau, «L'érosion côtière et ses implications archéologiques», *Méditerranée*, 133, 2022, http://journals.openedition.org/mediterranee/13430.
[88] R. Bartlett, *La formación de Europa...*, *op. cit.*, pp. 208-213.
[89] J. Torró, «Paisajes de frontera...», *op. cit.*, pp. 28-32.

repobladores se materializaron con la fundación de Trebujena en 1494, a cargo el duque de Medina Sidonia, en el término de Sanlúcar de Barrameda, y con la de Villafranca de las Marismas en 1501, a iniciativa de la ciudad de Sevilla, en el término de Los Palacios[90]. Los agentes de poder –señores jurisdiccionales y gobiernos urbanos– crearon el marco adecuado para la instalación de nuevos pobladores con la cesión de casas y/o solares donde construirlas y lotes de tierras para ser roturadas[91].

Sin embargo, creo que sería conveniente ampliar el marco interpretativo e incluir las explotaciones salineras y las almadraberas, ya que ambas también ayudaron a consolidar el poblamiento y pusieron en circulación dos productos –la sal y el atún –que abastecieron los mercados urbanos y las redes comerciales[92]. Así pues, desde esta perspectiva, la «agrarización» incluyó el cereal, el viñedo, pero también las salinas y las almadrabas. Las roturaciones de las marismas crearon nuevos paisajes en base a las explotaciones salineras. Los señores jurisdiccionales, los gobiernos urbanos y las oligarquías urbanas promovieron y animaron estos procesos roturadores[93]. El caso de Sanlúcar de Barrameda es significativo. Aunque carecía de un término amplio –174 km², nada comparable a los de Sevilla o Jerez de la Frontera–, la ciudad fue el núcleo rector de la Casa Ducal de Medina Sidonia[94]. Su dinamismo se asentó en su puerto, en la desembocadura del Guadalquivir, y en la consolidación de redes comerciales integradas por mercaderes foráneos: ingleses, flamencos y, en menor medida, bretones y genoveses[95]. Los duques de Medina Sidonia promovieron acciones

....

[90] A. Collantes de Terán, «Nuevas poblaciones del siglo XV en el Reino de Sevilla», *Cuadernos de Historia*, VII, 1977, pp. 283-336. M. González Jiménez (ed.), *La Carta Puebla de Trebujena (1494)*, Trebujena, Ayuntamiento, 1994. A. Collantes de Terán, J. L. Carriazo Rubio y J. L. Villalonga Serrano (eds.), *Carta Puebla de Villafranca de las Marismas*, Sevilla, Diputación, 2003.

[91] Fuera de esta área de estudio, también podría citarse la fundación de las villas de Chipiona en 1477. A. Franco Silva, «Población y reparto de la propiedad en Chipiona en el primer cuarto del siglo XVI», en B. Arízaga Bolumburu (ed.), *Mundos medievales. Espacios, sociedades y poder. Homenaje al profesor José Ángel García de Cortázar y Ruiz de Aguirre*, 2 vols., Santander, Universidad de Cantabria, 2012, vol. II, pp. 1319-1338.

[92] E. Martín Gutiérrez, «Los salineros durante los siglos XV y XVI. Una propuesta desde la Bahía de Cádiz», *Società e Storia*, 129, 2010, pp. 419-451. *Id.*, «Sistemas socio-ecológicos...», *op. cit.*, pp. 73-79.

[93] E. Martín Gutiérrez, «Sistemas socio-ecológicos...», *op. cit.*, pp. 95-96. L. Ménanteau (dir.), *Sels et Salines de l'Europe atlantique*, Rennes, Université, 2018.

[94] M. A. Ladero Quesada, *Guzmán. La casa ducal de Medina Sidonia en Sevilla y su reino. 1282-1521*, Madrid, Dykinson, 2015. E. Martín Gutiérrez, «El golfo de Cádiz durante el siglo XV: una prospectiva ambiental», en A. Milán da Costa y S. Prata (eds.), *Pequenas Cidades no tempo. O Ambiente e outros temas*, Lisboa, IEM, Instituto de Estudos Medievais, 2021, pp. 59-79.

[95] P. Iradiel Muragarren, «Metrópolis y hombres de negocios», en *XXIX Semana de Estudios Medievales. Las sociedades urbanas en la España Medieval*, Estella, Gobierno de Navarra, 2002, pp. 277-310. M. A. Ladero Quesada, *Guzmán. La casa ducal...*, *op. cit.*, pp. 352-353.

colonizadoras que cambiaron los paisajes marismeños gracias a las roturaciones de estos entornos y la consiguiente creación de salinas, complemento imprescindible de las almadrabas. Durante el siglo XV, gestionaron las explotaciones salineras de la margen izquierda del Guadalquivir, entre Alventos y El Puntal, y durante las primeras décadas del XVI fueron ampliando sus intereses hacia la Punta de los Cepillos[96].

Como acabo de indicar, las almadrabas estaban relacionadas con las explotaciones salineras. Situadas en sus proximidades, su extensión debía de responder a la entidad de estas instalaciones pesqueras. Para tener una idea somera de su envergadura, conviene recordar que «en los años en los que las capturas de atunes eran realmente elevadas, el total de cahíces de sal necesarios para el abastecimiento de las almadrabas podía rondar los 4 000 o 5 000». Así pues, el incremento en la producción de las almadrabas y de las salinas se retroalimentaba, con efectos palpables en la consolidación del poblamiento en el litoral[97]. El atún –pescado en las almadrabas de las playas del Algarve, de Andalucía, del norte de África y de Sicilia– formó parte de los productos distribuidos entre el Mediterráneo y el norte de Europa[98]. Estas conexiones han sido demostradas por investigadores como Fernand Braudel, Giovanni Cherubini, Vado d'Arienzo y Richard Hoffmann. Este último ha puesto el foco de atención en el impacto ambiental ocasionado en las pesquerías locales ante el incremento en la captura de peces con la que satisfacer la demanda a escala global a finales de la Edad Media[99].

....

[96] L. M. Dahlmann, «Las salinas y la Casa de Medina Sidonia en los siglos XIV-XV», en J. Rubiales Torrejón (ed.), *El río Guadalquivir. Del mar a la marisma. Sanlúcar de Barrameda*, Sevilla, Junta de Andalucía, 2011, pp. 169-175, 173-174. J. Clemente Ramos y E. Martín Gutiérrez, «I paesaggi d'acqua e le loro utilizzazioni nella Spagna sudoccidentale tra il tredicesimo e il sedicesimo secolo», en *Gestione dell'acqua in Europa (XII-XVIII Secc.). Atti delle Settimane di Studi. Fondazione Istituto Internazionale di Storia Economica F. Datini. Prato*, FUP, 2018, pp. 41-61, 59.

[97] A. Moreno Ollero, «Sal para las almadrabas del duque de Medina Sidonia (El abastecimiento de las pesquerías de atún de Conil y Zahara en la primera mitad del siglo XVI)», *Cartare. Revista de Humanidades*, 8, 2018, pp. 144-154. 153. E. Martín Gutiérrez y E. Ruiz Pilares, *La Bahía de Cádiz y sus almadrabas. Recursos naturales. Paisajes. Sociedades. Siglo XV*, Madrid, Sílex, 2023.

[98] F. Braudel, *Civiltà materiale, economia e capitalismo. Le strutture del quotidiano (secoli XV-XVIII)*, Turín, Einaudi, 2006, p. 189.

[99] G. Cherubini, «Stagioni, cicli, lavoro: il tempo tardomedievale», en E. Menesto (a cura di), *Spazi, tempi, misure e percorsi nell'Europa del Bassomedioevo. Atti del XXXII Convegno storico internazionale, Todi, 8-11 ottobre 1995*, Perugia, Centro di Studi sulla Spiritualità Medievale, 1996, pp. 43-61, 47-48. V. D'Arienzo, «En el límite de Occidente. Privilegios, iniciativas e inversiones sicilianas en el Algarve», en C. Trillo San José (coord.), *Relaciones entre el Mediterráneo cristiano y el norte de África en época medieval y moderna*, Granada, Universidad, 2004, pp. 475-526, 499. R. Hoffmann, «Frontier Foods for Late Medieval Consumers: Culture, Economy, Ecology», *Environment and History*, 7, 2, 2001, pp. 131-167.

5. CONSIDERACIONES FINALES

La propuesta presentada se asienta en contemplar la organización de los paisajes rurales andaluces entre los siglos XIII y XV desde el paradigma ambiental. Hasta la fecha, no se dispone de una síntesis interpretativa que haya desarrollado estos presupuestos tomando como referencia geográfica este territorio al final de la Edad Media. Este planteamiento permitiría establecer comparaciones con otras regiones europeas y ayudaría a enriquecer la narrativa centrada en el estudio de la interacción sociedad-medio ambiente.

La imbricación entre la ciudad y el campo es una clave fundamental para entender la organización de los paisajes. La estrecha relación entre estos dos ámbitos estuvo vigente hasta las grandes transformaciones generadas por las revoluciones industriales del siglo XIX. Una fractura que se vio posteriormente intensificada por las migraciones y los consiguientes procesos de despoblación de los años cincuenta y sesenta del XX[100]. El resultado de todo ello es que se han producido cambios profundos que dificultan, en última instancia, la comprensión del funcionamiento de las sociedades medievales.

La complementariedad entre los espacios cultivados y el aprovechamiento de los recursos silvo-pastoriles es otro factor a tener en cuenta. Frente a una narrativa que en ocasiones ha puesto el foco de atención en la agricultura, la documentación arroja multitud de ejemplos que apuntan hacia otra dirección: la simbiosis entre las actividades agrarias y pecuarias –otra cosa bien distinta es la conflictividad que pueda surgir por el control de un recurso natural–, sin la cual no se podría entender el funcionamiento del sistema económico-social. Me limito a exponer un único ejemplo: en la comunidad de pastos del año 1269 –que incluía los términos de Sevilla, Carmona, Niebla, Huelva, Gibraleón, Jerez de la Frontera, Arcos de la Frontera, Medina Sidonia, Alcalá de los Gazules y Vejer de la Frontera–, se facilitó al ganado el acceso a los pastizales más óptimos –eso sí, «non faziendo danno en miesses, nin vinnas nin en huertas nin en defesa que fagan pora bueyes»– y se permitió a los campesinos recoger leña o cortar madera «pora sus casas e pora arados e pora las otras cosas de sus lauores»[101].

Este argumentario permite sostener que los paisajes medievales se organizaron con una lógica diferente a la actual[102]. Este es el caso, por indicar un único ejemplo, del distrito granadino de Baza, en el actual Parque Natural de

---

[100] F. Collantes y V. Pinilla, ¿*Lugares que no importan? La despoblación de la España rural desde 1900 hasta el presente*, Zaragoza, SEHA, 2019.
[101] M. González Jiménez (ed.), *Diplomatario andaluz de Alfonso X*, Sevilla, El Monte, 1991, p. 388.
[102] A. Malpica Cuello, «Le trasformazioni agricole...», *op. cit.*, pp. 101-125.

la sierra de Baza, en un entorno de media y baja montaña mediterránea, valles y el altiplano. En los relieves llanos y de suaves pendientes, el paisaje estepario se conformaba en tres agrupaciones vegetales: la estepa leñosa con arbustos de pequeñas dimensiones intercalada con calveros de suelos desnudos con escasa capacidad vegetal; la estepa con plantas gramíneas, como el albardín y el esparto, cuyo aprovechamiento artesanal fue significativo; y la estepa cerealística, que favoreció sobre todo el aprovechamiento ganadero mediante las rastrojeras y la caza de pequeñas aves y otros animales. Según Antonio Malpica, en este ecosistema la población nazarí puso en práctica la agricultura intensiva mediante la instalación de un agroecosistema irrigado, y también desarrolló la actividad ganadera en la montaña de tal manera que «los animales pastaban en el altiplano y en los meses de verano iban a las sierras más o menos cercanas»[103].

En otras publicaciones me he hecho eco del punto de partida con el que Fernando González Bernáldez iniciaba su libro *Ecología y Paisaje* (1981): el paisaje es fundamentalmente una fuente de información que «el hombre recibe de su entorno ecológico»[104]. Este conjunto de información permite abordar el estudio de dos ámbitos que interactúan entre sí: por un lado, el ecosistema, y por otro, el ser humano. Este planteamiento –el estudio de la interacción sociedad-medio ambiente en clave histórica– ha sido uno de los puntos centrales de la argumentación que he defendido en esta sede.

Entre las líneas susceptibles de ser desarrolladas en futuras investigaciones, quisiera plantear dos propuestas que considero interesantes. Desde un punto de vista metodológico, creo que sería oportuno reflexionar en torno a la necesidad de conectar el análisis de un ecosistema –absolutamente necesario a la hora de abordar una investigación histórica– con una narrativa atenta a los problemas globales como la gobernanza, en lo tocante a la organización de los paisajes rurales, el aprovechamiento de los recursos naturales, con especial mención a los comunales, o el cambio climático, con su repercusión en el medio ambiente. No deja de ser significativo que en el libro *Storia dell'Ambiente. Un'introduzione* (2004), Marco Armiero y Stefania Barca constatasen que este tipo de investigación «dovrebbe essere la meno nazionalista delle storie». Sin embargo, añaden, con razón, que «a guardare non quanto si dice, ma quanto è stato fatto, non è così». En su opinión, la mayor parte de las historias ambientales son «essenzialmente

----

[103] *Id.*, «Territorio y poblamiento en la frontera nororiental granadina. La Hoya de Baza y el Altiplano», *Anales de la Universidad de Alicante. Historia Medieval*, 20, 2017-2018, pp. 211-237, 214, 220, 223 y 233.

[104] F. González Bernáldez, *Ecología y paisaje*, Madrid, Fundación Interuniversitaria Fernando González Bernáldez, 2011, p. 19.

storie nazionali»[105]. Aunque estas palabras, escritas 2004, continúan vigentes en 2023, hay propuestas que intentan superar este esquema interpretativo. Este podría ser el caso del reciente artículo de Iñaki Martín Viso y Riccardo Rao, en el que plantean un estudio comparativo del aprovechamiento de los recursos naturales de los espacios comunales en el valle del Duero y en el norte de Italia[106].

La segunda propuesta se centra en la necesidad de profundizar en los conceptos de «ecosistema», «sostenibilidad», «resilencia», procedentes de la ecología, utilizados cada vez con más frecuencia en estudios históricos. Tras la conquista de las poblaciones de la Sierra Norte de Sevilla –en el sector sevillano de Sierra Morena–, las comunidades campesinas se volcaron en aprovechar los recursos silvo-pastoriles. La sostenibilidad de los espacios cultivados, con productos destinados al autoabastecimiento, conllevó un impacto antrópico menor en el ecosistema. Esta situación empezó a cambiar durante el siglo XV, debido al crecimiento de la población y al incremento de la demanda del mercado de Sevilla[107]. Esta paradoja, difícil de solucionar, se dio en muchas comarcas europeas. Como señala Alfio Cortonesi, cuando se analiza este problema hay que ser consciente de que estaban «in gioco, sovente, i delicati equilibri di una sussistenza che dipende per aspetti non secondari dallo sfruttamento degl'incolti, e di ciò non manca la consapevolezza»[108]. La literatura de los agrónomos aporta datos muy interesantes para profundizar, por ejemplo, en los procesos de antropización de los bosques y en el uso de prácticas sostenibles[109]. De hecho, la búsqueda de un equilibrio con la naturaleza basado por un lado en el aprovechamiento

---

[105] M. Armiero y S. Barca, *La Storia dell'Ambiente...*, *op. cit.*, p. 30.

[106] I. Martín Viso y R. Rao, «Communs et dynamiques de pouvoir dans l'Europe du Sud médiévale. Une comparaison entre l'Italie du Nord et le plateau du Duero (VIIᵉ-XVᵉ siècle)», *Annales HSS*, 77(3), 2022, pp. 511-542.

[107] M. Borrero Fernández, «La acción del hombre sobre el medio natural: paisaje agrario y ordenanzas rurales en el reino de Sevilla de 1350 a 1500», en M. Borrero Fernández, *Mundo rural y vida campesina en la Andalucía medieval*, Granada, Universidad, 2003, pp. 413-448, 435-436. J. Pérez-Embid, «Deforestación y reforestación en Sierra Morena occidental (siglos XIII-XVI)», en J. Clemente Ramos (ed.), *El medio natural en la España medieval. Actas del I Congreso sobre Ecohistoria e Historia Medieval*, Cáceres, Universidad, 2001, pp. 451-473, 461. Una propuesta interesante en: M. Arnoux, *Un monde sans ressources. Besoin et société en Europe (XIᵉ-XIVᵉ siècles)*, París, Albin Michel, 2023.

[108] A. Cortonesi, *Ruralia. Economie e paesaggi del medioevo italiano*, Roma, Il Calamo, 1995, p. 32. Marta Sancho ha reflexionado sobre el aprovechamiento de los recursos naturales en los bosques mediterráneos. M. Sancho Planas, «Aprovechamiento de recursos forestales en la Edad Media: una apuesta interdisciplinar para su estudio en zonas de media montaña mediterránea», *Anales de la Universidad de Alicante. Historia Medieval*, 22, 2021, pp. 191-217.

[109] P. Galetti «Uomini e terra nella riflessione agronomica tra Antichità e prima età moderna», en I. Ait y A. Esposito (a cura di), *Agricoltura, lavoro, società. Studi sul Medioevo per Alfio Cortonesi*, Bologna, CLUEB, 2020, pp. 289-303.

de los recursos naturales, y por otro en el rechazo de las talas masivas estuvo muy presente en estos autores. Desde el siglo XIII en adelante –estoy pensando en Piero de' Crescenzi–, hubo un gran interés «per i boschi ben integrati nello spazio coltivato» que tomó cuerpo mediante la difusión de los preceptos relativos a la plantación, a la poda y al injerto de árboles[110]. Es en este contexto donde hay que situar la obra de Gabriel Alonso de Herrera, cuyo pensamiento entronca con la tradición agrónoma clásica, como es el caso de Columela, con la andalusí, de la mano de Al-Awam, y con la europea, a través del ya citado Piero de' Crescenzi. En otros trabajos he planteado esta cuestión de la mano de los contratos de plantación en estrecha relación con el trabajo efectuado en los viñedos jerezanos y portuenses[111].

Concluyo con una última reflexión que de alguna manera ha estado presente mientras escribía este texto. En 1338, Ambrogio Lorenzetti decoró la sala de la Pace con la conocida en la actualidad como «L'Allegoria del Buon e Cattivo Governo». Se trata de un documento excepcional cuya línea argumental discurre entre el pensamiento filosófico –el bien común frente a la tiranía– y la gobernanza –la organización de un paisaje ordenado y productivo frente a un paisaje desordenado e improductivo–, hasta llegar al trabajo de los hombres y mujeres y a la conflictividad social inherente a la desigualdad económica[112]. Un mensaje político dirigido a la conciencia de sus contemporáneos, pero también a la nuestra.

....

[110] J. L. Gaulin, «Tra *silvaticus* e *domesticus*: il bosco nella trattatistica medievale», en B. Andreolli y M. Montanari (a cura di), *Il bosco nel Medioevo*, Bologna, CLUEB, 1998, pp. 68-78, 75.

[111] E. Martín Gutiérrez, «La plantación de viñedos en los entornos de la riparia de la bahía gaditana en el tránsito del siglo XV al XVI», en L. Lagóstena Barrios (coord.), *Economía de los humedales. Prácticas sostenibles y aprovechamientos históricos*, Barcelona, Universidad, 2019, pp. 195-213, 198-200.

[112] N. Rubinstein, «Political Ideas in Sienese Art: The Frescoes by Ambrogio Lorenzetti and Taddeo di Bartolo in the Palazzo Pubblico», *Journal of the Warburg and Courtauld Institutes*, 21, 3-4, Jul.-Dec., 1958, pp. 179-207. Q. Skinner, *El artista y la filosofía política. El Buen Gobierno de Ambrogio Lorenzetti*, Salamanca, Trotta, 2009. R. M. Dessì, *Les spectres du Bon Gouvernement d'Ambrogio Lorenzetti. Artistes, cités communales et seigneurs angevins au Trecento*, París, PUF, 2017. P. Boucheron, *Conjurar el miedo. Ensayo sobre la fuerza política de las imágenes. Siena, 1338*, México, FCE, 2018. C. Frugoni, *Paradiso vista Inferno. Buon Governo e Tirannide nel Medioevo di Ambrogio Lorenzetti*, Bolonia, il Mulino, 2019. G. Piccinni, *Operazione Buon Governo. Un laboratorio di comunicazione politica nell'Italia del Trecento*, Turín, Enaudi, 2022.

Panificar marjales. La transformación medieval de los paisajes palustres mediterráneos[*]

Josep Torró
Universitat de València
josep.torro@uv.es

1. INTRODUCCIÓN

La transformación medieval de los humedales costeros en espacios de cultivo permanentes ha sido objeto de bastante atención historiográfica durante las últimas décadas. Ya no es posible, de hecho, caracterizar la expansión agraria de los siglos XI-XIII sin tener en cuenta lo que se ha convertido, a justo título, en uno de los aspectos esenciales de la dinámica que transformó el Occidente medieval en un mosaico de ecosistemas cultivados concebidos, fundamentalmente, para maximizar la producción de cereales[1]. Como es bien sabido, el proceso de expansión agraria distó mucho de la homogeneidad. Los problemas derivados de la gestión del agua en las zonas húmedas eran muy diferentes de los que debían afrontar quienes deforestaban garrigas o bosques para crear campos y viñedos. En cierto modo requieren, también, de análisis más complejos. Primero, debido a la gran diversidad de las propiedades geológicas y ambientales de los terrenos afectados (pantanos, marismas, turberas, etc.). En segundo lugar, porque la puesta en cultivo de estos espacios comportaba la necesidad de hacer frente a riesgos inmediatos y persistentes: inundaciones, encharcamientos, colmatación de canales u obstrucción de desembocaduras. Todo ello exigía mayores aportes de energía para mantener la producción. Y tercero, porque las condiciones naturales en estos ambientes de gran riqueza ecológica suelen ser muy favorables a una agricultura de elevada productividad. De estos condicionantes derivan las tres implicaciones extremas que conllevaba

---

[*] Trabajo realizado en el marco del proyecto CIPROM/2022/46.
[1] R. C. Hoffmann, *An Environmental History of Medieval Europe*, Cambridge, CUP, 2014, p. 152.

la transformación agraria de las zonas húmedas: alto coste y alto riesgo, pero también alta rentabilidad[2].

Obviamente, la previsión de una elevada productividad agraria, pese a todas sus contrapartidas, propició las operaciones de acondicionamiento registradas en una gran parte de los humedales costeros de la Europa occidental durante los siglos centrales de la Edad Media. La magnitud de estas actuaciones llegó a ser especialmente llamativa en las orillas del mar del Norte, tanto en Gran Bretaña (*fens* del este de Inglaterra, marismas del estuario del Támesis, *levels* del Severn y Pembrokeshire en el suroeste de Gales), como en la sucesión de marismas que bordea la costa entre Jutlandia y Flandes, extendiéndose hacia el interior en las desembocaduras de los ríos Elba, Wesser, Ems, Rin y Mosa[3]. Otro gran conjunto fue el de la Francia atlántica, entre el Morbihan y la Gironda, con toda una serie de estuarios, cubetas y golfos colmatados entre los que destacan los grandes *marais* de Bretaña, Monts y Poitou, al norte de La Rochelle[4]. Estas realizaciones adquieren unas dimensiones agregadas formidables, habiéndose estimado en alrededor de 300 000 las hectáreas desecadas en Flandes e Inglaterra conjuntamente, y en unas 150 000 las de la Francia atlántica. En el ámbito mediterráneo, tales niveles de magnitud únicamente admiten comparación con las transformaciones llevadas a cabo en las tierras bajas del valle del Po, que solo en las áreas deltaicas pueden considerarse como medios propiamente costeros[5].

Todos los humedales se forman por la retención de agua en zonas deprimidas, de modo que la capa freática se halla al nivel de la superficie o muy cerca de ella, o bien cubriéndola en forma de lámina poco profunda. Más allá de esta definición genérica, la diversidad de los medios físicos y de las pautas de evolución de estos espacios dificulta una caracterización común. Si nos limitamos a las áreas palustres de las costas mediterráneas, lo primero que se advierte

....

[2]   S. Rippon, *The Transformation of Coastal Wetlands. Exploitation and Management of Marshland Landscapes in North West Europe during the Roman and Medieval Periods*, Oxford, OUP, 2000, pp. 2-7.

[3]   *Ibid.*, pp. 186-219; A. Derville, *L'agriculture du Nord au Moyen Âge (Artois, Cambrésis, Flandre wallonne)*, Arras, Presses Universitaires du Septentrion, pp. 46-49.

[4]   E. Clouzot, *Les Marais de la Sèvre-Niortaise et du Lay du Xe a la fin du XVIe siècle*, París, H. Champion, 1904, pp. 21-44; J.-L. Sarrazin, «Maîtrise de l'eau et Société en marais poitevin (vers 1150-1283)», *Annales de Bretagne et des pays de l'Ouest*, 92(4), 1985, pp. 333-354; *Id.*, «Le littoral poitevin (XIe-XIIIe siècles): conquête et aménagement», *Annales de Bretagne et des pays de l'Ouest*, 99(1-2), 1992, pp. 13-31, 117-130.

[5]   F. Ménant, *Campagnes lombardes au Moyen Âge. L'économie et la société rurales dans la région de Bergame, de Crémone et de Brescia du Xe au XIIIe s.*, Roma, Écoles Françaises d'Athènes et de Rome, 1993, pp. 173-189; M. Campopiano, «Rural communities, land clearance and water management in the Po Valley in the central and late Middle Ages», *Journal of Medieval History*, 39, 2013, pp. 377-393.

es un evidente contraste con su entorno inmediato en términos de biomasa. Ciertamente se trata de un rasgo general, pero si se examinan más de cerca, estos humedales muestran una gran heterogeneidad morfogenética (de borde litoral, deltas lagunares, prolongaciones en los valles fluviales), por no hablar de las diferencias en cuanto a rasgos geológicos, alimentación y calidad de las aguas, inundabilidad, etc. Además, no se extienden normalmente a lo largo de grandes superficies de miles de hectáreas, como sucede de forma excepcional en la Camarga o la Albufera de Valencia, sino que conforman más bien espacios discontinuos, jalonados por los relieves y la hidrología.

Las empresas de desecación con fines agrarios debían ajustarse, pues, a medios circunscritos y de muy desigual dificultad. Este hecho favoreció, sin duda, diferentes grados de actuación en estos espacios: no todos los humedales mediterráneos sucumbieron a la presión agrarizadora del Occidente medieval, y los que sí lo hicieron no siempre fueron afectados en la integridad de su extensión. Por otra parte, el carácter predominantemente local de estas áreas palustres hacía de ellas una parte más del repertorio ambiental disponible en cada microrregión. No resulta factible, pues, aislar el fenómeno de las desecaciones de los otros acondicionamientos que forman parte de la gestión de cada territorio[6].

El registro de las operaciones de drenaje en las costas del Mediterráneo occidental, desde el litoral tirreno al golfo de Valencia pasando por el golfo de León, ofrece una buena muestra de la diversidad de las gestiones que se llevaron a cabo. Así, en el caso de los *paludi* de la Maremma toscana, todo parece indicar que la expansión agraria de los siglos XI-XIII, a diferencia de lo sucedido en las llanuras del Po, no comportó el desarrollo de iniciativas de desecación importantes, más allá de algunas tentativas aisladas; habría que esperar a las grandes empresas ducales del siglo XVI –no siempre exitosas– que Braudel presentaría como ejemplo de colonización de las llanuras litorales mediterráneas[7]. Mayor envergadura tuvieron las numerosas iniciativas llevadas a cabo hasta principios del siglo XIV en la costa del Languedoc, caracterizada por una sucesión de cordones litorales que se prolongan a lo largo de cientos

---

[6] P. Horden y N. Purcell, *The Corrupting Sea. A Study of Mediterranean History*, Oxford, Blackwell, 2000, pp. 186-190; M. Bourin *et al.*, «Le litoral languedocien au Moyen Âge», en J.-M. Martin (ed.), *Castrum 7. Zones côtières litorales dans le monde méditerranéen au Moyen Âge: défense, peuplement, mise en valeur*, Roma-Madrid, École Française de Rome-Casa de Velázquez, 2001, pp. 346-347.

[7] C. Wickham, «Paludi e miniere nella Maremma toscana, XI-XIII secoli», en J.-M. Martin (ed.), *Castrum 7. Zones côtières...*, *op. cit.*, pp. 451-466; A. Malvolti y G. Pinto (eds.), *Incolti, fiumi, paludi. Utilizzazione delle risorse naturali nella Toscana medievale e moderna*, Florencia, Leo S. Olschki, 2003; F. Braudel, *El Mediterráneo y el mundo mediterráneo en la época de Felipe II*, México, FEC, 1976, t. I, pp. 84-87.

de kilómetros. No obstante, la fuerte presencia de espacios lacustres, además de la presión social para conservar los recursos de pesca, pastos y salinas, limitó el alcance del drenaje agrícola. En lugar de las marismas y lagunas propiamente litorales, el principal impulso desecador parece haberse dirigido algo más hacia el interior: las riberas fluviales y los *estanhs* formados aisladamente en depresiones de origen kárstico o eólico[8]. La transformación agraria se vio limitada también en la Camarga, en este caso debido a la fuerte incidencia de la sal y los vientos áridos[9].

Aunque se tendrá muy presente el contexto general del Mediterráneo occidental, este trabajo tomará como observatorio de referencia los espacios con los que el autor está más familiarizado: los marjales del golfo de Valencia. Se trata de unas formaciones muy características de la costa valenciana, donde se suceden casi en un *continuum*, interrumpido por los edificios sedimentarios acumulados en los conos aluviales de las desembocaduras de los ríos (fig. 1). En líneas generales, se puede decir que se trata de humedales de borde litoral, resultado del cierre progresivo de antiguas bahías por cordones formados a causa de la sedimentación de materiales –arena y cantos– de origen fluvial y marino, depositados por el oleaje y los vientos. Una vez cerradas, las restingas actúan como barreras que confinan el agua, pero también los aportes sedimentarios que paulatinamente colmatan las cubetas, aunque es bastante habitual la pervivencia de lagunas o *estanys* rodeados por suelos palustres practicables y estacionalmente encharcados (fig. 2). La Albufera de Valencia, con su corona de marjales, constituye la manifestación más vasta de este tipo de formaciones, tanto por la extensión general del conjunto, cerca de 50 000 ha, como por la del propio vaso lagunar, muy disminuido en la actualidad tras las actuaciones iniciadas en el siglo XVIII[10]. De hecho, las dimensiones más habituales de estos espacios se sitúan entre las 1000 y las 2000 ha; alguno, incluso, es tan pequeño como el de Peñíscola, con solo 200 ha.

Un importante rasgo distintivo de los humedales costeros mediterráneos respecto a los del mar del Norte o el Atlántico reside en la ausencia casi total de mareas. El drenaje en esas regiones debe combinarse necesariamente con la erección de diques protectores frente al mar: el célebre binomio *embank and drain*, que también se relaciona con la defensa ante las crecidas fluviales. En

---

8 M. Bourin *et al.*, «Le littoral languedocien…», *op. cit.*, pp. 382-400; J.-L. Abbé, *À la conquête des étagns: L'aménagement de l'espace en Languedoc méditerranéen (XIIᵉ-XVᵉ siècle)*, Toulouse, PUM, 2006.
9 C. de Dienne, *Histoire du dessèchement des lacs et marais en France avant 1789*, París, H. Champion, 1891, p. 189; Y. Grava, «L'étang de Bèrre au moyen âge: Étude de milieu», en *Les zones palustres et le littoral méditerranéen de Marseille aux Pyrénées*, Montpellier, Université Paul-Valéry, 1983, pp. 73-88.
10 C. Sanchis Ibor, *Regadiu i canvi ambiental a l'Albufera de València*, València, PUV, 2001.

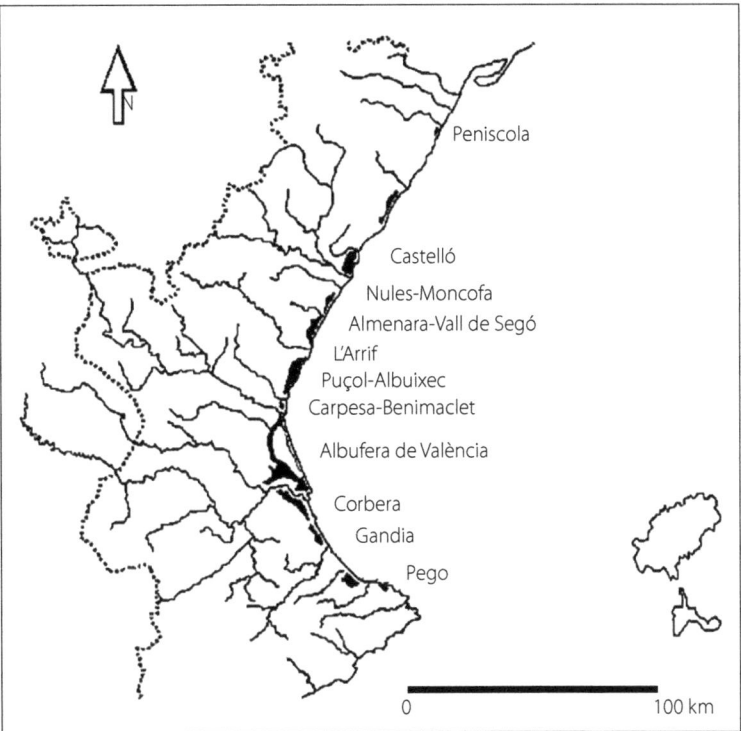

Figura 1. Mapa de los humedales costeros del golfo de Valencia. Se indican los nombres de los que fueron objeto de operaciones de drenaje entre c. 1270 y c. 1325.

el ámbito litoral mediterráneo, en cambio, los diques no siempre son necesarios. Adquieren importancia, sobre todo, en los cursos bajos y deltas de ríos caudalosos. En el Véneto, por ejemplo, proliferaron desde el siglo XII, junto a las fosas de desagüe, diques de tierra que recibían el nombre de *argini*[11]. De un modo quizá aún más llamativo destacan las obras de drenaje realizadas en la Camarga, también desde el siglo XII, con la elevación de grandes barreras, denominadas *levadas*, para proteger las tierras ganadas de las temibles crecidas del Ródano. Estas obras, realizadas con tierra, madera y ramas de tamarisco, adquirieron una magnitud imponente, utilizándose, al igual que las *argini*,

---

[11] A. Castagnetti, «Primi aspetti di politica annonaria nell'Italia comunale. La bonifica della 'palus comunis Verone' (1194-1199)», *Studi Medievali*, 13, 1974, pp. 363-481; R. Simonetti, «Il delta lagunare del fiume Brenta tra gestione del rischio idraulico e sfrutamento dell risorse naturali (secoli XII-XIV)», en D. Canzian y R. Simonetti (eds.), *Acque e territorio nel Veneto medievale*, Roma, Viella, 2012, pp. 59-82.

como vías de comunicación seguras entre tierras pantanosas. Para su construcción y mantenimiento debieron crearse corporaciones *ad hoc*, las *levaderies*, entre las cuales destaca la de Arlés, establecida en 1150[12]. Puede decirse que para garantizar la operatividad local del tándem contención-desagüe era necesario un control hidrológico a mayor escala, que solía implicar la instalación de sistemas de esclusas que permitiesen la salida del agua, o la canalización de los cursos fluviales con el objeto de soslayar los efectos de las crecidas en entornos recluidos. Todo esto no solo generaba una creciente complejidad en los sistemas de drenaje, sino también unos onerosos y duraderos costes, cuya gestión propició el desarrollo de instituciones específicas con un amplio impacto social[13].

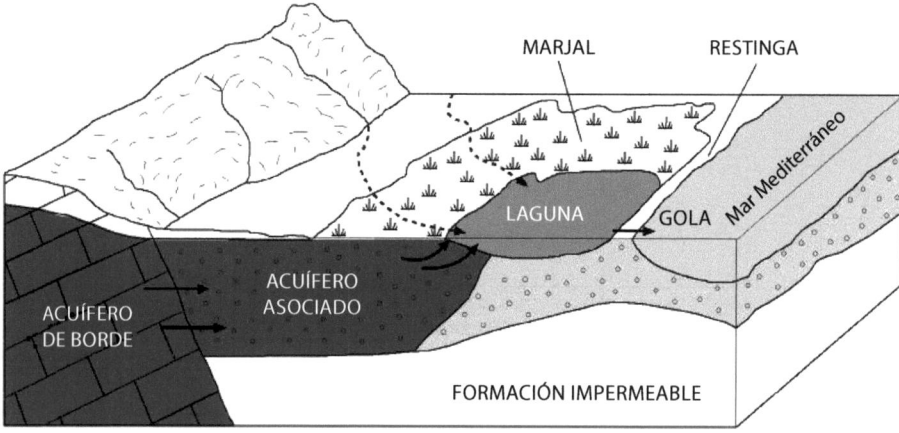

Figura 2. Esquema de los componentes básicos de un humedal litoral mediterráneo. Adaptación simplificada de una ilustración de Bruno J. Ballesteros[14].

[12] C. de Dienne, *Histoire du desséchement...*, *op. cit.*, pp. 262, 266; L. Stouff, «La lutte contre les eaux dans les pays du bas Rhône, XIIᵉ-XVᵉ siècles. L'exemple du pays d'Arles», *Méditerranée*, 78(3-4), 1993, pp. 57-68; C. H. Berman, «Reeling in the Eels at la Trinquetaille near Arles», en S. G. Bruce (ed.), *Ecologies and Economies in Medieval and Early Modern Europe. Studies in Environmental History for Richard C. Hoffmann*, Leiden, Brill, 2010, pp. 149-163.

[13] S. Rippon, *The Transformation...*, *op. cit.*, pp. 47-53; M. Gardiner, «The transformation of marshlands in anglo-norman England», *Anglo-Norman Studies. Proceedings of the Battle Conference*, 29, 2007, pp. 35-50; D. R. Curtis y M. Campopiano, «Medieval land reclamation and the creation of new societies: Comparing Holland and the Po Valley, *c.* 800-*c.* 1500», *Journal of Historical Geography*, 44, 2014, pp. 93-108.

[14] B. J. Ballesteros, «Los humedales de la provincia de Castellón en el *Catálogo de Zonas Húmedas*. (Comentario)», en J. M. Fornés y M. R. Llamas (eds.), *Conflictos entre el desarrollo de las aguas subterráneas y la conservación de los humedales: litoral mediterráneo*, Madrid, Fundación Marcelino Botín, 2003, pp. 25-36.

En los marjales del golfo de Valencia no se documenta la elevación de diques. Bastante excepcional, por lo que sabemos, es la *mota* que se levantó entre dos fosos de desagüe (*palafangas*) paralelos que mandó abrir el señor de Nules en 1320. Ahora bien, este realce, llevado a cabo sin duda con las tierras extraídas de ambas *palafangas*, no se concibió ni funcionó como dique de contención, sino como camino y límite de términos entre Nules y Borriana[15]. Es posible que se diesen otros casos, pero la falta de alusiones en la abundante documentación relativa a obras de drenaje agrícola resulta bastante significativa. De hecho, las propias restingas constituían barreras suficientes, tanto para evitar la intrusión de las débiles mareas como para retener las aguas dulces procedentes, por una parte, de la escorrentía superficial y, por otra, de la descarga de acuíferos subterráneos, asociados a las montañas cercanas, a través de manantiales o *ullals*. En las estaciones lluviosas, el exceso de agua acumulada rebosaba hacia el mar en puntos concretos de la restinga a través de bocanas denominadas *goles*. Estos aliviaderos, equivalentes a los *graus* de las lagunas litorales languedocianas, se abrían originalmente de forma natural y las corrientes tendían a cerrarlos de nuevo, pero, con el tiempo, fueron objeto de acondicionamientos que permitían cierto control de la circulación del agua, siendo muy valorados por su potencial pesquero (fig. 1). Algunos, incluso, se crearon artificialmente.

2. DE LA MODIFICACIÓN A LA TRANSFORMACIÓN

En estos espacios de gran biodiversidad, la acción humana puede clasificarse de acuerdo con los tres niveles de la gradación establecida por Stephen Rippon: utilización (*exploiting*), modificación y transformación[16]. La utilización se circunscribe a las actividades cinegéticas, pesqueras y recolectoras poco intensivas. La modificación ya comporta trabajos de acondicionamiento mediante la creación de salinas, algunos canales y otros dispositivos relacionados con la pesca (por ejemplo, trampas para anguilas), la caza (se mencionan dehesas de conejos), la recolección sistemática de plantas palustres (juncos, cañas, carrizo, barrilla...), sin olvidar la gestión de pastos, que requiere el despliegue de vías de acceso y cierta regulación artificial de los niveles del agua. Finalmente, la transformación

---

15   F. Esquilache y V. Baydal, «La (re)construcción del paisaje agrario del señorío del castillo de Nules entre 1251 y 1320», en V. Baydal y F. Esquilache (eds.), *La herencia reconstruida. Crecimiento agrario y transformaciones del paisaje tras las conquistas de Al-Andalus (siglos XII-XVI)*, Castelló de la Plana, Universitat Jaume I, pp. 232-234.

16   S. Rippon, *The Transformation...*, *op. cit.*, pp. 1-2.

supone un cambio drástico de la ecología del humedal a través de la desecación a gran escala, que requiere de la construcción de un denso y extenso sistema de drenaje que sea funcional y duradero, capaz de mantener las tierras en condiciones cultivo de forma permanente.

En su ya clásico estudio sobre los paisajes medievales del Languedoc, Aline Durand se refería a la actuación humana en los humedales litorales como «una colonización en dos etapas». Basándose en los documentos de la abadía de Psalmodi, observaba que a partir del siglo XI, tras la deforestación, las tierras palustres eran usadas primero como prados y solo en un momento posterior, cuando el drenaje era suficiente, eran puestas en cultivo: las desecaciones generalizadas tuvieron que esperar al siglo XIII. Tendríamos así una etapa de modificación seguida por otra de transformación en lo que parece ser un ciclo ineluctable. Sin embargo, el paso a la siguiente fase no siempre estaba garantizado. Como observa la propia autora, todo parece indicar que, al menos durante los siglos XI y XII, los campesinos preferían no ir más allá del estadio de modificación, el del *pratum in palude*. Algo similar se observa en las marismas de Arlés. Allí, los canales abiertos originalmente por los pescadores se intentaron utilizar para el drenaje de tierras ganadas al cultivo, pero sus usuarios los bloqueaban con el propósito de impedir el desagüe; el gran colector de evacuación no se creó hasta el siglo XIII[17]. Por lo general, si la fase de modificación obedecía a iniciativas locales, la transformación, que dependía normalmente de la apertura de largos canales, era el resultado de la presión ejercida por grandes señores, reyes o, en el caso del valle del Po, los gobiernos urbanos[18].

Con todo, las dificultades técnicas que se interponían al drenaje favorecieron que en bastantes zonas no se fuese más allá de la modificación. En el Véneto, por ejemplo, se ha llegado a hablar de *domesticazione senza bonifica* para describir una gestión no agraria de zonas húmedas, orientada fundamentalmente a la recolección del carrizo y la caña. Algo similar podría decirse de las poblaciones ribereñas del *estanh* salobre de Bèrra en la Camarga, que consiguieron mantener su corona pantanosa bien como un vasto *saltus* donde practicar la caza de aves acuáticas y la siega de juncos o carrizos, bien como zonas acondicionadas para la pesca, el pastoreo y la elaboración de sal. Durante el siglo XIV se consiguie-

---

17   A. Durand, *Les paysages médievaux du Languedoc (X^e-XIIe siècles)*, Toulouse, PUM, 1998, pp. 292-293; C. de Dienne, *Histoire du desséchement...*, *op. cit.*, pp. 262-265.

18   E. Zadora-Rio, «Aménagements hydrauliques et inférences socio-politiques: études de cas au Moyen Âge», en J. Burnouf y Ph. Leveau (eds.), *Fleuves et marais, une histoire au croisement de la nature et de la culture*, París, Ministère de l'Éducation Nationale, 2004, pp. 387-393; J.-L. Sarrazin, «Maîtrise de l'eau...», *op. cit.*; F. Ménant, *Campagnes lombardes...*, *op. cit.*, pp. 172-176.

ron ganar superficies para el cultivo de cereales y viña, pero las desecaciones sistemáticas habrían de esperar al XIX[19]; en otros lugares, como el célebre Agro Pontino del Lacio, hasta bien entrado el XX. Es necesario, en todo caso, tener muy en cuenta estas variaciones respecto a la dinámica clásica de las grandes roturaciones y la cerealización generalizada, especialmente en la medida en que pueden responder a políticas conscientes de conservación de los recursos específicos de los medios palustres que, en ciertos contextos, pudieron prevalecer sobre la presión agrarizadora.

Por lo que se refiere a las costas mediterráneas ibéricas, puede decirse que la desecación agraria de los humedales también estuvo precedida por una etapa de acondicionamientos menos agresivos. Lo interesante aquí es que dicha fase de modificación corresponde en gran medida a la gestión andalusí de las áreas palustres, mientras que la transformación fue una consecuencia de la conquista cristiana y la sustitución de poblaciones. En el golfo de Valencia, además, sucedió con una relativa rapidez. Tras expulsar a una gran parte de la población nativa musulmana y establecerse los colonos cristianos, el rey y los señores impulsan una reorganización general de la producción agraria que tiene como núcleo el aumento de las superficies cultivadas: un proceso que combina deforestación, aterrazamiento de piedemontes, ampliación de espacios irrigados y, claro está, el drenaje de humedales. El reciente estudio de Ferran Esquilache y Vicent Baydal sobre el término de Nules ofrece un ilustrativo ejemplo de la combinación de actuaciones llevadas a cabo en los diferentes ambientes de un mismo medio local: secano, huerta y marjal[20].

Por lo que respecta a los marjales, se documentan operaciones de desecación hasta en catorce humedales costeros valencianos entre 1270 y 1325 (fig. 1). En la medida que estas empresas se asocian estrechamente a la conquista y la colonización, constituyen un caso bastante excepcional, pero no completamente singular. Durante el proceso de implantación genovesa en Córcega, por ejemplo, se llevó a cabo la fundación del asentamiento de Castel Lombardo en 1272, un proyecto de la Comuna para establecer colonos del valle del Po, familiarizados con los trabajos hidráulicos, en los humedales del golfo de Ajaccio, probablemente al objeto de reducirlos al cultivo de cereales[21].

----

[19]   N. Breda, «La domesticazione senza bonifica: una lettura antropologica di una zona umida tra Veneto e Lombardia», en D. Canzian y R. Simonetti (eds.), *Acque e territorio...*, *op. cit.*, pp. 165-182; Y. Grava, «L'étang de Bèrre...», *op. cit.*

[20]   F. Esquilache y V. Baydal, «La (re)construcción del paisaje...», *op. cit.*, pp. 187-239.

[21]   H.-A. Cancellieri, «Formes rurales de la colonisation génoise en Corse au XIIIᵉ siècle: un essai de typologie», *Mélanges de l'École française de Rome. Moyen-Age, Temps modernes*, 93(1), 1981, pp. 89-146, especialmente 118-125.

Con anterioridad a las conquistas cristianas se han podido detectar acondicionamientos de áreas palustres en lugares como el Pla de la Vila, junto a la bahía de Ibiza, y el humedal de Les Arenes, en un meandro del Ebro al sur de la medina de Tortosa. Se trata de unos sistemas de drenaje relativamente sencillos, aparentemente de escasa densidad y fácil evacuación natural de las aguas, ya que, a diferencia de lo que sucede en el litoral valenciano, no deben atravesar ninguna barrera de 100 o 200 m de amplitud. Es interesante comprobar que su funcionamiento no tiene un propósito exclusivamente agrícola, pues las superficies destinadas a prado –y por tanto no desecadas del todo– ocupan un lugar muy destacado[22]. Por lo demás, en los marjales del golfo de Valencia no se han identificado con seguridad sistemas de drenaje agrícola de época andalusí. André Bazzana tuvo ocasión de documentar, en el marjal de Pego, las secciones de un par de fosos abiertos entre los siglos X-XI y colmatados en época bajomedieval, pero la documentación posterior a la conquista muestra que en el siglo XIII no existía en el humedal un área cultivada significativa y que la principal actividad no ganadera consistía en la recolección de juncos, empleados por artesanos locales para la confección de esteras[23]. El drenaje permanente de este marjal era, cuando menos, difícil: hubo un intento sin éxito en 1321[24]; de hecho, en los años 1970 fracasó incluso un plan de desecación realizado con la ayuda de potentes motores de bombeo.

Quizá uno de los ejemplos por ahora más ilustrativos de la gestión de áreas palustres antes de la conquista es el de la franja pantanosa que envuelve el extremo norte de la Albufera valenciana. Según Ferran Esquilache, en la última etapa de la construcción andalusí de la huerta de Valencia, la prolongación de algunos brazos de la acequia de Favara permitió crear unos pocos espacios agrarios irrigados dentro del sector más elevado del marjal, el menos proclive

---

[22] R. González Villaescusa y H. Kirchner, «La construcció d'un espai agrari drenat andalusí al *ḥawz* de la *madīna* Yābisa. Anàlisi morfològica, documental i arqueològica del Pla de la Vila», en M. Barceló (ed.), *El curs de les aigües. Treballs sobre els pagesos de Yābisa*, Ibiza, Consell Insular, 1997, pp. 65-96; H. Kirchner y A. Virgili, «Espacios de cultivo vinculados a Madīnat Ṭurṭūša (Tortosa, Cataluña): norias, drenajes y campesinos (siglos VIII-XII)», *Edad Media. Revista de Historia*, 20, 2019, pp. 93-98; A. Puy *et al.*, «The evolution of Mediterranean wetlands in the first millennium AD: The case of Les Arenes floodplain (Tortosa, NE Spain)», *Geoderma*, 232-234, 2014, pp. 219-235.

[23] A. Bazzana y J. De Meulemeester, *La noria, l'aubergine et le fellah. Archéologie des espaces irrigués dans l'occident musulman médiéval (9-15e siècles)*, Gante, Academia Press, 2009, pp. 288-289; J. Torró, «La colonización del valle de Pego (*c.* 1280-*c.* 1300). Prospección y estudio morfológico: primeros resultados», *Arqueología espacial*, 19-20, 1998, pp. 443-461.

[24] Archivo de la Corona de Aragón (ACA), Cancillería, reg. 219, f. 236r: «si almargiale illud dicti loci de Pego... excicari poterit...».

al estancamiento de aguas[25]. Más allá de estos pequeños enclaves cultivados, sin embargo, las actividades en este ámbito se limitaban a la explotación pesquera, cinegética y salinera del medio propiamente acuático, y por supuesto al uso ganadero del marjal. No solo existía ya en época andalusí la red básica de vías para el movimiento de los rebaños en la superficie palustre, sino también un canal de primera importancia para la conservación del medio y el funcionamiento de los aprovechamientos no agrarios. Este canal, llamado Séquia de Castelló, no servía para la irrigación, sino para conducir hasta el lago el agua sobrante del sistema hidráulico de Favara, la más meridional de las ocho grandes acequias de la huerta, impidiendo que se dispersase en forma de lámina por el marjal. Usado también para pescar, lo más importante es que aseguraba el suministro de agua dulce al vaso lacustre, al mismo tiempo que regulaba la carga hídrica del marjal adyacente, permitiendo su utilización como prado[26].

En este sentido, resulta interesante advertir la conexión en época andalusí entre las colas de los sistemas de irrigación y las áreas de marjal. Tras la conquista, en 1283, el rey dispuso que los acequieros de las dos acequias más elevadas de la huerta de Valencia –Montcada (al norte) y Favara (al sur)– impidiesen que el sobrante del agua de irrigación canalizada por estas superase un determinado volumen que terminaba «perdido» en los marjales[27]. También la Séquia Major que regaba las huertas de Castellón de la Plana acababa en la zona más saturada del marjal, conocida como Prat del Quadro, que nunca se puso en cultivo. Sin duda, un aporte excesivo de agua saturaba las superficies palustres, pero el flujo regulado contribuía a garantizar la permanencia «aprovechable» de los humedales en entornos donde la circulación del agua se había visto profundamente trastocada por el despliegue de canalizaciones asociadas a la agricultura irrigada. Incluso en el interior de los sistemas hidráulicos, entre los intersticios no irrigados que separaban las huertas de cada alquería, con las aguas sobrantes se mantenían humedales relictos para su uso como prado o herreñal. Es lo que sucedía claramente con el marjal de Carpesa, de algo más de 100 ha y situado entre los sistemas de Montcada y Tormos. Calificado en

25 F. Esquilache, *Els constructors de l'Horta València. Origen i estructura social d'una gran horta andalusina entre els segles VIII i el XIII*, València, PUV, pp. 198-206, 370, fig. 40.

26 J. Torró y F. Esquilache, «"Por donde jamás habían sido conducidas aguas". La transformación agraria del marjal norte de la Albufera de Valencia (siglos XIII-XV)», en J. Torró y E. Guinot (eds.), *Trigo y ovejas. El impacto de las conquistas en los paisajes andalusíes (siglos XI-XVI)*, València, PUV, pp. 162-167.

27 *Ibid.*, p. 218; J. Torró, «Colonización cristiana y roturación de áreas palustres en el reino de Valencia. Los marjales de la villa de Morvedre (c. 1260-1330)», en J. Torró y E. Guinot (eds.), *Hidráulica agraria y sociedad feudal. Prácticas, técnicas, espacios*, València, PUV, 2012, pp. 162-169.

1249 como *pratum sive amargale*, fue sistemáticamente desecado y parcelado por la orden del Temple hacia 1270[28].

En resumidas cuentas, podemos afirmar que en época andalusí apenas había áreas cultivadas de modo estable en los humedales del golfo de Valencia. Esto no quiere decir que los marjales fuesen medios ajenos a la subsistencia campesina. Como se ha dicho, eran espacios frecuentados por pescadores, cazadores de aves acuáticas, salineros, recolectores de juncos o de barrilla, etc., aunque el aprovechamiento más regular y extensivo, sin duda alguna, era el pastoral, como recientemente ha puesto de relieve Ferran Esquilache[29]. Cuando los conquistadores de mediados del siglo XIII se referían a una zona húmeda como «prado o marjal», en realidad cometían una redundancia, pues el término árabe *marŷ*, que los pobladores cristianos adoptarían de inmediato con la forma «marjal», no significa otra cosa que «prado». Pero controlar el exceso de aguas en los prados no era lo mismo que desecar las tierras lo suficiente como mantenerlas de forma estable en condiciones de cultivo. Además de requerir una gran cantidad de trabajo inicial en la excavación de los canales y las múltiples zanjas necesarias, los sistemas de drenaje eran frágiles y costosos de mantener, como tendrían ocasión de comprobar los colonos que los construyeron algunas décadas después de la conquista.

Adoptando el razonamiento que efectúa Stephen Rippon a propósito de las estrategias seguidas durante la crisis bajomedieval para decidir si valía la pena mantener en cultivo zonas húmedas o, por el contrario, dar un giro al pastoreo, podemos decir que la decisión de transformar para la agricultura unos marjales, que gracias a las modificaciones de época andalusí ya proporcionaban ricos e interesantes recursos sin necesidad de grandes aportes de energía, iba a depender del balance entre la percepción de costes, riesgos y beneficios que podían entrañar las desecaciones[30]. Naturalmente, la experiencia que se iba adquiriendo mediante los sucesivos trabajos y la observación de sus resultados debió de tener un papel determinante en su propagación geográfica.

---

[28] E. Guinot y F. Esquilache, *Moncada i l'Orde del Temple en el segle XIII. Una comunitat rural de l'Horta de València en temps de Jaume I*, València, Institució Alfons el Magnànim, 2010, pp. 133-141, 178; J. Torró, «Field and Canal-building after the Conquest: Modifications to the Cultivated Ecosystem in the Kingdom of Valencia, *c.* 1250-*c.* 1350», en B. A. Catlos (ed.), *Worlds of History and Economics. Essays in Honour of Andrew M. Watson*, València, PUV, 2009, pp. 94-95.

[29] F. Esquilache, «Zonas de pasto y gestión de marjales en *balad* Balansiya. Unas hipòtesis para el estudio de la ganadería andalusí desde la arqueología del paisaje», *Anales de la Universidad de Alicante. Historia Medieval*, 22, 2021, pp. 165-189.

[30] S. Rippon, «Adaptation to a changing environment: the response of marshland communities to the late medieval "crisis"», *Journal of Wetland Archaeology*, 1, 2001, pp. 15-39.

3. EL PROBLEMA DE LOS COSTES

Con la información disponible no es tarea fácil determinar los costes de las empresas de drenaje en magnitudes concretas, así que en principio debemos ceñirnos a las valoraciones genéricas basadas en observaciones muy diversas. Además, los factores a considerar van más allá de la apreciación del trabajo requerido para la construcción de los canales, pues también deben tenerse en cuenta aspectos como la cualificación técnica de sus artífices, las formas de financiación o el problema del mantenimiento. Es evidente, en todo caso, que las desecaciones exigían una concentración extraordinaria de recursos. En lugares tan distantes como la Provenza, el valle del Po o las costas atlánticas francesas, constatamos una secuencia muy similar que empieza con iniciativas locales de carácter campesino o impulsadas por pequeños señores a las que suceden empresas señoriales de mayor envergadura, a cargo por ejemplo de grandes monasterios. Estas actuaciones solían tener un alcance limitado y fácilmente reversible. Aunque, como afirmaba Elisabeth Zadora-Rio, la atomización de la autoridad en el sistema feudal no parece haber constituido un serio obstáculo a la puesta en marcha de operaciones coordinadas de gran envergadura, las obras extensivas y duraderas, por lo general no fueron posibles hasta que intervinieron los reyes y, muy particularmente, los gobiernos urbanos[31]. Y esto no tanto, quizá, por su capacidad de reunir la financiación suficiente para sufragar la apertura de grandes canales, como por estar dotados también de la estabilidad institucional necesaria para garantizar su gestión a largo plazo.

Al igual que en otros humedales mediterráneos, en los marjales valencianos la durabilidad de las desecaciones exigía una evacuación continua del agua fuera de los sistemas palustres, lo que dependía, ante todo, de canales colectores largos y capaces que llegasen hasta el mar o la desembocadura de los ríos. La mayoría de las redes de drenaje diseñadas con ese objetivo en el reino de Valencia entre los siglos XIII y XIV ofrecen una estructura bastante característica en forma de horquilla o de tridente, con dos o tres colectores mayores, de varios kilómetros de longitud, que confluyen en el punto de vertido de las aguas drenadas, la *gola* en el caso de las que lo hacen a través de una restinga. Dichas «horquillas» forman el esqueleto rígido de los sistemas de drenaje, canalizando tanto los flujos superficiales como las aguas drenadas. Junto a esta parte «dura» o persistente, que en caso de bloqueo o colmatación era restaurada, existe otra «blanda», más susceptible de variación. Se trata de la multitud de zanjas de dre-

---

31   E. Zadora-Rio, «Aménagements hydrauliques...», *op. cit.*, p. 392.

naje o *palafangues* que separan las parcelas de cultivo y con cuya tierra extraída se sobreelevan ligeramente las superficies de cultivo (figs. 3 y 4). Las zanjas elementales se colmatan con facilidad cuando faltan los cuidados, pero su disposición no afecta al funcionamiento general del sistema, por lo que pueden cambiar de lugar y de número si el parcelario se recompone tras un periodo de abandono. En cualquier caso, se trata de modificaciones que no alteran apenas la arquitectura del drenaje[32].

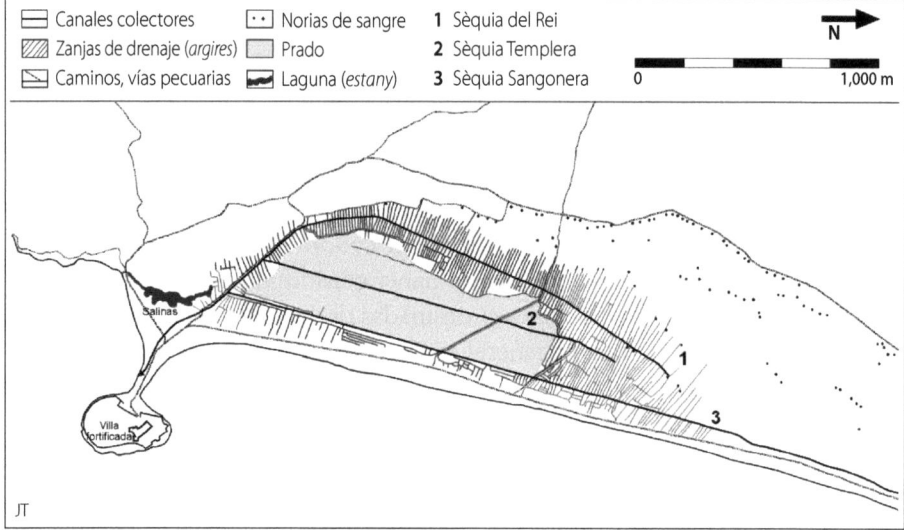

Figura 3. Plano del sistema de drenaje del marjal de Peñíscola. Los colectores (llamados aquí «séquia») y la estructura general ya están conformados hacia 1300. Elaborado a partir de la fotografía aérea del vuelo «americano» de 1956.

Tanto la anchura de las *palafangues* como la distancia existente entre ellas dependen de la cantidad de agua contenida en la macroporosidad del suelo que se pretende drenar; cuanto mayor saturación, mayor anchura y menor distancia, pudiendo llegar a ocupar entre una cuarta y una tercera parte de las áreas más encharcables, tal y como se aprecia aún en las imágenes aerofotográficas. El consumo de superficie útil que implicaba la desecación era, por tanto, muy considerable, incluso en los sectores menos saturados, como el extremo más

32 J. Torró, «Agricultural drainage technology in medieval Mediterranean Iberia (13th-16th centuries)», en J. Klápště (ed.), *Ruralia X. Agrarian Technology in the Medieval Landscape*, Turnhout, Brepols, 2016, pp. 309-323.

septentrional del marjal de la Albufera: en 1342 se estimaba que una séptima parte –algo más de un 14%– del terreno palustre que allí se quería reducir a cultivo debía destinarse a acequias, zanjas, caminos y sendas[33].

Otro aspecto que incidía en el coste del drenaje de los humedales valencianos y en general de las regiones mediterráneas ibéricas era el de la contratación de especialistas verdaderamente capacitados para llevar a cabo este tipo de obras. Siendo las zonas húmedas un sector más de los paisajes microrregionales que complementaba a los espacios preferentemente dedicados a la agricultura, no se disponía de «saberes locales» adecuados. Buena prueba de ello es que, desde el mismo momento de la conquista, se registra el establecimiento de profesionales del drenaje denominados *palafanguers*, procedentes de lugares como Gales, Gascuña, Picardía, Champaña y otras regiones donde, a diferencia de lo que sucedía en Valencia o en Murcia, la pala era la herramienta agraria por excelencia y la transformación de tierras pantanosas ofrecía una magnitud y una complejidad mayores que en los medios palustres mediterráneos. Lo que básicamente se demandaba a estos especialistas era que supiesen perfilar fosas y canales en terrenos húmedos, «obrando» con la pala. Todos los perfiles de talud sometidos a estados de humectación se degradan con rapidez si rebasan una determinada pendiente máxima, variable en función del tipo de suelo: mayor en los arcillosos, menor en los arenosos. Su habilidad consistía, pues, en establecer las pendientes más adecuadas mediante ensayos o aproximaciones sucesivas. Esta capacitación no solo se ponía en práctica a la hora de abrir los canales y dotarlos de una determinada sección, sino también en todo lo relacionado con las reparaciones y el mantenimiento posterior[34].

En los proyectos de desecación de Languedoc y Provenza, el poder real juega un papel muy pequeño, pero en el reino de Valencia las iniciativas de este tipo proceden del monarca en la mayoría de los casos. Debe tenerse en cuenta que, gracias a la conquista, una gran parte del litoral –que es donde se hallan los marjales– se incorporará a su patrimonio; allí está también la capital del reino y las pobladas villas a través de las cuales se controla el comercio marítimo. Ciertamente, las órdenes militares o los señores laicos de Nules y Almenara también impulsarán la reducción a cultivo de humedales costeros en sus dominios, aunque en menor número y extensión. De todos modos, no parece lo más frecuente que las arcas reales o señoriales asumiesen el dispendio de forma directa o en su integridad. Si la reina Blanca de Anjou sufragó en 1309

---

[33] J. Torró y F. Esquilache, «"Por donde jamás...», *op. cit.*, p. 182.
[34] J. Torró, «*Palafanguers*. Los especialistas del drenaje agrícola medieval en humedales mediterráneos ibéricos», *Medievalismo*, 33, 2023, pp. 261-292.

un canal en la corona palustre de la Albufera, lo hizo probablemente como medida de cuidado del lago –cuya explotación proporcionaba importantes ingresos directos– y no tanto para favorecer el drenaje de su entorno[35]. Tampoco encontramos aquí asociaciones entre poderes señoriales, ni acuerdos como los que documenta Sylvie Caucanas en el Rosellón a fines del siglo XII, por los cuales el señor del humedal lo cede a la orden del Temple, que financia el canal (*aguillam*) y la transformación agraria a cambio de una sustancial porción de las rentas[36]. En cualquier caso, la Iglesia colaboraba con las empresas señoriales porque la puesta en cultivo de tierras nuevas implicaba un aumento de los diezmos. Así, el obispo de Tortosa otorgó en 1319 al señor de Nules la mitad del diezmo durante veinte años para compensarle por haber desecado el marjal de Moncofa[37]. Con la misma justificación, en 1307 la ya mencionada reina Blanca requirió ayuda a la Iglesia para abrir tres canales en el marjal de Corbera, haciendo notar que ella ya aportaba 1000 sueldos a la obra, pero lo cierto es que este dinero procedía de una contribución especial de 12 000 sueldos pagada por los vecinos eximidos de la obligación de residir en la villa nueva agrupada[38].

El medio más habitual para financiar estas operaciones no era otro que las donaciones previas de parcelas, asociadas al proceso de colonización iniciado con la conquista. Antes de comenzar la transformación de un marjal, el monarca daba instrucciones al baile general del reino para distribuir sus tierras entre individuos que adquiriesen el compromiso de desecarlas y ponerlas en cultivo, abriendo acequias y *palafangas* a sus expensas, tal y como se hizo en Castellón (1298) o Morvedre (1313), y también en Gandía (1318). Estos repartos a gran escala se complementaban con donaciones especiales, de mayor extensión, entre cuatro y doce *jovades* (12-36 ha), que realizaba el rey directamente a personajes de la corte, caballeros, instituciones eclesiásticas y ciudadanos, sometidas a obligaciones semejantes, normalmente con plazos concretos para el acondicionamiento agrario cuyo incumplimiento podía comportar la pérdida de la donación. Al objeto de planificar el trazado de canales mayores y la apertura de bocanas o *goles* que asegurasen la desecación general,

---

35 ACA, Cancillería, reg. 290, f. 88v.

36 S. Caucanas, «Assèchements en Roussillon (XIIᵉ-XIVᵉ siècles)», en Ph. Sénac (ed.), *Histoire et archéologie des terres catalanes au Moyen Âge*, Perpiñán, PUP, 1995, pp. 269-278.

37 V. Felip Sempere y V. García Edo (eds.), *Privilegios y concesiones del término general del castillo de Nules en época foral (1251-1709)*, Nules, Ayuntamiento, 2003, docs. 17 y 19.

38 ACA, Cancillería, reg. 290, f. 4rv; J. Torró, «Las pueblas fortificadas en el reino de Valencia: poder real, frontera y articulación territorial», en C. Laliena, J. M. Ortega y S. de la Torre (eds.), *Arqueología y arte en la representación material del Estado en la Corona de Aragón (siglos XIII-XV)*, Zaragoza, PUZ, 2022, p. 303.

se cursaban órdenes para que los poseedores de parcelas potencialmente bene-
ficiadas pagasen la parte proporcional que les pudiese corresponder del coste
de la obra, como las dispuestas por Jaime II para Corbera (1292) y l'Arrif de
Morvedre (1313)[39].

En algunas ocasiones los señores del humedal se asociaban con agentes
externos que actuaban como verdaderos promotores. Es el caso del ciudadano de Valencia que en 1312 se ofreció para abrir a su costa un canal entre el
marjal norte de la Albufera y el río Turia a cambio de una autorización para
edificar en él dos molinos, uno harinero y otro arrocero, libres de cargas. El
proyecto no se llevó a cabo, sin embargo, hasta treinta años después, cuando
otro ciudadano se hizo cargo a modo de contratista, mediando un acuerdo con
el rey «bajo ciertas formas y condiciones» que probablemente comportaban
la licencia para construir molinos. Los particulares que poseían o aspiraban
poseer grandes superficies de terreno palustre también impulsaron obras con
el objeto de obtener rentas agrarias. Un único titular de dominio directo podía
sufragar el coste íntegro de apertura de un canal, como hizo el administrador
de la institución piadosa (Almoina) de la catedral de Valencia en 1316, espe-
rando resarcirse *a posteriori* con los censos que pudiese obtener de las tierras
ganadas[40]. Pero era muy poco común que un solo poseedor tuviese tantas
tierras juntas como para emprender una operación así por su cuenta. Era más
habitual que se asociasen varios impulsores privados con la autorización del
poder señorial, una fórmula que se documenta fácilmente en la desecación de
humedales de la Provenza o el Rosellón, implicando a decenas de interesados[41].
En tierras valencianas podemos encontrar experiencias como la de la sociedad
formada hacia 1306 por la catedral de Valencia y otros rentistas al objeto de
conducir las aguas drenadas del borde palustre de la Albufera hacia el propio
lago; o la que constituyeron en 1314 once *prohoms* de Castellón para construir,
con licencia del baile real, una acequia que desaguase en el mar, a cambio de
apropiarse, cada uno, de diez *jovades* (30 ha) de tierra inculta del marjal. Aquí
el protagonismo de los gobiernos urbanos será más bien tardío, y básicamente
limitado a la ciudad de Valencia, cuyo Consell asumirá en 1390 el coste de la
restauración de la red de drenaje del marjal norte de la Albufera, que había

39 J. Torró, «One aspect of the Christian settlement of the Kingdom of Valencia: The drainage and
    placing under cultivation of coastal wetlands (*c*. 1270-1320)», en P. Galetti (ed.), *Paesaggi, comunità,
    villaggi medievali*, Spolteo, Centro Italiano di Studi sull'Alto Medioevo, 2012, t. I, pp. 233-234.
40 J. Torró y F. Esquilache, «"Por donde jamás...»", *op. cit.*, pp. 195-196, 211.
41 C. de Dienne, *Histoire du desséchement...*, *op. cit.*, pp. 355, 356; S. Caucanas, «Assèchements en
    Roussillon...», *op. cit.*

colapsado tras la peste de 1348, así como los de la apertura de nuevos canales en esta zona a lo largo del siglo XV[42].

Si los promotores de la desecación, tanto señores como poseedores del dominio directo, se hacían cargo de la apertura de los colectores que aseguraban el desagüe, los dispendios relacionados con las zanjas básicas (escurridores y *palafangues*) recaían normalmente en los enfiteutas que, en el momento de recibir a censo el dominio útil de la parcela, se comprometían a pagar los acondicionamientos necesarios para la puesta en cultivo. Sin embargo, como veremos, la relación entre el importe de estas obras –que podían comportar una gran remoción de tierras en espacios relativamente pequeños– y los riesgos que asumía el enfiteuta era tan ajustada que podían producirse renuncias y devoluciones de las parcelas a los titulares del dominio directo. También entrañaban bastante inseguridad, aunque en otro sentido, las actuaciones a pequeña escala, como la que podemos entrever hacia 1314 en el sector de Fadrell y Vinamargo del marjal de Castellón, protagonizadas directamente por los propios labradores. Estos hombres emprendían por su cuenta el drenaje de terrenos de extensión reducida (entre 0,3 y 1,1 ha), pero su posesión legal no estaba garantizada hasta que demostrasen haber roturado las parcelas (*excoluistis et traxistis*) al baile real, quien finalmente decidía si formalizaba esos derechos a cambio de un censo simbólico, lo que indudablemente no estaba exento de riesgo[43].

Para evaluar adecuadamente los costes de la transformación agraria de los marjales, debe tenerse en cuenta que no solo había que crear sistemas de drenaje eficaces, sino también dispositivos que permitiesen irrigar las tierras drenadas[44]. El descenso de la capa freática durante el verano impedía que el agua llegase a las raíces de las plantas, incluso en las tierras desecadas de la Camarga o el litoral languedociano, donde también había canales que transportaban aguas de zonas más elevadas para irrigar forrajes y huertos, además de mover molinos y disminuir la salinidad de los suelos. Los marjales de la costa valenciana que se pusieron en cultivo lo hicieron de hecho como ampliaciones de las huertas adyacentes. Incluso era frecuente que los colectores destinados a evacuar las aguas al mar fuesen prolongaciones físicas de importantes acequias de riego, como en Morvedre, Nules y Castellón (fig. 4). En otros sistemas, los principales canales partían desde las surgencias de los bordes del humedal, como sucedía en Gandía, Vall de Segó o Peñíscola. Estas soluciones permitían que las aguas

---

[42] J. Torró, «One aspect...», *op. cit.*, p. 234; J. Torró y F. Esquilache, «"Por donde jamás..."», *op. cit.*, pp. 192-193, 200-207, 212-215.
[43] Arxiu del Regne de València (ARV), Reial Cancelleria, reg. 635, ff. 79v-82v.
[44] A. Durand, *Les paysages médievaux...*, *op. cit.*, pp. 289-290.

superficiales transcurriesen canalizadas hasta las *goles* sin empapar la superficie de los marjales, pero también podían ser retenidas en los canales durante la época estival para que se infiltrasen en el terreno, alcanzando las raíces, en una suerte de riego inverso por capilaridad[45].

Con todo, en los sectores periféricos y menos saturados de los marjales, como la franja exterior (*solada*) del marjal de Castellón, había que emplear métodos de irrigación más clásicos (fig. 4). Sin duda, se podía elevar el agua desde los colectores con ayuda de cigüeñales o con los instrumentos denominados *taona*, unos cajones de madera largos, usados tradicionalmente en los marjales de Pego y Castellón, que funcionaban manualmente mediante mecanismo de palanca. Ni una ni otra técnica aparecen, que yo sepa, referenciadas en documentos medievales, aunque la probable etimología árabe del nombre de la segunda sugiere que sí pudo haberse usado antes de la época moderna. Por descontado, el agua podía elevarse también desde la capa freática mediante la apertura de pozos y la instalación de norias de sangre (*sénies*), que tampoco han dejado un rastro documental claro en tiempos medievales, aunque su presencia es abundante en marjales como el de Peñíscola (fig. 3)[46].

A diferencia de la irrigación subterránea, estos procedimientos requerían del empleo constante de fuentes de energía –humana o animal– externas al sistema. Otra alternativa es la que se detecta al norte de la Albufera, tras la reconstrucción del sistema de drenaje a fines del siglo XIV, cuando empiezan a mencionarse diversas acequias de riego en las tierras del marjal. Estas canalizaciones transportaban aguas procedentes de los sobrantes de riego y de manantiales, circulando a escasa profundidad, por encima de las *palafangas* del sistema de drenaje. La distribución del agua se llevaba a cabo por medio de partidores y, para evitar encharcamientos en las colas de las acequias, se abrían escurridores o azarbes. En este caso, el ahorro de energía se subordinaba al despliegue previo de una infraestructura imbricada con la del drenaje que, no por menor, dejaba de representar un coste adicional[47].

Un último pero fundamental aspecto de los costes es el del mantenimiento. La desecación no concluía con la apertura de los canales y zanjas, sino que debía proseguir con trabajos constantes de limpieza, reparación y perfeccionamiento, absolutamente necesarios para garantizar la funcionalidad de los sistemas de drenaje. Empezando por los puntos de salida de las aguas al mar, las *goles*, rei-

---

[45] J. Torró, «Agricultural drainage technology...», *op. cit.*, pp. 317-318.
[46] *Ibid.*; A. Alcover y F. de B. Moll, *Diccionari Català-Valencià-Balear*, Palma de Mallorca, Moll, 1993, t. 10, p. 140; A. López Gómez, *Estudios sobre regadíos valencianos*, València, PUV, 1989, pp. 62-64.
[47] J. Torró y F. Esquilache, «"Por donde jamás..."», *op. cit.*, pp. 208-209.

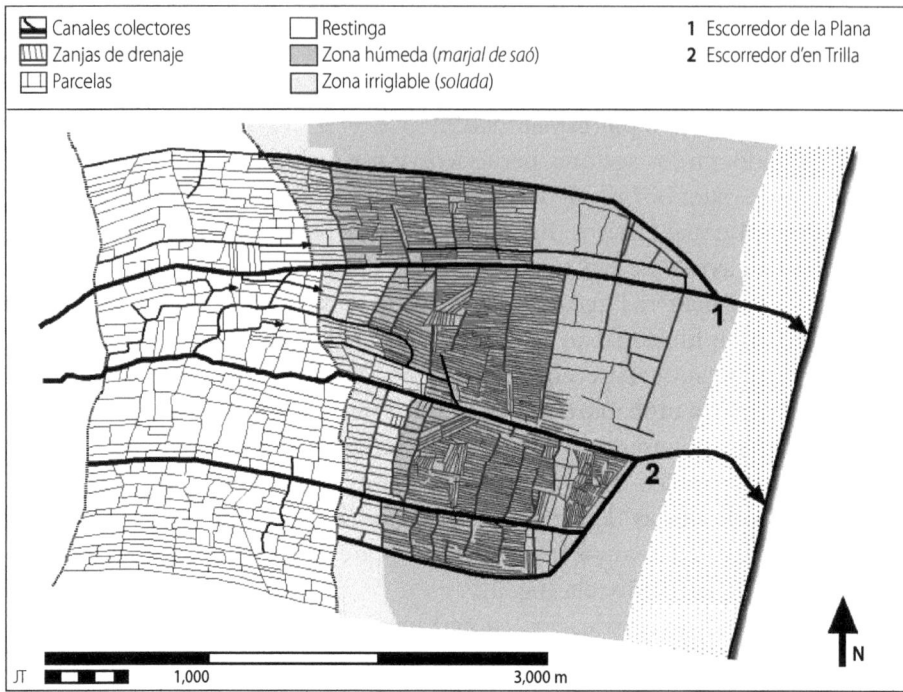

Figura 4. Plano del sistema de drenaje del área denominada *Eixutals* («terrenos desecados») en 1320, situada en el marjal de Castellón de la Plana, entre los colectores de La Plana y En Trilles, que son prolongaciones de las acequias de riego de la huerta. Elaborado a partir de la fotografía aérea del vuelo «americano» de 1956.

teradamente obturadas por acumulaciones de arena producto del oleaje, que debían ser despejadas a mano, por lo menos hasta que se instalaron compuertas de madera, sobre todo en época moderna. Pero los canales también se obstruían con rapidez, dando lugar a episodios de desbordamiento que echaban a perder los cultivos, como sucedió en Corbera en 1314[48]. Estas colmataciones solo podían prevenirse mediante la monda o *escura* regular, normalmente a cargo de *palafanguers* y equipos de paleros, que también se encargaban de estabilizar los taludes y reparar las mellas con estacas. La repetición de estas tareas producía conocimientos empíricos sobre el funcionamiento de los sistemas, a partir de los que se llevaban a cabo mejoras de la evacuación del agua, añadiendo pau-

---

[48] ACA, Cancillería, reg. 241, f. 133r: «illa cequia per quam discurrere consuevit aqua de amargiali dicti loci Corbarie adeo est obtructa, sorditis et repleta, quod aqua ipsam per eandem cequiam nequit fluere versus rivum Xucariis, ad quem currere non consuevit, ex quo habentibus hereditat[is] prope cequiam ipsam dampnum subsequitur et iactura».

latinamente traviesas entre canales y escurridores auxiliares. Otra implicación muy relevante de los trabajos periódicos de mantenimiento es que, además de recuperar los perfiles de los canales, se extraían los lodos de sus fondos y los acumulaban en sus orillas, desde donde se distribuían por la superficie de las parcelas limítrofes para fertilizarlas y realzarlas[49]. Cabe decir que esta forma de proceder no era exclusiva de los marjales valencianos, sino muy común en todo tipo de medios palustres, como se ha podido documentar en las *faïsses* del Languedoc o en los *fens* de Sussex[50]. En definitiva, a diferencia de las transformaciones agrarias de las áreas boscosas, la desecación de humedales requería de aportes constantes de energía externa que debían sostenerse, al igual que los sistemas de irrigación, con gestiones institucionales estables, como la asumida por el Consell de Valencia en 1393, capaces de garantizar una dotación regular de recursos[51].

4. «PANIFICAR»: SOBRE RIESGOS Y BENEFICIOS

El mantenimiento asiduo era lo único que podía soslayar el riesgo perenne de inundación, tanto más temible cuanto más descuidadas y atascadas se hallaban las vías de desagüe en los sistemas de drenaje. Nada garantizaba la irreversibilidad de los espacios palustres, su retorno a las condiciones anteriores a la desecación. Pueden contarse, de hecho, bastantes experiencias de este tipo, como sucedió en el territorio de Montpellier con «tierras nuevas» ganadas a los humedales ya en el siglo XII, pero que ulteriormente conocieron fases de abandono vinculadas a declives demográficos[52]. El ejemplo que mejor ilustra estas discontinuidades en el territorio valenciano es el del colapso del sistema de drenaje del marjal norte de la Albufera, que dejó de funcionar a mitad del siglo XIV debido fundamentalmente al impacto de la plaga de 1348, pero también a la incidencia de las crecidas catastróficas del Turia que, con el fin del Óptimo Climático Medieval, parecen adquirir una mayor frecuencia: 1321, 1328, 1340, 1358... Resulta significativo que, justamente a raíz de la última de las riadas mencionadas, el rey impulsase la creación de la Junta de Murs i Valls para ges-

---

[49] J. Torró, «Agricultural drainage technology...», *op. cit.*, pp. 319-320; J. Torró, «*Palafanguers*. Los especialistas...», *op. cit.*, pp. 273-274.

[50] A. Durand, *Les paysages médievaux...*, *op. cit.*, pp. 291-292; S. Rippon, *The Transformation...*, *op. cit.*, p. 49.

[51] T. F. Glick, *Irrigation and Society in Medieval Valencia*, Cambridge, HUP, 1970, pp. 101-102.

[52] Ph. Blanchemanche, *Lattara 13. La plaine de Lattes du XIIᵉ au XIXᵉ siècle. Dynamique naturelle et mise en valeur*, Lattes, Association pour la Recherche Archéologique en Languedoc Oriental, 2000, p. 71.

tionar la reparación de desperfectos y las obras de mantenimiento de murallas, caminos y fosos del término de la ciudad de Valencia[53].

Más que de «abandono» *stricto sensu*, convendría hablar de «reversión» a los usos ganaderos anteriores a la fase de transformación iniciada allí a principios del Trescientos. Este hecho tenía hondas implicaciones, pues al menos desde 1320, la ciudad se resentía de la falta de pastos derivada del alto grado de «roturación y panificación» en el que se hallaban los montes y marjales cercanos, hasta el punto de afectar seriamente al suministro de carne y leche[54]. Sin embargo, el Consell de Valencia impulsó de forma decidida le reagrarización de la franja palustre de la Albufera, asumiendo los enormes gastos de reconstruir y mantener el sistema de drenaje, porque sus dirigentes priorizaban la producción de cereales para el mercado urbano.

La afirmación de que los marjales cercanos debían contribuir a abastecer de grano la siempre necesitada capital del reino se acompañaba invariablemente de otro argumento, presentado incluso en primer lugar, como si respondiera a exigencias más perentorias: el del drenaje como medio para evitar «el gran peligro de infección», una especie de anticipación de los discursos «bonificadores» e higienistas modernos[55]. Sin duda la preocupación remitía al peligro de contraer fiebres palúdicas, comprobado empíricamente desde la Antigüedad, pero asociado de forma errónea (hasta finales del siglo XIX) a la supuesta insalubridad del aire causada por los efluvios de materia vegetal en descomposición en terrenos encharcados. Lo que cabe preguntarse es hasta qué punto revestía gravedad este riesgo. No puede decirse que históricamente los espacios palustres del litoral –ni el golfo de Valencia ni otras costas mediterráneas– hayan sido zonas repulsivas para la población, sino más bien todo lo contrario, tal y como indican la alta densidad de asentamientos en sus alrededores y la importancia de las actividades realizadas en su interior con anterioridad a las desecaciones. Si había realmente una sobremortalidad causada por el paludismo, no era lo

53 F. Almela y Vives, *Las riadas del Turia (1321-1949)*, València, Ayuntamiento, 1957; R. Sáinz de la Maza, «Nuevos datos sobre las riadas del Turia y Júcar de 1328», *Boletín de la Sociedad Castellonense de Cultura*, 57, 1981, pp. 271-283; V. Melió, *La «Junta de Murs i Valls». Historia de las obras públicas en la Valencia del Antiguo Régimen, siglos XIV-XVIII*, València, Generalitat Valenciana, 1991, pp. 22-40; C. Sanchis, «Acequias, saneamiento y trazados urbanos en Valencia», en S. Dauksis y F. Taberner (eds.), *Historia de la ciudad, II. Territorio, sociedad y patrimonio*, València, Colegio Territorial de Arquitectos, 2002, pp. 96-97; J. M. Ruiz, P. Carmona y A. Pérez Cueva, «Flood frequency and seasonalityof the Jucar and TuriaMediterranean rivers (Spain)during the "Little Ice Age"», *Méditerranée*, 122, 2014, pp. 121-130.
54 A. Rubio Vela, «Vicisitudes demográficas y área cultivada en la baja Edad Media. Consideraciones sobre el caso valenciano», *Acta Historica et Archaeologica Mediaevalia*, 11-12, 1991, pp. 260-261.
55 J. Torró y F. Esquilache, «"Por donde jamás...", *op. cit.*, pp. 216-219.

bastante significativa como para que la gente evitase estos medios. En cualquier caso, evaluar de forma adecuada este factor requeriría disponer de estudios del estado sanitario de las poblaciones ribereñas a partir de materiales osteoarqueológicos. Entretanto, solo cabe tener presente que la incidencia de la enfermedad podía ser muy variable, dependiendo de las condiciones locales, de los cambios climáticos y, particularmente, del tipo concreto de malaria, que algunas veces se presenta en forma de fiebres relativamente benignas y, como observa Philippe Leveau, no es posible asegurar la presencia de la maligna *P. falciparum*[56].

El énfasis de los hombres que gobernaban la ciudad de Valencia en los peligros de la infección podría relacionarse con una creciente sensibilidad hacia los problemas de salud pública, propiciada quizá por los recurrentes episodios de peste, pero también con la intención de reforzar y enmascarar su interés por convertir el marjal en campos de cereal. Cabe tener en cuenta que el mismo argumento de insalubridad se utilizó, también, para limitar el cultivo del arroz en el siglo XV y favorecer el del trigo. A este respecto, Pau Viciano ha explicado adecuadamente la difusión del arroz entre las pequeñas explotaciones campesinas debido al alto rendimiento de esta gramínea, frente al rechazo de los grandes terratenientes, mucho más interesados en el trigo por su muy superior precio de mercado[57].

Teniendo en cuenta quiénes eran los impulsores de las desecaciones, resulta evidente que el principal objetivo de la puesta en cultivo residía en la producción de cereal. O como dicen los documentos valencianos, en «panificar». Ya en los establecimientos realizados desde 1310 por el administrador de la Almoina de la catedral en los marjales de la Albufera se considera la obligación de reducirla a cultivo, adquirida por el enfiteuta, como sinónimo de panificación; y en la controversia generada por la apertura de un nuevo canal –la Séquia d'en Fluvià– en 1342, desecar se presenta como la condición necesaria para panificar[58]. También en otros marjales, como el de Corbera, se formula la conexión

56 Ph. Leveau, «La paludification des plaines littorales de la France méditerranéenne. Héritage Antique et évolution du milieu», en J.-M. Martin (ed.), *Castrum 7. Zones côtières...*, *op. cit.*, p. 56; M. A. Boulam *et al.*, «Malaria in Europe: A Historical Perspective», *Frontiers in Medicine*, 8, 2021 pp. 1-12.

57 P. Viciano, «Els llauradors davant la innovación agrària. El cultiu de l'arròs al País Valencià a la fi de l'Edat Mitjana», *Afers*, 39, 2001, pp. 315-332; P. Viciano, «Pagesos que innoven. La petita explotació en les transformacions agràries de la fi de l'Edat Mitjana», en M. Barceló *et al.* (eds.), *El feudalisme comptat i debatut. Formació i expansió del feudalisme català*, València, PUV, 2003, pp. 503-522.

58 Archivo de la Catedral de Valencia (ACV), perg. 3001: «usque ad duos annos habeatis cultas et panificatas, et redactas ad culturam» (1310); perg. 7429: «l'almarjal, la qual enaprés és estada treyta, laurada e panificada» (1316); perg. 5597: «que·s puga exaguar ni panificar» (1342).

explícita entre drenaje y panificación[59]. Sin embargo, no siempre puede tomarse dicha expresión completamente al pie de la letra, pues en algunos de los establecimientos de la Almoina que comprometen a los enfiteutas a tener sus parcelas panificadas en año y medio, se precisa que lo harán «para plantar y cosechar y para hacer pan o vino, lo que más prefiera cada uno»[60].

De hecho, los primeros cultivos documentados en el marjal norte de la Albufera, desde 1283, fueron de viña, localizables en los sectores más periféricos y secos. Y no era el único cultivo alternativo que podemos detectar en suelos drenados. En el marjal de Castellón, por ejemplo, el lino parece haber ocupado una proporción importante de la superficie. En el de Nules y Moncofa, en 1319, la Iglesia no solo esperaba percibir diezmos del grano (*bladis*), sino también del lino, cáñamo, higos y otros frutos, así como de los animales[61]. Esta imagen de diversidad la podemos encontrar también en humedales costeros de otras regiones. A partir de datos antracológicos, Aline Durand supone, incluso, el cultivo de olivares en sectores palustres del Languedoc, sobre suelos drenados ya en el siglo XII; en el Rosellón, las rentas de las áreas desecadas por los templarios permiten advertir una hegemonía de los cereales, pero también la presencia de viñas y más claramente, de prados; en la zona de Montpellier parece darse una alternancia de herbazales cultivados, pastos y cereales[62].

La agrarización representó, sin duda, una simplificación de los ecosistemas palustres mediterráneos, pero normalmente no tuvo un alcance total, ofreciendo variaciones muy relacionadas con las diferentes condiciones edáficas de cada zona. En la mayoría de los marjales valencianos se mantuvieron áreas de prado junto a las cultivadas, de modo que el uso pastoral de estos espacios no desapareció por completo, aunque hubo de regularse por sectores y tandas de apacentamiento, en especial de ganado mayor, equino o bovino (fig. 3). Ese es justamente el sentido de la palabra *dula* con la que se nombran en época medieval las principales vías pecuarias que atraviesan los humedales de la costa del golfo de Valencia[63].

---

[59] ACA, Cancillería, reg. 289, f. 25v: «extrahant et panificent dictam terram seu amargale» (1307); ARV, Maestre Racional, libro 38, f. 228v: «exugar les dites marjals per ço que·s poguessen panificar» (1418).

[60] ACV, pergs. 1696 y 1697: «habeatis ipsas panificatas et ad laboracionem abstractas... ad plantandum et evellendum et ad panem vel vinum faciendum quicquid magis duxeritis» (1320).

[61] J. Torró y F. Esquilache, «"Por donde jamás...», *op. cit.*, p. 216; J. Torró, «One aspect...», *op. cit.*, p. 237; V. Felip Sempere y V. García Edo (eds.), *Privilegios y concesiones...*, *op. cit.*, doc. 19; F. Esquilache y V. Baydal, «La (re)construcción del paisaje...», *op. cit.*, pp. 227-228.

[62] A. Durand, *Les paysages médievaux...*, *op. cit.*, pp. 285-286; S. Caucanas, «Assèchements en Roussillon...», *op. cit.*, p. 272; Ph. Blanchemanche, *Lattara 13. La plaine...*, *op. cit.*, p. 71.

[63] J. Torró, «Colonización cristiana...», *op. cit.*, pp. 180-181.

Esto no quiere decir que no existiese una creciente presión hacia la puesta en cultivo, pero la tecnología y los recursos aplicables al drenaje tenían unos límites, como ya hemos tenido ocasión de comprobar. En términos de extensión, las superficies ganadas fueron importantes, pero no extraordinarias. Destaca, por encima de todo, el caso del marjal norte de la Albufera, donde el esfuerzo agrarizador sí que abarcó prácticamente toda el área palustre y pudieron llegar a cultivarse unas 900 ha, incrementando en un 10 %, aproximadamente, el tamaño de la huerta de Valencia. En los otros marjales costeros valencianos, las dimensiones del espacio transformado fueron menores y muy variables, entre las aproximadamente 60 ha de Peñíscola o la Vall de Segó y las 600-700 de Castellón, Corbera y Gandía. En total, podríamos estar hablando de algo más de 4000 ha en el momento de máxima expansión, justo antes de la peste.

Como ya se ha dicho, esas superficies de cultivo arrancadas a los humedales no se destinaron en su totalidad a la producción de cereales. Pero hay tres hechos que resultan innegables: el primero, que sí lo hicieron en su mayoría[64]; el segundo, que cuando no era así, las tierras desecadas se destinaban a otros cultivos con potencial comercial, como la viña o, en menor medida, el lino; y tercero, que existió una presión favorable al cereal, el trigo en particular, que se expresa de forma nítida en el uso de la equiparación textual entre agrarización y panificación. En el caso del marjal norte de la Albufera, esta presión llegó al extremo de proscribir la viña y el arroz, considerados sin duda la alternativa más frecuente a los otros cereales en esa zona. La prohibición fue un resultado del acuerdo materializado en 1385 entre la Iglesia –la mayor titular de parcelas– y el Consell de Valencia para llevar a cabo la restauración del sistema de drenaje. Y el gobierno urbano pudo imponerla porque financiaba la empresa. No obstante, esta obligación no debía dar lugar a un monocultivo absoluto y sin matices. Teóricamente solo prohibían los dos cultivos mencionados y se permitía el de cualquier otro cereal o planta. También resulta muy interesante advertir cierta percepción, fruto probablemente de la experiencia, de los riesgos ambientales de la uniformidad. En ese sentido, la nueva ordenación del marjal exigía también a los nuevos cultivadores rodear sus parcelas con árboles higrófilos (álamos y sauces), en cuya base podían hacer crecer parras; además, se les permitía plantar algunos árboles frutales

---

[64] Cuando la orden del Hospital hace distribuir las tierras del marjal de Silla en 1277, no determina de entrada qué debe producirse, pero permite que se dejen algunos espacios sin cultivar para ser utilizados como eras para trillar el grano: E. Guinot (ed.), *Cartes de poblament medievals valencianes*, València, Generalitat, 1991, doc. 248.

por medio de los campos. Se pretendía así, con toda seguridad, consolidar los bordes de los canales y *palafangas* limítrofes, pero es probable que también se pensara en la protección frente a las plagas (los árboles perimetrales dificultan su propagación por el viento, los frutales atraen a sus enemigos naturales), así como en la deposición de hojas y residuos que mejoran la fertilidad del suelo[65].

5. PARA CONCLUIR: EL VALOR DE LA TIERRA GANADA

De lo que no cabe duda es que la transformación de los paisajes palustres generó unos rendimientos extraordinarios; si se desecan de forma adecuada, las tierras ganadas a los humedales ofrecen condiciones excelentes para el cultivo de cereales[66]. La propia sucesión ininterrumpida de actuaciones en los marjales costeros valencianos entre final del siglo XIII y el primer cuarto del XIV constituye una clara prueba de que los resultados de cada operación estimulaban la siguiente, y que el proceso se prolongó hasta alcanzar los límites de una relación razonable entre costes y rentabilidad. Hace casi veinte años Pierre Guichard sugirió que la producción de estas tierras podría explicar la aparente multiplicación de licencias de exportación de cereales expedidas por Jaime II en la segunda década del Trescientos, y es muy posible que sea así, pero carecemos por ahora de elementos de cuantificación adecuados para verificar una afirmación de este tipo[67]. Por otra parte, como ya se ha señalado anteriormente, esos altos rendimientos tenían normalmente un elevado coste energético que no puede ser ignorado en el balance final.

A falta de informaciones directas, probablemente el mejor modo de evaluar la relación entre costes y beneficios de la producción agraria en medios palustres desecados lo ofrecen los datos de la renta agraria en sus variantes señorial y censal. Por lo que se refiere a la renta señorial, las exigencias son muy variables. En los dominios de la orden del Hospital encontramos situaciones

---

[65] ARV, Reial Cancelleria, reg. 721, ff. 58r-59v: «Ítem que en les dites terres o alcuna de aquelles no puxen esser plantades, fetes ne tengudes vinyes, ans les dites terres sien tant solament per a blats e altres splets qualsevol, exceptat arròç… Ítem que cascun d'aquells a qui les dites terres seran atorgades, en torn e en les vores de son camp sia tengut plantar e nodrir e tenir arboreda o salzeda, e a la calç dels albers o salzes puxa plantar e en aquells tenir e nodrir parres. Axí matex puxa per lo mig o dins lo camp plantar, nodrir e tenir arbres fruytals, exceptades parres e vinyes…».

[66] Ph. Leveau, «La paludification…», *op. cit.*, p. 55.

[67] P. Guichard, «L'aménagement et la mise en culture des *marjals* de région valencienne au début du XIVe siècle», en P. Cressier (ed.), *La maîtrise de l'eau en Al-Andalus: Paysages, pratiques et techniques*, Madrid, Casa de Velázquez, p. 122.

tan distintas como las de Sollana y Silla, pese a que ambos lugares se hallan junto a la franja palustre de la Albufera, en sus sectores meridional y central respectivamente. Así, en 1277 se entregaron a cada uno de los veintidós pobladores de Sollana dos *jovades* de tierra (6 ha) de las que se solían labrar (antes de expulsar a los musulmanes), más una tercera inculta en el marjal cercano, la cual debían tener acondicionada antes de cuatro años, estableciéndose una renta común, indiferenciada, de 1/5 de las cosechas. Sin embargo, cuando en 1308 la misma orden cede el marjal de Silla a la comunidad de habitantes para que se lo dividan y lo pongan en cultivo en un plazo de seis años, les exige una partición mucho menor, solo 1/16[68].

En los dominios del rey, la tierra de los humedales se distribuyó muchas veces en forma de grandes donaciones francas (a veces se pagaba solo una entrada), y en los restantes casos los censos eran habitualmente muy discretos y en moneda (4 dineros/ha, por ejemplo), pero estas posesiones representaban una proporción muy limitada del total. Si los administradores del patrimonio real planeaban aumentar las rentas del monarca promoviendo las operaciones de transformación agraria, solo podían esperar que fuese de modo indirecto; que mejorase las recaudaciones de la bailía por efecto del aumento general de la población, la riqueza y los intercambios que pudieran derivarse de estos procesos. No cabe extrañarse, pues, de que las disposiciones regias que regulaban las desecaciones y otras empresas de agrarización coetáneas se hallasen impregnadas de expresiones justificativas relativas a la utilidad (*utilitas*), la conveniencia (*commodum*) y el incremento (*incrementum, augmentum*) tanto de la población como, en definitiva, de las rentas[69].

Eran los agraciados por las donaciones del rey, y quienes les sucedieron por herencia o compra en la titularidad de los dominios directos de las tierras palustres, los que verdaderamente se hallaban en condiciones de obtener una rentabilidad directa de su explotación a través de los censos enfitéuticos. Estas rentas constituidas, como las señoriales, podían ser particiones de frutos o sumas de dinero, siempre muy variables. Entre las primeras sirven como ejemplo las parcelas que tenía Magdalena Zapata en el marjal de l'Arrif a cambio de onerosas cargas de 1/5 o 1/3 de las cosechas. En el mismo humedal y en la misma fecha (1327), otra importante rentista, Castellana de Foces, conmutaba las particiones de sus enfiteutas –cuya proporción desconocemos– por censos en dinero aparentemente benignos, de 7 sueldos los más elevados, mediando el pago de entradas que equivalían a 10 anualidades. El problema

---

68 E. Guinot (ed.), *Cartes de poblament...*, *op. cit.*, docs. 179 y 248.
69 J. Torró, «One aspect...», *op. cit.*, p. 235.

es que estos datos no tienen un gran valor porque no sabemos la extensión de las parcelas[70].

Los marjales del norte de la Albufera ofrecen informaciones más precisas. Allí, en la misma época, los censos eran en moneda: entre 2 y 5 sueldos por cahizada (media hectárea), siendo lo más frecuente 4 s. por cahizada (es decir 8 s./ha). En términos comparativos se trataba de los censos más bajos del territorio de la ciudad de Valencia, donde lo más habitual eran 7 s. por cahizada y los más altos llegaban incluso a los 21 s. Naturalmente, esto no quiere decir que la productividad fuese proporcional a estos censos. Debe tenerse en cuenta que no pocos de los enfiteutas no eran labradores y que, sin duda, explotaban las tierras a través de terceros mediante arrendamientos o subestablecimientos que no hemos podido documentar, con lo que la renta agraria se distribuía en dos niveles, uno de los cuales desconocemos[71]. Pero, además, en las tierras de marjal el campesino no debía limitarse a cultivar la parcela, sino también a pagar la apertura de las zanjas de drenaje y hacerse cargo de los gastos de mantenimiento del sistema, por no hablar del riesgo de una eventual reversión que lo echara todo a perder y hubiera que empezar de nuevo.

Podemos ensayar una forma de valorar la relación entre coste y beneficio en la transformación de los medios palustres gracias a un conjunto de quince compraventas de parcelas sujetas a censo en el marjal norte de la Albufera entre 1314 y 1318. Aunque proceden de dos fondos archivísticos diferentes, todas ellas forman parte de posesiones vinculadas a la Almoina de la catedral, aunque los censos no siempre los percibe directamente esta institución piadosa, sino su administrador, la madre de este y un canónigo. La información verdaderamente interesante de estas operaciones podemos obtenerla de la comparación entre el precio de venta y el censo, tal y como se muestra en la tabla siguiente, donde se han omitido los nombres de los titulares y de los enfiteutas, tanto compradores como vendedores. Se prescinde también de la ratio censo/superficie porque no ofrece ninguna variación significativa; y el orden no se establece cronológicamente (a fin de cuentas, es un lapso bastante corto), sino por la fundamental ratio precio/censo.

En el cuadro se presenta un conjunto de campos bastante homogéneo, tanto por su ubicación, el marjal denominado de Russafa en proceso de desecación y puesta en cultivo desde la década anterior, como por las dimensiones discretas

---

[70] J. Torró, «Colonización cristiana...», *op. cit.*, pp. 173-174.
[71] J. V. García Marsilla, *Vivir a crédito en la Valencia medieval. De los orígenes del sistema censal al endeudamiento del municipio*, València, PUV, 2002, pp. 152-153; J. Torró y F. Esquilache, «"Por donde jamás...», *op. cit.*, pp. 183-184.

XLIX ERDI AROKO IKERLANEN NAZIOARTEKO ASTEA. ESTELLA-LIZARRA. 2023 | Ingurumenaren eraldaketak Erdi Aroan
ISBN: 978-84-235-3705-1 | 93-122

Cuadro 1. Compraventas de parcelas a censo en el marjal de Russafa, 1314-1318

Fecha	Referencia	Superficie en cahizadas	Censo	Precio	Ratio precio / censo
1316.04.28	ARV, Fondos Notariales, 2813, f. 25rv	1	4 s.	3 s.	0,75
1314.06.30	ACV, perg. 2879	1,5	6 s.	5 s.	0,83
1316.04.20	ARV, Fondos Notariales, 2813, ff. 19v-20r	3	12 s.	15 s.	1,25
1318.10.21	ACV, perg. 6643	1	4 s.	6 s.	1,5
1316.10.18	ACV, perg. 1412 ARV, Fondos Notariales, 2813, f. 65rv	0,5	2 s.	4 s.	2
1316.10.18	ACV, perg. 2596 ARV, Fondos Notariales, 2813, f. 66v	1	4 s.	8 s.	2
1316.05.01	ARV, Fondos Notariales, 2813, f. 27v	1	4 s.	10 s.	2,5
1316.10.05	ARV, Fondos Notariales, 2813, f. 55v-56r	1,5	6 s.	80 s.	13,33
1316.10.29	ARV, Fondos Notariales, 2813, f. 71r	pedazo	5 s. 10 d.	100 s.	17,14
1316.05.11	ARV, Fondos Notariales, 2813, ff. 29v-30r	0,83	5 s. 4 d.	115 s.	21,56
1315.11.23	ACV, perg. 1408	1,33	4 s.	90 s.	22,5
1316.11.24	ARV, Fondos Notariales, 2813, f. 86rv	1	4 s.	100 s.	25
1316.12.07	ARV, Fondos Notariales, 2813, f. 97rv	1	4 s.	125 s.	31,25
1317.02.18	ARV, Fondos Notariales, 2813, ff. 121v-122r	pedazo	4 s.	190 s.	47,5
1316.05.02	ARV, Fondos Notariales, 2813, f. 28r	pedazo de viña	2 s. 1 d.	127 s.	60,96

(entre media y tres cahizadas) y bastante regulares (la mayoría de una cahizada) de las parcelas, fruto sin duda de una partición sistemática en la que se aplicaron los módulos propios de los espacios de huerta[72]. Incluso en las tres parcelas donde no se indica el tamaño, el censo permite deducir extensiones del mismo orden. Donde se dan las variaciones, y en grado superlativo, es en los precios de venta. Esto se advierte ya muy bien en la relación entre precio y superficie, pero la ratio precio/censo constituye un indicador más concreto.

A través de estas cifras se nos muestra con toda claridad el muy diverso grado de transformación que podía percibirse en cada sector, o incluso entre campos, al mismo tiempo que nos proporciona una idea bastante precisa del

[72] E. Guinot, «El paisaje de la Huerta de Valencia. Elementos de interpretación de su morfología espacial de origen medieval», en F. Taberner (ed.), *Historia de la ciudad, V. Tradición y progreso*, València, Colegio Territorial de Arquitectos, 2008, pp. 109-110.

XLIX SEMANA INTERNACIONAL DE ESTUDIOS MEDIEVALES. ESTELLA-LIZARRA. 2023 | Transformaciones del medioambiente en la Edad Media
DOI: https://doi.org/10.35462/siemel.49 | 93-122

valor social de los trabajos de drenaje. En la columna de la ratio precio/censo podemos distinguir, en primer lugar, un grupo de siete ventas (0,75 a 2,5) en las que el precio, más que módico, es un «regalo», una renuncia del enfiteuta, que vende la parcela por un precio ligeramente inferior o superior (como mucho algo más del doble) al de una anualidad del censo, ya de por sí una cantidad pequeña. Un segundo grupo estaría formado por los cinco casos en los que la ratio (13,33 a 25) entra dentro de lo normal en las compraventas de tierras a censo, aunque quizá con un sesgo un tanto elevado. Y finalmente tendríamos tres transacciones, que incluyen un pedazo de viña, en las que el precio multiplica el valor del censo por un factor entre 31 y 61. La disparidad abismal entre los dos grupos extremos de precios solo puede tener una explicación. Las primeras, por fuerza, debían de ser parcelas que los enfiteutas no habían podido drenar y reducir a cultivo de forma adecuada por falta de fuerza de trabajo o de medios para pagarla; dos de ellas, incluso, las devolvió el comprador al titular del dominio directo entre 1332 y 1333 porque no podía pagar el censo[73]. No tenían ningún valor. Las restantes, por el contrario, no solo estaban bien consideradas, sino que algunas eran objeto de valoraciones realmente extraordinarias. En definitiva, las tierras palustres tenían un rendimiento y un valor muy superiores a las de otros espacios agrarios siempre que estuviesen en plena producción con sistemas de drenaje funcionales y consolidados. Pero este logro era tan costoso y arriesgado como disuasorio.

---

[73] ACV perg. 1767: «com lo dit en Berthomeu sia feyt absent de la ciutat de València et no puxa laurar ne costohir la dita terra ne bonament pagar lo cens de la dita terra, com sia freturós de béns temporals».

De la humanización del medio al aprovechamiento del ambiente: análisis y dinámicas históricas de los paisajes irrigados del mediterráneo medieval ibérico (siglos XII-XV)[*]

Miriam Parra Villaescusa
Universidad de Alicante
miriam.parra@ua.es

E l encuentro científico que ha devenido en esta publicación, bajo el título «Transformaciones del medioambiente en la Edad Media. Paisajes, recursos y acción humana», refleja el interés que ha despertado y despierta el estudio de las relaciones que se establecieron en el pasado, en este caso en el Medievo, entre las sociedades y la naturaleza. En este binomio innato a la propia supervivencia humana, las sociedades a través de diversas acciones han ido plasmando en los entornos ambientales transformaciones más o menos perdurables con un menor o mayor impacto, que han supuesto la «sociabilización» o «culturalización» de los ecosistemas y, con ello, la construcción de paisajes históricos con rasgos y marcos diversos.

Bajo el título de este trabajo se pretende realizar una síntesis, lo más concreta posible, que aúne un balance historiográfico, conceptual y metodológico sobre la investigación desarrollada en las últimas décadas en torno a las actuaciones acometidas por las sociedades medievales sobre el medioambiente para la puesta en uso de la agricultura irrigada, a partir de las conquistas cristianas sobre Al-Andalus, en el área mediterránea entre los siglos siglos XII al XV. Para ello, se presenta lo abordado y aportado hasta la fecha a través de distintos casos de estudio, buscando señalar las ideas y dinámicas históricas apuntadas por los historiadores e historiadoras hasta el presente.

---

[*] Dado el objetivo de esta publicación, este artículo se centra en el examen de las consecuencias sobre el medio ambiente por el uso y desarrollo de la agricultura irrigada en el marco geográfico indicado, sin abordar lo referido a la gestión social o política del agua de riego. Asimismo, las acciones referidas al drenaje de áreas pantanosas para su conversión en campos de cultivo regados no son tratadas, por ser presentada esta temática por el profesor Josep Torró en este volumen.

1. IRRIGACIÓN, MEDIOAMBIENTE Y PAISAJE: DEL MARCO TEÓRICO A LA PRODUCCIÓN HISTORIOGRÁFICA

La atención a la «sociabilización» o humanización del medio natural, como a las connotaciones y procesos históricos que pudieron darse en ello, se vehicula con la preocupación latente en nuestra sociedad actual desde finales del siglo pasado, y más en estas primeras décadas del siglo XXI, por el cada vez más latente cambio climático y las potenciales crisis medioambientales, que han conducido a la búsqueda de planteamientos que aseguren la preservación de los recursos naturales en el objetivo de aproximarnos a una añorada sostenibilidad ecológica viable con las formas de vida contemporáneas. Estas preocupaciones han supuesto que desde la ciencia histórica –como disciplina social y humana– se revierta en la indagación por la comprensión de la ocupación de los territorios, la explotación de los entornos naturales y la consecuente conformación de paisajes culturales o históricos en tiempos pasados.

Propiamente desde la esfera académica del medievalismo, la consideración por tales cuestiones se inició en los años 70 e inicios de los 80 del siglo XX en el ámbito historiográfico británico y francés, y poco a poco su influencia comenzó a llegar a las disquisiciones sobre la historia medieval ibérica. Esta llegada entrañó un estímulo y renovación para las perspectivas de estudio socio-espaciales, con una ampliación de temas de observación y un cambio en el tratamiento y el enfoque de las relaciones dialécticas entre la naturaleza y las sociedades que pretendía ser más global. Así, desde finales de la década de los 80 e inicios de los 90, el dinamismo en cuanto a la exploración del espacio-territorio se incluyó en la investigación sobre los siglos altomedievales al examen de: por un lado, la organización andalusí del espacio (relaciones entre patrones de asentamiento, estructuras productivas y poder[1]); y por otro, la transición al feudalismo cristiano, que promovió la indagación en fuentes de conocimiento para la exploración de esta cuestión, tanto por lo que refería a las escritas (revisitando las fuentes documentales textuales) como a las arqueológicas. Con referencia a estas últimas, la arqueología medieval experimentó un renacimiento y desarrollo a partir de la aplicación de la «arqueología extensiva» y la «arqueología del paisaje». Con ello, la historia rural fue tomando en consideración el componente espacial, dando comienzo al estudio de la mutación de los diversos territorios, paisajes o contextos geográficos ibéricos por el establecimiento de sociedades distintas.

....

[1]   Ejemplarizado en los trabajos de finales de los años 80 y la década de los 90 de autores como A. Bazzana, P. Cressier, P. Guichard, M. Barceló o A. Malpica.

En este contexto de creciente implementación de nuevas corrientes historiográficas, junto al estudio de las relaciones campo-ciudad o la «repoblación cristiana», se despertó la curiosidad por el conocimiento del origen de los regadíos en la Península. En concreto, por la observación de uno de los elementos más destacados de la configuración del paisaje medieval hispano, y más en específico del andalusí, la irrigación. En esta focalización fueron esenciales las consideraciones de P. Cressier y A. Malpica en cuanto a las relaciones entre hábitat y espacio irrigado[2]; de Th. F. Glick en referencia al uso social del agua para el regadío[3]; las interpretaciones sociales y antropológicas de la sociedad andalusí de P. Guichard[4]; y la teorización de M. Barceló y su equipo de investigación desde la Universidad Autónoma de Barcelona de la denominada «arqueología hidráulica» en su atención al mundo rural andalusí, a las comunidades rurales y la formación de espacios irrigados andalusíes[5]. De la suma de estas aportaciones, la consecución de distintas investigaciones de casos de estudio ha permitido perfilar un método de análisis de los aspectos más técnicos, como de las connotaciones sociales del diseño y puesta en uso de espacios irrigados, no solo para los concebidos en época andalusí, sino también para la feudal o moderna, identificando unos principios comunes a una hidráulica tradicional[6]. En este re-

[2]   Entre otras publicaciones: P. Cressier, «Archeologie des estructures hydrauliques en Al-Andalus», en L. Cara Barrionuevo (coord.), *El agua en zonas áridas. Arqueología e historia. Hidráulica tradicional de la provincia de Almería*, 1989, pp. 2051-2092. Obra colectiva dirigida por el mencionado autor que ejemplifica esta línea de estudio: P. Cressier (dir.), *La Maîtrise de l'eau en Al-Andalus. Paysages, practiques et techniques*, Madrid, Casa de Velázquez, 2006. A. Malpica Cuello, «El agua y el poblamiento de la Alhambra de Granada», en *El agua en la agricultura de Al-Andalus*, Barcelona, Lunwerg, 1995, pp. 119-130; Id., «El agua en Al-Andalus: un debate historiográfico y una propuesta de análisis», en J. I. de la Iglesia Duarte (coord.), *V Semana de estudios medievales: Nájera, 1 al 15 de agosto de 1994*, 1995, pp. 65-86.

[3]   Th. F. Glick, *Regadío y sociedad en la Valencia medieval*, Valencia, Valencia: Del Cenia al Segura, 1988. Más tardío: Th. F. Glick, *Paisajes de conquista. Cambio cultural y geográfico en la España Medieval*, Valencia, PUV, 2007.

[4]   P. Guichard, *Al-Andalus: estructura antropológica de una sociedad islámica en Occidente*, Barcelona, Barral, 1976. A. Bazzana y P. Guichard, «Irrigation et société dans l'Espagne Orientale au Moyen Âge», en *L'Homme et l'eau en Méditerranée et au Proche Orient* (vol. II), Lyon, Maison de l'Orient et de la Méditerranée Jean Pouilloux, 1981, pp. 115-140.

[5]   Entra otras publicaciones: M. Barceló, «De la congruencia y la homogeneidad de los espacios hidráulicos en Al-Andalus», en *El agua en la agricultura...*, *op. cit.*, pp. 25-38. M. Barceló, H. Kirchner y C. Navarro, *El agua que no duerme. Fundamentos de la arqueología hidráulica andalusí*, Granada, Fundación El legado andalusí-Sierra Nevada 95, 1995.

[6]   Entre otras publicaciones que ejemplifican este desarrollo: Th. F. Glick y H. Kirchner, «Hydraulic Systems and Technologies of Islamic Spain: History and Archaeology», en P. Squatriti (ed.), *Working with Water in medieval Europe. Technology and Resource-Use*, Leiden, Brill, 2000, pp. 267-329. J. Torró y E. Guinot (coords.), *Hidráulica agraria y sociedad feudal: prácticas, técnicas, espacios*, Valencia, PUV, 2012. F. Esquilache Martí (coord.), *Espais irrigats i aprofitaments hidràulics a l'est i al sud d'Al-Andalus, Afers: fulls de recerca i pensament*, vol. 34, n.º 93, 2019.

corrido ha sido fundamental el establecimiento de una activa colaboración entre el registro arqueológico y el documental escrito, y la interdisciplinariedad entre la geografía, la geología, la ecología, la etnología o la antropología, innovando numerosas técnicas de trabajo en los últimos años, sobre todo en la aplicación de programas informáticos de análisis espacial.

De igual modo, la comprensión de la creación de paisajes irrigados en un marco más amplio que entiende los espacios irrigados como espacios agrarios ha englobado estos estudios en la «arqueología agraria», que ha ido matizando una propuesta para estudiar en su globalidad los espacios agrarios reconceptualizando «la noción de yacimiento arqueológico más amplio heredado de la arqueología del paisaje»[7], mediante la excavación del área habitada y de la no habitada, la destinada a la actividad productiva –los *non sites*–, con la excavación de terrazas de yacimientos arqueológicos rurales, unido a lecturas morfohistóricas o arqueomorfológicas del paisaje. Un método que aúna la identificación de las redes hidráulicas en interrelación con los parcelarios de los campos y el resto de ítems que engloban el paisaje[8]. Sumado a ello, más recientemente, en aras a comprender el marco medioambiental en el asentamiento y explotación de las comunidades de los entornos, se ha estimulado la aplicación de la «arqueología medioambiental» por medio de análisis paleoambientales o geoarqueológicos –estos en un estado primario– que han favorecido el conocimiento de la ecología social de los espacios productivos[9].

---

[7] P. Ballesteros Arias, H. Kirchner, M. Fernández Mier, J. Ortega Ortega, J. A. Quirós Castillo, F. Retameto, E. Sitges, J. Torró y A. Vigil-Escalera Guirado, «Por una arqueología agraria de las sociedades medievales hispánicas. Propuesta de un protocolo de investigación», en H. Kirchner (ed.), *Por una arqueología agraria. Perspectivas de investigación sobre espacios de cultivo en las sociedades medievales hispánicas*, Oxford, BAR International Series 2062, 2010, p. 186.

[8] Disciplina que arranca en Francia de la historia rural, enriquecida a partir de los años 60 por la evolución interna de la arqueología, el descubrimiento de la ecología y la reivindicación del medio rural. A partir de los años 90 ha quedado clara su comprensión dentro del campo de la arqueología del paisaje (consúltese: J. Guilaine (ed.), *Pour une archéologie agraire. À la croisée des sciences de l'homme et de la nature*, 1991, Paris). La llegada de estas concepciones y propuestas al ámbito ibérico queda evidenciada en las aportaciones recogidas en la siguiente obra colectiva: H. Kirchner (ed.), *Por una arqueología agraria...*, op. cit. También: M. Fernández Mier, «Arqueología agraria del norte peninsular: líneas de investigación sobre un paisaje multifuncional. El ejemplo de Asturias», en A. García Porras (ed.), *Arqueología de la producción en época medieval*, Granada, Alhulia, 2013, pp. 417-442. J. A. Quirós Castillo, «Agrarian archaeology in Early Medieval Europe», *Quaternary International*, 346, 2014, pp. 1-6. Además, en el Laboratorio de *Arqueoloxía* de la Universidad de Santiago de Compostela, en esta última década ha surgido el concepto «Arqueología Rural», aportando sus miembros planteamientos interesantes desde el abordaje de los contextos altomedievales: P. Ballesteros Arias, «La Arqueología del Paisaje agrario. Herramientas metodológicas», en *XII Congreso de Historia Agraria, Sección I. Historia Agraria y Agricultura sostenible (edición en CD)*, Córdoba, 2008.

[9] Algunos trabajos en esta dirección en los últimos años: H. Kirchner, A. Virgili, A. L. Balbo y A. Puy, «The evolution of Mediterranean wetlands in the first millennium AD: The case of Les

Estos nuevos enfoques y metodologías han ido de la mano también, de forma paralela, del desarrollo historiográfico y metodológico, de la ecohistoria, la geografía histórica o la historia medioambiental, que ha recibido un notorio impulso en la última década en la historia rural medieval española. En definitiva, en la aprehensión de la irrigación medieval se ha pasado de la «cuestión hidráulica» a la «cuestión agraria», y de ahí, a la «cuestión ambiental»[10].

Con todo este bagaje teórico, conceptual y metodológico, la caracterización de los sistemas de riego andalusíes y feudales ha permitido engrosar un número destacado de publicaciones que han conducido a debates cruciales para el conocimiento de la hidráulica agraria medieval. Esta dialéctica ha hecho posible comprender de manera más clarividente la creación, continuidad, adaptación, sustitución o modificación de los espacios irrigados, como las lógicas sociales, económicas y políticas en la distribución del agua en el ámbito peninsular medieval, y de ahí aumentar la capacidad para calibrar el impacto de las conquistas cristianas sobre los territorios andalusíes.

2. PRINCIPALES LÍNEAS Y CASOS DE ESTUDIO SOBRE LOS PAISAJES IRRIGADOS MEDIEVALES DEL MEDITERRÁNEO IBÉRICO DE LOS SIGLOS XII AL XV

En cuanto al abordaje histórico de los paisajes irrigados en la vertiente mediterránea, ya en los años 80 del siglo XX M. Barceló identificaba la ubicación de la mayoría de los espacios irrigados andalusíes de «Huerta» en el área levantina

---

Arenes floodplain (Tortosa, NE Spain)», *Geoderma*, 232-234, 2014, pp. 219-235. H. Kirchner, N. Alonso y A. Ferran, «Novelties and legacies in crops of the Islamic period in the northeast Iberian Peninsula: The archaeobotanical evidence in Madîna Balagî, Madîna Lârida and Madîna Turtûsa», *Quaternary International*, 346, 2014, pp. 149-161. A. Puy y A. L. Balbo, «The genesis of irrigated terraces in Al-Andalus. A geoarchaeologicalperspective on intensive agriculture in semi-arid environments (Ricote, Murcia, Spain)», *Journal of Arid Environments*, 89, 2013, pp. 45-56. J. A. Quirós Castillo, C. Nicosia, A. Polo-Díaz y M. Ruiz del Árbol, «Agrarian archaeology in northern Iberia: geoarchaeology and early medieval land use», *Quaternary International*, 346, 2014, pp. 56-68. J. A. Quirós Castillo y C. Nicosia, «Reconstructing past terraced agrarian landscapes in the Ebro valley: the deserted village of Torrentejo in the Basque country», *Spain*. *Geoarchaeology*, 34, 2019, pp. 648-697. J. M. Martín Civantos (coord.), *Medio ambiente y arqueología medieval*, Granada, Alhulia, 2008.

10 Para la comprensión de esta relación dialéctica consúltese: J. Martínez Alier y K. Schlüpmann, *La ecología y la economía*, México, FCE, 1992; M. González de Molina Navarro y E. Sevilla Guzmán, *Ecología, campesinado e historia*, Ediciones Endymion, 1993. M. González de Molina Navarro, «De la "cuestión agraria" a la "cuestión ambiental" en la historia agraria de los noventa», *Historia Agraria*, 22, 2000, pp. 19-36.

mediterránea[11]. Esta franja geográfica se insertó en las conquistas cristianas llevadas a término por la Corona de Aragón y la Corona de Castilla, esta última a través de la creación del reino de Murcia. Fruto del ya comentado discurrir historiográfico, en las últimas décadas distintos autores y consolidados grupos de investigación han examinado las consecuencias de la apropiación y ocupación por parte de los cristianos de los espacios irrigados existentes a su llegada a estas regiones.

Por lo que refiere al área catalana, podemos destacar la producción historiográfica emanada de diversos investigadores que, desde las universidades de Lleida, Rovira i Virgili y Autónoma de Barcelona, han ido conformando distintos equipos pioneros en el país en el examen histórico de la hidráulica ibérica. Las indagaciones realizadas reflejan que en las regiones de los condados catalanes donde la dominación señorial se precisó entre los siglos X y XI, la puesta en práctica de la agricultura irrigada no se asentó sobre un vacío de espacios irrigados o de dispositivos hidráulicos. H. Kirchner postula la existencia en la Cataluña Vieja de una hidráulica campesina anterior a la cristalización del control aristocrático, caracterizada por actuaciones diversas como la construcción a pequeña escala de, entre otros, huertos regados por fuentes que se ubicaban junto a caseríos, o canalizaciones de agua de deshielo que conducían el líquido a parcelas pequeñas, con un carácter local y doméstico que perduraron hasta la generalización de los señoríos en esta área[12]. Asimismo, desde el siglo X se constata la consumación de derivaciones fluviales de fondo de valle, en las denominadas *insulae*, que conformaban huertos o prados situados en meandros fluviales hilados a un riego por crecida del río[13].

....

[11] M. Barceló, «La cuestión del hidraulismo andalusí», en M. Barceló, H. Kirchner y C. Navarro, *El agua que no duerme. Fundamentos de la arqueología hidráulica andalusí*, Granada, El legado andalusí, 1995, p. 15.

[12] C. Batet, *L'aigua conquerida. Hidraulisme feudal en terres de conquesta*, València, Universitat Autònoma de Barcelona, 2006. H. Kirchner, «Hidráulica campesina anterior a la generalización del dominio feudal. Casos en Cataluña», en J. Torró y E. Guinot (eds.), *Hidráulica agraria...*, *op. cit*, pp. 21-50. F. Retamero, H. Kirchner, J. Oliver y J. M. Vila, «Agricultura en terrasses en espais feudals: els casos del mas l'Agustí (Tagamanent, Vallès Oriental) i del solar dels Centelles (Sant Martó de Centelles, Osona)», en *III Jornadas d'Arqueologia de la Catalunya Central*, 2015, pp. 188-196. http://hdl.handle.net/10687/119226. Véase también en cuanto a la utilización de ingenios hidráulicos y su relación con las comunidades rurales en época temprana, entre los siglos VIII-X, en la zona norte catalana: J. Bolós, «Agua e historia del paisaje en la Corona de Aragón: distintas aproximaciones», *Agua y territorio*, 24, 2023, pp. 4-9, 12-13. Asimismo, *Id.*, «El naixement d'un nou paisatge: Catalunya als segles IX-XII», en M. Barceló *et al.* (eds.), *El feudalisme comptat i debatut. Formació i expansió del feudalisme català*, Valencia, PUV, 2003 pp. 133-152.

[13] R. Martí Castelló, «Les insulae medievals catalanes», *Bolletí de la Societat Arqueològica Lul.liana: Revista d'Estudis Històrics*, 44, 1988, pp. 111-123.

ISBN: 978-84-235-3705-1 | 123-155

En estos primeros siglos de formación de las entidades cristianas, a partir de finales del siglo X y a lo largo del siglo XI, la primera forma de intervención señorial feudal sobre estos sistemas hidráulicos se modeló a través de un proceso de apropiación por parte de la aristocracia laica y eclesiástica de molinos preexistentes que estaban en manos de familias y/o comunidades campesinas[14]. El uso de estos complejos molinares impulsó nuevas dotaciones de agua y la creación de canales de riego para el cultivo de nuevas superficies en las riberas fluviales, si bien eran redes hidráulicas no activas en todo su recorrido, que conducían el agua a las zonas de residencia y a los molinos que tenían una mayor consideración en el reparto del agua que el riego de las tierras, creándose subsidiariamente huertos, prados o campos de viña –de reducidas dimensiones– donde el campesinado se veía sujeto a restricciones en el uso del agua. Estos ingenios se vinculan más a obras de reconstrucción o modificación de instalaciones hidráulicas más antiguas que a obras *ex novo*[15]. Ejemplo de ello son el *Rec Comtal* de Barcelona, el *Rec Mulnar* de Girona, o los terrenos aluviales de Sabadell, sistemas hidráulicos que revelan la capacidad por los feudales de poner en práctica los principios que rige el diseño de sistemas hidráulicos en fondos de valle, pero no tanto la creación de espacios irrigados en extensión[16]. De igual modo, parece que los *recs comtals* de Girona y Barcelona no fueron infraestructuras promocionadas por los condes[17].

....

[14] R. Martí Castelló, «Les insulae medievals...«», *op. cit.*; *Id.*, «Hacia una arqueología hidráulica: la génesis del molino feudal en Cataluña», en M. Barceló *et al.*, *Arqueología medieval. En las afueras del medievalismo*, Barcelona, Crítica, 1988, pp. 165-194. Este proceso también se ha observado en Aragón; comunidades campesinas que gestionaban molinos, ya mencionados en el siglo IX, empiezan a entregar sus bienes a instituciones eclesiásticas y a señores laicos. J. Ortega Ortega, «El contexto social de la molinería hidráulica en el Aragón medieval (siglos XI-XIII)», en J. Ortega (dir.), *Agua pasada. Regadíos en el Archivo Histórico Provincial de Zaragoza*, Zaragoza, Gobierno de Aragón, 2008, pp. 85-100. Para el caso catalán, sin embargo, P. Bonnassie, siguiendo las primeras menciones de acequias con molinos, planteó que estos habían sido fruto de un proceso de construcción por parte de Ramón Berenguer I: P. Bonnasie, *La Catalogne du milieu du Xe à la fin du XIe siècle. Croissance et mutations d'une société*, vol. I, Toulouse, 1976, p. 466; *Id.*, *Catalunya mil anys enrera. Creixement econòmic i adveniment del feudalisme a Catalunya, de mitjan segle X al final del segle XI*, Barcelona, Edicions 62, 1979-1981.

[15] H. Kirchner, «Conquista y colonización feudal: arqueología de los cambios producidos en los espacios irrigados de origen andalusí. El caso de las Islas Baleares», en J. Eiroa Rodríguez (ed.), *La conquista de Al-Andalus en el siglo XIII*, Murcia, PUM, 2012, pp. 55-57; *Id.*, «Hidráulica campesina anterior...», *op. cit.*, pp. 25-39.

[16] P. Ortí, «L'explotació d'una renda reial: els molins del Rec Comtal de Barcelona fins al segle XIII», en M. Sánchez Martínez (ed.), *Estudios sobre renta, fiscalidad y finanzas en la Cataluña bajomedieval*, Barcelona, CSIC, 1993, pp. 243-275. R. Martí, «Les primeres transformacions de la ciutat medieval de Girona», *Catalunya Romànica*, 44, 1991, pp. 111-123. M. Argemí y J. M. Masagué, «L'aprofitament hidráulic al riu Ripoll: molins i hortes, un patrimoni que desapareix», *Arraona*, 27, 2003, pp. 58-78.

[17] H. Kichner, «Hidráulica campesina anterior a...», *op. cit.*, p. 44.

En esta dirección, en la conquista y colonización de la zona del penedés –al sur de Barcelona– a partir del siglo X, el conde de Barcelona, con la participación de los señores laicos y el monasterio de San Cugat, fueron tomando dominios pero sin impulsar transformaciones reseñables en la estructura agraria[18]. Idéntica dinámica se muestra en los siglos XI y XII por parte de centros monásticos –como el monasterio de Santes Creus y Santa María de Poblet (Tarragona)– que convirtieron en fuentes de renta las estructuras agrarias campesinas preexistentes acaparando los molinos, sin impulsar la incorporación de nuevos, ocupando o reconstruyendo los existentes[19].

De esta manera, en la Catalunya Vella, la edificación de sistemas hidráulicos construidos por señores feudales laicos o eclesiásticos antes de finales del siglo XII fueron excepcionales y, como apunta H. Kirchner, fue a partir de dicha cronología y en el siglo XIII cuando monarcas y gobiernos urbanos comenzaron a desempeñar un papel sustancial en su promoción, coincidiendo con los procesos de conquista de las Islas Orientales y del Šarq Al-Andalus[20]. Ilustra estas acciones el Canal Reial de Puigcerdà de finales del siglo XII, de 9 km de recorrido, destinado a aportar agua a varios molinos harineros y traperos del rey y, en segundo grado, a regar la huerta urbana de la villa real, sobre un espacio en el que existían pequeños sistemas hidráulicos anteriores –de posible origen campesino– que fueron adueñados por un monasterio y un obispado, aunque su gestión pasó a la oligarquía urbana de Puigcerdà en el siglo XIII[21]. Ejemplos más tardíos, ya en el siglo XV, son el canal de Manresa –de 20 km de recorrido– hecho a iniciativa del concejo de Manresa, o las obras emprendidas para abastecer en esta misma centuria la nueva huerta de Sabadell[22].

Descendiendo hacia la Catalunya Nova, en el proceso de colonización del valle del Segre, con la conquista de Lleida en 1149 despunta la actividad constructiva de sistemas hidráulicos por los condes y notables, constituidos por grandes acequias, así como el alargamiento de otras en uso en el periodo is-

---

[18] C. Batet, *Castells termenats i estratègies d'expansió comtal. La Marca de Barcelona als segles X-XI*, Sant Sadurní d'Anoia, Institut d'Estudis Penedesencs, 1996. H. Kirchner, «Espais agraris en el terme del monestir de Sant Cugat del Vallés (siglos X-XII)», *Arqueología medieval*, 2, 2006, pp. 22-35; Id., «Hidráulica campesina anterior...», *op. cit.*, pp. 25-38.

[19] A. Virgili, «La infraestructura hidráulica de la Conca del Gaià a mitjan segle XII segons el Llibre Blanch de Santes Creus», *Universitas Tarraconensis*, 8, 1985-86, p. 223; C. Batet, *L'aigua conquerida...*, *op. cit.*

[20] H. Kirchner, «Hidráulica campesina anterior...», *op. cit*, pp. 25-42.

[21] H. Kirchner, J. Oliver y S. Vela, *Aigua prohibida. Arqueologia hidráulica del feudalisme a la Cerdanya. El Canal Reial de Puigcerdà*, Bellaterra, 2002.

[22] M. Argemí y J. M. Masagué, «L'aprofitament hidráulic...», *op. cit.*; J. Alabern y Ll. Virós (eds.), *Al voltant de la construcció de la sèquia de Manresa*, Barcelona, Farell, 2002.

lámico que tomaban el agua de este curso fluvial[23]. Por otra parte, M. Monjo ha observado la pervivencia o permanencia de riego andalusí en Aitona en el Baix Segre, donde el mantenimiento de la población musulmana bajo el poder del señorío de la familia Montcada significó que las comunidades mudéjares siguieran gestionando y manteniendo el sistema de riego de origen andalusí a partir de desviaciones fluviales de fondo de valle, sin la participación directa de la casa señorial y experimentando pocos cambios, más allá del alargamiento de una de sus acequias[24].

En lo que concierne al curso bajo del valle del Ebro, en el entorno de Tortosa y la desembocadura del río, la investigación consumada por H. Kirchner y A. Virgili, junto a otros investigadores, ha distinguido las acciones sociales realizadas sobre el medio para la consecución de espacios irrigados cultivados en época andalusí y su realidad tras la usurpación de estas tierras por los cristianos. En las inmediaciones del castillo de Miravet tras la conquista cristiana se acometieron obras por parte de señores feudales para extender el regadío en espacios ya irrigados por los andalusíes en vista de promocionar las plantaciones de viña y cereal, sin documentar –como se detecta también para todo el Bajo Ebro en fechas medievales– la edificación de presas de derivación de agua del curso fluvial, pero sí el uso de pozos, cenias y balsas para extraer el agua a superficie[25].

Igualmente, después de la ocupación militar cristiana en 1148, en los espacios agrarios de ribera vinculados a los asentamientos rurales islámicos y de Madīnat Ṭurṭūša se produjo la apertura de nuevos canales y la ampliación de

....

[23] Muestra es la erección de la acequia de Torres de Segre constituida tras la conquista por los condes de Barcelona y Urgell por una donación del monarca Alfonso el Casto a Ramón de Cervera, la cual toma agua a la altura de la capital y abastece una extensión de unas 1200 ha en el margen izquierdo del río Segre mediante una canalización de unos 20 km de longitud donde la construcción de molinos se inició unos pocos años más tarde, a finales del siglo XII-inicios del XIII. En relación con este proceso de creación de canales en el paisaje irrigado en las inmediaciones de la ciudad de Lleida tras la conquista a mediados del siglo XII: J. Marfull Oromí, «Un sistema hidráulico feudal en el valle del Segre: la acequia de Torres», en C. Sanchís, G. Palau, I. Mangue y L. P. Martínez (coords.), *Irrigation, society and landscape: tribute to Thomas F. Glick*, Valencia, Universitat Politècnica de València, 2014, pp. 155-171. J. Bolós, «Agua e historia del paisaje en Cataluña: novedades y resiliencias a lo largo de la Edad Media. El ejemplo de Lleida», *Agua y territorio*, 24, 2023, pp. 14-17.

[24] M. Monjo Gallego, «La pervivencia del regadío andalusí en la Aitona bajomedieval», en J. Torró y E. Guinot (coords.), *Hidráulica agraria...*, *op. cit.*, pp. 207-224.

[25] La apariencia del cauce fluvial en la Edad Media y Moderna del Ebro era mucho más ancha, con orillas inestables y formada por brazos de río cambiantes, con islas y meandros alterados por avenidas o crecidas del río, que habrían hecho imposible una obra de derivación de las aguas. H. Kirchner, A. Virgili, M. Rovira y M. Pica, «Espais agraris de l'entorn del Castell de Miravet abans i després de la conquista cristiana (segles X-XVII)», *Miscel.lània del CERE*, 30, 2020, pp. 249-272.

las tierras cultivadas sobre prados húmedos, islas fluviales y áreas pantanosas próximas a la desembocadura del río, buscando la promoción de cereales y viñedos en el interior de antiguos perímetros de riego islámicos[26]. Así, en el prado de Tortosa, los conquistadores impulsaron trabajos de roturación que afectaron a áreas previamente destinadas a otros usos agrarios o pastoriles mediante la utilización de canales de drenaje construidos por los andalusíes y de cenias, que fueron utilizados para dar un uso más íntegramente destinado a la agricultura extensiva, conformando un parcelario compacto, alargado y ortogonal. La demanda creciente de los núcleos urbanos animó unas décadas después de la conquista un mayor empuje del cultivo de cereales y también un claro interés por el de viñedos, donde la orden del Temple de Tortosa acumuló grandes extensiones de tierra[27]. Además, las referencias en la documentación escrita a *insulae* o *algezira* han podido ser localizadas y delimitadas materialmente en meandros y desembocaduras de torrentes que se encontraban rodeados total o parcialmente de agua fluvial, y que estaban expuestas a continuos cambios motivados por

....

[26] H. Kirchner, «Espacios agrarios en el Bajo Ebro en época andalusí y después de la conquista catalana (siglos XI-XIII)», en J. Torró y E. Guinot (eds.), *Trigo y ovejas: el impacto de las conquistas en los paisajes andalusíes (siglos XI-XVI)*, Valencia, PUV, 2018, pp. 15-50; H. Kirchner, A. Virgili y F. Antolín, «Un espacio de cultivo urbano en Al-Andalus: Madîna Turtûsa (Tortosa) antes de 1148», *Historia agraria*, 62, 2014, pp. 11-45; H. Kirchner y A. Virgili, «Espacios de cultivo vinculados a Madînat Turtûsa (Tortosa, Cataluña): norias, drenajes y campesinos (siglos VIII-XII)», *Edad Media: revista de historia*, 20, 2019, pp. 83-112; *Id.*, «Assentaments rurals i espais agraris al Baix Ebre i la ciutat de Tortosa en época andalusina i després de la conquesta catalana (segles X-XIII)», *Tribuna d'arqueologia*, 2016-2017, 2019, pp. 84-102; *Id.*, «The impact of the Christian conquest on the agrarian areas in the lower Ebro Valley: the case of Xerta (Spain)», en N. Brady y C. Theune (eds.), *Settlement change across Medieval Europe: Old paradigms and new vistas*, Sidestone, 2019, pp. 413-420; *Id.*, «Islas fluviales en el bajo Ebro en época medieval (siglos XII y XIII)», *Anales de la Universidad de Alicante. Historia Medieval*, 22, 2021, pp. 27-55; *Id.*, «Hydraulic technology as means of Christian colonisation. Watermills and channels in the Lower Ebro (Catalonia)», *World Archaeology*, 54-1, 2022, pp. 862-880; H. Kirchner, A. Virgili y A. Puy, «Drainage and Irrigation Systems in Madina Turtûsa (Tortosa, Spain) (Eighth-Twelfth Centuries)», en H. Kirchner, F. Sabaté i Curull (coords.), *Agricultural landscapes of Al-Andalus, and the aftermath of the feudal conquest*, 2021, pp. 153-174; A. Virgili, «Espacios drenados andalusíes y la imposición de las pautas agrarias feudales en el Prado de Tortosa (segunda mitad del siglo XII)», en H. Kirchner (ed.), *Por una arqueología...*, *op. cit.*, pp. 147-156; *Id.*, «Els primers processos de colonització agrària del prat de Tortosa: l'Aldea (segles XII-XIII)», *Afers*, 93, 2019, pp. 453-478. También para el área del Bajo Ebro cabe referir las aproximaciones de R. Martí y J. Negre que apuntan la misma dinámica: R. Martí Castelló y J. Negre Pérez, «Assentaments i espais agraris medievals al Baix Ebre i al Montsià», *Estudis d'història agraria*, 27, 2015, pp. 67-89; *Id.*, «Agua y poblamiento en el curso inferior del Ebro: los espacios agrarios de la ciudad de Tortosa en época antigua y medieval», *Agua y territorio*, 24, 2023, pp. 14-17. J. Negre, «Origen y desarrollo de la huerta de Tortosa (siglos IV-XII). El proceso de formación de un macroespacio irrigado en el levante peninsular», *Historia Agraria*, 66, 2015, pp. 11-40.

[27] Reflejo de ello son los numerosos contratos de censo documentados por A. Virgili con la cláusula «ad plantandum vinea». A. Virgili, «Espacios drenados andalusíes...», *op. cit.*

las inundaciones; sectores de la ribera que las comunidades andalusíes «salvo excepciones» no cultivaron, pero sí fueron objeto de cultivo por los señores feudales, la oligarquía dirigente y el cabildo de Tortosa o la encomienda del Temple –años después del dominio feudal– hacia finales del siglo XII o inicios del siglo XIII, con la implantación de canales de drenaje y la construcción de molinos[28].

En el ámbito aragonés, desde el grupo de investigación CEMA de la Universidad de Zaragoza, C. Laliena, junto al trabajo de investigadores como J. M. Ortega, han encabezado el examen de la organización social del espacio, teniendo presente el papel del agua y los recursos productivos en la explotación del medio[29]. Así, ambos autores han intentado esclarecer a través de la observación histórica de los espacios agrarios, sobre todo irrigados, el impacto de la conquista cristiana sobre el valle del Ebro –acometida entre 1096 y 1128–, revisitando, matizando y reinterpretando la idea de la continuidad en la estructura territorial y agraria basada en la permanencia de la población mudéjar[30]. En el entorno irrigado de Zaragoza, la llegada de nuevos pobladores cristianos se caracterizó por su fluidez, volumen e impacto. En las siguientes décadas a la conquista (1150) hasta el siglo XIII, en las áreas de asentamiento cristiano se suscitó temprano una remarcable ampliación de antiguos regadíos andalusíes a expensas de sotos –áreas de ribera pobladas de árboles higrófilos–, la apertura de nuevas acequias y la roturación de tierras en los piedemontes colindantes, junto a una proliferación de de la edificación de molinos[31]. Este impulso agrario,

---

28 H. Kirchner y A. Virgili, «Islas fluviales en...», *op. cit.*

29 C. Laliena Corbera, «Los regadíos medievales en Huesca. Agua y desarrollo social, siglos XII-XV», en C. Laliena (coord.), *Agua y progreso social. Siete estudios sobre el regadío en Huesca, siglos XII-XX*, Huesca, Instituto de Estudios Altoaragoneses, 1994, pp. 19-44; *Id.*, «Agua y progreso social en Aragón», en J. Ortega (dir.), *Agua pasada. Regadíos en el Archivo Histórico Provincial de Zaragoza*, Zaragoza, Gobierno de Aragón, 2008, pp. 53-84. C. Laliena y J. Ortega, «Formas feudales de especulación agraria: villas, viñas y acequias en el sur de Aragón (*c.* 1170-1240)», en J. Torró y E. Guinot (coords.), *Hidráulica agraria...*, *op. cit.*, pp. 79-102.

30 C. Laliena Corbera, «Tierra, poblamiento y renta señorial. Una revisión de problemas generales sobre la organización social del espacio en el valle del Ebro del siglo XII», en E. Sarasa (ed.), *Las Cinco Villas aragonesas en la Europa de los siglos XII y XIII: de la frontera natural a las fronteras políticas y socioeconómicas (foralidad y municipalidad)*, Zaragoza, Institución Fernando el Católico, 2007, pp. 129-150; *Id.*, «Repartos de tierras en el transcurso de la conquista feudal del valle del Ebro (1080-1160)», en E. Guinot y J. Torró (eds.), *Repartiments a la Corona d'Aaragó*, Valencia, PUV, 2007, pp. 17-50. C. Laliena Corbera y J. M. Ortega Ortega, «Estructuras agrarias y despoblados de los siglos XII y XIII en el Bajo Aragón feudal», en F. Sabaté (ed.), *Arqueologia Medieval IV. Els espais del secà*, Lleida, Pagès, 2011, pp. 145-175.

31 Respecto al incremento de instalaciones molinares en el Aragón medieval, consúltese: J. M. Ortega Ortega, «El contexto social de la molinería hidráulica en el Aragón medieval (siglos XI-XIII)», en J. M. Ortega, *Agua pasadaa...*, *op. cit.*, pp. 85-96.

fundamentalmente para la expansión del cereal y la viña, se plasmó sobre el paisaje agrario en parcelarios planificados compactos con bloques de tierra de proporciones estrechas y alargadas en disposición perpendicular a los canales de riego, conectada a cambios en las redes de poblamiento asociadas a estos espacios de cultivo[32]. El caso de Zaragoza evidencia uno más de los procesos de ampliación de espacios irrigados que también se constatan a mediados del Doscientos en las zonas más rurales, junto a la extensión del secano, de los términos de Azaila, Romana, Chalamera, Ballobar, Alpatir, entre otros[33].

En los sistemas de riego vinculados al río Aguasvivas, en la zona de Belchite entre las provincias de Teruel y Zaragoza, área de mayor presencia mudéjar, la cesión de agua para el regadío estaba subordinada a los intereses y demandas de las reservas señoriales. C. Laliena argumenta que la imposición de la renta feudal tuvo que ocasionar cambios sustanciales en la organización de los espacios cultivados por las comunidades mudéjares al darse con la llegada de los cristianos dinámicas de roturación diferentes y una demanda de rentas señoriales, que implantó la falta de autonomía productiva de los mudéjares. Esto se dio aunque las mutaciones fueran variables, condicionadas por los acuerdos locales, y aún se mantuviera el armazón de acequias y pactos para la distribución del agua andalusíes[34]. Así también, J. M. Ortega apunta que las formas de asentamiento de estas comunidades mudéjares fueron dispares a los modos residenciales característicos de las comunidades campesinas andalusíes, lo que mostraría una reorganización interna en el siglo XII de las áreas cultivadas para asegurar el pago de renta a las aristocracias feudales, reactivándose la construcción de infraestructuras hidráulicas en los sistemas existentes en el siglo XIII como respuesta al crecimiento demográfico, la fiscalidad del Estado y las mencionadas exigencias de rentas[35].

....

[32] C. Laliena Corbera, «Organización social del espacio en tierra de conquista: el entorno rural de Zaragoza en el siglo XII», en J. A. Sesma y C. Laliena (eds.), *La pervivencia del concepto: nuevas reflexiones sobre la ordenación social del espacio en la Edad Media*, Zaragoza, Universidad de Zaragoza, 2008, pp. 259-297. J. M. Ortega Ortega, «La agricultura de los vencedores y la agricultura de los vencidos: la investigación de las transformaciones feudales de los paisajes agrarios en el valle del Ebro (siglos XII-XIII)», en H. Kirchner (ed.), *Por una arqueología...*, *op. cit.*, pp. 137-139.

[33] J. M. Ortega Ortega, «La agricultura de...», *op. cit.*, pp. 140-141.

[34] C. Laliena Corbera, «Hidráulica mudéjar en una sociedad feudal: infraestructura, producción y renta en el regadío musulmán del Valle del Ebro en los siglos XII y XIII», en *Actas del XI Simposio Internacional de Mudejarismo*, Teruel, Instituto de Estudios Mudéjares, pp. 279-304 (en especial p. 294). En este sentido también puede consultarse: J. A. Sesma Muñoz, J. F. Utrilla Utrilla y C. Laliena Corbera, *Agua y paisaje social en el Aragón medieval. Los regadíos del Aguasvivas en la Edad Media*, Zaragoza, Confederación Hidrográfica del Ebro, 2001.

[35] J. M. Ortega Ortega, «La agricultura de...», *op. cit.*, pp. 128-132. C. Laliena Corbera, «Hidráulica mudéjar en...», *op. cit.*

De igual modo, a finales del siglo XII, en las tierras altas de Teruel se constata la convivencia de espacios pastorales –reservados al ganado ovino– con una extensión de los sistemas hidráulicos fluviales para secundar la molienda y la irrigación de nuevas tierras, especialmente viñedos. En el mismo entorno del enclave de Teruel antes de 1240, el impacto de una inmigración colonial cristiana rápida y numerosa favoreció que la aristocracia y la oligarquía urbana promocionara densificar la red de acequias para extender la plantación de la viña destinada al mercado urbano, y la multiplicación de instalaciones molinares. Así, treinta años después de la conquista, nobles feudales, órdenes militares y la élite urbana establecieron distintos sistemas de irrigación[36]. Las dinámicas del Doscientos dilucidan que los paisajes rurales aragoneses se componían de ecosistemas intensamente cultivados en las vegas fluviales con zonas de explotación pastoril, forestal y cinegética, en las que también desde inicios del Trescientos se accionó la roturación incitada por la demanda de los mercados de la Corona de Aragón.

Moviéndonos a los territorios de las Islas Baleares, área anexionada por los catalano-aragoneses entre 1229-1287, a los estudios fruto del trabajo llevado a término por el grupo de investigación iniciado por M. Barceló, seguido por H. Kirchner, F. Retameto o E. Sitges, entre otros[37], se unieron las consideraciones sobre el proceso de apropiación y reparto de tierras con la conquista y colonización social cristiana de A. Mas, R. Soto y G. Jover[38]. Los numerosos

---

[36] C. Laliena Corbera y J. Ortega Ortega, «Formas feudales de...», *op. cit.*

[37] H. Kirchner, «Colonització d'un regne en la mar: la subversió feudal dels espais agraris andalusins a Mallorca», en Ph. Sénac (ed.), *Histoire et archéologie des terres catalanes au Moyen Âge*, Perpignan, Pu Perpignan, 1995, pp. 279-316; *Id.*, «Una arqueología colonial: espais andalusins i pobladors catalans, 1299-1300», en M. Barceló *et al.* (eds.), *El fedualisme comptat i debatut. Formació i expansió del feudalisme català*, Valencia, PUV, 2003, pp. 201-236; *Id.*, «La reconstrucció del disseny original dels espais irrigats andalusins i de les modificacions posteriors. Exemples d'Eivissa», en J. Bolós (ed.), *Estudiar i gestionar el paisatge històric medieval. Territori i societat a l'Edat Mitjana. Història, arqueologia, documentació IV*, Lleida, Universitat de Lleida, 2007, pp. 11-38; *Id.*, «Conquista y colonización feudal: arqueología de los cambios producidos en los espacios irrigados de origen andalusí. El caso de las Islas Baleares», en J. Eiroa Rodríguez (ed.), *La conquista de...*, *op. cit.*, pp. 41-64; *Id.*, «Gestió de sistemes hidràulics rurals a Al-Andalus i la seva subversió després de la conquesta feudal. El cas de les Illes Balears», en E. Vicedo Rius (dir.), *Recs històrics: pagesia, història i patrimoni*, Institut d'Estudis Ilerdencs, 2018, pp. 357-376; *Id*, «Feudal conquest and colonisation: an archaeological insight into the transformation of Andalusi irrigated spaces in the Balearic Island», en Th. F. Glick, A. Malpica Cuello, F. Retamero y J. Torró, *From Al-Andalus to the Americas (13th-17th Centuries)*, Brill, 2018, pp. 191-227; *Id.*, «Migració i irrigació a les Illes Orientals d'Al-Andalus», *Plecs d'història local*, 173, 2019, pp. 8-10. H. Kirchner y F. Retamero, «Cap a una arqueología de la colonització: la subversió feudal de l'espai rural a les illes», *L'Avenç: Revista de historia i cultura*, 290, 2004, pp. 40-45.

[38] G. Jover y R. Soto, «Els dominis feudals a la Mallorca baixmedieval (segles XIII-XVI)», *Revista d'Història Medieval*, 8, 1997, pp. 217-274; *Id.*, «Colonización feudal y organización del territorio.

---

casos analizados evidencian que, tras la llegada de los feudales, las mutaciones sobre los espacios irrigados, vinculados a las redes de alquerías andalusíes, se limitaron a modificaciones menores en sus dimensiones y morfología, siendo estas principalmente la organización del funcionamiento de lo ya existente[39]. De esta forma, los casos de Mallorca en los valles de Tramuntana, Felanitx o en Ibiza (Buscatell, Balançat o Santa Eulària) demuestran que la colonización catalana no significó cambios en el parcelario, en los recorridos de las acequias o en las superficies regadas, a excepción de la construcción de algún molino hidráulico, pero ya en fechas más tardías del siglo XIII, o la introducción de nuevas formas de distribución del agua en sistemas hidráulicos donde se anteponía la moltura al riego sin que tuviera que aumentar el número de molinos o cambiar de ubicación los que ya estaban[40]. De esta manera, la relativa lentitud de la inmigración colonial –que se alargó hasta mediados del siglo XIV– y la rápida desaparición de la población andalusí ocasionó el abandono de alquerías andalusíes y, con ello, también del cultivo de algunas zonas que se destinaron a la actividad ganadera. Se impuso en el regadío la plantación de cereal, la viña –muy destacable su introducción desde 1242 en Mallorca– y los olivos, sin ampliarse los perímetros irrigados andalusíes y sin acometerse nuevas roturaciones de secanos hasta finales del siglo XIII[41]. En relación con estas últimas, en la villa de Felanitx se han distinguido unos parcelarios formados por parcelas rectangulares y estrechas que indican un proceso de creación de terrazas de cultivo compacto y homogéneo relacionado con las posesiones documentadas en el XIII que fueron objeto de las posteriores *Ordinacions* de 1300; algunas de las terrazas conservan el formato original de una «quarterada» o múltiplos de esta cantidad[42].

....

Mallorca 1230-1350», *Revista de Historia Económica*, 20(3), 2002, pp. 439-477. R. Soto, «Conquesta, repartiment i colonització de Mallorca durant el segle XIII. Un estat de la qüestió», *Anuario de Estudios Medievales*, 26(2), 1996, pp. 605-646. A. Mas, «Les ordinacions, una reforma agrària», en *Jaume II i les ordinacions de l'any 1300*, Palma de Mallorca, Consell de Cultura, 2002, pp. 149-162.

[39] Proceso que H. Kirchner denominó en 1995 como la «subversión» de los diseños originales de los espacios cultivados andalusíes. H. Kirchner, «Colonització d'un...», *op. cit.*

[40] H. Kirchner, «Conquista y colonización...», *op. cit.*, pp. 46-49.

[41] *Ibid.*, pp. 44-46, 50-54. En Mallorca se introdujo la viña de manera acentuada desde 1242. Véase: H. Kirchner y R. Soto, «Les tècniques agràries andalusines i les transformacions posteriors a la conquesta catalana a les Illes Balears», en A. Bonner y F. Bujosa (dirs.), *Història de la ciencia a les Illes Balears*, vol. I, Palma de Mallorca, Consell de Mallorca, pp. 101-152.

[42] Estas parcelaciones parecen ser anteriores a las citadas *Ordinacions* de 1300, reorganización que quizás no tuvo un gran impacto físico, aunque se han documentado rastros de ella en el parcelario de Petra, Manacor o en Sa Pobla, esta última un ejemplo paradigmático de parcelario ortogonal medieval. H. Kirchner, «Una arqueología colonial...», *op. cit.* A. Mas, «Les ordinacions, una...», *op. cit.*

Descendiendo hacia el sureste peninsular, en el Šarq al-Ándalus, el paso de la sociedad andalusí a la feudal se produjo en el siglo XIII con la creación de los reinos cristianos de Valencia y Murcia. Las conquistas de las décadas de 1230 y 1240, por la Corona de Aragón y la Corona de Castilla respectivamente, consumaron que los colonos cristianos, previa expulsión de la población islámica, se asentaran preferentemente en los valles fluviales y llanuras costeras en entornos periurbanos y nutridos por los principales ríos. En estas franjas se encontraban las áreas de regadío de mayor superficie creadas en época andalusí, que se extendían desde la Plana de Castellón por el norte a las huertas de Orihuela y Murcia por el sur, pasando por la Huerta de Valencia, el Camp de Morvedre, Alzira y toda la Ribera, las zonas de Xàtiva, Gandía, Alicante y Elche. La población andalusí se mantuvo mayoritariamente en las comarcas rurales del interior, en muchos casos de montaña, así como en las zonas periféricas de las huertas periurbanas más extensas. En este último caso, la población mudéjar siguió habitando las alquerías islámicas que continuaron en uso con la cesión a familias de nobles u órdenes militares. Unido a la implementación de una reestructura del poblamiento, como en otros observatorios, se dio la desaparición de una elevada cuantía de alquerías islámicas[43].

En el Maestrazgo valenciano, las pautas en las transformaciones en los lugares de residencia presentan similitudes a lo acontecido en el área aragonesa[44]. De igual manera, como se documenta en Cataluña, se dio la práctica de crear acequias o seguir usando las existentes para abastecer las áreas residenciales y molinos, con espacios subsidiarios irrigados. De este modo, en el norte del reino valenciano la intención de promover el riego extensivo se evidencia en la concesión de Jaume I a la villa de Morella en 1273 para la construcción del canal de la Font de Vinatxos –cuya principal función era abastecer de agua a los molinos en posesión del consejo municipal–, así como la erección de molinos en el río de la Sénia en la década de 1230, en el linde entre Cataluña y Valencia[45]. Esta prima-

---

[43] En referencia a este proceso consúltese: J. Torró, «Arqueologia de la conquista. Registre material, substitució de poblacions i transformació de l'espai rural valencià (segles XIII-XIV)», en M. Barceló *et al* (eds.), *El feudalisme comptat...*, op. cit., pp. 153-200; Id., «La conquista del reino de Valencia. Un proceso de colonización medieval desde la arqueología del territorio», en J. Eiroa Rodríguez (ed.), *La conquista de...*, op. cit., pp. 23-37.

[44] De un poblamiento semidisperso en forma de *vilars* sobre antiguos núcleos musulmanes en una colonización inicial, se pasó a una atomización y agrupación del mismo. E. Guinot, «Canvis i transformacions en l'organització del poblament al País Valencià arran de la conquista feudal del segles XIII», en J. Bolòs y J. J. Busqueta i Riu, *Territori i societat a l'Edat Mitjana: història, arqueologia, documentació*, vol. 2, 1998, pp. 168-170.

[45] J. Torró, «Fiel and Canal-Building after the Conquest: Modifications to the Cultivated Ecosystem in the Kingdom of Valencia, *c.* 1250-*c.* 1350», en B. Catlos (ed.), *Worlds of History and Economics. Essays in Honour of Andrew M. Watson*, Valencia, PUV, 2009, p. 102. E. Guinot, «El riu de la Sénia: sistemes de reg i molins medievals», *Acta Mediaevalia*, 23/24, 2002-2003, pp. 103-121.

cía de la molienda en el uso de la hidráulica agraria también se constata en el río del Molinell de Culla, donde se mantuvieron las terrazas de cultivo andalusíes pero se reorientó la estructura de irrigación para dirigirla hacia la molinería[46].

En el mediodía valenciano, la irrigación ha ocupado un papel fundamental en el análisis de los paisajes históricos medievales, dada la considerable presencia de grandes espacios de huerta en esta franja mediterránea. La obra de Th. F. Glick fue el impulso que motivó la presencia de este tema en el medievalismo valenciano ya desde finales de los años 80 y principios de los 90[47], y ha sido en las primeras décadas del siglo XXI cuando se ha consolidado como cuestión primordial en la observación de los paisajes andalusíes y también feudales. La puesta en práctica de métodos arqueológicos en el reconocimiento de los territorios ha enriquecido cualitativamente esta línea, donde ha sido imprescindible la labor investigadora de E. Guinot, J. Torró o F. Esquilache, a los que se han sumado otros investigadores. Muestra de la efervescencia de esta producción historiográfica es el proyecto «Landscapes of Conquest» conformado por un grupo de investigación dirigido al estudio de las transformaciones de los ecosistemas cultivados como consecuencia de los procesos de conquista y colonización cristiana de Al-Andalus, con particular atención a lo acontecido en el territorio del reino medieval de Valencia[48].

Todo ello ha permitido vislumbrar que las colonizaciones agrarias feudales en el reino de Valencia destacaron por su rapidez y amplitud con respecto a los impulsados por la corona catalano-aragonesa en otras regiones. Solo quince años después de las campañas militares, el rey Jaime I incorporaba una norma para favorecer la actividad roturadora de los colonos en la que queda patente la pretensión de extender el regadío a costa de montes, marjales y riberas que no habían sido domesticadas para la agricultura por las poblaciones islámicas[49].

---

[46] C. Rabassa Vaquer y S. Selma Castell, «L'agregació del Molinell a Culla en 1411 i l'inici d'un nou hidraulisme», en *Imatge de Culla. Estudis recollits en el 750e aniversari de la carta de població*, Culla, Ajuntament de Culla, pp. 537-572. S. Selma Castell, «De la construcció islàmica al casalici modern: l'evolució del molí hidràulic valencià», en Th. F. Glick (coord.), *Els molins hidràulics valencians: tecnologia, historia i context social*, Valencia, Diputación Provincial de Valencia, 2000, pp. 151-156. Estos fenómenos en el área de Castellón: R. Martí Castelló y S. Selma Castell, «La huerta de la madina de Subrub (Segorbe, Castellón)», *Boletín de arqueología medieval*, 9, 1995, pp. 39-51. E. Guinot, «Molins andalusins i molins feudals: l'ordenació del sistema hidràulic baixmedieval del riu de la Sénia (Castelló)», en Th. F. Glick, E. Guinot y L. P. Martínez (eds.), *Els molins hidràulics valencians. Tecnologia, historia i context social*, Valencia, Institució Alfons el Magnànim, 2000, pp. 193-227.

[47] Th. F. Glick, *Regadío y sociedad..., op. cit.*; Id., *Paisajes de conquista..., op. cit.*

[48] En su página web se pueden encontrar con mayor detalle las líneas principales de investigación y las publicaciones de este grupo: http://landscapesofconquest.org.

[49] G. Colón Domènech y A. García Sanz (eds.), *Furs de València*, vol. VII, Barcelona, Barcino, 1999, pp. 165-167.

El monarca puso en marcha esta aspiración al terminar los actos militares de la conquista a mediados del siglo XIII, con la promoción de nuevas obras de irrigación de realce, entre las que destaca la Séquia Nova o Reial d'Alzira en el río Júcar iniciada en 1258, con una longitud de 22 km y un área irrigada potencial de más de 5000 ha, o la Séquia de Vila-real junto al río Mijares hacia 1272-1274 y 1282, ligada a la fundación de la villa del mismo nombre, con 12 km de recorrido que podía aportar agua de riego a al menos 800 ha, las cuales hasta ese momento habían sido secano o estaban yermas. Para ello se planificó una ordenación parcelaria siguiendo pautas de regularidad geométrica formada por canales de agua y parcelas de tierra[50].

La propuesta de observación histórica para la comprensión de la gran Huerta periurbana de la ciudad de Valencia postulada por E. Guinot y perfilada por F. Esquilache, siguiendo los principios establecidos por M. Barceló, ha establecido unos criterios metodológicos para el examen del origen, formación, transformación y evolución de estos paisajes hidráulicos de grandes dimensiones[51]. Sus propuestas e investigaciones han permitido plantear que antes de la conquista cristiana no existía una huerta compacta ininterrumpida, sino múltiples espacios irrigados conectados por canales separados físicamente, entre los cuales había espacios que, a pesar de estar en la vega fluvial, eran secanos, o se irrigaban esporádicamente, o eran áreas de pasturaje. Después de los repartimientos cristianos, el regadío se extendió a esos espacios no irrigados de manera gradual a partir de actuaciones internas y externas a los perímetros regados en época andalusí, emanadas desde la instancia urbana. Estas acciones han dejado su huella en el paisaje y permiten distinguir la

....

[50] E. Guinot y S. Selma Castell, «La construcción del paisaje en una huerta feudal: la Séquia Major de Vila-real (siglos XIII-XV)», en J. Torró y E. Guinot (eds.), *Hidráulica agraria...*, *op. cit.*, pp. 103-145. J. Torró, «Fiel and Canal-Building...», *op. cit.*; Id., «Després dels musulmans. Les primeres operacions colonitzadores al regne de València i la qüestió de les tècniques hidràuliques», en F. Sabaté (ed.), *Arqueologia Medieval. La transformació de la frontera medieval musulmana*, Lleida, Pagès, 2009, pp. 93-118.

[51] E. Guinot, «L'horta de València a la baixa Edat Mitjana. De sistema hidràulic andalusí a feudal», *Afers*, 51, 2005, pp. 271-300; Id., «La construcció d'un paisatge medieval irrigat: l'horta de la ciutat de València», en F Pagès Sabaté (ed.), *Natura i desenvolupament. El medi ambient a l'Edat Mitjana*, Lleida, Pagès, 2007, pp. 191-220; Id., «De la Vega andalusí a la huerta feudal. Herencia y cambio en el regadío medieval», en *Actas del XI Simposio Internacional de Mudejarismo*, Teruel, Instituto de Estudios Mudéjares, 2009, pp. 223-253. F. Esquilache, *Els constructors de l'Horta de València. Origen, evolució i estructura social d'una gran horta andalusina entre els segles VIII i XIII*, Valencia, PUV, 2018. E. Guinot, J. Torró y F. Esquilache, «La transformation du milieu littoral dans une société médiévale de conquête: le royaume de Valence (c. 1240-c. 1330)», en L. Mercuri, R. González Villaescusa y F. Bertoncello (dirs.), *Implantations humaines en milieu littoral méditerranéen: facteurs d'installation et processus d'appropriation de l'espace (Préhistoire, Antiquité, Moyen Âge)*, APDCA, 2014, pp. 411-422.

morfología más irregular de los sectores regados andalusíes de los creados nuevos por los cristianos con parcelarios más regulares –de «regularidad orgánica»– de parcelas de dimensiones basadas en el sistema metrológico de la tierra establecido para el reino cristiano de Valencia, la jovada, y que reflejan la ampliación del espacio regado por los cristianos[52]. A una escala menor, en zonas de montaña en el mismo Doscientos se dieron similares dinámicas con la creación de bloques de terrazas con regularidad formal que promovían una agricultura irrigada extensiva con la finalidad de aumentar los rendimientos de cereales y viñas[53].

----

[52] De manera que se han constatado actuaciones interiores y exteriores a los perímetros irrigados en época andalusí dando lugar a dos tipos de parcelarios postconquista: los diseñados para cubrir una zona que antes de la conquista no estaba cultivada con una densificación parcelaria para cubrir los intersticios entre los espacios hidráulicos andalusíes previamente sin cultivar o al menos irrigados; y los parcelarios feudales no encajados entre los espacios irrigados andalusíes, en los que el principio que predomina es la «regularidad orgánica», como se ha constatado en el sistema del *Comuner d'Aldaia* en la Huerta de la ciudad de Valencia. Operaciones semejantes también se llevaron a cabo con la construcción del canal de *l'Arrif*, la prolongación de la preexistente acequia de Moncada, al poblar el lugar de Puçol en la misma Huerta valenciana, y en el secano de Vilafamés en la comarca del Maestrat de Castellón: E. Guinot, «Agrosistemas del mundo andalusí: criterios de construcción de les paisajes irrigados», en J. de la Iglesia (ed.), *Cristiandad e Islam en la Edad Media hispana*, Logroño, Instituto de Estudios Riojanos, 2008, pp. 209-238; Id., «La construcción de nuevos espacios agrarios en el siglo XIII. Repartimientos y parcelarios de fundación en el Reino de Valencia: Puçol y Vilafamés», en J. Torró y E. Guinot (eds.), *Trigo y ovejas...*, *op. cit.*, pp. 119-160; Id., «Morphology of Irrigated Spaces in Late Medieval Mudejar Settlements: The Canal of Lorca (Riba-roja de Turia, Valencia)», en H. Kirchner y F. Sabaté, *Agricultural Landscapes of Al-Andalus and the Aftermath of the Feudal Conquest*, Brepols, Turnhout, 2021, pp. 97-124. F. Esquilache, «L'evolució del paisatge agrari andalusí i feudal de les grans hortes fluvials. Les sèquies de Quart i del Comuner d'Aldaia a l'Horta de València», *Recerques*, 62, 2011, pp. 5-36; Id., «Construcció i evolució del parcel.lari agrícola a l'Horta de València. La partida de Reialenc en el senyoriu de Torrent (segles XIII-XVI)», *Estudis d'Història Agrària*, 27, 2015, pp. 13-41; Id., «Les hortes de Xirivella i Andarella en època medieval. Dos exemples de colonització feudal en el paisatge de l'Horta Sud», *Annals de l'IDECO*, 2016, pp. 67-85; Id., «Una herència reconstruïda. Canvis físics i institucionals en les hortes fluvials andalusines després de la conquesta cristiana», en E. Vicedo-Rius (ed.), *IX Congrés sobre sistemes agraris, organització social i poder local. Recs històrics: pagesia, història i patrimoni*, Lleida, Institut d'Estudis Ilerdencs, 2018, pp. 449-474. E. Guinot y F. Esquilache, «La reorganización del paisaje agrario en la huerta de Valencia después de la conquista cristiana. El sistema hidráulico y el parcelario de Montcada y Benifaraig en el siglo XIII», *Debates de Arqueología Medieval*, 2, 2012, pp. 229-276.

[53] Algunas de estas intervenciones sobre el medio en el interior valenciano han sido analizadas por J. Torró. Ejemplo de ello es Agres (Alicante), donde a partir de 1256 el establecimiento de colonos cristianos supuso el engrandecimiento de la superficie irrigada por cuatro sobre la extensión original, mediante la construcción de un bloque de terrazas con regularidad formal y uniformidad dimensional. También en Pego el estudio morfológico ha mostrado la evidencia de una armadura básica creada por los «soguejadors» en el siglo XIII. Igualmente, en el término de Cocentaina, el reparto de tierras para el cultivo de viña conllevó la configuración de un parcelario de cierta regularidad. J. Torró, «La colonización del valle de Pego (c. 1280-

El destacado mantenimiento de población mudéjar en el reino valenciano supuso que bastantes sistemas hidráulicos y sus huertas siguieran ocupados, gestionadas y explotadas por comunidades musulmanas[54]; dándose dos circunstancias: por una parte, en las grandes huertas fluviales su permanencia se dio ligada a alquerías cedidas a familias nobles u órdenes militares que buscaron salvaguardar a sus vasallos de la expulsión o años después intentaron repoblarlas de nuevo con pobladores mudéjares, compartían sistemas y dotaciones de aguas con los cristianos; por otra, las comunidades islámicas ubicadas al interior cultivaban en las pequeñas huertas de ladera o fondo de barranco, donde había sistemas hidráulicos independientes erigidos a partir de fuentes o tomas de barrancos que eran gestionados por una única comunidad campesina vasalla de un señor. Esta última realidad fue la más numerosa y parece que en esta agricultura irrigada no se ocasionó una ruptura social y material relevante con respecto al periodo andalusí. En ella se documenta el uso de distintas medidas de tierra, la introducción de la jovada cuando sobre ellos se experimentaron cambios, adaptaciones o ampliaciones, o por el contrario, la continuidad del uso de la unidad de medida islámica, la tahúlla. Debido a los condicionantes físicos del medio geográfico del interior montañoso valenciano, el crecimiento de las zonas regadas se plasmó con la canalización de nuevas fuentes con la intención de ampliar los ingresos para el pago de las rentas señoriales[55]. Asimismo, recientemente, el examen de los espacios irrigados mudéjares de origen fluvial

---

c. 1300). Prospección y estudio morfológico: primeros resultados», *Arqueología Espacial*, 19-20, 1998, pp. 443-461; *Id.*, «Terrasses irrigades a les muntanyes valencianes: les transformacions de la colonització cristiana», *Afers*, 51, 2005, pp. 301-356; *Id.*, «Després dels musulmans. Les primeres operacions colonitzadores», *Arqueología Medieval II, La transformación de la frontera medieval musulmana*, 2009, pp. 93-118; *Id.*, «Tierras ganadas. Aterrazamiento de pendientes y desecación de marjales en la colonización cristiana del territorio valenciano», en H. Kirchner (ed.), *Por una arqueología...*, *op. cit.*, pp. 158-162.

[54] Véase en torno a esta cuestión el trabajo de conjunto de análisis y reflexión sobre los espacios irrigados vinculados a las comunidades mudéjares en el territorio valenciano de: E. Guinot, «Herencia y ruptura en los espacios irrigados de las poblaciones mudéjares y moriscas de Valencia (siglos XIII-XVII)», en V. Baydal y F. Esquilache (eds.), *La herencia reconstruida. Crecimiento agrario y transformaciones del paisaje tras las conquistas de Al-Andalus (siglos XII-XVI)*, Castellón, Universitat Jaume I, 2023, pp. 317-351.

[55] De tal forma se constata en los casos estudiados en la sierra d'Espadà, la Vall de Perputxent o la Vall de Laguar, valle señorial de origen andalusí, donde parecen mantenerse los espacios irrigados de fuente estando condicionada la ampliación significativa del área cultivada por las limitaciones físicas, similar a lo acontecido en los casos observados en las Islas Baleares. S. Selma Castell, «Evolució des de l'època andalusí de l'espai agrari irrigat a la Vall de Veo (Serra d'espadà, Castelló)», en *IV Congreso de Arqueología Medieval Española*, Alicante, Diputación Provincial, 1993, pp. 567-574. J. Torró, «Vall de Laguar. Asentamientos, terrazas de cultivo e irrigación en las montañas del Sarq Al-Andalus: un estudio local», *Recerques del Museu d'Alcoi*, 16, 2007, pp. 151-182.

regados por el río Turia muestran una ampliación posconquista de los perímetros irrigados mediante una agricultura en extensión que definió nuevamente parcelarios ortogonales regulares con parcelas en *fanecades*, ligado de nuevo a la presión rentista señorial[56]. Estas operaciones de ensanche del área irrigada no se limitaron a los momentos de colonización cristiana, sino que continuaron a lo largo de la baja Edad Media fruto del crecimiento demográfico y de la penetración y desarrollo de cultivos especulativos destinados preferentemente a los mercados[57].

En el sur valenciano, el territorio alicantino fue anexionado en un primer momento por la Corona de Castilla a mediados del siglo XIII dentro del reino de Murcia, pero pasó entre 1296 y 1314 a insertarse en las posesiones de la Corona de Aragón en el sur del reino de Valencia, convirtiéndose en un espacio de frontera directa con Castilla e indirecta con el reino nazarí de Granada a través de las tierras murcianas poco pobladas. Esta cualidad condicionó los tiempos, circunstancias y dinámicas que caracterizaron y definieron la ocupación de esta área por los cristianos. Conviene destacar que, como en el resto del territorio valenciano, la población mudéjar se apartó en su mayor parte de los tres principales valles fluviales donde se proyectaban los grandes espacios irrigados de la Huerta de Alicante –en torno al río Monnegre–, la de Elche –en torno al curso bajo del río Vinalopó– y la de Orihuela –en torno al curso bajo del río Segura–, pero permaneció en un importante número hacia el interior del valle medio del

56 Consideraciones similares también se han apuntado para el caso de Vilamarxant, baronía señorial conquistada en el siglo XIII, pero en esta ocasión la unidad de medida de la tierra utilizada fue la tahúlla. E. Guinot, «Herencia y ruptura...», *op. cit.*, pp. 333-335. Algo similar, aunque a menor escala, ocurrió en el paisaje agrario del señorío de Nules en la Plana de Castellón, con la creación de parcelarios de regadío y de secano regulares, siendo un señorío tipo que pasó por las distintas fases de la colonización medieval: primero el mantenimiento de la población mudéjar, gestionando ellos mismos de forma autónoma el sistema hidráulico, limitándose a pagar rentas al rey; después la usurpación de una parte de su territorio para la instalación de colonos cristianos; y, finalmente, la expansión de los espacios agrarios a principios del siglo XIV por iniciativa señorial devenido del crecimiento demográfico, la atracción de nuevos vasallos y la demanda de cereales. F. Esquilache y V. Baydal, «La (re)construcción del paisaje agrario del señorío del castillo de Nules entre 1251 y 1320», en V. Baydal y F. Esquilache (eds.), *La herencia reconstruida...*, *op. cit.*, pp. 187-240.
57 Valga como ilustración de esta dinámica las acciones que se realizaron sobre dos sistemas hidráulicos: la Acequia de Palma y la Acequia de March en la Huerta de Gandía. La primera fue construida por los cristianos a mediados del siglo XIII –aunque probablemente aprovechaba parte de una canalización previa de origen andalusí– para ampliar la superficie irrigada y consolidar el poblamiento cristiano; y la segunda fue producto de la iniciativa de Ausias March, señor de Beniarjó, en 1457 para elevar la producción de azúcar, aunque también del cereal. F. Esquilache y F. Aparisi, *Aigua per al pa, aigua per al sucre. La construcció de les séquies de Palma i d'en March a l'Alfàs de l'Horta de Gandia (segles XIII i XV)*, Lleida, Universitat de Lleida, 2019.

río Vinalopó y el Camp d'Alacant, bien que vio su presencia mermada por las dificultades de consolidar el proceso repoblador y por la dinámica bélica de la frontera[58].

Por lo que respecta a la llamada Huerta de Alicante, los escasos estudios hechos hasta la fecha sobre este paisaje regado apuntan algunas de las transformaciones que experimentó tras la conquista cristiana, siendo significativas las que afectaron a la normativa de la distribución del agua[59]. La fábrica de infraestructuras hidráulicas para el incremento del regadío se acometió por medio de la creación de brazos de riego y el alargamiento de los existentes, a lo que se sumó la obra de una presa en el río Monnegre a finales del siglo XIV que permitió una suma considerable de tierras al regadío, dentro de la política de recuperación socioeconómica emprendida en esta franja tras la Guerra de los Dos Pedros (1356-1369)[60]. La Huerta de Elche, tras la colonización feudal, concentraba más población mudéjar que las localidades cercanas de Alicante y Orihuela. Parte de estas comunidades habitaba en las alquerías de origen andalusí esparcidas por el espacio irrigado en la margen izquierda del río, en la conocida como «Huerta de los Moros» o «Magram» que pertenecía a la aljama ilicitana, y otras formaban aljama aparte. Con espacios irrigados en el entorno de las alquerías, estas área se independizaba de la que quedó reservada para los cristianos, llamada la «Huerta Mayor» o «Huerta de los Cristianos». Sobre esta última se han apuntado algunas ideas, sin haberse acometido un trabajo de prospección del territorio o de lectura arqueomorfológica de su paisaje más allá de la propuesta de D. Aviñó, en cuya tesis doctoral recogía la identificación de una serie de espacios irrigados andalusíes al final de los brazos secundarios de riego que distinguía de ampliaciones posteriores entre esos espacios. En estas últimas se hicieron acequias rectas y perpendiculares a la acequia madre que

---

[58] Cabe apuntar, que en toda esta área valenciana continuó usándose la unidad de medida de la tierra andalusí: la tahúlla, unidad de medida de la cual desconocemos su medida en época islámica y tras la conquista cristiana, pero de la que sabemos el valor que se le adscribe en la actualidad, ya que sigue siendo la unidad de medida de la tierra usada en el presente. No obstante, en cada comarca alicantina se le adscribe un valor.

[59] En este sentido, algunos trabajos que apuntan esa tendencia en el periodo cristiano feudal, a falta de otros más exhaustivos de investigación histórico-arqueológica: S. Gutiérrez Lloret, «Un paisaje evanescente. El origen de la antigua Horta d'Alacant», en E. Aragonés y J. López (coords.), *Las torres de l'Horta d'Alacant: un patrimoni singular*, Alicante, Universidad de Alicante, 2017, pp. 27-37. J. Payá Sellés, *Régimen jurídico de las aguas de la cuenca del río Verde-Monnegre (ss. XIII-XVIII)*, tesis doctoral inédita, 2018.

[60] J. V. Cabezuelo Pliego y S. Gutiérrez Lloret, «La huerta de Alicante tras la Guerra de los Dos Pedros. Acerca de la construcción del Assut Nou en 1377», *Anales de la Universidad de Alicante. Historia Medieval*, 8, 1992, pp. 69-98.

formaban parcelarios ortogonales[61]. Por último, en el caso de la denominada Huerta de Orihuela queda ubicada en la vega Baja del Segura, comarca que se caracterizaba en la Edad Media por la presencia de espacios cultivados entre humedales, saladares y marjales, de los que se obtenía una gran variedad de recursos. El examen del paisaje regado ha facultado documentar desde época andalusí la creación y el uso de distintos sistemas hidráulicos fluviales basados en una combinación entre riego y drenaje articulados con relación a un poblamiento disperso, como en otras áreas presentadas, que dibujan una red arborescente y un parcelario irregular[62]. La subordinación a los poderes feudales de este marco geográfico rompió esa realidad precedente y se engrandeció o se pretendió engrandecer el número de parcelas regadas para priorizar el cultivo de cereales −fundamentalmente trigo−, seguido de la vid, por iniciativa de la monarquía, el *consell* municipal oriolano, y las pretensiones de una oligarquía urbana con intereses en la pertenencia de bienes rurales. Todo aquello se puso en funcionamiento mediante tres actuaciones: la disposición de nuevos canales de riego y el drenaje o el alargamiento de los existentes, que materializaron parcelarios de formas muy regulares y rectilíneos encajados entre los de formas irregulares andalusíes adaptados a la topografía del terreno y a la red de caminos; la desecación de áreas pantanosas; y el abancalamiento para extender la agricultura de secano. Estas operaciones se dieron a distintos ritmos: en un primer momento −segunda mitad del siglo XIII e inicios del siglo XIV− que se caracterizó por la intencionalidad de la explotación agrícola de tierras cultivadas o no por la población islámica, mediante el asentamiento de colonos cristianos, que presentó dificultades como manifiesta la dilatación temporal del proceso de repartimiento de este territorio −setenta años, uno de los más extensos de los repartimientos ibéricos−, pero que se reactivó en las últimas particiones del repartimiento −cincuenta años después de la conquista cristiana− con la aspiración de agrarizar tierras de saladar y marjal no roturadas por los andalusíes; un segundo momento −segunda mitad del Trescientos−, donde la consolidación y

---

[61] D. Aviñó Mcchesney, *El paisaje de huerta en el Sahrq Al-Andalus: el palmeral de Elche*, tesis doctoral inédita (en red), Universidad de Murcia, 2014; *Id.*, «L'horta i el Palmar d'Elx en època andalusina: una proposta arqueològica de reconstrucció sobre el seu origen», *Afers*, 93, 2019, pp. 377-409. Aumento del espacio irrigado también sugerido por R. Azuar Ruiz en: «Espacio hidráulico y ciudad islámica en el Vinalopó: la huerta de Elche», en M. C. Rico Navarro (coord.), *Agua y territorio*, vol. 2, 1997, pp. 11-32.

[62] Constituido por canales de riego −acequias, arrobas e hilas− y de drenaje −azarbes, azarbetas y escorredores− que eran requeridos para garantizar el éxito del riego de estas tierras por la planicie del terreno, la altura del nivel freático y la salinidad de los suelos. M. Parra Villaescusa, «Sobre l'origen de l'horta d'oriola. Regadiu i espais agrícoles andalusins a la Vega Baixa del Segura (segles VIII-XI)», *Afers. Espais irrigats i aprofitaments hidràulics a l'est i al sud d'al-Àndalus*, Lugar, *Editorial*, 2019, pp. 311-345.

la permanencia de estas ampliaciones de los terrenos agrícolas regados padecen inconvenientes para atraer y conseguir el asentamiento continuo de los pobladores, ahora por los efectos de la Guerra de los Dos Pedros y la frontera; y una tercera etapa, que podemos situar a grandes rasgos a partir del Cuatrocientos, cuando de nuevo se activa esa dinámica de incrementar las parcelas regadas de un modo más estable dentro de una etapa de crecimiento demográfico y económico, primordialmente en la segunda mitad de esta centuria[63].

Concluyendo este arco mediterráneo, para la llanura fluvial del río Segura a su paso por la ciudad de Murcia, las investigaciones se han enfocado más al examen del sistema de gestión del agua y menos a las actuaciones sobre el medio ambiente para su desarrollo como espacio irrigado. Estas mayormente han partido desde el estudio de las fuentes escritas, con alguna aportación a la observación paisajística desde la cartografía histórica o la fotografía área actual, sin llevar a cabo un trabajo sobre el terreno. De la lectura de estas contribuciones se deduce que lo acontecido en la Huerta de Murcia debió de ofrecer similitudes con lo apuntado para las áreas ya descritas, pero en otro contexto ecológico y otras circunstancias históricas, al igual que en diferentes horquillas cronológicas. C. Lavigne ha planteado que en el tercer y cuarto repartimiento de la Huerta –entre 1266 y 1270– no se habría respetado la red de canales y se habrían trazado nuevos recorridos –en tramas parcelarias dispuestas en bandas estrechas–, reestructurando radicalmente los parcelarios andalusíes en más de 5000 ha[64]. Una afirmación que no se ha contrastado con un trabajo de campo que permita reconstruir estas redes hidráulicas, ya que esta transformación implicaría una gran complejidad técnica al alterar el diseño original de los sistemas hidráulicos. Así también, ya para el siglo XV, se ha evidenciado la abertura de canales y la ampliación del regadío, esencialmente en el último tercio de esta centuria[65].

---

63 M. Parra Villaescusa, «Hidráulica y paisaje feudal: continuidad, cambio y adaptación del regadío bajosegureño (siglos XIII-XV)», *Cuadernos de Historia y Patrimonio Cultural del Bajo Segura*, 9, 2020, pp. 89-131; *Id*., «Poblamiento, agua y huerta: la construcción y organización socio-económica del paisaje rural de la villa-lugar de Guardamar (siglos XIII-XV)», en F. J. Parres, M. Martínez y S. Cela (coords.), *750 Aniversario. Villa y Castillo de Guardamar*, Ayuntamiento de Guardamar, 2022, pp. 141-164; *Id*., «De la alquería islámica a la alquería feudal: unidades de poblamiento y de explotación agraria tras la conquista cristiana en el paisaje rural oriolano», en V. Baydal y F. Esquilache (eds.), *La herencia reconstruida...*, *op. cit*., pp. 135-186.

64 C. Lavigne, «Étude archéogéographique d'un espace de colonisation. La huerta de Murcie au milieu du XIIIe siècle (bilan d'une recherche)», *Mélanges de la Casa de Velázquez*, 2007, 37(2), pp. 293-302. https://journals.openedition.org/mcv/1956

65 M. de los Ll. Martínez Carrillo, *Los paisajes fluviales y sus hombres en la Baja Edad Media. El discurrir del Segura*, Murcia, PUM, 1997. M. Martínez Martínez, *La cultura del agua en la Murcia medieval (ss. IX-XV)*, Murcia, Editum, 2010.

3. REFLEXIONES E IDEAS EN CUANTO A LOS PROCESOS DE CONTINUIDAD, ADAPTACIÓN Y CAMBIO DE LOS PAISAJES IRRIGADOS TRAS LAS CONQUISTAS CRISTIANAS

Todos los observatorios presentados en el marco cronológico y espacial que se ha definido para realizar este texto evidencian que la expansión militar cristiana sobre Al-Andalus conllevó la configuración de nuevas formas de distribución poblacional[66] y de ocupación del espacio que ocasionaron rupturas con la realidad paisajística andalusí a todas las escalas, a pesar de las continuidades, producto de la distinta concepción de estas dos sociedades sobre cómo asentarse y aprovechar socioeconómicamente un territorio. Siguiendo la sucesión de hechos, la colonización cristiana no se limitó a prolongar la utilización de los espacios agrarios ocupados por los musulmanes, sino que la apropiación fue seguida de cambios profundos en los modos de gestión y uso de los recursos y las infraestructuras productivas rurales, que varió según las formas y el éxito de las migraciones que siguieron a las conquistas militares, y que materializaron la reordenación de los modos de poblamiento y de los espacios de cultivo con operaciones de colonización agrícola desde mediados del siglo XII hasta el inicio de la Edad Moderna. Este proceso mostró en este arco peninsular mediterráneo particularidades comunes, pero también dispares, a los reinos más occidentales de la península, por la distinta densidad demográfica de unos y otros, la amplitud mayor o menor del territorio conquistado, y por las particularidades ambientales de las regiones mediterráneas.

Los cristianos se adueñaron de la realidad material y social de terrenos regados, ocupando ecosistemas ya humanizados, que reestructuraron, pero en los que en general mantuvieron la red básica de cada sistema hidráulico, acequia madre y brazos principales, acogiendo las técnicas y costumbres islámicas en la administración del riego, pero en una herencia recompuesta en base a una nueva territorialidad del paisaje rural, y a un proceso y producción agrícola determinado por el concepto feudal de extracción de rentas. Esta remodelación territorial afianzó una estructura administrativa para la gestión del agua de riego a diferentes escalas, donde la dominación e iniciativa señorial ejercida por la clase aristocrática fue clave para que se llevaran a efecto anexiones, adecuaciones y transmutaciones. Tanto las comunidades rurales vecinales, grandes

---

[66] En general, la tendencia tras la conquista fue de la dispersión islámica a la agrupación cristiana de los núcleos de residencia, con la desaparición de alquerías islámicas y la fundación de villas o pueblos.

terratenientes, mercaderes como el campesinado estuvieron involucrados en la planificación y realización de la construcción y gestión de estos sistemas hidráulicos a través de concordias sociales en relaciones de dependencia cambiantes.

Las actuaciones en la agricultura irrigada se dirigieron al ensanchamiento y la densificación de la red de acequias con el fin principal de hacer llegar el agua de riego a toda la superficie y la reducción a cultivo de espacios incultos, roturando tierras secas o humedales con la creación de dispositivos hidráulicos, ya fueran de irrigación o de drenaje. En estas acciones fue clave la importación de conocimientos técnicos que las poblaciones cristianas habían experimentado en los medios ecológicos de procedencia, que se añadió a la base técnica y de funcionamiento andalusí que regía estos sistemas hidráulicos. Un hecho destacable es que en el área valenciana no se ha documentado en la construcción de nuevos sistemas hidráulicos ningún nativo musulmán encargado de realizar estas tareas, sino que los encargados de llevar a cabo estos trabajos, o de supervisarlos, fueron todos cristianos procedentes de Cataluña o de tierras occitanas[67]. Esta evidencia implica tener en cuenta la implantación de las experiencias y las tradiciones técnicas de estos expertos, mostrado también en el hecho de que el drenaje de zonas húmedas en el reino de Valencia entre los siglos XIII y XIV tuvo una relevancia igual o mayor que la construcción de sistemas de riego[68].

Desde final del siglo XI en adelante, se pueden comparar los cambios introducidos, las prioridades en la selección de los recursos capturados y cómo se organizó la gestión de la hidráulica andalusí en tres acciones: utilización, modificación-transformación, adaptación. En ello, los ritmos y las maneras en la colonización feudal marcaron las operaciones para la erección y el desarrollo de la agricultura irrigada, las reorientaciones o continuidades, las acciones como su intensidad en ciclos con una secuencia no regular. En este discurrir se atisban las siguientes fases:

- Una primera entre los siglos X-XI donde los movimientos de expansión agraria tenían un carácter más localizado y afectaban a superficies mucho menores, ceñidas a la apropiación de antiguos canales de riego o

---

[67] Idea enunciada por J. Torró y E. Guinot en: «Introducción. ¿Existe una hidráulica agraria "feudal"?», en J. Torró y E. Guinot (eds.), *Hidráulica agraria...*, *op. cit.*, p. 17. También del aludido autor: «Canteros y niveladores. El problema de la transmisión de las técnicas hidráulicas andalusíes a las sociedades conquistadoras», *Miscelánea Medieval Murciana*, XXXVII, 2013, pp. 209-231.

[68] Entre otros trabajos de J. Torró, «Tierras ganadas...», *op. cit.*, pp. 157-172; *Id.*, «One aspect of the Christian settlement of the kingdom of Valencia: the drainage and placing under cultivation of coastal wetlands (*c.* 1270-1320)», en P. Galetti (ed.), *Villaggi, comunità, paesaggi medievali*, Spoleto, Centro Italiano di Studi sull'Alto Medioevo, 2012, pp. 225-237; *Id.*, «Agricultural drainage technology in medieval Mediterranean Iberia (13th-16th centuries)», en J. Klapste (ed.), *Agrarian Technology in the Medieval Landscape*, Brepols, Turnhout, 2016, pp. 309-323.

XLIX SEMANA INTERNACIONAL DE ESTUDIOS MEDIEVALES. ESTELLA-LIZARRA. 2023 | Transformaciones del medioambiente en la Edad Media
DOI: https://doi.org/10.35462/siemel.49 | 123-155

reducidos espacios irrigados preexistentes de posible origen campesino, en los que se introdujo la molinería a la que se le daba prioridad, en un momento donde la estructura señorial estaba menos definida.

- Una segunda enmarcada a finales del siglo XII al XIII, cuando estructuras señoriales, gobiernos municipales y comunidades rurales más definidos y consolidados permitieron en los territorios catalanes y aragoneses emprender a partir del Doscientos la concreción de espacios irrigados más sobresalientes con una reclamación de rentas más estandarizada por medio del ejercicio de un poder señorial más contundente. Esta dinámica concuerda con lo señalado en otras zonas europeas en similar cronología, aunque en estas se sucedió un avance del espacio cultivado sobre el inculto más en relación al drenaje que al regadío.

- Una tercera comprendida entre los años 30 y 40 del Doscientos y especialmente las primeras décadas del Trescientos, donde se consumaron grandes ampliaciones en el regadío, sustancialmente en el caso valenciano que fue más contundente que en otras áreas, pero también en Aragón, donde el crecimiento comercial de las ciudades a partir de mediados del Doscientos condujo a realizar ampliaciones y construcciones de grandes canales de irrigación. Asimismo, se muestran disparidades entre el mediodía valenciano y la zona alicantina en ritmos, formas y efectos. Así, todo lo apuntado para el segundo cuarto del siglo XIII muestra la capacidad consolidada de la sociedad feudal cristiana para promover la planificación del diseño de infraestructuras hidráulicas y parcelaciones a escalas considerables, aunque no se pusiera en práctica en las islas.

- Y por último, una cuarta etapa entre la segunda mitad-finales del siglo XIV y el XV a inicios de la Modernidad, cuando las intervenciones agrarias sobre el medio continuaron con otras finalidades que iban más allá de la colonización inicial, guiadas por el crecimiento demográfico y la plantación de cultivos especulativos orientados mayoritariamente al comercio, cuya continuidad o aceleración podía depender de operadores mercantiles, la promoción por la monarquía o de las iniciativas locales de carácter señorial o urbano.

En estas etapas, a pesar de la diferencia cronológica y la extensión desigual entre las distintas actuaciones, subyace la idea de que responden a la misma lógica socio-económica de obtención de renta por parte de los poderes feudales. La singularidad de la hidráulica agraria ibérica feudal, tanto en las regiones del norte catalán antes de la generalización del dominio señorial, como las que se pusieron en práctica en los territorios conquistados a Al-Andalus, tenían los mismos fundamentos sociales, y los observatorios examinados permiten dar un sentido de conjunto a las tareas emprendidas por los cristianos desde el siglo XI a la baja Edad Media, con sus precisiones y variaciones[69]. En ello tuvieron un papel importante dos condicionantes: uno de carácter ambiental-geográfico, marcado por las características físicas o ambientales de cada área y la disponibilidad de caudales de agua; y otro social, devenido de las intensidades y los ritmos en las actuaciones, fruto de las mecánicas de repartos de tierras y del reasentamiento de las poblaciones mudéjares. Así pues, en las zonas de montaña y de reducidas dimensiones, adscritas a señoríos en manos de familias nobles, con las características materiales de fragmentación y reducidas superficies individuales y la limitada disposición de aguas, la posible extensión y expansión del espacio irrigado estuvo condicionada no solamente por estas cuestiones, sino también por la dispersión, forma y diseño de los espacios irrigados, que respondían al modelo social de base clánica de la sociedad andalusí que no se alteró completamente en las áreas de interior, a diferencia de lo que ocurría en las llanuras aluviales y costeras. En los casos valencianos estudiados de sistemas hidráulicos en poblaciones mudéjares del interior, se mantuvieron las estructuras y recursos agrarios como en época andalusí, percibiéndose una inexistencia de rupturas sociales y materiales relevantes en cuanto a su ocupación y gestión en la transición del mundo andalusí al feudal en el siglo XIII. Aun así, en los siglos posteriores a esta centuria puntualmente se produjeron cambios debido a las exigencias o intereses del señor feudal correspondiente, mostrando similitud con los espacios irrigados de época andalusí estudiados en las islas Baleares, con ampliación del secano para incrementar la obtención de renta[70]. Así también, otro marco diferenciador en los espacios irrigados de señoríos es la compartimentación señorial del espacio que imponía cierto «enceldamiento» del territorio y condicionaba la creación y el trazado de canales[71]. Esto difería en las posesiones de las grandes aristocracias en las tierras de realengo y principalmente en los territorios de las ciudades ubicadas en grandes vegas fluviales. Por ello, como muestra en Cataluña, H. Kichner señala que la construcción de sistemas hidráulicos de cierta envergadura no tiene lugar hasta el siglo XII, cuando los reyes y gobiernos urbanos empiezan a operar en su edificación[72].

....

[69] J. Torró y E. Guinot reflexionan sobre esta cuestión: J. Torró y E. Guinot, «Introducción. ¿Existe una...», *op. cit.*, pp. 9-20.
[70] E. Guinot, «Herencia y ruptura...», *op. cit.*
[71] J. Torró y E. Guinot, «Introducción. ¿Existe una...», *op. cit.*, p. 12.
[72] H. Kirchner, «Hidráulica campesina anterior...», *op. cit.*

Con todo lo expuesto, queda claro que el engrandecimiento de los espacios irrigados fue un componente central de las acciones realizadas por los colonos cristianos en una evidente mecánica socioeconómica expansiva. Esta pauta de la conquista y la colonización por sí misma anula la idea de la continuidad con respecto a la realidad de los paisajes irrigados andalusíes. Tanto el proceso en la Corona de Castilla como en la Corona de Aragón comparten a pesar de su diversidad una lógica común, también materializada en la expansión de la *Christianitas* en otras partes del Occidente europeo: un cambio en la gradación de la ocupación de los territorios determinada por criterios extensivos que contrasta con el carácter intensivo y de límite de los espacios agrarios andalusíes. Esta premisa buscaba promover la *melioratio terrae* con asentamientos estables unidos a deforestaciones, drenajes y expansión de cultivos, que germinaba de las exigencias socioeconómicas cristianas guiadas por variables de demografía, producción, consumo y renta, que involucró el impulso del regadío en parcelas de tierra en porciones asignables por medio de una ampliación de terrazas, que siguió principios geométricos para posibilitar su aprovechamiento[73]. Esta idea explicaría la planificación de parcelarios ortogonales para la roturación de tierras, así como un diseño concebido para simplificar la división y la medida de las parcelas entregadas. En general no se establecía una pauta geométrica constante y las adaptaciones morfológicas en los parcelarios son diversas, fruto de las variables locales de los procesos de asentamiento. A pesar de que estas características morfológicas por sí solas no daten el parcelario, su observación en los paisajes actuales muestra cómo la tendencia a la regularidad indica una construcción parcelaria de un espacio cultivado posterior a la conquista cristiana[74].

Resulta claro que esta fuerte dinámica expansiva agraria no estuvo dispensa de costes ecológicos. El impacto ambiental de la conquista cristiana debió generar una intensificación en la explotación de los recursos tras la conquista que pudo suponer un cierto «estrés medioambiental», con riesgos en la gestión agraria o de otros recursos o actividades productivas, pues rompió los marcos

....

[73] Consúltese el trabajo de: J. Torró, «Paisajes de frontera: conquistas cristianas y transformaciones agrarias (siglos XII al XIV)», *Edad Media. Revista de Historia*, 20, 2019, pp. 13-46. Asimismo, R. Hoffman introduce el mundo natural como agente y objeto de las relaciones sociales medievales europeas: R. Hoffmann, *An Environmental History of Medieval Europe*, Cambridge, CUP, 2014.

[74] Sobre la relevancia de datos que puede aportar la observación material y espacial de los parcelarios agrarios, véase: G. Chouquer, *Traité d'archéogéographie. La crise des récits géohistoriques*, París, Errance, 2008; Id., *Dominer et tenir la terre dans le haut Moyen Âge*, Tous, Presses Universitaires François Rabelais, 2020. Para el área del reino de Valencia, la práctica de la medida de la tierra en el siglo XIII puede consultarse en: E. Guinot, «Arpenteurs en terres de conquête. La pratique de la mesure de la terre en pays valencien pendant le XIIIᵉ siècle», en L. Feller y A. Rodríguez, *Expertise et valeur des choses au Moyen Âge*, 2, Madrid, Casa de Velázquez, 2016, pp. 275-294.

socioproductivos de «sostenibilidad» ecológica definidos por la sociedad andalusí antes de la llegada de los cristianos[75]. La domesticación de los ecosistemas conquistados se definió a partir de otras relaciones socioambientales, en base a lo cual las reorientaciones alteraron los ecosistemas agro-pastorales andalusíes. Por ejemplo, la roturación de nuevas tierras con deforestaciones de áreas boscosas o desecaciones de humedales es una de las acciones antrópicas más transformadoras y agresivas del medio, ya que, al darle esa orientación agrícola, se destruía el potencial de esos ambientes para la actividad humana. Además, entrañaba un choque para la biodiversidad y la cobertura vegetal tendente a la homogeneidad del paisaje en los terrenos irrigados para buscar una mayor obtención de cereales, que se asemeja a otros procesos coetáneos llevados a cabo en áreas europeas cuando los desmontes e intensificaciones medievales generaron nuevas tierras cultivables permanentes. El objetivo era crear nichos ecológicos de gran productividad, sustituyendo antiguos ecosistemas naturales si fuera necesario con la idea de favorecer las cosechas anuales de cereales. Se trataría de la «cerealización» de R. Bartlett[76], o la «agrarización» que enuncia J. Torró[77], núcleo o armazón de la ideología colonizadora cristiana que provocó un cambio en las plantas destacadas en la producción agraria. En el arco ibérico mediterráneo, en el regadío mediante una agricultura extensiva se impuso un claro predominio del cereal y de la viña para asegurar las cosechas –más inciertas en el secano–, que alteró las dotaciones de agua definidas por los andalusíes y la necesidad de estipular unas nuevas. Este hecho en ocasiones causó insuficiencias hidráulicas y dificultades en el reparto y el suministro del

---

[75] Cuando se alude en este texto al término «sostenibilidad», entiéndase su uso definido dentro de los marcos, las sinergias y el contexto social medieval. Las sociedades medievales poseían un conocimiento de sus recursos, así como de los límites y los riesgos probables que podían surgir en su gestión. Ha sido constatada la conciencia o toma de medidas para proteger la utilidad de diversos tipos de recursos naturales, pero ninguna se gestó motivada por preocupaciones por un futuro a largo plazo o por una valoración de los elementos naturales por su propio bien. Como expone R. Hoffmann: «Historic connections between medieval environmental experience and intentional actions are most visible around what would now be called sustainability, environmental awareness, and "conservation". Numerous practices and measures undertaken by communities of commoners, individual lords/landowners, and public authorities served to protect the usefulness of diverse kinds of natural resources. Some enactments made this purpose explicit, but none articulated concerns for a long-term future (no "this is for the sake of our grandchildren") or valued the natural world or its elements for their own sake. "Environmental protection" as a concept or goal in its own right had no place or voice in medieval culture». R. Hoffman, *An Environmental History...*, *op. cit.*, p. 375.

[76] R. Bartlett, *The Making of Europe. Conquest, Colonization and Cultural Change, 950-1350*, Londres, PUP, 1993.

[77] J. Torró, «Paisajes de frontera...», *op. cit.*, p. 28.

agua, inconvenientes originados en la dinámica de ampliación del regadío que se produjo no solo en los momentos de la conquista, sino también *a posteriori* a final del Medievo ligado también a mecánicas económicas y socioproductivas dispares a las de las conquistas[78].

La antropización de estos agroecosistemas en las vegas fluviales o en fondos de valle para incrementar el número de tierras cultivadas de grano exigía una gran cantidad de nutrientes naturales durante el ciclo de producción anual. En esta cadena causal relacionada con la transformación del paisaje, las comunidades tuvieron presentes los factores locales de riesgos y/o peligros que pudiesen desencadenarse sobre la actividad económica. Así, tenían mecanismos sociales para prevenir o responder a los peligros y daños ambientales antropogénicos y naturales como, por ejemplo, comportamientos de ríos, barrancos, fuentes, periodos de escasez o de inundación, fenómenos que fueron tenidos en cuenta en el diseño, la construcción y el uso de los sistemas hidráulicos[79]. Este hecho se percibe en los *Libros de Repartimiento* que han llegado hasta nuestros días, donde se muestra a través de las formas de reparto de tierras y las descripciones de lo encontrado en ello, que se dio un procedimiento de familiarización y adaptación a los beneficios y límites de su nuevo hábitat: su clima, suelos, plantas y animales.

En este sentido, debemos tener presente la incidencia del clima en este desarrollo de la agricultura irrigada por los cristianos, el mayor desarrollo de la «agrarización» en los siglos centrales medievales coincidiendo con el Óptimo Climático Medieval o cómo afectaron las posibles inestabilidades climáticas del siglo XIV vinculadas a la denominada «Pequeña Edad de Hielo», que pudo ser la causa de inundaciones y sequías cuyos efectos deben ser entendidos en términos de larga duración[80]. Hasta la fecha disponemos de pocos datos en este sentido, más allá de algunas ideas. Parece que si bien el enfriamiento anual y

---

[78] Los datos extraídos de la documentación escrita y arqueológica muestran un panorama bastante homogéneo en las distintas comarcas ibéricas mediterráneas. Dicha documentación evidencia la prioridad dada a la plantación de cereales, seguida de la vid, olivo y, tras ello, otra diversidad de plantas, mostrando desde la segunda mitad del siglo XIV y en el siglo XV un incremento en la siembra de algunos cultivos con expectativas de cosecha especulativas, como azúcar, arroz, moreral o higuera.

[79] Por ejemplo, en las grandes vegas irrigadas de Valencia y Orihuela, el recorrido de las acequias preveía la recogida de la escorrentía procedente de barrancos o ramblas con la idea de reunir los limos, pero también de servir como cauces de desviación y drenaje de las aguas en momentos de crecidas.

[80] Así, el periodo cálido, la transición y la Pequeña Edad de Hielo no están claramente delimitados como las guerras o las dinastías, porque la física atmosférica y las adaptaciones biológicas y culturales no funcionan así a largo plazo. R. Hoffman, *An Environmental History...*, *op. cit.*, p. 329, pp. 304-341.

estacional de 1-2º también puede haber afectado a la Europa mediterránea, el cambio se manifestó aún más en las mutaciones de los patrones regionales de precipitación. Mientras que en zonas del sur de Provenza, Languedoc, Lombardía y Toscana absorbieron más precipitaciones, en ciertas partes del sur de España disminuyeron los lagos y los humedales[81].

Asimismo, la transformación medioambiental y la nueva relación con el medio tras la ocupación cristiana de las tierras andalusíes implica para su comprensión tener presente que el uso y el desarrollo de la agricultura irrigada no puede entenderse al margen del empleo dado al resto del ambiente, a otros recursos naturales u otras actividades productivas, como fue la ganadería, imprescindible para el abono de las tierras. La agricultura mediterránea operaba en sinergia con la trashumancia. Las sociedades cristianas se encontraron con el requerimiento de buscar en base a sus intereses, gestionar hábilmente paisajes multifuncionales y establecer nuevos equilibrios que permitieran un uso «sostenible» de los ecosistemas desde una complementariedad ecológica en el desarrollo de varias actividades productivas. Esta suma se vio envuelta en las fricciones suscitadas en la regulación de derechos particulares y/o colectivos sobre la utilización y la propiedad de los recursos naturales.

4. REFLEXIONES FINALES Y PERSPECTIVAS DE FUTURO

El estudio de las técnicas, prácticas y espacios hidráulicos feudales es una valiosa herramienta para comprender la dinámica expansiva cristiana que, según J. Baschet, en el Occidente europeo produjo un crecimiento excepcional de las tierras roturadas de una envergadura insólita desde la invención de la agricultura, que no se volvió a producir hasta la revolución industrial[82]. La existencia de una base sociopaisajística andalusí dispar a la de las comunidades cristianas en el resto de los territorios del medio y norte europeo occidental revierte este proceso de especificidad en la península ibérica.

Desde los años 90 hasta la actualidad es evidente la intensificación del conocimiento de nuestras fuentes documentales escritas arqueológicas para la observación del territorio y, en concreto, para la caracterización de los paisajes irrigados medievales y con ello para la historia del paisaje. La constitución de equipos estables en el ámbito nacional y de grupos de composición transnacio-

---

[81] R. Hoffman, *An Environmental History...*, *op. cit.*, p. 329.
[82] J. Baschet, *La civilisation féodale. De l'an mil à la colonisation de l'Amérique*, París, Aubier, 2004, pp. 23, 32.

nales muestra la predisposición e interés por comprender las relaciones entre las variables medio ambiente-paisaje-recursos naturales-ser humano, lo cual ha supuesto un avance en el conocimiento de la sociedad rural medieval hispana que ha permitido responder a preguntas, ya esbozadas hace más de 30 años en la historiografía medieval, en torno a cómo la sociedad cristiana insertó en sus esquemas socioeconómicos y políticos la práctica de la agricultura irrigada andalusí y la globalidad de sus paisajes rurales[83].

Todo ello, en parte ha sido gracias a una revolución y cambio en los enfoques teóricos y en las metodologías, que han incorporado novedosas técnicas, proporcionado nuevos datos y proyectando innovadoras miradas para el análisis de procesos históricos ya enunciados por la historiografía medieval, que permiten una forma de hacer Historia más rica, nutrida por la interdisciplinariedad y el método comparativo. Una direccionalidad en la investigación histórica que concibe el examen de los paisajes, ya sean irrigados u otros, y busca converger la geografía, la historia, la ecología, en una historia medioambiental. En todos los casos presentados, se atisba el espectacular desarrollo de la arqueología medieval, en este sentido del paisaje y agraria, y la necesidad del análisis espacial con prospección sistemática del terreno aplicada a distintas escalas, como de la observación morfológica de las formas del paisaje, que aumente el número de casos estudiados en detalle y se inserten en un marco más amplio de análisis. Dentro de ello resulta fundamental secundar una mayor aplicación y exploración de estudios geoarqueológicos, arqueogeográficos, paleoambientales, arqueobotánicos, a partir de la intervención arqueológica que puedan sumar datos a la reconstrucción medioambiental y sociopaisajística de los paisajes agrarios medievales y calibrar con mayor precisión los efectos de las conquistas cristianas sobre el medio natural, las tipologías cultivadas en los espacios agrarios, datar secuencias de construcción de terrazas cultivadas, y con ello definir mejor el impacto ambiental y la ecología social de las sociedades cristianas.

En este progreso epistemológico resulta igualmente prioritario tener presentes las interacciones clima, tiempo y culturas medievales, que pueden examinar y atender a posibles momentos de inestabilidad en el marco natural o crisis socioecológicas a diferentes escalas espaciales y temporales que desencadenen efectos en el transcurrir de la puesta en práctica de la agricultura. La atención debe tener presente que los procesos o eventos naturales pudieron no generar cambios profundos en las sociedades, sino que más bien pudieron influir en la

---

[83] M. Barceló, «El diseño de espacios irrigados en Al-Andalus: un enunciado de principios generales», en *El agua en zonas áridas...*, *op. cit.*, pp. XV-XLV. M. Barceló, H. Kirchner y C. Navarro, *El agua que...*, *op. cit.*

forma en que se desarrollaron[84]. Desde la paleociencia moderna se ha revelado cómo el conjunto de disciplinas que alberga puede reconstruir aspectos de los entornos del pasado a partir de los elementos naturales que han perdurado, identificando datos y extrayendo conclusiones a partir de anillos de árboles, núcleos de hielo, análisis isotópicos de elementos orgánicos, huesos de animales y otros objetos, que proporcionan «proxy data» sobre las condiciones en las que se crearon o sobrevivieron las sociedades medievales[85]. Sin embargo, esta línea de conocimiento evidencia una falta de estudios para el área mediterránea ibérica con respecto a las investigaciones llevadas a término en las zonas del norte de Europa[86].

....

[84] Como expone B. M. S. Campbell: «The board array of natural and societal processes and the complex inter-relationships involved in this unfolding historical scenario constituted what may be called a social-ecological regime. Climate and society, ecology and biology, and microbes and humans comprise the six core components of such a dynamical system. Each component should be viewed as a semi-autonomous sub-system in its own right, made up of sub-elements linked by direct and indirect feedback, so that each possesses its own independent dynamic. None, however, exists in isolation, hence change in any one of the six core components will elicit change in one or more of the others, with the character of that change in part mediated by the prevailing state of those other components. When such a system exists in balance, that equilibrium is dynamic not static. Any change of human and environmental pressures and potentials can disturb that equilibrium and initiate a system shift from one dynamic socio-ecological regime balancing and adjusting itself within one set of bounds, to an alternative socio-ecological regime varying within a quite different set of bounds». B. M. S. Campbell, *The Great Transition: Climate, Disease and Society in the Late-Medieval World*, Cambridge, CUP, 2016, pp. 21-22. En este sentido también puede consultarse: M. Scheffer, *Critical transitions in nature and society*, Princeton, Princeton University Press, 2009, pp. 289-295.

[85] Una recopilación de la información obtenida de las cuestiones climáticas para la Europa medieval: R. Hoffman, *An Environmental History...*, *op. cit.*, pp. 329-341.

[86] Algunas ideas para el ámbito ibérico se sugieren en las obras de: J. Martín Vide y J. Olcina Cantos (coords.), *Climas y tiempos de España*, Madrid, Alianza, 2001; J. Olcina Cantos y E. Moltó Mantero (eds.), *Climas y tiempos del País Valenciano*, Alicante, PUA, 2019.

XLIX SEMANA INTERNACIONAL DE ESTUDIOS MEDIEVALES. ESTELLA-LIZARRA. 2023 | Transformaciones del medioambiente en la Edad Media
DOI: https://doi.org/10.35462/siemel.49 | 123-155

Agua, comida y energía hidráulica. Interacciones entre la ciudad y el campo en la Toscana medieval

Paolo Nanni
Università degli Studi di Firenze (Italia)
paolo.nanni@unifi.it

Italia representa un caso emblemático para el tema abordado en esta sema-na –*Transformaciones del medioambiente en la Edad Media. Paisajes, recursos y acción humana*–, tanto por las acentuadas variedades físico-naturales como por la antropización generalizada y la estratificación histórica de todo el territorio, lo que la convierte en el área geográfica más construida de Europa. De hecho, en la historiografía italiana el medioambiente ha sido considerado una condición fundamental para estudiar la historia de la agricultura[1], las zonas rurales y el trabajo campesino[2]. Las marcadas diferencias climáticas, de suelo, orografía e hidrografía en la península hacen que sea imposible abordar de manera general las relaciones laborales sin tener en cuenta tanto las limitaciones como las oportunidades del medioambiente[3]. Incluso la historia de los paisajes agrarios no se

---

[1] La *Storia dell'agricoltra italiana* (Florencia, 2002), concebida y promovida por Giovanni Cherubini con la «Rivista di storia dell'agricoltura», se divide en cinco volúmenes, que están disponibles en *open access* (www.storiaagricoltura.it): I, *L'età antica* (1. *Preistoria*, 2. *Italia romana*); II, *Medioevo ed età moderna*; III, *L'età contemporanea* (1. *Dalle «rivoluzioni agronomiche» le trasformazioni del Novecento*, 2. *Sviluppo recente*). La obra está introducida por un extenso capítulo general sobre el ambiente, el clima y el suelo: L. Rombai, *Clima, suolo, ambiente*, en *Storia dell'agricoltura italiana*, I, *L'età antica*, 1, *Preistoria*, Florencia, Viella, Accademia dei Georgofili, pp. XVII-LXIII. Sobre la contribución historiográfica de Giovanni Cherubini a la historia de la agricultura, véase: G. Piccinni, *Signori contadini borghesi. Una recensione tardiva*, en D. Balestracci, A. Barlucchi, F. Franceschi, P. Nanni, G. Piccinni y A. Zorzi (eds.), *Uomini paesaggi storie. Studi di storia medievale per Giovanni Cherubini*, Siena, Salvietti & Barabuffi, 2012, vol. II, pp. 1193-1206; A. Cortonesi, «Giovanni Cherubini storico dell'agricoltura e delle campagne», en *Rivista di storia dell'agricoltura*, LXI, 2, 2021, pp. 13-27.

[2] M. Montanari, *Dalla parte dei laboratores*, en A. Cortonesi y M. Montanari (eds.), *Medievistica italiana e storia agraria. Risultati e prospettive di una stagione storiografica*, Bolonia, Clueb, 2001, pp. 7-10; A. Cortonesi, «La storia agraria dell'Italia medievale negli studi degli ultimi decenni. Materiali e riflessioni per un bilancio», *Società e storia*, 100-101, 2003, pp. 235-253; A. Cortonesi y S. Passigli, *Agricoltura e allevamento nell'Italia medievale. Contributo bibliografico, 1950-2010*, Florencia, Firenze University Press, 2016 (*on line* «Reti Medievali»).

[3] R. Rao, *I paesaggi dell'Italia medievale*, Roma, Carocci, 2015; D. Cristoferi, «La storia agraria dal medioevo all'età moderna: una rassegna sulla storiografia degli ultimi venti anni in alcuni pa-

XLIX SEMANA INTERNACIONAL DE ESTUDIOS MEDIEVALES. ESTELLA-LIZARRA. 2023 | Transformaciones del medioambiente en la Edad Media

DOI: https://doi.org/10.35462/siemel.49 | 157-175

separa de esta interacción entre la naturaleza y la sociedad, entre las prácticas agrícolas y las relaciones económicas y sociales[4]. Además, se puede añadir que ni siquiera la historia de las ciudades puede separarse de las relaciones existentes con los rasgos geográficos de los diferentes territorios[5].

Sin embargo, en los últimos años la historia ambiental está recibiendo cada vez más atención en el campo de los estudios históricos[6]. Es un tema que despierta nuevos intereses de investigación, como las formas de adaptación frente a desastres ambientales[7], el impacto de los desastres naturales[8], las relaciones entre el clima y la historia[9].

En este contexto, la transformación de potencialidades naturales en recursos (fuentes de energía) creo que es un terreno interesante para examinar las interacciones entre el medio ambiente y la historia. La regulación hidráulica agraria de las áreas de llanura representa una de las principales piezas de la re-

---

esi europei», *Ricerche Storiche*, 46(3), 2016, pp. 87-120; P. Nanni, «History of Italian agriculture and agricultural landscapes in the late middle ages», *Rivista di storia dell'agricoltura*, LVII(2), 2017, pp. 3-24.

[4] *I paesaggi agrari d'Europa (Secoli XIV-XV)*, Roma, Viella, 2015. En una perspectiva europea amplia, desde el Atlántico hasta los Urales, este volumen contiene contribuciones también sobre la península ibérica: A. Malpica Cuello, «Le trasformazioni agricole e l'avanzata cristiana nella penisola iberica», *op. cit.*, pp. 101-125; A. Furió, «I paesaggi dell'acqua nella Spagna mediterranea: le huertas e l'agricoltura irrigua», *op. cit.*, pp. 323-384; P. Iradiel, «Consideraciones conclusivas», *op. cit.*, pp. 627-639.

[5] En el último trabajo de Giovanni Cherubini sobre las ciudades de la Europa medieval, el primer capítulo estaba dedicado a un perfil geográfico. Este capítulo, el único completado, fue publicado póstumamente: G. Cherubini, «Europa medievale: profilo geografico, demografico, agricolo e forestale del continente», *Rivista di storia dell'agricoltura*, LXI(1), 2021, pp. 5-24. En el mismo número de la revista también se republicaron otros artículos sobre las zonas rurales europeas: G. Cherubini, «Sviluppo economico e stratificazione sociale nelle campagne europee (secoli XII-XVI)», *op. cit.*, pp. 25-47; *Id.*, «Un'agricoltura più ricca dopo la scoperta dell'America», *op. cit.*, pp. 49-59; *Id.*, «Le transumanze del mondo mediterraneo», *op. cit.*, pp. 61-78.

[6] D. Canzian y P. Grillo, «Dalla parte della natura: il rapporto uomo-ambiente nella medievistica italiana recente», *Società e storia*, 165, 2019, pp. 471-484.

[7] S. Cavaciocchi (ed.), *Le interazioni fra economia e ambiente biologico nell'Europa preindustriale. Secc. XIII-XVIII*, Florencia, Firenze University Press, 2010; M. Matheus, G. Piccinni, G. Pinto y G. M. Varanini (eds.), *Le calamità ambientali nel tardo medioevo europeo: realtà, percezioni, reazioni*, Florencia, Firenze University Press, 2010; D. Cecere *et al.* (eds.), *Disaster Narratives in Early Modern Naples. Politics, Communication and Culture*, Roma, Viella, 2018.

[8] P. Grillo, «La città e il vulcano. Il comune di Como e le conseguenze dell'eruzione del Samalas (1257-1260)», en P. Guglielmotti e I. Lazzarini (eds.), *«Fiere vicende dell'età di mezzo». Studi per Gian Maria Varanini*, Florencia, Firenze University Press, 2021, pp. 147-161; G. Albini y P. Grillo (eds.), *Il fuoco e l'acqua. Prevenzione e gestione ei disastri ambientali fra medioevo ed età moderna*, Milán, Milano University Press, 2022.

[9] P. Nanni, «Per un quadro ambientale e biologico: il Periodo Caldo Medievale e la variabilità climatica», en *La crescita economica dell'Occidente medievale. Un tema storico non ancora esaurito*, Roma, Viella, 2017, pp. 69-91.

construcción histórica. La gestión del agua era, de hecho, un requisito indispensable para la producción de dos fuentes de energía esenciales para la vida de las sociedades preindustriales[10]: comida y energía hidráulica, es decir, la producción de alimentos y la principal fuerza motriz de las máquinas de la época, como molinos, batanes, fábricas de papel y la industria del hierro.

El dato de partida es que la presencia ramificada, obsesiva, de los cursos de agua[11] representó una constante en las ciudades del centro-norte de Italia[12] durante los siglos de crecimiento económico (siglos XII-XIV). Pero en algunos casos, las oportunidades ofrecidas por el entorno natural fueron ocasiones para innovar mediante obras de ingenio y elecciones estratégicas. Podemos preguntarnos, entonces: ¿cuáles fueron las soluciones técnicas adoptadas? ¿Qué impacto tuvieron estos momentos de ingenio medieval a medio y largo plazo?

Sin embargo, hay otro elemento adicional que emerge con particular relevancia en la historia de la Italia medieval. Como es sabido, las ciudades del centro-norte de la península son una anomalía en la Europa medieval[13]. Y no solo desde el punto de vista de las autonomías de gobierno conquistadas después de la paz de Constanza, sino también de las formas en que las ciudades proyectaron su dominio territorial hacia las zonas rurales[14]. El caso de los derechos sobre el agua es emblemático, ya que refleja de manera muy clara todas las fases del ascenso de las comunas, desde los gobiernos consulares hasta el establecimiento de los gobiernos populares (*governi di popolo*), o la formación de los estados regionales en los albores de la Edad Moderna. Lo que era un tema ambiental y técnico-hidráulico acabó por convertirse en un problema de gobernabilidad del territorio, pues el interés público perseguido por las ciudades debía interactuar con derechos previos de obispos, señores laicos o extensas

....

[10] *Gestione dell'acqua in Europa (XII-XVIII secc.)*, Florencia, Firenze University Press, 2018; P. Malanima, *Energia e crescita nell'Europa preindustriale*, Roma, Carocci, 1994; Id., «Energy and History», en M. Agnoletti y S. Neri Serneri (eds.), *The Basic Environmental History*, Cham, Springer, 2014, pp. 1-29.

[11] A. I. Pini, «Energia e industria tra Sàvena e Reno: i mulini idraulici bolognesi tra XI e XV secolo», en *Tecnica e società nell'Italia dei secoli XII-XVI*, Pistoia, Centro Italiano di Studi di Storia e d'Arte, 1987, pp. 1-22.

[12] P. Mainoni, «La fisionomia economica delle città lombarde dalla fine del Duecento alla prima metà del Trecento. Materiali per un confronto», en *Le città del mediterraneo all'apogeo dello sviluppo medievale: aspetti economici e sociali*, Pistoia, Centro Italiano di Studi di Storia e d'Arte, 2003, pp. 141-221.

[13] G. Cherubini, *Le città italiane dell'età di Dante*, Pisa, Pacini, 1992; Id., *Le città europee del medioevo*, Milán, Bruno Mondadori, 2009; G. Pinto, *Toscana medievale. Paesaggi e realtà sociali*, Florencia, Le Lettere, 1993; F. Franceschi y I. Taddei, *Le città italiane del medioevo (XII-XIV secolo)*, Bolonia, Il Mulino, 2012.

[14] R. Mucciarelli, G. Piccinni y G. Pinto (eds.), *La costruzione del dominio cittadino sulle campagne: Italia centro-settentrionale, secoli XII-XIV*, Siena, Protagon, 2009.

propiedades monásticas[15]. Surge así un problema de carácter civil y político que debe llevarnos a considerar las soluciones vehiculadas al respecto. En este caso, la pregunta que debemos plantear sería cuáles fueron las formas de gestión y cómo intervinieron los gobiernos de la época.

Por todo ello, centraré mi atención en las innovaciones, transformaciones y experimentos en la gestión de recursos ambientales que hoy llamamos «energías renovables». Después de algunas notas breves sobre Italia centro septentrional, desplazaré mi atención a las áreas de llanura de la Toscana, con dos enfoques específicos en Siena (Padule di Orgia) y Prato, en la Piana entre Florencia y Pistoia. Todos los ejemplos que quiero resaltar se sitúan en un periodo que abarca desde finales del siglo XII hasta la primera mitad del siglo XIV, y documentan acciones y procesos iniciados en ese momento que tuvieron impacto a largo plazo.

1. VARIEDAD DE CONTEXTOS AMBIENTALES E HISTORIA

Cualquier investigación en el campo de la historia del medio ambiente y la agricultura debe comenzar con un enfoque geográfico que permita resaltar las características fijas y variables del área de estudio[16].

Alrededor del 80 % (7500 km) del perímetro de la península italiana está representado por la franja costera que da al mar cálido del Mediterráneo (Tirreno y Adriático), fuertemente afectada en el pasado –especialmente en las costas tirrenicas, en el delta del Po y en las llanuras aluviales interiores (como en el caso de la Toscana)– por extensas aguas estancadas y fenómenos de inundación natural. La variada orografía y el desarrollo latitudinal generan notables diferencias climáticas, que se evidencian en las disparidades de las temperaturas medias anuales (alrededor de 7 °C entre el norte y el sur de la península) y en los índices de precipitación[17]. La morfología del territorio (orografía) está además caracterizada por grandes zonas de colinas (41,6 %) y extensas cadenas montañosas, los Alpes y los Apeninos (35,2 %), mientras que las áreas llanas son limitadas (23,2 %). Esta distribución se presentaba con las mismas proporciones en la disposición de las superficies cultivadas hasta la mitad del siglo XX: un 37 % de la superficie productiva en la montaña, principalmente en los Apeninos; un

----

[15] D. Balestracci, «La politica delle acque urbane nell'Italia comunale», *Mélanges de l'École française de Rome*, 104(2), 1992, pp. 431-479.

[16] L. Rombai, *Clima, suolo, ambiente, op. cit.*; Id., «Dall'Atlantico agli Urali: quadro geografico», en *I paesaggi agrari d'Europa, op. cit.*, pp. 33-66.

[17] *Italia. Atlante dei tipi geografici*, Florencia, Istituto Geografico Militare, 2007.

41,7 % en las colinas; y un 20,6 % en las llanuras, más de la mitad de las cuales está constituida por la llanura padana[18].

Es en este contexto ambiental donde se sitúan las acciones históricas que caracterizaron los siglos de la Edad Media. La ordenación de las tierras llanas, la regulación del agua para el riego, el suministro de agua y el uso de la energía hidráulica representan las constantes de los siglos de crecimiento. La agricultura y la cría de animales dependían del suministro de agua, la transformación de los productos requería energía hidráulica para operar los molinos, las manufacturas en las ciudades necesitaban regulación del agua para los procesos de producción y para la higiene urbana (eliminación de residuos). Sin mencionar los usos defensivos y la utilización de vías de agua, es decir, los ríos y canales navegables que, con sus ramificaciones, se conectaban con los puertos en el mar.

Como ya se ha indicado, las llanuras representan aproximadamente el 23 % del territorio italiano, correspondiendo en gran parte a la llanura padana. Las áreas llanas de la Toscana son más reducidas (menos del 10 % de la región), ubicadas, además de en la franja costera, en las cuencas intermontanas marcadas por el curso del Arno y otros ríos principales. Se trata principalmente de llanuras aluviales trazadas por complejos sistemas hidrográficos con fluctuaciones estacionales entre las épocas de crecida y las de estiaje, con riesgo de inundaciones cuando las fuertes lluvias hacen crecer los ríos de curso rápido o superan la capacidad de los cauces de ríos irregulares. La naturaleza del suelo, la morfología del terreno y los depósitos fluviales son las principales causas de numerosas zonas pantanosas y palustres conocidas en Toscana como *paduli*.

Si estos son los principales rasgos geográficos de la península italiana, el examen de los tiempos y las formas del cambio se vuelve más complicado, entre factores humanos y ambientales. Incluso el clima, por ejemplo, ha sido considerado un agente de cambio, como en el caso del aumento de las temperaturas durante el llamado Período Cálido Medieval (siglos X-XII), que al elevar el nivel del mar podría haber provocado una mayor acumulación de aguas en las zonas costeras, tanto en el delta del Po como en la desembocadura del Arno hacia Pisa.

No obstante, la actividad humana tuvo un impacto significativo. La Padana y el tramo medio del Arno, especialmente en el tramo entre Florencia, Prato y Pistoia, fueron profundamente marcados por las obras de ordenación hidráulica agrícola de la *centuriazione* romana. En el caso del delta del Po, se estima que

---

[18] P. Nanni, «L'agricoltura italiana durante la Guerra», en *Agricoltura e ricerca agraria nella Prima Guerra Mondiale*, Roma, Accademia Nazionale delle Scienze detta dei XL, 2016, pp. 35-52.

entre los siglos IV-I a. C., la línea costera se desplazó aproximadamente trece kilómetros[19] en esa amplia área donde desembocan en el Adriático otros ríos alpinos como el Adige, Brenta, Piave y Tagliamento. Abandonado el control sistemático del territorio[20], muchas de esas áreas, especialmente entre Emilia y Romagna, quedaron cubiertas por bosques planiziales y zonas pantanosas[21]. A pesar de que la Edad Moderna es considerada una época de intensas obras de drenaje hidráulico, los siglos centrales de la Edad Media no son ajenos a notables intervenciones infraestructurales, que se sitúan entre la expansión económica y el apogeo de las ciudades del centro-norte de Italia (siglos XII-XIV).

2. INNOVACIONES, INGENIO, ELECCIONES ESTRATÉGICAS: ITALIA PADANA

Un ejemplo de innovaciones, transformaciones de uso y adaptaciones de las piezas del mosaico ambiental es el de Milán. Entre el río Ticino, emisario del lago Maggiore, y la ciudad, se construyó un canal defensivo durante la guerra con Federico Barbarroja (siglo XII), que luego se convirtió en el Naviglio Grande. Así comenzó la edificación del sistema de canales que conectaron Milán con el río Po durante siglos. La regulación hidráulica y las canalizaciones también fueron obras fundamentales para la agricultura de la fértil llanura de la baja Milanesa, entre el Ticino y el Adda (descrita por Bonvesin da La Riva)[22], como se realizó, por ejemplo, en las propiedades de la abadía de Chiaravalle, impulsor del desarrollo agrícola medieval[23].

19 G. Forni, «Colture, lavori, tecniche, rendimenti», en G. Forni y A. Marcone (eds.), *Storia dell'agricoltura italiana*, I, *L'età antica*, 2, *Italia romana*, Florencia, Edizioni Polistampa, 2002, pp. 63-156, 72.

20 P. Delogu, «L'ambiente altomedievale come tema storiografico», en P. Nanni (ed.), *Agricoltura e ambiente attraverso l'età romana e l'alto medioevo*, Florencia, Le Lettere, 2012, pp. 67-108.

21 V. Fumagalli, *L'uomo e l'ambiente nel medioevo*, Roma-Bari, Laterza, 2003; M. Montanari, *Campagne medievali. Strutture produttive, porti di lavoro, sistemi alimentari*, Turín, Einaudi, 1984; *Id.*, «La foresta come spazio economico e culturale», en *Uomo e spazio nell'Alto Medioevo*, Spoleto, Fondazione CISAM, 2003, pp. 301-340; B. Andreolli, «Selve, boschi, foreste tra Alto e Basso Medioevo», en *I paesaggi agrari d'Europa, op. cit.*, pp. 385-431; P. Grillo (ed.), *Selve oscure e alberi strani. I boschi nell'Italia di Dante*, Roma, Viella, 2022.

22 F. Menant, *Campagnes lombardes au Moyen Âge*, Roma, École Française de Rome, 1993; M. Campopiano y F. Menant, *Agricolture irrigueen...*, en *I paesaggi agrari d'Europa, op. cit.*, pp. 291-322; G. Fantoni, *L'acqua a Milano. Uso e gestione nel basso Medioevo (1385-1535)*, Bolonia, Cappelli, 1990.

23 B. G. M. Del Bo, «Allevamento dopo il "ribaltamento della congiuntura" fra prati irrigui e cereali. Il punto di vista della storiografia italiana sulla Lombardia e spunti comparativi», *Rivista di storia dell'agricoltura*, LXI(2), 2021, pp. 1-12.

Entre los ejemplos de obras ingeniosas se pueden mencionar los casos de Mantua y Ferrara. En Mantua, el *podestà* Alberto Pitentino inició en 1188 (1189) la construcción del puente-dique «dei Mulini» para regular el río Mincio (emisario del lago de Garda), creando así un lago artificial aguas arriba de la ciudad. Las intervenciones posteriores (siglo XIII) con el puente de San Giorgio y la sucesiva esclusa de Governolo perfeccionaron la regulación del nivel del agua y la gestión de la fuerza hidráulica[24].

Ferrara debía su misma existencia al río Po (siglo VIII), siendo un punto nodal de transporte en el delta del Po en el umbral de la extensa área del Polesine y de la Romagna (Rávena). En el siglo VIII, el obispo de Rávena, Felice, realizó el corte del dique derecho del antiguo curso del Po (Po di Volano) al sur de Ferrara, abriendo así el Po di Primaro hacia Rávena en el cauce de una acequia (atestiguado por los topónimos «Fossa» y «Fossanova»)[25]. Sin embargo, un evento natural modificó esta configuración: la rotura del dique cerca de Ficarolo, aguas arriba de Ferrara (mediados del siglo XII), cortó los antiguos cauces, dando forma al nuevo curso del Po Grande de Venecia.

Otro ejemplo de innovación en la gestión del agua se encuentra en las elecciones estratégicas tomadas en la ciudad de Bolonia, entre los ríos Sávena y Reno. En 1219, el *comune* expropió los molinos urbanos y suburbanos, y el «endiadi pressoché inseparbile»[26] de canales y molinos enriqueció la ciudad medieval, marcando el curso posterior de los eventos, economías y realidades sociales. Fueron necesarias inversiones significativas de capital y, por lo tanto, imposiciones fiscales extraordinarias. A mediados del siglo XIII, el *comune* había construido once batanes (en el canal de Reno) y gestionaba ochenta y dos molinos de grano comunales (treinta y dos en el canal de Sàvena; cincuenta en el canal de Reno), además de aquellos pertenecientes a propietarios eclesiásticos y laicos (en los rios Sàvena, Reno, Idice, Ravone, Zena, Samoggia y otros cursos de agua menores).

---

24 M. Romani, «L'evoluzione del nucleo urbano tra XII e XIV secolo», en E. Camerlenghi, V. Rebonato y S. Tammaccaro (eds.), *Il paesaggio mantovano nelle tracce materiali, nelle lettere e nelle arti*, II, *Il paesaggio mantovano nel Medioevo*, Florencia, Olschki, 2005, pp. 197-209.

25 S. Patitucci Uggeri, *Carta archeologica medievale del territorio ferrarese*, I, *Forma Italiae Medii Aevi*, II, *Le vie d'acqua in rapporto al nodo idroviario di Ferrara*, Florencia, All'Insegna del Giglio, 2002; A. Castagnetti, *Società e politica a Ferrara dall'età post-carolingia alla signoria estense*, Bolonia, Pàtron, 1985; *Id.*, *La società ferrarese (secoli XI-XIII)*, Verona, Libreria Universitaria Editrice, 1991; T. Bacchi, «Statuti comunali e regolamentazione delle acque a Ferrara nel secolo XIII», en M. Montanari y A. Vasina (eds.), *Per Vito Fumagalli. Terra, uomini, istituzioni medievali*, Bolonia, Clueb, 2000, pp. 107-116.

26 A. I. Pini, «Energia e industria tra Sàvena e Reno», *op. cit.*; P. Cremonini, «L'area suburbana di San Giovanni in Persiceto con i settori a frutteti e orti: Persiceta, Prugnolis, via de Brolio, via Gatolina e le Braie», en *Per Vito Fumagalli, op. cit.*, pp. 117-155.

Naturalmente, podrían citarse otros ejemplos como los de Verona y el Adige[27], o el de Padua, que aunque no era una *civitas aquatica*, contaba con una riqueza de agua distribuida con destreza en todo el territorio urbano, incluyendo puertos fluviales[28]. También están los casos de las ciudades de Emilia[29], Veneto (Vicenza) y Marca Trevigiana (Treviso)[30], Piamonte[31].

Sin embargo, siguiendo la línea del discurso sobre las innovaciones medievales, algunos ejemplos de Toscana son particularmente interesantes entre la sociedad comunal.

3. DRENAR Y GOBERNAR EL MEDIOAMBIENTE ENTRE CIUDAD Y CAMPO: ALGUNOS EJEMPLOS DE TOSCANA

La Toscana medieval estaba caracterizada por la presencia de diversas áreas húmedas y zonas pantanosas[32]. Estas incluían lagos (Massaciuccoli, Bientina), humedales y *paduli* (Val di Chiana[33], el Padule di Fucecchio en Val di Nievole[34], el Padule di Orgia en la llanura de Rosìa y Sovicille cerca de Siena[35]), así como

[27] F. Saggioro, *Paesaggi di pianura: trasformazioni del popolamento tra Età romana e Medioevo*, Florencia, All'Insegna del Giglio, 2010.

[28] S. Bortolami, «Acque, mulini e folloni nella formazione del paesaggio urbano medievale (secoli XI-XIV): l'esempio di Padova», en *Paesaggi urbani dell'Italia padana nei secoli VIII-XIV*, Bolonia, Cappelli Editore, 1988, pp. 277-330.

[29] M. Campopiano, «Gestione ordinaria delle acque e rischi idrogeologici. L'amministrazione delle acque nella Pianura Padana tra esigenze energetiche, trasporti, irrigazione e rischi di inondazione (secoli XII-XV)», en *Gestione dell'acqua, op. cit.*, pp. 25-39.

[30] G. M. Varanini, «Le città della Marca Trevigiana fra Duecento e Trecento. Economia e società», en *Le città del mediterraneo all'apogeo dello sviluppo medievale: aspetti economici e sociali*, Pistoia, Centro Italiano di Studi di Storia e d'Arte, 2003, pp. 111-140; D. Canzian y R. Simonetti (eds.), *Acque e territorio nel Veneto medievale*, Roma, Viella, 2012.

[31] C. Rotelli, *Una campagna medievale. Storia agraria del Piemonte fra il 1250 e il 1450*, Turín, Einaudi, 1973; R. Comba, *Contadini, signori e mercanti nel Piemonte medievale*, Roma-Bari, Laterza, 1988; M. Gattullo, «Canalizzazioni cistercensi nel patrimonio fondiario di Staffarda (secoli XII-XIII)», en R. Comba y G. G. Merlo (eds.), *L'abbazia di Staffarda e l'irradiazione cistercense nel Piemonte meridionale*, Cuneo, Società di Studi Storici e Archeologici, 1999, pp. 259-286.

[32] A. Malvolti y G. Pinto (eds.), *Incolti, fiumi, paludi. Utilizzazione delle risorse naturali nella Toscana medievale e moderna*, Florencia, Olschki, 2003.

[33] B. Gelli, «Il paesaggio della Valdichiana nel medioevo», *Torrita. Storia, Arte, Paesaggio*, IV(4), 2013, pp. 53-63; S. Meacci, «Lavori e interventi pubblici nella Chiana aretina tra XIV-XV secolo», *Annali Aretini*, VIII-IX, 2000-2001, pp. 51-108.

[34] A. Malvolti, *La comunità di Fucecchio nel medioevo. Boschi, acque, campagne. Ricerche sul territorio fucecchiese tra medioevo ed età moderna*, Vicopisano, Tipografia Monteserra, 2014.

[35] B. Gelli, «La Piana di Rosia nel basso medioevo: gli statuti della Compagnia del Padule», *Miscellanea storica della Valdelsa*, CXX(1), 2014, pp. 39-58; L. Favilli, A. Benocci, S. Piazzini y G. Manganelli, «La Piana di Rosia: un ambiente da ripristinare», *Etruria Natura. Una finestra sul territorio*, XI, 2015-2016, pp. 107-116.

ISBN: 978-84-235-3705-1 | 157-175

llanuras aluviales con estancamiento de aguas (Florence-Prato-Pistoia), además de las marismas, la Maremma de Pisa y la Maremma de Grosseto. En la carta de la Valdichiana de Leonardo da Vinci, por ejemplo, se ve muy claramente el área pantanosa del río Chiana al sur de Arezzo. En todos estos casos, las zonas han experimentado notables cambios desde su origen romano hasta las transformaciones medievales y posteriormente los proyectos de regulación de aguas en la época medicea, culminando en las definitivas obras de desecación entre los siglos XVIII y XX.

El drenaje, la regulación y la gestión de ríos y canales, la complejidad de los usos (pesca y flora de humedales, agricultura y pastoreo), y las formas de gobierno territorial representan los elementos clave en la geografía histórica de las aguas en Toscana. Los estatutos comunales ofrecen una amplia documentación de normas y medidas para la protección de estos recursos[36]. Además, importantes conocimientos históricos provienen de la arqueología. La Toscana ha sido muy bien estudiada por los arqueólogos debido a las innovaciones técnicas de la ingeniería hidráulica, como los molinos[37]. El tipo de molino más utilizado era el de rueda horizontal (*ritrecine*), pero a partir del siglo XIII-XIV también se difundió el molino flotante (*molendinum penzolum*), especialmente en el Arno, así como los molinos de rueda vertical con agua debajo (*molendinum orobico* –el más común en Bolonia desde el siglo XIII–) y con agua encima (*molendinum franceschum*). Sin embargo, la gran novedad técnica fue el árbol de levas, que transformó el movimiento rotatorio en movimiento alternado, una innovación fundamental para las aplicaciones industriales de la energía hidráulica: batanas, fábrica de papel e instalaciones metalúrgicas.

Además del control de las aguas y de las instalaciones hidráulicas, hay otro elemento adicional a considerar. Los ejemplos de Siena y Prato, que tengo la intención de presentar, amplían el concepto de innovación y experimentación, ya que las transformaciones técnicas, es decir, las obras de drenaje realizadas en los siglos XIII y XIV, se suman a una forma particular de gestión: el consorcio. La finalidad pública de regulación de las aguas y el aprovechamiento de un recurso ambiental (agua y tierras) para la agricultura y la energía hidráulica se lograba a través de una compañía (Siena) o un *arte* (Prato) que unía lo público y lo privado bajo el control del gobierno, es decir, la república de Siena y el *comune* de Prato, respectivamente.

....

[36] F. Salvestrini, *Water and the Law. The Management of Water in the Statutory Legislation of Late Communal Italy (13th-14th Centuries)*, Oxford, Archaeopress, 2024.

[37] E. Cortese, *L'acqua, il grano, il ferro. Opifici idraulici medievali nel bacino Farma-Merse*, Florencia, All'Insegna del Giglio, 1997.

3.1 Siena y el drenaje del Padule di Orgia (llanura de Rosia)

Como es sabido, el suministro de agua era particularmente crítico para la ciudad de Siena por su ubicación geográfica en la cresta y su lejanía de cursos de agua significativos[38]. Sin embargo, entre los siglos XIII y XIV, incluso frente al crecimiento demográfico y económico, la ciudad fue especialmente activa en la gestión del territorio, uno de los más amplios de la Toscana. La extraordinaria documentación pública conservada también permite seguir con gran precisión las políticas, incluso en el campo de la promoción de la agricultura, el suministro alimentario[39] y la gestión de los recursos naturales. Un caso muy significativo son las decisiones tomadas en el área de la Maremma de Grosseto, la parte meridional de lo que los seneses, con un poco de énfasis, llamaban su «reame». Como ha mostrado Davide Cristoferi[40], la trashumancia existía desde hacía tiempo en la Maremma de Grosseto, pero fue a partir de las medidas de 1353 cuando se inició un proceso que llevó a la estructuración definitiva con la *Dogana dei Paschi* (Estatuto de 1419), convirtiendo a la Maremma en el eje de la fiscalidad y la riqueza pública[41].

Volviendo a los recursos hídricos y a la gestión del agua, está claro que el cuidado de los recursos ambientales era una parte esencial del gobierno comunal en Siena, lo que implicaba la interacción con propiedades eclesiásticas, laicas (ciudadanos y del *contado*) e instituciones asistenciales. Ejemplos de ello son la

---

[38] D. Balestracci, *L'acqua a Siena nel medioevo*, en *Ars et Ratio. Dalla torre di Babele al ponte di Rialto*, Palermo, Sellerio Editore, 1990, pp. 19-31; D. Balestracci y G. Piccinni, *Siena nel Trecento. Assetto urbano e strutture edilizie*, Florencia, CLUSF, 1977.

[39] G. Piccinni, «Siena, il grano di Maremma e quello dell'ospedale. I provvedimenti economici del 1382», *Bullettino senese di storia patria*, 120, 2013, pp. 174-189.

[40] D. Cristoferi, *Il «reame» di Siena. La costruzione della Dogana dei Paschi e la svolta del tardo Medioevo in Maremma (metà XIV-inizi XV secolo)*, Roma, Istituto Storico Italiano per il Medioevo, 2021; *Id.* (ed.), *Statuti della Dogana dei Paschi di Siena del 1419 e del 1572*, Florencia, Associazione di Studi Storici «Elio Conti», 2021.

[41] «Ancho con ciò sia cosa che 'l paese di Maremma sia el più alto e più rilevato e più degno che abbi la nostra città e di maggiore fructo e quasi si può dire essere un reame e quello che può dare richeça e abondança e tesori a la nostra città più che niuno altro quando fusse ben governato e ben custodito, e come le cose si sieno andate per li passata per negligentia sono divenuti quasi sterili e inculti, et de le cose che noi dovremo cavare larghi fructi e proventi noi largamente vi mettiamo de la pecunia del nostro comune» [Puesto que el territorio de la Maremma es el más importante y valioso que nuestra ciudad posee, y el de mayor provecho (beneficio); y casi se puede decir que es un *reame* que puede proporcionar riqueza y abundancia, y tesoros a nuestra ciudad más que cualquier otro, cuando esté bien gobernado y bien cuidado; y dado que las cosas han empeorado en el pasado y debido a la negligencia se han vuelto casi estériles e incultos, y en lugar de obtener grandes frutos (beneficios), hemos perdido considerablemente los fondos de nuestro municipio]: D. Cristoferi, *Il «reame» di Siena*, *op. cit.*, p. 1 (citación desde ASSi, *Consiglio Generale, Deliberazioni*, 198, Siena, febrero 1399).

protección de la red de molinos en Val d'Arbia del hospital de Santa María della Scala; o incluso una especie de gestión conjunta de las infraestructuras (canalizaciones, pesquerías y molinos) con la abadía de San Galgano. El caso de esta abadía cisterciense también refleja la especialización técnica y profesional que la orden había desarrollado en el campo de la ingeniería hidráulica. De hecho, es sabido que en 1267 el *comune* de Siena se dirigió a uno de los monjes para recabar su opinión técnica sobre la posibilidad de realizar una derivación desde el río Merse hasta la ciudad, que padecía escasez crónica de agua[42].

La relación con la abadía vallombrosana de Torri tiene un interés muy particular en el caso del Padule di Orgia[43], cerca de la Selva del Lago[44], adquirida por el *comune* a través de expropiaciones y compras. A mediados del siglo XIII, se llevó a cabo el drenaje del pantano mediante la creación de un consorcio compuesto por el *comune* de Siena, la abadía de Torri, propietaria de la mitad del área, y todos los demás propietarios de la ciudad y del contado (*comitatini*).

En 1303 se redactó el primer estatuto, primero en latín y luego en vernáculo, seguido de una revisión a mediados de siglo (1350-1375)[45]. Los rectores y el *camerlengo* designados por el consejo de la Compañía del Padule debían realizar una inspección cada dos meses para controlar el estado de los fosos, los *raggiuoli* (arroyos o canales) y los diques[46]. El estatuto también establecía las reglas de uso (cultivo, caza y pesca, pastoreo) y supervisaba los daños causados. La estructura institucional de compañía requería que todos los propietarios se registraran en la llamada «Tavola del Padule» (lamentablemente no conservada), donde se anotaban las transferencias de propiedad y los contratos de alquiler.

----

[42] G. Piccinni, «El modelo cisterciense en la Italia centro-septentrional: algunas ideas desde la historiografía», *Cistercium. Revista cisterciense*, LVIII, 2006, pp. 45-61.

[43] B. Gelli, *La Piana di Rosia, op. cit.*

[44] S. Massai, *La Selva del Lago. Il bosco di Siena nel medioevo*, Siena, Protagon, 1998.

[45] B. Gelli, *La Piana di Rosia, op. cit.*

[46] «Capitolo XV –*Che li rectori vadano al Padule ogne due mesi*. Anco statuto et ordinato è, che li rectori e lo camarlengo, o vero due di loro, sieno tenuti andare ciascuni due mesi al Padule per rivedere le vie e ponti e le fosse e li ragiuoli [*ruscelli*], andando da piei lo detto Padule infino al capo; e se trovaranno scipato cavelle [*qualcosa*], sèno tenuti esso fare raconciare in qualunque luogo è bisogno, a le spese de la Compagnia; e li ponti a le spese de li speziali [*speziali persone*] di cui sono le terre. Et quando andaranno per le predette cose fare e trovare, debiano avere per le spese del mangiare e del bere, tuti tre e lo messo cioè, XII soldi di denari de la detta Compagnia» [Los rectores y el *camerlengo*, o dos de ellos, deberán ir cada dos meses al Padule para inspeccionar las carreteras, puentes, acequias y arroyos; deben ir desde el fondo hasta la cima; si encuentran algo dañado, deben hacerlo reparar a expensas de la compañía, mientras que los puentes serán responsabilidad de los propietarios individuales de las tierras. Cuando realicen estas tareas, se les pagarán los gastos de comida y bebida, a todos los tres y al mensajero, es decir, doce denarios de dicha compañía]: L. Banchi, *Statuti senesi scritti in volgare. 1303-1375*, Bolonia, 1871, p. 84 (*Statuto della società del Piano del Padule d'Orgia*, cap. XV).

Dos cuestiones merecen destacarse. En primer lugar, la innovación en la gestión unía lo público y lo privado en la protección y utilización de un recurso ambiental que, gracias a la desecación, se convirtió en un «locus valde utilis et fructuosus» para la «magnam fertilitatem bladi» que «adferat civitati Senarum»[47]. La experiencia del Padule di Orgia también constituía un modelo para el gobierno del territorio en la época del «Gobierno de los Nueve»: una resolución del Consejo General de la ciudad de Siena establecía que el saneamiento de la llanura de Surra debía realizarse siguiendo el modelo del de Orgia, «secundum quod faciunt predicti de Padule Orgia»[48].

En segundo lugar, la documentación emanada por el consorcio permite trazar la vida y las transformaciones durante más de un siglo. Los registros, los añadidos y las deliberaciones del Consejo nos muestran no solo las actividades realizadas, sino también los conflictos que surgieron debido a la creciente expansión de la propiedad de la ciudad a expensas de los propietarios del *contado*; o los problemas debidos a la falta de mantenimiento. Además, y no es un detalle menor, se revelan los cambios ocurridos especialmente en las décadas posteriores al despoblamiento causado por la Peste de 1348. A pesar de que esta área desecada había sido una de las principales zonas de *mezzadria* (la aparcería toscana), la disminución de las necesidades de suministro de alimentos y la menor disponibilidad de mano de obra (los *laboratores*) mostraron un aumento en el uso para pasturas ¿pastos? y pastoreo. En la última década del siglo XIV, el encharcamiento volvió a caracterizar el paisaje de la llanura, que estaba a punto de «perdersi e guastarsi in tutto», perderse y arruinarse por completo[49].

3.2. El drenaje de la llanura de Florencia-Prato-Pistoia

El curso del río Arno, debajo de Florencia, atraviesa la llanura aluvial en la cuenca inter montana entre los Apeninos Tosco Emiliano (al norte) y el Montalbano (al sur)[50]. La cuenca hidrográfica incluye (en la orilla derecha al norte) la confluencia de los ríos Ombrone y Bisenzio, además de otros torrentes más pequeños. La llanura sufría un problema de estancamiento de agua.

Los canales artificiales están documentados en torno a la ciudad de Pistoia desde época lombarda (siglo VIII), donde parece que también se conoce la pri-

---

47 B. Gelli, *La Piana di Rosia*, op. cit., p. 46 (*Quattro Conservatori*-3 agosto 1308).
48 *Ibid.*, p. 57 (*Consiglio Generale*-18 junio 1310).
49 *Ibid.*, p. 56 (*Quattro Conservatori*-abril 1392).
50 F. Salvestrini, *Libera città su fiume regale. Firenze e l'Arno dall'antichità al Quattrocento*, Florencia, Nardini, 2005; *Id.*, «Tra "civiltà" e "natura". La presenza del fiume nei contesti urbani, il caso toscano fra Medioevo e prima età moderna», en *Acque e territorio nel Veneto medievale*, op. cit., pp. 133-145.

mera aparición del término *gora*, canal, para referirse a un desvío del torrente Brana que alimentaba un molino[51]. Las intervenciones del *comune* de Pistoia están ampliamente acreditadas desde los estatutos más antiguos, sin contar la gran cantidad de trabajo de construcción y mantenimiento de unos setenta kilómetros de cauces artificiales para alejar las aguas estancadas.

El drenaje de la llanura donde el Arno recibe las aguas del Bisenzio y del Ombrone se llevó a cabo en el siglo XIII con la ampliación y el «sbassamento», el rebaje de la «Gonfolina», el estrechamiento donde el río abre paso para su curso inferior a la altura de Lastra a Signa. Incluso Villani lo mencionó en su *Crónica*[52].

Pero es sobre todo alrededor del caso de la Tierra di Prato donde pretendo centrar la atención.

3.3. El «oro blanco de Prato»: el sistema de canales y molinos

La historia de Prato está marcada por un singular acontecimiento. Los orígenes del *comune* se sitúan alrededor del siglo XII, como resultado de la unión de dos anteriores asentamientos: el Borgo al Cornio (sede de la *pieve*) y el Borgo al Prato. El naciente *comune* no tenía, por lo tanto, un origen noble, a diferencia de las ciudades vecinas de Pistoia y Florencia, y el área de su distrito estaba formada por el tramo final del valle del Bisenzio –el «valle onde Bisenzio si dichina» recordado por Dante– y la llanura salpicada de numerosas *ville*, es decir, villas, asentamientos no fortificados. A pesar del limitado perímetro de su territorio, Prato experimentó un sorprendente auge entre los siglos XII y XIII, alcanzando dimensiones demográficas y económicas de cierta importancia[53]. En las últimas décadas del siglo XIII, el centro (y los arrabales) contaba con aproximadamente 18 000 habitantes (4000 familias), mientras que 14 000 (2500 familias) pertenecían al distrito (un total de 32 000 habitantes).

---

[51] N. Rauty, «Sistemazioni fluviali e bonifica della pianura pistoiese durante l'età comunale», en *Id.*, *Pistoia città e territorio*, Pistoia, Società Pistoiese di Storia Patria, 2003, pp. 47-68.

[52] «E' si truova e per evidente sperienza si vede, che la detta pietra Golfolina per maestri con picconi e scalpelli per forza fu tagliata e dibassata per modo che 'l corso del fiume d'Arno calò e dibassò, sì che i detti paduli scemaro e rimase terra guadagnabile» [Se encuentra [escrito] y se ve evidente por experiencia, que la piedra llamada Golfolina fue cortada y rebajada a la fuerza por maestros [de piedra] con picos y cinceles, de modo que el curso del río Arno disminuyó y se redujo, lo que hizo que los pantanos disminuyeran y quedara tierra utilizable]: G. Villani, *Nuova Cronica*, G. Porta (ed.), Parma, Guanda, 1990, p. 72 (II, 6).

[53] G. Cherubini, «Ascesa e declino del centro medievale (dal Mille al 1494)», en *Id.* (ed.), *Prato, storia di una città*, 1, *Ascesa e declino del centro medievale (dal Mille al 1494)*, Florencia, Le Monnier, 1991, pp. 965-1010 (ahora en *Id.*, *Città comunali di Toscana*, Bolonia, Clueb, 2003).

El término revolución «industrial», utilizado para reconstruir el crecimiento económico de Occidente[54] ciertamente también se aplica a Prato, que basó su expansión en el desarrollo manufacturero vinculado a la industria textil de la cercana Florencia. Sin embargo, la laboriosidad que se volvió proverbial entre los *pratesi*, los habitantes de Prato, no se puede explicar sin tener en cuenta lo que se ha denominado el «oro blanco de Prato», es decir, el sistema de canales (*gore*) y molinos[55].

La construcción de una esclusa (*pescaia*) aguas arriba del centro urbano, donde el cauce del Bisenzio se extiende sobre la llanura, desviaba parte del río hacia un canal artificial. Desde el «Gorone» (la gran *gora*), luego se ramificaban después tres canales principales (*gore*) que bordeaban y atravesaban el área urbana para luego fluir hacia la llanura, alimentando una densa red de canales que finalmente confluía en el río Ombrone. Si el trabajo de generaciones de hombres fue responsable del mantenimiento o restauración de la trama de la *centuriazione* romana con fines defensivos, de abastecimiento de agua y de contención del estancamiento de las aguas, es sin duda a esa obra ingenieril de la *pescaia* de Cavalciotto a la que se debe el suministro de una fuente de energía de fundamental importancia. En el siglo XIII, se contaron más de sesenta instalaciones hidráulicas, incluidos molinos y batanes, que molían el trigo producido en la llanura y movían las máquinas de la industria textil de la lana.

También en el caso de Prato, el cuidado de este recurso ambiental fue confiado a un consorcio. En 1296 se redactó un estatuto original, el *Statuto dell'Arte dei proprietari dei molini sulla riva destra del Bisenzio*[56]. Desde sus primeros capítulos se especificaba que los rectores debían encargarse del mantenimiento de la compuerta de Santa Lucía[57]. Esa esclusa era clave para el mantenimiento de toda la infraestructura y para establecer las reglas del uso del agua de los canales (*gore*). Los propietarios

---

54 F. Franceschi, «Introduzione», en *La crescita economica dell'Occidente medievale. Un tema storico non ancora esaurito*, Roma, Viella, 2017, pp. 1-24.

55 I. Moretti, «L'ambiente e gli insediamenti», en *Prato, storia di una città*, 1, *op. cit.*, pp. 3-78; L. Rombai, «L'assetto del territorio», en E. Fasano Guarini (ed.), *Prato, storia di una città*, 2, *Un microcosmo in movimento (1494-1815)*, Florencia, Le Monnier, 1986, pp. 3-42.

56 R. Piattoli (ed.), *Lo Statuto dell'Arte dei padroni dei mulini sulla destra del fiume Bisenzio (1296)*, Prato, Stab. Giovanni Bechi, 1936.

57 «III –De gorario et chiusa de Sancta Lucia manutenenda, et de balia dictorum rectorum et consiliariorum, et quomodo expense fiant, rubrica. Item provisum et ordinatum est, quod predicti rectores et dicti eorum consiliarii teneantur et debeant bona fide manuteneri facere chiusam de Sancta Lucia et gorarium. Et quando necesse fuerit ipsam chiusam et gorarium refici et reactari, fatiant [...]»; «XXXIX. De chiusa de Sancta Lucia muranda. Item ordinamus quod clusa de Sancta Lucia [Cavalciotto] debeat murari de lapidibus et galcina quomodo et quando videbitur rectoribus huius sotietatis cum consilio dominorum molendinorum et molendinariorum eisdem rectoribus adiunctorum a dicta sotietate vel maiori parte ad illum terminum qui eis visum fuerit». *Ibid.*, pp. 115-116.

no dirigían directamente las instalaciones, que normalmente se arrendaban, sino que su tarea era supervisar su correcto uso, también en interés del *Comune*.

Como es sabido, el ascenso de Prato en el siglo XIII quedó incompleto; Prato no pudo expandir sus fronteras, ya que estaba atrapada entre Pistoia y Florencia, y tampoco logró obtener el título de ciudad, quedando como Terra di Prato. Los signos de declive están documentados en los datos demográficos desde las primeras décadas del siglo XIV.

Sin embargo, ese ramificado sistema de reglamentación hidráulica de la llanura ha tenido un impacto secular, tanto en el sector manufacturero (el distrito textil de Prato representa un caso muy particular en la historia de la industria italiana), como en el agrícola. Los recursos hídricos han sido importantes para el desarrollo de un sector particular como la horticultura, impulsada también por las demandas del cercano mercado florentino. Además, la regulación de las aguas, especialmente en la saca meridional cerca de la confluencia del sistema de canales en el Ombrone, ha permitido algunas especializaciones bastante inusuales en Toscana. Las *Cascine di Tavola*, construidas en la propiedad de los Medici en la llanura, a los pies de la Villa de Poggio a Caiano, encargada por Lorenzo de Medici, representaron un ejemplo original de «*cascina* al estilo lombardo» (agricultura de riego y ganadería en establos), además de un breve periodo de experimentación en la producción de arroz. A pesar de la repentina trayectoria, entre ascenso y declive, la laboriosidad de los habitantes de Prato ha mantenido su historia peculiar, aprovechando también sus recursos ambientales.

Correspondía a los propietarios asegurarse de que los canales estuvieran limpios[58], que no se utilizaran como «cloacham»[59] y que el agua no se dispersara, perjudicando el funcionamiento de otros molinos[60]. La reforma del estatuto de 1315 también estableció las dimensiones (ancho, profundidad) de los canales que debían mantenerse[61].

---

[58] «XXXVI. Quod molendinarius teneatur remondare goram. Statutum est quod quilibet molendinarius teneatur et debeat semel ad minus in anno remondare gorarium et relevare scasciata a molendino in quo moratur, usque ad aliud proximum molendinum quod est subtus suum». *Ibid.*, p. 128.

[59] «XXXVII. Quod molendinarius non teneat cloacam in goram... Item ordinamus quod nullus molendinarius teneat cloacham in aliqua gora, ita quod spurcitia derivetur in ea vel iusta goram». *Ibid.*, p. 128.

[60] «XLII. Quod molendinarius chustodiat aquam usque ad suos confines. Item ordinamus quod quilibet molendinarius huius sotietatis teneatur et debeat custodire et tenere aquam sui molendini usque ad suum confinem et non permictat eam exire extra suam goram, nisi reverteretur in ipsam goram». *Ibid.*, p. 130.

[61] «LIV [reforma 1315]. Quantum debet esse largum gorarium. Item statuimus et ordinamus quod, cum goraria molendinorum terre Prati et districtus sint a pluribus, habentibus posses-

4. NOTAS DE INVESTIGACIÓN

El pasado septiembre se celebró el I Congreso de la nueva Sociedad Italiana de Historia Ambiental (SISAM), con la participación de muchos estudiosos de diversas disciplinas: historia medieval, historia moderna y contemporánea, geografía y arqueología. Del diálogo entre los diferentes enfoques surge una variedad de perspectivas de estudio que confirma el estado incierto de la historia ambiental. Para algunos, el medioambiente en sí mismo constituye el objeto de estudio y las transformaciones del pasado se orientan a explicar las crisis actuales. Para otros, la historia del medioambiente es un punto de encuentro entre elementos naturales y actividades humanas, y se orienta hacia una mejor comprensión de la vida de las sociedades. Por supuesto, esta polarización está algo acentuada, pero es útil para resaltar las diferentes perspectivas que obviamente pueden coexistir.

Estos diferentes enfoques de análisis son ciertamente un estímulo positivo para los estudios históricos, con el fin de enriquecer el conocimiento del pasado y también para fomentar nuevas colaboraciones entre los distintos sectores de la investigación histórica. El diálogo interdisciplinar, indispensable para tratar la historia del medio ambiente, debe confrontar no solo diferentes métodos de investigación, sino también preguntas específicas de investigación; la voz de la historia no la constituyen solo los documentos que usamos, sino también los interrogantes que nos planteamos para intentar comprender la realidad histórica y, sobre todo, las personas que la vivieron.

Concluyendo mi intervención, me gustaría destacar algunos puntos que considero importantes, como contribución específica de la reflexión histórica.

El medioambiente es una realidad humana

El tema de la Semana dedicado a las transformaciones ambientales, es decir, paisajes, recursos y acción humana, centra nuestra atención en un aspecto particular del análisis geográfico. Aunque las características ambienta-

----

siones iusta dicta goraria, extremata ac etiam occupata [...] dicta goraria ubicumque sunt extra cierchias terre Prati, debeant esse ampla in fundo dictorum gorariorum duobus bracchiis et dimidium, et ita manuteneri debeant ab illis qui habent possessiones iusta dicta goraria. Et quod nullus debeat vel presummat ponere aliquod bacchium vel arborem vel imgonbrare dicta goraria infra dictam mensuram, et qui habent vel ocuppassent, seu quoquo modo ingonbrata essent infra dictam mensuram, teneantur ea elevare et expedire et amplare et ampla et expedita manutenere». *Ibid.*, p. 144.

les a menudo se identifican con elementos físico-naturales (clima, suelo, morfología), no debemos olvidar que el medioambiente es una realidad humana, una parte esencial de la reconstrucción histórica. Los eventos naturales han causado cambios significativos (deslizamientos de tierra, inundaciones, terremotos, erupciones volcánicas, variaciones climáticas), al igual que las actividades humanas han dado forma al hábitat, convirtiendo las potencialidades naturales en recursos o modelando paisajes agrícolas, pastorales y forestales específicos.

Desde esta perspectiva, la investigación histórica hace necesaria la identificación de terrenos concretos hacia los que enfocar las interacciones entre el entorno y la actividad humana. Un punto fundamental es, naturalmente, las catástrofes naturales (eventos extraordinarios, terremotos, inundaciones, etc.) y las capacidades de respuesta. Pero otro aspecto de gran interés son también las innovaciones y las técnicas de gestión mediante las cuales las sociedades han convertido las potencialidades naturales en recursos energéticos, han modificado el uso del suelo o han interactuado con la vegetación natural, como en el caso de las áreas forestales. La acción antropogénica no es necesariamente destructiva, aunque evidentemente puede actuar de manera que favorezca o perjudique tanto la sostenibilidad ambiental como la vida social y económica. Todas las decisiones o acciones realizadas pueden interpretarse de diversas formas, entre necesidad y previsión, entre impactos positivos y negativos, pero la tarea de la investigación histórica es, ante todo, comprender el pasado, las causas y los propósitos que han orientado aquellas decisiones.

Lo imponderable en la historia de las ciudades medievales

La historia del medio ambiente o de las formas de gestión de los recursos naturales constituye un terreno interesante para el análisis histórico de las relaciones entre la ciudad y el campo. El caso específico de las ciudades italianas, especialmente en el centro-norte de la península y en particular en la Toscana, sin embargo, invita a no considerar las ciudades de manera genérica. Las ciudades son una realidad material, con sus características demográficas y urbanísticas, pero también son un espacio de relaciones económicas, sociales y políticas, y nunca se debe olvidar que también son un mundo de cultura, de ideales y de conciencia cívica. Como señalaba Giovanni Cherubini, al intentar explicar los éxitos o fracasos de ciertas ciudades existe un margen de lo imponderable, un misterio que escapa a nuestras preguntas y nuestra racionalidad: «I successi di certe città non sarebbero invece spiegabili soltanto richiamando la loro felice positura e i caratteri del territorio circostante, ma rinviano piuttosto ai fattori misteriosi del pensare e dell'agire collettivo degli abitatori»[62]. Efectivamente, es evidente que las oportunidades brindadas por el entorno natural a veces han sido determinantes y, aunque la presencia de los cursos de agua es una constante en las ciudades-estado del centro norte de Italia, en algunos casos se trató de innovaciones, obras de ingenio y elecciones estratégicas.

Reflexionar sobre estas interacciones entre el medio ambiente y la historia constituye, en definitiva, un espejo privilegiado para examinar las elecciones y la creatividad en la gestión, tanto en las fases de crecimiento como en las de crisis[63]. Los siglos XII al XIV representan, en resumen, el periodo en el que se deben enfocar los principales «appuntamenti con la storia»[64], esos momentos decisivos que marcaron la historia de las interacciones entre las ciudades y el campo.

Historia ambiental y Global History

Volver a leer estas páginas de historia creo que es útil también para sentar las bases de posibles comparaciones entre culturas y civilizaciones, tanto en Europa como más allá de sus confines, incluso a largo plazo. «"Historia Global" como ninguna otra –ha escrito Paulino Iradiel– el actual *retour de la longue durée* ha hecho de la cuestión ambiental una de las claves de la interpretación histórica del desarrollo, emplazando los acontecimientos humanos en un contexto más amplio de historia de la naturaleza»[65].

---

[62] «Le stesse occasioni offerte dall'ambiente naturale per lo sviluppo di un abitato –la presenza di un fiume, un guado, un incrocio naturale di strade, un'altura ben difendibile e fornita di sorgenti d'acqua–in qualche caso agiscono come incentivi, in qualche altro restano del tutto ignorate dagli uomini». G. Cherubini, *Le città europee del Medioevo, op. cit.*, p. 43.

[63] P. Nanni, «Campagne dopo il 1348. Note sull'agricoltura italiana negli anni dopo la peste», *Rivista di storia dell'agricoltura*, LXII(1), 2022, pp. 5-22.

[64] «Parlare di canali significa ovviamente parlare di realtà ambientali da trasformare, di grosse opere artificiali fatte dall'uomo e quindi di lavoro e di fatiche, ma anche di grossi esborsi di capitali e di imposizioni fiscali straordinarie. A monte di tutto questo ci stanno però –ed è quello che interessa in particolar modo lo storico– le grandi scelte strategiche, economiche, politiche, sociali (ma anche, volendo, culturali) che poi si concretizzano in piani d'intervento e di programmazione. Sono questi –per dirla con un termine che oggi appare peraltro molto desueto– i grandi "appuntamenti con la storia" che, puntualmente rispettati o lungamente disattesi, condizionano poi, in modo per lo più irreversibile, il corso successivo degli eventi, delle economie, delle realtà sociali». A. I. Pini, «Energia e industria tra Sàvena e Reno», *op. cit.*, pp. 4-5.

[65] P. Iradiel, «Definir y medir el crecimiento económico medieval», en *Id., El Mediterráneo medieval y Valencia. Economia, sociedad, historia*, Valencia, PUV, 2017, pp. 41-68, 61 (primera edición en italiano: «Definire e misurare la crescita economica medievale», en *La crescita economica dell'Occidente medievale, op. cit.*, pp. 25-46).

La gestión del agua (drenaje e ingeniería hidráulica, formas de gobierno del territorio) es un elemento esencial para la vida de todas las sociedades y, por lo tanto, constituye un interesante campo de comparación entre civilizaciones. Solo bastaría con un mapa de la circulación de conocimientos y técnicas desde España hasta el Mediterráneo, desde Flandes hasta las grandes cuencas de Europa occidental y oriental, para elaborar una historia ambiental comparada y sentar las bases para un cotejo con las principales áreas del Medio Oriente y Asia central, llegando hasta las regiones orientales del gran continente euroasiático como China[66]. Solo, por ejemplo, un léxico comparado del agua o de la naturaleza, seria un formidable medio de conocimiento de las distintas civilizaciones.

---

[66] P. Nanni, «Tra Italia e Cina: trattati agrari come fonte per una storia comparata», en P. Nanni y H. Xu (eds.), *Civiltà agrarie del medioevo. Il trattato di agricoltura di Wang Zhen (1313)*, Florencia, Società Editrice Fiorentina, 2021, pp. 91-110.

XLIX SEMANA INTERNACIONAL DE ESTUDIOS MEDIEVALES. ESTELLA-LIZARRA. 2023 | Transformaciones del medioambiente en la Edad Media
DOI: https://doi.org/10.35462/siemel.49 | 157-175

Urban Sanitation and Health in the Low Countries[*]

Janna Coomans
Utrecht University
j.coomans@uu.nl

The Flemish coastal plain extends over several hundred kilometres, from Calais in northern France, along the Belgian North Sea coast, Flanders, Zeeland, to the Western Scheldt leading to Antwerp. Further inland, the Meuse Valley was already inhabited by hunter-gatherers 150 000 years ago. The coastal plain changed significantly, however, over the millennia because of differences in sea level. At the beginning of the Holocene, about 12 000 years ago, rising temperatures shaped the North Sea coastlines. The regions bordering the sea are flat and wet, with rivers, clay, loam, grasslands and several sandplains. Any community settling in this wetland and river delta was forced to relate to the water and the landscape. At the same time, its many different inhabitants –humans and animals– brought great changes. In the Middle Ages, people built dams, sluices and dykes to prevent floods and to reclaim new land for agriculture. Farms, villages and towns appeared, and with these settlements agriculture, husbandry, crafts and industry. Shipping and fishing competed with each other on the waterways.

These activities brought –and still bring– a multitude of residues, which we can call waste. In pre-modern times, however, most waste had some useful function. For example, builders used debris and household refuse to raise dykes and roads, or farmers manure (including human excrement) to enrich farmland. Medieval people were indeed much better at recycling than their modern descendants, yet even in this era some forms of waste caused nuisance, pollution and health risks. However, much more was undertaken against these challenges than historians initially thought.

* Some of the insights presented here are discussed in more detail in J. Coomans, *Community, Urban Health and Environment in the Late Medieval Low Countries*, Cambridge, CUP, 2021, and in J. Coomans, «De Middeleeuwen zijn Vies», *Middeleeuwse medemensen*, Aalter, Ertsberg, 2023.

The Middle Ages continue to face prejudice, both in popular culture and at times among historians of modern health, as a period of alleged indifference towards and incapacity regarding public hygiene. Historians of the nineteenth and early twentieth century portrayed the era as wedged in between Roman sanitary accomplishments and Early Modernity's gradual implementation of technological and scientific innovation, rendering medieval cities in particular as squalid. Yet scholars of the Middle Ages have begun to uncover a wealth of evidence presenting a rather different picture –especially Italy and the British Isles are well explored, as well as Iberia[1]. In order to safeguard urban health, sustain social order, and preserve the community's spiritual purity, medieval cities and other communities developed a broad range of practices to protect themselves and fight disease. They were depending on daily empirical insight, local expertise, and deep knowledge of their environments. They placed such insights within the paradigm of humoral theory, also known as Galenism, which construed humans as prone to contracting illnesses through exposure to air corrupted by polluted waters and lands spoiled by, excrement and refuse, or by consuming spoiled food[2].

This chapter discusses how health concerns informed governmental policies and urban environmental practices in the Low Countries. This was a highly urbanized region with a uniquely dense urban network. Ghent, a major hub comprising 60 000 inhabitants during the early fourteenth century, was comparable in size to Italian city states such as Bologna and Siena, or Valencia in Iberia, and faced health challenges similar to those of crowded metropoles such as London and Paris. Yet the vast majority of Netherlandish towns were medium-sized, with between 5000 and 15 000 inhabitants. Almost half of the population in Flanders lived in towns around 1350, a proportion reached in Holland by 1500. This urban landscape, connected by the arms of the major river deltas of the Rhine, Meuse, Scheldt and IJssel, was not comprised of independent political bodies, as in Italy, or part of a more centralized monarchy,

---

[1] A. Agresta, *The Keys to Bread and Wine*, Ithaca, CUP, 2022; K. W. Bowers, *Plague and Public Health in Early Modern Seville*, Rochester-NY, URP, 2013; I. Fay, *Health and the city: disease, environment and government in Norwich, 1200-1575*, Woodbridge, Boydell & Brewer, 2015; G. Geltner, *Roads to Health: Infrastructure and Urban Wellbeing in Later Medieval Italy*, Philadelphia, UPP, 2019; C. Rawcliffe, *Urban Bodies: Communal Health in Late Medieval English Towns and Cities*, Woodbridge-Suffolk, The Boydell Press, 2013.

[2] C. Rawcliffe, *Urban bodies, op. cit.*; C. Rawcliffe and C. Weeda, *Policing the Urban Environment in Premodern Europe*, Amsterdam, AUP, 2019; G. Geltner and J. Coomans, «The healthscaping approach: Toward a global history of early public health», *Historical Methods: A Journal of Quantitative and Interdisciplinary History*, 15, 2022, pp. 1-16.

such as in England. Local urban governments stood in continuous negotiation with counts, dukes and other noble landlords, and especially other cities. This gave the region a distinct political profile and notions of civic values and ideologies of community, in which the health and well-being of urban populations was a key subject of local governance[3].

This chapter explores these dynamics by looking at a number of different topics: waste management, meat production, bodily hygiene and the plague. The latter is especially important because it illustrates that communal health interventions in the Low Countries did not start as a response to the advent of the Black Death in Europe in the mid-fourteenth century. When Netherlandish cities started to organize systematic action against the spread of the plague decades later, in the fifteenth century, urban governing agents applied pre-existing health policies and developed them further. In other words, measures to safeguard clean air, water and food quality were already largely in place, indeed often preceded the advent of plague by many decades.

Recognizing health-promoting policies as a regular aspect of urban governance places health interests within the conceptual framework of the common good, a concept widely employed by medieval governing authorities –in the Low Countries as well as elsewhere in medieval Europe[4]. Public health and sanitation, broadly defined as all efforts to fight hazardous pollution, prevent disease, secure infrastructure viability, and promote social and moral hygiene, were integral to the pursuit of the common good, just as seeking peace and order, economic prosperity, safety, piety, and civic prestige were part of it[5]. Scholars have initially largely overlooked preventative measures as part of the spectrum of the common good. However, health concerns induced interventions by urban governments and many other actors, including neighbourhoods and guilds, in an almost perpetual rhythm. In turn, power interests influenced ideas concerning communal health and how it should be protected. Ideas on the body and cosmos thus resonated in a variety of late medieval urban contexts and shaped a holistic conception of communal well-being that diverges in fascinating ways from modern Euro-American views.

....

3 A.-L. van Bruaene, B. Blondé and M. Boone, *City and society in the Low Countries: urbanisation and urban historiography*, Cambridge, CUP, 2018.
4 E. Lecuppre-Desjardin and A.-L. van Bruaene (eds.), *De bono communi: the discourse and practice of the common good in the European city (13ᵗʰ-16ᵗʰ c.)*, Turnhout, Brepols, 2010.
5 B. van den Hoven van Genderen, «De vieze en ongezonde middeleeuwen?», en R. Meens and C. van Rhijn (eds.), *Cultuurgeschiedenis van de middeleeuwen –Beeldvorming en perspectieven*, Zwolle, WBooks, 2015, pp. 249-266.

1. A CLEANER MIDDLE AGES

In sum, in recent years the image of the dirty Middle Ages has been increasingly «cleaned up.» Experts emphasize that from very early on in medieval cities, measures existed to keep environments clean and liveable in order to eliminate diseases and other health risks. Developments in health and hygiene in the Netherlands do not form a straight upward progression over the centuries. Some Dutch cities experienced massive surges in population, such as Antwerp in the sixteenth century and Amsterdam in the seventeenth, and were likely more polluted in the early modern period than during the Later Middle Ages[6]. However, there is still much discussion about how to interpret extant sources about levels of pollution.

Two examples can illustrate these challenges of interpretation. In the far northern part of the Netherlands, the Frisian town of Leeuwarden compiled a law code in the fifteenth century. This code contained several instructions aimed at preventing pollution of the waterways. One of them read: «to keep the town waters clear and clean, no one shall throw in them any dead animals, pets or foul-smelling offal, nor leave [such waste] on the town ramparts or in front of houses.»[7] In addition, dogs and cats were forbidden to be drowned in the waters, and all dirt from slaughtered animals had to be transported outside the city. Moreover, toilets that discharged directly into watercourses were prohibited in Leeuwarden. Indeed, the city proclaimed that anyone who had hitherto collected urine and faeces in small barrels (*vaetkens*) had to have «a proper toilet (*latryne*) made, or at least bury those barrels or have them removed by ship at night.»[8]

At the other side of the Lowlands, in the village of Zwevezele, in Flanders, the recorded customary law (compiled in the 1520s) included the following obligation: the inhabitants of the village must clear their dung pits or cesspools within three days, on pain of a fine of five Parisian schillings, if they are called to account for this by the village authorities[9]. Similar rules can be found in the larger towns in Holland, Brabant and Flanders such as Bruges, Antwerp or

....

[6] J. E. Abrahamse, *De grote uitleg van Amsterdam: stadsontwikkeling in de zeventiende eeuw*, Toth, Bussum, 2010; P. Maclot and W. Pottier, *'n Propere tijd!?: (on)leefbaar Antwerpen thuis en op straat (1500-1800)*, Antwerp, Antwerpse Vereniging voor Bodem-en Grotonderzoek, 1988; P. Poulussen, *Van burenlast tot milieuhinder: het stedelijk leefmilieu, 1500-1800*, Kapellen, DNB/Pelckmans, 1987; C. Smit, *Leiden met een luchtje: straten, water, groen en afval in een Hollandse stad, 1200-2000*, Leiden, Primavera, 2001.

[7] Albartus Telting (ed.), *De Friesche Stadrechten* (Den Haag, 1883), pp. 231-232.

[8] *Ibidem.*

[9] V. Aricx, «De Keuren van Zwevezele», *Biekorf*, 75, 1974, pp. 209-226.

Leiden. I mention these smaller settlements, on the edge of the more urbanised areas, to emphasize that measures for public hygiene were not only present in larger cities. Many smaller communities and villages also undertook all kinds of measures to keep their living environments clean. Moreover, the examples indicate familiar problems, which we find across premodern Europe. Medieval towns were home to artisans who worked with animal materials, such as tanners and shoemakers, who were notoriously smelly polluters. But the activities of butchers and the residual waters of dyers and other craftsmen working in textile production –a major industry in the late medieval Low Countries– also inevitably involved pollution risks. In addition, all kinds of animals could be found in both towns and villages. Finally, any large group of people living in close proximity to each other, wherever and whenever in the world, had to arrange some form of organisation of human wastes.

Such rules as in Leeuwarden and the village of Zwevezele give rise to a curious glass-half-full or glass-half-empty discussion: are we to assume that dead animals and offal of all kinds were floating in the canals, that the streets were filthy and that hygienic facilities such as toilets and cesspools were malfunctioning, and that it was therefore necessary to issue rules about them? Or that precisely because of all these regulations, infrastructures and living and working environments were generally rather clean and well-maintained in medieval towns and villages? For a very long time, there has been a strong tendency in historiography towards the glass-half-empty interpretation: a stereotype about the unhygienic, dirty and unhealthy medieval living environment.

To this stereotype, the twenty-first century represents a kind of milestone, a hard-won victory over the pollution of the pre-modern city. The idea behind it is that (public) hygiene and health have slowly improved over the centuries. We are cleaner, more civilised, healthier, more comfortable –in a word: more modern. Thinking about long-term development as a linear progression creates an image where the Middle Ages are a negative point of departure from which things gradually improved[10]. Paradoxically, from an environmental historical perspective, the narrative of modernization revolves around the increasing degradation of nature. Here, modern cities are polluting, increasingly degrading natural environments, and are contrasted with an image of premodern urban life as more «organic»: embedded in and connected to nature. Urban populations in the medieval Low Countries may have

---

[10] R. J. Magnusson, «Medieval Urban Environmental History», *History Compass*, 11 (3), 2013, pp. 189-200; M. Melosi, «Humans, Cities, and Nature: How Do Cities Fit in the Material World?», *Journal of Urban History*, 36, 2009, pp. 3-21.

XLIX SEMANA INTERNACIONAL DE ESTUDIOS MEDIEVALES. ESTELLA-LIZARRA. 2023 | Transformaciones del medioambiente en la Edad Media
DOI: https://doi.org/10.35462/siemel.49 | 177-197

faced much more dirt on a daily basis, their twentieth-century descendants live in a much more polluted world. Both these extremes in perceptions of long-term developments need nuancing.

2. THINKING ABOUT HEALTH

There are several ways to approach this discussion about long-term development. First, many scholars have gathered many documents of practice from local archives to investigate the extent to which policies were enforced. Furthermore, it is important to examine what policy makers perceived as aims and as threats when they intervened in issues of health and sanitation. Concerning the latter, in medieval urban policies, but also in documents produced by other communities such as monasteries, princely courts or villages, we see elements of medical theories. These were radically different from today's Euro-American conception of health, but they were no less comprehensive or thoughtful. In particular, premodern health theory was based on the insights of Hippocrates (460-377 BC) Galen (129-216 CE), combined with Islamic influences such as by Ibn Sina (980-1037 CE). It was based on a holistic view in which man was connected to his environment. The balance of the four bodily fluids or humours (blood, yellow bile, black bile and phlegm) constituted the essence of a healthy body. That balance within the body and thus a person's health was influenced by external factors such as air, food intake and exercise. This is also known as the doctrine of «non-natural things» (*res non-naturales*, unnatural because they are external, outside the body). At the same time, a good moral life and spiritual well-being were also linked to (collective) physical health: sin and disease were connected[11].

From that vision emerged the need for a healthy city, in which the healthy body could flourish. Like a healthy body, a healthy city could be perceived as a balanced organism in motion[12]. The idea of flow, both of water and roads, was therefore central. It also offered protection of economic, military and social functions. For example, an orderly annual fair was free from stench, but also from blockages caused by carts or dung heaps. And city guards in the service of public safety who patrolled along the city wall had to remain unhindered in their rounds by attached latrines or pig sties –as was included in the law book in

---

11 C. Rawcliffe, *Urban bodies, op. cit.*
12 J. Kaye, *A History of Balance, 1250-1375: The Emergence of a New Model of Equilibrium and its Impact on Thought*, Cambridge, CUP, 2014.

fifteenth-century Gouda, for example[13]. Proper disposal or beneficial use of the city's dirt could prevent disease or epidemic outbreaks. This led to four central concerns of medieval urban governments regarding public health: the organisation of city cleaning; maintenance of infrastructure and the construction of hygienic facilities; food quality and food supply; and finally moral or spiritual cleanliness[14].

Policies around air quality were crucial because late medieval medical theory perceived a direct link between stench, air corruption (miasma) and the occurrence of diseases. Actions therefore focused on avoiding bad odours by taking measures against polluted streets, grounds and waters. City councils designated special locations for waste heaps, sometimes issued zoning for polluting crafts and industries, and regulated the use of latrines and cesspools, as the examples from Leeuwarden and Zwevezele above illustrate.

Water was abundant in most Dutch cities. The common good was served by its careful management. Unimpeded flow could prevent floods and the dangers of pollution. Yet having sufficient (potable) water was also clearly a concern. Drought was dangerous for both security of fresh water for consumption but also for the supply of food, merchandise and materials, which took place for an important part over water. To overcome such risks, many cities, and for example smaller communities such as monasteries, made sure they maintained multiple systems for fresh water alongside each other, such as by collecting rainwater, building canals or digging wells. Amsterdam's canal water was already polluted to an extent that at least a part of the population preferred to buy cleaner drinking water imported by ships. This practice of importing water in ships can be found in several Dutch cities. It also fits into a much broader custom of water carriers and manual transport of fresh water, which can be found across the premodern world. This pluralism in water supply made urban communities more adaptable and resistant to environmental and seasonal changes. Moreover, in many Netherlandish cities relatively few municipal rules or interventions are extant around water supply (as opposed to prescriptions about water pollution and the disposal of used waters). Thus, we may assume that often, a system emerged that was fairly functional to provide sufficient fresh water for the urban population, and which authorities had no interest in centralising or fully controlling –costly and complex as such endeavours would have been[15].

....

[13] J. Coomans, *Community, op. cit.*, pp. 78, 189.
[14] *Ibid.*, Introduction.
[15] P. Squatriti, *Working with Water in Medieval Europe*, Leiden, Brill, 2000.

3. WASTE MANAGEMENT AND MAINTENANCE

Communities in the fourteenth and fifteenth centuries, in sum, undertook a wide range of measures to keep their environment clean and safe. These measures had an impact on daily life, social organisation, governance of medieval towns and villages and also on the design of living spaces and urban space in particular.

The principles of medieval health policy thus provide an impetus for a new view of how urban people interacted with their environment. Two things are important here: first, compared to European urban inhabitants today, townspeople and villagers were forced to organize, work, and take (micro)collective initiatives to keep themselves and their surroundings clean. Therefore, they also had more knowledge of how infrastructures such as drainage and waste disposal worked. More production processes were located inside the city and rather close to domestic settings (such as baking, brewing, leatherworking or butchering). Urban inhabitants had a clearer overview of the chain of actions involved in production –from raw material to final product, and the waste all these steps of the process created. And much more materials were reused; from human faeces for fertiliser, construction rubble to raise soil for roads or building, animal bones for combs, or pig hair for brushes. Moreover, to keep high costs somewhat manageable, nearby residents shared many facilities such as for clean drinking water or sewerage. The neighbourhood or, say, street as a «hygienic community», to which people had certain rights to use and obligations to (contribute to) maintenance, therefore played a major role.

An example from the city of Ghent can illustrate this. Here, in 1445, the city council made agreements with two groups of residents from two adjacent streets. Those residents had taken the initiative themselves and asked the city for help, as they desired to pave the streets alongside their homes with stone. At the moment, no one could get through properly, the neighbours told the magistrates at the town hall, and if it remained that way in winter, they would surely «have to wade through the water that would gather in puddles» in the streets. The neighbours of both streets indicated that they were willing to share in the costs, as they all used the thoroughfares daily to go «go to church, the waterways, and elsewhere.» Moreover, each neighbour would contribute financially «each to his own ability» (*redelic ende tamelic nae zynen staet*)[16]. The latter addition suggests that people thought carefully about who could (and should) pay for what when it

---

[16] Stadsarchief Gent, reeks 301, nr. 38, f. 53r (1445).

came to shared facilities. Such material structures and maintenance tasks thus also tied a socially diverse group of people together. They therefore stimulated the formation of a small collective with shared interests. Shared wells could create similar dynamics of micro-local community formation[17].

People not only shared joint responsibility for roads and water supply, but they also shared toilets, cesspools and drains between their houses. Wastewater such as from kitchens was sometimes routed through such gutters. Roof and street gutters also channelled rainwater, which was often collected and kept for consumption. Neighbours not only built and maintained wells together but also shared waste heaps. Furthermore, city authorities made local residents responsible for public places. For instance, as was done in Leiden, Bruges and Utrecht, municipal officials demanded that homeowners regularly dredged waterways adjacent to their houses[18]. It was also common to have residents manage the paving of the public road around their houses. If pollution threatened public interest or the common good, or more specifically, how that common good was defined by governing elites, the latter issued rules to control waste discharge. The direction, however, was not only of top-down delegation to residents. Municipal cleaners, in turn, took care of the main market squares and maintenance of all kinds of infrastructures. Expenses for this kind of work can be found in the accounts of many Netherlandish medieval towns.

Care for the environment and landscape, and measures against pollution, were not limited to cities, as mentioned above. For example, in several Dutch and Flemish regions, since the thirteenth century water boards and other institutions for water management existed[19]. Water boards, sometimes headed by the office of dike warden as overseer (*dijkgraaf*), took care of water management (the functioning of dykes and sluices) and tried to limit flood risks, damage and nuisances. For example, stray animals that trampled dykes while grazing were a problem. Cattle and pigs not only damaged rivers and other watercourses but also polluted them, and were therefore dealt with by local regulations. Vil-

---

[17] B. Groenewoudt and J. Benders, «Private and shared water facilities in rural settlements and small towns. Archaeological and historical evidence from the Netherlands from the medieval and post-medieval periods», in J. Klápště (ed.), *Hierarchies in rural settlements*, Brepols, Turnhout, 2013, pp. 245-262; R. Janssens and T. Soens, «Urbanizing Water: Looking Beyond the Transition to Water Modernity in the Cities of the Southern Low Countries, Thirteenth to Nineteenth Centuries», in B. de Munck, D. Schott and M. Toyka-Seid (eds.), *Urbanizing Nature: Actors and Agency (Dis) Connecting Cities and Nature Since 1500*, New York, Routledge, 2019, pp. 89-111.

[18] J. Coomans, *Community, op. cit.*, chapter 1.

[19] T. Soens, *De spade in de dijk?: waterbeheer en rurale samenleving in de Vlaamse kustvlakte (1280-1580)*, Gent, Academia Press, 2009; M. van Tielhof and P. J. E. M. van Dam, *Waterstaat in stedenland: het hoogheemraadschap van Rijnland voor 1857*, Utrecht, Matrijs, 2006.

lagers and farmers who lived around waterworks had duties in maintenance and supervision. Dredging and clearing waterways and banks was essential to keep the waters navigable and functioning within the larger drainage system (*boezem*)[20]. In 1435, for example, the Rijnland Water Board restricted flax retting to prevent deterioration of water quality. Flax, hemp and jute are crops that have been used for textile production (such as linen) for thousands of years. An essential part of the production process is soaking the stalks in water, which releases the fibres, but which also causes water rot. City and countryside also worked together. In 1450, Philip the Good, Duke of Burgundy and overlord of many cities in the Low Countries, gave the city of Delft permission to build a water mill. This mill made it easier for brewers to import sufficient clean water and the flow also helped with the drainage of polluted water from the city[21].

In short, urban archives contain many traces of health-promoting sanitary practices, and there is indeed evidence that policies were enforced. The glass-half-full-half-empty discussion thus seems partially decided in favour of the glass-half-full party. However, there are two important caveats to this. First, we know very little about practices in more rural areas, about how waste management and maintenance in such communities was organized. This also applies to places in towns that were considered less relevant from a communal health perspective: poorer, privately owned plots further removed from the central squares, fortifications and main thoroughfares on which municipal public health policies clearly focused. Second, medieval municipal governments were no proto-democratic institutions. Measures were implemented by and benefitted the interests of a local elite of nobles, merchants and wealthy craftsmen. These men (women were almost never in positions of power within such governing institutions) had the dominance to determine how the concept of the common good, including a perception of communal health, was understood and how it should be protected in practice.

4. THE MEAT TRADE

That political and economic interests intersected and at times clashed with sanitary policies can be more clearly seen when zooming in on a specific practice. In the Low Countries, as elsewhere in medieval Europe, butchers had high status

---

[20] C. Postma, *Het hoogheemraadschap van Delfland in de middeleeuwen, 1289-1589*, Hilversum, Verloren, 1989, p. 422; J. H. M. Sloof (ed.), *De oudste bestuursregisters van het Hoogheemraadschap van Rijnland (1444-1520): regesten van de handelingen van dijkgraaf en hoogheemraden*, Leiden, Hoogheemraadschap van Rijnland, 1999, pp. 12, 60, 78-81.

[21] J. Coomans, *Community, op. cit.*

and power. This was also expressed materially in the construction of large, stone meat halls –some of which still exist today. The availability and quality of meat were issues of urban pride, and the butchers' guilds and the city governments had a strong interest in monitoring these aspects. Rules and statutes on meat production can be found in practically every law book and every collection of statutes of crafts guilds in the Low Countries. These rules can be summarised in three key objectives: promoting meat quality; issuing specifications for sale; and organizing enforcement and inspection. The quality rules were often highly detailed, with specific terminology regarding the nature of «good» meat. Here resonated a practical knowledge of health risks according to medieval medical theories, for instance in forbidding the sale of diseased animals another example that inspection of the live animal, before it was slaughtered and sold, was often a prerequisite[22].

Amsterdam's oldest law book (from around 1400), for example, states that butchers were allowed to offer raw meat for sale a maximum of «three times» –which was probably a day and a half, as the market day was often split into morning and afternoon. In addition, it was forbidden to «blow up» sheep or lamb «between the skin and meat.» This was apparently a trick to make the meat more attractive for buyers. Furthermore, traders from outside the city were not allowed to import «dead meat» (which meant slaughtered outside the city) «and sell it as fresh»[23]. Sellers had to bring the animals into town alive and slaughter them on the spot. This way city consumers were guaranteed the freshness of the meat, and authorities could also better spot any diseased animals. At the same time, such restrictions clearly had consequences for the levels of pollution within city and (near) market spaces. Moreover, such policies involved also several important political interests. Public health measures around meat quality, especially beef and pork, often stimulated or enforced a privileged position in some towns for a select group of butchers, namely those who were members of the meat butchers' guild. Finally, the presence of live cattle (in addition to many other animals) in town also created logistical challenges. City councils tried to limit nuisance from cows on the streets and markets by creating designated places for their sale and stationing. In addition, we also find, for example, expenses in public works for the establishment of public animal drinking places[24].

[22] J. Coomans, «Food Offenders: Public Health and the Marketplace in the Late Medieval Low Countries», in C. Rawcliffe and C. Weeda (eds.) *Policing the urban environment in premodern Europe*, Amsterdam, AUP, 2019, pp. 121-148.

[23] J. C. Breen, *Rechtsbronnen der stad Amsterdam*, The Hague, M. Nijhoff, 1902, pp. 23-24, 110, 233.

[24] J. Coomans and L. Hermenault, «Public Works, Spatial Strategies, and Mobility in Late Medieval Ghent», *Journal of Urban History*, 0(0), 2022, pp. 1-28.

In 1488, two interesting notes are added to the statutes of the butchers in Amsterdam. First, on Holy Days and Sundays, the meat butchers were not allowed to slaughter. This was a moral precaution since no Christian should work on those days. Not everyone in the city apparently took this very seriously. Secondly, water vessels and other barges, which also were used to take refuse and offal out of the city, that set sail on Sundays were given a small fine. Perhaps the fine was intended to further enforce the ban on working on Sundays. But it is interesting here because it reveals that offal was not dumped in the canals or on waste heaps but was carried out of town by boat. It exemplifies a practical system to reduce pollution in the city and shows a certain circularity of production and waste management.

Other measures also indicate concerns about pollution of urban environment by working with animal matters. For example, the city of Kampen, located on the river Ijssel in the eastern part of the Netherlands, prohibited in October 1467 anyone to wash any intestines or dispose of any offal in the river near the place where the brewers took their water for brewing. Disposing of wastes was allowed, but only from a certain pier. Furthermore, butchers had to bring their offal and other refuse to a specific bridge over the river, where it would be carried downstream, away from the town. The local authorities also urged inhabitants not to leave butchered beasts, 'flayed or un-flayed,' at night in the streets inside and outside the city, but instead bury such refuse or 'forcefully throw it into the river flow. The ordinances confirm that people routinely used rivers to get rid of animal remains, if the current was strong enough[25].

In short, the pollution of meat production was located in the city and thus closer to residents and consumers. This proximity of pollution was deemed problematic on the one hand, but on the other hand also necessary because it enabled local governments to ensure the inspection of meat and transparency in the processing of meat. It was also important for the butcher guilds, for instance, because they wanted to protect their monopoly position if they had succeeded to gain one –this was by no means the case in all cities. Indeed, public health rules were commonly consistent with the economic interests of a politically powerful group.

5. BODILY HYGIENIC ROUTINES

As we know more about the pursuit of cleanliness of urban living and working environments, what about personal cleanliness? Medieval medical theories related individual health to environment and to spiritual health. People's well-

....

25 J. Coomans, *Community*, *op. cit.*, p. 168.

being was partly determined by their position in a household and broader community –a collective body. At the same time, a lack of sources makes personal or
household hygiene difficult to reconstruct for medieval city inhabitants beyond
the elite. Most generally, medical and etiquette regulations, surviving material
objects (such as wash bowls, baths, combs, or chamber pots), and art and archi-
tectural reconstructions give some important indications. People seem to have
washed their hands and face at least daily, but perhaps their whole body only
once a month, as many houses, even those of elites, lacked bathrooms[26]. Furthermore, both endo-and ectoparasites were common, not especially because of
poor hygiene, but also because excrement was used as a fertiliser, which facili-
tated the life cycle of intestinal parasites[27].

The high value of clothing and fabrics created a very different relationship
with these items. The poorer strata of the population would rarely have owned
more than one piece of overgarments, such as an overcoat or cloak. Parents also
passed on clothes, fabrics and all kinds of bed and table linen as inheritance to
their children. The high value of textiles meant that clothes and linens were
continuously cared for, repaired and amended. Indeed, especially from the early modern period, washing linen undergarments was considered essential for
bodily cleanliness, and therefore also for civic honour and respectability. The
ideal of radiantly white and clean undergarments and collars (showing them
off by large exposed white collars) was easier to achieve for people who owned
several garments and especially who were in a position to pay domestic servants
to take on the intensive laundry work required to maintain such standards.
Cleanliness, in this respect, was also a way of showing wealth in the whiteness
of clothes[28].

We may briefly turn to another type of community and source. Monasteries were ubiquitous in medieval cities as well, and the rules of these communities
can provide some insight into body hygienic routines. Since an ascetic lifestyle
was part of a spiritually beneficial life, these routines were more austere than
those adopted by the nobility and urban elites, yet likely still reflect standards
from the higher social layers of society, as most clerics came from such higher
socio-economic backgrounds. The sixth-century monastic rule of St Benedict
of Nursia (480-547) was the most influential prescription for daily practice and

....

[26] S. Cavallo and T. Storey, *Healthy living in late renaissance Italy*, Oxford, OUP, 2013.
[27] D. P. Mitchell, *Sanitation, Latrines and Intestinal Parasites in Past Populations*, Burlington, Ashgate,
2015.
[28] D. Biow, *The culture of cleanliness in Renaissance Italy*, Ithaca-NY, CUP, 2006; K. M. Brown, *Foul bodies:
cleanliness in early America*, New Haven, YUP, 2009; V. Smith, *Clean: a history of personal hygiene and
purity*, Oxford, OUP, 2007; S. Cavallo and T. Storey, *Healthy living...*, op. cit.

rhythm of life of medieval monks and nuns throughout the Middle Ages. Besides guidelines for spiritual work (above all prayer), Benedict gave instructions on hygiene. For example, clerics who helped prepare food in the kitchen also had to wash and clean weekly the cloths with which the friars washed their hands and feet before meals. Following the example of Christ, washing feet of guests was also part of the monastery's hospitality rituals[29].

All monks, Benedict stated in his Rule, should maintain a sparse but adequate and well-fitting wardrobe, with warmer woollen robes for winter, and lighter tunics for summer. Two garments of outer and underclothes were sufficient, so that the monastics had something to wear at night, and so that, dressed in one outfit, they could wash the other. However, clerics were not allowed to complain about any lack of colour or rough fabrics. Brothers and sisters who travelled were given the monastery's best clothes and had to ensure that when they came back from their journeys, everything was returned clean to the collective wardrobe. Sick clerics and visitors had to be cared for in a separate room by a pious and knowledgeable caretaker. Finally, residents and guests who were ill were allowed to bathe and eat meat because they needed to regain strength. By contrast, young and healthy friars and nuns were allowed such pleasures only sparingly[30].

We can assume that this monastic rule was generally followed, although inspections of monasteries by religious officials show that this was not always the case. It is clear that, rather than a complete rejection of bodily hygiene, a proper hygienic routine and care of the body were part of monastic life and the norm for Christians. The clerics washed hands and feet before meals, and did their prayers in clean and well-fitting clothes. On the other hand, the whole body was washed much less frequently. The brothers and sisters bathed only occasionally. This had less to do with whether the body was dirty or the state of the skin, but much more to do with an idea that bathing was a form of luxury that, like eating meat, did not fit into the pious lifestyle a monk or nun.

Interestingly, cleaning the skin or outer body when bathing did not have a central function in a medieval medical sense. Rather, its effects were happening inside the body. In that sense, bathing was a method of purgation, similar to bloodletting. The heat of steam or a bath helped to bring dirt from inside the body to the surface and remove it through the opened pores. Moreover, taking a bath was a social event. Bathers conversed, ate and drank together, relaxed

---

29 S. Benedict, «St. Benedict's Rule for Monasteries» https://www.gutenberg.org/files/50040/50040-h/50040-h.htm
30 *Ibidem.*

mentally and rested on beds afterwards. In other words, bathing was considered a rather impactful procedure in the medical sense; not something to be done on a daily basis to clean the skin[31].

The complexity surrounding medieval bathing culture is also reflected in the status of urban public bathhouses. Bathing had a clear medical function, which is evident from a wide range of medical texts, such as surgical or gynaecological tracts. However, the social function of the urban bathhouse was highly ambivalent –and a much debated-topic among scholars. Public bathing and sexuality had a long common tradition. Sex workers visited Roman baths in late antiquity, and a combination of brothel and bathhouse was known in sixth-century Byzantium. In several late medieval regions, notably England, France and the Low Countries, so-called stews (*stoven*) existed: these could be either bathhouses or steam baths, or bathhouse-brothels. Both versions coexisted, often in the same towns, in the Low Countries. For example, many northern French and Flemish towns (with between 5000 to 20 000 inhabitants) often had a few to a dozen bathhouses, half of which also acted as brothels[32].

6. PLAGUE

The COVID-19 pandemic led to a surge in historical interest in societal responses to epidemics, especially the Second Plague Pandemic and its first wave in the greater Mediterranean known later as the Black Death (1346-1353) has received much attention. After a prolonged absence after the Justinian plague in the sixth century, the Black Death led to unprecedented population losses in Europe. In regions such as Italy and England, mortality rates reached as high as forty to sixty per cent of the population. After the Black Death, plague became endemic in Europe. In the Low Countries, there were outbreaks at least every generation, until the 1670s. Mortality rates were likely rarely as high as during the first waves in the fourteenth century, but the disease could nevertheless sometimes still create significant increases in mortality. This happened more and more among a select part of the population: the poor, and women and

---

31 J. Coomans and G. Geltner, «On the Street and in the Bath-House: Medieval Galenism in Action?», *Anuario de estudios medievales*, 43, 2013, pp. 53-82; F. van Dam, *Het middeleeuwse openbare badhuis: fenomeen, metafoor, schouwtoneel*, Hilversum, Verloren, 2020; S. Cavallo and T. Storey, *Healthy living...*, *op. cit.*

32 J. Haemers, «Étuves, bordels et maisons de bains à Louvain au XVᵉ siècle : une édition des contrats de location des stoven trouvés dans les registres échevinaux de la ville», *Bulletin de la Commission royale d'Histoire*, 185, 2019, pp. 75-120.

children. For women, the disproportional vulnerability was likely social rather physiological: increased because they provided care to sick relatives and others in their social networks[33].

It is important to distinguish between emic and etic perspectives here; what scholars have discovered about plague since the twentieth century, and the ideas about plague that circulated in the later medieval era. New evidence suggests that the Second Plague Pandemic had already struck parts of Central and East Asia in the thirteenth century, long before the disease reappeared in the greater Mediterranean region[34]. Scholars today furthermore study the disease as a bacterium endemic in certain rodent populations and have increasingly moved away from an urban-focused Eurocentric analysis[35].

These insights can be contrasted with the causes and spread of plague in the Middle Ages as they were perceived at the time. Across Europe and the Middle East, Galenic-Hippocratic medical reasoning saw plague mainly as a form of physical and moral corruption that could spread via urban trade centers. Ideas about the origins and transmission of plague informed societal responses, and therefore shaped epidemic impact. Sovereigns in France and Castile, for instance, immediately commissioned health treatise from their physicians, when they heard about the possible arrival of a terrible disease in 1348 –stories spread across Europe even faster than the plague itself. According to such medieval medical theories, plague was caused by a form of corruption: bad air –also known as miasma. Plague could spread through the air because diseased people caused a corruption of the air, as could contaminated objects. Furthermore, polluted bodies of water and other forms of decay could cause plague. God was thus, according to medieval medics, a kind of «first mover», causing bad vapours to rise from the earth due to the positions of Jupiter, Saturn and Mars[36].

[33] D. Curtis, «From One Mortality Regime to Another? Mortality Crises in Late Medieval Haarlem, Holland, in Perspective», *Speculum*, 96, 2021 pp. 127-155; D. R. Curtis and J. Roosen, «The Sex-Selective Impact of the Black Death and Recurring Plagues in the Southern Netherlands, 1349-1450», *American Journal of Physical Anthropology*, 164, 2017, pp. 246-259.

[34] R. Hymes and M. H. Green, *New Evidence for the Dating and Impact of the Black Death in Asia*, Amsterdam, AUP, 2022.

[35] See the chapters by Lori Jones and Nukhet Varlik in: L. Jones, *Disease and the environment in the medieval and early modern worlds*, London, Routledge, 2022. See also M. A. Spyrou *et al.*, «The source of the Black Death in fourteenth-century central Eurasia», *Nature*, 606, 7915, 2022; H. Barker, «Laying the Corpses to Rest: Grain, Embargoes, and Yersinia pestis in the Black Sea, 1346-48», *Speculum*, 96(1), 2021; M. H. Green, «The Four Black Deaths», *The American Historical Review*, 125, 2020, pp. 1601-1631.

[36] See scientific responses collected in: R. Horrox, *The black death*, Manchester, MUP, 1994, pp. 158-206.

This explanation of how the disease arose from the air and earth and entered the body did not essentially conflict with the idea that ultimately the arrival of an epidemic was a Divine punishment. That religious aspect continued to play an important role throughout the period. Religious initiatives, violence and conspiracy theories against Jews and lepers occurred during the first major epidemic waves in Europe (The Black Death). However, as it became clearer that plague was a disease with certain symptoms and patterns of spread, which periodically recurred or flared up, the responses of local communities also changed.

7. PLAGUE IN DEVENTER

In the Low Countries, city governments tried to fight epidemic spread by developing policies of quarantine, sanitation and by promoting moral hygiene. The city of Deventer, a town in the eastern Netherlands, can serve as an example. There, as in many other places, the magistrates regularly proclaimed in public all kinds of measures: for trade and travel, for political matters, but also for sanitation and maintenance of the city. What they had proclaimed they then wrote down in the so-called *Buurspraakboek*. The first surviving *Buurspraakboek* starts in 1459. The first plague ordinance is from 1467. In that ordinance, the city authorities stated that no one should sell anything from houses where someone had died of the plague –not at the door, nor through the window. This prohibition applied for six weeks –just over forty days. That length was also religiously charged: Lent before Easter is also a forty-day period of reflection and temperance to restore spiritual health. Should there be people in infected houses who survived the disease, they were not allowed out on the streets again until they had proved with «good people» that they were healthy for at least two weeks. Infected houses must also be marked with a bundle of straw. The penalty for disobedience was a high fine, half of which was promised to the person who reported the offender to the city authorities[37].

Such rules fit into a wide range of measures that sought to prevent contamination via goods and people and isolate infection through quarantine at a household level. Food, clothing and goods that had been close to infected bodies were considered highly dangerous. Moreover, in promising half the fine, we see mechanisms of peer pressure. Surveillance did not rest only on the shoulders of city officials. Neighbours, for example, were also involved in enforcement, stimulated by such financial rewards. Marking the houses with

---

[37]   Collectie Overijssel, locatie Deventer [Stadsarchief Deventer], ID 0690, 135-1, 'Buurspraakboek' I.

a bundle of straw also helped with this: it was clear which house had to be watched extra closely. Whether people actually did follow up on such calls for peer-policing is difficult to establish. It is quite possible that they were scared and therefore raised the alarm at suspicious activity by neighbours, although we find very little direct evidence of such actions in local archives. Finally, local authorities considered it important that central places of gathering in the city remained safe. It was therefore expressly forbidden for anyone who came into contact with plague patients (because they had sick relatives or house-mates, or because they earned money by caring for the sick elsewhere) to go to the churches and markets.

In addition, Netherlandish cities took many hygienic measures to prevent stench and further corruption of the air[38]. Canals and streets had to be cleaned, and blood –especially the blood from the bloodletting of plague patients– was not allowed to be poured onto the streets or into rivers. Pigs had to be kept in their pens. This notion of danger echoed the medical view that stench, or bad air, was a direct cause of plague. Finally, plague rules also included restrictions on traders in second-hand clothes and textiles. All these interventions show that public hygiene and policies against plague were part of administrative practice in the late medieval Low Countries. Plague policies were not the beginning of urban sanitary measures. Rather, it was the other way around: during an outbreak, people applied with greater intensity what was already known and accepted as effective to keep the city clean and healthy.

The Deventer *Buurspraakboek* reveals that rules about plague were repeated during new outbreaks and at times adapted. Sometimes the actual measures were no different, but the tone and urgency changed: the population was negligent and had to follow certain rules better. In 1483, it is noted that the ordinance from 1467 was read out again because of a new plague outbreak. In 1507, a comprehensive ordinance instructed residents that anyone harbouring plague patients in their house must wear a white cane when going outside. This white cane was a kind of social distancing tool for people who came into contact with plague. This precaution and visual marker is found in plague rules in many cities in the Low Countries. In addition, the Deventer city council organised a special chapel where people in contact with the plague and plague victims themselves (if they were not too ill to move) could go to attend mass, in order to keep them away from parish churches. Many other cities also took such measures[39].

....

38 J. Coomans, *Community*, *op. cit.*, chapter 5.
39 Collectie Overijssel, locatie Deventer [Stadsarchief Deventer], ID 0690, 135-1, 'Buurspraakboek' I.

Another wave of repetition of plague rules followed in Deventer 1511, and in 1516 the municipal council specified that the «straw bundle in front of the door» must be «so large and not smaller that you need two hands to enclose it.» Again, town residents were instructed about the white cane, now described with a minimal length. And again, the same high-risk group of plague infected household members and caretakers was urged to stay away from churches and markets. Instructions on disposing of bedstraw from houses where plague has been present also recur every so many years. After six weeks of quarantine, straw and sweepings from infected homes should only be thrown «down the harbour crane into the IJssel.» That was the outermost point downstream in Deventer's harbour. That was also the only place where clothes of plague patients were allowed to be washed. A law then followed in 1520 that plague sufferers wishing to make a will must do so in «good sense.» Apparently, this was often done in haste or while people were delirious with fever[40].

In 1524 Deventer's authorities issued an undoubtedly unpopular measure on keeping dogs to curb pestilence. No one could keep any dogs unless they were hunting dogs. All other dogs must be put to death or drowned, within 24 hours. Measures against stray dogs were common far into the early modern period, cities paid to cull dogs during outbreaks[41]. Finally, an announcement in 1529 called for a procession with the church's holy relics «to turn the wrath of God.» Everyone, young and old, must join the procession. People were not allowed to tap beer or sell food along the route. Organizing processions is part of a wider custom of also taking moral measures against the plague. Sinful practices in the city, especially adultery, prostitution, blasphemy and gambling, were dealt with. Yet as with sanitary measures, these rules also already existed: they were only sometimes explicitly mentioned against spreading the plague and not newly introduced[42].

During the fifteenth and sixteenth centuries, the response against the disease was further institutionalised and led to highly similar urban policies across the region. However, the repetitions and lack of evidence for enforcement such as lists of people fines for plague-related offences seem to indicate that it was difficult to fully implement or enforce policies. There were practical, social and cultural challenges. These included anything from the wish to attend church or have correct dying and funeral rites, or more simply to get food, or have a

---

[40] *Ibidem.*
[41] J. Coomans, *Community, op. cit.*, pp. 229-230.
[42] J. Coomans, *Community, op. cit.*, chapters 5 and 6; L. Noordegraaf and G. Valk, *De gave Gods: de pest in Holland vanaf de late middeleeuwen*, Bergen-NH, Octavo, 1988.

strong desire to go outside after prolonged confinement in quarantined houses. Yet economic interests and financial pressures also played a major role during plague epidemics. Compensation for not working was not given, for instance for bakers and butchers who had plague patients in their homes and were forbidden to produce anything. However, cities did also make investments to battle plague: in plague hospitals or more ad-hoc separate wards, in specialized medical staff such as plague doctors and plague midwives, who often worked for free for the poor. For people quarantined at home, food was sometimes brought by the municipality[43].

M. A. Andel, a physician-historian who wrote about plague measures in the Low Countries at the beginning of the twentieth century, argued that medieval inhabitants were «too stubborn and ignorant» to follow plague rules properly[44]. Such images of negligence and ignorance have been replaced in the last decades by ones that accept the complexity, uncertainties and challenges surrounding societal responses to epidemics. Indeed, there are some important parallels between the reaction of authorities against the plague and more recent epidemics and pandemics, including COVID-19. What is particularly striking is that despite technological and scientific differences, similar social and political dynamics played a role. The relations between government and citizens and the ideological power of promoting solidarity and a conception of a common good are highly important in both modern and premodern contexts. Before vaccines were available, the key to avoiding infection revolved around controlling groups of people and their daily activities, such as by household-level quarantine and travel restrictions. What is ultimately successful in fighting an infectious disease lies not only in acquiring and promoting effective scientific knowledge alone but in the complexity of implementing measures and negotiating political-cultural habits and economic interests. This insight also puts into a different light the at first sight rather stubborn repetition of medieval measures. Instead of introducing radically new or innovative policies, repetition can also give a sense of preserving order and security, a suggestion of control, as constantly trying radically new things also creates great unrest. This also seemed to have been well realised by medieval urban authorities in Low Countries.

---

[43] See on Leiden for example: R. Ladan, *Gezondheidszorg in Leiden in de late middeleeuwen*, Hilversum, Verloren, 2012; and on Antwerp: A. F. C. Schevensteen, «De hygienische maatregelen van het magistraat van Antwerpen in de 15e eeuw», *Geschiedenis der Geneeskunde*, 71, 1927, pp. 2479-2492.

[44] M. A. van Andel, «Plague regulations in the Netherlands», *Janus : archives internationales pour l'histoire de la médecine et pour la géographie médicale*, 21, 1916, pp. 410-444.

8. CONCLUSION

This chapter challenges misconceptions about medieval public hygiene, emphasizing recent research that paints a more nuanced picture. Medieval cities, influenced by humoral theory, actively implemented measures for public health. Various aspects like waste management, meat production, hygiene, and responses to the plague illustrate that health interests were integrated into a pursuit of the common good, as defined by governing elites. Such measures promoting sanitation and health predated the Black Death. These initiatives provide insights into medieval views on communal well-being and the influence of power interests in shaping health policies. At the same time, a more negative image of dirty medieval cities is still persistent in narratives of long-term progress of public health. Environmental debates are one exception in which such ideas of progress are fundamentally revised. Yet cleaning up our view of the Middle Ages need not be taken to extremes to make an important point. Inhabitants of cities in the Low Countries during the late medieval era were forced to organize sanitation in their urban domestic environments and the more public infrastructures that surrounded their properties. As a result of these tasks, many people also had more knowledge about these hygienic infrastructures, which in turn connected them socially with other persons living nearby. Keeping waterways and streets clean and disposing of domestic waste, sewage and wastewater are things increasingly organised by municipal government and financed by taxes, which today saves inhabitants much effort and energy, but also means that expertise and insight into waste processing and pollution is diminished. Is it the complexity of how public health was negotiated in medieval cities that deserves further study. It may serve as an inspiration as we continue to rethink current relationships between urban communities and natural environments, which in important respects determine communal health and wellbeing.

El clima como protagonista histórico de las crisis alimentarias medievales. Una reevaluación desde los observatorios peninsulares[*]

Pere Benito i Monclús
Universitat de Lleida
pere.benito@udl.cat

1. LA HISTORIA DEL CLIMA: DE *MÉTIER DE L'HISTORIEN* A COTO DE LOS PALEOCIENTÍFICOS

El papel del clima en la historia de Eurasia, desde la Antigüedad hasta nuestros días, es hoy objeto de una profunda reevaluación como consecuencia de la creciente disponibilidad de datos paleoclimáticos, unas fuentes poco conocidas para la mayoría de los historiadores, que permiten reconstruir de manera indirecta las tendencias del clima del pasado y algunos eventos climáticos extremos con una considerable precisión cronológica.

Hasta la década de 1980, los estudios sobre el clima de Europa entre el año 1000 y la era instrumental se basaban principalmente en noticias de anomalías climáticas contenidas en fuentes narrativas y documentales y en observaciones registradas en diarios no instrumentales[1]. Los trabajos de Hubert H. Lamb sobre el periodo cálido medieval[2], la *Histoire du climat depuis l'an 1000* de Emmanuel Le Roy Ladurie[3], y, sobre todo, el extenso catálogo crítico de noticias climáticas sobre la

---

* Esta contribución se inscribe dentro del proyecto de investigación «Más allá de la Peste Negra. Epidemias y crisis de mortalidad en el nordeste peninsular, siglos XI-XVI: reconstrucción de ciclos, medición de efectos y análisis de respuestas» (PID2020-117839GB-I00), reconocido y financiado por el Ministerio de Ciencia e Innovación del Gobierno de España.
1 Sobre las fuentes históricas utilizadas en la reconstrucción del clima del pasado, véase: H. H. Lamb, *Climate, History and the Modern World*, Londres-Nueva York, Routledge, 1995, pp. 73-79; P. Alexandre, *Le Climat en Europe au Moyen Âge. Contribution à l'histoire des variations climatiques de 1000 à 1425, d'après les sources narratives de l'Europe occidentale*, París, Editions de l'Ecole des Hautes Études en Sciences Sociales, 1987, pp. 24-30; R. S. Bradley, *Paleoclimatology: Reconstructing Climates of the Quaternary*, Ámsterdam, Elsevier, 2014, capítulo 15.
2 H. H. Lamb, «The Early Medieval Warm Epoch and Its Sequel», *Palaeogeography, Palaeoclimatology, Palaeoecology*, I, 1965, pp. 13-37.
3 E. Le Roy Ladurie, *Histoire du climat depuis l'an mil*, París, Flammarion, 1967.

Europa continental entre el año 1000 y 1425 de Pierre Alexandre[4], son ejemplos del uso sistemático de las fuentes escritas no instrumentales para la reconstrucción del clima del pasado. Christian Pfister, que trabajó en la reconstrucción de la variabilidad climática en Suiza en la época moderna, recurrió principalmente a los diarios de observaciones meteorológicas, abundantes en esta región a partir de 1525[5]. A estas fuentes directas se le añadirían las fechas de las vendimias y cosechas del grano anotadas en contabilidades eclesiásticas y las noticias de rogativas para la obtención de la lluvia contenidas en documentación municipal, unos indicadores que servirían para reconstruir la temperatura estival en algunas regiones de Francia y de la península ibérica a partir del siglo XVI[6]. Cuando en 1987 publicó su voluminosa historia del clima de la Europa continental entre 1000 y 1425, Pierre Alexandre dedicó unas pocas páginas a las series de *proxy data* glaciológicos, geológicos y biológicos disponibles, subrayando los problemas de resolución temporal y geográfica que estas fuentes presentaban para la reconstrucción de clima[7]. La historia del clima era todavía entonces un *métier de l'historien*[8].

Desde la década de 1990, la revolución de las paleociencias ha generado un volumen sin precedentes de datos paleoclimáticos de alta resolución temporal procedentes del análisis de los anillos de crecimiento de los árboles, de los núcleos de hielo de los glaciares, de los espeleotemas y de los sedimentos acumulados en los lagos y lechos marinos, entre otros testigos naturales. Un enorme caudal de datos ha venido a acrecentar los archivos naturales de indicadores de las precipitaciones, la temperatura y los movimientos de las masas de aire del pasado, permitiendo ampliar los horizontes cronológicos de la historia del clima miles de años antes de la era instrumental[9]. La historia del clima ha pasado de ser un oficio de los historiadores a ser un coto reservado de los paleo-

....

[4] P. Alexandre, *Le Climat en Europe au Moyen Âge..., op. cit.*
[5] Ch. Pfister, «An analysis of the Little Ice Age climate in Switzerland and its consequences for agricultural production», en T. Wrigley y G. Farmer (eds.), *History and Climate*, Cambridge, CUP, 1981, pp. 214-248; Id., *Klimageschichte der Schweiz, 1525-1860. Das Klima der Schweiz von 1525-1860 und seine Bedeutung in der Geschichte der Bevölkerung und Landwirtschaft*, Berna, Paul Haupt, 1984; Id., «Fluctuations climatiques et prix céréaliers en Europe du XVIᵉ au XXᵉ siècle», *Annales E.S.C.*, 43(1), 1988, pp. 25-53.
[6] E. Le Roy Ladurie, «Le climat des XIᵉ et XVIᵉ siècles: séries comparées», *Annales E.S.C.*, 20(5), 1965, pp. 902-903 y 905. E. Le Roy Ladurie y M. Baulant, «Grape Harvests from the Fifteenth through the Nineteenth Centuries», *The Journal of Interdisciplinary History*, 10(4), primavera 1980, pp. 839-849.
[7] P. Alexandre, *Le Climat en Europe au Moyen Âge..., op. cit*, pp. 793-803.
[8] E. Le Roy Ladurie, «Le climat des XIᵉ et XVIᵉ siècles...», *op. cit.*, p. 900.
[9] M. McCormick, «Climates of History, Histories of Climate: From History to Archaeoscience», *The Journal of Interdisciplinary History*, 50(1), 2019, pp. 3-30. https://doi.org/10.1162/jinh_a_01374

climatólogos, es decir, de especialistas en paleociencias (geólogos, glaciólogos, meteorológos, dendroclimatólogos, etc.).

Los indicadores más utilizados en los estudios paleoclimáticos son los anillos de crecimiento de los árboles. Los anillos de ciertos árboles permiten realizar reconstrucciones de las precipitaciones y la temperatura en algunas zonas con dataciones absolutas de hasta 2500 años de antigüedad. La producción de series de datos dendroclimáticos eclosionó después de la Segunda Guerra Mundial en Alemania, Escandinavia y las islas británicas. Los resultados de décadas de investigaciones dendroclimáticas dieron lugar en 2016 al atlas histórico de sequías de los últimos 2000 años en Europa dirigido por Edward Cook, una fuente de referencia ineludible para los historiadores del clima[10].

Los núcleos de hielo de los glaciares ofrecen un espectro amplio de indicadores de la actividad volcánica, las temperaturas, los movimientos de masas de aire y las deposiciones en la atmósfera de contaminantes antropogénicos como el plomo. Igual que los anillos de crecimiento de los árboles, los núcleos de hielo presentan resoluciones anuales, o incluso subanuales, y pueden correlacionarse con eventos geológicos (erupciones volcánicas) o históricos, pero a diferencia de los anillos, están alejados de los teatros donde se desarrollaron las civilizaciones. El estudio de la composición química del hielo acumulado anualmente en las capas de los casquetes glaciares de Groenlandia y la Antártida ha permitido reconstruir con precisión la cronología de las grandes erupciones volcánicas a lo largo de los últimos milenios[11].

Los espeleotemas o depósitos calcáreos de cuevas son susceptibles de proporcionar información sobre las precipitaciones y la temperatura a través de las proporciones isotópicas de elementos clave. Los depósitos sedimentarios del fondo de los lagos a veces preservan pólenes fosilizados que pueden aportar datos sobre los espectros de las plantas. Pueden indicar la expansión o contracción de los bosques; sin embargo, rara vez los depósitos sedimentarios alcanzan una resolución cronológica superior a la de la datación por radiocarbono[12].

....

10 E. R. Cook, *Old World Drought Atlas*. https://www.ncdc.noaa.gov/paleo-search/study/19419; R. Seager *et al.*, «Old World Megadroughts and Pluvials during the Common Era», *Science Advances*, I, 2015, e1500561.

11 J. Cole-Dai *et al.*, «A 4100-year record of explosive volcanism from an East Antarctica ice core», *Journal of Geophysical Research*, 105, 2000. https://doi.org/10.1029/2000JD900254. G. A. Zielinski, «Use of paleo-records in determining variability within the volcanism–climate system», *Quaternary Science Reviews*, 19(1-5), 2000, pp. 417-438. https://doi.org/10.1016/S0277-3791(99)00073-6. A. V. Kurbatov *et al.*, «A 12 000-year record of explosive volcanism in the Siple Dome Ice Core, West Antarctica», *Journal of Geophysical Research*, 111, D12307, 2006. https://doi.org/10.1029/2005JD006072

12 R. S. Bradley, *Paleoclimatology: Reconstructing Climates of the Quaternary*, Ámsterdam, Elsevier, 2014.

Los paleoclimatólogos han utilizado estos nuevos datos, en primera instancia, para periodizar el clima del pasado, poner a prueba las periodizaciones climáticas existentes, basadas principalmente en fuentes escritas, y discernir otras nuevas. Debido a la temprana disponibilidad y riqueza de los datos paleoclimáticos en la región euromediterránea, estas periodizaciones han tendido a centrarse en Eurasia occidental, si bien existen numerosas excepciones.

Basándose en la combinación de distintos *proxies*, los paleoclimatólogos han identificado una serie de ciclos climáticos cuyos límites cronológicos y geográficos siguen siendo objeto de discusión. En los dos milenios que preceden el final de la Pequeña Edad de Hielo, en el ámbito euromediterráneo se sucedieron un periodo seco y cálido desde alrededor del año 200 a. C. hasta el 200 d. C., un periodo frío conocido como la Pequeña Edad de Hielo Tardoantigua (LALIA: *Late Antiquity Little Ice Age*) desde aproximadamente el 535 hasta el 660/680 d. C., un periodo relativamente cálido entre *c.* 660/680 y *c.* 750, un breve periodo de enfriamiento entre *c.* 750 y *c.* 830, y un aumento de la inestabilidad climática con inviernos fríos entre *c.* 830-*c.* 950.

A este periodo le siguió la Anomalía Climática Medieval (MCA: *Medieval Climate Anomaly*) u Óptimo Climático Medieval, un periodo relativamente cálido, que a partir del siglo XI devino más cálido y seco, hasta aproximadamente 1250. A partir de ese momento, muchos científicos consideran que comienza la Pequeña Edad de Hielo (LIA: *Little Ice Age*), un largo periodo de inestabilidad, drástica reducción de los niveles de irradiación solar y enfriamiento que se prolongó hasta mediados del siglo XIX. Estos periodos climáticos, sobre todo los más tempranos, se han definido principalmente en función de las condiciones climáticas estivales (temperaturas y radicación solar), que son las más evidentes a través de los estudios de dendroclimatología.

Este rápido esbozo es imperfecto y está en constante evolución hacia una mayor precisión. Así, se ha llegado a determinar que casi todas las épocas mencionadas se vieron interrumpidas por acontecimientos climáticos que fueron el reverso de la tendencia general, por ejemplo, breves periodos de enfriamiento volcánico en las épocas romana y medieval de condiciones generalmente cálidas. En todos los casos, las tendencias de la temperatura fueron más generalizadas que las de las precipitaciones, y los cambios climáticos tuvieron causas diversas. Las grandes erupciones volcánicas subyacen hasta cierto punto a las dos pequeñas glaciaciones, al igual que los mínimos solares. Hubo, por ejemplo, fuertes reducciones de la radiación solar entre 1280 y 1340 (el llamado Mínimo de Wolf) y entre 1460 y 1550 (Mínimo de Spörer), que contribuyeron, respectivamente, a iniciar y mantener la Pequeña Edad de Hielo.

2. LA HISTORIA DE LA HUMANIDAD COMO HISTORIA DEL CLIMA

A partir de la década de 2000, cada vez más científicos sociales han adoptado esta periodización climática como marco de la historia medioambiental y han establecido conexiones entre fluctuaciones climáticas y eventos climáticos extremos y las crisis económicas, demográficas y políticas del pasado, generando una nueva lectura e interpretación de la historia de la humanidad, alternativa a los paradigmas dominantes hasta la década de 1990.

El libro del arqueólogo y antropólogo Brian Fagan, *The Little Ice Age: How Climate Made History, 1300-1850* (2000), es un ejemplo paradigmático de este nuevo tipo de narrativa. Fagan sostuvo que todas las hambrunas europeas enmarcadas dentro de la Pequeña Edad de Hielo eran consecuencia de anomalías climáticas asociadas a este periodo. En otra de sus obras, Fagan relacionó el florecimiento y declive del imperio khemer (Angkor Wat) con el Periodo Cálido Medieval[13].

Las obras de Fagan son la versión extrema de una nueva narrativa que ha ido ganando adeptos principalmente entre paleoclimatólogos, antropólogos y arqueólogos, y se ha proyectado, más allá de los círculos académicos, hacia el gran público a través de documentales realizados con grandes medios y retransmitidos por canales de televisión como Historia o DMAX. Un ejemplo de ellos es la serie documental alemana *Klima macht Geschichte* (2015), dirigida por Sigrun Laste, con una participación destacada de paleoclimatólogos. La nueva historia del clima postula que los cambios y anomalías climáticos explican el nacimiento y la caída de los imperios, las migraciones, la Peste Negra, las revueltas del hambre, la crisis de la Baja Edad Media, la crisis del siglo XVII, la crisis de finales del siglo XVIII, y de manera general toda la historia de la humanidad[14].

Reconstruir las condiciones climáticas que prevalecieron en determinados periodos de la historia, comprender la interacción entre el cambio climático y el cambio social, e identificar las causas medioambientales concretas de acontecimientos históricos se han convertido en objetivos centrales de la nueva paleoclimatología.

En los últimos años, un estudio liderado por Joseph Manning y Francis Ludlow ha relacionado el final de la dinastía tolemaica de Egipto con una me-

---

[13] B. Fagan, *The Little Ice Age: How Climate Made History 1300-1850*, Nueva York, Basic Books, 2000. Id., *The Great Warming: Climate Change and the Rise and Fall of Civilizations*, Nueva York, Bloomsbury, 2008.

[14] S. Laste (dir.), *Klima macht Geschichte*. https://www.zdf.de/dokumentation/terra-x/klima-macht-geschichte-vom-neandertaler-bis-zum-alten-rom-100.html

gaerupción volcánica acaecida en el 44 a. C., que habría interrumpido las inundaciones estacionales del Nilo, desatando la hambruna, la peste y disturbios sociales[15]. Más recientemente, Kyle Harper, en *The Fate of Rome: Climate, Disease, and the End of an Empire* (2017), ha aportado una nueva y provocativa teoría sobre la caída del Imperio romano en la que un enfriamiento causado por tres grandes erupciones volcánicas entre los años 536 y 547 d. C. y la peste de Justiniano resultarían decisivos. Ambas teorías han sido ampliamente divulgadas por la prensa y han dado lugar también a la producción de documentales de gran difusión[16].

Es evidente que una parte de esta literatura suscita problemas epistemológicos de gran calado y tiene implicaciones ideológicas profundas, porque, por un lado, se instrumentaliza el cambio climático actual para reivindicar el protagonismo del clima en la historia, y por otro, se anula la *agency* del hombre y de las instituciones en las crisis económicas, sociales y políticas del pasado y, de manera general, en la historia de la humanidad, que pasa a ser la historia del clima.

3. EL CLIMA: DE OBJETO A PROTAGONISTA HISTÓRICO

En el ámbito del medievalismo, un reputado historiador británico de la economía, Bruce Campbell, en un artículo publicado en 2010 y en varios trabajos posteriores, en especial el libro *The Great Transition Climate, Disease and Society in the Late-Medieval World* (2016), reivindicó el clima como protagonista histórico o *prime mover* del cambio histórico. Campbell vinculó los inviernos duros del Wolf Minimum e inicios de la Pequeña Edad de Hielo con la gran hambruna de 1315-1319, con la difusión de la epizootia de 1318-1321 y con la Peste Negra, y relacionó ciertas crisis alimentarias con eventos climáticos globales[17]. Los trabajos de Campbell, además de suponer un cambio de paradigma en la manera

---

[15] J. G. Manning, F. Ludlow *et al.*, «Volcanic suppression of Nile summer flooding triggers revolt and constrains interstate conflict in ancient Egypt», *Nature Communications*, 8(900), 2017. https://doi.org/10.1038/s41467-017-00957-y

[16] K. Harper, *The Fate of Rome. Climate, Disease, and the End of an Empire*, Princeton, PUP, 2017.

[17] B. M. S. Campbell, «Nature as historical protagonist: environment and society in pre-industrial England», *Economic History Review*, 63(2), 2010, pp. 281-314; *Id.*, «Physical shocks, biological hazards, and human impacts: the crisis of the fourteenth century revisited», en S. Cavaciocchi (ed.), *Le interazioni fra economia e ambiente biologico nell'Europe preindustriale. Secc. XIII-XVIII*, Florencia, FUP, 2010, pp. 13-32; *Id.*, «Panzootics, pandemics and climatic anomalies in the fourteenth century», en B. Herrmann (ed.), *Beiträge zum Göttinger Umwelthistorischen Kolloquium 2010-2011*, Göttingen, GUP, 2011, pp. 177-215; *Id.*, *The Great Transition. Climate, Disease and Society in the Late Medieval World*, Cambridge, CUP, 2016.

como, hasta entonces, los historiadores habían entendido el clima dentro de la historia de la Europa premoderna, establecieron un nuevo método basado en análisis de correlaciones entre indicadores paleoclimáticos y datos económicos.

Bajo su estela, han aparecido numerosos estudios que establecen conexiones entre eventos paleoclimáticos extremos y hambrunas medievales referenciadas por fuentes históricas. Toda una línea de trabajos relaciona las grandes erupciones volcánicas, documentadas por los análisis de los núcleos de hielo de los glaciares, con crisis agrarias y ciclos de hambruna. Los aerosoles de sulfato proyectados a la estratosfera por una megaerupción volcánica pueden disminuir significativamente la cantidad de irradiación solar que llega a la superficie de la Tierra[18]. En el caso de erupciones volcánicas similares o superiores a la violenta erupción del Tambora (Indonesia) de 1815, las temperaturas europeas podrían descender hasta 2,5°, lo suficiente para causar una crisis agraria en las regiones del norte de Europa[19].

En los siglos XII y XIII, seis grandes erupciones volcánicas depositaron aerosoles en cantidades similares o superiores a las de las grandes erupciones de la época moderna y contemporánea: en 1168-1180, 1188-1197, 1227-1236, 1257-1258, 1270-1279 y 1284-1290[20]. La mayor de todas ellas fue, con diferencia, la erupción del volcán Samalas (Lombok, Indonesia) en 1257-1258[21]. Richard Stothers, Sébastien Guillet, Bruce Campbell y Martin Bauch la han relacionado con el complejo ciclo de crisis frumentarias asincrónicas que sufrió Occidente entre 1257 y 1260[22]. A raíz de estos trabajos, la erupción del Samalas

18 B. Langmann, «On the Role of Climate Forcing by Volcanic Sulphate and Volcanic Ash», *Advances in Meteorology*, 2014, Article ID: 340123. https://doi.org/10.1155/2014/340123

19 G. d'A. Woods, *Tambora: The Eruption That Changed the World*, Princeton, PUP, 2014.

20 F. M. Ludlow, «The Dating of Volcanic Events and their Impacts upon European Climate and Society, 400-800 CE», *European Journal of Post-Classical Archaeologies*, 5, 2015, p. 730. C. Gao, A. Robock y C. Ammann, «Volcanic forcing of climate over the past 1500 years: An improved ice core-based index for climate models», *Journal of Geophysical Research*, 113, 2008, D23111. https://doi.org/10.1029/2008JD010239. http://climate.envsci.rutgers.edu/pdf/Gao2008JD010239.pdf

21 F. Lavigne *et al.*, «Source of the great A.D. 1257 mystery eruption unveiled, Samalas volcano, Rinjani Volcanic Complex, Indonesia», *Pnas*, 110(42), 2013, pp. 16742-16747. https://doi.org/10.1073/pnas.1307520110

22 R. B. Stothers, «Climatic and demographic consequences of the massive volcanic eruption of 1258», *Climatic Change*, 45, 2000, pp. 361-374. B. Campbell, «Global Climates. The 1257 Mega-Eruption of Samalas Volcano, Indonesia, and the English Food Crisis of 1258», *Transactions of the Royal Historical Society*, 27, 2017, pp. 87-121. https://doi.org10.1017/S0080440117000056. M. Bauch, «Chronology and Impact of a Global Moment in the Thirteenth Century: The Samalas Eruption Revisited», en A. Kiss y K. Pribyl (eds.), *The Dance of Death in Late Medieval and Renaissance Europe Environmental Stress, Mortality and Social Response*, Londres, Taylor & Francis Group, 2019, pp. 214-232. S. Guillet *et al.*, «Climate response to the Samalas volcànic eruption in 1257 revealed by proxy records», *Nature Geoscience*, 10(2), 2017, pp. 123-128. https://doi.org/10.1038/ngeo2875

ha sido divulgada por la prensa y a través de numerosos documentales como el gran cataclismo que llevó al inicio de la Pequeña Edad de Hielo y que tuvo importantes consecuencias en la historia de Europa, entre ellas la hambruna de Londres de 1258[23].

Una reciente revisión de la cronología de los núcleos de hielo de Groenlandia, publicada en 2020 por Sébastien Guillet y Francis Ludlow, ha permitido identificar otra gran deposición bipolar de sulfato entre 1108 y 1113, reveladora de una gran erupción tropical desconocida hasta ahora. Los autores de este estudio relacionan esta erupción volcánica con la carestía que tuvo lugar en Francia entre 1109 y 1111, documentada por varias fuentes narrativas[24].

Al margen de las erupciones volcánicas, paleoclimatólogos e historiadores han establecido conexiones entre variaciones climáticas y eventos climáticos extremos (inviernos lluviosos, veranos húmedos y fríos, sequías) y las hambrunas, epizootias y epidemias documentadas por fuentes históricas. Thimoty Newfield ha vinculado la mayoría de las hambrunas del periodo carolingio a las consecuencias sobre la producción agraria de varios inviernos duros y lluviosos en una investigación que combina las fuentes narrativas del periodo con estudios paleoclimáticos[25]. Recientemente, bajo el provocativo título de *The Crisis of the 14th Century. Teleconnections between Environmental and Societal Change?*, Martin Bauch y Gerrit Jasper Schenk han reunido un conjunto de ensayos que conectan anomalías climáticas y diferentes tipos de crisis en distintos escenarios de Eurasia entre mediados del siglo XIII y finales del XIV. En la introducción, los autores sugieren que existió una relación de causalidad –no una simple correlación– entre el incremento de la intensidad y frecuencia de eventos climáticos extremos durante la transición inestable entre el Periodo Cálido Medieval y la Pequeña Edad de Hielo y las hambrunas, epizootias y epidemias de la primera mitad del siglo XIV[26]. Guido Alfani ha destacado el papel del clima en el desencadenamiento de las grandes hambrunas de la Italia del periodo 1470-1628[27].

....

23 P. Guérin, «Le mystérieux volcan du Moyen-Âge», 2017. https://pariscience.fr/film/le-mysterieux-volcan-du-moyen-age

24 S. Guillet *et al.*, «Climatic and societal impacts of a "forgotten" cluster of volcanic eruptions in 1108-1110 CE», *Sci Rep*, 10, 2020, 6715. https://doi.org/10.1038/s41598-020-63339-3

25 T. P. Newfield, «The contours, frequency and causation of subsistence crises in Carolingian Europe (750-950 CE)», en P. Benito i Monclús (ed.), *Crisis alimentarias en la Edad Media: modelos, explicaciones y representaciones*, Lleida, Milenio, 2013, pp. 117-172.

26 M. Bauch y G. J. Schenk (eds.), *The Crisis of the 14th Century. Teleconnections between Environmental and Societal Change?* Berlin-Boston, Walter de Gruyter, 2020.

27 G. Alfani, *Calamities and the Economy in Renaissance Italy. The Grand Tour of the Horsemen of the Apocalypse*, Basingstoke, Palgrave Macmillan, 2013.

ISBN: 978-84-235-3705-1 | 199-220

4. LA HISTORIA DE LAS CRISIS ALIMENTARIAS: NUEVOS PARADIGMAS

Sin relación con la nueva historia climática o medioambiental, en las dos últimas décadas se han multiplicado las investigaciones sobre las crisis alimentarias europeas premodernas lideradas por especialistas en historia social y económica del mundo mediterráneo[28]. Estos trabajos integran las teorías procedentes de la historiografía anglosajona de la comercialización, de la New Institutional Economics, así como de la literatura sobre las hambrunas contemporáneas, en especial el *entitlement approach* de Amartya Sen[29], una metodología útil para cartografiar la pobreza y el impacto diferencial de las crisis alimentarias[30]. En el *entitlement approach*, algunos miembros de una población pueden pasar hambre y morir de inanición mientras la región o el país produce o importa suficientes calorías para alimentar a todos sus habitantes.

La propuesta metodológica de Sen suscitó un amplio debate sobre la causalidad de las hambrunas contemporáneas y las limitaciones de los modelos de unicausalidad y del *entitlement approach* como teoría explicativa del hambre. Pese al escaso eco de estas discusiones entre los historiadores, conceptos como *Food Entitlement Decline* (FED) y *Food Availibility Decline* (FAD) se han integrado en el análisis histórico de las crisis alimentarias premodernas. De hecho, como recuerda el propio Sen, el *entitlement approach* es «a general framework for analysing famines rather than one particular hypothesis about their causation». El concepto de *entitlement* subraya las limitaciones del análisis centrado en la producción y la disponibilidad de los alimentos, y resulta fundamental, por ejemplo, para entender el papel de la moneda en los intercam-

---

[28] H. R. Oliva Herrer y P. Benito i Monclús (eds.), *Crisis de subsistencia y crisis agrarias en la Edad Media*, Sevilla, Universidad de Sevilla, 2007. M. Bourin, J. Drendel y F. Menant (eds.), *Les disettes dans la conjoncture de 1300 en Méditerranée Occidentale*, Roma, École française de Rome, 2011. P. Benito i Monclús (ed.), *Crisis alimentarias en la Edad Media...*, *op. cit.* P. Benito i Monclús y A. Riera i Melis (eds.), *Guerra y carestía en la Europa medieval*, Lleida, Milenio, 2015. L. Palermo, A. Fara y P. Benito (eds.), *Políticas contra el hambre y la carestía en la Europa medieval*, Lleida, Milenio, 2018.

[29] A. K. Sen, «Famines as failures of exchange entitlements», *Economic and Political Weekly*, 11, 31/33, 1976, pp. 1273-1280; *Id.*, «Starvation and exchange entitlements: a general approach and its application to the Great Bengal Famine», *Cambridge Journal of Economics*, 1/1, 1977, pp. 33-59. https://doi.org/10.1093/oxfordjournals.cje.a035349; *Id.*, «Ingredients of famine analysis: availability and entitlements», *Quarterly Journal of Economics*, XCV, 1981, pp. 433-464; *Id.*, *Poverty and Famines. An Essay on Entitlement and Deprivation*, Oxford, OUP, 1981.

[30] L. Palermo, «Il principio dell'Entitlement Approach di Sen e l'analisi delle carestie medievali», en M. Vaqueiro Piñeiro y M. L. Ferrari (eds.), *«Moia la carestia». La scarsità alimentare in età preindustriale*, Bolonia, Il Mulino, 2015, pp. 23-38.

bios de cereales o a la hora de cartografiar la pobreza generada por las crisis alimentarias[31].

Por otra parte, las investigaciones de los historiadores presentan algunos resultados convergentes con los trabajos de los economistas y geógrafos del hambre. Entre las causas de las hambrunas contemporáneas se han señalado las guerras, los asedios, los errores de previsión y administración de los gobiernos, las prácticas irresponsables, partidarias y corruptas de los políticos, la fiscalidad, las políticas de estado, la política comercial, la especulación, etc.[32]. La mayoría de estas causas están presentes, en una medida u otra, en las hambrunas que afectaron las ciudades y los estados de la Europa medieval y moderna, especialmente aquellos que alcanzaron un mayor grado de desarrollo económico e institucional.

Las reconstrucciones más recientes de la cronología y geografía de las crisis alimentarias del periodo medieval ponen énfasis en las distinciones entre crisis en función de la duración, el alcance geográfico, las respuestas políticas y sociales, y las consecuencias del episodio[33]. El binomio hambruna/carestía (famine/dearth o food shortage) ha sido adoptado de forma general para distinguir entre dos situaciones cualitativamente distintas: la crisis de subsistencia más grave, de consecuencias desestructurantes sobre la economía, la sociedad y la demografía, y los incrementos menores de los precios del grano causados por déficits de producción u oferta limitados en el tiempo y el espacio[34].

Durante mucho tiempo, la gran hambruna de 1315-1317 en el norte de Europa se consideró un acontecimiento atípico y excepcional[35]. En las últimas

[31] A. Franklin-Lyons, «Modern Famine Theory and the Study of Pre-Modern Famines», en P. Benito i Monclús (ed.), *Crisis alimentarias en la Edad Media...*, *op. cit.*, pp. 33-45.

[32] S. Devereux, *Theories of famine. From Malthus to Sen*, Hemel Hempstead, Harvester Wheatsheaf, 1993.

[33] J.-P. Devroey, *La nature et le roi. Environnement, pouvoir et société à l'âge de Charlemagne (740-820)*, París, Albin Michel, 2019, pp. 123-125.

[34] M. Bourin y F. Menant, «Avant-propos», en M. Bourin, J. Drendel y F. Menant (eds.), *Les disettes dans la conjoncture de 1300...*, *op. cit.*, pp. 11-16. T. P. Newfield, «The contours, frequency and causation of subsistence crises», *op. cit.*, pp. 123-124. Ph. Slavin, «Climate and famines: a historical reassessment», *WIREs Clim Change*, 7, 2016, pp. 433-434. https://doi.org/10.1002/wcc.395

[35] H. Lucas, «The Great European Famine of 1315, 1316 and 1317», *Speculum*, 5, 1930, pp. 343-377; H. van Werveke, «La Famine de l'an 1316 en Flandre et dans les régions voisines», *Revue du Nord*, 41, 1959, pp. 5-14; I. Kershaw, «The Great Famine and Agrarian Crisis in England (1315-1322)», *Past and Present*, 59, 1973, pp. 3-50; W. C. Jordan, *The Great Famine: Northern Europe in the Early Fourteenth Century*, Princeton, PUP, 1996. *Id.*, «The Great Famine: 1315-1322 Revisited», en S. G. Bruce (ed.), *Ecologies and Economies in Medieval and Early Modern Europe: Studies in Environmental History for Richard C. Hoffmann*, Boston, Brill, 2010, pp. 45-62. Ph. Slavin, «Market failure

décadas, el repertorio de hambrunas suprarregionales identificadas y estudiadas se ha ampliado considerablemente. Entre el 750 y el 950, el mundo carolingio conoció un total de veintidós episodios de crisis alimentaria, de los cuales, según Timothy Newfield, diez responderían a la categoría de «hambruna»[36]. Entre 1090 y 1260, Occidente sufrió un total de diecisiete crisis alimentarias suprarregionales de distinta duración e intensidad, tres de las cuales (1093-1095, 1195-1997 y 1257-1260) revistieron una gravedad excepcional[37].

En el siglo XIV, cuatro hambrunas afectaron distintas regiones de la Europa meridional en una cronología no coincidente con las crisis que afectaron el norte de Europa: en 1328-1330, la península italiana[38]; en 1333-1334, la península ibérica y el norte de África[39]; en 1346-1347[40] y en 1374-1376, el Mediterráneo occidental[41]. Ninguna de ellas afectó de manera significativa el norte de Europa, del mismo modo que la gran hambruna europea de 1315-1317 no repercutió de manera sensible en las cotizaciones de los cereales en los mercados urbanos de la Corona de Aragón ni del norte de Italia[42].

En el siglo XV, el norte de Europa (Inglaterra, los Países Bajos, el norte de Francia y Alemania) registró dos grandes ciclos de hambruna en 1437-

....

during the Great Famine in England and Wales (1315-1317)», *Past & Present*, 222, 2014, pp. 9-49. Ph. R. Schofield, «Wales and the Great Famine of the Early Fourteenth Century», *Welsh History Review*, 29, 2018, pp. 143-167. S. Green, «The Great Famine in the county of Flanders (1315-17): the complex interaction between weather, warfare, and property rights», *The Economic history review*, 71, 2018, pp. 1048-1072.

[36] T. P. Newfield, «The contours, frequency and causation of subsistence crises», *op. cit.*, pp. 117-172.

[37] P. Benito i Monclús, «Famines sans frontières en Occident avant la "conjoncture de 1300": à propos d'une enquête en cours», M. Bourin, J. Drendel y F. Menant (eds.), *Les disettes dans la conjoncture de 1300*, *op. cit.*, pp. 61-65.

[38] G. Alfani, L. Mocarelli y D. Strangio, «Italy», en G. Alfani y C. Ó Gráda, *Famine in European History*, Cambridge, CUP, 2017, p. 35.

[39] A. Rubio Vela, «Crisis agrarias y carestías en las primeras décadas del siglo XIV: el caso de Valencia», *Saitabi*, XXXVII, 1987, pp. 131-147; A. Furió Diego, «Disettes et famines en temps de croissance. Une révision de la "Crise de 1300": Le royaume de Valence dans la première moitié du XIVᵉ siècle», en M. Bourin, J. Drendel y F. Menant (eds.), *Les disettes dans la conjoncture de 1300...*, *op. cit.*, pp. 343-416; J. Maltas i Montoro, *Caresties, fams i crisis de mortalitat a Catalunya: 1283-1351. Anàlisi d'indicadors i reconstrucció dels cicles econòmics i demogràfics*, tesis doctoral, Universitat de Lleida, 2019, pp. 308-431.

[40] G. Pinto, «Firenze e la carestia del 1346-1347. Aspetti e problemi delle crisi annonarie alla metà del '300», *Archivio Storico Italiano*, 130, 1972, pp. 3-84. J. Maltas i Montoro, *Caresties, fams i crisis de mortalitat a Catalunya...*, *op. cit.*, pp. 294-307.

[41] A. Franklin-Lyons, *Shortage and Famine in the Late Medieval Crown of Aragon: Vulnerability and Resilience in the Late-Medieval Crown of Aragon*, University Park, The Pennsylvania State University Press, 2022, pp. 147-183.

[42] G. Alfani, L. Mocarelli, D. Strangio, «Italy», en G. Alfani y C. Ó Gráda, *Famine in...*, *op. cit.*, p. 34.

1439[43] y 1477-1483[44]. Para la península ibérica, se han señalados años de precios extremadamente altos en 1477-1478[45] y 1504-1505[46].

La primera conclusión que podemos extraer de esta imagen incompleta de las crisis alimentarias es la estrecha relación entre hambruna, desarrollo, urbanización e integración mercantil. En efecto, a lo largo de la Edad Media los episodios de hambruna afectaron las regiones más pobladas, urbanizadas y desarrolladas del noroeste de Europa y, a partir de 1160, del Mediterráneo noroccidental y la península ibérica. En cambio, hasta finales del siglo XIV Hungría, Polonia y otras regiones de la Europa central y oriental no sufrieron graves crisis alimentarias, según Andrea Fara, gracias al equilibrio existente entre la producción agropastoril y las necesidades de una población poco urbanizada dentro de una economía escasamente integrada con Occidente[47].

La geografía de las crisis es coherente con lo que conocemos a través de los estudios del comercio cerealista y de la integración mercantil: la existencia de dos grandes áreas mercantiles que unían los mercados de las grandes regiones productoras de cereales, los emporios mercantiles y los grandes centros urbanos: el norte de Europa (Flandes, sur de Inglaterra, norte de Francia y oeste de Alemania) y la cuenca occidental del Mediterráneo y el mar Adriático. Richard W. Unger, James Galloway, Victoria Bateman y Stephan Epstein han señalado la existencia de niveles elevados de integración del mercado cerealista en ambas áreas suprarregionales ya durante los siglos XIV y XV[48]. Dentro de ellas, los

....

[43] A. J. Pollard, «The North-Eastern Economy and the Agrarian Crisis of 1438-1440», *Northern History*, 25, 1989, pp. 88-115. Ch. Jörg, *Teure, Hunger, Großes Sterben. Hungersnöte und Versorgungskrisen in den Städten des Reiches während des 15. Jahrhunderts*, Stuttgart, Hiersemann, 2008. B. M. S. Campbell, «Four famines and a pestilence: harvest, price, and wage variations in England, 13th to 19th centúries», en B. Liljewall *et al.* (eds.), *Agrarhistoria på många sätt: 28 studier om människan och jorden*, Stockholm, KSLAB, 2009, pp. 44-45.

[44] N. Barla, *Pour la necessitet du povre peuple. La gestion des crises alimentaires à Lille et Mons au XVe siècle*, Bruselas, Académie Royale de Belgique, 2022.

[45] I. Montes Romero-Camacho, «Crisis de subsistencias y comercio exterior de cereales en la Sevilla del siglo XV», en H. R. Oliva Herrer y P. Benito i Monclús (eds.), *Crisis de subsistencia..., op. cit.*, pp. 171-173.

[46] H. R. Oliva Herrer, «Reacciones a la crisis de 1504 en el mundo rural castellano», en H. R. Oliva Herrer y P. Benito i Monclús (eds.), *Crisis de subsistencia..., op. cit.*, pp. 259-275.

[47] A. Fara, *Guerra, carestía e peste nel regno d'Ungheria tra XIII e XIV secolo*, Viterbo, Sette Città, 2010, pp. 45-52.

[48] J. A. Galloway, *Trade, Urban Hinterlands and Market Integration c. 1300-1600*, Londres, ULP, 2000; *Id.*, «One market or many? London and the grain trade of England», en *Urban Hinterlands and Market Integration c. 1300-1600*, Londres, ULP, 2000, pp. 23-42. V. N. Bateman, *Markets and Growth in Early Modern Europe*, Londres, Pickering & Chatto, 2012. R. W. Unger, «Markets and merchants: commercial and cultural integration in northwest Europe, 1300-1700», en *Maritime Networks as a Factor in European Integration, Atti delle «Settimane di Studi e altri Convegni»*, Florencia, FUP,

precios tendían a converger por la circulación de informaciones sobre la producción, los precios de los cereales, la situación de los mercados y las decisiones tomadas por las autoridades en materia de política frumentaria. La circulación de informaciones sobre déficits de producción y alzas de los precios del cereal avivaba el interés de los mercaderes por exportar o importar grano, pero también desencadenaba medidas proteccionistas (cierre de mercados) y despertaba la avidez de los especuladores por acaparar grano y revenderlo a precios más elevados. El comercio y la especulación incrementaban la volatilidad y la carestía se transformaba en hambruna. El desarrollo y la integración mercantil explica que, a partir del siglo XIII, en Inglaterra, Castilla y la Corona de Aragón, la carestía generara debates de una gran modernidad entre el rey y los diferentes actores políticos y jurisdiccionales representados en las Cortes, debates de los que el clima estaba completamente ausente. El dilema se planteaba entre abrir el mercado y dejar que los mercaderes exportaran el grano, o cerrarlo[49].

Si la geografía de las hambrunas se relaciona con la tasa de urbanización, el desarrollo y la integración mercantil, los grandes proyectos militares actuaron a menudo como detonante de la hambruna. La movilización de los ejércitos y el desarrollo de las campañas militares desencadenaban la subida de los precios de los víveres en las zonas de avituallamiento de los ejércitos. La reacción de los mercados de cereales a la decisión de movilizar grandes ejércitos permite explicar la estrecha asociación existente entre la cronología de las hambrunas europeas y los proyectos de cruzada entre finales del siglo XI y mediados del siglo XIII. La hambruna de 1095 en Francia se declaró durante la predicación de la cruzada popular previa a la llamada oficial del papa Urbano II en el Concilio de Clermont; la de 1145-1147 se produjo a raíz de la convocatoria papal de la segunda cruzada; la de 1190-1192 fue coetánea de la tercera cruzada; y en agosto de 1234 la llamada de Gregorio IX a la cruzada desató una grave crisis alimentaria[50]. Por otra parte, la guerra por tierra y por mar en todas sus modali-

2019, pp. 431-452. S. R. Epstein, «Cities, Regions and the Late Medieval Crisis: Sicily and Tuscany Compared», *Past & Present*, 130, 1991, pp. 3-50; *Id.*, «The late medieval crisis as an 'integration' crisis», *Working papers in Economic History*, 46/98, 1998, pp. 1-29; *Id.*, *Freedom and Growth, Markes and states in Europa, 1300-1750*, Londres, Routledge, 2000; *Id.*, *Tows and country in Europa, 1300-1800*, Cambridge, CUP, 2001.

49 B. Sharp, *Famine and scarcity in late medieval and early modern England: the regulation of grain marketing, 1256-1631*, Cambridge, CUP, 2016. H. R. Oliva Herrer, «La política de la carestía en Castilla en el siglo XV», en L. Palermo, A. Fara y P. Benito (eds.), *Políticas contra el hambre..., op. cit.*, pp. 126-130. P. Benito i Monclús, «El rey frente a la carestía. Políticas frumentarias de estado en la Europa medieval», en L. Palermo, A. Fara y P. Benito (eds.), *Políticas contra el hambre..., op. cit.*, pp. 235-282.

50 J. O. Ward, *Disaster and Disaster-response in a Medieval Context: The First Crusade*, Sidney, Sydney Studies in Society and Culture, 1992, pp. 105-140. J. Phillips, *The Second Crusade*, New

dades (batallas, bloqueos navales, piratería y corso) actuaba como disruptor de la integración mercantil y agravaba la carestía.

En la medida en que muchas de estas crisis tuvieron un ciclo plurianual y un alcance suprarregional, el clima y la caída de la producción cerealista estuvieron, en una medida u otra, involucrados en su desarrollo como factor desencadenante o agravante. Las lluvias torrenciales y los inviernos fríos de 1314-1317 causaron en Inglaterra caídas de los rendimientos anuales del grano del orden del 39 %, 63 % y 10 %. Sin embargo, fueron factores humanos e institucionales los que intensificaron la crisis ecológica hasta convertirla en una hambruna[51]. En Flandes, Sam Geens ha destacado el impacto económico que tuvo la guerra francoflamenca, en especial las confiscaciones del conde Roberto III contra los partidarios del rey de Francia y sobre toda la población con el objetivo de aprovisionar el ejército y financiar la guerra. Las incautaciones desencadenaron un proceso de *Food Entitlement Decline* que resulta fundamental para explicar por qué el condado sufrió mucho más la hambruna de 1315-1317 que otras regiones del continente.

En efecto, las condiciones medioambientales y la caída de la producción agraria no pueden explicar por qué unas regiones o ciudades sufrieron más que otras en un mismo ciclo crítico. Las ciudades cuyo abastecimiento dependía de la producción de su territorio (condado, ducado, reino) eran más sensibles a las malas cosechas locales o regionales que las ciudades conectadas con las rutas del gran comercio cerealista y que dependían de las importaciones de ultramar. Estas últimas tendían a ser más sensibles a las prohibiciones de las exportaciones en los mercados internacionales y a la perturbación del tráfico marítimo

Haven-Londres, YUP, 2007. Ph. Slavin, «Crusaders in Crisis: Towards the Re-Assessment of the Origins and Nature of the "People's Crusade of 1095-96"», *Imago Temporis. Medium Aevum*, 4, 2010, pp. 29-38. *Id.*, «Ecology, Famine and Religious Violence: The case of the popular crusading movement, 1095-1320», en P. Benito i Monclús (ed.). *Crisis alimentarias..., op. cit.*, pp. 73-190. *Id.*, «Ecology, Warfare and Famine in Early Fourteenth-Century British Isles: A Small Prolegomenon to a Big Topic», en P. Benito i Monclús y A. Riera i Melis (eds.), *Guerra y carestía..., op. cit.*, pp. 87-101; P. Benito i Monclús, «Guerres menant à la famine. Croisade et cherté en Catalogne (1113-1115 et 1234-1235)», en D. Chamboduc de Saint Pulgent y M. Dejoux (eds.), *La fabrique des sociétés médiévales méditerranéennes. Les Moyen Âge de François Menant*, París, Publications de la Sorbonne, 2018, pp. 109-118. *Id.*, «Les fruits de la terre ou de la guerre? La grande famine européenne de 1145-1147 et la deuxième croisade», en M. Dejoux *et al.* (eds.), *Les fruits de la terre*, París, Publications de la Sorbonne, 2023; *Id.*, «El cicle de mortalitat epidèmica i fam de 1093-1095 à Europa: anatomia d'una crisi frontissa», *Estudis d'Història Agrària*, 34, 2022, pp. 13-44.

51 Ph. Slavin, «Climate and famines», *op. cit.*, pp. 433-447. S. Green, «The Great Famine in the county of Flanders (1315-17): the complex interaction between weather, warfare, and property rights», *The Economic history review*, 71, 2018, pp. 1048-1072.

causado por conflictos bélicos[52]. La oportunidad de colocar excedentes de trigo en los grandes circuitos de comercialización a precios elevados volvía a los centros redistribuidores más vulnerables al contagio de la carestía. Así, como ha observado Luciano Palermo, en los mercados de las grandes ciudades italianas el grano faltaba no solo por una eventual caída de la producción, sino también cuando sus productores o comercializadores no estaban interesados en ofrecerlo a los consumidores autóctonos. Las dificultades «naturales» de la producción y del transporte del grano funcionaban solo como detonante de la crisis, o incluso como mero pretexto, para el desencadenamiento de la carestía[53].

La hambruna, el alza violenta de los precios de los cereales y otros alimentos, debe entenderse fundamentalmente como el producto de una institución humana: el mercado. En las sociedades europeas premodernas, entre el clima y el mercado se interponían: los sistemas alimentarios, que en las ciudades imponían el consumo diario de grandes cantidades de cereales en detrimento de otros alimentos; los sistemas agrarios, que privilegiaban el desarrollo de la cerealicultura extensiva; el régimen señorial, que sustraía una parte de la producción agraria y la desviaba hacia el gran comercio en detrimento de las necesidades locales o regionales; la fiscalidad, que desviaba una parte de la renta hacia el pago del impuesto; el comercio de larga distancia, que conectaba regiones productoras con grandes centros de consumo; la tasa de urbanización, en la medida en que se relacionaba con la parte de la población que acudía al mercado para adquirir alimentos; la demografía, cuya evolución determinaba el tamaño y la estructura de la demanda alimentaria; las estructuras de abastecimiento urbano/estatal y su grado de dependencia de la producción del espacio rural dominado políticamente o de las importaciones; y la desigual distribución de los derechos de acceso a los alimentos entre la población, que dejaba a los pequeños campesinos, los asalariados urbanos y las mujeres en una posición de extrema vulnerabilidad.

Dentro de estos marcos, las decisiones de los beneficiarios de rentas agrarias o de los grandes propietarios de tierras en materia agraria (cerealicultura extensiva versus cultivo de productos destinados a la exportación) o de comercialización de la renta señorial, y las decisiones de las autoridades urbanas en materia de política frumentaria (abrir o cerrar el mercado), tenían su incidencia en la formación de los precios. Finalmente, las decisiones, a menudo impredecibles, de los soberanos de organizar, financiar y movilizar un gran ejército para

[52] M.-J. Tits-Dieuaide, *La formation des prix céréaliers en Brabant et en Flandre au XVᵉ siècle*, Bruselas, UBP, 1975, pp. 251-260.
[53] L. Palermo, *Sviluppo economico e società preindustriali. Cicli, strutture e congiunture in Europa dal medioevo alla prima età moderna*, Roma, Viella, 1997, pp. 240-244.

hacer la guerra, podían, como hemos visto, desencadenar una hambruna por su impacto en la estructura de la demanda de alimentos y en los derechos de acceso a los alimentos de la población (FED).

La producción cerealista experimentaba fluctuaciones causadas por anomalías climáticas, pero estas fluctuaciones tenían una mayor o menor incidencia sobre los niveles de los precios de los cereales en función de los marcos político-institucionales descritos y de las decisiones tomadas por las élites dirigentes.

5. EL CLIMA Y LA FORMACIÓN Y FLUCTUACIÓN DE LOS PRECIOS DE LOS CEREALES

El tema de la influencia del clima en la fluctuación de los precios de los cereales en los mercados premodernos cuenta con una extensa literatura que se ha desarrollado, en buena medida, al margen de las reflexiones anteriores. En el modelo de Ernest Labrousse de las crisis de ciclo corto, las cosechas, y por tanto los problemas climáticos subyacentes a la producción cerealista, determinaban la formación y evolución de los precios de los cereales a lo largo del año cosecha, de acuerdo con los mecanismos descritos por Gregory King en 1699[54].

En las antípodas del modelo labroussiano, en 1980 Jan de Vries sostuvo que en la Europa moderna las relaciones entre el clima y las cosechas y entre las cosechas y los precios de les cereales eran débiles debido al elevado nivel de integración mercantil[55]. Para Christian Pfister, en cambio, las tesis de Vries, que podían resultar válidas para algunas regiones costeras inglesas u holandesas donde los cereales podían ser importados por mar en gran cantidad, no lo eran para las vastas regiones del interior del continente antes de la Revolución Industrial, debido a las dificultades y los costes del transporte. La insuficiencia de las comunicaciones determinaba una estructura compartimentada del mercado. Pfister analizó la influencia del clima sobre la producción agraria y los precios de los cereales en las regiones de Alsacia y Lorena, versus otros factores como la inestabilidad política, la guerra y las crisis monetarias, y llegó a la conclusión que el clima fue el factor que más influyó en la curva de los precios entre 1550

----

[54] E. Labrousse, *La crise de l'économie française à la fin de l'Ancien Régime et au début de la révolution*, París, PUF, 1944, sobre la base de su tesis doctoral: *Esquisse du mouvement des prix et des revenus en France au XVIIIᵉ siècle*, París, Dalloz, 1933.

[55] J. de Vries, «Measuring the Impact of Climate on History. The Search for Appropriate Methodologies», *Journal of Interdisciplinary History*, 10/4, 1980, pp. 599-630.

y 1630, pero no así entre esta década y 1670, hecho que cabría explicar por el impacto de las guerras[56].

En un artículo publicado en 2017, Jan Esper y Ulf Büntgen compararon la variabilidad espacial interanual y multidecenal de los registros históricos de precios del trigo de diecinueve ciudades del centro y del sur de Europa entre los siglos XIV y XVIII, con las temperaturas de las estaciones cálidas y las condiciones hidroclimáticas. Llegaron a la conclusión de que la volatilidad de los precios del grano estaba estrechamente relacionada con las hambrunas y que la escasez de alimentos coincidía con anomalías regionales de sequía estival. Durante la guerra de los Treinta Años, la correlación interregional entre la volatilidad de los precios de los cereales y las temperaturas fue nula, mientras que a lo largo del siglo posterior (1650-1750), la influencia de las temperaturas estivales sobre la volatilidad de los precios fue elevada. Según los autores, estos resultados demostraban que los factores medioambientales influían más en la volatilidad de los precios del grano en tiempos de paz que en contextos bélicos[57].

6. DESDE LOS OBSERVATORIOS PENINSULARES: CORRELACIONES ENTRE DATOS DENDROCLIMÁTICOS Y SERIES DE PRECIOS

La correlación entre series de datos paleoclimatológicos y series de datos económicos apenas ha sido explorada por los historiadores medievalistas del sur de Europa, donde disponemos de series homogéneas y continuas de precios del grano procedentes de fuentes contables desde finales del siglo XIII. La península ibérica es una zona poco proclive para los estudios dendroclimáticos, debido a la escasez de árboles aptos para este tipo de mediciones y de bosques suficientemente longevos[58]. Las especies más útiles para este tipo de reconstrucciones son las coníferas resinosas, especialmente las especies *Pinus nigra*, presente en el Sistema Central y el Sistema Ibérico, y *Pinus uncinata*, presente en los Pirineos, si bien pocos ejemplares alcanzan más de setecientos años de antigüedad[59]. Una de las

---

[56] Ch. Pfister, «An analysis of the Little Ice Age climate in Switzerland», *op. cit.*, pp. 214-248. *Id.*, «Fluctuations climatiques et prix céréaliers», *op. cit.*, pp. 25-53.

[57] J. Esper *et al.*, «Environmental drivers of historical grain price variations in Europe», *Climate Research*, 72(1), 2017, pp. 39 52.

[58] J. Creus *et al.*, «Los estudios de Paleoclimatología en España», en J. M. Cuadrat Prats y J. Martín-Vide (dirs.), *La climatología española: pasado, presente y futuro*, Zaragoza, Universidad de Zaragoza, 2007, pp. 249-282.

[59] J. Creus, «A propósito de los árboles más viejos de la España peninsular: los *Pinus nigra* Arn. ssp. *salzmannii* (Dunal) Franco de Puertollano-Cabañas (Sierra de Cazorla, Jaén)», *Montes*, 54, 1998, pp. 68-67.

reconstrucciones dendroclimáticas más completa y de mayor calidad es la realizada por el equipo de Isabel Dorado, con la colaboración de Ulf Büntgen, a partir de datos de los anillos de crecimiento de veinticuatro series de coníferas resinosas repartidas por toda la cordillera pirenaica. Esta reconstrucción aporta *proxy data* de temperatura y radiación solar durante los meses de crecimiento de los anillos, entre mayo y septiembre, a lo largo de los últimos setecientos cincuenta años[60].

En 2019, Joan Maltas confrontó los datos de una de estas series, la de los bosques de coníferas del macizo de Pedraforca (Berguedà), con una serie indexada de precios de los cereales entre 1284 y 1350 construida a partir de varias series catalanas. La reconstrucción del Pedraforca indica periodos estivales de temperaturas y radiación solar elevada en 1304 y 1308, y de irradiación solar en 1306, 1328 y 1333. De todos, ellos solo este último, mayo-septiembre de 1333, puede correlacionarse de manera clara con una crisis alimentaria: la hambruna del año cosecha de 1333-1334, el «mal any primer». La serie del Pedraforca corrobora y demuestra lo que ya conocíamos por las fuentes documentales del área de Barcelona, Girona y la Segarra, en especial las procesiones y rogativas por causa de la sequía documentadas entre enero y mayo de 1333[61]. Este episodio de sequía no fue exclusivo de los Pirineos. Otras series dendrocronológicas señalan también una grave sequía en las montañas del Atlas, en Marruecos[62], y en la sierra de Cazorla, en Andalucía[63], apuntando a un episodio general de estrés hídrico que habría afectado una amplia zona del Mediterráneo occidental.

Los años de temperaturas situadas por debajo de la media y de escasa radiación solar son cuatro: 1285, 1288, 1305 y 1345-1346[64]. De estos solo el último podría relacionarse con la carestía de 1345-1348, aunque los datos son poco concluyentes. Sin embargo, la relación con la crisis de 1345-1348 es débil, ya que este ciclo suprarregional de precios altos no respondió solo a causas naturales[65].

[60] I. Dorado Liñán *et al.*, «Estimating 750 years of temperature variations and uncertainties in the Pyrenees by tree-ring reconstructions and climate simulations», *Clim. Past Climate of the Past*, 8(3), 2012, pp. 919-933; U. Büntgen *et al.*, «New Tree-Ring Evidence from the Pyrenees Reveals Western Mediterranean Climate Variability since Medieval Times», *Journal of Climate*, 30(14), 2017, pp. 5295-5318.

[61] J. Maltas i Montoro, *Caresties, fams i crisis de mortalitat a Catalunya: 1283-1351. Anàlisi d'indicadors i reconstrucció dels cicles econòmics i demogràfics*, tesis doctoral, Universitat de Lleida, 2019, p. 880, gráf. 87.

[62] J. Esper *et al.*, «Long-term drought severity variations in Morocco», *Geophysical Research Letters*, 34(1)7, 2007, p. L17702.

[63] I. Dorado *et al.*, «Eight-hundred years of summer temperature variations in the southeast of the Iberian Peninsula reconstructed from tree rings», *Climate Dynamics*, 44(12), 2015, pp. 75-93.

[64] J. Maltas i Montoro, *Caresties, fams i crisis...*, *op. cit.*, pp. 315-316.

[65] *Id., op. cit.*, pp. 294-307.

Cuadro 1. Sequías ibéricas y años de hambruna y carestía grave en Cataluña (1284-1500)

CEDEX 2013		I SERIE MALTAS MONTORO Precios de los cereales Cataluña (1284-1351)	II SERIE FRANL IN-LYONS Precios del trigo en Barcelona – Libros de *Majordomia – Almoina* de la catedral de Barcelona (1343-1409)	III SERIE ARGIL S Precios del trigo en Lleida – Libros de obra de la catedral de Lleida (1361-1500)
Años de sequía de impacto 2, 3 y 4	Área de afectación	Años de hambruna o carestía grave	Años de hambruna o carestía grave	Años de hambruna o carestía grave
		1284-1285		
		1291-1292		
1302	Península ibérica			
1304	Península ibérica			
1311	Sevilla	1310-1311		
1323-1326	Bajo Aragón	1324-1325		
1333-1334	Península ibérica	1333-1334		
		1345-1346		
		1351		
1355-1356	Meseta, valle del Ebro, Cataluña y Andalucía			
				1363-1364
1374-1376	Levante, meseta norte y valle del Ebro, Andalucía		1374-1376	
			1385-1387	1384-1385
1399-1400	Cuenca del Ebro y Sevilla			
			1401-1402	1402
1406-1412	Península ibérica			1406, 1413
1414	Meseta y Andalucía			
				1425-1426
1462	Meseta y Andalucía			
				1463-1465
				1470
1472-1475	Norte peninsular, Cataluña, Aragón, Tierra de Campos, Andalucía			1472-1473
1489	Litoral mediterráneo			

Fuentes: Centro de Estudio y Experimentación de Obras Públicas, *Catálogo y publicación de sequías históricas*, Madrid, 2013. I: Serie indexada de los precios de los cereales de Cataluña (1283-1351) de J. Maltas i Montoro, *Caresties, fams i crisis de mortalitat a Catalunya: 1283-1351. Anàlisi d'indicadors i reconstrucció dels cicles econòmics i demogràfics*, tesis doctoral, Universitat de Lleida, 2019, pp. 669-670, 699-701, 717-721, 817, 823 y 836; II: Serie de precios del trigo de los libros de *Majordomia* de la *Almoina* de la catedral de Barcelona (Archivo de la Catedral de Barcelona) entre 1343 y 1409, de A. Franklin-Lyons, *Famine. Preparation and Response in Catalonia after the Black Death*, tesis doctoral, Yale University, 2009, pp. 200-227, publicada parcialmente en *Shortage and Famine in the Late Medieval Crown of Aragon, op. cit.*; y III: Serie de precios del trigo de los libros de Obra de la catedral de Lleida, de C. Argilés i Aluja, *Preus i salaris a la Lleida dels segles XIV i XV segons els llibres d'obra de la Seu*, tesis doctoral, Universitat de Lleida, 1992, pp. 270-272; e *Id., Una ciutat catalana en època de crisi: Lleida, 1358-1500. El treball, els salaris, la producció agrícola i els preus a través dels llibres d'obra de la Seu Vella*, Lleida, Institut d'Estudis Ilerdencs-Diputació de Lleida, 2010.

XLIX SEMANA INTERNACIONAL DE ESTUDIOS MEDIEVALES. ESTELLA-LIZARRA. 2023 | Transformaciones del medioambiente en la Edad Media

DOI: https://doi.org/10.35462/siemel.49 | 199-220

Si comparamos la encuesta del *Catálogo de sequías históricas* publicado por CEDEX en 2013[66] con las series de precios de los cereales disponibles para Cataluña (1283-1351), Barcelona (1343-1409) y Lleida (1361-1500) (cuadro 1), los resultados son similares. Solo cinco de un total de trece sequías de impacto 2, 3 o 4[67] se correlacionan con años de precios altos en alguna de las series de Cataluña, Barcelona o Lleida. La sequía y las malas cosechas estuvieron involucradas con toda seguridad en la formación de los precios de los cereales en 1324-1325, 1333-1334 (el «mal any primer»), 1374-1376 («l'any de la fam») y 1472-1473. Las ocho sequías restantes no parecen haber influido ni en los precios de Lleida, capital de una región productora y excedentaria de cereales, ni en el mercado cerealista de Barcelona, ciudad estrechamente dependiente del trigo siciliano y de ultramar para su abastecimiento. Y por otra parte, diez de un total de diecisiete episodios de carestía no pueden relacionarse con ningún episodio de sequía que le preceda.

7. SUPERAR LAS BARRERAS DE LENGUAJE ENTRE PALEOCIENTÍFICOS E HISTORIARES COMO RETO DE FUTURO

En un artículo publicado en 2019, Michael McCormick se mostraba optimista sobre el desarrollo y las posibilidades de la colaboración interdisciplinar entre paleoclimatólogos y científicos humanos y sociales en la reconstrucción del clima del pasado[68], apelando a la llamada a reunir las dos culturas, humanística y científica, mediante la consiliencia, definida por el biólogo evolutivo Edward O. Wilson como un acuerdo de inducciones basadas en al menos dos fuentes de datos epistemológicamente diferentes[69]. Ponía como ejemplo un estudio de

---

[66] Centro de Estudio y Experimentación de Obras Públicas, *Catálogo y publicación de sequías históricas*, Madrid, 2013. https://www.miteco.gob.es/content/dam/miteco/es/agua/enlaces-de-interes/catalogo-y-publicacion-sequias-historicas_tcm30-436651.pdf. El catálogo recopila información histórica relativa a 184 eventos de sequías entre el año 1059 a. C., fecha de una sequía que afectó al área mediterránea, y 1938-1939. Para la elaboración del catálogo, los autores consultaron fuentes documentales y bibliográficas y, a partir de 1465, datos de reconstrucciones dendroclimáticas realizadas a partir de los anillos de crecimiento de 11 lugares distintos del sistema ibérico.

[67] La Tabla 11 del catálogo presenta un listado de las sequías catalogadas, con el año inicial y final, la duración en años, la descripción del área geográfica afectada, el número de referencias bibliográficas de donde se ha extraído la información y el nivel de peligrosidad de cada episodio, estimado a partir de la información del impacto producido, el índice PI (en una escala de 1 a 4).

[68] M. McCormick, «Climates of History, Histories of Climate: From History to Archaeoscience», *The Journal of Interdisciplinary History*, 50(1), 2019, pp. 3-30. https://doi.org/10.1162/jinh_a_01374

[69] E. O. Wilson, *Consilience: The Unity of Knowledge*, Nueva York, Vintage, 1998.

Büntgen de reconstrucción dendroecológica de las precipitaciones primaverales en el noreste de Francia, noreste y sureste de Alemania, entre el año 250 a. C. y el año 2000 d. C., basado en el análisis de 7000 series de anillos de árboles. Büntgen identificó treinta y dos años de precipitaciones extremas entre 1013 y 1504 d. C., para los que McCormick pudo localizar ochenta y ocho relatos de testigos escritos que confirmaban los resultados obtenidos por dendroclimatología[70]. Este artículo colectivo es, en efecto, un ejemplo de la colaboración interdisciplinar entre paleoclimatólogos e historiadores en la reconstrucción del clima posterior al año 1000, cuando existen registros escritos que pueden corroborar o completar los resultados obtenidos por los paleocientíficos, pero no de la colaboración entre paleocientíficos e historiadores en la correlación de datos paleoclimáticos y datos económicos, ni del establecimiento de conexiones e hipótesis de causalidad entre anomalías climáticas y crisis económicas y políticas, una cuestión, como hemos visto, mucho más compleja.

En lo que se refiere a las relaciones entre anomalías climáticas y las crisis alimentarias, no ha existido colaboración significativa entre paleoclimatólogos e historiadores de la economía, lo que se ha traducido, en palabras de Philip Slavin, en la existencia de dos grandes aproximaciones al análisis de las crisis alimentarias: la institucionalista y la climática o medioambiental[71]. En efecto, como hemos podido constatar, ambas perspectivas, protagonizadas respectivamente por historiadores y paleoclimatólogos, se han desarrollado en gran medida de manera independiente y en ausencia de diálogo interdisciplinar. La aproximación medioambiental o climatológica ha prevalecido en el estudio de las hambrunas del norte y del centro y este de Europa, como muestra una reciente colección de ensayos[72], mientras que la económica e institucional ha predominado en el estudio de las crisis alimentarias de la Europa mediterránea, incluida la península ibérica[73] y en las investigaciones más recientes sobre las crisis alimentarias de Inglaterra y los Países Bajos[74].

Mientras los paleoclimatólogos no han vacilado en establecer correlaciones e hipótesis de causalidad entre los datos obtenidos de las mediciones de

[70] U. Büntgen *et al.*, «2500 Years of European Climate Variability and Human Susceptibility», *Science*, 331, 6017, 2011, pp. 578-582. https://doi.org/10.1126/science.1197175

[71] Ph. Slavin, «Market failure during the Great Famine in England and Wales (1315-1317)», *Past & Present*, 222, 2014, pp. 9-49.

[72] D. Collet y M. Schuh (eds.), *Famines during the «Little Ice Age» (1300-1800). Socionatural Entanglements in Premodern Societies*, Heidelberg, Springer, 2017.

[73] Véase *supra*, nota 28.

[74] Ph. Slavin, *Experiencing famine in fourteenth-century Britain*, Turnhout, Brepols, 2019. S. Green, «The Great Famine in the county of Flanders (1315-17)», *op. cit.*

los glaciares o de los anillos de crecimiento de los árboles y las referencias a hambrunas históricas documentadas por las fuentes escritas, inversamente, pocos historiadores han cruzado las fronteras de su disciplina para integrar datos paleoclimáticos en sus investigaciones.

Esto es hasta cierto punto lógico y esperable. Para los paleoclimatólogos, solo las correlaciones y las hipótesis de causalidad entre las crisis climáticas y las crisis económicas y políticas del pasado pueden dar sentido a la disciplina a la que han decidido dedicarse, ya que, o los cambios en las condiciones climáticas tuvieron consecuencias sobre la historia económica, social y política de la Humanidad o la paleoclimatología es un inventario de curiosidades.

Jean-Pierre Devroey se refiere a la ausencia de una teoría de las interacciones entre clima y sociedad como un marco epistemológico que ha posibilitado tanto los excesos del determinismo climatológico −el clima como causa de las caídas de los imperios− como la incapacidad del historiador económico de incorporar los datos paleoclimáticos en sus análisis[75]. A los paleoclimatólogos, la carencia del aparato conceptual, metodológico y epistemológico de los historiadores, necesario para entender la naturaleza de las crisis económicas y políticas, no les ha supuesto ningún problema a la hora de formular hipótesis sobre las dramáticas consecuencias sociales de las variaciones climáticas y los eventos climáticos extremos. A los historiadores, en cambio, el uso de datos paleoclimáticos les supone un *handicap* debido a las dificultades de comprensión del lenguaje utilizado por los paleoclimatólogos. Superar estas barreras solo se podría conseguir mediante la creación de equipos interdisciplinares en los que los paleoclimatólogos, historiadores y arqueólogos implicados aprendieran el idioma de los demás. Este es sin duda un reto de futuro.

---

[75] J. P. Devroey, *La nature et le roi...*, *op. cit.*, p. 32.

Pensar e interpretar los riesgos climáticos a principios del siglo XIV en las crónicas de Ibn ʿIḏārī e Ibn Abī Zarʿ

Jennifer Vanz
Université de Paris-Est Créteil (Francia)
jennifer.vanz@u-pec.fr

1. INTRODUCCIÓN

El papel del clima como factor para explicar los cambios sociales en las sociedades medievales ha sido objeto de análisis renovados en estas últimas décadas. Frente a propuestas neodeterministas que atribuyen al clima un papel clave en los cambios sociales[1], otros autores han insistido en la necesidad de adoptar nuevos enfoques metodológicos que nos permitan pensar las interacciones entre el sistema climático y los socio-ecosistemas para superar las explicaciones que hacen del clima la causa principal de las transformaciones sociales[2].

En el marco del Magreb medieval, el peso de la historia colonial estructuró la manera de analizar el clima y el cambio climático dándole una fuerte dimensión etnoracial[3]. La hipótesis de un clima estable, poco diferente del actual, conducía a autores como Jean Despois o Stéphane Gsell a considerar que solo las actividades humanas eran responsables de la degradación de los paisajes[4], y de ahí que las sociedades medievales del Magreb, especialmente los árabes,

---

[1] B. Fagan, *The Little Ice Age: How Climate made History 1300-1850*, Nueva York, Basic Books, 2019. En cuanto al mundo islámico medieval, véase: R. Bulliet, *Cotton, Climate and Camels in Early Islamic Iran*, Nueva York, CUP, 2009; y R. Ellenblum, *The collapse of Eastern Mediterranean: climate change and the decline of the East (950-1072)*, Cambridge, CUP, 2012.

[2] J.-P. Devroey, *La nature et le roi. Environnement, pouvoir et société à l'âge de Charlemagne (740-820)*, París, Albin Michel, 2019.

[3] J.-B. Fressoz y F. Locher, *Les révoltes du ciel. Une histoire du changement climatique XVᵉ-XXᵉ siècle*, París, Seuil, 2020, pp. 200-203; D. K. Davis, *Resurrecting the Granary of Rome: Environmental History and French Expansion in North Africa*, Athens, OUP, 2007.

[4] P. Leveau, «Climat, sociétés et environnement aux marges du Maghreb: une approche historiographique», en S. Guédon (dir.), *La frontière méridionale du Maghreb et ses formes: essai de définition (Antiquité, Moyen Âge)*, Burdeos, Ausonius, 2018, p. 33.

XLIX SEMANA INTERNACIONAL DE ESTUDIOS MEDIEVALES. ESTELLA-LIZARRA. 2023 | Transformaciones del medioambiente en la Edad Media

DOI: https://doi.org/10.35462/siemel.49 | 221-238

eran los responsables. Si hoy se ha dejado de lado la hipótesis de un cambio drástico del clima causado por la decadencia de la agricultura y la extensión de los pastos, sí sigue planteándose el papel del clima en los cambios de los socio-ecosistemas, suscitando nuevos estudios durante las últimas décadas. Los artículos reunidos en el marco del programa de investigación «Climat, catastrophes naturelles et crises sanitaires en Méditerranée antique et médiévale» dirigido por François Clément[5] han permitido establecer un primer balance de los aportes y límites de algunas fuentes escritas para estudiar este tema. La literatura hagiográfica ofrece menciones de los riesgos climáticos y de las hambrunas en el Marruecos de los siglos XII y XIII[6], señalando cómo los santos intervienen, sustituyendo al sultán, para socorrer a las poblaciones enfrentadas a estas dificultades. En cuanto a las crónicas del periodo almohade, parecen indicar una multiplicación y un agravamiento de las crisis alimentarias vinculadas con fenómenos climáticos a principios del siglo XIII, a medida que el poder de los almohades iba debilitándose[7]. Sin embargo, más que una posible conexión entre clima y crisis de subsistencia que puede cuestionarse[8], lo que destaca finalmente de estos análisis es la dimensión eminentemente política de las representaciones de los eventos meteorológicos. Así, resulta difícil, a partir exclusivamente de las fuentes escritas, valorar la amplitud y los efectos de tales eventos.

En este sentido, estudios recientes han tomado en cuenta la necesidad de cruzar datos de naturaleza distinta para precisar nuestra comprensión de las relaciones entre las sociedades y su medioambiente. Las investigaciones arqueológicas, históricas y el estudio de las características medioambientales han aclarado el proceso de desertificación del sitio de Sedrata durante la Edad Media. Sin descartar los factores políticos que han podido jugar un papel en el abandono de este asentamiento, los autores subrayan la necesidad de tener en cuenta las evoluciones medioambientales. En este caso, la disminución del agua, vinculada con las actividades antrópicas, acentuó la acción del viento y pudo conducir, con el tiempo, al abandono del sitio[9]. De la misma manera,

---

[5] F. Clément (dir.), *Histoire et nature. Pour une histoire écologique des sociétés méditerranéennes (Antiquité-Moyen Âge)*, Rennes, PUR, 2011.

[6] Y. Benhima, «Les crises climatiques au Maġrib al-Aqṣā d'après la littérature hagiographique (XIIᵉ-XIIIᵉ siècle)», en F. Clément (dir.), *Histoire et nature...*, *op. cit.*, pp. 231-239.

[7] M. Ghouirgate, «La gestion des crises de subsistance par les souverains almohades», en F. Clément (dir.), *Histoire et nature...*, *op. cit.*, pp. 95-102.

[8] Sobre los problemas metodológicos planteados por este tipo de conexión, véase: J.-P. Devroey, *La nature et le roi...*, *op. cit.*, pp. 111 y ss.

[9] Y. Callot, «Sedrata: un site favorable aux hommes?», en C. Aillet, P. Cressier y S. Gilotte (eds.), *Sedrata. Histoire et archéologie d'un carrefour du Sahara médiéval à la lumière des archives inédites de Marguerite van Berchem*, Madrid, Casa de Velázquez, 2017, pp. 159-176.

el uso de los datos paleoambientales, cruzados con datos arqueológicos, abre nuevas perspectivas en la reflexión sobre el papel del factor climático en los cambios sociales. En su estudio sobre el impacto del clima sobre la reorganización económica, social y política del Magreb al-Aqṣā durante los primeros siglos del islam, Chloé Capel utiliza datos paleoclimáticos que destacan una anomalía climática a finales del siglo VIII y principios del IX caracterizada por un periodo de sequía. Este deterioro climático, que coincide con la fundación de Sijilmasa, ha podido llevar a una degradación de las condiciones de vida pastoral, a la emergencia de un hábitat sedentario y al desarrollo de una agricultura irrigada[10]. Estos dos últimos estudios subrayan a su vez la necesidad de reintroducir el factor climático para analizar las dinámicas sociales y políticas (sin que este sea el único factor explicativo) y la importancia de un enfoque interdisciplinario.

Así, este artículo trata de contribuir a la reflexión sobre los datos proporcionados por las fuentes escritas para el estudio del factor climático. El análisis se centrará en dos crónicas, contemporáneas una de otra, que destacan de la producción historiográfica del Magreb por la importancia que dan a la narración de estos eventos: el *Bayān al-muġrib fī iḫtiṣār aḫbār mulūk Al-Andalus wa-l-Maġrib* de Ibn ʿIḏārī, redactado entre finales del siglo XIII y principios del XIV[11], y el *Rawḍ al-qirṭās fī aḫbār mulūk al-maġrib wa taʾrīḫ madīnat Fās* de Ibn Abī Zarʿ, escrito durante las primeras décadas del siglo XIV[12]. Sin embargo, disponemos de muy poca información sobre estos dos autores. Solo sabemos que Ibn Abī Zarʿ dedicó su obra al sultán meriní Abū Saʿīd ʿUṯmān (710-731/1310-1331) y que su obra representó un giro en la escritura de la historia del poder meriní que reivindica, a partir de entonces, el legado idrisí[13]. En cuanto a Ibn ʿIḏārī, gran ausente de los diccionarios biográficos pero utilizado por autores posteriores que no lo citan, parece haber sufrido una *damnatio memoriae* por parte

---

10   C. Capel, «Authority Beyond State and Tribe in the Early Medieval Maghrib: The Impact of Climate on the Economic, Social and Political Reorganisation of the Maghrib al-Aqṣā in the Eight-Ninth Centuries: The Case of Sijilmāsa (Morocco)», *Al-Masāq*, 33(1), 2021, pp. 47-65.

11   Ibn ʿIdhārī al-Marrākushī, *Al-Bayān al-mughrib fī ikhtiṣār akhbār mulūk Al-Andalus wa-l-Maghrib*, B. A. Maʿrūf, M. B. ʿAwād (ed.), 2013, Tunez, Dār al-Gharb al-Islāmī; traducción parcial E. Fagnan (trad.), 1901, *Histoire de l'Afrique et de l'Espagne. Al-Bayano'l-Mogrib*, Argel.

12   Ibn Abī Zarʿ, [éd. s.n.], 1973, *Al-Anīs al-muṭrib bi-rawḍ al-qirṭās fi akhbār mulūk al-maghrib wa tārīkh madīnat Fās*, Rabat, Dār al-Manṣūr li-l-tabāʿ wa-l-warāqa; trad. A. Beaumier, *Rawd al-K'irtās. Histoire des souverains du Maghreb (Espagne et Maroc) et annales de la ville de Fès*, París, Imprimerie impériale, 1860.

13   M. Shatzmiller, *L'historiographie mérinide. Ibn Khaldūn et ses contemporains*, Leiden, Brill, 1982; H. L. Beck, *L'image d'Idris II, ses descendants de Fās et la politique sharifienne des sultans marīnides (656-869/1258-1465)*, Leiden, Brill, 1989.

de los meriníes[14], aunque sea difícil, en el estado actual de la documentación, comprobarlo[15].

La primera parte de este trabajo se interesa por los retos metodológicos planteados por el estudio del factor climático: ¿qué uso se puede hacer de las fuentes escritas para tratar de los riesgos climáticos? ¿Cuáles son los problemas metodológicos a los que nos enfrentamos cuando utilizamos estas fuentes? ¿Es posible cruzarlas con otro tipo de datos como los paleomedioambientales? La segunda parte se enfocará en el discurso construido sobre los riesgos climáticos, a principios del siglo XIV, por los dos autores estudiados. ¿Cuáles son las representaciones que dan de los eventos meteorológicos que ocurrieron a lo largo de la historia? ¿Cómo se interpretan estos eventos meteorológicos? ¿Cómo evolucionan estas representaciones a lo largo de los siglos y por qué?

2. ENFOQUES CRUZADOS DE LOS DATOS PALEO-MEDIOAMBIENTALES Y DE LAS FUENTES HISTORIOGRÁFICAS

Las obras de Ibn ʿIḏārī y Ibn Abī Zarʿ proporcionan varios datos sobre los eventos meteorológicos que tuvieron lugar a lo largo de la historia del Occidente islámico medieval, del siglo VIII al siglo XIV. Cinco eventos meteorológicos principales aparecen en estos relatos (la sequía, los terremotos, el exceso de agua, el viento y la plaga de langostas), planteando varios problemas metodológicos para apreciar sus consecuencias en las sociedades medievales.

2.1. Las catástrofes mencionadas en el *Bayān* y en el *Qirṭās* y los problemas metodológicos planteados

Problemas de localización espacial y cronológica

Una primera dificultad atañe a la dificultad de localizar espacial y cronológicamente los fenómenos descritos. En el caso de las sequías (*qaḥṭ, maḥl*), los dos autores solo coinciden en una fecha: la sequía de Al-Andalus en el año 232/846[16].

---

[14] É. Fricaud, *Ibn ʿIdhārī al-Marrākushī (m.début du XIVᵉ siècle). Historien marocain du Maghrib et d'Al-Andalus. Bilan d'un siècle et demi de recherches sur l'Al-Bayān al-Mughrib*, tesis doctoral bajo la dirección de P. Guichard, Universidad Lumière Lyon 2 (inédita), 1994, t. II, pp. 174-177, 248-253.

[15] J. Vanz, «L'histoire en débats: mémoires des débuts de l'Islam au Maghreb au début du VIIIᵉ/XIVᵉ siècle», *REMMM*, 147(1), 2020. https://doi.org/10.4000/remmm.14536

[16] Ibn ʿIḏārī, *Bayān, op. cit.*, t. II, p. 103; Ibn Abī Zarʿ, *Qirṭās, op. cit.*, p. 96, trad. p. 131.

Otros datos parecen concordar respecto a la sequía de los años 870 que, según Ibn Abī Zarʿ, duró de 253/867 a 265/878[17] en Al-Andalus y el Magreb, mientras que Ibn ʿIḏārī solo menciona una sequía en Ifrīqiya en el año 266/879[18]. De la misma manera, pudo haber una ola de sequía en los años 615-617/1218-1220 en Al-Andalus y el Magreb[19]. La primera dificultad que aparece es que incluso dos autores contemporáneos coinciden poco en los datos sobre eventos meteorológicos. ¿Analizar un corpus más amplio de crónicas permitiría destacar periodos con altas frecuencias de eventos mencionados? En un estudio sobre las sequías en Al-Andalus entre el siglo VIII y el siglo XI, parecen distinguirse tres periodos: los años 748/754, los años 867/879 y los años 812/823[20]. La cuestión que queda por resolver al leer este trabajo es la de conocer qué fuentes utiliza cada autor: el uso de una fuente común puede llevar a menciones repetidas de la misma sequía sin que esto pueda darnos una indicación sobre su intensidad.

Una segunda dificultad radica en los pocos detalles aportados sobre la localización del fenómeno en cuestión. Sin embargo, algunas menciones revelan que estos eventos no afectaban a todas las regiones de la misma manera. Por ejemplo, en el año 381/991 tuvo lugar una sequía en el Magreb que se acompañó de un exceso de agua en la región de Sijilmasa donde se formó un torrente[21]. Aquí aparece también una consecuencia de la sequía que debilita la capacidad de los suelos de absorber el exceso de agua. Si la sequía provocó una inundación en Sijilmasa, en Al-Andalus condujo a una plaga de langostas.

Los datos sobre los terremotos (*zalzala* pl. *zalāzil*) en el Occidente islámico a lo largo de la Edad Media deben manejarse con la misma cautela. Entre los dos autores estudiados se puede contabilizar un total de diez terremotos entre el siglo IX y el siglo XIII. De nuevo solo coinciden en una fecha, 267/880, en la que la tierra tembló en Córdoba según Ibn ʿIḏārī, en Al-Andalus y el Magreb según Ibn Abī Zarʿ[22]. La discrepancia entre los autores hace necesario el cruce de diferentes datos. Un primer estudio en este sentido fue el llevado a cabo sobre el terremoto de Andújar de 656/1170[23], mencionado por Ibn ʿIḏārī[24], que recoge

---

[17] Ibn Abī Zarʿ, *Qirṭās*, *op. cit.*, p. 96, trad. p. 131.
[18] Ibn ʿIḏārī, *Bayān*, *op. cit.*, t. I, p. 160.
[19] *Ibid.*, t. III, p. 381; Ibn Abī Zarʿ, *Qirṭās*, *op. cit.*, p. 273, trad. p. 390.
[20] F. Domínguez-Castro *et al.*, «Climatic potentiel of Islamic Chronicles in Iberia Extreme Droughts (AD 711-1010)», *The Holocene*, 24(3), 2014, pp. 370-374.
[21] Ibn Abī Zarʿ, *Qirṭās*, *op. cit.*, pp. 114-115, trad. pp. 157-158.
[22] Ibn ʿIḏārī, *Bayān*, *op. cit.*, t. II, p. 121; Ibn Abī Zarʿ, *Qirṭās*, *op. cit.*, p. 97, trad. p. 132.
[23] J. A. Peláez, J. C. Castillo Armenteros y M. Sánchez-Gómez, «Fuentes medievales y posibles evidencias arqueológicas del terremoto de Andújar de 1170», *Boletín del Instituto de Estudios Giennenses*, 192, 2005, pp. 139-177.
[24] Ibn ʿIḏārī, *Bayān*, *op. cit.*, t. III, p. 209.

esta información en Ibn Ṣāḥib al-Ṣalāt. Aunque no existe evidencia arqueológica directa de este terremoto, los autores establecen la hipótesis de que obligó, junto con otros factores, a unas remodelaciones de la muralla de la ciudad en la época almohade. El desarrollo de la arqueosismología[25] ofrece la posibilidad de cruzar datos textuales con datos arqueológicos y sísmicos. Así, un estudio reciente analiza los daños causados durante dos periodos sísmicos: uno entre 944 y 974[26] y otro en 986-987, en la ciudad califal de Madīnat al-Zahra[27]. Sin embargo, si las fuentes escritas proporcionan fechas precisas de los terremotos que merecen ser cruzadas con otros datos, no se puede dejar de lado el necesario enfoque crítico con el que se las debe manejar. En este sentido, atribuir, en el estado de los conocimientos actuales, el abandono de la ciudad califal a los periodos sísmicos parece ciertamente osado y desatiende toda una serie de factores políticos y sociales[28]. Por otra parte, cabe señalar que Ibn ʿIḏārī y Ibn Abī Zarʿ son las dos fuentes utilizadas casi exclusivamente para conocer los terremotos del Occidente islámico[29], lo que plantea la cuestión de las fuentes usadas para recordar terremotos (y otros eventos climáticos) de siglos anteriores.

En cuanto al exceso de agua, sean inundaciones (*sayl, fayḍ*) o lluvias abundantes (*ġayṯ, amṭār kaṯīra*), los datos recogidos en los dos textos presentan alguna peculiaridad. En el *Bayān*, la mayoría de las menciones se refieren a Al-Andalus, con inundaciones que afectan principalmente a las dos grandes ciudades, Córdoba (en 182/798, 332/943, 334/945, 354/964, 401/1011)[30] y Sevilla (en 574/1178, 597/1201)[31], atravesadas por un río. Ibn Abī Zarʿ, por su parte, menciona lluvias abundantes en el Magreb en el siglo X (en 342/953, 378/988,

---

[25] P. J. Brown, P. Forlin y C. M. Gerrard, «Researching natural disasters in the later Middle Ages», en C. M. Gerrard, P. Forlin y P. J. Brown, *Waiting for the end of the world? New perspectives on natural disasters in medieval Europe*, Londres-Nueva York, Routledge, 2021, pp. 1-16.

[26] Ibn ʿIḏārī menciona un terremoto en 332/944-5 y en 344/955-6: Ibn ʿIḏārī, *Bayān, op. cit.*, t. II, pp. 191, 202.

[27] M. Á. Rodríguez-Pascua *et al.*, «Archaeoseismological evidence of Seismic Damage at Medina Azahara (Córdoba, Spain) from the Early 11th Century», *Applied Sciences*, 13, 2023. https://doi.org/10.3390/app13031601

[28] Trabajos recientes han insistido en la necesidad de cuestionar la vulnerabilidad de las sociedades sin por lo tanto considerar a las sociedades medievales como meras víctimas de los caprichos de la naturaleza. Ver J.-P. Devroey, *La nature et le roi, op. cit.*, pp. 17-21; P. J. Brown, P. Forlin y C.M. Gerrard, «Researching natural disasters», *op. cit.*

[29] En el catálogo de las fuentes árabes que tratan de terremotos, J. P. Poirier y M. A. Taher mencionan también el historiador iraquí Ibn al-Aṯīr (m. 630/1233): «Historical seismicity in the Near and Middle East, North Africa and Spain from arabic documents (VIIth-XVIIIth century)», *Bulletin of the Seismological Society of America*, 70(6), 1980, pp. 2185-2201.

[30] Ibn ʿIḏārī, *Bayān, op. cit.*, t. II, pp. 83, 191, 194, 221, 374.

[31] *Ibid.*, t. III, pp. 241, 347.

381/991)[32], inundaciones en Córdoba (en 382/992)[33], en Sevilla (564/1168)[34] y en Fes (en 626/1229)[35]. Notamos, otra vez, que los dos autores no coinciden en cuanto a las fechas de las inundaciones que mencionan para Córdoba y Sevilla. Resulta difícil con estos datos establecer tendencias a lo largo de los siglos. En efecto, la recurrencia de las menciones para el siglo X puede explicarse por el interés que las fuentes usadas por los dos autores otorgaban a estas cuestiones, interés que, sin duda, ha cambiado con el paso de los siglos. Pero, por otra parte, llama la atención que los dos autores suelen nombrar las ciudades afectadas por las inundaciones y no la región, como lo hacen para las sequías. Esto trasluce cierta consciencia de los autores del riesgo mucho más elevado que representan las inundaciones en las ciudades, donde la densidad de población es más alta y, por tanto, de una vulnerabilidad mayor.

El viento (al-rīḥ) también aparece, especialmente en el *Qirṭās*, como un riesgo climático notable. La mayoría de las menciones se refieren al siglo X, como las sequías o los excesos de agua[36], posiblemente por las mismas razones.

Varios episodios de plaga de langostas (al-ǧarād) son señalados en el *Qirṭās*[37], principalmente en el siglo X[38] y, secundariamente a principios del siglo XIII[39]. La llegada de las langostas está estrechamente vinculada a las lluvias que actúan sobre la fisiología de estos insectos. Pero, de un lugar a otro, una misma pluviosidad puede tener consecuencias diferentes en función de si los años anteriores han sido más o menos deficitarios, lluvias «normales», pudiendo provocar una proliferación[40]. La variabilidad del fenómeno constituye un verdadero riesgo, tomado en cuenta por los juristas[41] para los árboles y los sembrados. Un autor contemporáneo de Ibn ʿIḏārī e Ibn Abī Zarʿ, Ibn al-Bannāʾ, señala, en su calendario del siglo XIII-XIV, que se «espera la langosta

---

[32] Ibn Abī Zarʿ (ed.), pp. 100, 102, 114-115, trad. pp. 137, 139, 157-158.
[33] *Ibid.* (ed.), p. 116, trad. p. 159.
[34] *Ibid.* (ed.), p. 266, trad. p. 381.
[35] *Ibid.* (ed.), p. 274, trad. p. 391.
[36] En 307/919, 342/953, 355/965, 379/989, 382/992, 385/995: Ibn Abī Zarʿ, *op. cit.* (ed.), pp. 98, 100, 102, trad. pp. 134, 137, 139, 159.
[37] Hemos encontrado una sola mención en el *Bayān* para el año 232/846, también mencionada en el *Qirṭās*: Ibn ʿIḏārī, *Bayān, op. cit.*, t. II, p. 103.
[38] En 361/971, 377/987, 381/991: Ibn Abī Zarʿ (ed.), *op. cit.*, pp. 101, 102, 114-115, trad. p. 138, 139, 157-158.
[39] En 617/1220, 624/1227: Ibn Abī Zarʿ (ed.), *op. cit.*, pp. 273-274, trad. pp. 390-391.
[40] Y. Gillon, «Le risque acridien», en M. Eldin y P. Milleville (dirs.), *Le risque en agriculture*, Marsella, IRD, 1989, pp. 143-152.
[41] I. Camarero Castellano, *Sobre el «estado de ŷāʾiḥa». Teoría y práctica jurídica de la calamidad rural y urbana en Al-Andalus (ss. VIII-XV)*, Sevilla, Universidad de Sevilla, 2015, p. 54.

en el mes de enero, pero siempre y cuando se haya producido un eclipse de sol o de luna»[42].

Como Ibn al-Bannā', los dos autores estudiados no solo consideran las catástrofes, sino que también se preocupan de otros fenómenos como los eclipses (*kasf al-šamš / al-qamar*), las estrellas (*ṯāqib, naǧm*) o los colores del cielo. Los eclipses eran un indicador importante para las actividades agrícolas. Apuntando los que se observaron en los siglos anteriores, se inscriben en la larga tradición de los *anwā*[43] que fue particularmente dinámica en Al-Andalus durante los siglos IX y X y que se renueva en el Magreb a principios del siglo XIV con Ibn al-Bannā'[44]. Efectivamente, en el *Qirṭās*, la mayoría de las menciones de eclipse son del siglo X[45]; en el siglo XI, el autor cita varios fenómenos, como trueno, estrellas o eclipse de sol[46]. En cuanto al *Bayān*, menciona un eclipse en el siglo X[47], dos en el XI[48] y dos estrellas en el XII[49]. La importancia otorgada a los asuntos del cielo en estos dos textos no debe hacer olvidar los debates que se plantearon desde el siglo IX sobre la licitud de los *anwā'*, condenados como creencia preislámica[50]. Aparecen así concepciones del mundo, sistemas explicativos de las relaciones entre los hombres y el medioambiente, de naturalezas distintas que pueden ser concurrentes, pero que también se pueden acomodar la una a la otra.

¿Cómo apreciar la intensidad y las consecuencias de los fenómenos meteorológicos?

La segunda dificultad radica en el cálculo de los daños de los eventos meteorológicos. Se mencionan dos tipos, materiales y humanos, según la violencia del fenómeno. Ibn Abī Zar' precisa las destrucciones causadas por el viento en

---

[42] Ibn al-Bannā', *Risāla fī l-anwā'*, ed. y trad. H. P. J. Renaud, *Le calendrier de Ibn al-Bannâ' de Marrakech*, París, Larose, 1948, p. 3 (trad. p. 31); I. Camarero Castellano, *Sobre el «estado de ŷā'iḥa»...*, *op. cit.*, p. 54.

[43] C. Pellat, «Anwā'», *EI²*.

[44] M. Forcada, «Books of anwā' in Al-Andalus», en M. Fierro y J. Samsó (eds.), *The formation of Al-Andalus. Part. 2: Language, Religion, Culture and the Sciences*, Ashgate, Variorum, 1998, pp. 305-328.

[45] Menciona cuatro eclipses de sol en 299/911, 355/965, 381/991, 382/992: Ibn Abī Zar' (ed.), *op. cit.*, pp. 97, 100, 114-115, 116, trad. pp. 133, 137-138, 157-158, 159.

[46] Menciona el trueno en 406/1015, una estrella en 471/1074 y un eclipse de sol (en 471/1078): Ibn Abī Zar' (ed.), *Qirṭās*, *op. cit.*, pp. 118, 167, 168, trad. p. 239.

[47] Ibn 'Iḏārī, *Bayān*, *op. cit.*, t. II, p. 160.

[48] *Ibid.*, t. I, p. 330; y t. II, p. 302.

[49] *Ibid.*, t. III, pp. 37, 87.

[50] M. Forcada, «Ibn 'Abd al-Barr y los anwā': astronomía y religión en Al-Andalus», *Al-Qantara*, XLIV, 1, 2023. https://doi.org/10.3989/alqantara.2023.007

307/919 en Fes: árboles arrancados y edificios derribados[51]. De la misma manera, el frío daña los árboles y los animales[52]. La gran inundación (*al-sayl al-ʿaẓīm*) en Fes en 626/1229 destruyó parte de la muralla de la ciudad, de la mezquita de los Andalusī, casas y funduk de la misma ribera[53]. Según Ibn ʿIḏārī, los rigores del tiempo en 332/944 provocaron la destrucción del puente de Córdoba[54], con árboles arrancados, animales muertos y cosechas destruidas[55]. Aunque a la crecida del río le sucedió un terremoto, viento violento, lluvia torrencial y granizo, no menciona ningún muerto. El terremoto de 565/1170 destruyó numerosas casas (*diyār*) y los alminares (*ṣawāmiʿ masāǧida*) de Córdoba, Granada y Sevilla[56], pero no se mencionan muertos, y los sismólogos estiman su intensidad en X[57], recordándonos la cautela extrema necesaria a la hora de interpretar estos escasos datos.

Finalmente, las pérdidas humanas se aluden en pocos casos. Ibn Abī Zarʿ explica que en 339/950 el frío provocó la muerte de varias personas[58], mientras que el viento se llevó algunas en 355/965[59]. El terremoto de 472/1079 provocó una gran cantidad de muertos[60], igual que la crecida del Guadalquivir en 597/1201[61].

En general, la consecuencia más vinculada a los episodios de sequía o de inundaciones es la hambruna. Por el daño que causan en los árboles y en las cosechas, estos eventos están considerados como el origen de las hambrunas. Las epidemias también están vinculadas a estos sucesos. La cuestión de la calidad del aire preocupa a los autores, que la consideran como un factor que desencadena las epidemias. Ibn Abī Zarʿ relata que, en el año 379/989, «el viento del este sopló durante seis meses consecutivos y justo después las enfermedades estallaron en el Magreb»[62].

La importancia de algunos fenómenos meteorológicos se traduce también en el nombre que se les da a algunos años. Así, el año 305/917 fue bautiza-

---

51 Ibn Abī Zarʿ (ed.), *Qirṭās*, *op. cit.*, p. 98, trad. p. 134.
52 *Ibid.*, p. 100, trad. p. 137.
53 *Ibid.*, p. 274, trad. p. 392.
54 Ibn ʿIḏārī, *Bayān*, *op. cit.*, t. II, p. 191.
55 *Ibid.*
56 *Ibid.*, t. III, p. 209.
57 J. P. Poirier y A. Taher, «Historical seismicity...», *op. cit.*, p. 2192. Ibn Rushd, otra fuente sobre este terremoto, menciona los muertos provocados por el hundimiento de las casas: J. A. Peláez, J. C. Castillo Armenteros y M. Sánchez-Gómez, «Fuentes medievales y posibles evidencias arqueológicas...», *op. cit.*, pp. 143-144.
58 Ibn Abī Zarʿ (ed.), *Qirṭās*, *op. cit.*, p. 100, trad. p. 137.
59 *Ibid.*
60 *Ibid.* (ed.), p. 168, trad. p. 240.
61 Ibn ʿIḏārī, *Bayān*, *op. cit.*, t. III, p. 347.
62 *Ibid.* (ed.), p. 102, trad. p. 139.

do como «del fuego (*sanat al-nahr*)»[63] y el año 327/938, «de la nube (*sanat al-ġamām*)»[64]. En cuanto a Ibn ʿIḏārī, precisa que el año 615-6/1218-9, de sequía, se llamó «año de la penuria (*sanat wa-qīl*)» y el año 637/1239-1240, durante el cual Ceuta sufrió una sequía y una grave hambruna, el «de los siete»[65]. Por lo tanto, algunos años quedaron en la memoria de la gente (ʿāmma) por las calamidades que ocurrieron (o por un suceso militar)[66].

Las dificultades metodológicas planteadas por las fuentes escritas para estudiar los fenómenos meteorológicos, y más allá climáticos, son numerosas. Los dos autores contemporáneos, Ibn ʿIḏārī e Ibn Abī Zarʿ, coinciden muy poco en cuanto a las fechas y a los eventos descritos. Los fenómenos meteorológicos que tuvieron lugar en el siglo X parecen ser sobre-representados con respecto a otros periodos, planteando la cuestión de las fuentes utilizadas por estos dos autores de principios del siglo XIV. En último lugar, los datos que ofrecen suelen ser poco precisos en cuanto a la localización de los fenómenos, al igual que su intensidad, que resulta difícil de apreciar. Frente a estos datos discontinuos que no permiten por sí solos esbozar los cambios climáticos que se produjeron durante la Edad Media, es necesario recurrir a otros tipos de evidencias como los datos paleo-medioambientales.

2.2. Los datos paleo-medioambientales

La primera dificultad de intentar cruzar los datos historiográficos y los paleo-medioambientales reside en la distinción entre los cambios climáticos pluriseculares, los cambios climáticos que provocan modificaciones durante una o varias décadas, y los eventos meteorológicos extremos aislados o en serie[67]. Lo que los autores de las fuentes escritas mencionan son ante todo eventos meteorológicos. Sin embargo, a partir de estas menciones se pueden extraer tendencias decenales o seculares. Así, la confrontación de los datos textuales con datos de otro tipo puede resultar interesante, aunque con gran prudencia ya que, como recuerda J.-P. Devroey, el tiempo del historiador/a no es el del climatólogo/a, pues no usan de la misma escala temporal y espacial[68].

---

[63] Ibn Abī Zarʿ (ed.), *Qirṭās*, *op. cit.*, p. 98, trad. p. 134.
[64] *Ibid.* (ed.), p. 99, trad. p. 135.
[65] Ibn ʿIḏārī, *Bayān*, *op. cit.*, t. III, pp. 381, 483.
[66] A. Sebti, «Présence des crises dans la chronique dynastique marocaine: entre la narration et les signes», *Cahiers d'Etudes Africaines*, vol. 30, 1990, pp. 239-240.
[67] J.-P. Devroey, *La nature et le roi*, *op. cit.*, p. 37.
[68] *Ibid.*, p. 109.

Otra dificultad es la disponibilidad de los datos paleo-medioambientales para el Magreb. Los trabajos pioneros de climatología histórica han distinguido tres grandes fases (*Dark Ages*, el Óptimo Climático Medieval y la Pequeña Edad de Hielo), en las que nos vamos a apoyar, sin olvidar que la situación del norte de Europa no puede ser replicada tal cual para el Magreb por las enormes variaciones regionales que existen.

Los datos para el periodo que se extiende de 300 a 900 (*Dark Ages*) son escasos. El principal estudio del que disponemos para este periodo nos informa sobre la evolución de los niveles lacustres del lago Sidī ʿAlī, localizado en el Atlas Medio, y destaca una anomalía climática alrededor de finales del siglo VIII y principios del IX caracterizada por un periodo de sequía[69]. Las menciones reiteradas de sequías durante este periodo por los dos autores (únicamente para Al-Andalus según Ibn ʿIḏārī, para el Magreb según Ibn Abī Zarʿ) sugieren efectivamente un ciclo de sequía más importante. Sin embargo, la prudencia en la interpretación de las fuentes textuales es necesaria. Se pueden considerar dos hipótesis, no excluyentes entre sí: por una parte, las menciones de eventos meteorológicos son mucho más numerosas en los siglos IX y X, y tienden a disminuir en los siglos siguientes. Esto resulta posiblemente de las fuentes utilizadas por los dos autores, entre las cuales las del siglo X manifestaban un interés específico por los eventos meteorológicos que no se encuentran en fuentes posteriores[70]. Por otra parte, las numerosas menciones de los siglos IX y X puede efectivamente resultar de una percepción, por parte de los actores medievales, de un cambio climático que los datos paleomedioambientales tienden a confirmar, aunque sin poder, en el estado actual de los conocimientos, evaluar las variaciones locales o regionales.

Para el segundo periodo, el Óptimo Climático Medieval (900 a 1250), empezamos a disponer de algunos estudios dendrológicos basados en el análisis de los anillos de los árboles de tres regiones: el Rif, el Atlas Medio y el Alto Atlas[71]. Ponen en evidencia un periodo de sequía entre 1180 y 1234, con años de sequía extrema en 1189-1190; años en los que las precipitaciones fueron por

---

69 P.A. Barker, C.N. Roberts, H.F. Lamb y A. Benkaddour, «Interpretation of Holocene lake-level change based on diatom assemblages from lake Sidi Ali, Middle Atlas, Morocco», *Journal of Paleolimnology* 12, 1994, p. 223-34. Sobre las transformaciones políticas, económicas y sociales durante este periodo, véase C. Capel, «Authority Beyond State», *op. cit.*

70 Véase *infra*.

71 J. Esper, D. Frank, U. Büntgen, A. Verstege, J. Luterbacher y E. Xoplaki, «Long-term drought severity variations in Morocco», *Geophysical Research Letters*, 34, 2007, pp. 1-5; C. Till y J. Guiot, «Reconstruction of Precipitation in Morocco Since 1100 A.D. Based on Cedrus atlantica Tree-Ring Widths», *Quaternary Research*, 1990, 33, pp. 337-351.

encima de la media (en 1108, 1255 y 1272); y años húmedos (1143, 1150, 1173, 1253, 1276). En el *Bayān* y el *Qirṭās* se mencionan respectivamente una sequía en 616/1218-1219[72] y una en 617/1220-1221[73] que caben en el periodo 1180-1234. Si estas evidencias textuales no son suficientes por sí solas para confirmar un deterioro climático, parecen coincidir con los datos dendrológicos, por una parte, y por otra, con la impresión que se desprende de la lectura de Ibn ʿIḏārī de un cambio de coyuntura[74].

El tercer periodo, el de la Pequeña Edad de Hielo que empieza a partir de los años 1300-1350, comienza también a estar documentado por la dendrología. Los análisis indican condiciones generalmente más secas antes de 1350, previas a una fase de transición hasta 1450 y de un periodo caracterizado por condiciones más húmedas[75]. Algunas dataciones más precisas realizadas en sitios con condiciones climáticas diferentes (húmedo, sub-húmedo y semiárido) han destacado los años 1379-1428 como un periodo seco, aunque sin sequías graves[76]. Disponemos de pocos datos en las dos fuentes estudiadas aquí para el principio del siglo XIV: Ibn Abī Zarʿ menciona dos episodios de sequía en 711/1311 y 723/1323[77]. Sin embargo, el estudio de los anillos de los arboles señala el año 1323 como un año húmedo. ¿Cómo interpretar esta discrepancia? ¿Como una variación regional vinculada a una sensibilidad diferente de un ecosistema peculiar a los cambios climáticos?

Estas observaciones subrayan la dificultad de interpretar de manera cruzada los datos paleo-medioambientales y las fuentes escritas. Las discrepancias entre la percepción de los actores de las sociedades medievales y las evidencias paleo-medioambientales proceden de que la apreciación de las sequías, los años de lluvias, el frío y el calor es un constructo social. Lo que se puede medir es más bien «la sensibilidad de las fuentes escritas a una situación meteorológica anormal señalada por una anomalía de los anillos de crecimiento de los árboles»[78]. En este sentido, se trata también de saber por qué a lo largo del tiempo los historiógrafos han decidido (o no) anotar los eventos meteorológicos de los que eran testigos.

---

[72] Ibn ʿIḏārī, *Bayān*, *op. cit.*, t. III, p. 381.
[73] Ibn Abī Zarʿ (ed.), *Qirṭās*, *op. cit.*, p. 273, trad. p. 390.
[74] M. Ghouirgate, «La gestion des crises de subsistance», *op. cit.*; A. Sebti, «Présence des crises dans la chronique dynastique marocaine», *op. cit.*, pp. 239-240.
[75] J. Esper *et al.*, «Long-term drought», *op. cit.*
[76] C. Till y J. Guiot, «Reconstruction of Precipitation in Morocco», *op. cit.*, p. 347.
[77] Ibn Abī Zarʿ (ed.), *Qirṭās*, *op. cit.*, pp. 398, 401, trad. pp. 561, 564.
[78] J.-P. Devroey, *La nature et le roi...*, *op. cit.*, p. 101.

3. LA CONSTRUCCIÓN DE UN DISCURSO SOBRE LOS EVENTOS METEOROLÓGICOS A PRINCIPIOS DEL SIGLO XIV

A principios del siglo XIV, dos autores, Ibn ʿIḏārī e Ibn Abī Zarʿ, otorgan cierta importancia a los eventos meteorológicos que registran a lo largo de los siglos. Este interés por los asuntos del cielo resulta de una lectura peculiar, no necesariamente compartida por todos, de las relaciones entre los hombres y su medioambiente. La contemporaneidad de las dos obras hace necesario interesarse, por una parte, por su contexto de producción para comprender lo que está en juego y, por otra parte, por el trabajo de selección y de organización de los materiales de cada autor para construir su discurso sobre los eventos meteorológicos.

3.1. El contexto de producción del *Bayān* y del *Qirṭās*

Las menciones de eventos meteorológicos que encontramos en el *Bayān* y en el *Qirṭās* no son anecdóticas y resultan de una voluntad clara de los dos autores de hacer hincapié en estos asuntos. Sus obras han sido redactadas en un contexto peculiar, entre finales del siglo XIII y principios del XIV, en el cual surgieron vívidas discusiones sobre la historia y la manera de escribirla. Al menos seis obras históricas fueron escritas en este periodo durante el cual se afirma la dominación de la dinastía merimí en el Magreb al-Aqṣā. Esta intensa producción se caracteriza por enfoques distintos en cuanto a la periodización elegida y a los espacios mencionados para tratar de la historia del Magreb durante los primeros siglos del Islam[79]. La selección que cada autor realiza de los materiales a su disposición es un elemento clave en la construcción de su relato, lo que le da su carácter único y permite conformar una lectura personal del pasado. Así, respecto al conjunto de obras producidas durante este periodo, las de Ibn ʿIḏārī e Ibn Abī Zarʿ destacan por su atención a los eventos meteorológicos.

Este interés por los asuntos del cielo recuerda a las historias astrológicas y a las tablas astronómicas que tuvieron cierto éxito al principio del periodo abbasí en Oriente[80] y en Al-Andalus durante el periodo omeya[81], así como los

---

[79] J. Vanz, «L'histoire en débats...», *op. cit.*
[80] A. Borrut, «Court Astrologers and Historical Writing in Early ʿAbbāsid Baghdād: An Appraisal», en J. Scheiner y D. Janos (eds.), *The Place to Go: Contexts of Learning in Baghdād 750-1000 CE*, Princeton, PUP, 2014, pp. 455-501.
[81] M. Forcada, «Books of anwāʾ in Al-Andalus», *op. cit.*

debates sobre la licitud de los *anwā'* que discuten el nivel de autonomía de los astros celestes con respecto a Dios[82].

A finales del siglo XIII y principios del XIV, la tradición astronómica andalusí es bastante dinámica en el Magreb. Ibn al-Bannā' al-Marrakušī (m. 721/1321), contemporáneo de Ibn ʿIḏārī e Ibn Abī Zarʿ, es uno de los astrónomos activos en este periodo[83]. Este gran científico, que vivió en Fes y Marrakech, fue reconocido por sus aportaciones matemáticas y también por sus conocimientos astronómicos. Es el autor de tablas astronómicas (*zīǧ*) y también de una *Risāla fī-anwā'* que pertenece a la tradición de los libros de *anwā'* andalusíes[84]. Este desarrollo se hizo en una tensión todavía viva entre astronomía y astrología, habiendo abandonado el autor su interés astrológico en alguna etapa de su vida[85]. En cualquier caso, la cuestión de la difusión de los escritos de Ibn al-Bannā', y en particular de sus tablas astronómicas y de su *Risāla fī-l-anwā'*, se plantea en el ámbito de los letrados. ¿Llegaron Ibn ʿIḏārī e Ibn Abī Zarʿ a conocer a este maestro y sus obras? ¿Qué fuentes utilizaron para recordar los eventos meteorológicos que ocurrieron en el Magreb y en Al-Andalus entre el siglo VIII y el siglo XIV?

Selección y organización de los materiales sobre los eventos meteorológicos

Resulta evidente que, cuando redactaron sus obras, ambos autores hicieron un esfuerzo por recolectar informaciones meteorológicas. El relato de Ibn Abī Zarʿ, centrado en la ciudad de Fes, se organiza en varias secciones dedicadas a cada uno de los poderes que dominaron el Magreb al-Aqṣā: los idrisíes, los zenetes, los almorávides, los almohades y los meriníes. Al final de cada una de estas secciones, un capítulo recoge todos los acontecimientos (*al-aḥdāṯ*) que tuvieron lugar bajo la dominación de cada poder. Es en este contexto que el autor lista los eventos meteorológicos a la par del nombramiento de tal persona o la muerte de otra. Así, no se trata de informaciones diseminadas a lo largo de la obra, sino que el autor decidió agruparlas en capítulos determinados para no interrumpir el relato de los acontecimientos políticos. En este sentido, estas informaciones meteorológicas parecen desconectadas de los sucesos políticos. Excepcionalmente, sin embargo, algunas menciones se enlazan al relato principal. Por ejemplo, en

---

[82] *Id.*, «Ibn ʿAbd al-Barr y los anwā'», *op. cit.*

[83] F. C. De Blois, D. A. King y J. Samsó, «Zīdj», *EI²*; J. Oaks, «Ibn al-Bannā'», *EI³*; J. Samsó, «Ibn al-Bannā': Abū al-ʿAbbās Aḥmad ibn Muḥammad ibn ʿUṯmān al-Azdī al-Marrāushī», en T. Hockey *et al.* (eds.), *The Biographical Encyclopedia of Astronomers*, Nueva York, Springer, 2007, pp. 551-552.

[84] M. Forcada, «Books of anwā' in Al-Andalus...», *op. cit.*

[85] J. Samsó, «La urǧuza de Ibn Abī-l-Riǧāl y su comentario por Ibn Qunfūḏ: astrología e historia en el Magrib en los siglos XI y XIV», *Al-Qantara*, XXX(1), 2009, p. 18.

677/1279, el sultán meriní «llegó al pueblo de Makūl en el país de Tāmesnā, pero asaltado por las lluvias, los vientos y los torrentes que se desencadenaban en tormentas permanentes de noche y de día, no pudo ir adelante»[86]. En este caso, el avance del sultán está impedido por la situación meteorológica. De la misma manera, los eventos meteorológicos mencionados para los años 711/1311 y 723-4/1323-4 permiten poner en evidencia el papel de la redención del sultán en contexto de sequía[87]. El relato que da Ibn Abī Zarʿ hace un paralelo con la tradición profética, el sultán Abū Saʿīd (710-731/1311-1331) saliendo al *muṣallā* para hacer rogatorias para la lluvia (*ṣalat al-istisqāʾ*)[88]. El proceso parece muy ritualizado: el soberano está acompañado por los jurisconsultos (*fuqahāʾ*), los santos (*ṣulaḥāʾ*) y los lectores del Corán (*qirāʾ*), da lismona (*zakāt*) a los pobres y visita (*ziyāra*) la tumba del santo Abū Yaʿqūb al-Ašqar. Con estas acciones y su postura de humildad, de sumisión a Dios, el soberano obra la redención. Encontramos aquí el clásico vínculo que hacen los cronistas entre las calamidades naturales y la actuación pecaminosa de los soberanos, la sequía, en particular, estando asociada a la injusticia del soberano[89]. Durante el periodo omeya, Ibn ʿIḏārī menciona que, en 314/926, el *ḫāṭib* Aḥmad b. Baqī hizo rogatorias para llamar a la lluvia (*istisqāʾ*) y que se enviaron cartas a las provincias (*kūra*) para que se unieran a la ceremonia[90]. En la época de Abū Saʿīd, sin embargo, el papel de intercesión de los santos para pedir la lluvia compite con el del sultán.

Por otra parte, analizando la lista de los eventos meteorológicos mencionados por Ibn Abī Zarʿ, se puede notar un claro desequilibrio entre los diferentes periodos distinguidos por el propio autor. Las informaciones meteorológicas son mucho más abundantes y regulares en los siglos IX y X (172-380/788-990), bajo la dominación idrisí y, en segundo lugar, durante el periodo zenete (381-462/990-1069). El periodo almorávide (430-540/1038-1145) es objeto de solamente tres menciones[91], mientras el periodo almohade (524-668/1130-1269) conoce un lige-

---

[86] Ibn Abī Zarʿ (ed.), *Qirṭās, op. cit.*, p. 329, trad. p. 472.
[87] *Ibid.*, pp. 398, 401, trad. pp. 561, 564.
[88] T. Fahd, «Istiskāʾ», *EI².*
[89] A. Sebti, «Présence des crises dans la chronique dynastique marocaine», *op. cit.*, p. 240.
[90] Ibn ʿIḏārī, *Bayān, op. cit.*, t. II, p. 180. El relato, según el cual en 317/929 el califa al-Nāṣir hizo rogatorias y vincula la llegada de lluvia con la exposición del cuerpo del rebelde Ibn Ḥafṣūn, no está recogido en esta edición. Esta versión es posiblemente la de ʿArīb, que había sido recogida e insertada en el texto de Ibn ʿIḏārī en ediciones anteriores del *Bayān*. Sobre la cuestión de las rogativas para la lluvia en época omeya, véase: O. Herrero Soto, *El perdón del gobernante (Al-Andalus, ss. II/VIII-V/XI). Una aproximación a los valores político-religiosos de una sociedad islámica pre-moderna*, tesis doctoral dirigida por R. El Hour y M. Fierro, Universidad de Salamanca, 2012, pp. 589-593.
[91] Ibn Abī Zarʿ (ed.), *Qirṭās, op. cit.*, pp. 167, 168, trad. pp. 239, 240: una estrella, un eclipse de sol y un terremoto.

ro aumento[92]. En cuanto al periodo meriní (610-626/1213-1326), solo las sequías ya aludidas de los años 711/1311 y 723-4/1323-4 son recordadas por el autor. Este desequilibrio plantea la cuestión de las fuentes utilizadas. Es verosímil que los autores de los siglos IX y X prestaran más atención a recopilar informaciones meteorológicas que los de los siglos posteriores. Sin embargo, la dificultad radica en que Ibn Abī Zarʿ no suele citar las obras que utiliza y que parece haber tenido informaciones sobre el Magreb que no encontramos en otros textos, quizás en obras que no nos han llegado, y que su contemporáneo, Ibn ʿIḏārī, no tenía tampoco a su disposición. A veces señala de dónde extrajo la información, como a propósito del eclipse del año 380/990, mencionada en el libro de un tal Ibn al-Fiyāḍ titulado *Kitāb al-qabas* y de un tal Ibn Mazīn[93]. Así, Ibn Abī Zarʿ pudo utilizar calendarios agrícolas, como parece indicar su interés por temas de los libros de *anwāʾ* como son los eclipses, o un párrafo en el cual atestigua haber visto en Fes sembrar en un lugar de la ciudad el 15 de abril y cosechar a finales del mes de mayo, es decir, 45 días después, excelentes frutos en el año 690/1290, que se caracterizó por un viento del este continuo y por la ausencia de lluvia[94].

En cuanto al *Bayān*, la organización del relato es diferente. La obra, que pertenece al género de los anales, se organiza en tres partes (*ğuzʾ*) en las que las informaciones sobre los eventos meteorológicos están dispersas a lo largo de los años. Pero como en el *Qirṭās*, se observa un claro desequilibrio a favor del siglo X, que recoge el 40% de las menciones. Por otra parte, los datos sobre el Magreb son escasos y solo se refieren a Ifrīqiya (en particular Kairouan) hasta el siglo XII[95]. Por lo tanto, parece que Ibn ʿIḏārī no utilizó las fuentes que Ibn Abī Zarʿ tenía a su disposición. Por contra, dispone de información mucho más abundante que su contemporáneo para Al-Andalus. Las obras que copió están bastante bien identificadas, pues en general procura citarlas[96]. Entre ellas destaca el *Muḫtaṣar* de ʿArīb b. Saʿīd al-Qurṭūbī[97], compuesto entre 973 y 976, pero también el *Muqtabis* de Ibn Ḥayyān, que abunda en datos meteorológicos. Estos autores del siglo X son los testigos del interés que había entonces en la corte de Córdoba por la astronomía y la astrología, interés que no se mantuvo al mismo

---

[92] *Ibid.* (ed.), pp. 257, 266, 273, 274, trad. pp. 369, 381, 390, 391.
[93] *Ibid.* (ed.), p. 115, trad. p. 158.
[94] *Ibid.* (ed.), p. 44, trad. p. 52.
[95] Ibn ʿIḏārī, *Bayān, op. cit.*, t. I, pp. 160, 277, 302.
[96] E. Fricaud, *Ibn ʿIdhārī al-Marrākushī, op. cit.*, pp. 267 y ss.
[97] Es también el autor de un *Kitāb al-anwāʾ*: M. Forcada, «ʿArīb b. Saʿīd al-Qurṭūbī», *EI²*. Aunque Ibn ʿIḏārī lo haya utilizado, no cita todas las menciones que hace ʿArīb de eventos meteorológicos. Sin embargo, en su edición del *Bayān*, R. Dozy ha insertado pasajes de ʿArīb que E. Fagnan señala en su traducción parcial de esta obra: E. Fagnan, *Histoire de l'Afrique..., op. cit.*

nivel durante los siglos posteriores, haciéndose las menciones meteorológicas mucho más esporádicas.

A principios del siglo XIV, dos autores, Ibn ʿIḏārī e Ibn Abī Zarʿ, cuyos proyectos historiográficos eran bastante distintos, manifestaron un interés común en mencionar los eventos meteorológicos que afectaron el Occidente islámico durante su historia. Sus obras, compuestas en un momento de debate sobre la escritura de la historia, proponen un discurso sobre el medio-ambiente y sus relaciones con los gobernantes. Se pueden plantear varias hipótesis para explicar el porqué de este interés, que se fundamenta en la tradición andalusí de los *Kitāb al-anwāʾ* pero también de la historiografía del siglo X. ¿Puede existir un vínculo entre esta voluntad de mencionar eventos meteorológicos y la percepción de un cambio climático a principios del siglo XIV? Si las informaciones ofrecidas por estas dos fuentes tratan muy poco del presente de sus autores, los datos dendrológicos no indican deterioro alguno del clima durante este periodo. Sin embargo, señalan un ciclo de sequía entre 1180 y 1234 que coincide en parte con las dificultades del régimen almohade, dos aspectos que, especialmente Ibn ʿIḏārī, ha vinculado. Esta coincidencia[98] puede haber sido una clave de lectura privilegiada de ambos autores (y descuidada por sus contemporáneos) para explicar su visión de la historia. El hecho de que Ibn Abī Zarʿ escenifique al sultán meriní Abū Saʿīd haciendo redención en un periodo de sequía, puede ser un índice de una lectura que vincula estrechamente la acción del gobernante con situaciones meteorológicas y que le permite valorar la actitud del meriní con respeto a la de los almohades. En la construcción de tal discurso, el califato de Córdoba y su historiografía siguen siendo un modelo de referencia.

4. CONCLUSIÓN: HACIA LOS CAMBIOS DEL SEGUNDO TERCIO DEL SIGLO XIV

Como a principios del siglo XIV, los años 1370 corresponden a un nuevo auge de la producción historiográfica en el Occidente islámico. Varios autores se dedican a escribir obras de historia sobre este espacio, sea en Al-Andalus (con Ibn al-Ḥaṭīb) o en el Magreb (con los hermanos Ibn Ḫaldūn). Aunque el propio Ibn Ḫaldūn no ignora la teoría de los climas cuando presenta los diferentes espacios que estudia, los eventos meteorológicos no le interesan. En cuanto a su hermano, Yaḥyā, encontramos en su relato de la historia de la dinastía abdelwadí

---

[98] De momento no se puede hablar de causalidad sin estudios más detallados, que deberían tener en cuenta una multiplicidad de factores, entre ellos el climático.

algunas menciones centradas en la experiencia del sultán Abū Ḥammū II en el Sahara occidental[99] o en una única anécdota relatando cómo este sultán actúa, haciendo limosna, durante una hambruna provocada por un viento que destruyó las cosechas y mató a los animales[100]. Pero los asuntos del cielo ya no marcan todo el relato y casi no preocupan a los autores. ¿Qué ha cambiado? De nuevo es difícil de establecer el vínculo entre la realidad de los cambios climáticos y las menciones en las fuentes escritas. En efecto, según los datos dendrológicos, el periodo 1379-1428 se caracteriza por sequías repetidas[101], información que no aparece en las fuentes escritas. De la misma manera, aunque los autores de este periodo debieron de verse profundamente afectados por la peste, casi nunca hablan de ella[102]. Quizás la violencia de este episodio estaba todavía demasiado presente para que lo recordaran las fuentes historiográficas, en donde este tipo de menciones podría ser interpretado como una crítica al poder, incapaz de proteger a su población.

Así, la manera que tienen los historiadores de pensar e interpretar las relaciones entre las sociedades y el medioambiente se modifican a lo largo de los siglos, haciendo necesario contextualizar sus producciones para comprender las concepciones del mundo en las que se fundamentan. Pero estas percepciones no son las únicas y pueden ser refutadas por otras que se expresan en varios géneros, como las obras hagiográficas o jurídicas. Solo el estudio de fuentes escritas muy diversas, cruzadas con datos arqueológicos y paleoambientales, permitirá conocer no solamente los sistemas de interpretación del mundo, sino las reacciones de las sociedades y de sus capacidades de adaptación a los cambios climáticos.

---

[99] J. Vanz, «Représentations des espaces sahariens du Touat et ordre social dans le Maghreb du VIIIᵉ/XIVᵉ siècle», en Société des Historiens Médiévistes de l'Enseignement Supérieur Public (dir.), *Environnement et sociétés au Moyen Âge*, París, Editions de la Sorbonne, en prensa.

[100] Yaḥyā b. Ḥaldūn, *Bugyat al-ruwwād fī ḏikr al-mulūk Banī ʿAbd al-Wād*, ed. y trad. A. Bel, *Histoire des Beni ʿAbd-al-Wâd: rois de Tlemcen jusqu'au règne d'Abou H'ammou Moûsa II*, Argel, Imprimerie Orientale Pierre Fontana, 1903-1913, t. II, pp. 325-326, trad. pp. 393-394.

[101] C. Till y J. Guiot, «Reconstruction of Precipitation in Morocco», *op. cit.*, p. 347.

[102] Para un balance de los datos disponibles, véase Y. Benhima, «Épidémies et mouvements de populations au Maroc (XIVᵉ-XVIᵉ siècle)», en S. Cavaciocchi, *Le interazioni fra economia e ambiente biologico nell'Europa preindustriale secc. XIII-XVIII*, Florencia, Firenze University Press, 2010, pp. 279-285.

Otro clima de incertidumbre. Meteorología, crecimiento y ejercicio del poder en Al-Andalus

Julián M. Ortega
Universidad de Zaragoza
saet@unizar.es

Seguramente, la principal empresa en la que se encuentra embarcada actualmente el amplio campo de estudios de la ecología histórica, con independencia del trecho cronológico tratado y del ámbito territorial que aborde, sea el de hacer frente a la constante deshistorización de la sociedad, la naturaleza y sus relaciones , que es posible advertir no solo en el plano de la gestión administrativa, sino también en el ámbito académico[1]. El pasado andalusí proporciona un ejemplo, no particularmente original, de esta tendencia. Las causas de ello son numerosas, pero hay dos que sobresalen con indudable nitidez. La primera es de corte conceptual, teórico si se prefiere, y es consecuencia de la hegemonía historiográfica que las propuestas de inspiración estructuralista, en sus diversas variantes (funcionalista y marxista), han mantenido en la reciente historiografía andalusí, en la que el cambio social quedaba concentrado en unas pocas coyunturas de intensa mutación sociopolítica separadas por largos periodos de persistente estabilidad[2]. A partir de aquí, la historia económica de Al-Andalus ha podido esquivar con relativa comodidad cualquier reflexión sobre la existencia de fases de crecimiento, pero también de crisis o decadencia, orillando tanto el estudio de los procesos y ritmos de trans-

---

[1] S. Sörlin y M. Lane, «Historicizing climate change-engaging new approaches to climate and history», *Climatic Change*, 151, 2018, pp. 1-13. https://doi.org/10.1007/s10584-018-2285-0. En general, J. A. Hubbell y J. C. Ryan, *Introduction to the Environmental Humanities*, Nueva York, Routledge, 2022.

[2] A. García-Sanjuán, «El concepto tributario y la caracterización de la sociedad andalusí: treinta años de debate historiográfico», en A. García-Sanjuán (ed.), *Saber y sociedad en Al-Andalus. IV-V Jornadas de Cultura Islámica en Almonaster la Real (Huelva)*, Huelva, Ayuntamiento de Almonaster la Real y Universidad de Huelva, 2006, pp. 81-152; A. García-Sanjuán, «El hecho tribal y el concepto tributario. Tres propuestas de caracterización de la sociedad andalusí», en M. Fierro *et al.* (eds.), *711-1616. De árabes a moriscos. Una parte de la Historia de España*, Córdoba, Al-Babtain Foundation, pp. 187-219.

XLIX SEMANA INTERNACIONAL DE ESTUDIOS MEDIEVALES. ESTELLA-LIZARRA. 2023 | Transformaciones del medioambiente en la Edad Media
DOI: https://doi.org/10.35462/siemel.49 | 239-283

formación de las condiciones económicas, como las divergencias regionales que estos pudieran haber provocado.

La segunda de las razones a las que me refería, de carácter primordialmente metodológica, ha tenido que ver con las limitaciones del registro escrito disponible y la renuencia a explorar las posibilidades de otro tipo de fuentes, en particular los registros paleoambientales (o *proxy data*), a la hora de abordar la historia de las relaciones de poder implicadas en fenómenos como las hambrunas, la tala de los bosques o la polución de los acuíferos. Es preciso señalar, en primer lugar, que el trabajo más básico de expurgo y análisis de la documentación escrita está en buena medida pendiente de hacer, aunque algunos trabajos recientes hacen presagiar un cambio de dirección al respecto[3]. Con todo, la cuestión principal continúa afectando a la representatividad de este tipo de registros documentales para componer la historia del clima en Al-Andalus.

Estos datos plaeoclimáticos plantean problemas propios. El mayor de todos ellos afecta sin duda a sus niveles de resolución. Registros con una elevada resolución, capaces, en teoría, de proporcionar datos muy detallados sobre las variaciones de temperatura y precipitación, existen y su uso en las reconstrucciones paleoclimáticas es habitual. El ejemplo más evidente quizás sea el de la dendrología o dendrocronología. En la península ibérica, los estudios dendroclimatológicos han permitido perfilar con cierto nivel de detalle los cambios en las temperaturas medias y los niveles de precipitación asociados a la Pequeña Edad de Hielo en varias de sus regiones. Las aportaciones de la dendrología al estudio del clima medieval han sido, sin embargo, mucho más discretas, debido a la dificultad que entraña la confección de series suficientemente antiguas[4]. Dificultades análogas se pueden rastrear en la información proporcionada por otros registros de alta resolución, como el análisis de los espeleotemas o de-

---

[3] F. Domínguez-Castro *et al.*, «How useful could Arabic documentary sources be for reconstructing past climate?», *Royal Meteorological Society*, 67(3), 2012, pp. 75-82; F. Domínguez-Castro *et al.*, «Climatic potential of Islamic chronicles in Iberia: Extreme droughts (AD 711-1010)», *The Holocene*, 24(3), 2014, pp. 370-374.

[4] M. Domínguez-Delmás *et al.*, «Tree-rings, forest history and cultural heritage: current state and future prospects of dendroarchaeology in the Iberian Peninsula», *Journal of Archaeological Science*, 57, 2015, pp. 180-196. Las excepciones son escasas y no todas han sido examinadas con el objetivo de generar reconstrucciones climáticas, como sucede con las disponibles para el Maestrazgo turolense: K. Richter, «Dendrocronología aplicada en la provincia de Teruel. Primer avance 1985/86», *Kalathos*, 5-6, 1986, pp. 199-210. En otros casos, como el de la sierra de Cazorla, las series construidas sí alcanzan parte del periodo andalusí, pero los datos susceptibles de aportar información climática solo comienzan a ser consistentes a partir de mediados del siglo XIV, cuando la zona ya había pasado a poder de los castellanos: J. Esper *et al.*, «High-Resolution Temperature Variability Reconstructed from Black Pine Tree Ring Densities in Southern Spain», *Atmosphere*, 11/748, 2020. https://doi.org/10.3390/atmos11070748

pósitos calcíticos generados en ambientes rupestres, que cuenta con escasos estudios para el antiguo territorio andalusí, y los disponibles no han sido investigados desde el punto de vista paleoclimático[5]. Algo parecido cabe decir al respecto de las morrenas glaciares, cuyo análisis, en todo caso, ha permitido comprobar la retirada generalizada a lo largo del periodo andalusí de glaciares todavía activos durante la Antigüedad Tardía, como se ha podido constatar en la laguna de la Mosca, en Sierra Nevada[6].

En la práctica, los datos con mayor potencial informativo para el estudio del clima peninsular durante el periodo andalusí se restringen, hoy o por hoy, justamente a aquellos dotados de menor resolución, debido a su estrecha dependencia de métodos de datación con una definición más laxa, como el radiocarbónico (C14). Es el caso de las series sedimentarias acumuladas en distintos ambientes, especialmente lacustres, pero también litorales y marinos, cuya formación ha sido resultado de la combinación en distinto grado de la acción humana y de unas condiciones climáticas discernibles. Los casos, aquí sí, son numerosos y la primera parte de este trabajo fundamentalmente consistirá en un repaso de aquellos estudios dotados de mayor potencial informativo.

Existen otras limitaciones metodológicas, no inherentes al registro, que también conviene tener presentes. La cuestión de la escala me parece a este respecto singularmente importante[7]. Para valorar el impacto del clima en el cambio social, es preciso distinguir la escala temporal y geográfica de los fenómenos analizados, en particular si operan a largo plazo, como ocurriría con un aumento gradual de la temperatura, o a corto plazo, como sucede con los eventos de alta intensidad, que movilizan grandes cantidades de energía durante periodos cortos de tiempo y en contextos geográficos más o menos circunscritos y localizados, como una inundación o una erupción volcánica. Mientras los primeros, los procesos a largo plazo, solo se notan en el cambio sutil de los promedios y la frecuencia de los extremos; los segundos, los fenómenos

....

5 M. Cisneros *et al.,* «Hydroclimate variability during the last 2700 years based on stalagmite multiproxy records in the central-western Mediterranean», *Quaternary Science Reviews*, 269(1). https://doi.org/10.1016/j.quascirev.2021.107137. También, para el periodo altomedieval: J. A. López-Sáez *et al.,* «A Late Antique Vegetation History of the Western Mediterranean in Context», en A. Izdebski y M. Mulryan (eds.), *Environment and Society in the Long Late Antiquity*, Leiden, Brill, 2018, pp. 83-104.

6 A. Gómez-Ortiz *et al.,* «The deglaciation of the Sierra Nevada (Southern Spain)», *Geomorphology*, 159-160, 2012, pp. 93-105.

7 A. Moore, «Rethinking scale as a geographical category: from analysis to practice», *Progress in Human Geography*, 32(203), 2008. https://doi.org/10.1177/0309132507087647; H. H. Shugart *et al.,* «Gap models across micro-to mega-scales of time and space: examples of Tansley's ecosystem concept», *Forest Ecosystems*, 7(14), 2020. https://doi.org/10.1186/s40663-020-00225-4

de corta duración, pueden introducir desequilibrios severos y desencadenar cambios abruptos, aunque suelen tener escasas consecuencias a nivel estructural. Un ejemplo, entre otros posibles, es el de las modificaciones topográficas y edáficas introducidas a lo largo de cualquier cuenca fluvial por la proliferación de sistemas de regadío y su impacto sobre los procesos de erosión y sedimentación (fig. 1). Lo contrario sucede con los eventos catastróficos que pueden concentrar gran cantidad de energía en poco tiempo y en un ámbito geográfico restringido. Pienso, por ejemplo, en el terremoto que sufrió la zona de Orihuela en el año en 1048, del que da cuenta al-ʿUdrī[8]. Las excavaciones realizadas en la rábita de Guardamar, en la desembocadura del río Segura, permitieron constatar los efectos devastadores del temblor, sin duda a causa de la licuefacción que experimentaron las arenas durante el seísmo[9].

Mi acercamiento a esta cuestión intentará desarrollar un planteamiento atento, pues, a las variaciones regionales y a los cambios cronológicos como producto de una combinación de dinámicas ambientales y estrategias sociales. Por ello, intentaré huir de aquellos planteamientos dualistas que comprometen cualquier aproximación genuinamente ecohistórica, ya venga de las ciencias sociales o de las naturales[10]. Para superarlo, resulta fundamental dejar de observar los procesos climáticos, geomorfológicos y bióticos como algo esencialmente externo a las dinámicas de cambio social, de la misma forma que resulta prioritario abandonar la concepción, altamente ideológica, de los «sistemas naturales» como instancias atemporales, carentes de historia. De hecho, una vez que se abandona este género de dualismos y se admite que la «sociedad» pro-

8   M. Espinar, «Los estudios de sismicidad histórica en Andalucía: Los terremotos históricos de la provincia de Almería», en *El estudio de los terremotos en Almería*, Almería, Instituto de Estudios Almerienses, 1994, pp. 115-180, esp. pp. 129-130.
9   P. G. Silva *et al.*, «Paleogeography and Paleoseismicity: The AD 1048 Orihuela Earthquake Case Study (Lower Segura Depression, SE Spain)», en J. P. Galve *et al.* (eds.), *Una visión global del Cuaternario: el hombre como condicionante de procesos geológicos, XIV Reunión Nacional de Cuaternario*, Granada, Universidad de Granada, 2015, pp. 198-202; R. Pérez-López *et al.*, «Environmental effects, building collapse and S-wave ground-shaking during the Orihuela earthquake (1048 CE Muslim Period, SE of Spain)», en A. M.ª Blumetti *et al.* (eds.), *Miscellanea INGV, 57 (6ʰ International Inqua Meeting on Paleoseismology, Active Tectonics and Archaeoseismology)*, Pescina, Instituto Nazionali i Geofisica e Vulcanologia, 2015, pp. 365-368. Sobre la rábita de Guardamar, R. Azuar (coord.), *La rábita califal de las Dunas de Guardamar (Alicante)*, Alicante, Diputación Provincial de Alicante, 1989.
10   M. Fischer-Kowalski y H. Weisz, «Society as hybrid between material and symbolic realms: towards a theoretical framework of society-nature interaction», *Advances in Human Ecology*, 8, 1999, pp. 215-251. También: A. Escobar, «After Nature: Steps to an Antiessentialist Political Ecology», *Current Anthropology*, 40(1), 1999, pp. 1-30; y Y. Haila, «Beyond the nature-culture dualism», *Biology and Philosophy*, 15(2), 2000, pp. 155-175.

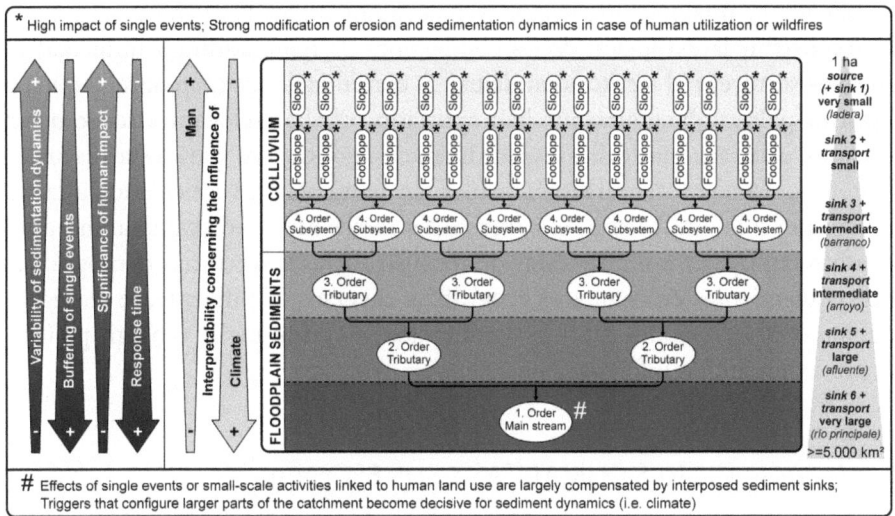

Figura 1. Interrelación entre las diversas escalas de la acción erosiva en un valle, según D. Faust y D. Wolf, «Interpreting drivers of change in fluvial archives of the Western Mediterranean –A critical view», *Earth-Science Reviews*, 174, 2017, fig. 2.

duce «naturaleza» de la misma forma que la «naturaleza» produce «sociedad», la discusión se vuelve inherentemente política[11].

Con estas prevenciones en mente, el objetivo de la presente ponencia se circunscribe en esencia a discutir algunas posibles alternativas para salir de esta situación de *impasse* e intentar, a través de ellas, abordar el estudio de las trayectorias históricas implicadas en los problemas sociales y políticos derivados del acceso a los recursos naturales. Se trata, pues, de explorar las conexiones que vinculaban, a distintas escalas, clima, crecimiento agrario, urbanización y ejercicio del poder. De forma más concreta, en las páginas siguientes me gustaría someter a examen la idea de si una modificación positiva de las condiciones climáticas pudo estimular en el territorio andalusí una fase de crecimiento económico comparable en algún sentido a la experimentada en otros contextos europeos desde los siglos VIII-X, cuyo estímulo climático ha sido repetidamente defendido por numerosos autores[12]. Para ello, se revisarán, en

---

[11] M. A. Urban y B. L. Rhoads, «Conceptions of Nature», en S. Trudgill y A. Roy (eds.), *Meaning in Physical Geography*, Londres, Arnold, 2003, pp. 211-231.

[12] Un repaso de estas discusiones se pueden encontrar en J.-P. Devroey, «Catastrophe, crise et changement social: à propos des paradigmes d'interprétation du développement médiéval (500-1100)», en L. Buchet *et al.* (dirs.), *Vers une anthropologie des catastrophes. Actes des 9ᵉ Journées*

primer lugar, una serie de registros paleoambientales relevantes para tratar de reconstruir la evolución de las condiciones de temperatura y humedad en diversos sectores del territorio andalusí. A continuación, se repasarán aquellos registros paleoambientales que han aportado pruebas relevantes sobre determinados usos agropastoriles especialmente significativos para esta discusión sobre el crecimiento agrario peninsular, en particular los vinculados a la deforestación y la ampliación de cultivos. En tercer lugar, se examinarán varios estudios regionales a fin de tratar de reconstruir las trayectorias demográficas y de poblamientos en contextos geográficos diversos. Finalmente, se realizarán algunas consideraciones sobre la significación, en términos de ecología política, de este conjunto de informaciones.

1. LAS VARIACIONES CLIMÁTICAS Y SUS ESCENARIOS

1.1. Los fondos marinos

Existe un número importante de estudios paleoclimáticos que aportan datos de interés sobre el clima de la Edad Media en el conjunto de la península ibérica. Yo me centraré aquí sobre todo en aquellos que dan alguna indicación sobre variaciones climáticas dentro del periodo andalusí[13]. Voy a comenzar por las informaciones proporcionadas por los sondeos realizados en los fondos marinos, en concreto en los datos proporcionados por los testigos sedimentarios obtenidos en el mar de Alborán y en la vecina cuenca argelino-balear, cuyo análisis muestra unas condiciones más húmedas y frías antes de mediados del siglo X, seguidas por otras más secas y cálidas entre mediados del siglo X y la primera mitad del siglo XIII.

En la cuenca argelina-balear, los cambios observados en el tipo y porcentajes de foraminíferos (microfósiles marinos muy sensibles a los cambios de temperatura) sugieren el incremento de especies propias de aguas frías, como

---

Anthropologiques de Valbonne, Antibes/París, APDCA, 2009, pp. 67-89; J. Myrdal «The Middle Ages: Agrarian Revolution or Slow Evolution? A Research *Overview*», en M. Gustavsson (ed.), *Langa linjer och manga fält. Festskrift till Johan Söderberg*, Estocolmo, Universidad de Estocolmo, 2015, pp. 19-49.

[13] D. Castro *et al.*, «High-resolution patterns of palaeoenvironmental changes during the Little Ice Age and the Medieval Climate Anomaly in the northwestern Iberian Peninsula», *Geoscience Frontiers*, 11, 2020, pp. 1461-1475; A. Moreno *et al.*, «The medieval climate anomaly in the Iberian Peninsula reconstructed from marine and lake records», *Quaternary Science Reviews*, 43, 2012, pp. 16-32; A. Moreno *et al.*, «Was there a common hydrological pattern in the Iberian Peninsula region during the Medieval Climate Anomaly?», *PAGES news*, 19(1), 2011, pp. 16-18.

T. quinqueloba y *G. glutinata*, en torno a la primera mitad del siglo X; y, en cambio, una mayor representación de especies típicas de aguas cálidas durante la segunda mitad del siglo XII. Los indicios geoquímicos señalan, por su parte, una significativa disminución en los depósitos de origen fluvial en estas mismas fechas y un incremento paralelo de los sedimentos transportados por los vientos procedentes del noroeste de África, que hay que relacionar con una disminución generalizada de precipitaciones[14].

Los estudios llevados a cabo en el mar de Alborán dibujan un panorama similar. Algunos sondeos concretos testimonian un crecimiento de los sedimentos de origen fluvial durante los siglos IX y X, lo que parece apuntar al desarrollo progresivo de unas condiciones más húmedas, seguidas de una fase más árida entre los siglos XI y XIII, caracterizada por un descenso significativo de las precipitaciones y una mayor contribución de polvo eólico de procedencia sahariana[15].

1.2. Las costas

El balance a favor de las tasas de sedimentación eólica sobre la de origen continental a lo largo de la Anomalía Climática Medieval no implica necesariamente que, en términos absolutos, disminuyera la cantidad de sedimentos regularmente transportados por los ríos. El caso del Delta del Ebro resulta elocuente a este respecto. Antes del régimen hidrológico actual del río, marcado por un aumento del consumo de agua para la irrigación y la proliferación de presas en pleno cauce, la morfología de su desembocadura estaba determinada por el flujo de materiales transportados por el río, variable en función de la erosión experimentada por la cuenca y la acción determinante de los procesos marinos. Como consecuencia de ello, a lo largo del último milenio se formaron

---

[14] M. Cisneros *et al.*, «Sea surface temperature variability in the central-western Mediterranean Sea during the last 2700 years: a multi-proxy and multi-record approach», *Climate of the Past*, 12, 2016, pp. 849-869; G. Margaritelli *et al.*, «Climatic variability over the last 3000 years in the central –western Mediterranean Sea (Menorca Basin) detected by planktonic foraminifera and stable isotope records», *Global and Planetary Change*, 169, 2018, pp. 179-187.

[15] C. Martín-Puertas *et al.*, «Late Holocene climate variability in the southwestern Mediterranean region: an integrated marine and terrestrial geochemical approach», *Climate of the Past*, 6, 2010, pp. 807-816; V. Nieto-Moreno *et al.*, «Climate imprints during the 'Medieval Climate Anomaly' and the 'Little Ice Age' in marine records from the Alboran Sea basin», *The Holocene*, 23(9), 2013, pp. 1227-1237; V. Nieto-Moreno *et al.*, «Palaeoclimate and palaeoceanographic conditions in the westernmost Mediterranean over the last millennium: an integrated organic and inorganic approach», *Journal of the Geological Society*, 172, 2015, pp. 264-271.

XLIX SEMANA INTERNACIONAL DE ESTUDIOS MEDIEVALES. ESTELLA-LIZARRA. 2023 | Transformaciones del medioambiente en la Edad Media
DOI: https://doi.org/10.35462/siemel.49 | 239-283

tres lóbulos principales: el de Migjorn, localizado en el centro (*c.* 1700-1800);
el de Sol de Riu, al norte (*c.* 1575-1700); y el lóbulo Riet de Vell, más al sur
(*c.* 1149-1362), que era el activo cuando se produjo la conquista feudal de Tortosa en 1148[16]. Además, el cauce del río era bastante más ancho que hoy en
día y su caudal discurría a través de numerosos brazos o *galachos* flanqueados
por frondosos sotos paralelos al cauce y *algeciras* localizadas en los meandros
más pronunciados, que con frecuencia cambiaban de morfología debido a la
capacidad erosiva y sedimentaria de las avenidas e inundaciones[17]. Los sondeos
realizados en la zona de Les Arenes, al sur de Tortosa, apuntan al predominio
de unas condiciones climáticas sustancialmente áridas entre los siglos VIII y X,
marcadas por una baja actividad hidrológica y una escasa alternancia entre las
condiciones húmedas y secas; seguidas, a partir de la segunda mitad del siglo X, de un aumento en la frecuencia de las inundaciones de baja intensidad[18].

Otros sectores de la costa peninsular también experimentaron modificaciones geomorfológicas significativas durante la etapa medieval. Es el caso del
estuario de Doñana, donde el predominio de la dinámica de progradación
(sedimentación horizontal) sobre la de agradación (vertical) en las barreras
litorales de Doñana y la Algaida dio lugar al cierre del antiguo estuario del
Guadalquivir y su aislamiento respecto de la dinámica marina, provocando de
este modo la formación a partir de época romana de un *lagoon* costero que fue
colmatándose progresivamente con los aportes sedimentarios transportados
por el Guadalquivir. Ello alteró la composición de la vegetación de la zona
que, a causa de la nueva evolución edáfica, que comenzó a ser ocupada por
quenopodiáceas y asteráceas, mientras que el cambio de la composición del
agua, cada vez menos salina, favoreció el desarrollo de especies higrófilas e
hidrófilas. Afinar algo más la cronología de este proceso no es fácil, pero ha

---

[16]   A. Palanques y J. Guillen, «Coastal changes in the Ebro delta: Natural and human factors», *Journal of Coastal Conservation*, 4, 1998, pp. 17-26; A. Canicio y C. Ibañez, «The Holocene evolution of the Ebre delta, Catalonia, Spain», *Acta Geographica Sinica*, 54, 1999, pp. 462-469; A. Cearreta *et al.*, «Holocene palaeoenvironmental evolution of the Ebro Delta (Western Mediterranean Sea): Evidence for an early construction based on the benthic foraminiferal record», *The Holocene*, 26(9), 2016, pp. 1438-1456.

[17]   A. Virgili, M. Mateu y N. Pacheco, «Els paisatges agraris del curs baix de l'Ebre a l'Edat Mitjana», en *Paisatge històric y canvi climàtic*, Tarragona, Silva, 2020, pp. 209-238. També: H. Kirchner y A. Virgili, «Espacios de cultivo vinculados a Madînat Ṭurṭûša (Tortosa, Cataluña): norias, drenajes y campesinos (siglos VIII-XII)», *Edad Media. Revista de Historia*, 20, 2019, pp. 83-112; y H. Kirchner y A. Virgili, «Islas fluviales en el bajo Ebro en época medieval (siglos XII y XIII)», *Anales de la Universidad de Alicante. Historia Medieval*, 22, 2021, pp. 27-55.

[18]   A. Puy *et al.*, «The evolution of Mediterranean wetlands in the first millennium AD: The case of Les Arenes floodplain (Tortosa, NE Spain)», *Geoderma*, 232-234, 2014, pp. 219-235.

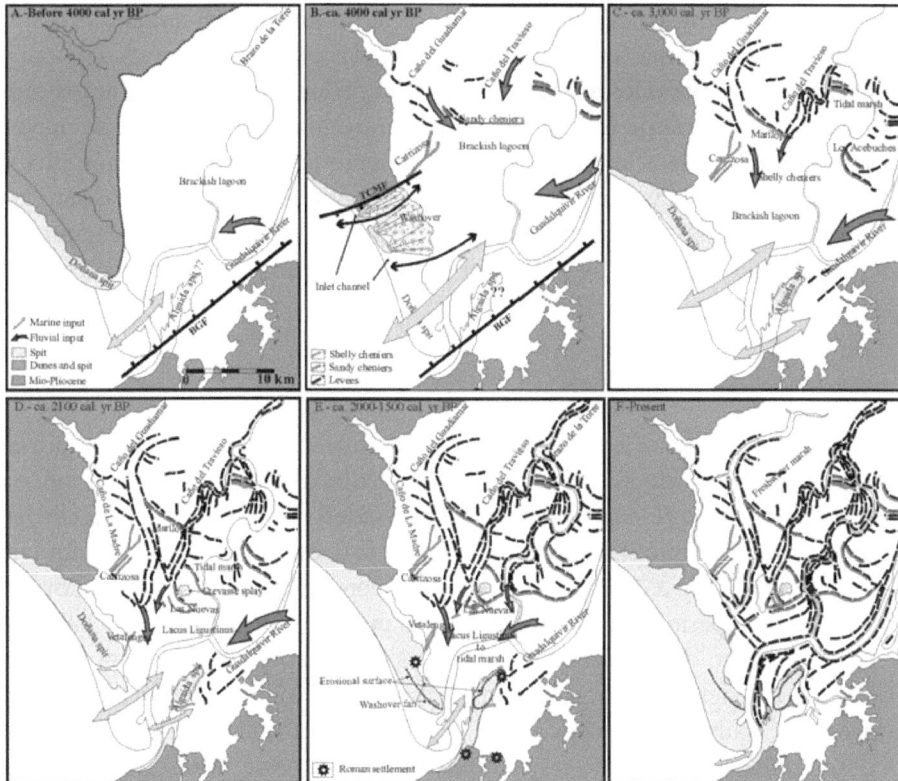

Figura 2. Evolución del estuario del Guadalquivir en los últimos 5 000 años, según A. Rodríguez-Ramírez *et al.*, «The Guadalquivir Estuary: Spits and Marshes», en J. A. Moraes (ed.), *The Spanish Coastal Systems. Dynamic Processes, Sediments and Management*, Cham, Springer, fig. 22.8.

sido posible comprobar que la dinámica sedimentaria se vio interrumpida por un importante evento erosivo datado hacia los siglos X y XI, que dejó su huella en los cordones que separan las unidades de la Marismilla y San Jacinto. Desde entonces, aproximadamente a partir de mediados del siglo X, comenzó una última fase de progradación sedimentaria que incrementó el espesor de los cordones litorales en la zona de San Jacinto (fig. 2)[19].

---

[19]   A. Rodríguez-Ramírez *et al.*, «Recent coastal evolution of the Doñana National Park (S. Spain)», *Quaternary Science Review*, 15, 1996, pp. 803-809; A. Rodríguez Ramírez *et al.*, «Evolución costera de la desembocadura del Guadalquivir en los últimos 6 000 años (SW de España)», *Geogaceta*, 20(5), 1996, pp. 1086-1088; F. Ruiz *et al.*, «Late Holocene evolution of the southwestern Doñana National Park (Guadalquivir Estuary, SW Spain): a multivariate approach», *Palaeogeography, Palaeoclimatology, Palaeoecology*, 204, 2004, pp. 47-64; C. Zazo *et al.*, «Landscape evolution and geodynamic controls in the Gulf of Cadiz (Huelva coast, SW Spain) during the Late Quaternary», *Geomorphology*, 68(3-4), 2005, pp. 269-290.

Entre los principales causantes del cierre progresivo del antiguo estuario es preciso destacar una serie de pequeñas bajadas relativas del nivel del mar y la alternancia de periodos áridos con otros húmedos y fríos[20]. La serie polínica de la cercana laguna de Medina evidencia entre los siglos IX y XII un mayor desarrollo de la vegetación nitrófila y un aumento paralelo de la erosión. Estos fenómenos pudieron verse estimulados por la mayor presión antrópica, pero los frecuentes episodios de desecación que experimentó en esta época la laguna tuvieron que estar causados más bien por un contexto climático de mayor aridez[21].

1.3. Los grandes ríos y su dinámica hidrológica

Una de las principales conclusiones de los estudios dedicados al comportamiento hidrológico de las principales arterias fluviales de la península ibérica en el pasado tiene que ver con la relativa movilidad de sus cauces. De hecho, se ha podido estimar que el desplazamiento lateral del cauce del río Guadalquivir entre los siglos XI y XV experimentó un aumento muy significativo, del orden de tres veces superior, al que caracterizó los periodos inmediatamente anterior y posterior. Uno de sus cambios de trazado más espectaculares data precisamente de los siglos X-XI y tuvo lugar como consecuencia de un importante proceso de avulsión, que provocó la bifurcación del cauce y, a continuación, el desplazamiento del nuevo trazado fluvial hacia el oeste. A raíz de ello, el río mantuvo durante un corto periodo de tiempo un segundo canal al oeste del antiguo eje romano-medieval, hasta que el cauce tradicional se colmató a lo largo de los siglos XI y XII y quedó integrado en el tejido urbano[22].

....

[20] A. Rodríguez-Ramírez *et al.*, «Recent coastal evolution of the Doñana National Park (S. Spain)», *Quaternary Science Review*, 15, 1996, pp. 803-809; A. Rodríguez Ramírez *et al.*, «Evolución costera de la desembocadura del Guadalquivir...», *op. cit.*; F. Ruiz *et al.*, «Late Holocene evolution of the southwestern Doñana National Park (Guadalquivir Estuary, SW Spain): a multivariate approach», *Palaeogeography, Palaeoclimatology, Palaeoecology*, 204, 2004, pp. 47-64; C. Zazo *et al.*, «Landscape evolution and geodynamic controls in the Gulf of Cadiz (Huelva coast, SW Spain) during the Late Quaternary», *Geomorphology*, 68(3-4), 2005, pp. 269-290.

[21] J. M. Reed, A. C. Stevenson y S. Juggins, «A multi-proxy record of Holocene climatic change in Southwestern Spain: The Laguna de Medina, Cádiz», *The Holocene*, 11, 2001, pp. 707-719. También: C. Zazo *et al.*, «Holocene Sequence of Sea-Level Fluctuations in Relation to Climatic Trends in the Atlantic-Mediterranean Linkage Coast», *Journal of Coastal Research*, 10(4), 1994, pp. 933-945; G. Jiménez-Moreno *et al.*, «Impact of late-Holocene aridification trend, climate variability and geodynamic control on the environment from a coastal area in SW Spain», *The Holocene*, 25(4), 2105, pp. 607-617.

[22] F. Borja *et al.*, «Evolución de la llanura aluvial del bajo Guadalquivir durante el Holoceno medio-superior. Geoarqueología y reconstrucción paleogeográfica de la vega de Itálica (Sevilla, Es-

En los alrededores de Zaragoza, muchos de los valles que desaguan en el Ebro están tapizados en su tramo final por una serie abanicos aluviales superpuestos, que apoyan directamente sobre la planicie aluvial del río, cuya formación morfológica sugiere que durante la Edad Media todavía existía una notable separación entre el cauce fluvial y el escarpe que delimitaba el flanco septentrional de la llanura aluvial. De ello se deduce que la dinámica fluvial del Ebro en esta etapa permitió la formación en este sector, entre Utebo y Zaragoza, de una red de meandros libres, muy activos y con gran capacidad de cambio, pero en una posición algo más meridional que la actual, sin llegar a afectar al escarpe. Todo apunta, pues, a que antes del siglo XIII el trazado del Ebro en el sector central del llano de inundación tendría un comportamiento similar al actual, marcado por un gran dinamismo y una notable sinuosidad[23].

En ocasiones la dinámica hidrológica de estos grandes ríos tuvo consecuencias desastrosas para las medinas situadas a su vera[24]. Tanto las fuentes escritas como los registros sedimentarios acumulados durante los últimos 2000 años en el río Tajo a su paso por Toledo muestran una excepcional concentración de grandes crecidas en tres periodos concretos: 1000-1200, 1430-1660 y 1730-1810[25]. En el cañón del río Alcántara, estas crecidas de excepcional magnitud dejaron su huella erosiva en forma de líneas de socavación en las paredes rocosas del desfiladero y en algunas laderas de la colina. Los datos más

....

paña)», *Boletín Geológico y Minero,* 129(1/2), 2018, pp. 371-420; F. Borja y C. Borja, «El archivo aluvial del bajo Guadalquivir durante el Holoceno medio-reciente. Paleoclima, impacto humano y nivel del mar», en Á. Fernández, L. García-Sanjuán y M. Díaz-Zorita (eds.), *Montelirio, un gran monumento megalítico de la Edad del Cobre,* Sevilla, Junta de Andalucía, pp. 41-66.

[23] J. L. Peña-Monné *et al.,* «The geomorphological context of Medieval Juslibol Castle in the middle reaches of the River Ebro, Spain», *Geoarchaeology,* 29, 2014, pp. 448-461; J. L. Peña-Monné *et al.,* «Interactions between fluvial dynamics and scarp retreat in the Central Ebro Basin during MCA and LIA periods: Palaeogeographical and geoarchaeological reconstruction», *Palaeogeography, Palaeoclimatology, Palaeoecology,* 567, 2021; J. L. Peña-Monné *et al.,* «Past and Present Geomorphological Hazard and Cultural Heritage Loss in El Castellar Castle Scarp (Central Ebro Basin, Spain)», *Cuadernos de Investigación Geográfica,* 49, 2023, pp. 3-22.

[24] G. Benito *et al.,* «Palaeoflood and floodplain records from Spain: Evidence for long-term climate variability and environmental changes», *Geomorphology,* 101, 2008, pp. 68-77.

[25] G. Benito, A. Díez-Herrero y M. Fernández de Villalta, «Magnitude and frequency of flooding in the Tagus Basin (Central Spain) over the last millennium», *Climatic Change,* 58, 2003, pp. 171-192; G. Benito *et al.,* «Palaeoflood record of the Tagus River (Central Spain) during the Late Pleistocene and Holocene», *Quaternary Science Reviews,* 22, 2003, pp. 1737-1756; G. Benito, M.J. Machado y A. Pérez-González, «Climate change and flood sensitivity in Spain», en J. Branson, A. G. Brown y K. J. Gregory (eds.), *Global Continental Changes: The Context of Palaeohydrology,* Londres, Geological Society of London, 2006, pp. 85-98; V. R. Thorndycraft y G. Benito, «The Holocene fluvial chronology of Spain: evidence from a newly compiled radiocarbon database», *Quaternary Science Review,* 25, 2006, pp. 223-234.

interesantes los han aportado los sedimentos de inundación depositados en los valles tributarios. Varias de las dieciséis unidades sedimentarias de arenas y limos que forman uno de los perfiles identificados en un depósito localizado en la confluencia de dos afluentes, a unos doscientos metros del cauce principal del río Tajo, se acumularon como resultado de crecidas del río; la unidad n.º 4, situada en la parte inferior del perfil, en torno al 980-1175; la n.º 6, hacia 1015-1205; y la n.º 8, en la parte media del perfil, en 1445-1495. Las condiciones climáticas responsables de estas crecidas resultan difíciles de determinar, pero parecen relacionadas con una serie de inviernos inusualmente húmedos[26]. El registro arqueológico avala, por su parte, estas informaciones, en especial un sondeo realizado junto a la Puerta del Vado (hoy soterrada), que permitió hace unos años documentar varios niveles de inundación, el más antiguo de ellos datado antes de la conquista castellana de la ciudad en 1085[27].

Estos datos sobre inundaciones proporcionados por los registros sedimentarios no constituyen un caso aislado. Hace ya tiempo que Karl Butzer observó que el régimen hidrológico del Júcar experimentó en las proximidades de Alcira cambios sustanciales a partir de mitad del siglo XI. Una de las consecuencias fue el aumento de la frecuencia e intensidad de las crecidas, especialmente durante el último cuarto de la centuria, cuando una serie de violentas inundaciones afectaron de forma destructiva al casco urbano[28].

La misma dinámica ha podido ser identificada también en el casco urbano de Valencia. El estudio de los sedimentos de las distintas excavaciones arqueológicas realizadas en su casco antiguo ha logrado identificar una anormal frecuencia de importantes riadas, producto seguramente de un ciclo de inviernos inusualmente húmedos, durante el periodo que se extiende entre el final del siglo X y bien avanzado el siglo XII. En efecto, numerosas excavaciones arqueológicas han testimoniado contextos estratigráficos generados por violentos episodios de inundación del río Turia, en particular barras fluviales formadas por acumulaciones de arenas, cantos y gravas que quedaron depositadas sobre los restos arruinados de viviendas ocupadas durante el siglo XI (fig. 3). La anómala velocidad del proceso sedimentario asociado a estas inundaciones fue tal que también tuvo efectos en la dinámica geomorfológica de

26 G. Benito et al., «Palaeoflood record of the Tagus River...», op. cit.
27 D. Uribelarrea, A. Díez-Herrero y G. Benito, «Actividad antrópica, crecidas y dinámica fluvial en el sistema Jarama-Tajo», en G. Benito y A. Díez Herrero (eds.), Itinerarios geomorfológicos por Castilla-La Mancha, Madrid, Sociedad Española de Geología, 2004, pp. 83-121.
28 La misma dinámica se mantuvo hasta prácticamente el siglo XIII: K. W. Butzer, I. Miralles y J. F. Mateu, «Urban geo-archaeology in medieval Alzira (Valencia, Spain)», Journal of Archaeological Science, 10(4), 1983, pp. 333-349.

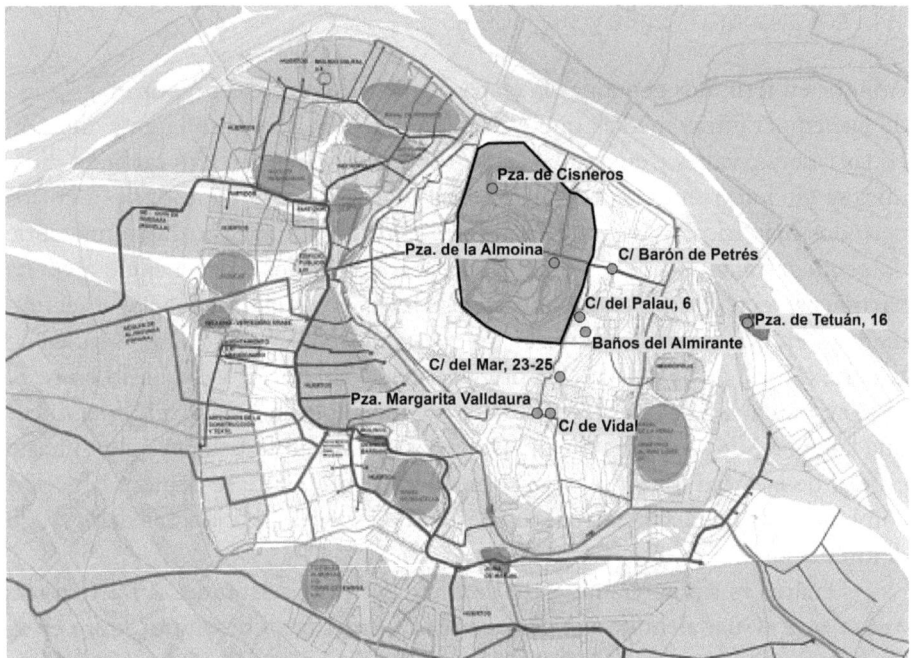

Figura 3. Solares afectados por las inundaciones catastróficas de finales del siglo XI, sobre un plano de A. Torres Astaburuaga, *Ciutat Vella València. Memoria del agua, estratigrafía urbana, reactivación de uso* (tesis doctoral presentada en el Departamento de Historia de la Arquitectura y Técnicas de Comunicación, ETSAB. UPC, Valencia, 2018), fig. 022.

la costa, provocando un crecimiento acelerado del lomo de La Punta, en la desembocadura medieval del río Turia, y con ello el cierre definitivo de la Albufera[29]. Existen pocas dudas de que estas crecidas tuvieron que ver con las noticias de la riada que, según Ibn Bassām, tuvo lugar en el año 1064, cuyas catastróficas consecuencias se volvieron a repetir unos años más tarde, según la información de Ibn al-Kardabūs: «... en el mes de octubre [del año 1088] hubo una avenida enorme que causó destrozos en varios lugares y en Valencia [...] derribó la torre del puente»[30].

---

[29] P. Carmona, *La formació de la Plana al.luvial de València. Geomorfologia, hidrologia i geoarqueologia de l'espai litoral del Turia*, Valencia, Alfons el Magnànim, 1990; P. Carmona y J. M. Ruiz, «Historical morphogenesis of the Turia River coastal flood plain in the Mediterranean littoral of Spain», *Catena*, 8, 2011, pp. 139-149; P. Carmona *et al.*, «Environmental evolution and Mid-Late Holocene climate events in the Valencia lagoon (Mediterranean coast of Spain)», *Holocene*, 26(11), 2016, pp. 1750-1765.

[30] Ibn Bassām, *Dạīra*, ed., t. III/2, p. 85; Ibn Al-Kardabūs, *Kitāb al-iktifāʾ*, trad. esp., p. 122.

1.4. Los fondos de valle y sus laderas

Aunque en términos generales la etapa medieval se caracterizó por una subida de las temperaturas medias que estimuló la erosión y explica la gran incisión en las laderas, valles y en amplios sectores peninsulares, es claro que esta dinámica se vio interrumpida por varios picos acumulativos provocados por cortos periodos más fríos[31]. Así, en el valle del Ebro ha podido constarse una serie de pequeñas acumulaciones de ladera y terrazas en los márgenes de algunos barrancos, relacionadas con sendas etapas frías, cuyos efectos se vieron seguramente acentuados por la deforestación y el pastoreo. En efecto, los estudios en la parte central de la cuenca (Val de Zaragoza, Valmadrid, Val de las Leñas, El Sisallar, Santa Fe, Valsalada y el castillo de Juslibol) han permitido identificar una larga fase de acumulación en los fondos de los valles desde el siglo VI hasta el final de la Edad Media y cuya formación seguramente se debió a la acción combinada de lluvias torrenciales y pérdida de suelo en las laderas debido a la deforestación[32].

Dinámicas similares han sido detectadas en otras latitudes. El actual trazado del río Guadalentín, que discurre entre Lorca y su desembocadura en el río Segura, cerca ya de Murcia, es el resultado de un proceso largo y complejo de construcción, producto, primero, de la unión en época andalusí de la rambla de Sangonera con del río Guadalentín, que en origen desembocaba en el Mediterráneo a través del Canal de la Alcanara; y, segundo, de la unión del Guadalentín-Sangonera con el Segura a consecuencia de la apertura en 1887 del Canal del Reguerón, que significó el drenaje de la antigua área endorreica

....

[31] Sobre este punto, comparénse la conclusiones divergentes de: M. Gutiérrez-Elorza y J. L. Peña-Monné, «Geomorphology and Late Holocene Climatic Change in Northeastern Spain», *Geomorphology*, 23, 1998, pp. 205-217; y C. Sancho *et al.*, «Holocene alluvial morphopedosedimentary record and environmental changes in the Bardenas Reales Natural Park (NE Spain)», *Catena*, 73, 2008, pp. 225-238.

[32] J. L. Peña-Monné, «Geoarqueología aplicada a la reconstrucción paleoambiental: la evolución del Holoceno superior en el NE de España», *Boletín Geológico y Minero*, 129(1/2), 2018, pp. 285-303; Huerva: J. L. Peña-Monné *et al.*, «Etapas de evolución holocena en el valle del río Huerva: geomorfología y geoarqueología», en J. L. Peña-Monné, L. A. Longares y M. Sánchez (eds.), *Geografía física de Aragón. Aspectos generales y temáticos*, Universidad Zaragoza e Institución Fernando el Católico, 2004, pp. 289-302; cono de Alfocea: A. Constante *et al.*, «Dinámica morfosedimentaria holocena en laderas y valles del escarpe de Alfocea-Juslibol (sector central de la depresión del Ebro)», en A. Pérez Alberti y J. López Bedoya (eds.), *Geomorfología y territorio. IX Reunión Nacional de Geomorfología*, Santiago de Compostela, Universidad de Santiago de Compostela, 2006, pp. 979-992; cono del Sisallar: A. Constante *et al.*, «Climate and anthropogenic factors affecting alluvial fan development during the Late Holocene in the Central Ebro valley, Northeast Spain», *The Holocene*, 21, 2011, pp. 275-286.

de Sangonera la Vieja, donde hasta entonces desaguaba el Guadalentín-Sangonera. De la etapa andalusí data la formación de un conjunto de terrazas e importantes acumulaciones causadas en parte por crecidas repentinas provocadas por lluvias torrenciales. También la retracción agraria en el periodo postromano, y más tarde tras la conquista feudal, activó en la Rambla Torrealvilla, en la cabecera del Guadalentín, aguas arriba de Lorca, sendas fases de sedimentación debidas al aumento de la erosión por el impacto de precipitaciones de alta intensidad sobre los campos abandonados, en particular sobre litologías blandas[33].

1.5. Las montañas y la sedimentación lacustre

Varios registros polínicos obtenidos en las sierras de Gata, Béjar y Gredos muestran que a las agresivas prácticas de la alta Edad Media siguió a partir de los siglos VIII y IX una reducción de la presión ganadera en cotas superiores a los 1400 msnm, permitiendo un avance del bosque sobre las antiguas praderas. En general, los indicios de un aumento de la actividad humana comienzan a hacerse evidentes a partir de mitad del siglo X, como en Navamuño, donde los indicadores geoquímicos cambian drásticamente a partir de mitad del XI como consecuencia de unas condiciones menos áridas y más húmedas[34]. El registro sedimentario obtenido en La Meseguera (900 m), en la sierra de la Peña de Francia, revela una acusada disminución en el porcentaje de gravas, que apuntaría a la menor frecuencia de lluvias torrenciales[35]. Un panorama similar ofrecen los registros de la sierra de Gredos, que también muestran un incremento en la temperatura media anual, de 8,5 a 9,1 °C; mientras aumentaban las precipitaciones, sobre todo las de otoño, hasta alcanzar valores anuales que rondan

---

[33] J. E. M. Baartman *et al.*, «Unravelling Late Pleistocene and Holocene landscape dynamics: The Upper Guadalentín Basin, SE Spain», *Geomorphology*, 125, 2011, pp. 172-185; X. Rodríguez-Lloverasa *et al.*, «Impacts of sediment connectivity on Holocene alluvial records across a Mediterranean basin (Guadalentin River, SE-Spain)», *Catena*, 187, 2020; P. G. Silva *et al.*, «Dating of Holocene Sedimentary and Paleosol Sequence within the Guadalentín Depression (Murcia, SE Spain): Paleoclimatic Implications and Paleoseismic Signals», *Geosciences*, 12, 459, 2022.

[34] V. Turu *et al.*, «Palaeoenvironmental changes in the Iberian central system during the Late-glacial and Holocene as inferred from geochemical data: A case study of the Navamuño depression in Western Spain», *Catena*, 207, 2021, pp. https://doi.org/10.1016/j.catena.2021.105689

[35] D. Abel-Schaad, J. A. López-Sáez y F. Pulido, «Heathlands, fire and grazing. A paleoenvironmental view of Las Hurdes (Cáceres, Spain) history during the last 1200 years», *Forest Systems*, 23(2), 2014, pp. 247-258.

los 1020-1025 mm[36]. Buen ejemplo son los datos aportados por el análisis del lago Cimera (2140 m), que muestran un escenario predominantemente cálido y árido, con temporadas de nieve más cortas y menos tormentas en verano y otoño, frecuentes eventos de lluvia sobre nieve y una tendencia creciente en la productividad del lago causada por la corta duración de la capa de hielo y una mayor influencia de los vientos saharianos, que explican el aumento de los aportes sedimentarios de esta procedencia[37].

Más al sur, los montes de Toledo mostraban durante el periodo andalusí un paisaje abierto, dominado por los herbazales de gramíneas, las plantas ruderales y un extenso matorral también representado en otros registros cercanos como La Botija (755 m), marcado por el predominio del brezo que desplazó a las antes más extensas masas de robles caducifolios, avellanos y ciperáceas, seguramente debido a la generalización de unas condiciones menos frías y húmedas que las de la Antigüedad Tardía[38]. La turbera de El Perro (690 m) muestra un paisaje dominado durante la alta Edad Media por los bosques de avellanos y abedules, con una discreta representación de *Quercus* caducifolios acompañados de las poáceas en el sotobosque, y un descenso del olivo, posiblemente debido a las condiciones de humedad[39].

Los estudios llevados a cabo en Sierra Nevada también han permitido constatar la generalización de condiciones climáticas más cálidas. Así, los datos polínicos proporcionados por la laguna de Padul (725 m) indican para el periodo que va del siglo X a mediados del XIV una ligera expansión del bosque mediterráneo bajo condiciones de marcada aridez, indicadas por la disminución de las algas y el aumento paralelo de las plantas ruderales[40]. Los registros obtenidos a cotas mucho más elevadas, como los datos polínicos proporcionados por la laguna de la Mula (2497 m), muestran un aumento de *Asteraceae* y una

---

[36] J. A. López Sáez et al., «Contribución paleoambiental al estudio de la trashumancia en el sector abulense de la Sierra de Gredos», *Hispania. Revista Española de Historia*, LXIX, 231, 2009, pp. 9-38.

[37] G. Sánchez-López et al., «Climate reconstruction for the last two millennia in central Iberia: The role of East Atlantic (EA), North Atlantic Oscillation (NAO) and their interplay over the Iberian Peninsula», *Quaternary Science Reviews*, 149, 2016, pp. 135-150.

[38] R. Luelmo-Lautenschlaeger et al., «Vegetation History in the Toledo Mountains (Central Iberia): Human impact during the last 1300 years», *Sustainability*, 10, 2018. https://doi.org/10.3390/su10072575

[39] R. Luelmo-Lautenschlaeger et al., «The Iberian Peninsula's Burning Heart-Long-Term Fire History in the Toledo Mountains (Central Spain)», *Fire*, 2(54) 2019. https://doi.org/10.3390/fire2040054

[40] M.ª J. Ramos-Román et al., «Holocene climate aridification trend and human impact interrupted by millennial-and centennial-scale climate fluctuations from a new sedimentary record from Padul (Sierra Nevada, Southern Iberian Peninsula)», *Climate of the Past*, 14, 2018, pp. 117-137.

ISBN: 978-84-235-3705-1 | 239-283

disminución correlativa de *Quercus* y también de las algas, que podrían estar relacionados con un incremento de la aridez causada por un descenso general de las precipitaciones entre aproximadamente el siglo VI y el IX. La disminución hacia mediados del siglo X de la relación carbono/nitrógeno, paralela al ligero incremento que experimentaron los valores de δ13C, podría deberse a un aumento de la cantidad de algas, posiblemente debido a un proceso de eutrofización causado por la concentración de nutrientes en la base del lago durante sequías severas y persistentes, producto de condiciones climáticas más secas y cálidas propias de la Anomalía Climática Medieval[41]. Algo parecido puede decirse al respecto del Borreguil de los Lavaderos de la Reina (2730 m) cuyo registro evidencia entre los siglos VII y XII un incremento de los humedales generados por el derretimiento del hielo perenne de las cimas a consecuencia del aumento gradual de las temperaturas, seguido, a partir de los siglos XII y XIII, de unas condiciones más frías y típicas de la Pequeña Edad de Hielo[42]. En los Borreguiles de la Virgen (2700 m) se ha podido constatar a través del estudio del registro isotópico, el desarrollo de unas condiciones relativamente más húmedas a partir de mediados del siglo XIII, que posiblemente haya que relacionar con los inicios de la Pequeña Edad de Hielo en el sur de la Península[43]. Del mismo modo, los datos obtenidos en la Laguna Hondera (2899 m) dibujan un paisaje dominado durante la plena Edad Media por la abundancia de especies herbáceas y xerófitas, y una disminución del polen arbóreo, que es preciso relacionar con el predominio de unas condiciones áridas y de menor escorrentía superficial[44]. Los sedimentos identificados en la laguna de La Mosca (2895 m) confirman que durante la plena Edad Media el alza generalizada de las temperaturas causó la reducción de la superficie cubierta por nieves perpetuas cuya fusión produjo a su vez una mayor movilidad de material detrítico (fig. 4)[45]. En

[41] G. Jiménez-Moreno *et al*., «Vegetation, fire, climate and human disturbance history in the Southwestern Mediterranean area during the Late Holocene», *Quaternary Research*, 79, 2013, pp. 110-122.

[42] A. López-Avilés *et al*., «Latest Holocene paleoenvironmental and paleoclimate reconstruction from an alpine bog in the Western Mediterranean region: The Borreguil de los Lavaderos de la Reina record (Sierra Nevada)», *Palaeogeography, Palaeoclimatology, Palaeoecology*, 573, 2021.

[43] G. Jiménez Moreno y R. S. Anderson, «Holocene vegetation and climate change recorded in alpine bog sediments from the Borreguiles de la Virgen, Sierra Nevada, southern Spain», *Quaternary Research*, 77(1), 2012, pp. 44-53.

[44] J. M. Mesa *et al*., «Vegetation and geochemical responses to Holocene rapid climate change in the Sierra Nevada (southeastern Iberia): the Laguna Hondera record», *Climate of the Past*, 14, 2018, pp. 1687-1706.

[45] M. Oliva y A. Gómez Ortiz, «Late-Holocene environmental dynamics and climate variability in a Mediterranean high mountain environment (Sierra Nevada, Spain) inferred from lake sediments and historical sources», *The Holocene*, 22(8), 2012, pp. 915-927.

ky cal yr BP	Geomorphic processes	Sierra Nevada Climate conditions — Temperature	Sierra Nevada Climate conditions — Moisture	2) North Atlantic Bond et al. (1997)	3) Zoñar lake Martín-Puertas et al. (2008)	4) Las Tablas de Daimiel Gil García et al. (2006)	5) Peñido Vello Martínez-Cortizas et al. (1999)	6) Central and Eastern Pyrenees Pla & Catalan (2005)	Tentative chronology SN	
0	M₁ / M₂	warmer	dry/wet		drier		warm	warm / cold	recent warming	2000
					humid		colder (-1.7°C)	transition		
500	G₃	very cold	very wet		transition	cold and dry	warm	LIA	1500
		relatively warm	dry					warm		
	M₂	relatively cold	relatively wet		humid	warmer and wetter		cold	MWP	
1000		warm	dry		arid			very cold		1000
	G₂	very cold	very wet	Bond event 1			warmer (+1.9°C)	warm	DACP	500
1500	M₄	relatively cold	relatively wet		transition	cold and dry				
		warm	increasing wetness		humid			cold		AD
2000	M₅	relatively cold	relatively wet		arid	warmer and wetter	warmer (+2.2°C)		RWP	0 / BC
		warm	dry			cold and dry				
2500	M₆ / M₇	relatively cold	relatively wet		humid			warm		500
		warm	dry			?				
	G₁	very cold	very wet	Bond event 2	transition				SACP	1000
3000		warmer	-							

Geomorphic processes:
- G — Very active with glacier
- M — Active without glacier, abundant snow patches
- Stability

Climate regime: Cold / Warm

Figura 4. Fluctuaciones climáticas inferidas de la actividad geomorfológica constatada en la laguna de la Mosca comparadas con otros registros de Sierra Nevada y del conjunto peninsular, según M. Oliva y A. Gómez Ortiz, «Late-Holocene environmental dynamics and climate variability in a Mediterranean high mountain environment (Sierra Nevada, Spain) inferred from lake sediments and historical sources», *The Holocene*, 22(8), 2012, fig. 8.

fin, los alrededores del circo del Mulhacén (3470 m) experimentaron entre el siglo VIII y mediados del X un claro aumento de las temperaturas, indicado por la menor proporción de materia orgánica en los sedimentos[46].

1.6. Recapitulando. Hacia una caracterización preliminar de los climas de Al-Andalus

Los datos repasados en los últimos epígrafes apuntan de forma clara al desarrollo durante buena parte del periodo andalusí de unas condiciones climáticas generales más cálidas, derivadas de un alza de las temperaturas medias y una alta variabilidad del régimen de precipitaciones, que en algunas zonas de la Península, especialmente en su mitad meridional, se caracterizó por una marcada tendencia hacia la aridez y en otras trajo consigo lluvias torrenciales y crecidas catastróficas[47]. Este régimen climático también es responsable de fenómenos

---

[46] A. Gómez-Ortiz *et al.*, «The deglaciation of the Sierra Nevada...», *op. cit.*

[47] Para estas variaciones internas dentro de la Anomalía Climática Medieval, véase: S. Frisia *et al.*, «Climate variability in the SE Alps of Italy over the past 17 000 years reconstructed from a stalagmite record», *Boreas*, 34, 2005, pp. 445-455. También: J.-P. Devroey, «Catastrophe, crise et changement social», *op. cit.*

como la reducción de la sedimentación de origen fluvial en las cuencas marinas, el aumento de la vegetación xerófila y heliófila o el descenso del nivel de los lagos[48].

Las causas de esta alteración climática siguen siendo objeto de debate. Aunque algunos autores las vincularon a las fluctuaciones de la irradiación solar y las erupciones volcánicas tropicales[49], últimamente ha venido ganando terreno la idea de que la razón fundamental tuvo que ver con una fase positiva persistente de la Oscilación del Atlántico Norte (NAO), que habría sido la responsable del aumento de las temperaturas y el descenso de las precipitaciones en el Mediterráneo occidental[50]. La NAO es el mecanismo dominante en las fluctuaciones de la presión atmosférica durante el invierno en el Atlántico Norte, que regula el desplazamiento de las masas de aire en el corredor que separa el Anticiclón de las Azores, al sur, y la Baja Polar, próxima a Islandia. Durante su fase positiva (NAO+), la Oscilación presenta una mayor presión de lo normal en el anticiclón de la Azores y menor en la Baja de Islandia. Este incremento del gradiente de presión es el responsable de que el corredor se coloque en posiciones más septentrionales de lo habitual, dando lugar a inviernos más húmedos y templados en Europa del Norte, y más fríos y secos en Groenlandia y en Canadá. Sin embargo, en la península ibérica la fase positiva de la NAO provoca que los vientos rolen, generando inviernos fríos y secos que favorecen la entrada de aire seco y cálido hacia Europa y, como consecuencia, toda una serie de fenómenos como el aumento de los principales flujos eólicos saharianos, la menor frecuencia de inundaciones en los grandes ríos ibéricos, su menor descarga de sedimentos en la costa, la bajada en la lámina de agua de los lagos, el incremento de su salinidad y el desarrollo en sus orillas de la vegetación xerofítica y heliofítica. Por contra, las secuencias estudiadas en la fachada atlántica de la Península indican un claro aumento de la humedad (fig. 5)[51].

La cronología de la Anomalía Climática Medieval también es objeto de debate[52]. No obstante, algunos casos concretos ayudan a acotar cronológica-

48 M. E. Mann *et al.*, «Global signatures and dynamical origins of the little ice age and medieval climate anomaly», *Science*, 326, 2009, pp. 1256-1260.
49 H. Wanner *et al.*, «Mid-to Late Holocene climate change: an overview», *Quaternary Science Reviews*, 27, 2008, pp. 1791-1828.
50 V. R. Trouet *et al.*, «Persistent positive North Atlantic oscillation mode dominated the medieval climate anomaly», *Science*, 324, 2009, pp. 78-80.
51 J. J. Gomez-Navarro *et al.*, «A regional climate simulation over the Iberian Peninsula for the last millennium», *Climate of the Past*, 6, 2010, pp. 2071-2116.
52 U. Büntgen *et al.*, «2500 Years of European Climate Variability and Human Susceptibility», *Science*, 311(6017), 2011, pp. 578-582.

mente cambios climáticos con relativa precisión. Así, la secuencia polínica proporcionada por el lago Peñalara (2016 m), en la sierra de Guadarrama, ha permitido comprobar procesos de escorrentía generados por periodos de deshielo más cortos y menos intensos que tuvieron lugar a partir del siglo XII[53]. Los datos procedentes del lago Cimera (2140 m), en la sierra de Gredos, indican que, después de un periodo, entre los siglos VII y IX, caracterizado por unas temperaturas relativamente frías y un régimen de precipitaciones menos árido, con temporadas de nieve más largas, el contexto climático se hizo más cálido y árido a partir del siglo X[54].

Más al sur, en la Cordillera Ibérica, el registro proporcionado por la laguna de la Cruz ha permitido comprobar un significativo incremento de las cantidades de sedimentos de origen eólico, congruentes con un aumento de las tasas de erosión de los suelos circundantes. Además, las fluctuaciones en el nivel de la lámina de agua sugieren que los niveles más bajos de los lagos se dieron entre los siglos IX al XI como consecuencia de unas condiciones climáticas más secas[55]. La secuencia estudiada en la laguna de Taravilla también indica que el periodo medieval fue en la Cordillera Ibérica un periodo relativamente cálido y seco, caracterizado por la baja frecuencia de inundaciones causadas por episodios de lluvias extremas y una disminución general de los niveles de la lámina de agua, que dieron lugar al predominio en su entorno de la vegetación típica de ambientes semiáridos[56]. La secuencia obtenida en La Parra revela que durante el largo periodo desde el siglo V al XIII, la lámina de agua del lago fluctuó de manera recurrente, descendiendo a mínimos entre mediados del siglo VIII y la primera mitad de la siguiente centuria, para elevarse sensiblemente a partir del siglo XIII, como resultado de un aumento general de las precipitaciones[57].

[53] G. Sánchez López, *North Atlantic Oscillation imprints in the Central Iberian Peninsula for the last two millennia: from ordination analyses to the Bayesian approach*, approach, tesis doctoral, Universitat de Barcelona, 2016. https://www.tesisenred.nethandle/10803/400758#page=1

[54] G. Sánchez López, *North Atlantic Oscillation...*, op. cit.

[55] R. Julià et al., «Meromixis origin and recent trophic evolution in the Spanish mountain lake La Cruz», *Aquatic Sciences*, 60, 1998, pp. 279-299.

[56] A. Moreno et al., «Flood response to rainfall variability during the last 2 000 years inferred from the Taravilla Lake record (Central Iberian Range, Spain)», *Journal of Paleolimnology*, 40(3), 2008, pp. 943-961; B. L. Valero-Garcés et al., «The Taravilla Lake and tufa deposits (Central Iberian range, Spain) as paleohydrological and paleoclimatic indicators», *Palaeogeography, Palaeoclimatology, Palaeoecology*, 259, 2008, pp. 136-156.

[57] F. Barreiro-Lostres et al., «Climate, Palaeohydrology and land use change in the Central Iberian Range over the last 1.6 –kyr: The La Parra Lake record», *The Holocene*, 24(10), 2014, pp. 1177-1192.

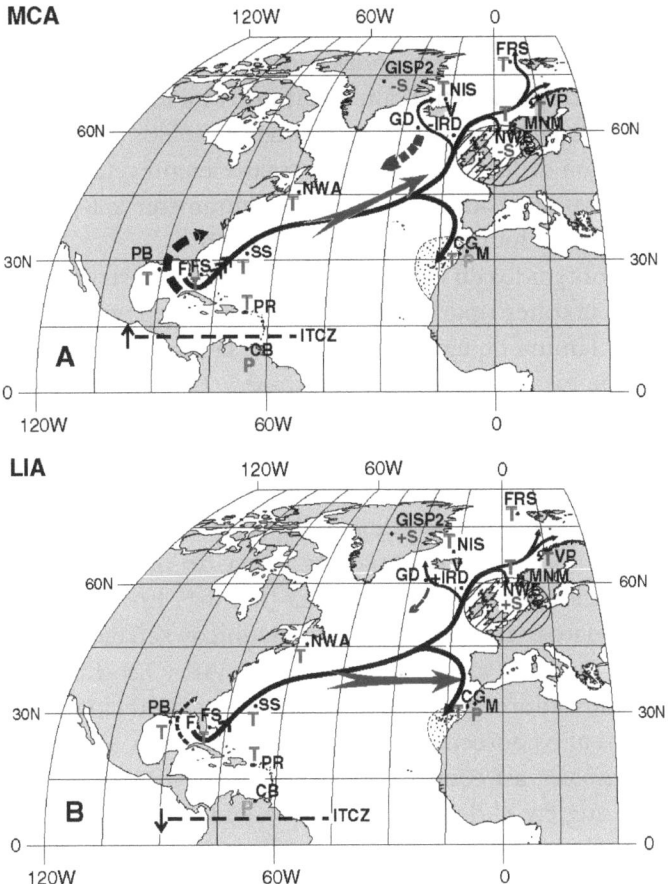

Figura 5. Fases positiva y negativa de Oscilación del Atlántico Norte, según V Trouet, J. D. Scourse y C. C. Raible, «North Atlantic storminess and Atlantic Meridional Overturning Circulation during the last Millennium: Reconciling contradictory proxy records of NAO variability», *Global and Planetary Change*, 84-85, 2012, fig. 1.

En la sierra de Segura, la secuencia de la laguna de Siles ha evidenciado una fase de crisis hidrológicas en época altomedieval, seguida de condiciones de mayor permanencia en el agua entre los siglos VII-XIII y un retorno de las crisis hidrológicas en época bajomedieval; con una significativa disminución de los taxones mesófitos y un aumento de los xerófitos, síntomas claros de un incremento de la aridez[58]. En la vecina laguna de Cañada de la Cruz, el aumento de

....

[58] J. S. Carrión, «Patterns and processes of Late Quaternary environmental change in a montane region of Southwestern Europe», *Quaternary Science Reviews*, 21, 2002, pp. 2047-2066.

los porcentajes de *Poaceae, Artemisia* y *Chenopodiaceae* apunta a la generalización de condiciones relativamente frías y áridas entre principios del siglo V y mediados del XII. Por el contrario, la retracción a partir de esta última fecha de estos herbazales coincide con el aumento de los taxones mesófilos y termófilos, indicativos de la expansión de los bosques y matorrales siempreverdes y del desarrollo en altura de los bosques caducifolios debido seguramente a la generalización de un clima más cálido y húmedo a partir del siglo XII[59].

Los datos obtenidos en las Tablas de Daimiel sugieren un aumento muy marcado de los taxones riparios (*Poaceae, Cyperaceae* y *Tamarix*), síntoma de la elevación de la lámina de agua. Por su parte, la presencia de *Betula* y *Fraxinus* y la caída de los porcentajes de *Asteraceae* y *Chenopodiaceae-Amaranthaceae* sugieren una evolución gradual hacia un ambiente más húmedo. Es posible, además, que los elevados valores de *Quercus ilex* y *Artemisia* sean indicativos de una tendencia a la elevación de las temperaturas. En el mismo sentido hay que situar el aumento de taxones de vegetación propios de ambiente acuático muy productivo, con una alta carga de nutrientes, desarrollado bajo unas condiciones cálidas y húmedas (fig. 6)[60]. En la laguna del Zoñar (Córdoba), los datos sedimentológicos y polínicos señalan el desarrollo de un contexto de marcada aridez entre los siglos VIII y XII. En efecto, durante este lapso los indicadores polínicos son típicos de condiciones de sequedad, en particular los altos porcentajes de heliofitas y *Pistacia*, el descenso paralelo de *Olea* y *Botryococcus*, así como la aparición de *Ruppia* en lugar de *Myriophyllum*. Todo ello sugiere el descenso del nivel del lago y el desarrollo paralelo de ambientes más salobres. Además, el análisis sedimentológico indica una reducción en la entrada de detritos a consecuencia de un descenso de las precipitaciones[61].

Los registros obtenidos en las cimas de Sierra Nevada también permiten distinguir varias fases en la evolución climática del periodo aquí analizado. Las condiciones frías y húmedas propias del periodo frío altomedieval, que

59 J. S. Carrión *et al.*, «Abrupt vegetation changes in the Segura Mountains of Southern Spain throughout the Holocene», *Journal of Ecology*, 89, 2001, pp. 783-797.
60 M. J. Gil-García *et al.*, «Late Holocene environments in Las Tablas de Daimiel (Southcentral Iberian Peninsula, Spain)», *Vegetation History and Archaeobotany,* 16, 2007, pp. 241-250; I. Santisteban *et al.*, «La historia a través de los sedimentos: cambios climaticos y de uso del suelo en el registro reciente de un humedal mediterráneo (Las Tablas de Daimiel, Ciudad Real)», *Boletín Geológico y Minero*, 120(3), 2009, pp. 497-508.
61 C. Martín-Puertas *et al.*, «Arid and humid phases in southern Spain during the last 4000 years: the Zonar Lake record, Cordoba», *The Holocene*, 18, 2008, pp. 907-921; C. Martín-Puertas *et al.*, «Late Holocene climate variability in the southwestern Mediterranean region: an integrated marine and terrestrial geochemical approach», *Climate of the Past*, 6, 2010, pp. 807-816.

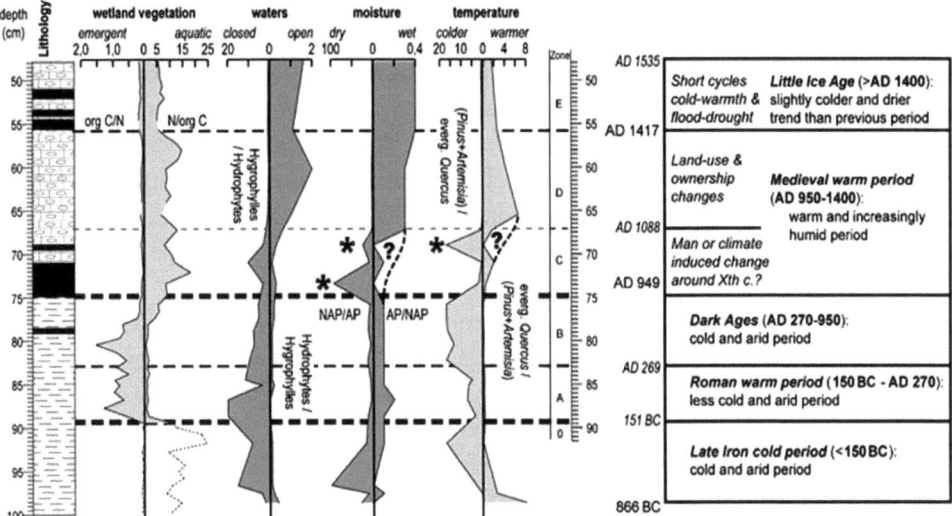

Figura 6. Fluctuaciones en los indicadores geoquímicos y de vegetación de las Tablas de Daimiel, según M. J. Gil-García *et al.*, «Late Holocene environments in Las Tablas de Daimiel (southcentral Iberian peninsula, Spain)», *Vegetation History and Archaeobotany*, 16, 2007, fig. 4.

entre mediados del siglo VI y mediados del VIII permitieron el desarrollo de un glaciar en el interior del circo del Mulhacén (3470 m), comenzaron a experimentar cambios significativos entre mediados del siglo VIII y mediados del X, con un aumento general de las temperaturas, que aquí tuvo su manifestación en una reducción de la proporción orgánica en los sedimentos[62]. El registro sedimentario de la laguna de La Mosca (2895 m) confirma el alza generalizada de las temperaturas durante la plena Edad Media, a pesar de lo cual se ha constatado, gracias al análisis de los registros de solifluxión, que las condiciones climáticas se mantuvieron entre el siglo XII y la primera mitad del XIII lo suficientemente húmedas y frías para permitir un moderado desarrollo de procesos de pendiente por encima de los 2500 m, sobre todo allí donde la retracción de la cobertura vegetal favoreció la persistencia durante el periodo estival de rodales de nieve, posibilitando el desarrollo incluso de esporádicos eventos glaciales[63]. En el igual sentido, en la laguna de La Mula

---

[62]   A. Gómez-Ortiz *et al.*, «The deglaciation of the Sierra Nevada...», *op. cit.*
[63]   M. Oliva y A. Gómez Ortiz, «Late-Holocene environmental dynamics and climate variability in a Mediterranean high mountain environment (Sierra Nevada, Spain) inferred from lake sediments and historical sources», *The Holocene*, 22(8), 2012, pp. 915-927.

(2497 m) se ha podido observar que el incremento de la aridez podría haber comenzado entre los siglos VI y IX, pero se hizo más evidente a partir de mitad del X[64]. Por su parte, los análisis del Borreguil de los Lavaderos de la Reina (2730 m) sugieren que entre los siglos VII y XII se produjo un aumento gradual de las temperaturas que cesó a partir del XIII, cuando las condiciones comenzaron a volverse más frías[65]. Las mismas fechas para el tránsito de la Anomalía Climática Medieval a la Pequeña Edad de Hielo en el sur de la Península han sido también atestiguadas en los Borreguiles de la Virgen (2700 m)[66].

La existencia de variaciones internas dentro de las grandes fases de la evolución climática peninsular durante la Edad Media, insinuadas por algunas secuencias de Sierra Nevada, también han sido advertidas en otros sondeos practicados en los fondos marianos, particularmente en la cuenca argelina-balear, donde se ha diferenciado una fase de enfriamiento a corto plazo en torno a la primera mitad del siglo X (*Evento Frío Medieval*) y también un alza anómala de las temperaturas en verano y otoño que apunta a la generalización de unas condiciones climáticas más cálidas (*Evento cálido medieval*) durante la segunda mitad del XII. De igual modo, varios sondeos realizados en el mar de Alborán evidencian un aumento de la sedimentación de origen fluvial durante los siglos IX y X, producto de unas condiciones más húmedas, que cesaron entre los siglos XI y XIII, un periodo más árido caracterizado por la caída general de las precipitaciones.

En resumen, existen indicios consistentes que apuntan al tránsito desde unas condiciones más frías, propias de la etapa emiral, a un escenario climático caracterizado a partir del siglo X por el alza de las temperaturas medias anuales, pero también las del mes más frío y del mes más cálido, junto con una marcada tendencia a la disminución de las precipitaciones y el desarrollo de unas condiciones de mayor aridez. Respecto a la duración de esta fase, existe un amplio acuerdo en situar los últimos compases de la Anomalía Climática Medieval entre mediados del siglo XIII y la primera mitad de la siguien-

....

[64] G. Jiménez-Moreno *et al.*, «Vegetation, fire, climate and human disturbance history in the Southwestern Mediterranean area during the late Holocene», *Quaternary Research*, 79, 2013, pp. 110-122.

[65] A. López-Avilés *et al.*, «Latest Holocene paleoenvironmental and paleoclimate reconstruction from an alpine bog in the Western Mediterranean region: The Borreguil de los Lavaderos de la Reina record (Sierra Nevada)», *Palaeogeography, Palaeoclimatology, Palaeoecology*, 573, 2021.

[66] G. Jiménez Moreno y R. S. Anderson, «Holocene vegetation and climate change recorded in alpine bog sediments from the Borreguiles de la Virgen, Sierra Nevada, Southern Spain», *Quaternary Research*, 77(1), 2012, pp. 44-53.

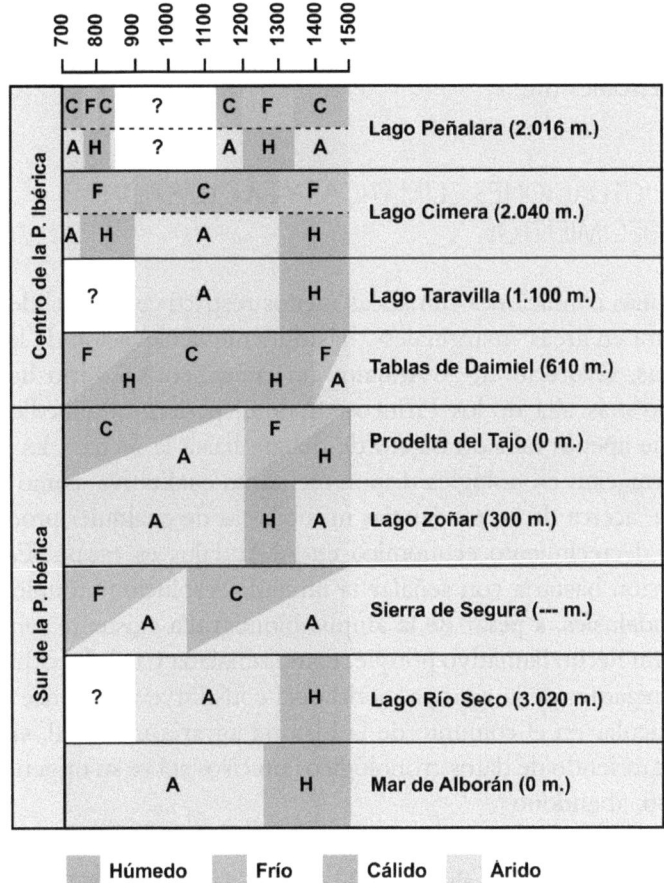

Figura 7. Cuadro-resumen de las condiciones de temperaturas y humedad en varias regiones peninsulares (ss. VIII-XV) a partir de varios registros paleoclimatológico, según G. Sánchez-López *et al.*, «Climate reconstruction for the last two millennia in Central Iberia: The role of East Atlantic (EA), North Atlantic Oscillation (NAO) and their interplay over the Iberian Peninsula», *Quaternary Science Reviews*, 149, 2016, fig. 8 (modificado).

te centuria, dando paso a los inicios de la Pequeña Edad de Hielo, periodo caracterizado por temperaturas más bajas y aumento de la humedad. En todo caso, conviene tener presentes aquellos datos que apuntan al desarrollo de significativas diferencias regionales e incluso la influencia de los gradientes latitudinales en la implantación de este régimen climático, que en el sur peninsular pudo haberse generalizado en fechas más tempranas[67]. De igual modo,

---

[67] F. Barreiro-Lostres *et al.*, «Climate, Palaeohydrology and land use change in the Central Iberian Range over the last 1.6 –kyr: The La Parra Lake record», *The Holocene*, 24(10), 2014, pp. 1177-1192.

es preciso no olvidar la existencia de coyunturas de bajada de las temperaturas y aumento de las precipitaciones, que podían implicar la mayor actividad de lluvias torrenciales (fig. 7).

2. LAS FLUCTUACIONES CLIMÁTICAS Y LA CUESTIÓN DEL «CRECIMIENTO»

Dirimir si unas condiciones climáticas menos restrictivas para el desarrollo de la agricultura en áreas «marginales», básicamente la elevación de las temperaturas medias, favoreció en Al-Andalus un crecimiento agrario homologable al detectado más allá de los Pirineos desde el periodo altomedieval es una cuestión que apenas ha sido objeto de debate hasta la fecha[68]. Es lógico porque la información cronológica disponible, tanto cualitativa, como sobre todo cuantitativa, acerca de las tendencias más básicas de cualquier proceso de crecimiento o decrecimiento económico en Al-Andalus es escasa. Para ilustrar esta afirmación bastaría con señalar la limitada resolución cronológica de los regadíos andalusíes, a pesar de la amplia bibliografía existente sobre el tema. Se trata de un hecho llamativo porque, como señalaba Chris Wickham, a pesar de que los regadíos de la Europa meridional constituyen el avance productivo más espectacular en el conjunto de la historia agraria medieval, sin embargo seguimos careciendo de datos cronológicos precisos sobre su origen, desarrollo y, en su caso, abandono[69].

Sobra decir que la cuestión excede con mucho los comentarios que yo pueda realizar aquí, por lo que me conformaré con tratar de explorar de manera somera algunas posibles vías de análisis para abordar este problema con la esperanza de aportar algunos elementos preliminares de discusión. En este sentido, creo que puede resultar de utilidad establecer una comparación entre tres tipos de registros con capacidad para revelar variaciones cronológicas significativas en tres asuntos fundamentales: en primer lugar, los indicadores paleoambientales vinculados a la expansión de las actividades productivas, sobre todo las agropastoriles, con especial atención a los procedentes de espacios

---

[68] J.-P. Devroey, «Catastrophe, crise et changement social», *op. cit.*; VV.AA., *La crescita economica dell'Occidente medievale. Un tema storico non ancora esaurito*, Roma, Viella, 2017; J. Myrdal, «The Middle Ages: Agrarian Revolution or Slow Evolution»; M. Arnoux, «Duby historien de l'économie et la question de la croissance», en P. Boucheron y J. Dalarun (eds.), *Georges Duby, portrait de l'historien en ses archives*, París, Gallimard, 2015, pp. 328-343.

[69] C. Wickham, «Productive Forces and the Economic Logic of the Feudal Mode of Production», *Historical Materialism*, 16, 2008, pp. 3-22, esp. p. 15.

periféricos y de montaña; en segundo lugar, las dinámicas de poblamiento reveladas por los estudios arqueológicos realizadas en distintos sectores de la península ibérica; y, finalmente, las tasas de urbanización y expansión urbana que pueden deducirse de estudios realizados a partir de fuentes tanto textuales como materiales.

2.1. El avance / retracción de los cultivos

Los registros sedimentarios en medio lacustre proporcionan una valiosa información sobre la cantidad y densidad de macrocarbones generados por grandes incendios, generalmente provocados, que permiten realizar una aproximación a los usos del monte y los ritmos históricos de la intervención humana en ellos[70]. La Cordillera Central es con toda probabilidad el espacio mejor conocido a este respecto, gracias a los numerosos muestreos realizados en sus lagunas y turberas[71]. Un buen ejemplo es el de La Meseguera (900 m), en la sierra de la Peña de Francia, donde los indicadores de grandes incendios detectados entre los siglos IX y X han sido relacionados con el desarrollo de un modelo ganadero extensivo, que posteriormente, entre mediados del siglo X y la primera mitad de la siguiente centuria, dejó paso a una quema más sistemática de matorrales para la creación de pastizales y herbazales más amplios y estables[72]. La intensa deforestación que sufrieron las masas de pino albar (*Pinus sylvestris*) y negral (*Pinus nigra*) en los sectores más inaccesibles situados al este del macizo de Gredos a lo largo de los siglos VIII y IX resulta congruente con el incremento de los macrocarbones en el torno de Pozo de Nieve (1600 m), en el Parque Natural del valle de Iruelas[73]. Más al este, en el valle de Las Pozas (1700-2200 m), la última acumulación significativa de carbones tuvo

---

[70] S. Fernández *et al.*, «Bosques en movimiento. Casuísticas en la Península Ibérica durante el Cuaternario tardío», en A. R. Prieto (ed.), *Metodologías y estrategias del análisis palinológico del Cuaternario tardío. Publicación Electrónica de la Asociación Paleontológica Argentina*, 18(2), 2018, pp. 171-197; Y. Shen *et al.*, «Reconstructing burnt area during the Holocene: an Iberian case study», *Climate of the Past*, 18, 2022, pp. 1189-1201; L. Sweeney, S. P. Harrison y M. van der Linden, «Assessing anthropogenic influence on fire history during the Holocene in the Iberian Peninsula», *Quaternary Science Reviews*, 287, 2022, https://doi.org/10.1016/j.quascirev.2022.107562

[71] J. A. López-Sáez *et al.*, «Vegetation history, climate and human impact in the Spanish Central System over the last 9000 years», *Quaternary International*, 353(3), 2014, pp. 98-122.

[72] D. Abel-Schaad *et al.*, «Heathlands, fire and grazing...», *op. cit.*

[73] M.ª R. Luelmo-Lautenschlaeger *et al.*, «Pozo de la Nieve. Un estudio paleoambiental en el valle de Iruelas (Sierra de Gredos, Ávila)», en L. Agudo *et al.* (eds.), *Actas de las IX Jornadas de Jóvenes en Investigación Arqueológica*, Santander, Universidad de Cantabria, pp. 481-488.

lugar en torno a mediados del siglo X[74]. En el puerto de Serranillos (1700 m), la densidad de carbones es baja desde época romana hasta finales de época andalusí y solo experimentó un incremento significativo a partir de principios del siglo XII, después, por lo tanto, de la conquista feudal de la zona[75]. En El Tiemblo (1250 m), el porcentaje de carbones se mantiene constante en toda la secuencia analizada, salvo un incremento súbito datado a finales del siglo X, seguido de un significativo descenso en los valores[76]. No obstante, la disminución de la densidad de carbones indicativos de grandes incendios en otros registros obtenidos a cotas más bajas en el macizo de Gredos sugiere que los bosques de pino rodeno (*Pinus pinaster*) y las masas de ládano (*Cistus ladanifer*) experimentaron una notable recuperación durante estos mismos momentos, que no obstante se vio interrumpida en coyunturas concretas, como en Lanzahíta (588 m), donde la frecuencia de incendios aumentó en torno al año 1000[77]. Igualmente bajas son las cifras de macrocarbones que arroja el registro de Rascafría (1113 m), en la sierra de Guadarrama, durante todo el periodo aquí analizado (fig. 8)[78].

En otras zonas de la Península, el cuadro que dibujan los datos actualmente disponibles es bastante similar, con notables diferencias en los escenarios locales que, no obstante, dejan entrever algunas tendencias de fondo. En los montes de Toledo, los registros de El Perro y Brezoso indican una menor frecuencia de incendios a partir de mitad del siglo X, lo que permitió la expansión de la cubierta forestal formada por *Quercus ilex*, *Quercus pyrenaica* y *Quercus suber*, a la par que se producía la reducción de *Corylus* y *Betula*[79]. En Sierra Nevada, el registro de La Mula muestra un leve incremento de los incendios en época

[74] S. García Álvarez *et al.*, «Holocene treeline history of a high-mountain landscape inferred from soil charcoal: The case of Sierra de Gredos (Iberian Central System, SW Europe)», *Quaternary International*, 457(1), 2017, pp. 85-98.

[75] L. López-Merino *et al.*, «2000 years of pastoralism and fire shaping high-altitude vegetation of Sierra de Gredos in central Spain», *Review of Palaeobotany and Palynology*, 158, 2009, pp. 42-51.

[76] A. Blanco-González, J. A. López-Sáez y L. López-Merino, «Ocupación y uso del territorio en el sector centromeridional de la cuenca del Duero entre la Antigüedad y la Alta Edad Media (siglos I-XI d. C.)», *Archivo Español de Arqueología*, 82, 2009, pp. 275-300; A. Blanco-González *et al.*, «Medieval landscapes in the Spanish Central System (450-1350): a palaeoenvironmental and historical perspective», *Journal of Medieval Iberian Studies*, 7, 2015, pp. 1-17.

[77] J. A. López-Sáez *et al.*, «Paleofire Dynamics in Central Spain during the Late Holocene: The Role of Climatic and Anthropogenic Forcing», *Land Degradation & Development*, 29(7), 2017. https://doi.org/10.1002/ldr.2751

[78] M. B. Ruiz Zapata *et al.*, «Detección de la actividad antrópica durante el holoceno reciente...», *op. cit.*

[79] El Perro: R. Luelmo-Lautenschlaeger *et al.*, «The Toledo Mountains: A Resilient Landscape...», *op. cit.*; Brezoso: C. Morales-Molino *et al.*, «Vegetation and fire dynamics...», *op. cit.*

ISBN: 978-84-235-3705-1 | 239-283

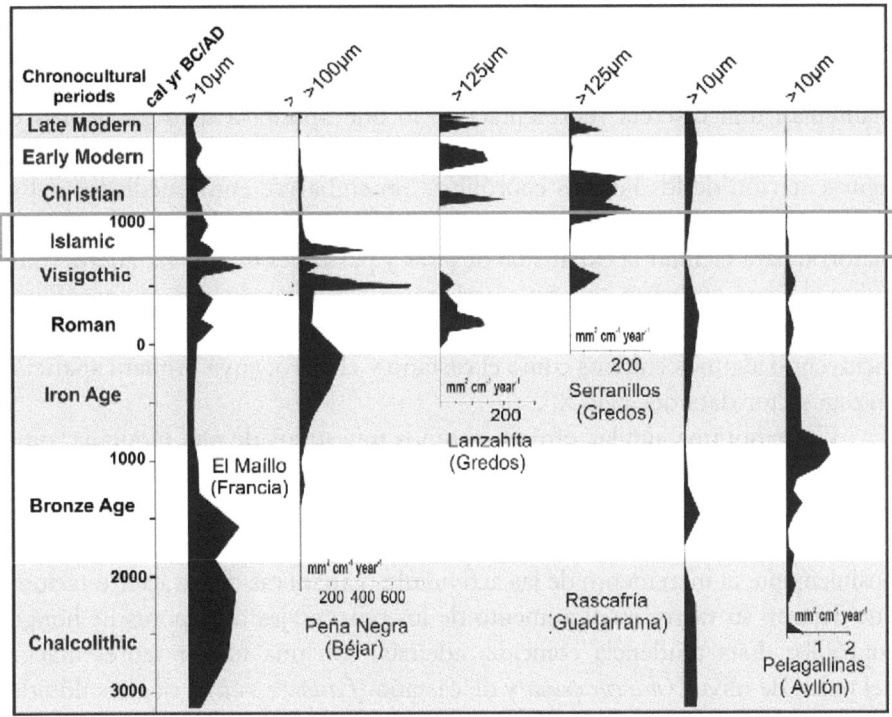

Figura 8. Comparación de los porcentajes de carbones en varias localizaciones del Sistema Central, según J. A. López-Sáez *et al.*, «Vegetation history, climate and human impact in the Spanish Central System over the last 9 000 years», *Quaternary International*, 353(3), 2014, fig. 5 (modificado).

almorávide y almohade[80]. El muestreo de la laguna de Río Seco también refleja aumentos apreciables en los porcentajes de carbones macroscópicos[81].

El examen de los registros polínicos en los sectores medio y elevados de las cordilleras del centro y sur de la Península arroja también resultados diversos en lo referente a la ampliación de los cultivos. Algunos datos obtenidos en las sierras de la Cordillera Central, como los de La Meseguera (900 m), apuntan a un retroceso de los bosques de ribera que parecen haber sido sustituidos por huertas dedicadas a cultivos arbóreos, a la vez que los alcornocales expe-

---

[80] G. Jiménez-Moreno *et al.*, «Vegetation, fire, climate and human disturbance history in the southwestern Mediterranean area during the late Holocene», *Quaternary Research*, 79(2), pp. 110-122.

[81] R. S. Anderson *et al.*, «Postglacial history of alpine vegetation...», *op. cit.*; G. Jiménez-Moreno *et al.*, «Vegetation, fire, climate and human disturbance history...», *op. cit.*

rimentaron una significativa expansión, seguramente debida a la explotación de su corteza. En cotas más altas de la sierra de Francia, la extensión de las áreas de pasto antes del año 1000 era limitada, mientras los taxones nitrófilos mantenían una discreta representación, lo que apunta a usos ganaderos de estos sectores muy esporádicos y extensivos, hecho corroborado por la baja representación de los hongos coprófilos. Sin embargo, entre mediados del siglo X y la primera mitad del XI se multiplicaron los incendios de las zonas de matorral para facilitar la expansión de jaras y pastizales de uso ganadero, como indica el ligero aumento experimentado por las esporas de hongos coprófilos y otros taxones ligados al desarrollo de unas prácticas ganaderas más intensivas, incluyendo algunos cultivos como el castaño y el olivo, cuya primera aparición en este sector data del siglo X[82].

Un panorama similar ofrecen algunos muestreos de alta montaña tomados más al este, sierra de Gredos. Es el caso de las secuencias polínicas de Peña Negra (2120 m) y Ojos Albos (1720 m), que muestran una retracción progresiva de los bosques a partir de la segunda mitad del siglo X, un proceso ligado posiblemente al incremento de las actividades ganaderas de carácter estacional que dejaron su rastro en el aumento de los porcentajes de esporas de hongos coprófilos. Esta tendencia coincide, además, con una mayor representación del polen de olivo (*Olea europaea*) y de castaño (*Castanea sativa*), que en altitudes más bajas se materializó a partir del año 1000 en la expansión del cultivo de cereales, sobre todo de centeno (*Secale cereale*)[83]. El registro polínico obtenido en El Redondo (1765 m) también ha permitido documentar un incremento de los herbazales de *Poaceae* y de las especies antropogénicas y antropozoógenas, que apuntan a un moderado impacto humano en cotas medias-altas de la serranía durante el periodo andalusí[84]. Por su parte, el estudio realizado en la turbera del Pozo de Nieve (1600 m) ha aportado datos que muestran la apreciable retracción de los pinares a lo largo del siglo VIII en los sectores más inaccesibles de Gredos, probablemente debido a la expansión de los cultivos, lo que explica el aumento del polen de castaño y de olivo, cuyo apogeo en toda esta secuen-

---

[82] D. Abel-Schaad *et al.*, «Heathlands, fire and grazing...», *op. cit.*

[83] A. Blanco-González, J. A. López-Sáez y L. López-Merino, «Ocupación y uso del territorio en el sector centromeridional de la cuenca del Duero...», *op. cit.*; D. Abel-Schaad y J. A. López-Sáez, «Vegetation changes in relation to fire history and human activities at the Peña Negra mire (Bejar Range, Iberian Central Mountain System, Spain) during the past 4000 years», *Vegetation History and Archaeobotany*, 22, 2012, pp. 199-214.

[84] J. A. López-Sáez *et al.*, «Landscape dynamics and human impact on high-mountain woodlands in the western Spanish Central System during the last three millennia», *Journal of Archaeological Science: Reports*, 9, 2016. pp. 203-218.

cia polínica data justamente de época andalusí[85]. Los sondeos llevados a cabo en Labradillos (1460 m) y El Tiemblo (1250 m), localizados a cotas algo más bajas que Pozo de la Nieve, permiten confirmar la significativa representación del castañar y del cultivo del olivo en fechas similares[86].

Se trata, en todo caso, de excepciones relativas, porque gran parte de los registros polínicos analizados en las sierras de Gata, Béjar y Gredos apuntan más bien a una reducción de la presión ganadera en cotas superiores a los 1400 msnm a partir de los siglos VIII y IX, permitiendo así una recuperación del bosque a costa de las antiguas praderas. De hecho, la mayor parte de los muestreos realizados en el centro y oeste de Gredos (Cuerpo de Hombre, Presa del Duque, puerto de Santa Clara, Hoyos de Espino, Navarredonda, puerto de las Fuentes, Prado de las Zorras, Cuerda del Cervunal, puerto de Serranillos y Ojos Albos) dibujan un escenario marcado por la recuperación general de las masas forestales de alta montaña durante la etapa andalusí a consecuencia de una menor presión antrópica[87]. Lo mismo sugieren los datos del puerto de Serranillos (1575 m), en la vertiente meridional de la sierra, que redundan en la recuperación de los pinares y robledales en estas fechas, coincidiendo aquí con la reducción general de los taxones antropozoogénicos y la desaparición del polen de olivo y alcornoque[88].

La situación en la sierra de Guadarrama es también diversa. Algunos registros polínicos obtenidos en cotas altas apuntan a una expansión del pino y del abedul, pero otros (Peñalara, Morcuera, Lagunillas, Loma de Peñas Crecientes, Hoyos de Pinilla y Pepe Hernando) ofrecen claros indicios de la retracción de la cubierta forestal. Es el caso de Peñalara (2428 m), donde se ha constatado una mayor representación de los taxones ligados a la actividad humana, correlativa a la reducción de la masa arbórea, que coincide además con la intensa deforestación experimentada por el pinar en los alrededores del pico El Lobo (2125 m) entre el siglo VIII y el XI[89]. Los registros de puerto de

---

[85] M.ª R. Luelmo-Lautenschlaeger *et al.*, «Pozo de la Nieve. Un estudio paleoambiental», *op. cit.*

[86] A. Blanco-González, J. A. López-Sáez y L. López-Merino, «Ocupación; uso del territorio en el sector centromeridional de la Cuenca del Duero entre la Antigüedad; la Alta Edad Media (siglos I-XI d. C.)», *Archivo Español de Arqueología*, 82, 2009, pp. 275-300; A. Blanco-González *et al.*, «Medieval landscapes in the Spanish Central System...», *op. cit.*

[87] J. A. López-Sáez *et al.*, «Vegetation history, climate and human impact...», *op. cit.*

[88] J. A. Lopez-Saez *et al.*, «Contribución paleoambiental al estudio de la trashumancia en el sector abulense de la Sierra de Gredos», *Hispania*, 69, 2009, pp. 9-38; J. A. López-Sáez *et al.*, «Landscape and climatic changes during the end of the Late Prehistory in the Amblés Valley (Ávila, central Spain), from 1200 to 400 cal BC», *Quaternary International*, 200, 2009, pp. 90-101.

[89] B. Ruiz *et al.*, «Paleobotánica: conceptos, métodos», en P. López (ed.), *El Paisaje vegetal de la Comunidad de Madrid durante el Holoceno Final*, Madrid, Comunidad de Madrid, 1997, pp. 123-125.

Morcuera (1740 m) también muestran una continuada extensión de los brezales y pastizales a costa del pinar en estas mismas fechas[90]. La secuencia polínica
del puerto de Navacerrada (1430 m) indica, por su parte, la sustitución a partir
del cambio de milenio del pinar, que tradicionalmente había dominado la zona,
por formaciones de *Quercus* caducifolios, mientras en paralelo se producía un
descenso altitudinal de los brezales, jaras y pastizales[91]. Lo mismo sugiere el
registro obtenido en Rascafría (1113 m), en el valle de Lozoya-Paular, donde
también se ha constatado un incremento de los taxones antropozoógenos y
una disminución de la masa forestal (pinos, fresnos, robles de hoja caduca y
perenne) entre los siglos X y XII[92].

Más al sur, los datos ofrecidos por los depósitos de Bermú, en el sector
más nororiental de los montes de Toledo, muestran el predominio durante el
periodo andalusí de un paisaje abierto, con una escasa cobertura forestal y un
extenso matorral acompañado de herbazales y especies nitrófilas vinculadas a
la presencia humana. Sin embargo, la representación de los hongos coprófilos
(*Sordaria* sp.) es muy escasa, y lo mismo cabe decir al respecto del polen de
castaño (*Castanea sativa*) y del resto de especies cultivadas (fig. 9)[93]. En cambio,
la turbera de El Perro evidencia la propagación durante época andalusí de los
herbazales nitrófilos de clara orientación ganadera, como indica la presencia
de polen de hongos coprófilos[94]. De hecho, es seguro que algunos sectores de
los montes de Toledo llegaron a ponerse en cultivo en época andalusí, como
demuestran los datos obtenidos en la turbera de El Brezoso, cuyo análisis polínico apunta a que entre los siglos VIII y XI los bosques de ribera (*Betula,
Salix* y *Ericaceae*) fueron sustituidas en sus orillas por pastizales y campos de

90 M.ª J. Gil García, R. Tomás, y B. Ruiz Zapata, «Paléovégétation pendant le Quaternaire Récent
    dans le Puerto de Morcuera 'Col de Morcuera' (Système Central, Espagne)», *Le Quaternaire*, 4(1),
    1993, pp. 31-37; M.ª J. Gil García, R. Tomás y B. Ruiz Zapata, «Paleovegetation, climate and hu-
    man action during the upper Holocene at Morcuera Pass (Madrid, Spain)», *Review of Paleobiologie*,
    15(2), 1996, pp. 469-478.
91 B. Ruiz *et al.*, «Paleobotánica: conceptos, métodos...», *op. cit.*, pp. 113-116.
92 M. B. Ruiz Zapata *et al.*, «Detección de la actividad antrópica durante el holoceno reciente, a tra-
    vés de la asociación de palinomorfos polínicos y no polínicos en dos depósitos higroturbosos (El
    Berrueco y Rascafría) en la Sierra de Guadarrama, Madrid», *Revista Española de Micropaleontología*,
    38(2-3), 2006, pp. 355-366.
93 R. Luelmo-Lautenschlaeger *et al.*, «Vegetation History in the Toledo Mountains (Central Iberia):
    Human Impact during the Last 1300 Years», *Sustainability*, 10, 2575, 2018. https://doi.org/10.3390/
    su10072575
94 R. Luelmo-Lautenschlaeger *et al.*, «The Toledo Mountains: A Resilient Landscape and a Landsca-
    pe for Resilience? Hazards and Strategies in a Mid-Elevation Mountain Region in Central Spain»,
    Quaternary, 2(35), 2019. https://doi.org/10.3390/quat2040035

ISBN: 978-84-235-3705-1 | 239-283

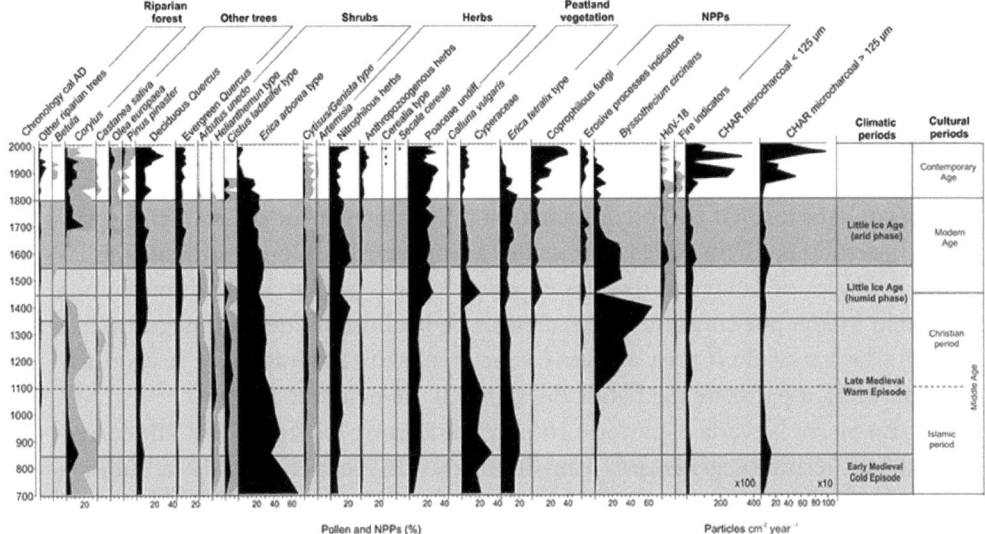

Figura 9. Diagrama polínico de El Bermú, según R. Luelmo-Lautenschlaeger *et al.*, «Vegetation History in the Toledo Mountains (Central Iberia): Human Impact during the Last 1 300 Years», *Sustainability*, 10, 2018, fig. 5.

cereal[95]. Por su parte, los datos de los muestreos de Las Viñuelas sugieren que la desaparición a partir del siglo X de los rodales de *Betula* en beneficio de los robledales caducifolios pudo haber sido causada por el aumento de la actividad ganadera en la zona[96].

La Cordillera Ibérica ofrece un panorama igualmente diverso en lo concerniente a la expansión de los cultivos. La secuencia de polen de la laguna de Taravilla muestra una escasa representación de plantas ruderales y cultivadas, especialmente de cereal, durante todo el periodo medieval[97]. En cambio, el aumento de los aportes detríticos más gruesos registrados en la laguna de La Parra entre los siglos XI y XIII posiblemente estuvo motivado por una mayor intervención humana en su entorno[98]. Estos indicios de actividad antrópica son

95 C. Morales-Molino *et al.*, «Vegetation and fire dynamics during the last 4000 years in the Cabañeros National Park (central Spain)», *Review of Palaeobotany and Palynology*, 253, 218, pp. 110-122; C. Morales-Molino *et al.*, «Unprecedented herbivory threatens rear-edge populations of *Betula* in southwestern Eurasia», *Ecology*, 100(11), 2019, e02833.

96 C. Morales-Molino *et al.*, «Vegetation and fire dynamics...», *op. cit.*; Id. *et al.*, «Unprecedented herbivory threatens rear-edge populations...», *op. cit.*

97 A. Moreno *et al.*, «Flood response to rainfall variability...», *op. cit.*; B. L. Valero-Garcés *et al.*, «The Taravilla Lake and tufa deposits...», *op. cit.*

98 F. Barreiro-Lostres *et al.*, «Climate, Palaeohydrology and land use change...», *op. cit.*

más consistentes todavía en la laguna de la Cruz, donde se ha testimoniado un significativo retroceso del bosque a consecuencia de la ampliación de los cultivos en sus alrededores, como manifiesta la disminución del polen arbóreo y el correlativo incremento de la representación de cereal y de los taxones no arbóreos[99].

En la sierra de Segura, los sondeos realizados testimonian la retracción de la cubierta forestal como consecuencia de una mayor incidencia del fuego y del desarrollo paralelo de las actividades agropastoriles. Concretamente, en las proximidades de la laguna de Siles el paisaje estuvo caracterizado durante toda la Edad Media por constantes alternancias de los bosques de pino negral (*Pinus nigra*) y las masas de *Poaceae*, a la vez que se ampliaban las praderas y se producía la aparición, a partir de mediados del siglo XII, de polen de vid[100].

En Sierra Nevada el periodo comprendido entre los siglos XI y XIII corresponde, en términos generales, a un momento de recuperación de la cubierta boscosa, posiblemente relacionada con la disminución de la presión ganadera[101]. Así, los datos polínicos obtenidos en la laguna de Padul indican que en el periodo del siglo X a mediados del XIV se produjo una ligera expansión del bosque mediterráneo, acompañada de un aumento paralelo de las plantas ruderales[102]. En la secuencia polínica de El Cañar (1593 m) se detecta a partir del siglo X una caída en los porcentajes de cereal que coincide con un aumento de la densidad de macrocarbones procedentes de incendios destinados ampliar el monte bajo, que indican una reorientación de la actividad agrícola hacia un uso más ganadero de la zona, como parecen corroborar los porcentajes de hongos coprófilos[103].

Los datos que se acaban de revisar permiten escasas generalizaciones más allá de la constatación, fácil de advertir, de que durante la época andalusí se produjo una presión sobre los ecosistemas peninsulares significativamente menos intensa que la que caracterizó a la etapa romana. En cualquier caso, el repaso deja clara la notable diversidad de situaciones descritas, que no es

---

[99] R. Julià *et al.*, «Meromixis origin and recent trophic...», *op. cit.*

[100] J. S. Carrión, «Patterns and processes of Late Quaternary environmental change in a montane region of southwestern Europe», *Quaternary Science Review*, 21, 2002, pp. 2047-2066.

[101] J. A. Garrido y S. Gilotte, «L'évolution du territoire en Al-Andalus: une lecture sur la longue durée a partir des données palynologiques et archéologiques», en S. Gilotte y É. Voguet (eds.), *Terroirs d' Al-Andalus et du Maghreb, VIIIᵉ-XVᵉ siècle. Peuplements, ressources et sainteté*, Saint Denis, Bouchène, 2015, pp. 104-105.

[102] M.ª J. Ramos-Román *et al.*, «Holocene climate aridification...», *op. cit.*

[103] R. S. Anderson *et al.*, «Postglacial history of alpine vegetation, fire, and climate from Laguna de Río Seco, Sierra Nevada, southern Spain», *Quaternary Science Reviews*, 30, 2011, pp. 1615-1629; F. J. Jiménez-Espejo *et al.*, «Saharan aeolian input and effective humidity variations», *Chemical Geology*, 374-375, 2014, pp. 1-12. http://doi.org/10.1016/j.chemgeo.2014.03.001

ISBN: 978-84-235-3705-1 | 239-283

incompatible con una tendencia general al incremento lento pero constante de la presión sobre la media y alta montaña a partir del siglo X. Esta evolución se materializó en una ampliación de las áreas de pasto a costa de la retracción de las masas forestales, a la par que en la montaña media y las zonas de pie de monte se ampliaban las extensiones de castaños y olivares, y, en menor medida, los campos de secano.

2.2. Los estudios regionales sobre el poblamiento rural

El poblamiento andalusí cuenta ya con un número importante de exploraciones de ámbito regional que permiten establecer una aproximación diacrónica a la historia de su geografía rural y, secundariamente, de las dinámicas básicas de la demografía campesina. Mi acercamiento a este asunto aquí, resueltamente preliminar, se reduce a tratar de cifrar una serie de datos obtenidos de algunos de estos estudios regionales, seleccionados por su mayor resolución cronológica, y, tras comprarlos, extraer unas primeras conclusiones acerca de las dinámicas que sugieren.

Una de estas dinámicas territoriales es la que caracteriza a aquellas zonas que, con independencia de su situación de partida en el siglo VIII, experimentaron un fuerte incremento demográfico durante el siglo IX, mantenido generalmente durante la centuria siguiente –aunque a veces con significativos cambios en los patrones de distribución de las alquerías–, siguiendo a partir de la etapa taifa una evolución de constante retracción y reducción en el número de establecimientos rurales. Así, en los alrededores de Vera (Almería), salvo uno, los seis-siete asentamientos activos en el siglo VIII –la mayor parte ocupados previamente– continuaron habitados en la siguiente centuria, añadiéndose otros seis de nueva creación, duplicándose así el número de asentamientos existentes a finales del emirato. La misma tónica alcista siguió en el siglo X, pues, aunque se abandonaron un par de enclaves, aparecieron durante la etapa califal seis establecimientos que carecían de precedentes previos. Sin embargo, el siglo XI asistió a un cambio de tendencia al abandonarse entre cinco y siete asentamientos. El descenso será incluso más pronunciado en la siguiente centuria, cuando se pasará de una decena aproximada de asentamientos a tan solo tres[104].

El escenario es similar en las tierras de Priego de Córdoba, donde la nula perduración de asentamientos tardoantiguos y la debilidad de las nuevas im-

[104] M. Menasanch de Tobaruela, *Secuencias de cambio social en una región mediterránea. Análisis arqueológico de la depresión de Vera (Almería) entre los siglos V y XI*, Oxford, BAR, 2003.

plantaciones durante el siglo VIII –tan solo dos seguras y otras dos dudosas–
marcan los primeros compases del poblamiento andalusí. Los catorce asentamientos ocupados durante el siglo IX fueron, por lo tanto, resultado de una
verdadera «explosión» demográfica, que podría haber sido todavía más acusada
si se le suman algunos casos dudosos. La renovación del poblamiento acaecida
durante el siglo X fue producto del abandono masivo de los asentamientos surgidos en el siglo anterior, unos trece o catorce; la pervivencia de solo seis y la
creación de doce o trece nuevas implantaciones. El total, dieciocho o diecinueve
asentamientos, experimentó, sin embargo, una fuerte contracción en época taifa, cuando se abandonaron casi la mitad de los asentamientos, unos diez u once.
El poblamiento posterior es peor conocido[105].

Una segunda trayectoria agrupa aquellas comarcas con dinámicas demográficas favorables a lo largo del siglo IX y X, y retrocesos de población
significativos durante la etapa taifa, pero que consiguieron remontar a largo
del siglo XIII para seguir a partir de entonces evoluciones diferentes en cada
región. Con la excepción de la antigua *Mentesa*, en el valle del Jandulilla, se han
documentado pocos indicios claros de ocupaciones rurales anteriores al ecua-
dor del siglo IX, aunque no se puede descartar que alguna de media docena de
asentamientos datados a partir de entonces tenga un origen previo. Salvo en
el caso de Hornillos Bajos, es poco segura la continuidad en época califal de
la mayor parte de ellos, que parecen haber sido abandonados en beneficio de
un grupo de nueve asentamientos nuevos, la mayor parte de los cuales perduraron durante época taifa. Un proceso de renovación parecido se produjo en
el siglo XII, cuando desaparecieron todos los asentamientos de creación califal,
excepto uno (Cortijo de los Nacimientos), y se vieron sustituidos por once de
nueva creación, que perduraron a lo largo del siglo XIII, para ser abandonados
tras la conquista feudal[106].

Un recorrido demográfico parecido se rastrea en el valle de Río Grande
(Málaga), donde tampoco hay rastro de poblamiento tardoantiguo y los primeros indicios de una ocupación sistemática del territorio datan ya de época emiral. A partir de mediados del siglo IX se detecta un movimiento generalizado de
ocupación de lugares en altura, que ha sido interpretado como una respuesta a
la presión fiscal que trataban de imponer los emires de Córdoba. Sin embargo,

---

[105] R. Carmona, «La región de Priego de Córdoba (*kūrat Bāguh*) en el proceso de formación de
Al-Andalus (siglos VIII-XI): consideraciones en torno a una tesis doctoral», *Antiqvitas*, 26, 2014,
pp. 267-286.

[106] T. Quesada, «Formas de poblamiento en un área rural de Al-Andalus: el valle del río Jandulilla
(Jaén)», *Arqueología Medieval*, 2, 1995, pp. 5-24.

a diferencia de lo ocurrido en el caso anterior, aquí, de los catorce o quince asentamientos datados en estas fechas, la práctica totalidad perduraron durante la etapa califal. Por el contrario, la fase taifa significó la desaparición de una decena de asentamientos, la perduración de dos o tres, y la creación de entre cuatro y seis nuevos asentamientos. Ello tuvo como consecuencia el abandono definitivo de los recintos fortificados en altura y la creación de numerosas alquerías vinculadas a terrazgos irrigados, habitualmente sobre repechos de las laderas, cuyas limitadas posibilidades defensivas fueron reforzadas en algunos casos por torres o fortines. Un cambio notable se produjo en época almorávide, puesto que de estas ocho-nueve alquerías ocupadas en el siglo XI, se pasó en la centuria siguiente a un total de veinte, de las cuales aproximadamente la mitad, entre nueve y doce, eran de nueva creación. La magnitud de este cambio podría ser mucho mayor si se añaden parte de los dieciocho asentamientos almohades, cuya ocupación, bien constatada en el siglo XIII, podría tener antecedentes previos. La explicación de este incremento en el número de lugares ocupados seguramente hay que buscarla en los flujos migratorios forzados por el avance castellano sobre la cuenca del Guadalquivir y la sublevación mudéjar de 1264. La principal beneficiada de estos repentinos aportes de población fue Coín, que en la segunda mitad del siglo XIII ya podría haber alcanzado el rango de una medina de pequeñas proporciones. A finales del siglo XIV e inicios del XV, ante aumento de la presión castellana, un buen número de pequeñas alquerías, sobre todo aquellas más alejadas de los principales núcleos fortificados, quedó abandonado mientras su población buscaba amparo de las principales villas muradas de la zona[107].

La tercera de las líneas de evolución poblacional se caracteriza por fuertes incrementos en el número de lugares habitados durante el siglo X y un repunte menor en la centuria siguiente, antes de sufrir una gran caída a partir de la etapa almorávide y almohade. En la zona de Beja (Portugal), la mitad de los catorce asentamientos documentados en el siglo VII se abandonaron después de la conquista islámica, en un momento indeterminado de la octava centuria, sin que los de nueva creación, apenas uno, lograran compensar esa cifra. Sin embargo, el balance resulta mucho más positivo para el siglo IX, cuando se volvió a recuperar la cifra de catorce lugares habitados, de los que nueve-diez ya existían desde fechas anteriores y cinco, un tercio, surgieron en estos momentos. El califato representa en esta zona un auténtico *boom*, añadiendo a

---

[107] F. Marmolejo, *Poblamiento andalusí en la cuenca fluvial de Río Grande (Málaga). Explotación y defensa del territorio en la Edad Media*, Málaga, Asociación Arqueológica de Coín, Guadalhorce y Sierra de las Nieves, 2015.

los quince asentamientos recién señalados otros veintiuno, más del doble de los existentes, hasta sumar un total de treinta y seis, registrándose un único abandono. La etapa taifa estuvo marcada por la estabilidad o por un ligero incremento poblacional que sitúa el censo de asentamientos ocupados en treinta y ocho, con un solo abandono y tres nuevas fundaciones. El siglo XII, en cambio, significó un fuerte de retroceso demográfico en la zona, que pasó a contar con apenas una decena de lugares habitados, quizás alguno más. La sangría demográfica continúo en la siguiente centuria, cuando tan solo se registran cuatro asentamientos[108].

En la zona de Loja (Granada), la distribución del poblamiento entre el siglo VII y la segunda mitad del IX quedó definida por el predominio de asentamientos ubicados sobre topografías más accesibles que los de la etapa anterior, y que en su mayor parte desaparecieron durante la *fitna* de fines del emirato, que llevó al «encastillamiento» general de la población. Tras la definitiva implantación del orden califal en tiempos de ʿAbd al-Raḥmān III, en la zona solo perduraron unas pocas fortificaciones que la administración califal mantuvo inicialmente como cabezas de distrito, aunque alguna de ellas, como Torrox, fue pronto abandonada en beneficio de Loja, que se convirtió en la principal base omeya de la zona. En los sectores más elevados, donde el paisaje agrario siguió basado en la ganadería y la agricultura de secano, fue habitual que se ocuparan de nuevo numerosos asentamientos abandonados antes de la *fitna*. En cambio, en la zona de la vega fue habitual a partir del siglo X que surgieran establecimientos asociados al desarrollo de nuevos regadíos, como los casos de Mechón o la actual población de Salar. En total se pasó de cinco asentamientos datados en el siglo IX a casi el doble en la centuria siguiente. A partir de finales del siglo XI, varias de las alquerías emplazadas en los montes quedaron desiertas (fenómeno también atestiguado en tierras de Guadix y Baza), mientras en la vega se consolidaron los cultivos irrigados, con alguna excepción. En general, estos espacios de huerta se mantuvieron activos durante la baja Edad Media, aunque la población de muchos de los caseríos más pequeños tendió a concentrarse en alquerías mayores dotadas de algún tipo de fortificación[109].

Por último, es posible definir una dinámica poblacional frecuente en las parameras y cordilleras del tercio más septentrional de Al-Andalus, como las de

---

[108] S. Macias, *La kūra de Beja et le territoire de Mértola entre l'antiquité tardive et la reconquête chrétienne*, tesis doctoral, Université Lumière-Lyon II, 2005, accesible en la página del autor en Academia.edu.
[109] M. Jiménez Puertas, *El poblamiento del territorio de Loja en la Edad Media*, Granada, Universidad de Granada, 2002.

Sigüenza, Molina de Aragón y Gúdar-Javalambre, que, partiendo de niveles de población muy bajos en el siglo VIII, experimentaron una continua proliferación de establecimientos rurales de dimensiones casi siempre muy discretas entre los siglos IX y XII, cuando se produjo una fuerte retracción demográfica instigada por los avances feudales[110]. En los sectores más meridionales del actual Aragón, en la citada comarca de Gúdar-Javalambre, la curva de asentamientos asciende también de manera continuada desde el siglo IX hasta el XII, cuando la conquista feudal desarticuló en profundidad las redes de poblamiento andalusí, a la par que se mantenían y ampliaban sus infraestructuras productivas[111].

La primera constatación que se puede extraer de este parcial y apretado repaso tiene que ver con clara la imposibilidad de reducir la diversidad de situaciones a una única tendencia común. Los factores locales, incluyendo los medioambientales, tuvieron aquí un peso que conviene tener presente. Aun así, resulta posible atisbar unas pocas trayectorias. Es cierto, en todo caso, que las diferentes dinámicas demográficas partían, todas ellas, de densidades de población en el siglo VIII que contrastan claramente con las que se documentan en casi toda la geografía andalusí durante la segunda mitad del siglo IX, tras una fase de gran incremento demográfico y multiplicación de nuevos establecimientos rurales. En general, esta tendencia se mantuvo, aunque a menor ritmo, en las décadas siguientes, durante el califato, que en muchas regiones introdujo cambios sustanciales en los patrones de asentamiento, forzando el abandono de los asentamientos de altura en beneficio de ocupaciones adyacentes a los campos de cultivos situados en los pies de monte y las terrazas de los valles. Salvo quizás en las comarcas más septentrionales, el siglo XI parece haber sido una etapa de estancamiento e incluso de contracción, una dinámica que continuó en algunas comarcas durante los siglos XII y XIII, mientras otras siguieron la trayectoria contraria, beneficiándose de la llegada de poblaciones acosadas por los feudales.

Se puede observar, pues, cierta tendencia general en la demografía y el poblamiento andalusí, pero su manifestación fue diferente dependiendo de la región y la comarca sobre la que se ponga el foco. En algunas, se dio una fase

---

[110] G. García-Contreras, *Los valles del Alto Henares en época andalusí. La organización del poblamiento y su relación con las explotaciones salineras (siglos VIII-XII)*, tesis doctoral, Universidad de Granada, 2013. Del mismo autor, más recientemente: «Campesinos de la sal en el interior de Al-Andalus. Las salinas de Guadalajara y Soria entre los siglos VIII al XII», *Anales de la Universidad de Alicante. Historia Medieval*, 22, 2021, pp. 247-273.

[111] J. M. Ortega y C. Villargordo, «¿Campesinos ricos en Al-Andalus? Comunidades rurales, estratificación interna y formas de consumo en la alquería de El Quemao (Sarrión, Teruel)», en *Actualidad de la investigación arqueológica en España, I (2018-2019). Conferencias impartidas en el Museo Arqueológico Nacional*, Madrid, Museo Arqueológico Nacional, 2020, pp. 179-197.

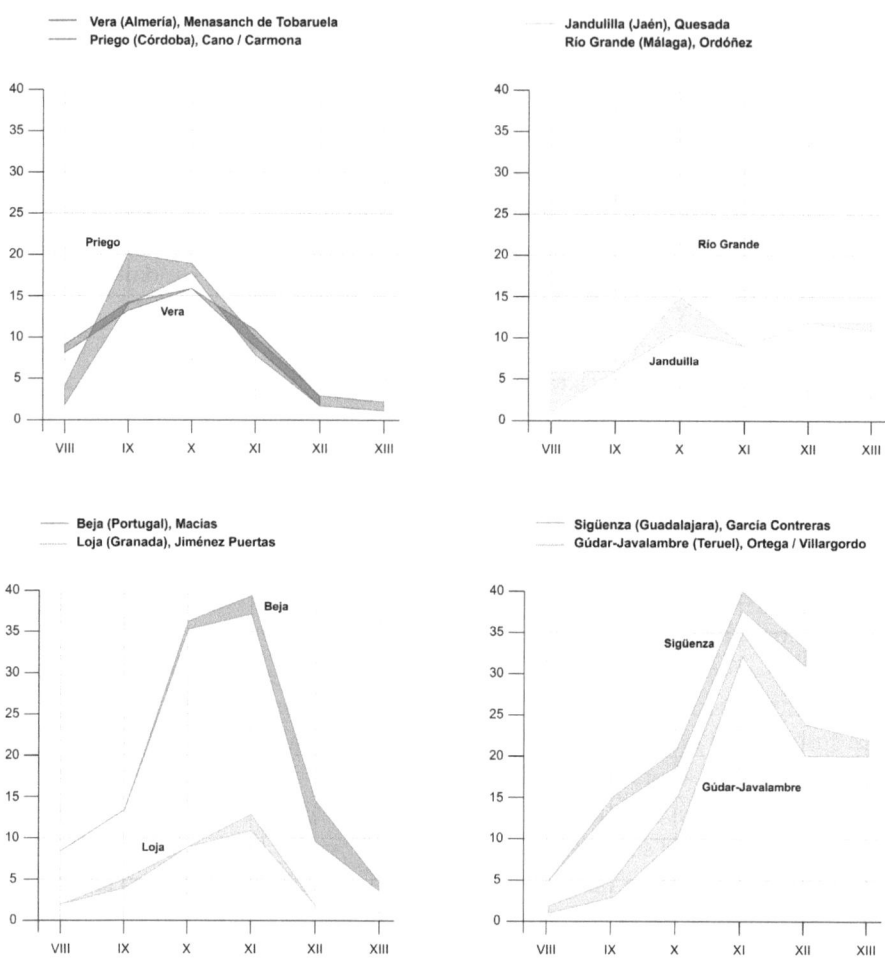

Figura 10. Trayectorias del poblamiento en varias comarcas andalusíes.

de crecimiento temprano, ya en época emiral, mientras que en otras esta tuvo lugar durante el califato, prolongándose durante las taifas. El decrecimiento experimentado a partir del siglo XII fue consecuencia directa, en los sectores septentrionales, del impacto de la expansión feudal, pero la disminución en el número de lugares habitados que evidencian las regiones más meridionales tuvo que ver más con la concentración de la población en grandes ḥuṣūn y pequeñas medinas que con una recesión demográfica, al menos antes de la Peste Negra. A pesar de lo limitado de ambas constataciones, son suficientes, me parece, para cuestionar el supuesto de que la historia demográfica y agraria de Al-Andalus fue monolítica y ajena a las variaciones regionales y locales (fig. 10).

2.3. Las tasas de urbanización

Las consideraciones realizadas anteriormente acerca de la falta de investigaciones que den cuenta de las tendencias demográficas de la geografía rural de Al-Andalus son extensivas al mundo urbano, donde existen importantes estudios de orientación cualitativa, pero muy pocas aproximaciones de carácter cuantitativo[112]. No hace falta insistir, pues, en que las consideraciones que pueda realizar aquí tienen la intención casi única de suscitar una cuestión, en espera de que llegue el momento de plantear las conclusiones. Es significativo, en cualquier caso, que la arqueología urbana de Al-Andalus haya documentado hasta la fecha tan pocas pruebas de abandonos residenciales y/o pérdida de funciones urbanas de las medinas antes de su traspaso a manos de las feudales, con la llamativa excepción de Córdoba, donde amplias zonas situadas extramuros quedaron abandonadas, lo mismo que Madinat az-Zahra, a raíz de la *fitna* de principios del siglo XI[113]. Lo que, en cambio, sí ha permitido constatar el estudio continuado de los restos materiales de las antiguas medinas andalusíes a lo largo de las últimas décadas son fenómenos como la multiplicación de los signos de ocupación a partir del siglo IX, el surgimiento a lo largo del siglo X de tramas urbanas reconocibles y su expansión a partir del año 1000 en todo el territorio andalusí, con la proliferación de arrabales extramuros y el desarrollo de funciones urbanas de lo que hasta entonces habían sido solo grandes burgos fortificados (*ḥuṣūn*)[114]. De hecho, en la mitad sur peninsular, esta misma dinámica de ampliación del tejido urbano y multiplicación de las infraestructuras comunitarias, como respuesta al constante crecimiento demográfico, se hizo, si cabe, más evidente durante los siglos XII y XIII.

....

[112] J. Navarro Palazón y P. Jiménez Castillo, *Las ciudades de Alandalús. Nuevas perspectivas*, Zaragoza, CSIC-UZA-Cortes de Aragón – Instituto de Estudios Islámicos y de Oriente Próximo (IEIOP), 2007.

[113] A. León y J. F. Murillo, «Advances in Research on Islamic Cordoba», *Journal of Islamic Archaeology*, 1(1), 2014, pp. 5-35.

[114] En general, C. Mazzoli-Guintard, *Villes d'Al-Andalus. L'Espagne et le Portugal à l'époque musulmane (VIIIᵉ-XVᵉ siècles)*, Rennes, PUR, 1996; I. Montilla Torres, «Ciudad andalusí y arqueología. Un espacio para la reflexión (Universidad de Jaén)», en J. A. Quirós (ed.), *Treinta años de Arqueología Medieval en España*, Oxford, Archaeopress, pp. 175-203. Sobre los inicios de la recuperación urbana de Al-Andalus, véase: C. Mazzoli-Guintard, «L'urbanisation d'Al-Andalus au IXᵉ siècle: données chronologiques», en P. Cressier, M. García-Arenal y M. Meouak (coords.), *Genèse de la ville islamique en Al-Andalus et au Maghreb occidental*, Madrid, CSIC, 1998, pp. 99-106. Un caso bien documentado de ampliación urbana en época taifa es el de Zaragoza: F. J. Gutiérrez González, «Algunos contextos arqueológicos urbanos de Saraqusta», *Aragón en la Edad Media*, 26, 2015, pp. 201-241.

Existen indicios, pues, para sostener que la pulsión urbanizadora iniciada en el siglo IX produjo a partir del siglo XI una transformación, ya irreversible, en las relaciones entre lo urbano y lo rural, que necesariamente tuvo que afectar al suministro a las ciudades de alimentos y energía[115]. La principal cuestión que ello plantea es en qué medida este proceso estimuló la intensificación y diversificación de la producción agrícola y qué tipo de alteraciones introdujo en los ecosistemas tanto urbanos y periurbanos, como rurales.

2.4. Recapitulando. Para una ecología política del antropoceno andalusí

Los datos que han salido a colación en los epígrafes anteriores, incapaces de ofrecer certidumbres sobre el impacto de los cambios climáticos y ambientales en la evolución de la economía andalusí, son suficientes sin embargo para proporcionar una primera impresión de que, en efecto, entre los siglos IX y XIII Al-Andalus asistió a una fase de crecimiento, coincidente con ciertos cambios climáticos que supusieron el aumento de las temperaturas medias a partir del siglo X y un régimen de precipitaciones difícil de describir, pero que incluyó episodios de lluvias torrenciales con consecuencias catastróficas en algunas de las medinas más importantes del país.

Una segunda impresión, que estudios posteriores también habrán de aquilatar mejor de lo que yo puedo hacerlo aquí, es la de que este crecimiento de la población, la superficie cultivada y la extensión de las áreas urbanizadas quedó muy por debajo de las posibilidades que habría permitido la «mejoría» climática a que asistió el territorio andalusí a partir de mediados del siglo IX. Resulta más que probable que un aumento de las temperaturas tuviera a largo plazo un impacto beneficioso en la expansión de los cultivos, pero la idea de que la mejora de las condiciones climáticas se tradujo automáticamente en un crecimiento agrario solo puede plantearse tras aceptar dos supuestos de inspiración maltusiana manifiestamente incorrectos, a saber: que los agricultores andalusíes trataron permanentemente de maximizar el potencial productivo de sus campos; y que la

---

[115] A título de ejemplo, M. García García, «Some remarks on the provision of animal products to urban centres in medieval Islamic Iberia: The cases of Madinat Ilbirah (Granada) and Cercadilla (Cordova)», *Quaternary International*, 460, 2007, pp. 86-96; y M. Celma *et al.*, «Mapping rural and urban confluences through the consumption of firewood in the medieval city of Murcia (Spain)», 659, 2020, https://doi.org/10.1016/j.quaint.2022.09.007

evolución demográfica de Al-Andalus estuvo determinada por las modificaciones favorables que la evolución climática indujo en la capacidad de carga de la tierra. No obstante, son numerosos los autores que han sugerido que el concepto de «capacidad de carga», que hace referencia a las restricciones ecológicas impuestas a la producción agrícola, debería reservarse para únicamente aquellas situaciones, nada frecuentes, en que *toda la tierra* disponible para el cultivo es explotada de manera *óptima* durante *todo el tiempo*, lo que, es evidente, no fue la norma en Al-Andalus, cuyos campesinos siempre tuvieron margen tanto para expandir las áreas cultivadas como para intensificar su explotación mediante fórmulas diversas[116].

Resulta obvio, por otro lado, que los procesos de trabajo desarrollados por los agricultores andalusíes no se vieron limitados únicamente por factores de orden ecológico, tecnológico y demográfico, sino también por la articulación social de estos factores, que imponía sus propias constricciones en cuestiones clave como el nivel de especialización de la mano de obra disponible, la estructura de la tenencia de la tierra, los ritmos de urbanización, los niveles de integración de los mercados, etc. Si bien es cierto que las condiciones del entorno geográfico marcaban severos límites a las opciones agrarias –qué cereal plantar o qué extensión tenían las áreas comunales, por ejemplo–, también lo es que intervenían en ellas poderosas fuerzas sociales que a su vez estaban obligadas a tener en cuenta la naturaleza inestable de los factores ecológicos[117].

3. CONCLUSIONES

Existe, es cierto, una serie de indicios nada insignificantes que permiten sostener la idea general de que a partir de la segunda mitad del siglo IX se instalaron en el territorio andalusí unas condiciones climáticas relativamente benignas, caracterizadas por la subida de las temperaturas. Es cierto también que existen pruebas suficientes de que en esas mismas fechas se asistió a una retracción significativa de las masas forestales, que en muchas zonas de Al-Andalus fueron sustituidas por pastizales y cultivos de secano en los entornos montañosos,

---

[116] N. F. Sayre, «The Genesis, History, and Limits of Carrying Capacity», *Annals of the Association of American Geographers*, 98(1), 2008, pp. 120-134.

[117] P. Erdkamp, «Structural Determinants of Economic Performance in the Roman world and early-modern Europe. A Comparative Approach», en P. Erdkamp y K. Verboven (eds.), *Structure and performance in the Roman economy: models, methods and case studies*, Bruselas, Latomus, 2015, pp. 17-31. *Id.*, «Climate, carrying capacity and society: the quest for universal truths», en A. Brysbaert, I. Vikatou y J. Pakkanen (eds.), *Shaping Cultural Landscapes. Connecting Agriculture, Crafts, Construction, Transport, and Resilience Strategies*, Leiden, Sidestone Press, 2022, pp. 103-116.

mientras los valles asistían a la aparición o ampliación de los espacios irrigados. También existen, sin embargo, razones de peso para evitar establecer correlaciones demasiado simples y directas entre el Óptimo Climático Medieval y esos crecimientos agrarios y urbanos. La primera de ellas tiene que ver con las distintas cronologías que regionalmente presentan las fases de crecimiento cuyo mayor dinamismo tuvo lugar en algunas zonas cuando todavía se dejaba sentir un régimen climático significativamente menos benigno propio del periodo altomedieval[118]. Es evidente, además, que la «mejora» de las condiciones climáticas que experimentó toda la geografía andalusí durante los siglos X, XI y XII ni condujo a una expansión de ganadera y agrícola general, ni agotó todas las posibilidades de crecimiento en cualquiera de las escalas que atendamos: local, comarcal o regional.

El papel jugado por las variaciones climáticas en el desarrollo histórico de la agricultura andalusí no puede subestimarse de ningún modo. Apenas hace falta recordar que la mayor parte de los procesos de trabajos y de las formas de gestión tanto de los agrosistemas andalusíes, como de forma más general de todos los espacios agrarios mediterráneos en época preindustrial, tuvieron que incorporar un amplio abanico de estrategias de aversión al riesgo para hacer frente a la vulnerabilidad que imponían, a veces de manera severa, factores como el estiaje estival, la erosión, el déficit de nutrientes, etc. Los factores de climáticos no son, sin embargo, los únicos que forzaban las elecciones que debían hacer los campesinos. Las demandas planteadas por la reproducción de la familia y de la comunidad local estaban condicionadas por constantes presiones exteriores, en particular el crecimiento de la demanda urbana de alimentos, que dependía de los diferentes ritmos de urbanización; y, a la vez, por la progresiva capacidad de penetración en el tejido rural de unas redes comerciales cada vez más amplias y mejor integradas, que debían aliviar los efectos de las malas cosechas a través de sus rudimentarios mecanismos de integración. Con seguridad, no fue ajeno a estos cambios el papel jugado por los terratenientes, especialmente aquellos capaces de desarrollar en los alfoces urbanos fórmulas de explotación directa intensivas en capital que respondían favorablemente a las demandas de mercados urbanos muy dinámicos[119].

En este sentido, me parece posible sostener que las dinámicas agrarias fueron en Al-Andalus diversas en el tiempo y en el espacio en función de una

[118] J. A.López-Sáez et al., «A Late Antique Vegetation History of the Western Mediterranean...», op. cit.

[119] P. Erdkamp, «Structural Determinants of Economic Performance...», op. cit.; Id., «Climate, carrying capacity and society...», op. cit.

tensión permanente entre la «economía moral» del campesinado, orientada a asegurar la viabilidad largo plazo de sus hogares y comunidades rurales, y la «ecología política» de los distintos poderes instalados en las medinas, cuyo objetivo principal era garantizar el abastecimiento regular de la población urbana. El resultado de esta tensión, que fue fluctuando en función de la capacidad de acción de las principales fuerzas implicadas –básicamente los campesinos, los grandes propietarios y el sultán–, solo puede ser establecido a partir de estudios regionales que tengan en cuenta el peso de los condicionantes locales, incluidos los geográficos y, de forma más específica, los climáticos. Mi impresión al respecto, claramente constreñida por estado actual de la información, es la de que no se puede hablar de una fase general de crecimiento, sino más bien de una serie de procesos regionales de crecimiento con ritmos variados, que se inician en el siglo IX en adelante, y que a partir de la segunda mitad del siglo X, ya bajo condiciones climáticas favorables, significó una alteración irreversible de esa correlación en favor de la ecología política de los sultanes y de los grandes propietarios urbanos en detrimento de la ecología moral de los campesinos andalusíes.

XLIX SEMANA INTERNACIONAL DE ESTUDIOS MEDIEVALES. ESTELLA-LIZARRA. 2023 | Transformaciones del medioambiente en la Edad Media
DOI: https://doi.org/10.35462/siemel.49 | 239-283

Interacción, adaptación y explotación. Una pugna por la subsistencia: conflictividad interconcejil en torno a los recursos naturales en la Navarra bajomedieval

Javier Ilundain Chamarro

UNIR / UNED Pamplona
javier.ilundain@unir.net

1. INTRODUCCIÓN

A lo largo de toda la Baja Edad Media asistimos a un notable incremento de la producción documental por parte de las comunidades urbanas. Esta no solo nos ayuda a atestiguar mejor el creciente peso que obtuvieron en la sociedad, economía y política de los reinos peninsulares, sino que también nos permite conocer en detalle cuáles eran las preocupaciones de sus vecinos y, sobre todo, gobernantes. En este sentido, una parte significativa de la documentación concejil trata sobre los pleitos que se interpusieron principalmente frente a otros concejos, instituciones o la monarquía. Dichos litigios abordaban principalmente dos cuestiones: el marco jurisdiccional y los recursos naturales que disfrutaba o poseía el concejo (en ocasiones, también una mezcla de ambas), precisamente porque eran dos aspectos que afectaban de forma conjunta a toda la comunidad. En buena medida, estos conflictos fomentaron y se alimentaron de una incipiente identidad urbana forjada sobre las características propias del concejo y sus habitantes, pero también a través de la oposición a otras comunidades[1].

El presente trabajo tiene por objeto analizar algunos casos que implicaron a diferentes concejos y comunidades del reino de Navarra, especialmente significativos por su dilatación temporal y por la virulencia que alcanzaron en algunos momentos. Si bien todos los archivos municipales de cierta entidad conservan

---

[1] Sobre la forja de la identidad en el ámbito urbano medieval, véase J. A. Jara Fuente, «Percepción de "sí", percepción del "otro": la construcción de identidades política urbanas en Castilla (el concejo de Cuenca en el siglo XV)», *Anuario de Estudios Medievales*, 40, 2010, pp. 75-92.

XLIX SEMANA INTERNACIONAL DE ESTUDIOS MEDIEVALES. ESTELLA-LIZARRA. 2023 | Transformaciones del medioambiente en la Edad Media

DOI: https://doi.org/10.35462/siemel.49 | 285-317

documentación relativa a este tipo de pleitos, vamos a centrarnos en dos: los conflictos resultantes del aprovechamiento del agua del Cidacos entre Olite y Tafalla[2], y el enfrentamiento en torno al disfrute de los pastos de la Bardena entre Tudela y las villas del valle del Roncal, ambos desarrollados con diferente intensidad entre los siglos XIII y XV.

2. APROVECHAMIENTOS HÍDRICOS DEL RÍO CIDACOS

2.1. Precedentes históricos y jurídicos

El Cidacos es un río de la Navarra media oriental cuyo nacimiento, y el de sus principales afluentes, se encuentra en la sierra de Alaiz, Valdorba y sierra de Ujué. Hasta su desembocadura en el Aragón recorre unos cuarenta kilómetros. Se trata de un río de cauce y longitud verdaderamente modestos en comparación con otros como el Ega, Arga, Aragón o Ebro. Sin embargo, durante la Edad Media tuvo una importancia destacada desde el punto de vista económico, pues fue el principal aporte hídrico que recibían dos poblaciones de cierto calado demográfico y político-administrativo: Olite y Tafalla.

La intensa explotación de este recurso está atestiguada documentalmente desde el siglo XII. Sin embargo, parece que ya anteriormente se había tomado consciencia de su importancia para la economía de la zona[3]. Aunque forme parte de la narrativa posterior, vinculada con los pleitos por el agua del siglo XIV, conservamos un memorial en el que se atribuye al rey moro Abengaria las siguientes palabras relativas a la supervivencia de Caparroso mientras era asediada por Alfonso I: «Nichil ualet si illa aqua de Cidacos non dederis»[4]. Esta afirmación nos invita a pensar en que ya en época musulmana se habría prestado atención al régimen y aprovechamiento del río Cidacos. Aunque resulte sorprendente que la alusión sea sobre Caparroso, última población cuyos términos bañaba el Cidacos y que dependía principalmente del Aragón, cobra su sentido en el contexto de la pugna por el turno correspondiente a esta villa ya en el siglo XIV.

En este sentido, el documento presenta un relato pseudohistórico sobre el surgimiento de los turnos de riego. Atribuye a Pedro I la concesión a San

---

[2] En parte abordado por D. Alegría Suescun, *Agua y ciudad: aprovechamientos hidráulisoc urbanos en Navarra (siglos XII-XIV)*, Pamplona, Príncipe de Viana, 2004, pp. 206 y ss.; y por Í. Mugueta Moreno, *El dinero de los Evreux. Hacienda y fiscalidad en el Reino de Navarra. 1328-1349*, Pamplona, Gobierno de Navarra, 2009, pp. 483 y ss.

[3] D. Alegría Suescun, *Agua y ciudad...*, op. cit., p. 210.

[4] D. Alegría Suescun, G. Lopetegui Semperena y A. Pescador Medrano, *Archivo General de Navarra (1134-1194)*, San Sebastián, Eusko Ikaskuntza, 1997, doc. n.º 20.

Martín de Unx de un turno de ocho días durante los meses de abril y mayo. Caparroso lo recibiría de Alfonso I y se sumaría Olite ya en época de García Ramírez. Quedaban excluidos los de Tafalla, que solo podían tomar el agua con *conchas* y *vasis*. Su elaboración es muy posterior y hace uso de recursos retóricos propios de la historiografía precientífica incluyendo, por ejemplo, expresiones en estilo directo. Sin embargo, refleja la memoria que se tenía del origen de este aprovechamiento, mezclando datos ciertos –como la concesión del fuero a Olite o la constitución del turno en periodos de ocho días– con información inventada –como la conversación entre Alfonso I y Abengaria–. Resulta significativo que, como señala este documento, de los cuatro congozantes del Cidacos atestiguados en el siglo XIII, solo los tres que figuran con un turno definido (San Martín de Unx, Caparroso y Olite) tuvieran alusiones específicas en sus fueros a este recurso y que Tafalla, que carece de dichas referencias, aparezca excluida del reparto.

Al igual que veremos con el caso de la Bardena, el Cidacos fue considerado estratégico, bien por los monarcas (como reflejaba el susodicho memorial), bien por los pobladores del entorno. Prueba de ello es que, aunque no es raro encontrar alusiones a los recursos naturales que surtían las poblaciones aforadas, estas eran en general muy genéricas en Navarra. Sin embargo, como hemos dicho, tres de las cuatro poblaciones que se repartían los turnos de riego incluyeron en sus fueros alusiones concretas.

El de Caparroso[5], otorgado por Pedro I en 1102, recogía un calendario de riego ya plenamente configurado que, con pocas variaciones, perdurará durante toda la Edad Media. Ahí se establecía que las aguas del Cidacos eran aprovechadas sucesivamente por Tafalla, San Martín de Unx y Olite durante ocho días cada uno, y a Caparroso finalmente le correspondían los últimos nueve. Aunque no se especifica, este ciclo se repetía en varias ocasiones durante los meses de primavera. Asimismo, se señalaban penas de 60 sueldos para aquellos que obstaculizaran el paso del agua. Finalmente, se aludía a un personaje, el «superreguero», aparentemente encargado de vigilar los turnos de riego.

En el fuero no se encuentra referencia alguna al aprovechamiento del Aragón, cuya importancia era mucho mayor para Caparroso teniendo en cuenta su dotación municipal, no tanto porque no hubiera otras poblaciones cercanas que igualmente lo explotaban, sino porque su caudal y régimen era mucho más abundante y regular que el del Cidacos y, en consecuencia, sería menos susceptible de conflictos.

---

5 L. J. Fortún Pérez de Ciriza, «Colección de Fueros Menores de Navarra y otros privilegios locales (I)», *Príncipe de Viana*, 165, 1982, n.º 5.

En 1147 recibían el fuero de Estella los pobladores de Olite[6]. Entre las escasas peculiaridades que se añadían al ordenamiento estellés, encontramos la delimitación del término municipal y la referencia a las aguas de las que podía beneficiarse: las que procedían desde la sierra de San Martín y desde Tafalla (el Cidacos y sus afluentes).

Finalmente, las conflictivas relaciones entre Olite y San Martín de Unx con respecto, precisamente, al aprovechamiento de los recursos naturales[7] propiciaron la concesión de varios ordenamientos para regularlas. En el de 1204 se aludía al uso que ya hacían de las aguas del Cidacos y a la existencia de «custodes» encargados de controlar su uso[8].

Tan solo en el caso de Tafalla sus cartas forales y privilegios no incluyen referencia alguna al uso del agua. Ni el supuesto fuero de época de Sancho IV ni la confirmación en 1157 de Sancho VI lo citan[9]. Sin embargo, desde la concesión del fuero de Caparroso estaba incluida en el turno de riego y, como veremos, ya a principios del XIII tuvieron una especial preocupación por su explotación y regulación. El creciente interés de los tafalleses por la acaparación de recursos habría sido paralelo a su desarrollo demográfico y urbano que alcanzaría unas cotas importantes en el siglo XIV, viéndose ratificadas por la concesión de privilegios jurídicos y económicos que la equiparaban con las buenas villas tradicionales[10].

2.2. Reparto, racionalización y explotación de los recursos hídricos

En efecto, las cartas forales del siglo XII referían con precisión las aguas, turnos de riego e incluso oficiales encargados de su control. Sin embargo, el desarrollo urbano y demográfico y la expansión agrícola de estos concejos requería de

---

[6] M. Beroiz Lazcano, *Documentación medieval de Olite (siglos XII-XV)*, Pamplona, Gobierno de Navarra, 2009, n.º 1. En adelante se citará como DMO y se indicará el número del documento.

[7] J. Ilundain Chamarro, «El control de las mugas de Olite en la Edad Media: conflictividad, supervivencia e identidad», *Príncipe de Viana*, 272, 2018, pp. 875-878.

[8] L. J. Fortún Pérez de Ciriza, «Colección de Fueros Menores de Navarra y otros privilegios locales (II)», *Príncipe de Viana*, 166-167, 1982, n.º 61.

[9] E. Ramos Remedios y R. Cierbide Martinena, *Archivo Municipal de Tafalla (1157-1540)*, San Sebastián, Eusko Ikaskuntza, 2001, n.º 1. En adelante se citará como DMTaf y se indicará el número del documento.

[10] Sobre el caso peculiar de Tafalla por su crecimiento y la evolución de su concejo, véanse: E. Ramírez Vaquero, «La ciudad y el rey: renovación de la red urbana de Navarra al final de la Edad Media», *Anuario de Estudios Medievales*, 48/1, 2018, pp. 64-65 y 76; e *Id.*, «De buenas villas... y villas no tan buenas. La urbanización de Navarra en la Edad Media», *La ciudad y los campesinos: villas nuevas, pequeñas villas, villas mercado: XLVI Semana Internacional de Estudios Medievales*, Estella, Gobierno de Navarra, pp. 340-341 y 364-366.

una optimización del recurso. Este proceso, que se generalizó en los entornos urbanos, ha sido estudiado extensamente por Alegría[11]. En lo que respecta al valle del Cidacos, fueron especialmente Olite y Tafalla las que se afanaron por detallar el uso y supervisión de los turnos y por hacer acopio de otros recursos hídricos a favor de sus regadíos.

Al igual que las monarquías y monasterios compilaron sus cartularios con fines concretos y trasfondos ideológicos, los concejos, en ocasiones, elaboraron sus propias antologías documentales con el fin de fundamentar sus derechos o reforzar una identidad propia. En el caso de Olite, los dos primeros libros del concejo incorporan documentos y actas encaminados en buena medida a consolidar su dominio sobre ciertos recursos naturales. Es precisamente el agua del Cidacos al que dedican una especial atención.

Sus derechos se habían concretado en dos turnos de ocho días y ocho noches durante los meses de abril y mayo. Un calendario de riego de mediados del siglo XIII[12] mantenía lo que ya había fijado el fuero de Caparroso invirtiendo el orden de disfrute de San Martín y Olite, por lo que no puede descartarse algún tipo de acuerdo entre ambas poblaciones. Partiendo de esta situación, podríamos atribuir al concejo la implementación de una estrategia para mejorar su aprovechamiento.

Por un lado, a lo largo de todo el siglo XIII adquirieron diferentes infraestructuras y organizaron su explotación. En 1223-1224 cedían el uso del molino del río Tuerto a cambio del mantenimiento de su presa, titularidad del concejo, que surtía varias acequias. Para 1278 el concejo era propietario de la mitad de la presa del Carcavet junto a María Almoravid[13]. En 1313 finalmente adquirieron por 5000 sueldos el resto de la presa junto con sus molinos, acequias y sotos[14]. También controlaban las presas de Pitillas, Valoria y Bernosa. No por casualidad en estas transacciones y gestiones aparecen de forma recurrente algunas de las familias más destacadas de la villa[15]. En este sentido, cabe señalar la progresiva adquisición de tierras de regadío en el término municipal de San Martín[16]. Si bien no era una estrategia dirigida desde el concejo o por las élites, ponía de manifiesto el interés por hacerse con las heredades más feraces. Esto provocó numerosos conflictos entre ambas poblaciones por motivos ju-

----

[11] D. Alegría Suescun, *Agua y ciudad…*, *op. cit.*

[12] AMO, Lib. 1, f. 111r.

[13] DMO 47.

[14] DMO 113.

[15] J. Ilundain Chamarro, *Los buenos hombres de Olite (ss. XII-XIV). Sociedad, poder y élites urbanas*, Pamplona, Gobierno de Navarra, 2017, pp. 253 y ss.

[16] J. Ilundain Chamarro, «El control de las mugas…», *op. cit.*, p. 875.

risdiccionales, pero era otra vía de acceso al agua del Cidacos, pues las tierras compradas conservaban sus derechos de riego dentro del turno de los de San Martín de Unx.

Por otro lado, se reguló el uso particular del agua por parte de los vecinos mediante el establecimiento de las *vezes de rueda* y la concesión de *aueros*. Las *vezes de rueda* eran turnos de regadío entre los propios vecinos[17], consideradas un bien inmueble más y estaban perfectamente valoradas. Ya en 1224 tenemos noticia de su existencia y reparto, aunque las conocemos en detalle gracias al Registro Catastral de 1264[18]. En él se recogen dichas estimaciones que oscilan entre los 0 y los 1000 sueldos, siendo las más frecuentas las de 30, 40 o 100 sueldos. Aunque estas estaban bastante repartidas entre los diferentes grupos sociales, muchas de las mejor valoradas se hallaban en manos de algunas familias poderosas (Centol, Gavarda, Suspirón, etc.).

En lo que respecta a los *aueros*, desde finales del XIII el libro del concejo registraba de forma sistemática tanto la llegada de nuevos vecinos como la concesión de derechos de riego y permiso de paso entre las heredades de los olitenses. Si bien esto ocurría de forma más bien esporádica, durante la alcaldía de Lope Martínez (hijo y nieto de alcaldes), entre 1313 y 1325, se produjo una verdadera eclosión de concesiones de agüeros que, en menor medida, sería continuada por su sucesor García Abad, alcalde entre 1326-1348[19]. Durante el mandato del primero se asignaron 23 permisos de riego, sobre los 31 documentados para el periodo 1290-1348. La concesión de agüeros implicaba a buena parte de la corporación (alcalde, jurados y pasadores) y era objeto de frecuentes pleitos entre los vecinos cuando se obstruían. Sirvan de ejemplo los dos ocurridos en 1326[20]: el primero de ellos enfrentaba a varios vecinos por haber desviado el agua al alzar demasiado sus eras; en el segundo se acusaba de haber cerrado deliberadamente la acequia, razón por la que le fue impuesta una pena pecuniaria y se registró el tamaño que debía tener el agüero concedido al demandante.

Finalmente, esta creciente preocupación por la gestión del agua y la conflictividad interna en aumento por unos recursos cada vez más explotados y repartidos habría propiciado la creación de magistraturas dentro del propio gobierno municipal. Los antiguos superregueros (aludidos en varios fueros del siglo XII) habrían sido sustituidos por pasadores de agüeros y por los bailes de

---

[17] DMO 31.
[18] R. Ciérbide Martinena y J. Á. Sesma Muñoz, *Olite en el siglo XIII. Población, economía y sociedad de una villa navarra en plena Edad Media*, Pamplona, Institución Príncipe de Viana, 1980, pp. 65 y 66.
[19] J. Ilundain Chamarro, *Los buenos hombres…, op. cit.,* pp. 307-316 y 264-278.
[20] DMO 153.

las diferentes presas y molinos. Parece que los primeros eran los encargados de fiscalizar el uso del agua, dirigir la concesión de agüeros e intervenir en los pleitos relativos a ellos; a los segundos les correspondía el mantenimiento y control de infraestructuras concretas.

En lo concerniente a Tafalla, la documentación es mucho menos abundante y variada para el siglo XIII. Sin embargo, parece que los tafalleses estaban interesados en mejorar su disponibilidad del agua del Cidacos y para ello compraron el turno correspondiente a Caparroso en 1227[21]. A cambio de 3500 sueldos sanchetes, recibían los dieciocho días de este concejo; nueve correspondientes al primer ciclo de abril-mayo y nueve del segundo ciclo de mayo-junio. Si bien esta mejora era sustancial, pues duplicaba la duración de su turno de riego, su reconocimiento, como veremos, habría sido puesto en entredicho a principios del XIV y, además, no habría quedado reflejado en los calendarios de riego del siglo XIII que conservamos.

2.3. Primeros enfrentamientos

Al igual que ocurrirá en el caso de los pastos de la Bardena, pese a la existencia de una regulación más o menos específica sobre cómo aprovechar el agua del Cidacos, fueron habituales los conflictos entre concejos.

De 1257 data la primera concordia entre los concejos de Olite y Tafalla[22]. Ignoramos el origen del problema, pero según el acuerdo, los primeros cedían a los segundos el último día de sus dos turnos. Esta concesión era ciertamente generosa, pues no implicaba ninguna contrapartida. Ahora bien, se incluyó una clausula que podría dar una pista sobre el problema de fondo: el acuerdo se rompería si el rey tomaba las tierras que los de Tafalla regaban con el día extra recibido de Olite. Al igual que ocurrirá con la Bardena, la reserva de los derechos de la monarquía fue esencial a la hora de dirimir estos pleitos. Si en el caso bardenero no quería ceder un ápice de su jurisdicción en el cobro de impuestos, en el Cidacos hacía todo lo posible por evitar que las pugnas afectaran el riego de sus tierras. Aunque no podemos clarificar exactamente lo que ocurría, es probable que la cesión respondiera a una posible enajenación o adquisición de tierras por parte del rey ubicadas en los límites entre Olite y Tafalla y que, por tanto, no supondría una pérdida real para los olitenses. De hecho, ya en

....

[21] J. M.ª Jimeno Jurío y R. Jimeno Aranguren, *Archivo General de Navarra (1194-1234)*, San Sebastián, Eusko Ikaskuntza, 1998, n.º 212.
[22] DMO 22.

XLIX SEMANA INTERNACIONAL DE ESTUDIOS MEDIEVALES. ESTELLA-LIZARRA. 2023 | Transformaciones del medioambiente en la Edad Media
DOI: https://doi.org/10.35462/siemel.49 | 285-317

1245 Teobaldo I había arrendado todas sus piezas, viñas y huertos que tenía en Tafalla, junto con sus derechos de riego, a los labradores de la villa (de forma conjunta) por 1400 sueldos[23].

En 1278, el objeto de disputa fue el mantenimiento de la presa del Carcavete, ubicada en el término de Tafalla pero propiedad del concejo de Olite y de la familia Almoravit[24]. Esta presa era esencial para el riego del término de las Mayores, uno de los mejor valorados en Olite[25] porque estaba repleto de viñas. Para su resolución fue necesaria la intervención del gobernador Reinaldo de Robray quien, tras designar una comisión de investigación, sentenció de forma algo salomónica: permitía a los olitenses tomar los materiales para las reparaciones del término de Tafalla, pero les prohibía acceder por la carretera que usaban y verter los deshechos en las viñas de los tafalleses.

2.4. ¿Una crisis de crecimiento? El pleito de 1304-1308

En las primeras décadas del siglo XIV confluyeron varios factores que aumentaron las posibilidades de confrontación. Por un lado, nos encontramos con un crecimiento constante de la población, especialmente la olitense, y los consecuentes procedimientos de quiñonado y concesión de acequias para nuevas tierras. Por otro, se han documentado varios periodos de sequía durante estos años en Navarra[26], alguno de los cuales afectó especialmente a Olite y Tafalla. Además, tenemos noticia de varios votos ofrecidos por el concejo de Olite con el fin de combatir plagas (1319 y 1325)[27]. Ante un periodo en el que comenzaron a ser frecuentes las malas cosechas, no es de extrañar que se pusiera especial énfasis en el control de los recursos que podían paliar sus efectos, como era el agua del Cidacos, o, incluso, intentar incrementarlos.

Durante estos años tuvo lugar uno de los pleitos entre Olite y Tafalla que mejor conocemos, gracias a trece documentos procedentes de los archivos municipales y reales[28]. Aunque la disputa se prolongó hasta 1308, sus comienzos y momentos más duros corresponden a 1304. Según nos narran las sucesivas

23 M. Martín González, *Colección diplomática de los reyes de Navarra de la dinastía de Champaña. Teobaldo I (1234-1253)*, San Sebastián, Eusko Ikaskuntza, 1986, n.º 115.
24 DMO 47.
25 J. Ilundain Chamarro, *Los buenos hombres de Olite...*, op. cit., p. 435.
26 D. Alegría Suescun, *Agua y ciudad...*, op. cit., pp. 59-62.
27 DMO 132 y 146.
28 DMO 87, 88, 89, 90, 96, 98, 101; DMTaf 6, 7; M.ª Itziar Aldave, *Archivo General de Navarra (1274-1321) II*, San Sebastián, Eusko Ikaskuntza, 1997, n.º 210, 211, 214, 215.

sentencias y reclamaciones, parece que los de Tafalla habían desviado el agua del cauce principal del Cidacos, provocando grandes pérdidas agrícolas a los de Olite. El alcalde, Martín Pérez Centol, fue el encargado de acompañar a los oficiales reales y mostrarles las presas y desvíos explotados ilícitamente por los de Tafalla. Tras el informe, el gobernador Alfonso de Robray dio la razón a los de Olite e invitó a ambos concejos a llegar a un acuerdo. Las sucesivas reuniones fracasaron, así que el gobernador designó una comisión de cuatro representantes de Olite para que hiciese una estimación de los daños y menoscabos. Las pérdidas se valoraron en 4000 libras. Finalmente, el gobernador rebajó la cifra a 1000 libras y estableció que los de Tafalla pagasen en un plazo de diez días.

Vencido el plazo, los oficiales reales fueron a Tafalla a embargar bienes por valor de 1000 libras encontrándose con la oposición de los tafalleses. Los oficiales intentaron confiscar trigo de varios miembros del concejo y ganado, pero tuvieron que salir huyendo del término municipal para refugiarse en Olite ante las amenazas de muerte[29].

La multa era ciertamente elevada y la confiscación de los bienes podría comprometer la economía de los tafalleses. Por esta razón no dudaron en utilizar todos los recursos a su alcance para revertir la sentencia. En primer lugar, enviaron ese mismo año una lastimosa carta al propio rey explicando la situación «supplicantes vestre celsitudini in terra fixis genibus lacrimosis oculis humilius»[30]. En segundo lugar, intentaron apelar la sentencia en 1307[31]. Los olitenses contrataron sendos abogados para asesorarles en este recurso, pues el meollo de la cuestión era principalmente procesal[32].

La sentencia definitiva fue dictada en julio de 1308 por los inquisidores y reformadores del reino Esteban de Borret, García Arnalt y Pedro de Salt[33], y ratificaba lo establecido por la de 1304, incluido un ordenamiento para el funcionamiento de los turnos de riego que sería supervisado por una comisión de tres personas nombradas respectivamente por cada concejo y por el rey.

Nos interesa resaltar de este pleito varios aspectos. En primer lugar, como hemos visto, la elevada cuantía de los daños aducidos y de las multas establecidas por cuanto podían comprometer la cosecha de ambos concejos, en un momento ya bastante delicado. En segundo lugar, cómo de manera reiterada las sentencias buscaban proteger los derechos del rey sobre el regadío del Cidacos.

....

[29] DMO 90.
[30] DMTaf 6.
[31] DMO 96.
[32] DMO 98 y 101.
[33] M.ª I. Aldave, *Archivo General de Navarra (1274-1321) II...*, *op. cit.*, n.º 215.

XLIX SEMANA INTERNACIONAL DE ESTUDIOS MEDIEVALES. ESTELLA-LIZARRA. 2023 | Transformaciones del medioambiente en la Edad Media
DOI: https://doi.org/10.35462/siemel.49 | 285-317

En todas las referencias a los turnos que correspondería a uno y otro concejo se incluye una alusión a los días en los que se dejaría pasar el agua por una acequia que regaba las heredades del monarca. En tercer lugar, los mecanismos de presión que uno y otro concejo utilizaron para inclinar a su favor la justicia. En este sentido, destaca la misiva remitida a los reyes en noviembre de 1304 por las buenas villas del reino (Estella, Tudela, Sangüesa, Puente la Reina, Los Arcos, Viana, Laguardia, San Vicente y Monreal) para que se cumpliera la sentencia que condenaba a los de Tafalla[34]. Estas villas habían participado en el procedimiento por haber sido convocadas Cortes por el gobernador para solicitar su consejo. Dejando de lado si las motivaciones eran más o menos justas, la posición de las buenas villas es clara: apoyar a una de sus colegas con las que habían constituido en varias ocasiones hermandad y que también en el pasado había colaborado para favorecer sus intereses[35].

2.5. La pugna sobre el turno de Caparroso (1340-1350)

El origen de este conflicto se remontaba a la compra del turno de riego de Caparroso por parte de los tafalleses en 1227[36]. Aunque el Archivo Municipal de Tafalla no conserva ninguna copia y el único ejemplar parece ser contemporáneo al pleito, la presencia de oficiales municipales (los superregueros) documentados en textos contemporáneos hacen pensar en la validez de estos derechos. Sin embargo, también son varios los indicios que apuntan en sentido contrario. Por un lado, no se hace alusión a que dicho turno fuera disfrutado por Tafalla en los calendarios ni pleitos conservados. Por otro, resulta llamativo que, siendo un uso supuestamente antiguo y documentado, fuera objeto de polémica casi constante entre 1321 y 1350, e incluso llegaran a ser desposeídos de él para vendérselos a los olitenses. Al igual que en el pleito anterior, este litigio nos ha dejado numerosos textos en diferentes archivos[37].

Desde 1321 los de Tafalla estaban intentado conseguir el reconocimiento de la compra del turno de Caparroso que les otorgaba nueve días más de riego

34 DMO 90.
35 E. Ramírez Vaquero, «Juntas, Hermandades, Cort, Estados: reuniones y representación en Navarra (ss. XII-XIV)», en G. Navarro Espinach y C. Morte Villanueva (eds.), *Cortes y parlamentos en la Edad Media peninsular*, Murcia, Sociedad Española de Estudios Medievales, 2020, pp. 374 y ss.
36 J. M.ª Jimeno Jurío y R. Jimeno Aranguren, *Archivo General...*, *op. cit.*, p. 212.
37 DMO 192, 193, 195, 212, 229, 230, 233, 235, 236; DMTaf 12, 13, 14, 15, 16, 17, 18, 19, 20, 21; M.ª I. Aldave, *Archivo General de Navarra (1274-1321) I*, San Sebastián, Eusko Ikaskuntza, 1995, p. 135; e *Id.*, *Archivo General de Navarra (1274-1321) II...*, *op. cit.*, n.º 126.

en abril y nueve en mayo. Parece que el gobernador y sus oficiales obstaculiza-ban ese uso, razón por la que los tafalleses recurrieron primero a Felipe II[38] y, en 1325, a Carlos I[39] para que ratificara dicha compra.

Pese a estos reconocimientos, los derechos sobre el turno de Caparroso estaban en entredicho, y en 1340 la cuestión fue puesta en conocimiento de los reyes Juana II y Felipe III[40]. El punto de partida parece que fue la queja de otras poblaciones, posiblemente Olite, pues figuraba como principal beneficiaria en el caso de demostrarse la nulidad de los derechos de Tafalla. Sin embargo, desde el principio los oficiales reales insistieron en que la principal perjudicada era la monarquía, verdadera propietaria del agua y cuyas heredades no estaban siendo adecuadamente regadas. Los tafalleses fueron requeridos para aportar la documentación probatoria, pero sus intentos fueron desestimados. El pro-curador consideró que la ratificación de Carlos I era nula, pues no había sido legítimo rey de Navarra y, en consecuencia, confirmaba que el agua pertenecía a la monarquía. Como resultado, en octubre de 1340[41] los reyes ofrecían a Ta-falla y Olite la adquisición del turno de Caparroso a cambio de 500 libras cada uno. Ante la negativa del concejo de Tafalla (que prefería seguir pleiteando), se vendió a Olite el turno completo por 1000 libras, reservando los derechos de las heredades del monarca.

Los recursos y quejas de Tafalla se prolongaron hasta 1344 y fueron su-cesivamente desestimados[42]. Mientras tanto, los de Olite hicieron toma de po-sesión del agua en 1341[43] y procedieron a repartir entre los representantes de los estamentos presentes en la villa tanto su uso como el precio de la compra[44].

Parece que este conflicto habría agravado las ya de por sí tensas relaciones entre Olite y Tafalla. En 1345[45] se renovaron varias treguas, algunas de ellas de treinta años de antigüedad[46], que habían sido pactadas para superar las heridas, asesinatos y daños provocados por ambas partes por diversos motivos.

El concejo de Tafalla, tras comprobar que la vía judicial era infructuo-sa, optó por la de los hechos consumados, lo cual provocó la reanudación del conflicto en 1349. El comienzo de los turnos estaba determinado por el toque

---

[38] L. J. Fortún Pérez de Ciriza, «Colección de Fueros Menores de Navarra y otros privilegios locales (III)», *Príncipe de Viana*, 175, 1985, n.º 155.
[39] DMTaf 11.
[40] DMO 192.
[41] DMO 193.
[42] DMTaf 12, DMO 195, DMTaf 16, DMTaf 20.
[43] DMTaf 14.
[44] DMO 196.
[45] DMO 212.
[46] DMO 116.

de vísperas que hacían los de Tafalla. Según el testimonio de los olitenses, los tafalleses adelantaban o retrasaban deliberadamente el toque de vísperas para poder seguir regando sus campos. Juan de Conflant, gobernador de Navarra, tuvo que designar a dos oficiales para que vigilaran el cumplimiento estricto del turno[47]. Durante dos años, el cambio del turno de riego (toque de campana, apertura de vocales y tajaderas, comprobación de que el agua corría por las acequias, etc.) fue supervisado por los oficiales reales[48].

Finalmente, en 1351 el litigio llegó a Carlos II que, tras fracasar su intento por que los concejos llegaran a un acuerdo, dictó sentencia[49]; en adelante el turno de Caparroso se repartiría entre ambos concejos, un tercio para Tafalla y dos tercios para Olite, y condenaba a esta última a pagar una multa por ciertos abusos cometidos durante los últimos años que afectaban directamente al riego de las heredades regias y por la que serían perdonados una semana después[50]. Asimismo, establecía unas ordenanzas por las que se regirían los turnos, incluyendo el detalle de los momentos (días y horas) en los que cambiaría el turno, las acequias por las que pasaría y las presas y vocales que implicaría (reservando siempre los derechos de la monarquía), y restauraba la comisión de tres hombres establecida por la sentencia de 1308 para que controlaran su cumplimiento. El resultado quedaría plasmado en el calendario de riego conservado en el libro de actas del concejo de Olite[51].

2.6. Una solución duradera

El compromiso de no recurrir la sentencia de Carlos II contraído por los respectivos procuradores de cada concejo parece que fue respetado, pues no volvemos a tener noticias de conflictos durante casi un siglo. Posiblemente el reparto habría sido considerado justo, pues los derechos de ambas partes eran, cuanto menos, cuestionables, y, sobre todo, el detalle con el que se regulaba el cambio de turno podía disuadir de nuevos abusos.

En 1437[52] y 1469[53] se acordaban unas ordenanzas para las fricciones que surgieran en las lindes de ambos concejos. En ellas se incluyen algunos precep-

---

[47] DMO 229.
[48] DMO 230 y 233.
[49] DMO 235 y DMTaf 21.
[50] DMO 236.
[51] DMO 302.
[52] DMTaf 39. No así DMTaf 40, que fue datado en 1438 pero debe fecharse en 1338.
[53] DMTaf 60.

tos relativos al uso indebido del agua, pero su importancia ha quedado totalmente diluida dentro de estos acuerdos, que, por otro lado, habían sido frecuentes durante el siglo XIV.

A finales del siglo XV, otras villas que históricamente habían sido excluidas del reparto de las aguas del Cidacos adquirieron sus derechos. Tanto Beire como Pitillas acudieron en varias ocasiones a Tafalla para defender sus respectivos turnos, aunque no consta que el conflicto tuviera mayores consecuencias[54].

3. DERECHOS DE PASTO EN LAS BARDENAS REALES

3.1. Precedentes históricos y jurídicos

Las Bardenas Reales son un territorio semidesértico ubicado en la parte suroriental de Navarra cuya extensión actual es de 415 km². Sus características geográficas han propiciado que desde la Edad Media hasta época contemporánea haya sido un entorno prácticamente despoblado cuya explotación económica principalmente se ha restringido al pastoreo y a la silvicultura[55]. Sin embargo, estas mismas características favorecieron que adquiriera una función defensiva y estratégica desde los comienzos del avance cristiano hacia el sur. Una vez asentada la línea defensiva de las atalayas prepirenáicas de Artajona, Tafalla, Ujué y Peña a lo largo de los siglos X y XI, el siguiente paso fue la consolidación de poblaciones en las orillas del Aragón (siglos XI y XII), para las que las Bardenas seguían siendo un colchón protector. Tras la conquista de Tudela y con la separación política entre Aragón y Pamplona, su carácter fronterizo se orientó hacia el reino vecino. Por esta razón, a lo largo de los siglos XI y XII se edificaron o renovaron varios castillos en plena Bardena, varios de ellos por orden de Sancho VII (Aguilar, La Estaca, Foz o Sancho Abarca)[56]. Sus alcaides se encargarían no solo del castillo, sino también de la gestión de los recursos de la monarquía en la Bardena[57].

De forma simultánea, los monarcas optaron por reforzar la frontera coincidente con la Bardena, favoreciendo su explotación mediante la concesión de dere-

---

54 J. M.ª Jimeno Jurío, *Archivo Municipal de Tafalla. Libros de Actas y Ordenanzas de la Villa (1480-1509)*, San Sebastián, Eusko Ikaskuntza, 2000, n.ᵒˢ 81 y 321.

55 P. Orduna Portús y M.ª R. Mateo Pérez, «Evolución etnohistórica del disfrute ganadero en las Bardenas Reales de Navarra», *Lurralde: investigación y espacio*, 43, 2020, p. 22.

56 J. M.ª Jimeno Jurío y R. Jimeno Aranguren, *Archivo General...*, *op. cit.*, p. 238.

57 J. Zabalo Zabalegui, *La administración del Reino de Navarra en el siglo XIV*, Pamplona, EUNSA, 1973, pp. 164-165.

chos de uso y disfrute para las poblaciones circundantes. Los fueros de frontera[58] regulaban la convivencia y función militar de estas poblaciones, pero también aseguraban su subsistencia mediante el aprovechamiento de los recursos bardeneros.

Los primeros preceptos del fuero otorgado a Arguedas por Pedro I (1092) se refieren a los derechos que estos adquirían sobre la Bardena[59]. Si bien el rey recuerda cómo cobraba en ella derechos de herbaje, concede a los arguedanos el derecho de cazar, obtener leña y carbón, y pacer sus ganados. Asimismo, aquellas tierras incultas que roturaran en los diez años próximos pasarían a ser de su plena propiedad. Finalmente, les otorgaba la capacidad de sancionar con 60 sueldos a cualquier foráneo que intentara aprovecharse de estos recursos, de los que los arguedanos recibirían la mitad. Si bien es cierto que dicho privilegio fue objeto de modificaciones e interpolaciones en los sucesivos siglos, incluye algunos de los elementos característicos que propiciarían la conflictividad entre concejos. Por un lado, la indeterminación geográfica de los recursos objeto del privilegio; por otro, la cesión de la capacidad sancionadora para defenderlos.

Aunque no se conserve la documentación original acreditativa de ciertos privilegios, sabemos por sentencias posteriores que otras poblaciones disfrutaban también de amplios derechos en el uso de la Bardena. En 1264, Pedro Gavarda, merino de la Ribera, reconocía en una sentencia la exención de pagar herbaje en la Bardena por parte de los de Santacara[60]. Esta población había recibido en 1102 el fuero de Caparroso, en el que, sin embargo, no se especificaban estos derechos sobre la Bardena. En 1310 eran los de Murillo de las Limas los que recibían una sentencia favorable de Enguerran de Villers, gobernador de Navarra[61], para que sus ganados pacieran en la Bardena, aludiendo, además, a las explotaciones agrícolas que estos poseían allí.

El monasterio de La Oliva (fundado en 1134) recibió igualmente derecho para que sus ganados pacieran en la Bardena en ciertos momentos. La sentencia (1319) dictada por su abad Martín Jiménez de Aibar[62] para regular las relaciones con Carcastillo alude a dichos privilegios. También aquí los límites geográficos de los que podía beneficiarse el monasterio son imprecisos y se les otorgaba la capacidad para carnerear. Esto es, tomar parte de los ganados ajenos que pacieran en sus tierras.

....

[58] L. J. Fortún Pérez de Ciriza, «Fueros locales de Navarra», *Príncipe de Viana*, 242, 2007, pp. 873-875.
[59] L. J. Fortún Pérez de Ciriza, «Colección de Fueros Menores... I...», *op. cit.*, n.º 3.
[60] L. J. Fortún Pérez de Ciriza, «Colección de Fueros Menores... III...», *op. cit.*, p. 1027.
[61] *Ibid.*, n.º 374.
[62] J. A. Munita Loinaz, *Libro becerro del monasterio de Santa María de la Oliva (Navarra): colección documental*, San Sebastián, Eusko Ikaskuntza, 1984, n.º 48. Carnerear es tomar parte del ganado ajeno que pace en las tierras propias.

No obstante, en este primer periodo la entidad que con diferencia recibió mayores ventajas en la Bardena sería Tudela. Con motivo de su conquista en 1119, Alfonso I concedió a los tudelanos la explotación de los montes circundantes: Bardenas, Almazra y Cierzo, para el pastoreo y leña[63]. La ampliación otorgada por Alfonso I conforme al privilegio de los veinte de Zaragoza[64] y la versión extendida del Fuero de Tudela[65] no aportaban mayor concreción sobre los privilegios en la Bardena. Sin embargo, el primero de ellos incorporaba el derecho conocido como *tortum per tortum* (daño por daño), fundamento jurídico repetido frecuentemente en los litigios sobre la Bardena en el que los tudelanos se apoyaban para justificar sus acciones. El principio estaba enunciado de la siguiente manera: «Insuper autem mando uobis ut si aliquis homo fecerit uobis aliquod tortum in tota mea terra, quod uos ipsi eum pignoretis et destringatis in Totela»; si algún foráneo tomaba o dañaba sus bienes, los tudelanos podrían responder tomando los bienes del infractor en cuantía idéntica al daño causado.

Sabemos por documentos posteriores que, además e igual que ocurría con Arguedas o Murillo de las Limas, los tudelanos pusieron en roturación tierras en la Bardena[66].

Comprobamos pues que, a partir del siglo XII, la profusión de privilegios y derechos convertían la Bardena en un espacio en el que coincidían los intereses de poblaciones en plena expansión demográfica y con una creciente necesidad de recursos. Si bien la titularidad monárquica de la Bardena era indiscutible hasta este momento, la realidad es que cada vez eran más las instituciones que estaban adquiriendo privilegios sobre ella. Los tradicionales derechos reales sobre la caza, la explotación maderera o el herbaje ya no eran de aplicación para buena parte de las poblaciones limítrofes. La renovación administrativa del reino de Navarra bajo los últimos Jimeno y durante los Champaña implicó un mayor control y mejor gestión de los bienes y derechos de la Corona, entre los que se encontraba la explotación de las Bardenas[67]. Sin embargo, su condición fronteriza y semidesértica, y la escasa proyección administrativa sobre este

[63] J. Á. Lema Pueyo, *Colección diplomática de Alfonso I de Aragón y Pamplona (1104-1134)*, San Sebastián, Eusko Ikaskuntza, 1990, n.º 82.

[64] *Ibid.*, p. 184.

[65] L. M.ª Marín Royo, *El Fuero de Tudela: estudio y transcripción del apócrifamente llamado Fuero de Sobrarbe*, Pamplona, Gobierno de Navarra, 2010.

[66] D. Alegría Suescun, G. Lopetegui Semperena y A. Pescador Medrano, *Archivo General...*, op. cit., n.º 88.

[67] M.ª R. García Arancón, *Teobaldo II de Navarra, 1253-1270: gobierno de la monarquía y recursos financieros*, Pamplona, Gobierno de Navarra, 1985, p. 179. F. Segura Urra, *Fazer justicia: fuero, poder público y delito en Navarra (siglos XIII-XIV)*, Pamplona, Gobierno de Navarra, 2005, p. 278.

territorio, sumados al mosaico jurídico antes descrito, eran el contexto idóneo para que desde principios del siglo XIII empezaran a surgir conflictos entre las diferentes partes.

3.2. La Bardena: un territorio potencialmente conflictivo

Más que para evitar estos enfrentamientos, con el fin de regularlos y atajar posibles escaladas de conflictividad, se constituyó en 1204 una cofradía entre las poblaciones colindantes con la Bardena, tanto aragonesas como navarras[68]. El acuerdo, firmado en el castillo de la Estaca (frontera entre ambos reinos), estaba liderado por dos importantes señores de la frontera: Jimeno de Rada (tenente, entre otras, de Santacara, Unx, Ujué y Sangüesa) y Jimeno de Luesia (tenente de Luesia y Sos). Por este documento se constituía una hermandad en la que participaban Tudela, Murillo de Tudela, Arguedas, Valtierra, Cadreita, Alesves, Milagro, Funes, Peralta, Falces, Caparroso, Santacara, Mélida, Murillo el Fruto y Carcastillo, por el lado navarro; y Tauste, Ejea, Luna, el Bayo, Luesia, Biota y Erla, de la parte aragonesa. En el caso de Navarra se echan en falta algunas ausencias destacadas. En primer lugar, varias poblaciones del sur de la Bardena: Buñuel, Fustiñana y Ribaforada. Su pertenencia a señoríos nobiliarios y de órdenes militares (San Juan y el Temple), respectivamente, no debería excluirlas de esta nómina, pues también Carcastillo se encontraba bajo señorío eclesiástico (La Oliva) y no fue excluida. En segundo lugar, los valles pirenaicos de Salazar[69] y Roncal[70], que habían gozado históricamente de privilegios en la Bardena. Es posible que todavía en este momento no se hubieran consolidado esos derechos y, por tanto, no se les tuviera en cuenta para organizar la cofradía.

Cada población aportaba dos representantes con el fin de constituir una Junta destinada a hacer cumplir los estatutos. Su principal preocupación era atajar los robos de ganado y a ellos se dedica la mayor parte de los artículos. En el caso de que cualquier miembro sufriera daño o fuerza, toda la cofradía debía acudir en su ayuda. Si se capturaba a un ladrón probado, se le podía ejecutar sin esperar a la justicia real, y cualquier omisión de perseguir o castigar a estos ladrones por parte de los cofrades era objeto de sanción. Sin embargo, los preceptos más interesantes aluden a los conflictos entre poblaciones cofrades, deriva-

---

[68] J. M.ª Jimeno Jurío y R. Jimeno Aranguren, *Archivo General...*, *op. cit.*, n.º 38.
[69] Á. J. Martín Duque, «La Comunidad del Valle de Salazar: Orígenes y evolución histórica», *Príncipe de Viana*, 227, 2002, p. 654.
[70] F. Idoate, *La comunidad del Valle de Roncal*, Pamplona, Diputación Foral de Navarra, 1977, pp. 151-154.

dos obviamente de acciones particulares de vecinos o de los pastores concejiles, por las que se esperaba una respuesta institucional de cada población. Ante una sospecha de este tipo, se constituía la Junta encargada de escuchar a las partes y determinar alguna sanción. Aunque también se refiere cómo una población podía hacer *apellido* (convocatoria con claras connotaciones bélicas) del resto de cofrades si otro miembro le había hostigado. En el caso de ser necesario, se establecía el procedimiento de batalla entre concejos supervisada por la Junta.

La insistencia en estos preceptos y casuísticas deja entrever que el latrocinio estaba bastante extendido en la Bardena y que los delincuentes serían sobre todo habitantes de las poblaciones circundantes y, por tanto, habrían contado con la protección y connivencia de sus vecinos y concejos. En consecuencia, nos hallamos ante un claro caso de bandolerismo organizado por parte de los concejos, apoyado posiblemente en los derechos de carnereamiento y pignoración sobre la amalgama jurídica que era la Bardena ya a principios del siglo XIII.

Este intento de resolver o controlar los conflictos en el área de la Bardena quedaba fuera de los límites de la justicia real e, incluso, era claramente contrario a esta. Al igual que ocurrió con las juntas de infanzones[71], estas asociaciones proliferaron en esta época, pero fueron abiertamente perseguidas por los monarcas de la casa de Champaña, razón por la que posiblemente no volvemos a tener noticias de la cofradía.

Los enfrentamientos en esta área, y en toda la linde navarro-aragonesa, fueron habituales y solo en momentos críticos se llegaron a constituir comisiones transfronterizas para resolveros. Sin embargo, en la resolución de estos cada vez tuvo un mayor peso la monarquía. Se documentan estas comisiones en 1267, 1280, 1304, 1350, 1362 y 1380. Esta última dio lugar a un extenso expediente[72].

Pueden establecerse ciertos paralelismos con la conocida como «frontera de los malhechores» que compartían navarros, alaveses y guipuzcoanos[73]. La consolidación fronteriza de ambos entornos fue muy cercana en el tiempo y desde época temprana se identifican problemas de convivencia vinculados con el robo de ganado por una y otra parte. En ambas, también, existieron intentos para resolver la conflictividad mediante la designación de comisiones y arbitra-

---

[71] M.ª R. García Arancón, «La Junta de Infanzones de Obanos hasta 1281», *Príncipe de Viana*, 173, 1984, p. 537.

[72] M. Ursua Lizarbe, «La comisión de frontera navarro aragonesa de 1380», *Príncipe de Viana*, 273, 2019, pp. 233-251.

[73] J. R. Díaz de Durana Ortiz de Urbina y J. A. Fernández de Larrea Rojas, «La frontera de los malhechores: bandidos, linajes y villas entre Álava, Guipúzcoa y Navarra durante la Baja Edad Media», *Studia Historica, Historia Medieval*, 23, 2005, pp. 174-178.

jes. Sin embargo, cabe destacar que, en el caso de la Bardena, tan problemáticos eran los enfrentamientos con los concejos aragoneses como los surgidos entre las propias villas navarras. Así, a lo largo del siglo XIII la monarquía intentará recuperar el papel director en la gestión de los conflictos tanto con los aragoneses como entre los concejos navarros.

3.3. La presencia roncalesa

La configuración de los derechos de los roncaleses al disfrute de los pastos bardeneros está estrechamente asociada con su pretensión de ennoblecimiento ocurrida a lo largo del siglo XV[74]. Sin embargo, el documento matriz para estos derechos, sobre el que volveremos más adelante, el privilegio confirmado por Carlos III en 1412, está construido sobre datos en su mayoría inventados o, como mínimo, erróneos. Moret intentó explicar el origen de estos derechos dentro del discurso de la lucha ancestral entre moros y cristianos[75]. Por su colaboración con Sancho Garcés en la batalla de Olast frente a Abderramán, les habría sido concedido el privilegio el año 822 (sic). De acuerdo a la confirmación de Carlos III, se incluía que: «los hombres et mugeres abitantes e moradores de los logares de la dicha Val de Ronqual qui daqui son et serian en adelant et a lures sucesores e desçencientes a perpetuo oviessen seydo por los dichos reyes de Nauarra sianas ingenuos et quitos de toda seruitut real et imperial et de toda leçta peage et bagage en todo el reyno de Nauarra»[76]. Esta confirmación solo se ha conservado en copias, al menos, veinte años posteriores. Como señala Segura[77], la consolidación de los supuestos privilegios roncaleses no se produjo hasta época de Fernando el Católico, pero la confirmación de Carlos III fue utilizada reiteradamente en los litigios sobre el aprovechamiento de las Bardenas.

Pese a estas pretensiones, como hemos visto hasta ahora, no hay constancia documental alguna –ni en privilegios, ni en sentencias, ni en documentación administrativa– que puedan darnos pistas sobre su existencia hasta el siglo XIII, momento en el que la amenaza musulmana ya ha sido conjurada y en el que el espacio de la Bardena está empezando a ser controlado con mayor firmeza.

....

[74] F. Segura Urra, «Hidalgos e infanzones en la Navarra medieval (siglos XIII-XV)», en A. Dacosta, C. Jular y J. R. Díaz de Durana (coords.), *Hidalgos e hidalguía en la península ibérica*, Madrid, Marcial Pons, pp. 305 y ss.

[75] J. Moret, *Anales del Reino de Navarra*, t. IX, Tolosa, 1891, pp. 10 y ss.

[76] Archivo Municipal de Tudela (AMTud), Pergaminos, n.º 160.

[77] F. Segura Urra, «Hidalgos e infanzones...», *op. cit.*, pp. 321-322.

No obstante estos privilegios, los roncaleses estaban sujetos al pago de ciertos cánones por el pastoreo en la Bardena. A lo largo del siglo XIV, el cobro del herbaje en la Bardena era competencia del alcaide de Sanchoabarca[78]. Conservamos la relación de los abundantes ganados roncaleses, y algunos salacencos, que pacieron en la Bardena en 1367[79]. Dos vecinos del valle (Blasco Portanova, de Isaba, y Pedro Blasquez, de Uztárroz) eran los encargados de contar las cabañas de vacas y ovejas. Todas las villas de valle tenían cabañas ovinas y casi todas, también bovinas. Por cada una de ellas había que entregar respectivamente dos borros (corderos de menos de un año) y una vaca o, preferiblemente, su equivalencia en dinero. Ese año se computaron cuarenta y ocho cabañas y se pagaron siete vacas y 53 libras y 43 sueldos en concepto de herbaje. Esta tasa se mantuvo a lo largo de los siglos XIV y XV, como demuestran los sucesivos pleitos.

3.4. Primeros enfrentamientos entre roncaleses y tudelanos (s. XIII-1355)

A lo largo del siglo XIII se comenzará a documentar la presencia de ganaderos roncaleses en la Bardena disfrutando de ciertas ventajas. De acuerdo con un documento de 1269[80], los de Roncal acostumbraban a pacer y abrevar sus ganados en ciertos lugares (El Abrevador, Congosto de Cabanillas, Valdacuz, Val Moscoso y Puy de Alfarin) desde época de Teobaldo I. Sin embargo, los tudelanos habían empezado a obstaculizar su tránsito y a carnerear las cabañas de los roncaleses. A diferencia de otras poblaciones e instituciones del entorno, como veremos, los roncaleses no se beneficiaban gratuitamente de los recursos bardeneros, pues pagaban al rey en función de las cabañas que llevaran. Sin embargo, los tudelanos, conforme a sus fueros y privilegios (en los que las demarcaciones geográficas eran deliberadamente difusas), y posiblemente animados por la posición ventajosa tanto geográfica como coercitiva que les otorgaba la antedicha cofradía de 1204, habían empezado a actuar como poder fáctico en la Bardena. Este problema se reprodujo de forma reiterada en los siglos XIII y XIV, razón por la que los roncaleses requirieron la confirmación de esta libertad a Teobaldo II (1269), Enrique I (1274), Felipe III (1330) y Carlos II (1355)[81].

---

[78] Archivo General de Navarra (AGN), Comptos, Documentos, Caja 25, n.º 46.

[79] AGN, Comptos, Documentos, Caja 19, n.º 46.

[80] AMTud, Pergaminos, n.º 93.

[81] AMTud, Pergaminos, n.º 93.

El litigio de 1355 fue el que registró, por primera vez, el procedimiento completo en el conflicto entre ambas entidades. No solo conocemos el nombre de los procuradores y comisionados encargados de investigar el asunto, sino que se da cuenta de los documentos presentados por las dos partes. Ya en este momento se identifican algunos de los elementos que van a caracterizar la lucha entre unos y otros. Los tudelanos presentarán siempre su fuero como garantía de sus derechos, pero más que las alusiones a los términos bardeneros que les pertenecían o disfrutaban, su argumentario se centra en su capacidad para pignorar, carnerear y controlar todo lo que ocurra en la Bardena; es más, consideraban que para poder transitarla y pacer los ganados, debían solicitar licencia a los tudelanos.

Al analizar estos documentos, comprobamos que estas sentencias no estaban dirigidas exclusivamente a los roncaleses (denominados «chalavardanos»), sino que a ellas se podía acoger cualquier ganadero del reino. Si bien los que más partido le sacaron fueron aparentemente los roncalses, lo que da una idea sobre su reiterada presencia en la Bardena desde el siglo XIII, el verdadero objetivo de la monarquía era frenar la presencia abusiva de los tudelanos. De hecho, en la sentencia de 1355 se reiteraba que el rey en ningún momento había cedido la titularidad de la Bardena y que la autoridad en el lugar era el alcaide del castillo de Sanchoabarca, a quien correspondía tanto carnerear a los ganaderos como perseguir las explotaciones madereras ilegales, en alusión directa a los tudelanos.

En este sentido resulta reveladora la primera frase de la sentencia: «Sentenciando mandamos et damos por juizio la dicha Bardena ser del seynnor rey sin parte del conceio de Tudela». Y continúa: «Et vedamos et defendemos a los de Tudela que daqui adelant a los dichos chalavardanos ni a los otros foranos non os peyndren nin carnereen ni les fagan mal ni daynno ninguno en sus personas ni en sus bienes por pascer en las yerbas et bever las agoas de dentro en los dichos terminos del seynnor rey»[82].

Parece, en efecto, que tras varias décadas haciéndolo, los tudelanos finalmente dejaron de carnerear a los roncaleses; acambio, obtuvieron el reconocimiento escrito de ciertos derechos y dominios[83]. Por un lado, el término municipal se consolidaba en la zona de Val de Cruz (entonces denominada

....

[82] AMTud, Pergaminos, n.º 93.

[83] Al igual que los zaragozanos, de los que, en parte, se nutrían los privilegios tudelanos, que a lo largo de los siglos XIV y XV llevaron a cabo un poceso de ratificación y actualización de antiguos ordenamientos y obtención de nuevos beneficios. M. Lafuente Gómez, «Pragmatismo y distinción: el estatus privilegiado de la ciudad de Zaragoza en la Baja Edad Media», *Anales de la Universidad de Alicante: Historia Medieval*, 19, 2015-2016, pp. 221-240.

Valdecuz)[84]. Se trataba de un pequeño valle al noreste de Tudela que penetra de lleno en la Bardena y que, a diferencia de otros barrancos del entorno, estaba mejor irrigado y, por ello, permitía una mayor explotación agrícola y ganadera. Ya en 1416 los tudelanos conseguían rematar su estrategia mediante el amojonamiento del término de Valdecuz[85]. Además, pocos años antes, Tudela había obtenido de Carlos III el reconocimiento explícito de su derecho a cortar leña y pacer ganado en la Bardena y los Montes de Cierzo[86]. Esta había sido una reclamación antigua, ya planteada conforme a su fuero en los juicios de fuerzas a comienzos del reinado de Teobaldo II[87] y de nuevo sentenciada en 1275[88]. En ambos casos ya se había fallado a favor de los tudelanos, pero aparentemente las sentencias eran sistemáticamente incumplidas, por lo que la ratificación de Carlos III fue un logro importante para ellos.

3.5. El fracaso del nuevo equilibrio: los pleitos de 1460 y 1496

A lo largo del siglo XV tuvieron lugar numerosas concesiones de derechos y privilegios de aprovechamiento de la Bardena. De hecho, los derechos a los que se atienen los miembros de la comunidad de congozantes que se configuraría ya en Edad Moderna[89] corresponden en su mayoría a esta época[90]. Sin duda, la conflictividad interna del reino, asociada a los enfrentamiento políticos y sociales, favoreció que con el ánimo de atraer hacia su bando a ciertas facciones se utilizaran como recompensa estas concesiones.

Como hemos visto, algunas de ellas serán confirmación o ampliaciones de derechos más o menos antiguos, como los de Arguedas, Tudela, La Oliva y, hasta cierto punto, Roncal. Sin embargo, en su mayoría no podía remontarse más allá del propio siglo XV.

Esta nueva realidad jurídica de la Bardena era potencialmente conflictiva y, de hecho, dará lugar a enfrentamientos muy dilatados en el tiempo y, en comparación con los anteriores, especialmente violentos.

....

84 AMTud, Pergaminos, n.º 92.
85 AMTud, Lib. 9, 14.
86 AMTud, Lib. 9, 3.
87 M.ª R. García Arancón, *Archivo General de Navarra (1253-1270). Tomo II. Comptos y Cartularios Reales*, San Sebastián, Eusko Ikaskuntza, 1996, n.º 9.
88 AGN, Comptos, Documentos, Caja 3, n.º 77.
89 M. Rázquin, *El Régimen jurídico-administrativo de las Bardenas Reales*, Pamplona, Gobierno de Navarra, pp. 74-75.
90 F. Sánchez y Asso y M. Martín y Francés, *Reseña histórica de los títulos que tienen los pueblos congozantes de la Bardena de Navarra para su perpetuo aprovechamiento y disfrute*, Zaragoza, Imprenta y Litografía de Calisto Ariño, 1871.

Como hemos señalado, la sentencia de 1355 había casi regularizado las relaciones entre roncaleses y tudelanos. Entre finales del XIV y mediados del XV, el concejo de Tudela, y de forma conjunta las villas del Valle del Roncal[91], llevaron a cabo un proceso de confirmación y adquisición de nuevas concesiones por parte de la monarquía. Los tudelanos se retrotraían reiteradamente al fuero de Alfonso I para justificar la necesidad de confirmación de estos privilegios, pues en buena medida se trataba de perfilar aquellas concesiones genéricas contenidas en su carta fundacional.

Por su parte, los roncaleses buscaban que se reconociera su condición infanzona con las exenciones fiscales que esto conllevaba. De manera genérica, el privilegio[92] confirmado por Carlos III (1412) y ratificado por Blanca y Juan II (1432) sancionaba dicha condición en base a antiguas concesiones de Sancho I, Sancho III, Sancho Ramírez y García V. No por casualidad esta confirmación incluye numerosas referencias a la presencia roncalesa en la Bardena y a su relación con Tudela, posiblemente porque la propia experiencia había demostrado que este era uno de los puntos más conflictivos para los roncaleses. Al igual que los privilegios forales del XII aludían de forma específica a los recursos estratégicos para una nueva población, aunque con escasa capacidad prospectiva, las confirmaciones o nuevas concesiones del siglo XV partían de una conflictividad acumulada que permitía identificar los puntos débiles del marco jurídico y de las bases económicas.

Así, el antedicho privilegio de Carlos III aludía a la llegada de cabañas ganaderas roncalesas a las Bardenas, incidiendo en que estaban obligados a pagar los derechos de castillos, según había sido costumbre. Se exceptuaba, significativamente, el pago en Sanchoabarca por el concepto de explotación de materias constructivas con el fin de facilitar las largas estancias de pastores y ganados en aquella zona. Este precepto se completa con un artículo posterior en el que se especifica cómo han de cortarse los pinos para evitar la deforestación de este entorno, por otro lado ya muy deforestado por los tudelanos. Se buscaba preservar el tronco, permitiendo solo el cortado de las ramas secundarias y brotes de una longitud determinada. Asimismo, se establecía la libre explotación del muérdago (visco) por parte de los roncaleses en toda la Bardena.

Conforme a las ordenanzas de guarda de la Bardena, atribuidas a Carlos III pero hoy aparentemente perdidas, el privilegio buscaba restaurar el orden en el cobro de los derechos reales sobre la explotación de pasto, madera

---

[91] La existencia de una actuación conjunta de las villas del valle está documentada desde antes del surgimiento formal de la comunidad a principios del siglo XV. F. Idoate, *La comunidad...*, *op. cit.*, pp. 30-31.

[92] AMTud, Pergaminos, n.º 160.

y caza, entre otros. Al parecer, estos estaban encomendados a los guardas de Arguedas y al alcaide de Sanchoabarca, pero no se estaban observando convenientemente. Aquí, Carlos III delegaba la autoridad para controlar el cobro de los derechos reales y para perseguir la delincuencia en toda la Bardena a un guarderío integrado por treinta roncaleses, elegidos por los propios del valle. Estos ejercerían el cargo de forma anual, renovándose en la fecha de Todos los Santos. Además de cobrar las caloñas correspondientes y repartirlas con las autoridades reales, debían rendir cuentas al final de su ejercicio al procurador patrimonial. Su autoridad se extendía por toda la Bardena Real hasta las mugas con los términos municipales de Caparroso, Rada, Mélida, Carcastillo, Arguedas, Valtierra, Cadreita y Villafranca. Esta delegación ponía de manifiesto no solo la intensa y creciente presencia de roncaleses en la Bardena, sino también el progresivo aumento de su poder en ella. Aunque el objetivo fuera restablecer el orden en este territorio, se estaba dando a un colectivo en concreto un poder desmesurado, lo que auguraba futuros conflictos y abusos por parte de los roncaleses[93].

Desde el punto de vista del aprovechamiento de los recursos de la Bardena, vemos pues que no eran privilegios especialmente favorables. El rey aseguraba su recaudación de los derechos principales, concretamente del herbaje. Incluso se especificaba que si un roncalés adquiría una vecindad (como la tudelana), no podría beneficiarse de la libertad de pastoreo que estos sí tenían. Se intentaba así poner freno a la migración de roncaleses hacia la capital ribera y una posible acumulación de privilegios. Las ventajas concedidas iban claramente dirigidas a favorecer la actividad ganadera de los roncaleses, tanto para su estancia como para evitar el abuso de las poblaciones del entorno, pero sin asemejarse a los grandes privilegios antiguos de las poblaciones circundantes (como Arguedas o Tudela). Todo ello nos hace pensar que, en efecto, la principal motivación para promover este privilegio fue, por parte de los roncaleses, asegurar una explotación pacífica de la Bardena, aunque no les equiparara a otros actores del entorno.

Sin embargo, la institución de los guardeses sí suponía un cambio importante en el panorama bardenero, pues les otorgaba un poder y autoridad efectivas que les colocaba en una posición muy ventajosa en el control del territorio. En este sentido, parece que pesaron más los intereses de la monarquía, pues de hecho intentaba extender su autoridad y dominio sobre unas tierras que, aparentemente, estaban administrativamente descontroladas y que eran un foco constante de problemas.

....

93 AMTud, Pergaminos, n.º 160.

A partir de este documento, la actitud de los roncaleses cambió ostensiblemente. De haber estado en una posición de desventaja, constantemente amenazada por las poblaciones más próximas a la Bardena aprovechando la inestabilidad civil, empezaron a imponerse en el lugar por la fuerza abusando de su condición de guardeses. Este será el origen de los dos grandes pleitos acaecidos en la segunda mitad del siglo.

La documentación relativa al pleito de 1460 insiste en que los abusos cometidos por los roncaleses sobre los tudelanos fueron posibles en el contexto de la guerra civil. Según relataba Martín de Muro, alcalde de Tudela enviado a las Cortes para exponer el caso, pese a que les amparaba el fuero de Alfonso I, los tudelanos habían dejado de llevar sus ganados a la Bardena para pacer por miedo a ser víctimas de los enfrentamientos civiles[94]. Una vez restaurada la paz, volvían a hacerlo, pero parece que los roncaleses se habían enseñoreado de toda la Bardena conculcando los derechos de otros pueblos. Así, en 1459, un grupo de ganaderos procedentes de Caparroso y Roncal habían carnereado los ganados tudelanos. Señala el testimonio que lo hicieron en calidad de guardeses, pero no se sabe en virtud de qué privilegio y que, además, se jactaban de estar violando los fueros tudelanos. Aparentemente el conflicto no había derivado todavía en enfrentamientos violentos, pero el alcalde dejaba bien claro que de acuerdo con la ley del *tortum per tortum* los tudelanos tenían derecho a defender por la fuerza sus bienes. Como vimos, este precepto estaba contenido en el Privilegio de los Veinte de Zaragoza que había sido extendido a Tudela en época de Alfonso I y se va a convertir en el fundamento principal para justificar el uso de la violencia por parte de los tudelanos en estos pleitos[95].

Después de ser oídos por Juan II en Tarazona y de ser convocadas las partes para presentar su documentación[96] y constituir infructuosamente una comisión en Olite para dilucidar el problema, Martín de Muro acudía a las Cortes reunidas en Pamplona en 1460 para reclamar justicia.

La resolución del conflicto se dilató varios años. En 1467, la princesa Leonor ordenaba que no se estorbara a los de Tudela en el uso de sus privilegios en la Bardena[97]. Sin embargo, de una carta remitida por los tudelanos a la infanta Leonor se deduce que en algún punto las razones de los roncaleses fueron atendidas por el procurador patrimonial Juan Pasquier de Erviti[98] y esto habría

---

[94] AMTud, Lib. 9, 29.
[95] J. Á. Lema Pueyo, *Colección diplomática de Alfonso I...*, *op. cit.*, n.º 82.
[96] AMTud, Lib. 9, 15.
[97] AMTud, Lib. 9, 24.
[98] AMTud, Lib. 9, 27.

propiciado una sentencia parcialmente favorable a los del valle. De acuerdo con el privilegio de 1412, el procurador patrimonial era el funcionario al que debían rendir cuentas los guardas roncaleses. Sin embargo, para 1467 Juan Pasquier de Erviti habría caído en desgracia, siendo multado y cesado de sus funciones por el rey. Los tudelanos aprovecharon la destitución del procurador fiscal para impugnar un escrito en el que quería: «favorecer e dar mas drecho a los roncaleses de lo que tienen e quitar lo abran alteza e a la ciudat de Tudela qui ha drecho e libertat de pacer con sus ganados granados e menudos».

Estas protestas no surtieron el efecto deseado, pues al año siguiente la princesa Leonor se ratificaba en la resolución tomada conforme a su Consejo por la cual las reclamaciones de ambas partes eran parcialmente atendidas[99] y se confirmaban los aprovechamientos de aguas y pastos de roncaleses y tudelanos. Así, puede deducirse que los privilegios concedidos por Carlos III a los del Roncal eran efectivos y reconocidos por la monarquía. La figura de los guardeses estaba consolidada con un poder real en la Bardena. Sin embargo, estos chocaban con la casi total libertad de los tudelanos para explotar el territorio y, ante la incapacidad de resolver a favor de un grupo, la justicia real optó por mantener el *status quo* sin decantarse totalmente por ninguna de las partes, aunque esto supusiera dejar la puerta abierta a futuros conflictos de idéntica naturaleza.

El hecho de que el conflicto no quedara totalmente resuelto, en especial a ojos de los tudelanos, auguraba un rebrote de enfrentamiento a corto plazo. No sabemos con exactitud en qué términos se produjo, pero de nuevo a comienzos de los 80 se activó la pugna. En este caso solo contamos con un intercambio de correspondencia entre el concejo de Tudela y los Reyes Católicos, y con una ilustrativa lista de documentos que en 1482 se extrajeron de las arcas del Concejo y se entregaron al alcalde. Entre los pergaminos se encontraban: «la confirmacion de privilegio de Torto per torto, [...] vna sentencia dada por el sennor rey en Calatayud sobre las Bardenas, [...] la copia del privilegio de los roncaleses, [...], el mandamiento dado sobre la dicha sentencia»[100].

De nuevo en otoño de 1496 estalló el conflicto y los problemas tenían su origen en las acciones de los guardas roncaleses sobre el ganado de Tudela. Para este momento ya se había constituido una hermandad con funciones policiales y judiciales en el reino[101]. Sin embargo, como se verá a lo largo del pleito, su

---

[99] AMTud, Lib. 9, 33.
[100] AMTud, Lib. 9, 27.
[101] J. Gallego Gallego, «La Hermandad del Reino de Navarra (1488-1509)», *Príncipe de Viana*, 8, 1988, p. 449.

autoridad era ignorada de forma recurrente e incluso estuvo en riesgo de desaparecer con motivo de este litigio ante la presión de los tudelanos[102].

Resulta significativo que unos meses antes del estallido del conflicto, en mayo de 1496, los roncaleses habían obtenido una confirmación de sus privilegios en la Bardena de mano de Juan III y Catalina[103]. Posiblemente, su posición en la Bardena había sido contestada por algún concejo y buscaban una ratificación antes del otoño, cuando sus ganados se dirigían al sur. En octubre de ese año, Juan III y Catalina ordenaban el embargo de bienes de los acusados. Según el documento, los del Roncal habían carnereado 2000 cabezas de ganado de los tudelanos, quienes se preparaban para tomar las armas de forma inminente para ejercer su derecho de defensa[104]. Ni las medidas cautelares de la monarquía, ni los requerimientos para acudir ante la justicia, ni las peticiones para que no se tomaran las armas tuvieron efecto, pues parece que un grupo de tudelanos, liderados por Juan de la Cambra, justicia de Tudela, se dirigió a la Bardena en torno al día de san Andrés (30 de noviembre) de 1496. Esta incursión terminaría de forma cruenta al ser apresados y asesinados veintidós vecinos de Tudela a manos de los roncaleses[105]. El grupo de delincuentes estaba compuesto por veintiséis vecinos de Isaba, nueve de Roncal, tres de Urzainqui, tres de Burgui y uno de Vidángoz. Todos ellos fueron requeridos en marzo de 1497 para entregarse a la Hermandad en un plazo de quince días so pena de muerte y confiscación de sus bienes si no lo hacían. El bando fue publicado en las iglesias parroquiales del valle del Roncal y en las principales poblaciones en la ruta de trashumancia (Sangüesa y Cáseda) y centros de poder (Pamplona y Olite). Ante la incomparecencia de los acusados, la pena capital fue ratificada por la Cort.

Inmediatamente después, en abril de 1497, aprovechando la contumacia de los roncaleses, los de Tudela consiguieron consolidar su posición. Tras haber amenazado con romper la Hermandad del Reino, los tudelanos recibieron una confirmación de todos sus derechos en la Bardena, la exculpación de cualquier responsabilidad en el pleito y la retirada de los derechos de guarderío que los roncaleses habían recibido de Carlos III y que habían sido confirmados un año antes[106].

Sin embargo, esta contundente victoria sería matizada poco después, pues en mayo de 1497 finalmente se reunieron en Olite los procuradores de

---

[102] AMTud, Lib. 10, 9.
[103] AGN, Comptos, Documentos, Caja 165, n.º 47.
[104] AMTud, Lib. 10, 4.
[105] AMTud, Lib. 9, 32.
[106] AMTud, Lib. 9, 33 y 37.

Tudela y el valle de Roncal con el fin de cuantificar los daños infligidos por cada parte y acordar las reparaciones[107]. Por parte de los roncaleses se estimaban en 9658 florines (incluidos los carnereamientos indebidos). Por parte de los tudelanos, la cuantía alcanzaba los 13 065 florines y 5 groses (principalmente por los bienes confiscados a los roncaleses con posterioridad a los asesinatos).

En esta fase del proceso se puso de manifiesto el problema de si los asesinatos debían ser juzgados como una acción conjunta («conceialmente») o particular. Pese a que la sentencia anterior condenaba de manera individual a los delincuentes, era evidente que el conflicto se había convertido en una cuestión que afectaba a la comunidad. Con el fin de frenar la escalada de violencia y pacificar a ambas partes, se determinó que fueran ambas comunidades, en representación de los individuos, las que reparasen los daños recíprocos.

Conocemos este conflicto gracias a las consecuencias económicas, y sobre todo judiciales, que quedaron reflejadas en el expediente. Pero, además, por los testimonios de algunos de sus protagonistas sabemos las repercusiones mentales e identitarias que se pretendían atribuir a este enfrentamiento. Pedro de Beraiz, mensajero de Tudela, recoge en una carta enviada por el concejo tanto los hechos como el efecto que tuvieron en los tudelanos[108]. Señala que, tras los asesinatos de tantas y tan principales personas, no había vecino que no hubiera perdido un familiar. Al poco tiempo de los hechos, el rey visitó Tudela y por no causarle disgusto se retiró el luto y fue inicialmente recibido con alegría. Según el relato, se impidió que quince viudas y unos cien huérfanos recibieran a Juan III con «vozes, allarydos y grandes lloros». La misiva culmina con una declaración que refleja el desprecio por los montañeses, pero sobre todo la alta estima en la que se tenían los tudelanos por su condición jurídica y calidad humana: «solo vn honvre no nos matasen porque solo vno de la cydad vale toda la valle».

El relato es una hipérbole constante que busca generar una imagen compacta de la comunidad urbana y transmitir una idea de consternación y agravio generalizadas para influir tanto en el rey como en los Estados y justificar la renuencia de Tudela a renovar la Hermandad en pleno desarrollo del proceso (marzo de 1497).

Si bien la sentencia de 1497, el acuerdo sobre la satisfacción mutua de daños y la investigación para recabar los privilegios de cada concejo, que comentaremos más adelante, parecían poner fin al conflicto, conservamos varios

---

[107] AMTud, Lib. 9, 33.
[108] AMTud, Lib. 10, 9.

XLIX SEMANA INTERNACIONAL DE ESTUDIOS MEDIEVALES. ESTELLA-LIZARRA. 2023 | Transformaciones del medioambiente en la Edad Media
DOI: https://doi.org/10.35462/siemel.49 | 285-317

documentos relativos al incumplimiento de la restitución económica y de la propia sentencia[109]. Incluso en los años inmediatamente posteriores se produjeron nuevos roces por heridas y robos entre pastores roncaleses y tudelanos. En 1499 aparece un nuevo procedimiento por el ahorcamiento de un pastor del Roncal por ataques a unos pastores de Tudela[110].

3.6. La búsqueda de una solución

Estos pleitos desarrollados a lo largo de la segunda mitad del siglo XV y la creciente violencia e implicaciones económicas que acarreaban habrían actuado como acicate para clarificar la situación del aprovechamiento de la Bardena y buscar una solución.

En lo que a lo primero respecta, inmediatamente después del proceso de 1496-1497 se llevó a cabo una compilación documental de las partes litigantes. Según un mandamiento real de 1498, se apelaba a las comunidades bardeneras para que probaran documentalmente sus derechos[111]. En varios momentos se relacionan los textos que soportaban los derechos de tudelanos y roncaleses[112]. Los primeros aportaron al proceso copias de los capítulos primero y sexto del fuero de Sobrarbe, así como tres cédulas emitidas por Juan II y la princesa Leonor durante el pleito de 1460. Los roncaleses incluyeron el privilegio de Carlos I que ratificaba las concesiones hechas por Teobaldo II a los «chalavardanos»; un privilegio concedido por Carlos III a Tudela sobre la explotación de madera en la Bardena; una provisión del príncipe Carlos de 1441 ratificando al Roncal el proceso de nombramiento y rendición de cuentas de sus guardas; la concesión foral de Alfonso I y el libro del fuero de Sobrarbe; el privilegio concedido a los roncaleses por Carlos III en 1412 confirmado por Juan II y Blanca (1448); y una ampliación del mismo por Juan III y Catalina en 1496. Sin embargo, hubo otros concejos que se personaron en el procedimiento, pues también a ellos afectaba cómo se estaban gestionando los recursos bardeneros. Para defender sus posturas presentaron sus propios documentos acreditativos Arguedas, Villafranca, Mélida, el monasterio de La Oliva, Caparroso, Valtierra y Murillo el Fruto. Entre los instrumentos aportados encontramos privilegios, sentencias e incluso libros

---

[109] AMTud, Lib. 10, 6
[110] AMTud, Lib. 10, 8.
[111] AMTud, Lib. 16, 29.
[112] AGN, Comptos, Documentos, caja 165, n.º 47.

de cuentas que ponen de manifiesto los problemas surgidos de la entrada de ganados en la Bardena y los deseos de estos concejos por conseguir ratificación de sus derechos.

En lo que concierne a la búsqueda de una solución a este conflicto, si bien hemos referido varios ensayos previos (la cofradía de 1204 o la Hermandad general del Reino 1488-1509), estos no habían resultado eficientes. En contra de estos intentos habían jugado dos factores. Por un lado, la creciente actividad concesiva de la monarquía sobre unos recursos ya muy explotados cuya gestión tampoco estaba bien controlada, y sin tener en cuenta las realidades jurídicas preexistentes. Por otro, la ambición de los concejos y sus élites por ampliar sus derechos sobre ciertos recursos. El ordenamiento dado en 1498 por Juan III y Catalina culpaba directamente de esta situación al privilegio de Carlos III de 1412[113], razón por la que dejaban sin efecto parcial su gran concesión: en adelante los treinta guardeses de roncal no podrían en ningún caso carnerear ni estorbar los ganados de Tudela. Así, se preservaban los privilegios tudelanos (principal potencia de la zona) y se mantenía la preponderancia de los roncaleses (cuyas actividades económicas la posicionaban en segundo lugar en la Bardena).

De hecho, este mismo documento[114] extendía esta responsabilidad a los privilegios otorgados por sus predecesores, dejando entrever que, efectivamente, se habían otorgado de forma arbitraria. A partir de ese momento se igualaron los derechos de pasto de los congozantes y se establecieron dos periodos. Entre San Miguel y mayo todas las comunidades que tenían libertad de pasto podían llevar sus ganados a la Bardena[115]. Entre mayo y San Miguel el acceso dejaba de ser libre y estaba sometido al carnereamiento de los oficiales reales. Si bien las consecuencias jurídicas son importantes, pues coinciden con la línea simplificadora de los ordenamientos jurídicos bajomedievales y anticipan la solución igualatoria que dará lugar a la comunidad de congozantes moderna, también se puede hacer una lectura en clave ecológica. Los recursos de la Bardena eran imprescindibles para la subsistencia de muchas poblaciones tanto colindantes como alejadas, pero a su vez habían sido explotados de forma descontrolada durante mucho tiempo y las propias características climáticas, edafológicas y ecológicas de la Bardena impedían su rápida regeneración. Por ello, era necesario conseguir la armonía entre la explotación humana y la recuperación natural.

---

[113] AMTud, Lib. 16, 29.

[114] *Ibidem.*

[115] San Miguel sigue siendo un hito en el calendario ganadero de la Bardena: P. Orduna Portús y M.ª R. Mateo Pérez, «Evolución etnohistórica...», *op. cit.*, p. 29.

Al igual que ocurría con los comunales de ciertos concejos[116], el conocimiento de los ciclos naturales invitaba a regular su explotación atendiendo al tipo de ganado (granado o menudo), a la explotación que se diera a la tierra cuando no se destinaba al pastoreo (yermo, vid, otros) y a la época del año (otoño-invierno o primavera-verano).

A lo largo de la Baja Edad Media hemos comprobado cómo se ensayaron diferentes modelos que buscaban obtener un equilibrio en la explotación de los recursos bardeneros. Si bien es cierto que este equilibrio se basaba en una posición preponderante y privilegiada de ciertas comunidades, durante varios siglos no se documentaron enfrentamientos graves. Cuando la Bardena acababa de ser conquistada y no existía un entramado urbano sólido, predominaron los privilegios que tendían a una libre explotación, precisamente para favorecer la repoblación y desarrollo económico y social. No obstante, rápidamente los propios congozantes se organizaron para evitar potenciales problemas (con la cofradía de la Estaca).

A lo largo de los siglos XIII y XIV, la monarquía intentó recuperar el control de este territorio desarrollando la administración, pero también optó por delimitar y concretar algunos de los privilegios antiguos mediante acotamientos geográficos. Así, se configuraron varios vedados, guarderíos o directamente se ampliaron los términos municipales (como fue el caso de Tudela en Valdecruz). Sin bien se trataba de un equilibrio imperfecto en el que ocasionalmente se producían roces, estos eran resueltos mediante comisiones, a veces sin necesidad de que interviniera la monarquía.

Parece que el privilegio concedido en 1412 por Carlos III a los roncaleses vino a romper este equilibrio. Para ese momento, los recursos bardeneros estaban bastante estresados. La deforestación había sido una constante en aumento durante el siglo XIV y las cabañas ganaderas no habían dejado de crecer[117]. La constitución del guarderío roncalés durante todo el año y sin límites geográficos ratificaba la presencia de los montañeses y permitía un mayor control del territorio en una zona marginal. A ellos se sumaron los privilegios y ratificaciones que tanto Juan II y Blanca como el príncipe Carlos concedieron a otras poblaciones bardeneras. Todo ello cambiaba por completo el panorama y provocaba solapamientos de derechos que debían regularse. A lo largo de toda

[116] DMO 9 y F. Segura Urra, «Ordenanzas municipales de Puente la Reina: siglos XIV-XV», *Príncipe de Viana*, 228, 2003, p. 170.

[117] Sobre el tamaño de la economía ganadera en Tudela y su fiscalización, véase: J. Carrasco Pérez, «La hacienda municipal de Tudela a fines de la Edad Media (1480-1521)», *En la España Medieval*, 7, 1985, pp. 1676-1677.

la segunda mitad del XV, los enfrentamientos fueron constantes y cada vez más violentos. El clima de enfrentamiento civil vivido en el reino sin duda favorecía esta conflictividad. El pico de violencia alcanzado en 1496 hizo inevitable la intervención de la monarquía para restaurar el orden. Tanto el pleito como las investigaciones posteriores pusieron de manifiesto la necesidad de reestructurar el aprovechamiento y, en este caso, se apostó por la unificación y un reparto más cronológico que geográfico, de tal forma que todos dispusieran de derechos similares y se asegurara la capacidad impositiva de la monarquía.

4. CONCLUSIONES

La pugna por defender los derechos al aprovechamiento de ciertos recursos naturales fue una constante en la vida de los concejos de la Baja Edad Media. En buena medida respondían a los intereses de una élite que se beneficiaba directamente de ellos, pues los más delicados eran precisamente los que favorecían ciertas actividades, como el regadío o la ganadería. Si bien estas no eran exclusivas de las oligarquías, sí que eran quienes más habían apostado por ambos sectores en busca de un mejor rendimiento económico. Bajo la bandera de la defensa de una causa común y los privilegios de la comunidad, los gobiernos municipales pusieron al servicio de estas pugnas tanto los recursos económicos como el trabajo de los oficiales concejiles. Asimismo, se fue elaborando un relato que justificara tales actuaciones, en el que se incluyeron lemas y proclamas, como las recurrentes alusiones al *tortum per tortum*, o al Fuero del rey Alfonso en el caso tudelano, o al temor de que el «diablo» provocara daños mayores entre olitenses y tafalleses. También resulta significativo cómo las buenas villas no dudaron en aprovechar su posición privilegiada de cercanía con los monarcas y altos funcionarios (cuyos bienes podían estar comprometidos en estas causas) y la disposición de un asiento en Cortes o su pertenencia a ligas y hermandades para instigar el apoyo de otras buenas villas para decantar a su favor los procedimientos incoados. Los perdones reales concedidos a Olite en 1351 y a Tudela en 1497 cuando ambos conflictos habían llegado a su cénit, mientras que todo el peso de la ley recaía sobre los tafalleses (embargados y multados) y los roncaleses (embargados y condenados a muerte), son buen reflejo de la influencia que estas villas, y su grupo de presión, podían ejercer sobre la monarquía.

La concesión de estos recursos naturales a diferentes concejos se hizo para consolidar asentamientos en la frontera con otros reinos (musulmanes o cristianos) o para fomentar el surgimiento de una red de poblamiento que daría lugar al entramado urbano de Navarra a lo largo de los siglos XI, XII y XIII. Con el objetivo de fortalecer estos núcleos (jurídica, económica y demográficamente), los privilegios fueron originalmente muy generosos y genéricos; en ocasiones, incluso, ambiguos. En el trasfondo de esta imprecisión convergían varios factores: el desconocimiento del territorio y sus características, la incapacidad de prever potenciales conflictos o de anticipar el importante crecimiento de ciertas poblaciones, etc. Además, la titularidad regia originaria se mezclaba con usos y costumbres de antigüedad muy dispar, por lo que en el momento de otorgar la propiedad o el aprovechamiento preexistían ciertos condicionantes cuyo encaje resultaría un foco de enfrentamientos. En este sentido, el recurso a derechos de difícil acreditación obtenidos en época de las luchas con el islam fue común a los dos ámbitos estudiados.

No obstante, cabe destacar que, pese a la incertidumbre, en muchas ocasiones fueron capaces de identificar ciertos recursos de valor estratégico y de cuya adecuada explotación dependería la subsistencia de ciertos concejos. El caso más representativo sería el del agua del Cidacos, pues la cuantía de los daños ocasionados a Olite en 1304 por su uso inadecuado y la consecuente multa a los de Tafalla podía comprometer la economía de ambos concejos.

En los primeros compases del desarrollo económico y demográfico de los siglos XII y XIII puede percibirse la preferencia por soluciones pactadas y concordias. Sin embargo, aunque estas podían apaciguar la situación o solventar cuestiones concretas, no resolvían los vicios de fondo, en su mayoría de raíces jurídicas más profundas. Por ello, en los casos más delicados los conflictos se enquistaron, degenerando hacia el abuso del poder gracias a una posición ventajosa (por cercanía o control de ciertas infraestructuras clave) o la deliberada (y, a veces, orgullosa) violación de los privilegios ajenos. En última instancia se recurriría a acciones violentas: robos, homicidios y venganzas. La vía judicial se entremezclaba en esta escalada de tensión de forma más o menos afortunada, pues muchas sentencias eran claramente arbitrarias, tenían fines crematísticos o estaban condicionadas por los vaivenes políticos del reino. Sin embargo, en los casos estudiados parece que solo la intervención de la justicia real, y más en concreto de los propios monarcas, fue capaz de atajar el problema de forma efectiva.

Cabe destacar, no obstante, que, como hemos visto, la intervención de los funcionarios reales muchas veces fue interesada, hasta tal punto que la propia monarquía pasaba de juez a parte y las sentencias buscaban reforzar, o al menos preservar, sus derechos sobre estos bienes. En el pleito en torno al Cidacos se llegó a considerar que el agua, cedida por cartas forales a los concejos, era en realidad propiedad del rey y en consecuencia cualquier transacción debía ser mediada por la monarquía (llegando a cobrarla varias veces); con respecto a la Bardena, intentaron controlar los guarderíos, que hasta cierto punto actuaban como poderes delegados de los oficiales reales (controlados por el alcaide de Sanchoabarca o el patrimonial).

La prolongación de estos conflictos a lo largo de décadas e incluso siglos, aunque en episodios y por causas diferentes, es una buena muestra tanto de lo importantes que eran para ellos como de lo ineficaces que fueron las soluciones implementadas. En este sentido resultan muy ilustrativas las sentencias de Carlos II (1351) y Juan III y Catalina (1498), pues presentan paralelismos significativos. Ambas fueron precedidas por prolongadas comisiones de investigación destinadas a clarificar los derechos de los contendientes y dieron lugar a un ordenamiento detallado de qué correspondía a cada parte. Podría incluso decirse que ambas apostaban por una solución en la que se compartían al máximo las responsabilidades y, asimismo, se repartían los beneficios. La generalización y la igualación de los derechos, que muchas veces vino por la incorporación de nuevos congozantes a estos recursos cuando el conflicto ya estaba degenerando, pudo ayudar, asimismo, a diluir el encono que se había forjado entre las dos comunidades litigantes.

XLIX SEMANA INTERNACIONAL DE ESTUDIOS MEDIEVALES. ESTELLA-LIZARRA. 2023 | Transformaciones del medioambiente en la Edad Media
DOI: https://doi.org/10.35462/siemel.49 | 285-317

COMUNICACIONES

Recorrer el paisaje, construir el territorio: una aproximación a la práctica de pastos de sol a sol en Navarra en los siglos XI y XII[*]

Aitor Armendariz Bosque

Universidad del País Vasco / Euskal Herriko Unibertsitatea
aitor.armendariz@ehu.eus

1. INTRODUCCIÓN[1]

L a historia del derecho ha vinculado los pastos de sol a sol en Aragón y Navarra a la alera foral, de la cual el fuero de Jaca habría constituido el primer antecedente[2]. El privilegio concedido por el rey Sancho Ramírez (1063-1094) a los habitantes de dicho lugar recogía la facultad para pastar y explotar los bosques de las villas próximas dentro de unos movimientos de partida y regreso en un mismo día[3]. Así, la historiografía ha considerado el derecho a

* Este trabajo se ha desarrollado en el marco de una ayuda para la formación de profesorado universitario (FPU2018 / 01645) y se inscribe en la actividad investigadora del proyecto *Sociedades en los bordes: una aproximación combinada a las conexiones interculturales en el Occidente altomedieval* (PID2020-115365GB-I00/AEI/10.13039/501100011033), del Ministerio de Ciencia e Innovación, y del grupo de investigación *Sociedades, Procesos, Culturas (siglos VIII a XVIII)* (IT1465-22), del Departamento de Educación del Gobierno Vasco.

1 Siglas de las ediciones documentales empleadas: FJ I = J. M. Lacarra y Á. J. Martín Duque, *Fueros derivados de Jaca. 1. Estella-San Sebastián*, Pamplona, Diputación Foral de Navarra, 1970; FJ II = Id., *Fuero derivados de Jaca. 2. Pamplona*, Pamplona, Diputación Foral de Navarra, 1975; FMN = L. J. Fortún, «Colección de "fueros menores" de Navarra y otros privilegios locales (I)», *Príncipe de Viana*, 43, 1982, pp. 273-346; DI = J. M. Lacarra, *Colección diplomática de Irache, vol. I (958-1222)*, Zaragoza, CSIC, 1965; SJP = A. Ubieto, *Cartulario de San Juan de la Peña*, Valencia, Anubar, 1962; DL = Á. J. Martín Duque, *Documentación Medieval de Leire (siglos IX a XII)*, Pamplona, Diputación Foral de Navarra, 1983; BSM = «Becerro Galicano Digital». https://www.ehu.eus/galicano

2 V. Fairén Guillén, *La alera foral*, Zaragoza, Diputación Provincial de Zaragoza, 1951, pp. 12-16; J. L. Argudo Périz, *Servidumbres y mancomunidades de pastos en Aragón: antecedentes forales y estudio del artículo 146 de la Compilación de Derecho Civil de Aragón*, Zaragoza, Universidad de Zaragoza, 1997, pp. 20-32. Para Navarra, la alera foral está recogida en el Fuero General, aludiendo a las *villas fazeras*, además de en otros privilegios como el fuero extenso de Pamplona del siglo XIV, el cual sigue la misma redacción de la tradición jaquesa. Véase: R. Jimeno Aranguren, *Los fueros de Navarra*, Madrid, Agencia Estatal Boletín Oficial del Estado, 2016, pp. 170 y 251.

3 FJ II 1 [c. 1076]: «Et quantum uno die ire et reddire in omnibus partibus potueritis, abeatis pascua et siluas in omnibus locis, sicuti homines in circuitu illius abent in suis terminis». Sobre las diferentes propuestas de la fecha de concesión del fuero, véase: J. L. Argudo Périz, *Servidumbres y mancomunidades...*, *op. cit.*, pp. 20-21, nota 55.

XLIX SEMANA INTERNACIONAL DE ESTUDIOS MEDIEVALES. ESTELLA-LIZARRA. 2023 | Transformaciones del medioambiente en la Edad Media

DOI: https://doi.org/10.35462/siemel.49 | 321-329

efectuar dichos desplazamientos ganaderos un capítulo mayor de la tradición jurídica jaquesa, la cual pasó a constituir el derecho de los francos. Desde finales del siglo XI, estas concesiones definieron el estatus privilegiado de los pobladores extranjeros instalados en los nuevos núcleos urbanos o burgos, como Estella (*c.* 1077-1084), Sangüesa (*c.* 1117 y 1122), Puente la Reina (1122) o San Cernin de Pamplona (1129)[4].

Si bien el derecho a recorrer los términos vecinos pasó así a ser una característica de la condición de la población franca, tal prerrogativa no constituía en absoluto una novedad. En su lugar, responde a la codificación en los fueros de las prácticas de la explotación compartida del medio rural, las cuales quedan oscurecidas bajo la retórica de la concesión graciosa. Se trata de unos regímenes de aprovechamiento que comprometían a los habitantes de diferentes núcleos en torno a los usos y la gestión de los recursos incultos. Estudios recientes basados en la documentación altorriojana y de la meseta del Duero, en especial para el siglo XI, han vinculado la acción colectiva sobre montes, pastos y aguas con formas de explotación mancomunada[5]. Estas requerían de una vigilancia y control mutuo entre los diferentes usuarios, así como de mecanismos dirigidos a la regulación del acceso y a la preservación de los recursos naturales[6].

En este estudio buscaremos ahondar en el caso navarro a partir de una serie de testimonios provenientes de la Zona Media y de la Ribera datados en la segunda mitad del siglo XI y principios del siglo XII. Para ello, además del análisis de las fuentes normativas que comprenden el conjunto de los fueros meridionales[7], contamos con evidencias contenidas en la documentación de archivo,

4 Los comentarios de J. M.ª Lacarra y Á. J. Martín Duque a propósito de las concesiones de Alfonso el Batallador a los pobladores del burgo de Sangüesa son un ejemplo de esta interpretación de la documentación foral: *Id.*, *Fueros derivados de Jaca. 2...*, *op. cit.*, pp. 72-73. Para una perspectiva más global del fenómeno de constitución de burgos y la concesión de los fueros, véase: E. Ramírez Vaquero, «Configuración de la sociedad medieval navarra: rasgos de un proceso evolutivo», en C. Erro Gasca e Í. Mugueta Moreno (eds.), *Grupos sociales en la historia de Navarra. Relaciones y derechos: Actas del V Congreso de Historia de Navarra*, vol. III, Pamplona, Eunate, 2002, pp. 72-75.

5 E. Pascua Echegaray, «Usos colectivos, mancomunales y ganadería a través del Becerro Galicano de San Millán de la Cogolla», *Mélanges de la Casa de Velázquez*, 51(2), 2021, pp. 35-62; I. Martín Viso, «Mancomunales, identidad comunitaria y economía moral en el norte de la Península Ibérica (siglos X-XII)», *Mélanges de la Casa de Velázquez*, 51(2), 2021, pp. 63-90.

6 J. J. Larrea, «Obispos efímeros, comunidades y homicidio en la Rioja Alta en los siglos X y XI», *Brocar*, 31, 2007, pp. 190-193; I. Martín Viso, «Mancomunales...», *op. cit.*, pp. 67-71.

7 Además de los fueros derivados de Jaca, nos referimos a aquellos conocidos como «fueros de frontera». Véase: L. J. Fortún, «Los "fueros menores" y el señorío realengo en Navarra (siglos XI-XIV)», *Príncipe de Viana*, 46, 1985, pp. 606-617. E. Ramírez Vaquero apuntaba la necesidad de

como pleitos y donaciones. En respuesta al tema de esta edición de la Semana Internacional de Estudios Medievales de Estella, abordaremos el problema de la explotación colectiva del medio natural, centrándonos en los mecanismos de control y regulación de los usos de los espacios incultos.

2. APROVECHAMIENTOS COMPARTIDOS Y CONFLICTIVIDAD A TRAVÉS DE LAS FUENTES NORMATIVAS Y DIPLOMÁTICAS

El caso del burgo de Estella, aforado al texto jaqués por Sancho Ramírez, constituye un buen punto de partida[8]. Su fuero concedía la capacidad para explotar los pastos, bosques y aguas enmarcados en unos desplazamientos que comprendían un día para partir y otro para regresar[9]. Los estelleses dispondrían así de los recursos incultos insertos en los términos de las villas vecinas, o *in circuito*, de la misma forma que sus habitantes. Al margen de la ampliación en un día de la limitación temporal consignada en la redacción original, esta concesión encierra dos claves de la explotación compartida del territorio. Primero, los usos no se reducen al pasto, puesto que el régimen de explotación combina diferentes tipos de recursos y aprovechamientos. El propio ámbito de acción del burgo estellés tampoco se circunscribe territorialmente dentro de unos límites, sino que se define a través de la práctica. Es decir, los recorridos llevados a cabo dentro de cada jornada articulan el marco de explotación del entorno. La segunda clave consiste en que estos regímenes de aprovechamiento se enmarcan en un acceso supralocal en el que convergen múltiples usuarios. En efecto, por medio de estas concesiones el rey hacía partícipes a los habitantes de los nuevos burgos de una explotación de los recursos incultos compartida entre diferentes villas. Naturalmente, esto no implica un acceso libre, puesto que diferentes derechos de uso y tiempos se conjugan y superponen en la práctica conjunta de los distintos colectivos. Existía por tanto la necesidad de un control mutuo y de acuerdos,

---

diferenciar entre estos fueros destinados a una comunidad campesina y los fueros de carácter urbano: *Id.*, «Configuración de la sociedad...», *op. cit.*, p. 66. Sin embargo, para los intereses de este trabajo destacamos que unos y otros son muestra de formas de explotación convergentes, con independencia del régimen jurídico en ellos consignado.

[8] Sobre el contexto de la fundación de Estella y la fecha de su fundación, posiblemente situada entre 1076 y 1084, véase: Á. J. Martín Duque, «La fundación del primer "burgo" navarro. Estella», *Príncipe de Viana*, 190, 1990, pp. 317-327.

[9] FJ I Fuero de Estella, redacciones latinas: «Et quantum in uno die ire et alio redire in illis partibus potuissent, habuissent semper pascua, et silvas et aquas in omnibus locis, sicuti homines in circuitu illo habebant in suis terminis».

XLIX SEMANA INTERNACIONAL DE ESTUDIOS MEDIEVALES. ESTELLA-LIZARRA. 2023 | Transformaciones del medioambiente en la Edad Media
DOI: https://doi.org/10.35462/siemel.49 | 321-329

del mismo modo que las tensiones podían dar lugar a conflictos, como el que proponemos analizar a continuación.

Junto a la propia Estella se encuentra la localidad de Villatuerta cuyos términos fueron objeto de disputa en 1079[10]. El abad García del monasterio de San Salvador de Leire, bajo cuyo dominio se encontraba Villatuerta, nos brinda su versión de lo ocurrido. Cuenta que el abad de Santa María de Irache, el tenente del castillo de San Esteban de Deio y las gentes de las villas vecinas de Oteiza y Echávarri invadieron unos términos de Villatuerta. Los asaltantes entraron por la fuerza y perpetraron todo tipo de destrozos sin el conocimiento, y mucho menos el permiso, del abad legerense. Una vez supo de dicho asalto, este se personó a toda prisa en Villatuerta y se reunió con los señores y vecinos del lugar. La narración indica que se procedió a delimitar los términos y que hubo un gran juicio por el que se requirió que dos señores y dos vecinos de Villatuerta prestasen juramento. Fue entonces cuando, debido a un inesperado giro de los acontecimientos, el abad García fue chantajeado por sus señores quienes exigieron que, a cambio de su testimonio favorable, les concediese una participación en los términos similar a la de un vecino. El relato se cierra con la confesión del abad de Leire, el cual reconoce que no tuvo más remedio que acceder y someterse a las exigencias de los señores si no quería perder todo el término.

Este detallado caso ha sido estudiado principalmente como conflicto se-ñorial, poniendo el foco en la renegociación de las relaciones clientelares a par-tir de la extorsión de los señores[11]. El enfrentamiento entre estos dos grandes señoríos monásticos y la inesperada jugada de los señores de Villatuerta han eclipsado tanto la participación campesina en ambos bandos, como las posibles causas de la disputa. Del mismo modo que Villatuerta estaba bajo dominio le-gerense, Irache disponía de dependientes e intereses en Oteiza y Echávarri[12], lo cual motivó la participación de su abad en el conflicto. A su vez, si analizamos el relato monástico, observamos que este se confecciona en términos de invasión violenta y apropiación indebida[13], como es usual en los conflictos campesinos

---

[10] DL 104 (1079).

[11] J. J. Larrea, *La Navarre du IVe au XIIe siècle. Peuplement et société*, París-Bruselas, De Boeck, 1998, pp. 465-466; G. Lopetegui Semperena, «Conflictos y pleitos en documentos navarros medie-vales: tipología de los procesos y perspectiva ideológica», *Anuario de Estudios Medievales*, 51(2), 2021, pp. 768-769.

[12] DI 55 (1074), 58 (1076), 65 (1084), 82 [1103].

[13] DL 104 (1079): «Venerunt abbas dompnus Bermudus de Sancta Maria de Irasce et senior Garsia Sanz de Sancti Stephani cum omnibus de Essaberri et de Oteiza, et per forcia uoluerunt tollere nostrum terminum qui est de Uillatorta; et facto consilio, uenerunt et intrauerunt in termino et ruperunt quantum uoluerunt sine nostro sciente et sine nostra uoluntate».

relativos a la usurpación de los terrenos monásticos[14]. En este sentido, es posible afirmar que la reacción del abad de Leire fue motivada por unos usos considerados como ilícitos sobre los recursos naturales atribuidos a Villatuerta. Además, debemos tener en consideración que Villatuerta y Oteiza son limítrofes (véase fig. 1). Desde esta óptica, la alusión a rompimientos parece referirse estrictamente a desbroces y puestas en cultivo perpetradas por los de Oteiza y Echávarri.

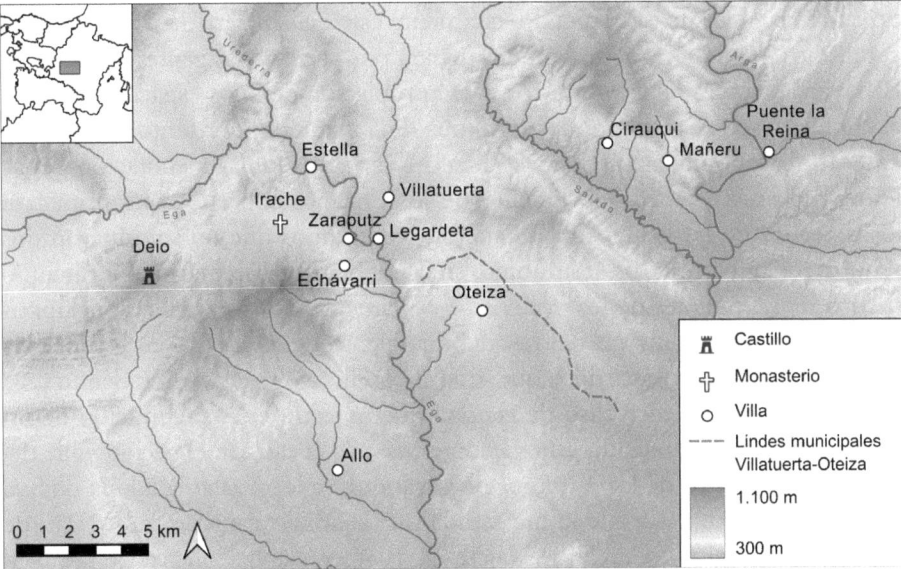

Figura 1. Ubicación de los lugares de Tierra Estella mencionados en el texto. Mapa de elaboración propia mediante el software libre QGIS.

Villatuerta, Oteiza y Echávarri se encuentran en el tramo final del valle del Ega, donde el río comienza a discurrir hacia las llanuras meridionales de la Ribera estellesa. Al este de estos núcleos, se extendía un amplio espacio de monte y bosque que conocemos bien gracias a una donación realizada a San Juan de la Peña. En 992, el rey Sancho II confirmó a la abadía aragonesa la villa de Zara-

---

14 La documentación de Leire contiene otros casos de conflictos que responden a esta misma narrativa. En ellos se cuenta que los residentes de la villa en cuestión se apropiaron de forma injusta de unos términos colindantes pertenecientes a monasterios dependientes de Leire: «uenerunt homines rustici de uilla Equirior et intrauerunt in hereditate supradicti monasterii et laborauerunt illam multo tempore per suam proprietatem iniuste tenentes et possidentes» (DL 169, 1099); «III fratres seniores Scemeno Fortuniones, et Sanz, et Garsia Fortuniones de uilla Ysu, per illum terminum de Sancta Maria de Uarra quem iniuste aufferebant Sancto Salvatori» (DL 196, 1102).

putz, que previamente había comprado y donado el eunuco regio García. Junto con la villa, los monjes pinatenses obtuvieron unos amplios términos que se extendían por esa misma zona a lo largo de diferentes caminos hasta una sucesión de altos al este. Dichos términos abarcaban las pardinas o espacios de pasto de Oteiza y Zaraputz, que atestiguan el desarrollo de una actividad ganadera en la zona al menos desde finales del siglo X[15].

A partir de estos registros, podemos enmarcar el conflicto por los términos de Villatuerta dentro de un aprovechamiento de los espacios incultos compartido entre las villas de esta zona. Precisamente este evidenciaría la ruptura de los equilibrios previos y la actuación desmedida por parte de las gentes de Oteiza y Echávarri a través de la roturación y la apropiación de unos espacios que, tras el conflicto, se insertaron en los términos de Villatuerta. Por tanto, estaríamos ante un reajuste de las disciplinas de acceso a través de la delimitación de las lindes aldeanas y el reconocimiento de los espacios sobre los que primaban los derechos de las gentes de Villatuerta. Recalcamos que no solo fueron dos señores los que prestaron testimonio, sino también fue necesario el juramento de dos representantes de los vecinos de Villatuerta. Por todo ello, concluimos que el conflicto es muestra del resquebrajamiento del consenso en torno a los aprovechamientos compartidos que, tras el conflicto, es necesario redefinir[16].

Este no es el único caso de la zona que muestra la estructuración de un acceso supralocal al inculto. Unos kilómetros más al este, en el vecino valle del río Salado y dentro de los términos de Cirauqui, se localizaba la iglesia de San Miguel de Ugaho. Esta iglesia fue cedida a la abadía riojana de San Millán de la Cogolla por el rey García de Nájera en 1046. La donación recoge también los pastos comunes con Cirauqui y las villas próximas[17]. El traspaso del cenobio

[15] SJP 27 (992): «ipsis terminis qui in eadem abentur, pardina que bocatur in Oteizo, senior Arapu, senior Oollaz de Elizina usque ad Sanctum Tirsum, de Andione bia de supra usque ad illam inferiorem, et de illa sierra que vocatur Arrannotageta usque ad Garum». J. J. Larrea advirtió que A. Ubieto erró en la lectura de *Sarapusoollaz* al pensar que cada *s* era una abreviación de *senior*. En su lugar, el término significa en euskera la «pardina de Zaraputz». J. J. Larrea, *La Navarre...*, *op. cit.*, p. 285, nota 17.

[16] La donación a Irache del monasterio de San Miguel próximo a Allo, un poco más al sur de esta zona, contiene una interesante precisión que nos remite a estas posibles tensiones. El monasterio fue donado con derechos de pasto *in toto circuito* y en los términos de Allo sin impedimentos, «como los campesinos hacen entre ellos» (DI 35, 1064). Otro caso más explícito que cabría vincular a estas formas de explotación del territorio consiste en el conflicto por los límites aldeanos que tuvo lugar entre las gentes de Mendavia y Villamezquina (DI 105, 1120), despoblado que podemos situar en el sector meridional de los actuales términos de la localidad de Los Arcos.

[17] BSM 614 (1046): «monasterium Sancti Michaelis consecratum, ubi dicunt Ugaho, situm inter villas Ecoien et Ciroqui, set ad terminum Ciroqui pertinente, cum omnibus suis pertinentibus, terris, vineis, ortis, comunibus pascuis, et ingressibus atque regressibus, cum villa illa Ciroqui, ad integrum, et cum aliis villis que in eius circuitu posite videntur».

supuso también la transferencia de sus fondos documentales a San Millán. Podemos recurrir a esta documentación para precisar la red de aprovechamientos en los que se insertaba San Miguel de Ugaho. Al menos dos piezas documentales relativas a esta iglesia fueron incluidas en los dos cartularios emilianenses, los becerros *Gótico* y *Galicano*. La primera es una donación de una tierra y la segunda, una relación de posesiones que recoge la mencionada donación y enumera las tierras, viñas y turnos en molinos que dicha iglesia disponía en su entorno[18]. Ambos documentos se cierran con una lista de testigos entre los que se encontraban pobladores de las villas vecinas: Cirauqui, Mañeru, Ecoyen, Urbe y Anitz[19]. Mientras que el diploma real se refiere a los pastos compartidos mediante una fórmula reproducida en otros diplomas de San Millán[20], la documentación proveniente de la iglesia de Ugaho permite ahondar en las realidades locales. De esta forma, pensamos que estas gentes que aparecen en la órbita de San Miguel eran las residentes en las villas *in eius circuito*, con las que la iglesia compartía el aprovechamiento de los espacios ganaderos. Estas formas de explotación territorial serían semejantes a las analizadas en el pleito de Villatuerta.

3. MECANISMOS DE REGULACIÓN Y CONTROL EN LOS FUEROS

Volviendo sobre los fueros, estos contienen precisiones sobre los derechos de uso y la gestión del acceso compartido. El fuero de Puente la Reina evidencia la conjunción de los diferentes tipos de aprovechamientos dentro de la explotación del entorno. El texto establece que sus habitantes podían pastar y aprovisionarse de madera y leña en los montes próximos y en todos aquellos lugares que se encontrasen a una distancia que permitiese partir de la villa y retornar en una misma jornada. Incluso posibilita la roturación y el cultivo de yermos dentro de dichos desplazamientos diurnos, lo cual parece apuntar a cultivos itinerantes[21].

---

[18]   Respectivamente, BSM 615 (1035) y 610 [1045].

[19]   Ecoyen es un despoblado que en la actualidad se encontraría dentro de los términos municipales de Puente la Reina. Concretamente a unos siete kilómetros en línea recta al norte de Puente la Reina y diez kilómetros al noreste de Cirauqui. Urbe y Anitz son también despoblados de los que hoy en día solo quedan sus ermitas. Anitz se encontraba a medio camino entre Mañeru y Cirauqui, y Urbe entre Cirauqui y Lorca. La corroboración de la donación también contó con la participación de las gentes de Abian, otro posible despoblado que no se vuelve a mencionar.

[20]   A título de ejemplo, BSM 315 (1028), 303 (1049), 329 [1144]. Véase: E. Pascua Echegaray, «Usos colectivos...», *op. cit.*, pp. 43-46.

[21]   FJ I 2 (1122): «Adhuc autem concedo uobis et mando, quod laboretis terra erma ubi melius potestis in totas partes, in quantum potueritis ire et redire in uno die. Et de quanto uos potueritis laborare, quod donetis illa decima ad uestras capellas. Similiter mando uobis, quod pascatis et ta-

Es decir, los recorridos de sol a sol articulaban el pasto, la explotación silvícola y las roturas. Estas diferentes prácticas se ajustaban en función de la regulación de los ciclos y las alternancias entre los diferentes usos, dando lugar a derechos cambiantes y superpuestos[22]. De hecho, casos contemporáneos bien circunstanciados de otras regiones del norte peninsular son muestra de una gestión dirigida a compatibilizar la explotación del bosque para la obtención de leña y la práctica de cultivos temporales, tales como rozas periódicas[23].

Los fueros meridionales de la Ribera contienen ejemplos significativos de la regulación del acceso y de la necesidad de controlar los aprovechamientos compartidos enmarcados en los pastos de sol a sol. La normativización del acceso al inculto constituyó un escenario importante para el ejercicio del poder regio y la reorganización de los territorios conquistados. No obstante, esta labor se articuló sobre las lógicas de explotación y apropiación preexistentes, de forma que los fueros permitían tejer vínculos entre el rey y las comunidades campesinas[24].

El fuero de Cáseda recoge los derechos de sus habitantes para explotar los montes próximos dentro de desplazamientos diurnos, similares a los fueros concedidos al burgo de la vecina Sangüesa[25]. Los derechos de uso de los casedanos se definieron dentro de un radio de un día de camino. El documento contiene también una precisión interesante en torno a los derechos de los foráneos; en caso de que el ganado ajeno no se retirase al atardecer y pernoctase en los términos de la villa, una parte sería tomado en prenda y repartida entre el rey y la comunidad[26]. El fuero de Arguedas también se refiere a este tipo de limitaciones. Sancho Ramírez concedió a sus pobladores derechos para cazar, obtener madera y pastar con sus ganados «in tota Bardena de Arguedas», así como la posesión de unos sotos. A esto se le añade la apropiación de baldíos

---

lietis uel incidatis ligna et madera per totos montes illos in circuitu, et in totas partes, in quantum in uno die poteritis ire et uenire. Et nullus homo non uos ibi pignoret, et qui uos pignorauerit, quod pectet LX solidos».

[22] Para un caso bien detallado de derechos de uso entrecruzados y las tensiones resultantes del ejercicio de los pastos de sol a sol en la Francia suroccidental, véase: R. Viader, «Le droit de parcours en Gascogne et Languedoc à la fin du XIIIe siècle», *Histoire et Sociétés Rurales*, 58(2), 2022, pp. 5-45.

[23] A. Armendariz Bosque, «Explotar y gestionar el bosque entre la memoria y la práctica: la constitución de las dehesas del monasterio de Cardeña, siglos X y XI», *Historia Agraria*, 88, 2022, pp. 41-71.

[24] J. J. Larrea, «A propósito del sistema feudal. Diversidad de facetas y coherencia estructural entre el Cantábrico, el Pirineo y el Ebro», en I. Martín Viso (ed.), *Los procesos de formación del feudalismo. La península ibérica en el contexto europeo*, Gijón, Trea, 2023, pp. 225-226.

[25] FJ II 3 [1117], 4 (1122). El primero de los privilegios concedido por Alfonso el Batallador al burgo de Sangüesa habla del pasto en las villas próximas y el segundo precisa que disponían también de derechos para obtener madera y leña.

[26] FMN 16 [1129].

mediante presuras, que se prolongaba hasta diez años después del cese de la actividad sobre las parcelas, probablemente por medio de cultivos temporales. Por tanto, queda de nuevo patente la conjugación entre las distintas formas de aprovechamiento. Sin embargo, el acceso estaba limitado para las gentes extrañas a la villa, pues estas tenían prohibidas la tala, las presuras y la elaboración del carbón, para lo cual se precisaba de labores de vigilancia realizadas por los «vedaleros» o custodios locales. Recordemos que justamente el conflicto de Villatuerta se desencadenó por la roturación de sus términos por los habitantes de las villas vecinas. En caso de incumplimiento de estas restricciones, el fuero de Arguedas impone la multa de 60 sueldos a repartir entre el rey y los vecinos[27].

4. CONCLUSIÓN

Las evidencias contenidas en la documentación de diversa naturaleza de la Navarra Media y la Ribera presentan unas lógicas coherentes de acceso a los recursos colectivos. Los pastos de sol a sol regulados en las normativas derivadas de Jaca recogen algunas de las modalidades en las que podían estructurarse estas prácticas de explotación compartida del inculto. Los diferentes testimonios ponen de manifiesto un acceso sujeto a derechos de uso superpuestos y marcos de acción cambiantes en el espacio y el tiempo. La interacción con el medio y entre actores individuales y colectivos requería de mecanismos de negociación, control y regulación, incentivados por la necesidad de preservar unos recursos imprescindibles para la supervivencia de las gentes de la época.

---

[27] FMN 3 (1092): «Et si forte caperitis aliquem extraneum qui non esset populator de Arguedas in predicta Bardena scaliando, aut tallando madera, aut faciendo leigna o carbon, mando que peytet vobis quisque LX solidos. Et de istis denariis ego habeam medietatem et aliam medietatem cum spoliis de los presos dono vobis populatores de Arguedas et ad vestros vedaleros».

Le potenzialità della fonte scritta nella storia dei disastri ambientali: il caso dei conti di castellania sabaudi

Giulia Arrighetti
Ricercatrice Sociale
giulia.arrighetti@unifi.it

1. INTRODUZIONE

L'interesse per quelli che vengono definiti i *Disaster Studies* è notevolmente cresciuto negli ultimi anni, inserendo la figura dello storico in una complessa rete di rapporti interdisciplinari. Le scienze naturali, l'archeologia e la storia culturale, economica e sociale sembrano aver trovato in questo ambito di studi un terreno fertile per la condivisione di diversi interessi di ricerca, che, da un lato, si propongono di utilizzare il passato come laboratorio per analizzare le *disaster-management strategies,* al fine di prevedere situazioni di emergenza future e, in alcuni casi, prevenirle; dall'altro le catastrofi naturali si mostrano spesso come un soggetto privilegiato per mostrare alcune caratteristiche di una società che rimangono nascoste alla vista degli studiosi in tempi di normalità, o, per meglio dire, durante l'analisi della gestione di eventi appartenenti alla sfera del quotidiano[1]. Partendo dalla consapevolezza delle metodologie e delle domande di ricerca dei lavori che fino ad oggi hanno trattato questo tema[2], l'intervento mira

---

[1] Si veda il recente lavoro di D. Canzian e P. Grillo, «Dalla parte della natura: il rapporto uomo-ambiente nella medievistica italiana recente», *Società e Storia*, 165, 2019, pp. 471-184; e B. van Bavel *et al., Introduction* in *Disasters and History. The Vulnerability and Resilience of Past Societies*, Cambridge, CUP, 2020, pp. 1-21.

[2] Per una panoramica recente su questi studi a livello internazionale, si veda: B. van Bavel *et al., Disasters and History. The Vulnerability and Resilience...*, *op. cit.*; G. Bankoff, «Living with Hazard: Disaster Subcultures, Disaster Cultures and Risk Societies» e G. J. Schenk, «Historical Disaster Experiences: First Steps Toward a Comparative and Transcultural History of Disasters Across Asia and Europe in the Preindustrial Era», in G. J. Schenk (a cura di), *Historical Disaster Experiences. Towards a Comparative and Transcultural History of Disasters Across Asia and Europe*, Heidelberg, Springer, 2017, pp. 45-59 e 3-44; Th. Labbé, *Les catastrophes naturelles au Moyen Age*, Paris, CNRS, 2017, pp. 11-35; C. M. Gerrard, P. Forlin e P. J. Brown, *Waiting for the End of the World? New Perspectives on Natural Disasters in Medieval Europe*, London-New York, Routledge, 2021. Nel contesto italiano si veda: M. Matheus, *et al.* (a cura di), *Le calamità ambientali nel Tardo Medioevo Europeo: realtà, percezioni,*

XLIX SEMANA INTERNACIONAL DE ESTUDIOS MEDIEVALES. ESTELLA-LIZARRA. 2023 | Transformaciones del medioambiente en la Edad Media

DOI: https://doi.org/10.35462/siemel.49 | 331-341

a sottolineare le potenzialità della documentazione scritta seriale nell'analisi dei fenomeni meteorologici straordinari avvenuti nella prima metà del XIV secolo che, contestualizzati in una fase di accentuata variabilità climatica, caratterizzarono il passaggio dal *Periodo Caldo Medievale* (termine al quale oggi si preferisce *Anomalia Climatica medievale*)[3] alla *Piccola Era Glaciale*, momento di transizione sul quale si dibatte ancora moltissimo[4].

Nello specifico, lo studio si propone di mostrare come attraverso l'analisi della contabilità delle castellanie sabaude[5], sia possibile trarre alcune importanti considerazioni in merito agli eventi alluvionali che colpirono il Piemonte tra il 1320 e il 1360, in particolare il territorio attraversato dal corso del fiume Po a partire dal tratto in cui diventa un grande fiume di pianura, e le zone interessate dai suoi principali affluenti di sinistra, che da monte verso valle sono il torrente Pellice, il torrente Chisone, il fiume Dora Riparia, il fiume Stura di Lanzo e il fiume Dora Baltea (fig. 1).

2. CONTESTO POLITICO-ISTITUZIONALE

Nel contesto politico che vedeva i possessi sabaudi divisi a causa delle rivalità tra i vari rami della famiglia all'inizio degli anni Venti del Trecento, il titolo comitale, insieme alla parte transalpina e più consistente del dominio, rimase nelle

---

reazioni, Firenze, FUP, 2010; G. Albini, P. Grillo e A. B. Raviola, *Il Fuoco e L'acqua. Prevenzione e gestione dei disastri ambientali fra Medioevo e Età Moderna*, Milano, Pearson, 2022.

[3] In questo contesto è stato scelto di utilizzare il termine «Periodo Caldo Medievale» e non quello di «Anomalia Climatica Medievale», perché anche se è vero che la terminologia nella storia del clima ha avuto un'evoluzione, questa non è da intendere con il fatto che un termine abbia sostituito l'altro a livello concettuale, ma bensì che la definizione «Medieval Warm Period» è stata criticata, pur senza negare le evidenze sulle quali la comunità scientifica aveva raggiunto degli elementi di certezza, in quanto generalizzava quei fenomeni relativi all'innalzamento delle temperature a tutto il globo. Il termine «Medieval Climatic Anomaly» è stato quindi preferito per indicare la necessità di rapportare i dati raccolti a uno «stato zero» (ovvero i giorni nostri per cui disponiamo di dati strumentali per tutto il globo) al fine di renderli paragonabili: di conseguenza, quando si parla di *anomalia* si fa riferimento ad una diversità rispetto allo «stato zero» di una precisa area regionale, in una determinata epoca. Qui, invece, con Periodo Caldo Medievale si vuole semplicemente indicare il comprovato periodo di innalzamento delle temperature genericamente registrato in quegli anni. Per una spiegazione più puntuale si veda: P. Nanni, «Per un quadro ambientale e biologico: il Periodo Caldo Medievale e la variabilità climatica», in *La crescita economica dell'Occidente Medievale. Un tema storico non ancora esaurito*, Roma, Viella, 2017, pp. 69-91; F. Mauelshagen, C. Pfister e S. White, *The Palgrave Handbook of Climate History*, London, Palgrave Macmillan, 2018, pp. 254-255.

[4] Per un quadro del dibattito si faccia riferimento ai classici: E. Le Roy Ladurie, *Histoire du climat depuis l'an mil*, Paris, Flammarion, 1967; B. M. S. Campbell, *The great transition: Climate, disease and society in the late medieval world*, Cambridge, CUP, 2016.

[5] Circoscrizioni amministrative nelle quali era suddiviso il dominio sabaudo. Una migliore descrizione verrà data nel capitolo successivo legato al contesto politico-istituzionale.

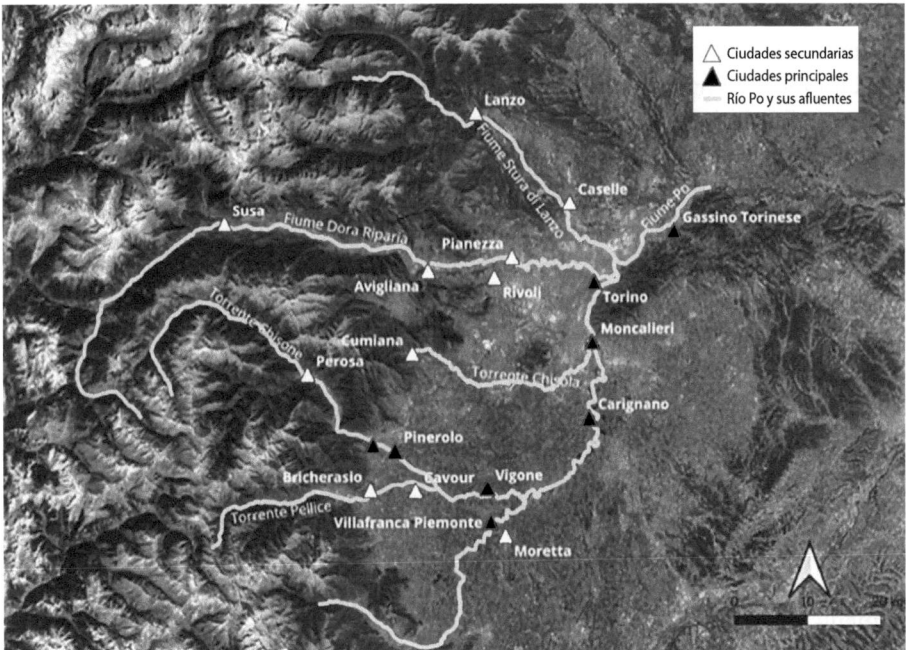

Figura 1. Carta del Piemonte con indicati i corsi d'acqua che attraversano il territorio esaminato e le castellanie principali e secondarie selezionate per la ricerca.

mani di Amedeo V[6], mentre il nipote Filippo, legato allo zio con un rapporto di dipendenza feudale, ottenne la maggior parte dei territori italiani[7]. Con lui ebbe origine in Piemonte la signoria dei Savoia-Acaia, tra il 1294 e il 1295, che durò fino al 1418, anno dell'estinzione della dinastia e dell'inglobamento dei suoi domini nel ducato di Savoia[8].

Nell'area piemontese posta sotto il suo controllo, quindi anche quella al centro di questo studio, ovunque il consolidamento del dominio sabaudo impli-

---

[6] Nel corso dei quarant'anni presi in esame (1320-1360) il potere passerà da Amedeo V ai due figli, Edoardo e Aimone, e successivamente al nipote Amedeo VI, noto anche come Conte Verde, che governò fino al 1383. La signoria del Piemonte, invece, resterà sotto il principato di Savoia-Acaia passando da Filippo al figlio Giacomo. Si veda: A. Barbero, *Storia del Piemonte. Dalla preistoria alla globalizzazione*, Torino, Einaudi, 2008, pp. 37-48.

[7] Dopo il suo matrimonio del 1301 con Isabella di Villehardouin, Filippo ottenne il titolo di Principe d'Acaia rivendicando i diritti in Grecia. Si veda: P. L. Datta, *Storia dei principi di Savoia del ramo d'Acaia. Signori del Piemonte dal MCCXCIV al MCCCCXVIII*, Torino, Stamperia Reale, 1832, p. 86.

[8] Si veda: P. Brezzi, «Barbari, feudatari, comuni e signorie fino alla metà del secolo XVI», in AA.VV., *Storia del Piemonte promossa dalla Famija Piemonteisa di Roma in occasione delle Celebrazioni del '61. Con prefazione di Luigi Einaudi*, Torino, Casanoca, 1960, p. 144.

cò una divisione amministrativa del territorio in *castellanie*, signorie immediate del principe, che rappresentavano le cellule base dello stato. Alla loro testa vi era l'importante figura del *castellano*, descritta da Guido Castelnuovo, che se ne è occupato ampiamente, come «lo strumento di raccordo tra il principe, l'amministrazione e le realtà territoriali, simbolo della vitale autonomia dei poteri locali e delle loro tendenze a sincronizzarsi più con le élite territoriali che con gli apparati di governo sovraregionali»[9].

L'amministrazione in quest'area ebbe forme peculiari rispetto a quella delle zone limitrofe, in quanto la struttura a carattere feudale di origine prettamente sabauda, si diramò su un territorio in cui le vicende politiche, in linea con quelle del resto dell'Italia centro-settentrionale, avevano creato esperienze di autonomia comunale, anche importanti[10], che condizionarono non solo i quadri istituzionali locali, ma anche la documentazione prodotta dal principato.

Intorno al 1300, la cerchia dei funzionari sabaudi fu incaricata di produrre sia scritture appartenenti alla tradizione notarile italiana (gli *instrumenta*), sia strutture tipiche della parte transalpina dei domini sabaudi, come i *computi*, documenti oggetto di questo intervento.

3. I CONTI DELLE CASTELLANIE

All'interno dell'ingente mole di documentazione prodotta dall'apparato amministrativo del principato, nello specifico, una parte importante della mia ricerca si basa, in primo luogo, sui documenti contabili che ritroviamo nei conti delle castellanie stesi dai *clavari*[11] delle varie circoscrizioni territoriali. Queste testimonianze scritte sono note anche come «rotoli», in quanto si tratta di pergamene cucite tra loro e, per l'appunto, arrotolate, all'interno delle quali sono annotate, con scadenza annuale, tutte le entrate e le uscite della castellania, con le specifiche sulle origini dei guadagni e sulla destinazione delle spese.

---

9 G. Castelnuovo, *Ufficiali e gentiluomini...*, *op. cit.*, pp. 99-120.
10 Si possono citare le due *civitates* di Torino e Ivrea, ma anche altri comuni privi di una tradizionale centralità diocesana, che ambivano a procurarsi un'egemonia politica sui territori rurali circostanti, come Pinerolo e Moncalieri, che entrarono nell'area di influenza sabauda già nel pieno XIII secolo. Per un approfondimento sulla tematica si faccia riferimento a: P. Buffo, *La documentazione dei principi di Savoia-Acaia. Prassi e fisionomia di una burocrazia notarile in costruzione*, Torino, Deputazione Subalpina di Storia Patria, 2017, pp. 58-105.
11 I clavari erano i funzionari principeschi che all'interno delle castellanie erano adetti alla contabilità, coloro che redigevano manualmente i rendiconti. G. Castelnuovo, *Ufficiali e gentiluomini...*, *op. cit.*, p. 122.

Le caratteristiche principali di questa fonte sono la sua puntuale presenza su una scala territoriale che permette di mostrare una prospettiva periferica dell'argomento preso in esame e la serialità con la quale presenta gli eventi, anno dopo anno, in una struttura documentaria che rimane stabile e che permette di vedere l'evoluzione di un fattore nel corso del tempo.

Le varie pergamene non differiscono in maniera evidente l'una dall'altra nella stesura del contenuto, ma seguono un modello che rimane pressoché identico in quasi tutte le località. Le prime righe sono dedicate ad un'introduzione che specifica il nome del castellano responsabile del rendiconto e il periodo di tempo al quale fa riferimento. Segue la voce che riporta le entrate in natura, rubricate secondo la specie e diverse a seconda del territorio. Queste *recepte* erano per lo più costituite da frumento e segale (diritti di macinazione, fitti di terre, quote dei diritti di decima e prodotti delle terre coltivate direttamente), cereali minori (avena, spelta, miglio, meliga, orzo), legumi (fava, cece e cicerchia), e vino, canapa, lino, pepe, cera, etc. Ogni quantitativo percepito dal castellano a nome del signore, veniva registrato nella rubrica di riferimento e affiancato dalla motivazione del versamento[12]. Compaiono poi le entrate in moneta divise in tre tipologie: entrate ordinarie fisse (*denari censuales*), ossia quei tributi dovuti dagli affittuari per le terre da coltivare, per i mulini, i forni, i banchi del mercato etc.; entrate straordinarie dettate da spese eccezionali decise dal castellano (*recepte forinsece*); entrate variabili, definite dai proventi ricavati dai *banna*, quindi dalle multe per i vari reati, civili e penali, e dai proventi monetari realizzati dalla vendita di una parte dei generi in natura. Sono poi riproposte le spese sostenute, suddivise in *expense* e *librate*: le prime comprendevano le spese, ordinarie e straordinarie, che non avevano bisogno di alcuna giustificazione o approvazione da parte del signore, mentre le seconde erano dei pagamenti effettuati su mandato del *dominus* stesso, o degli ufficiali della tesoreria. Infine, viene riportata la chiusura del conto con il saldo in attivo o in passivo, dovuto dal castellano al conte o al principe[13]. Interessante, ai fini di questo studio, è il fatto che ogni qual volta un provento subiva delle modifiche a causa di un qualsiasi evento di ordine esterno (guerra, alluvione, nevicata, tempesta, carestia, siccità, mortalità della popolazione, etc.) il castellano ne registrava il motivo: in alcuni casi la datazione di questi eventi è precisa, giorno e mese dell'avvenimento, mentre in altri il

----

[12] Esempio: Archivio di Stato di Torino (ASTo), Sezione Riunite, Camera dei Conti, Camera dei Conti di Piemonte, Conti delle Castellanie (CC), Art. 75, m. 2, rot. 24 (1349-1350): «Redditus de Anthonii de Rumore et Nicolinii et Anthonii de Grassis de ficto quod concessum est eis ut possint habere et ducere aqua quae labitur per civitate Taurinii ad eorum prata in anno MCCCXLIX», è registrato in 14 staie di avena.

[13] P. Buffo, *La documentazione dei principi...*, *op. cit.*, pp. 246-292.

funzionario fa riferimento a festività legate al calendario agrario, come la festa di San Martino o quella di San Michele, o ad altre prettamente religiose, come il Natale o la Pasqua.

Quindi, è possibile trovare nelle *recepte* delle informazioni su fitti di terre non corrisposti perché l'esondazione del fiume aveva distrutto i raccolti e riempito le terre di fango e pietre rendendole improduttive, o decime sul vino non riscosse a causa della pessima vendemmia dovuta alle eccezionali piogge e tempeste autunnali[14], ma è dalle *expense* straordinarie che si ricavano le informazioni più abbondanti: spese per la riparazione, o la completa ricostruzione, di infrastrutture quali mulini natanti, battitoi, paratoi[15], dighe e ponti, distrutti dalla furia delle acque[16]; spese per l'acquisto di nuovi materiali e per il recupero di quelli andati persi durante il trascinamento degli impianti lungo il corso di fiumi e torrenti[17]; spese per la costruzione di nuove opere per la gestione delle acque in casi di emergenza e per la manutenzione delle infrastrutture considerate a rischio[18]. Per quanto riguarda l'arco cronologico coperto dalla documentazione, l'inizio delle serie dei conti nelle varie comunità non è uniforme, essendo questo un

---

[14] Un esempio è quello della castellania di Pinerolo nel 1332, quando le alluvioni ricoprirono di fango e palta tutti i campi, i canali e i fossati presenti nelle terre coltivate rendendo le prime improduttive e i secondi inutilizzabili. ASTo, CC, art. 60, rot. 13 (1332-1333); Problematiche legate a pessime vendemmie sono riscontrate soprattutto nelle castellanie di Pinerolo, Vigone, Miradolo e San Secondo: 14 ASTo, CC, art. 44, rot. 15 (1338-1339); ASTo, CC, art. 60, rot. 21 (1341-1342); ASTo, CC, art. 81, m. 2, rot. 13 (1329-1330).

[15] I *paratoria* servivano a sfibrare la canapa e per farlo erano formati da una pista di pietra su cui veniva trascinata una macina verticale montata su asse tangenziale. La lavorazione proseguiva poi con i *baptitoria* i quali follavano i tessuti grezzi, soprattutto quelli non molto pregiati, attraverso un artificio dotato di pistoni. Si veda E. Lusso, «Lo sfruttamento dell'energia idraulica a Demonte. Mulini e opifici tra medioevo ed età moderna», *Langhe Roero Monferrato. Cultura materiale, società, territorio*, VII (2013), p. 43; Si veda anche la definizione in Du Cange *et al.*, *Glossarium mediae et infimae latinitatis*. Niort: L. Fevre, 1883-1887, V, p. 170, Paratoria: *locus ubi parantur panni*.

[16] Esempi sono la completa distruzione dei ponti sul Po a Carignano e Torino in seguito all'alluvione dell'ottobre del 1331: ASTo, CC, art. 75, m. 2, rot. 11 (1332-1333); ASTo, CC, art. 16, rot. 15 (1333-1334); la distruzione *della magna ficcha* a Torino dopo l'alluvione del 1342: ASTo, CC, art. 75, m. 2, rot. 18 (1342-1343); La distruzione di tutti i mulini natanti e dei battitoi a Gassino Torinese a causa dell'alluvione del 1329: ASTo, CC, art. 39, m. 1, rot. 7 (1328-1329).

[17] Un esempio è quello di Carignano, che nel 1331 impegnò una considerevole quantità di denaro per il recupero dei materiali lignei che componevano il vecchio ponte e che furono trascinati dalla forza delle acque lungo il fiume fino ai boschi e ai *gorretti* (saliceti) lungo le sue sponde, al fine di riportarli, attraverso le rive del Po, nel luogo dove il ponte era stato distrutto: ASTo, CC, art. 16, m. 2, rot. 12 (1330-1331).

[18] Un esempio è riscontrabile nella castellania di Moncalieri dove, dopo l'alluvione del 1329, che distrusse una parte dei mulini natanti, si parla della costruzione di «una grata de novo facta novo que tendit de una ripa ad aliam aque Padi pro dictis molandinis conservandis, cum omnibus oportunis et artificiis factis pro dicta grata», ASTo, CC, art. 46, rot. 8 (1329-1300).

fattore determinatosi sia in relazione alle vicende politiche dei vari centri e alla loro sistemazione definitiva all'interno del principato sabaudo, sia alle vicende archivistiche che possono aver comportato, in alcuni casi, la loro distruzione o il loro deterioramento. Nonostante questa soggetività, la maggior parte delle castellanie ha una contabilità che copre tutto il XIV e il XV secolo, e in alcune arriva fino alla metà del Cinquecento[19]. L'utilizzo dei dati contenuti in questi fondi non è semplice e cadere nell'ingenuità di raccoglierli in modo sistematico per creare delle ricostruzioni statistiche autentiche rischia di essere un grave errore metodologico, come ha messo in luce Rinaldo Comba in «Metamorfosi di un paesaggio rurale»[20]: «Bisogna considerare che, se i criteri con cui i resoconti sono stati compilati sono, da un lato, abbastanza omogenei [...], molto eterogenei sono i diritti signorili dei Savoia nelle varie località, molto diverse sono le convenzioni stipulate nel momento della sottomissione delle varie comunità, estremamente varia è la consistenza di beni terrieri sabaudi dipendenti dalle castellanie [...]»[21].

4. LE ALLUVIONI

Partendo dalla considerazione delle potenzialità e dei limiti della documentazione, in questo contesto di ricerca si è scelto di procedere con un metodo di confronto dei dati recuperati dai rendiconti annuali con quelli presenti in altre tipologie di fonti prodotte sul territorio nel medesimo arco di anni: gli ordinati con i verbali dei consigli comunali, un'altra fonte amministrativa seriale; gli statuti, una fonte normativa; le cronache e la cartografia cinque-seicentesca, ampiamente conservata per l'area piemontese, e, ad oggi, in gran parte digitalizzata presso l'Archivio di Stato di Torino[22].

Nello studio delle alluvioni, in particolare, si è preferito prendere in considerazione solo gli avvenimenti riscontrati in più luoghi e in fonti diverse avendo

---

[19] Attualmente l'intera mole di materiale documentario relativa alle località al di qua delle Alpi è conservata presso l'Archivio di Stato di Torino, mentre i conti di quelle transalpine, collocate quindi su territorio francese, sono conservati presso gli Archivi Dipartimentali della Savoia che si trovano a Chambery, Annecy e nella Côte d'Or.

[20] R. Comba, *Metamorfosi di un paesaggio rurale. Uomini e luoghi del Piemonte sud-occidentale fra X e XVI secolo*, Torino, Celid, 1983.

[21] *Ibid.*, pp. 197-208.

[22] Il patrimonio documentario dell'Archivio di Stato di Torino è stato in parte digitalizzato ed è accessibile nella sezione del sito dedicata alla Digital Library, all'interno della quale è disponibile la cartografia storica dell'istituto: raccolte topografiche, mappe, album, disegni e catasti. «Carte Topografiche e Disegni», in Archivio di Stato di Torino, https://archiviodistatotorino.beniculturali.it/digital-library/

XLIX SEMANA INTERNACIONAL DE ESTUDIOS MEDIEVALES. ESTELLA-LIZARRA. 2023 | Transformaciones del medioambiente en la Edad Media
DOI: https://doi.org/10.35462/siemel.49 | 331-341

come obiettivo principale quello di ovviare agli elementi di soggettività intrinseci ai singoli documenti, per scremare le possibili esagerazioni dei castellani e mantenere solo i fatti che, con maggiore probabilità, si sono realmente verificati con caratteristiche fuori dall'ordinario. È, infatti, da tenere in considerazione, da un lato, l'ipotesi che i castellani, o i *clavari* che per loro redigevano la contabilità, saltuariamente decidessero di enfatizzare la portata di un evento meteorologico per ricevere delle grazie da parte del signore sul pagamento di alcune imposte fiscali, e, dall'altro, la discrezionalità dei funzionari nel riportare le annotazioni integrative alla contabilità nelle pergamene, in base alla loro sensibilità ad alcuni tipi di eventi rispetto ad altri.

Attraverso questo approccio è stato possibile, sulla base dei dati raccolti, affermare con una ragionevole certezza che i quarant'anni compresi tra il 1320 e il 1360 non furono caratterizzati da una continuità dal punto di vista della piovosità e dell'abbondanza delle acque, ma, al contrario, è stato possibile individuare dei *periodi alluvionali* che segnarono il territorio preso in esame nella sua interezza principalmente negli anni a cavallo del 1330 e del 1340, i quali si alternarono ad annate di importante siccità nel 1330, 1333 e 1355. Gli altri riscontri, sporadici e imputabili a non più di due località contemporaneamente, possono essere interpretati o come eventi circoscritti sul territorio, ma non per questo meno importanti o violenti, oppure come segnali di una regolare attività meteorologica enfatizzata e utilizzata dai funzionari sabaudi per giustificare i ridotti versamenti al signore da parte delle comunità.

Per quanto riguarda il primo periodo alluvionale, il 1331 fu l'anno in cui i fenomeni meteorologici anomali imperversarono con maggiore frequenza in tutta l'area studiata. Le informazioni raccolte segnalano, in primo luogo, eccezionali diluvi dall'autunno di quell'anno fino alla primavera del 1332[23], con una particolare attenzione alla grande alluvione del mese di ottobre. Diverse comunità dovettero affrontare la completa distruzione dei ponti sui corsi d'acqua che, oltre a costringerle al recupero di fondi straordinari per la loro ricostruzione, ne paralizzarono il commercio. La difficoltà nella gestione delle acque continuò per tutto il 1332 che, caratterizzato da un generale stato di maltempo a prescindere dalla stagione, aggravò lo stato già precario delle località che uscivano provate da un pessimo inizio di secolo, con ingenti danni alle coltivazioni, guadagni dai raccolti ridotti al minimo, e introiti delle decime sul transito di merci e bestiame dimezzate[24].

----

[23] Molto specifico è il castellano di Carignano che indica come periodo quello che va dall'8 settembre del 1331 al 16 marzo del 1332. ASTo, CC, art. 16, m. 2, rot. 13 (1331-1332).

[24] Per fare qualche esempio: a Carignano il frumento e la segale non resero perché i mulini che li lavoravano furono distrutti dalle acque, gli alberi di noci del signore presso i mulini vennero recisi per lo stesso motivo e la *fidancia* (tassa sul bestiame affidato che soggiornava durante i mesi estivi sui pascoli alpini) delle bestie per il 1332 fu praticamente nulla in quanto i prati per il pascolo si

Se gli anni Trenta del Trecento furono contrassegnati da frequenti piogge, diluvi, tempeste e da generale abbondanza d'acqua nel corso di tutte le stagioni, gli anni Quaranta furono invece caratterizzati da una relativa normalità idrica per tre quarti dell'anno e da autunni con straordinari fenomeni alluvionali, ravvicinati e molto forti.

L'alluvione dell'ottobre del 1342, forse l'avvenimento più importante di tutti, fu contrassegnata da diversi e intensi eventi verificatesi nel corso dell'intero mese e si inserisce all'interno del contesto più ampio relativo alla cosiddetta *Alluvione della Maddalena*, registrata lo stesso anno in alcune zone dell'Europa centrale[25]. In Piemonte il maltempo arrivò da ovest, colpendo prima le castellanie posizionate sugli affluenti di sinistra del Po e successivamente, quelle sul Po stesso. Sulla base delle datazioni, precise o indicative, riportate da ciascuna località è stato possibile indicare come arco cronologico interessato dalle perturbazioni il periodo compreso tra gli ultimi giorni di settembre e il 24 di ottobre, oppure si può arrivare alla prima parte di novembre se si prende in esame l'alluvione citata dal solo castellano di Carignano[26].

In questo caso specifico relativo all'alluvione del 1342, per esempio, i rendiconti raccontano che Torino fu segnata dalla distruzione della *magna ficha molendinorum*[27], che condizionò inevitabilmente il funzionamento del canale dei Molassi[28] e, di conseguenza, l'attività dei mulini posizionati lungo il suo corso[29]; Carignano vide la duplice distruzione, prima parziale e poi totale, del ponte sul Po, rispettivamente durante un'inondazione avvenuta il 28 ottobre e un'altra, pochi giorni dopo, i primi di novembre[30];Vigone e Pinerolo registrarono problemi legati, oltre ad uno scarsissimo raccolto, alla gestione dei vendemmiatori e delle vendemmiatrici che necessitarono di pagamenti maggiori per il protrarsi

---

allagarono e poche furono le bestie che arrivarono sul territorio, ASTo, CC, art. 16, m. 2, rot. 13 (1331-1332); A Vigone frumento, segale e avena non furono raccolti a causa dell'inondazione, il vino prodotto fu scarso, il fieno marcì e non fu venduto e, anche qui, la *fidancia* fu riscossa al minimo, ASTo, CC, art. 82, m. 2, rot. 15 (1331-1332).

[25] Si vedano i testi: J. Herget *et al.,* «The millennium flood of the 1342 revisited», *Catena*, 130, 2015, pp. 82-94, e A. Kiss, «Floods and weather in 1342 and 1343 in the Carpathian Basin», *Journal of Env. Geogr.*, vol. II, 3-4, 2009, pp. 37-47.

[26] ASTo, CC, art. 16, m. 2, rot. 20 (1341-1342).

[27] La *ficha* è uno sbarramento, formato da una o più file parallele di pali di legno conficcati nel terreno, che attraversa il fiume in diagonale per tutta la sua larghezza, con la funzione di convogliare l'acqua verso l'imbocco di un canale. Un'ottima descrizione della sua costruzione è presente nel rendiconto di Torino dell'anno 1342: ASTo, CC, art. 75, rot. 18 (1342-1343), sezione *expense*.

[28] «Il Canale dei Molassi», I canali di Torino, www.icanaliditorino.it.

[29] ASTo, CC, art. 75, m. 3, rot. 17 (1342-1343).

[30] ASTo, CC, art. 16, m. 2, rot. 20 (1341-1342).

XLIX SEMANA INTERNACIONAL DE ESTUDIOS MEDIEVALES. ESTELLA-LIZARRA. 2023 | Transformaciones del medioambiente en la Edad Media
DOI: https://doi.org/10.35462/siemel.49 | 331-341

della durata della raccolta dell'uva a causa delle abbondanti e distruttive piogge verificatesi nei mesi di settembre e ottobre[31]; infine, a Miradolo e San Secondo i castellani parlano di spese per la riparazione di granai sui prati del signore, e dei fossati e dei canali che li attraversavano, pieni di fango e palta *propter magna inundationem*[32].

5. CONCLUSIONI

I dati riportati offrono solo un ridotto spaccato dei problemi causati ai terreni e alle coltivazioni dai cambiamenti meteorologici che emergono in modo lampante e con una frequenza costante nelle pagine dei rendiconti come parte in causa nei disagi creati alle comunità. In alcuni casi i collegamenti tra crisi demografiche, carenze cerealicole e alluvioni, tempeste e siccità sono espliciti nelle parole dei funzionari principeschi e comunali, mentre in altri è necessario un intreccio tra le fonti per arrivare alle stesse conclusioni. Ad ogni modo, seppur non sia possibile attribuire la responsabilità di un caso importante di penuria alimentare soltanto ad un evento alluvionale, sarebbe interessante un confronto di questi dati con quelli relativi alla curva demografica e alle crisi alimentari degli stessi anni, per capire se è ipotizzabile un coinvolgimento degli eventi meteorologici che caratterizzarono l'instabilità climatica di questo periodo con le carestie verificatesi nell'area del Piemonte definita tra il Po e la Dora Baltea.

L'obiettivo di questo intervento non è tanto quello di mostrare i risultati di una ricerca ancora in corso, solo accennati, ma quello di sottolineare le enormi potenzialità di una documentazione che nella sua particolarità, legata al territorio e al contesto politico istituzionale che l'ha prodotta, è in grado di stimolare delle considerazioni nell'ambito della storia ambientale a livello regionale, utili, da un lato, a confermare o mettere in discussione le tendenze già riscontrate su scala più ampia e, dall'altro, a sottolineare le singolarità di un territorio segnato e condizionato dal corso di un'importante fiume come il Po.

L'insieme dei dati raccolti permette, oltre ad ipotizzare l'andamento dei fenomeni alluvionali in un contesto di estrema variabilità climatica, anche di comprendere le modalità di gestione delle acque nelle varie località in momenti di emergenza, nei quali la prevenzione, spesso, gioca un ruolo cruciale. Per quanto le alluvioni rientrino in quegli avvenimenti che, «come la guerra e

---

[31] Per Pinerolo: ASTo, CC, art. 60, m. 4, rot. 21 (1341-1342); per Vigone: ASTo, CC, Art. 81, m. 4, rot. 27 (1341-1342).
[32] ASTo, CC, Art. 44, m. 3, rot. 17 (1341-1342).

la peste, pur verificandosi con una certa frequenza, colgono sempre tutti alla sprovvista»[33], è possibile, grazie a questa documentazione, partire da quanto mostrato per costruire un concetto di «resilienza» dei centri abitati, intesa come la capacità delle società locali di reagire ai disastri[34], con una prospettiva ampia che supera l'interpretazione unidirezionale che individua nella distribuzione della ricchezza il principale discrimine tra la buona o la cattiva riuscita di una reazione all'evento, per sottolineare invece la complessità dei fattori legati ai territori locali che possono determinarla[35].

La visione periferica data dal contesto di produzione dei documenti permette, inoltre, una chiave di lettura al microscopio, efficace per valutare le complessità e peculiarità locali, al fine di approfondire le tematiche di maggior rilievo facendole emergere direttamente da casi di studio specifici legati a castellanie di dimensioni differenti[36].

Infine, tenendo conto dei limiti di questa fonte, e procedendo con un approccio di comparazione, la serialità con la quale vengono riportate le informazioni, anno dopo anno, può consentire di approfondire il lavoro in una prospettiva multidisciplinare, confrontando i dati raccolti con i risultati degli studi delle paleo-scienze, in particolare con la climatologia storica che, attraverso la dendrocronologia e i carotaggi nel ghiaccio, ha fornito dei *proxy data* (dati dedotti indirettamente su epoche passate) utili a definire il cambiamento climatico nel periodo medievale.

----

[33] A. Camus, *La peste*, Milano, Bompiani, 2019, p. 307, citazione presa da: A. Luongo, *La Peste Nera. Contagio, crisi e nuovi equilibri nell'Italia del Trecento*, Roma, Carocci, 2022, p. 169.

[34] R. Rao, «Risk societies e resilienza ambientale: borghi nuovi, inondazioni e abbandoni sul Po nel medioevo e nella prima età moderna», in G. Albini, P. Grillo e A. B. Raviola, *Il Fuoco e l'acqua...*, *op. cit.*, pp. 109-122, contributo che rielabora considerazioni già sviluppate in R. Rao, «Gestire gli ambienti fluviali fra risorsa e rischio: resilienza e abbandono dei borghi nuovi sul Po», in F. Panero, G. Pinto e P. Pirillo (a cura di), *Fondare abitati in età medievale. Successi e fallimenti. Omaggio a Rinaldo Comba*, Firenze, Edifir, 2017, pp. 63-80.

[35] R. Rao, «Gestire gli ambienti fluviali...», *op. cit.*, pp. 63-80.

[36] D. Canzian e P. Grillo, «Dalla parte della natura...», *op. cit.*, pp. 478-481.

XLIX SEMANA INTERNACIONAL DE ESTUDIOS MEDIEVALES. ESTELLA-LIZARRA. 2023 | Transformaciones del medioambiente en la Edad Media
DOI: https://doi.org/10.35462/siemel.49 | 331-341

Antropizar la tierra, adaptarse al medio, garantizar la asistencia. Hospitales, paisajes y caminos de peregrinación en la Asturias medieval

Andrea Fernández García

Universidad de Oviedo
UO270315@uniovi.es

1. INTRODUCCIÓN

Auxiliar al prójimo contó, en la Edad Media asturiana, con un importante significado en torno a la construcción de una malla asistencial asociada al socorro de los más necesitados. Una red de hospitales que creció, del siglo XI en adelante, al calor de los caminos de peregrinación, que contribuyó a la transformación del medio asturiano y que participó en la articulación del espacio a través de la creación de centros dedicados a las labores asistenciales destinadas tanto a gentes en peregrinación como a pobres y otras personas necesitadas que en estos enclaves hallaron amparo y sustento.

Tomando como referencia geográfica las vías de peregrinación que surcaron la Asturias medieval, nuestro objetivo es contrastar documentalmente la estrecha relación entre la promoción de la hospitalidad y las condiciones medioambientales. Y, para ello, partimos de dos ideas principales: en primer lugar, que las fundaciones hospitalarias, dirigidas a garantizar cobijo seguro a los transeúntes, generaron cambios en el paisaje derivados de su inevitable antropización, una consecuencia directa de los intentos por parte de las autoridades de mantener poblados los territorios atravesados por estos itinerarios devocionales; en segundo lugar, que el propio medio participó a su vez como un desafío para la oferta hospitalaria, de manera que la orografía y el clima fueron también auténticos determinantes en la transformación del paisaje con fines asistenciales: el agreste relieve asturiano, las abundantes precipitaciones o el extremo frío limitaron la presencia humana en algunas zonas –generalmente las más montañosas–, poniendo con ello en riesgo las tan precisas tareas hospitalarias.

XLIX SEMANA INTERNACIONAL DE ESTUDIOS MEDIEVALES. ESTELLA-LIZARRA. 2023 | Transformaciones del medioambiente en la Edad Media

DOI: https://doi.org/10.35462/siemel.49 | 343-350

2. POBLAR EL TERRITORIO Y ASISTIR AL NECESITADO

Más allá de la antropización del paisaje propia del levantamiento de una estructura nueva y de los consiguientes cambios físicos y visuales en el entorno, los hospitales llegaron a catalizar el poblamiento en las zonas donde se construían, contribuyendo así a la ocupación y acción humanas en las mismas. En este sentido, la cuestión del poblamiento se vuelve decisiva en tanto que la actividad asistencial se presenta como un elemento dinamizador del territorio y la presencia humana, entonces, necesaria para asegurar la asistencia. Es por ello muy habitual observar en la documentación conservada continuas referencias tanto a puntos solitarios del camino –y, por lo tanto, peligrosos–, como a la precisa necesidad de fomentar la repoblación de dichos espacios, a fin de garantizar en ellos una presencia continuada de gentes encargadas de mantener la oferta hospitalaria[1].

La transformación del medio resultante de la promoción de la hospitalidad en torno a las vías de peregrinación partió, en ocasiones, del mantenimiento de los asentamientos humanos en ellas, un objetivo necesario para asegurar la oferta asistencial evitándoles con ello a los peregrinos y demás caminantes posibles violencias, robos y desamparos, tan frecuentes en lugares despoblados. La fundación de tales centros generó en los territorios los cambios lógicos derivados de la construcción de nuevas estructuras y de la consolidación paulatina, a partir del siglo XI, de toda una malla hospitalaria al servicio del camino. No obstante, más allá del establecimiento de una cartografía caracterizada por la asistencia al necesitado, los hospitales llegaron a convertirse, en algunos casos, en auténticos núcleos generadores de poblamientos humanos organizados[2].

En 1141, el monasterio de San Vicente de Oviedo recibió de María Ordoñez una rica donación fundacional en torno a la vía que unía el camino de la costa o del norte con San Salvador[3]. En octubre de ese mismo año, la mujer cedió a dicha entidad monacal un hospital que ella misma había construido –«quam propriis manibus funditus»– en el valle de Siero, concretamente en el lugar de Río Seco –una toponimia que nos revela ya las características natu-

---

[1] Recordamos las palabras de García de Cortázar en relación con la importancia de hallar amparo en el trayecto emprendido: «caminos malos; bosques extensos y poblados de alimañas; aguas desordenadas; bandidos espontáneos... El que viajaba constituía una víctima propicia. Para hacer frente a tantas amenazas, el viajero medieval buscaba compañía»: J. A. García de Cortázar, «El hombre medieval como "Homo Viator": peregrinos y viajeros», en *IV Semana de Estudios Medievales: Nájera, 2 al 6 de agosto de 1993*, Logroño, Instituto de Estudios Riojanos, 1994, pp. 11-30.

[2] M. Álvarez Fernández, «Cuando la montaña une. Asistencia y hospitalidad en la cordillera cantábrica (siglos XIII-XVI)», *Studi di Storia Medioevale e di Diplomática – Nuova Serie*, 5, pp. 433-455.

[3] Edita el documento P. Floriano Llorente, *Colección diplomática del Monasterio de San Vicente de Oviedo (años 781-1200),* Oviedo, Instituto de Estudios Asturianos, 1968, pp. 324-326.

rales del lugar de emplazamiento–, dedicado perpetuamente al cuidado de los pobres. Al interés que esta fundación suscita en lo relativo a la promoción de la hospitalidad femenina en la Asturias medieval, hay que sumar su existencia como germen de la futura Pola de Siero. Es posible afirmar que, en 1270, el centro fundado por Ordoñez bajo la advocación de san Pedro fue confirmado como núcleo originador de la nueva pola en la carta de población otorgada por el rey Alfonso X a sus vecinos, un nuevo derecho urbano que daba la concesión del mercado semanal, el fuero de Benavente como ordenamiento jurídico de referencia y una importante exención de prestaciones. Y todo ello, diría el monarca, «en tal manera que ellos poblen el logar que dizen la alberguería de Sant Pedro»[4]. Ciertamente, la carta emitida por el rey con el pretexto de «que la tierra sea mellor poblada» no debe interpretarse como una nueva fundación *ex novo* sin ningún tipo de poblamiento previo; es más, ya la donación de María Ordoñez a principios del siglo XII recogía, amén del hospital, la concesión al monasterio ovetense de todos los animales, casas, árboles y heredades pertenecientes a la población del lugar: «ad ipsam populacionem pertinentibus»[5]. Sea como fuere, la política repobladora emprendida por el monarca nos revela el fomento de la ocupación del territorio, la atracción comercial garantizada por la celebración del mercado y, en fin, una fundación hospitalaria como base de una nueva forma de poblamiento y transformación del medio[6].

A pesar de que en la carta puebla sierense no quedó recogida intención alguna, por parte del rey, de poblar el territorio siguiendo una motivación asis-

---

[4] Edita la carta de población J. I. Ruiz de la Peña Solar, *Las «Polas» asturianas en la Edad Media. Estudio y diplomatario*, Oviedo, Universidad de Oviedo, 1987, pp. 338-341; M. E. García García, «La hospitalidad y el hospedaje. Fundaciones hospitalarias en Asturias», en *Las peregrinaciones a Santiago de Compostela y San Salvador de Oviedo en la Edad Media: Actas del Congreso Internacional celebrado en Oviedo del 3 al 7 de diciembre de 1990*, Oviedo, Gobierno del Principado de Asturias, 1993, pp. 211-246.

[5] Tal y como explica Ruiz de la Peña, las motivaciones de *poblar* o *repoblar* un espacio no coincidieron, en la Asturias medieval, con ninguna crisis demográfica. De esta forma, las cartas de población –como la de la Pola de Siero– no fueron emitidas sobre lugares despoblados, sino sobre zonas, aunque ya ocupadas, débilmente organizadas y fragmentadas en diferentes núcleos rurales. Véase: J. I. Ruiz de la Peña Solar, *Las «Polas» asturianas...*, *op. cit.*, pp. 46-47.

[6] La Pola de Siero no es el único caso documentado de formas de poblamiento que crecieron a partir de un establecimiento asistencial. Con sus particularidades geográficas y cronológicas, véase, en el camino primitivo a Compostela, los ejemplos de Montouto o Fonfría: J. I. Ruiz de la Peña Solar, «Dos fundaciones hospitalarias medievales en el itinerario astur-galaico del camino de Santiago. Fonfría y Montouto», *Boletín del Real Instituto de Estudios Asturianos*, 144, 1994, pp. 581-592. En el caso del camino de la costa, Marina Peláiz y Fernando Petri demostraron, en 1144, haber fundado un hospital en la ermita de San Clemente de Villaviciosa, y respecto a la cual se congratularon de haber edificado y poblado, quedando la mujer como administradora de los bienes: «... populauimus unam hermidam que est Sancti Clementis ut sit semper hospitale in seruicio Dei...», P. Floriano Llorente, *Colección diplomática...*, *op. cit.*, pp. 335-336.

tencial en beneficio de los transeúntes, otras noticias documentales conservadas para Asturias sí manifiestan con mayor claridad la necesidad y disposición de antropizar las tierras surcadas por los caminos de peregrinación, fomentando con ello la humanización del paisaje con aspiraciones hospitalarias. Es el caso de Monte Copián (Mieres), muy cerca de Oviedo, en la ruta de peregrinación que ascendía desde León y, por ello, zona de paso para quienes llegaban desde los tan transitados puertos de montaña de San Isidro y Santa María de Arbas. En junio de 1143, Gundisaluus Sancti Ueremundi y su mujer Christina Pelagii donaron a la Iglesia de Oviedo la población de Aguilar de Monte Copián, la iglesia de Santa María –por ellos construida–, varias villas y diversas heredades para que, a la muerte de ambos, se fundase un hospital para peregrinos en aquel lugar[7]. Casi un siglo más tarde, en 1220, el obispo Don Juan y el cabildo de su iglesia entregaban a Pelayo Juánez una heredad en Monte Copián para levantar allí un hospital que diese sustento a los pobres y contribuyese a paliar la carestía asistencial de la zona, la cual iba en perjuicio de los romeros y otros transeúntes que pasaban entonces por un lugar desamparado, viéndose expuestos a violencias y robos continuados propiciados por los «perversos hombres» que frecuentaban el paso[8]. Esta circunstancia nos lleva a preguntarnos qué habría sido de aquel deseo fundador del matrimonio formado por Gundisaluus y Christina y, al respecto, cabría citar varios supuestos: pudo suceder que no llegara a cumplirse su voluntad *post mortem* y, por tanto, que el hospital nunca hubiese sido fundado; pudo ser que el centro desapareciera en algún momento entre 1143 y 1220, que se encontrase en desuso o incluso en ruinas por falta de mantenimiento; o pudo ser, finalmente, que estando en funcionamiento, su capacidad no fuese suficiente como para dar cobijo a todos los transeúntes que discurrían por el eje León-Oviedo y fueran necesarias, entonces, nuevas estructuras para lograr su correcto funcionamiento[9].

[7] Archivo Catedralicio de Oviedo (ACO), serie B, carp. 3, n.º 5. Referenciado en S. García Larragueta, *Catálogo de los pergaminos de la catedral de Oviedo*, Oviedo, Instituto de Estudios Asturianos, 1957, p. 64 (doc. 156). Cabe señalar que el matrimonio no fue el primero en mostrar sus inclinaciones hospitalarias en el territorio, sino que, en 1103, el rey Alfonso VI ya había impulsado la fundación de una alberguería en la zona, concretamente en el lugar de Baíña, cercano a Mieres del Camino, «unde habeant transeuntes pauperes et divites hospicium», coincidiendo con uno de los intervalos más solitarios del trayecto León-Oviedo. Véase S. Beltrán Suárez, «El Camino de Santiago como elemento articulador del espacio en la Asturias medieval», en *El Camino de Santiago y la articulación del espacio hispánico: XX Semana de Estudios Medievales. Estella, 26 a 30 de julio de 1993*, Navarra, Gobierno de Navarra, 1994, pp. 213-228.

[8] Recogen la noticia J. I. Ruiz de la Peña Solar *et al.*, *Las peregrinaciones a San Salvador de Oviedo en la Edad Media*, Oviedo, Servicio de Publicaciones del Principado de Asturias, 1990, p. 166.

[9] Tampoco es fortuita la fundación de la malatería de La Rebollada a escasos kilómetros del lugar, cuya primera alusión documental data de 1267, tal y como comentan J. I. Ruiz de la Peña Solar *et al.*, *Las peregrinaciones...*, *op. cit.*, p. 166. Estudia dicha leprosería: J. R. Tolivar Faes,

3. «MONTAÑAS MUY FRAGUOSAS» Y OTROS RIESGOS NATURALES

En ocasiones, la actividad hospitalaria se vio comprometida por diversos factores medioambientales que pusieron en riesgo tanto el tránsito de las gentes en romería como el mantenimiento de estos centros asistenciales. A las adversas condiciones climáticas debe añadirse la áspera orografía asturiana, aquella que unía Asturias con León y Galicia, tan determinante para el desarrollo histórico asturiano y cuyas consecuencias ya la misma reina de León, Urraca I, pudo sufrir en carne propia. La monarca, que llegaba a la ciudad de Oviedo en 1112 muy posiblemente en viaje hacia Santiago de Compostela, dejó testimonio escrito a su paso por la región: «ad asperos itaque Astures montesque lapidosos iter eggrediens, per Ovetus transitus fecit...»[10]. Quizás detrás de estas fatigosas experiencias de reyes y reinas, que vivieron en primera persona la dificultad y el padecimiento de los ásperos montes y los complicados caminos, está la causa de sus decisiones y donaciones, tendentes a promover la asistencia y la hospitalidad en aquellos trayectos y a configurar un nuevo paisaje, el hospitalario[11]. No es fortuito, creemos, que la reina Urraca, seis años después de aquel viaje por Asturias y posiblemente recordando la dureza de tales tierras, concediese al hospital del puerto de San Isidro (Aller), fundado por los *confratres* de Pardomino, una exención fiscal sin precedentes con el objetivo de garantizar socorro y ayuda a unos viajeros que morían de frío al atravesar aquel puerto, allí donde «multi peregrini et viatores moriebantur frigore»[12].

....

Hospitales de leprosos en Asturias durante las Edades Media y Moderna, Oviedo, Instituto de Estudios Asturianos, 1966, pp. 123-135. Respecto al trayecto Oviedo-León, es importante señalar que este camino de peregrinación no fue únicamente transitado por romeros, pues su constitución como «la principal arteria de comunicación y de tráfico mercantil» entre las tierras asturianas y leonesas hizo que sus paisajes fuesen surcados tanto por peregrinos como por mercaderes que emprendían la ruta comercial de León-Oviedo-Avilés. Véase: S. Beltrán Suárez, «El Camino de...», *op. cit.*, pp. 143-144.

[10] J. I. Ruiz de la Peña Solar, *Oviedo ciudad santuario: las peregrinaciones a San Salvador*, Oviedo, Universidad de Oviedo, 2004, p. 40.

[11] Véase, por ejemplo, los casos de Alfonso VI, Alfonso VII y Alfonso IX en: S. Beltrán Suárez, «El Camino de...», *op. cit.*, pp. 217 y ss. Uno de los ejemplos más representativos es Santa María de Arbas, centro situado en la montaña asturleonesa y recurrente destinatario de privilegios que, concedidos por los monarcas castellanos, continuaban vigentes a fines del siglo XV. Así, en octubre de 1495, los Reyes Católicos emitieron una carta de confirmación de las libertades, privilegios y franquezas dedicadas por sus antecesores al monasterio y hospital de Arbas. Archivo General de Simancas (AGS), Registro General del Sello (RGS), Legajo 149510, f. 318.

[12] M. Álvarez Fernández, «Cuando la montaña...», *op. cit.*, p. 447.

XLIX SEMANA INTERNACIONAL DE ESTUDIOS MEDIEVALES. ESTELLA-LIZARRA. 2023 | Transformaciones del medioambiente en la Edad Media
DOI: https://doi.org/10.35462/siemel.49 | 343-350

El rigor de la montaña asturiana y los riesgos a ella asociados trataron de ser contrarrestados con la fundación de nuevas ventas, iglesias, alberguerías y hospitales, erigidos como un paliativo frente a la despoblación, las abundantes nieves, las lluvias, el deshielo, la erosión del agua y los desprendimientos de tierra[13]. Fueron muy habituales en Asturias, por ejemplo, las precipitaciones descontroladas que contribuyeron a acrecentar los ya generosos caudales asturianos, dificultando el paso de los ríos mediante barcas y destruyendo los puentes e infraestructuas que garantizaban la fluidez de los tránsitos comerciales y devocionales[14]. Es lo que sucedió en uno de los puntos más representativos del camino al Salvador de Oviedo, a su paso por Ujo (Mieres), en una zona de ensanchamiento del valle donde el aumento del caudal del río, que recibía en ese punto las aguas de los ríos Aller y Turón, desencadenó las peores consecuencias[15]. En enero de 1500, la ciudad de Oviedo decretaba la urgente necesidad de reparar la estructura de Ujo, la única que permitía atravesar el río de Mieres del Camino, destrozado por las crecidas fluviales del año anterior y cuyo penoso estado impedía la llegada de las gentes que ascendían desde Castilla, entre ellas, «los romeros e pelegrinos que venyan de romería a Santiago de Galizia»[16].

Las «fuerzas naturales» determinaron, y en ocasiones dificultaron, las acciones humanas a lo largo de la Edad Media[17]. En este contexto, esos peligros naturales ya comentados comprometieron incluso la propia ocupación de los territorios de montañana surcados por las vías de peregrinación, provocando la despoblación de dichas zonas y poniendo con ello en vilo, como se ha visto, la

---

[13] De estos factores ya dio buena cuenta J. Uría Maqua, «Los caminos de la peregrinación a San Salvador de Oviedo y a Santiago de Asturias», en *Las peregrinaciones a Santiago de Compostela...*, *op. cit.*, pp. 194 y ss.

[14] Para el estudio de los puentes en la Asturias medieval remitimos a: S. Beltrán Suárez, «Los puentes como elementos articuladores del espacio en Asturias. El ejemplo de los de Olloniego y Mieres del Camino», *Boletín del Real Instituto de Estudios Asturianos*, 157, 2001, pp. 41-60.

[15] Describe la ruta León-Oviedo: J. Uría Maqua, «Los caminos de...», *op. cit.*, pp. 205-208.

[16] AGS, RGS, leg. 150001, f. 444. Las fuertes lluvias no solo destruyeron puentes, sino que también impidieron su reconstrucción y, en sí, la de los elementos infraestructurales que permitían el tránsito en la Asturias medieval. De esta forma lo muestra una reveladora noticia del Oviedo del año 1500: «porque los años pasados non avían reparado en sestaferias a cabsa de los tiempos ser contrarios de muchas lluvias, mandáronles que cada uno en sus estancias y términos reparasen las carriles y caminos...». M. Álvarez Fernández, *«Por ser bien común e público». Experiencias políticas y praxis urbana en el Oviedo de 1500*, Oviedo, Real Instituto de Estudios Asturianos, 2014, p. 185.

[17] Así lo aseguraba G. Duby en uno de sus más célebres trabajos. Decía el genial medievalista que «la vida económica se reduce esencialmente a la lucha que el hombre debe mantener cotidianamente, para sobrevivir, contra las fuerzas naturales. Combate difícil, porque el hombre maneja armas poco eficaces y el poder de la naturaleza lo domina»: G. Duby (ed.), *Guerreros y campesinos. Desarrollo inicial de la economía europea, 500-1200*, Madrid, Siglo XXI, 2009, p. 7.

seguridad y el confort de los caminantes que buscaban amparo en su trayecto. Amén de la cuestión climática, la agreste orografía asturiana trató de ser contrarrestada por los monarcas a través de exenciones y otros privilegios otorgados tanto a los hospitales como a los moradores de dichas zonas con el objetivo de mantener antropizados los puertos de montaña y prometerles, entonces, la asistencia demandada a los transeúntes[18].

Las condiciones medioambientales dificultaron no solo el tránsito, sino también la habitabilidad y en sí el poblamiento continuo de algunos lugares: muestra, en fin, de «una vida condicionada por el paisaje»[19]. A su vez, las características del relieve asturiano complicaron la ocupación de ciertas zonas de los caminos de peregrinación y, al mismo tiempo, remarcaron la necesidad de establecer centros asistenciales en ellas. Este fue el caso del puerto de El Acebo, situado a más de 1000 m de altura en la unión natural entre Asturias y Galicia. Un paso obligado, por lo tanto, para los peregrinos que transcurrían por el camino primitivo hacia Compostela. A fines de la Edad Media, Aldonza Rodríguez de Ibias, vecina de Cangas de Tineo, se consagró como fundadora de un hospital a pocos kilómetros del lugar –considerado, de hecho, el germen de la población de Fonfría– con el preciso objetivo de paliar la inexistencia de ventas y de población en tal «puerto de sierra despoblado», lo que causaba «mucho detrimento» a todos aquellos pobres y peregrinos que por él transcurrían[20]. Atendiendo a los piadosos deseos y hospitalarias demandas de la mujer, quien suplicaba por la conservación de este centro que ciertamente contrarrestaba los determinantes geofísicos y la despoblación, los Reyes Católicos, siguiendo la estela de monarcas precedentes, hicieron libres de pagar el impuesto de alcabalas a dos venteros que abriesen sus ventas al lado del hospital, vendiendo en ellas dis-

---

[18] Véase el generoso privilegio dado por Alfonso XI en 1326 a los moradores de los lugares de Leitariegos, una tierra «mucho agra e de poca proueda» y de «grant estremo de fríos», para que estos territorios «non se despoblasen nin quedasen yermos» y los caminantes pudiesen hallar en ellos cobijo y sustento: J. I. Ruiz de la Peña Solar, «El coto de Leitariegos: una comunidad de montaña en la Asturias medieval», *Asturiensia medievalia*, 3, 1979, pp. 173-216. Uno de los grandes ejemplos de la implicación de los habitantes de la montaña con los transeúntes se documenta con relación al hospital de El Acebo. Esta noticia manifiesta una de las maneras en las que las gentes facilitaban –en este caso, por orden de los Reyes Católicos– el paso entre las nieves que cubrían los caminos: «que pongan ochocientos palos en todo el dicho camino, que es desde el dicho lugar del Acebo hasta el dicho hospital de Fuencebadón, los cuales pongan fincados en la tierra e salidos e descubiertos della mucha parte dellos, por manera que, aunque en el dicho puerto caiga tanta nieve que cubra a los caminos, queden descubiertos todos los dichos palos, para que los dichos romeros se puedan guiar por ellos y salir a poblado»: M. Álvarez Fernández, «Cuando la montaña...», *op. cit.*, p. 442.
[19] M. Álvarez Fernández, «Cuando la montaña...», *op. cit.*, p. 439.
[20] Edita el documento J. I. Ruiz de la Peña Solar, «Dos fundaciones hospitalarias...», *op. cit.*, pp. 589-591.

tintos productos para el sustento de los transeúntes. Esta decisión regia no deja de ser una respuesta de los poderes medievales a los condicionantes naturales y a la esencial asistencia prometida a los caminantes, contribuyendo con ello a la ocupación humana –ya iniciada anteriormente con la fundación hospitalaria– y a la antropización de un lugar hasta entonces solitario.

4. CONCLUSIONES

En este breve recorrido por las fundaciones hospitalarias en la Asturias medieval podemos observar una clara antropización del paisaje impulsada a través de la promoción de la asistencia, sirviendo estos establecimientos, en ocasiones, de núcleo base para una presencia humana organizada en su entorno: por un lado, en lugares ya ocupados, como la Pola de Siero, ahora generando una nueva forma de poblamiento; por otro, en zonas yermas y despobladas, como Monte Copián, en las cuales los llamamientos a la antropización evidencian la necesidad de promover en ellas una habitabilidad continua con fines hospitalarios. En resumen, una transformación del medioambiente derivada de la propia construcción de estructuras físicas, los hospitales, que se sumaron a otros elementos infraestructurales, como los puentes, necesarios para salvar accidentes geográficos, y que no solo permitían el paso, sino que hacían menos tedioso el itinerario.

El paisaje, aunque claramente modificado por la acción humana, fue un determinante en sí mismo, mientras que los condicionantes orográficos y climáticos se presentaron, en ocasiones, poco favorables para el poblamiento, el viaje y la asistencia. Esto fue algo que quienes dirigían la sociedad medieval trataron de solucionar; reyes, reinas y grandes potentados buscaron mejorar, a través de exenciones, privilegios, donaciones y fundaciones, la llegada y las breves estancias de los extranjeros y la vida de los oriundos o habitantes de las alejadas zonas montañosas. Respuestas, todas ellas, a una desafiante naturaleza, lo cual no deja de manifestar la compleja relación entre la hospitalidad y el medio natural.

Agua y repartimientos. El paisaje agrario de la colonización cristiana en la huerta de Ontinyent durante el siglo XIII[*]

Miguel Robledillo Sais

Universitat de València
miguelrobledillos@gmail.com

1. INTRODUCCIÓN

Ontinyent es un municipio situado en el centro-sur del País Valenciano, perteneciente a la comarca de la Vall d'Albaida, que históricamente ha fundamentado su actividad agrícola en los cultivos de secano como la vid y el olivar. Sin embargo, la riqueza hídrica abundante en la zona permite la canalización y conducción de aguas para la irrigación en una parte del territorio cultivable. Aunque existen algunos sistemas de irrigación aprovisionados mediante surgencias naturales o fuentes que crean pequeños espacios destinados a la horticultura, la mayor parte del área irrigada se nutre de las aguas del río que atraviesa el término municipal, el denominado río Clariano o río de Ontinyent. El área irrigada principal, localizada al sur y al este del núcleo urbano, es conocida como l'Horta d'Ontinyent (en adelante, la Huerta de Ontinyent).

En el presente estudio pretendemos explicar las características de este paisaje agrícola irrigado, de origen andalusí, analizando especialmente las transformaciones realizadas como consecuencia de la conquista y la consiguiente colonización cristiana en la segunda mitad del siglo XIII. A tal efecto, hemos circunscrito un espacio de estudio específico dentro de la mencionada huerta,

* Investigador Contratado Predoctoral ACIF-GVA en el Departament d'Història Medieval i Ciències i Tècniques Historiogràfiques de la Facultat de Geografia i Història de la Universitat de València. El presente estudio se inscribe en los siguientes proyectos de investigación: 1) ERC SyG «MEDGREENREV» Ref. 1011071726 codirigido por H. Kirchner, G. García-Contreras y A. Pluwskowski. Los fundamentos del mencionado proyecto se pueden encontrar en el artículo: H. Kirchner et al., «Re-thinking the 'Green Revolution' in the Mediterranean world», Antiquity, 97(394), 2023, pp. 964-974. 2) «Mercados, instituciones e integración económica en el Mediterráneo occidental (siglos XIII-XVI)», PID2021-128038NB-I00 (MCI/AEI/FEDER, UE). En este punto queremos agradecer la revisión del texto por parte del Dr. Ferran Esquilache, así como las aportaciones al estudio de los dres. Guillermo García-Contreras, Enric Guinot y Josep Torró. Por supuesto, los errores que pueda incluir este trabajo son responsabilidad directa del autor.

XLIX SEMANA INTERNACIONAL DE ESTUDIOS MEDIEVALES. ESTELLA-LIZARRA. 2023 | Transformaciones del medioambiente en la Edad Media

DOI: https://doi.org/10.35462/siemel.49 | 351-360

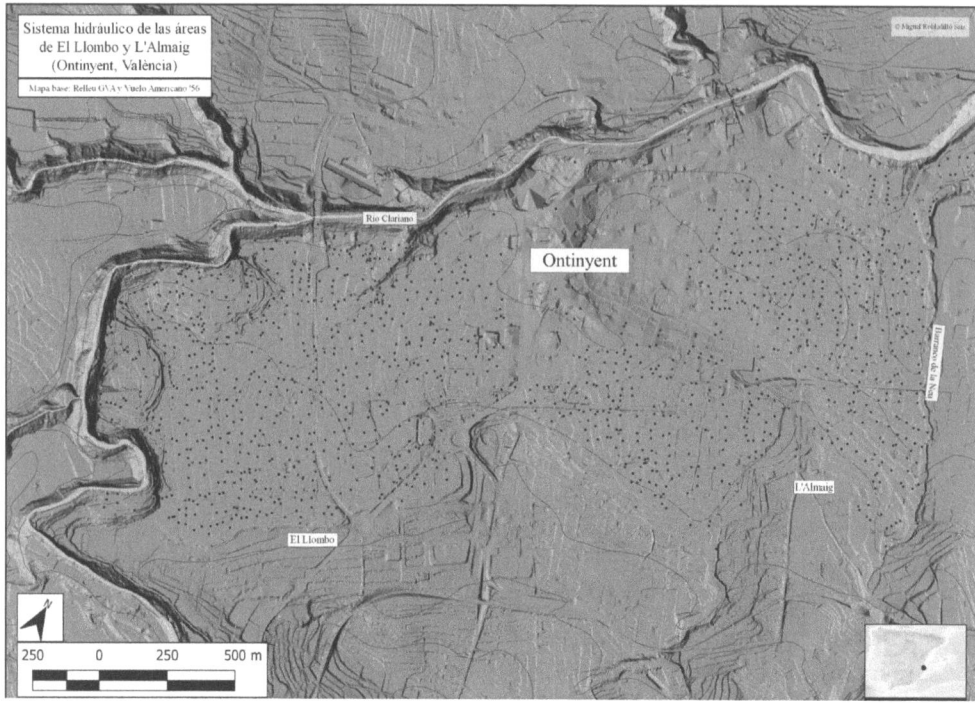

Figura 1. Sistema hidráulico de las áreas de El Llombo y L'Almaig (Ontinyent, València). Elaboración propia.

abarcando un área geográfica que se extiende desde el primer partidor de la Séquia Vella (el canal de riego inicial del sistema) hasta el barranco de la Neu, englobando a grandes rasgos las partidas o zonas rurales del Llombo y l'Almaig, que a todas luces fue el área principal de la irrigación medieval en Ontinyent.

Para llevar a cabo este estudio, durante los años 2022 y 2023 se han realizado una serie de prospecciones arqueológicas del territorio hortícola de las mencionadas áreas rurales del Llombo y l'Almaig. Gracias a la información recogida, siguiendo la metodología propia de los estudios de arqueología agraria que aúna el análisis de fuentes escritas y arqueológicas, así como los datos integrados mediante Sistemas de Información Geográfica, se ha podido reconstruir el parcelario actual de dichos lugares de la Huerta de Ontinyent (fig. 1), con el fin de analizar su morfología y extraer algunas conclusiones como veremos a continuación.

2. LA CONQUISTA Y COLONIZACIÓN DEL ONTINYENT ANDALUSÍ

La Corona de Aragón experimentó durante el siglo XIII una ampliación significativa de su territorio, trascendiendo sus límites meridionales gracias a las conquistas de Mallorca (1229-1231) y Valencia (1231-1245).

En ese contexto se conquistó el territorio que aquí tratamos, que, en dicho momento, a finales del siglo XII e inicios del XIII, se englobaría dentro de los límites del *'amal* andalusí de Untinyān, dependiendo este a su vez de Madinat Shatiba (actual Xàtiva)[1].

El ḥiṣn Untinyān era una fortificación con carácter semiurbano que ejercería como sede del poder y de refugio para la población de los alrededores. Dentro de sus límites territoriales encontraríamos pequeños núcleos de población andalusí, las llamadas alquerías[2]. El principal resorte productivo de los campesinos de estos asentamientos estaría basado en una combinación de actividades de carácter agrario, como el trabajo de los espacios de cultivo –irrigados y de secano–, la ganadería y la explotación de las áreas silvícolas mediante prácticas cinegéticas y de recolección.

Untinyān pasaría a control catalano-aragonés durante la tercera fase de la conquista del territorio del incipiente reino de Valencia (1239-1245), en una fecha próxima a la rendición de Xàtiva en junio del 1244, y antes de la toma de Biar en febrero del 1245[3]. De igual forma que en el resto de los principales centros de poder andalusí de la región, la Corona, como principal promotora y organizadora de la conquista, procedería tempranamente a expulsar a la mayor parte de la población andalusí de Untinyān[4], aunque encontraremos cierto número de mudéjares dispersos por el territorio, fuera del ḥiṣn, al menos hasta finales de siglo[5].

Gracias a las concesiones documentadas en el *Llibre del Repartiment* para mediados del siglo XIII, contamos con información de cómo pudieron distribuirse entre los colonos los bienes sustraídos a los andalusíes de Untinyān, incluyéndose en esta lista casas, tierras, molinos o fincas privadas[6]. Incluso vemos

1   M. J. Rubiera y M. Epalza, *Xàtiva musulmana: segles VIII-XIII*, Xàtiva, Ajuntament de Xàtiva, 1987.
2   A. Ribera, «Covetes dels Moros: Coves finestra en el Xarq Al-Andalus. Arqueologia de les coves penjades artificials valencianes», tesis doctoral, Universitat d'Alacant, 2016.
3   R. I. Burns, *Jaume I i els Valencians del segle XIII*, València, Tres i Quatre, 1981.
4   J. Torró, «"Expellere sarracenos". Expulsions, reassentaments i emigració dels musulmans del regne de València després de la conquesta cristiana (1233-1348)», en F. Sabaté (coord.), *Poblacions rebutjades, poblacions desplaçades: (Europa medieval)*, Lleida, Pagès, 2019, pp. 71-103.
5   J. Torró, «L'alqueria que esdevingué pobla. Morfologia urbana d'Agullent (XIII-XVI)», en *Actes del Primer Congrés d'Estudis de la Vall d'Albaida*, Aielo de Malferit, Diputació de València-Institut d'Estudis de la Vall d'Albaida, 1996, pp. 939-954.
6   Los asentamientos del Repartiment en Ontinyent han sido mencionados en diferentes publicaciones atendiendo el caso conjuntamente a otros: S. Selma, «Notes sobre la formació d'uns primers monopolis feudals a la Vall d'Albaida», *Alba. Revista d'Estudis Comarcals de la Vall d'Albaida*, 7, 1992, pp. 35-38; J. Torró, «Guerra, repartiment i colonització al regne de València (1248-1249)», en E. Guinot y J. Torró (eds.), *Repartiments medievals a la Corona d'Aragó (segles XII-XIII)*, València, PUV, 2007, pp. 201-276; J. Torró y E. Guinot, «Los reales (riyāḍāt) de Valencia antes y después

mencionada la concesión de alquerías enteras, seguramente de poca entidad, en las cuales se llevó a cabo también, probablemente, la expulsión de su población originaria. Así, la donación a los colonos de los bienes arrebatados al conjunto poblacional indígena constituyó la base de la estructuración legal de la villa de colonización de Ontinyent, de señorío real y mayormente de población cristiana, creando un punto fuerte en la frontera sur del reino.

3. LAS TRANSFORMACIONES DE LOS PAISAJES IRRIGADOS ANDALUSÍES DE ONTINYENT DURANTE LA SEGUNDA MITAD DEL SIGLO XIII

Aunque en época andalusí la mayor parte de las tierras de cultivo se destinaban a especies vegetales de secano, gracias al estudio realizado en este trabajo hemos podido identificar en la actual zona de huerta unas pocas áreas agrícolas de dimensiones reducidas que se encontrarían provistas de irrigación en época andalusí, relacionadas con las alquerías de la zona[7] (fig. 2).

En virtud de estos hallazgos, es plausible sostener sin demasiada duda que el origen del sistema hidráulico de la Huerta de Ontinyent remonta sus raíces a la sociedad andalusí. Sin embargo, hasta la fecha nos encontramos limitados para establecer cronologías precisas sobre su origen concreto y su desarrollo posterior durante el propio periodo andalusí. En cualquier caso, no es este el objeto del presente estudio, que se desarrollará en otro lugar, sino su transformación posterior a la conquista cristiana, pero era necesario mencionarlo para que se entienda a continuación el proceso.

En general, las tierras repartidas durante la colonización de la zona central del Šarq Al-Andalus se concedían después de soguear el territorio susceptible de explotación agrícola, es decir, de medirlo y dividirlo en parcelas. En el espacio de las nuevas áreas de cultivo construidas tras la conquista, la fisonomía de las parcelas de colonización es de sobra conocida en la actualidad a raíz de los es-

---

de la conquista cristiana», en J. Navarro Palazón y M. C. Trillo San José, *Almunias. Las fincas de las élites en el Occidente islámico: poder, solaz y producción*, Granada, Universidad de Granada, 2018, pp. 355-388. No obstante, hasta el momento no se ha realizado un estudio pormenorizado de la colonización del lugar desde los textos presentes en este compendio documental.

7   La existencia de espacios hortícolas trabajados en época andalusí había sido mencionada por la historiografía local, ya que aparecen nombrados en los repartimientos feudales. Sin embargo, hasta el momento no habían sido identificados. La atribución de andalusí al origen del sistema en: V. Terol, «Una iniciativa municipal ontinyentina a la tardor de l'edat mitjana: la séquia del Pou Clar o séquia Nova (1421-1424)», *Alba. Revista d'Estudis Comarcals de la Vall d'Albaida*, 9, 1994, pp. 137-150.

tudios llevados a cabo en otros lugares del País Valenciano[8]. Se trata de bandas perpendiculares continuas, formando un parcelario agrícola de cierta regularidad morfológica desde el punto de vista geométrico, para cuya construcción se utilizaba la *corda* y la *braça*[9], medidas de longitud establecidas en los Fueros de Valencia[10].

A partir del estudio reconstructivo de la huerta actual de Ontinyent, hemos podido identificar un compendio de terrenos que parecen haber sido fruto de los sogueamientos de la colonización, encajados entre los espacios irrigados andalusíes que acabamos de ver (fig. 2). El espacio medido y repartido tras la conquista en la vega andalusí de Ontinyent se identifica mediante las líneas entre los caminos, las terrazas de los campos y los canales de irrigación, formando franjas de tierra alargadas. La mayoría de estas franjas miden entre una y tres *cordes* (entre 40 y 122 m aprox.) de ancho, de manera que no existe una regularidad constante entre ellas. De hecho, esta irregularidad en el conjunto de franjas de la Huerta de Ontinyent contrasta con otros casos ya estudiados en el País Valenciano, como por ejemplo los de Pego y Vilafamés[11], donde los sogueamientos son mucho más regulares, repitiéndose un patrón de seis *cordes*. La heterogeneidad visible en el caso de Ontinyent se puede deber, como mencionamos, a la diversidad topográfica; las superficies de Pego y Vilafamés cuentan con un territorio bastante plano, a diferencia del territorio montañoso y barrancoso de Ontinyent.

Además, la gran divergencia con los casos mencionados es que se trata de espacios agrarios de nueva construcción tras la conquista, no como en el presente estudio, que analiza la transformación de los intersticios entre el sistema hidráulico y los espacios irrigados de época andalusí (fig. 2), que no fueron destruidos. De hecho, la conservación del anterior parcelario de regadío andalusí es consecuencia del reaprovechamiento por parte de los colonos cristianos de la red hidráulica y los campos que regaba, ya que modificarla hubiere supuesto cambiarla desde la base por la dificultad que supone reconducir las aguas más arriba de la llamada línea de rigidez (cota más alta por la que discurre el agua,

---

[8] Josep Torró enumera algunos casos en: J. Torró, «Paisajes de frontera. Conquistas cristianas y transformaciones agrarias (siglos XII al XIV)», *Edad Media: revista de historia*, 20, 2019, pp. 13-46.

[9] 1 *corda* = 40,77m; 1 *braça* = 2,0385m; 1 *corda* = 20 *braces*.

[10] E. Guinot, «La construcción de nuevos espacios agrarios en el siglo XIII. Repartimientos y parcelarios de fundación en el Reino de Valencia: Puçol y Vilafamés», en J. Torró y E. Guinot (eds.), *Trigo y ovejas: el impacto de las conquistas en los paisajes andalusíes (siglos XI-XVI)*, València, PUV, 2018, pp. 119-160.

[11] El caso de Pego en: J. Torró, «La colonización del valle de Pego (c. 1280-c. 1300). Prospección y estudio morfológico: primeros resultados», *Arqueología espacial*, 19-20, 1998, pp. 443-462. El de Vilafamés en: E. Guinot, «La construcción de nuevos espacios agrarios en el siglo XIII...», *op. cit.*

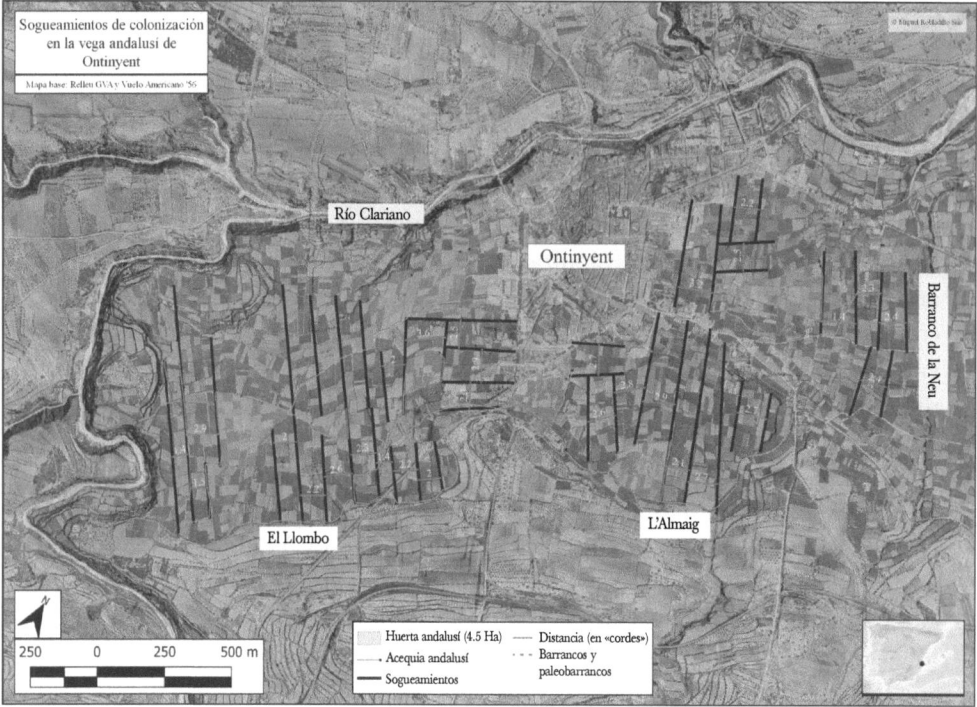

Figura 2. Sogueamientos de colonización en la vega andalusí de Ontinyent. Elaboración propia.

descendiendo paulatinamente provocando su escorrentía)[12]. De este modo, vemos cómo la superposición de un parcelario feudal sobre un parcelario andalusí más antiguo, cuyas características son diferentes, posibilita la identificación de ambos por separado gracias al análisis morfológico[13].

Con todo, la apertura de nuevos espacios irrigados en el Ontinyent del periodo de colonización necesitó de una expansión del sistema de riego, pues a partir de ahora no solo se iban a regar las antiguas huertas andalusíes, sino que se buscaba llevar el agua también a aquellos campos divididos y repartidos en los intersticios de secano de la antigua vega. Así, fue necesario aumentar el caudal. Los colonos se sirvieron de nuevas prácticas de aprovisionamiento hídrico que aún no habían sido puestas en marcha en esta zona, como la capta-

---

[12] M. Barceló, H. Kirchner y C. Navarro, *El agua que no duerme. Fundamentos de la arqueología hidráulica andalusí*, Granada, El legado andalusí, 1995.

[13] Como demostró Ferran Esquilache en su estudio de los espacios agrarios de la Vega de Valencia: F. Esquilache, *Els constructors de l'Horta de València*, València, PUV, 2018.

ción del agua del río Clariano mediante un azud. Conviene señalar que si hasta ese momento no se había construido ningún azud, era porque la compensación productiva de la irrigación era menor a la aportación de fuerza de trabajo que la aljama o los propietarios privados de tierras debían costear para su construcción y mantenimiento[14]. La fiscalidad andalusí no ejercía un control directo sobre los modelos de producción campesina debido a una generalización del pago en moneda. Por contra, en el mundo feudal el cultivo de cereales y viña venía condicionado muchas veces por el poder señorial, y, si no, la propia dinámica del pago de rentas sobre todo en especie implicaba la elección de los cultivos. Por este hecho, se primaba la cantidad a la calidad, cosechando especies de tradición de secano con aportes de agua de manera artificial[15]. Estos tipos de cultivo desgastan el suelo agrícola con suma rapidez, lo que provoca el descenso del producto obtenido. Para paliarlo, se ponían en regadío todos los campos que el territorio y las prácticas agrarias del momento ofrecían[16].

Podemos determinar aproximadamente la magnitud de dicha expansión del sistema. Basándonos en los cálculos más antiguos disponibles de la capacidad irrigable del sistema de la Huerta de Ontinyent, obtenidos gracias a un documento de 1572[17], consideramos que, para los tiempos anteriores a la década de 1420 (cuando el sistema recibe una nueva aportación de aguas con la apertura de la Séquia Nova[18]), se podrían regar alrededor de 150 ha, posible gracias a las fuentes y el azud que proveían de agua a la Séquia Vella, y calculado en 61 filas 1/7. Con el estudio de los espacios irrigados andalusíes de Untinyān, observamos cómo estos sumarían alrededor de 24 ha (regadas mediante unas cuatro filas de agua, según el referido documento, proveídas por la mina de captación del inicio del sistema y alguna fuente más). Por ello, creemos que se podría haber multiplicado por cinco la superficie irrigable de la huerta de la villa de Ontinyent durante los tiempos de la colonización.

....

[14] En las zonas altas de los ríos de la zona, los azudes se ven sujetos a constantes reparaciones debido a que el clima mediterráneo ocasiona una estacionalidad de las lluvias, acumulándose en grandes trombas en un escaso tiempo, lo que supone un crecimiento exponencial de los cursos fluviales.

[15] F. Esquilache, «Una herència reconstruïda. Canvis físics i institucionals en les hortes fluvials andalusines després de la conquesta cristiana», en E. Vicedo Rius, *Recs històrics: pagesia, història i patrimoni*, Lleida, Institut d'Estudis Ilerdens-Diputació de Lleida, 2019, pp. 449-474.

[16] F. García-Oliver, «Els cultius», en E. Giralt i Raventós y J. M. Salrach, *Història agrària dels Països Catalans*, Barcelona, Universitat de Barcelona, 2004, vol. II, pp. 301-334.

[17] Transcrito en: D. Gironés Micó, «El soguejament de l'Horta Vella i Nova d'Ontinyent de 1572», en *II Congrés d'Estudis de la Vall* d'Albaida, Ontinyent, Institució Alfons el Magnànim, 2004, pp. 697-719.

[18] V. Terol, «Una iniciativa municipal ontinyentina a la tardor de l'edat Mitjana...», *op. cit.*, p. 20.

Finalmente, conviene precisar que el espacio agrario no se divide y reparte del todo en el primer momento de creación de la villa, 1248 y 1249 (ratificada en 1250)[19], sino que la colonización y la expansión del agro en Ontinyent continúa durante toda la segunda mitad del Trescientos y del siguiente siglo, coetáneamente a la mayoría de las villas valencianas[20]. Por lo tanto, no podemos aventurarnos a determinar que los sogueamientos que identificamos como de colonización en la Huerta de Ontinyent sean necesariamente de los primeros asentamientos documentados, sino que pueden reflejar nuevos repartimientos posteriores.

4. LA INTEGRACIÓN DE UN PEQUEÑO ESPACIO PALUSTRE DESECADO EN EL ÁREA DE CULTIVO DE ONTINYENT

A pesar de las transformaciones realizadas en el último siglo por el avance urbanístico, en la actual zona del Llombo aún permanece una pequeña depresión del terreno flanqueada por dos posibles espacios de huerta andalusí, con tendencia a la colmatación hídrica. En este intersticio, actualmente en desuso de toda práctica agrícola, se pueden entrever el recorrido de las terrazas y los canales que lo flanqueaban. Además, observando la fotografía aérea del «vuelo americano» de 1956-1957, podemos intuir cómo los campos de cultivo se encuentran rodeados de canales que vierten sus aguas en otro canal más principal que recorre la cota más baja del lugar, es decir, un canal de drenaje de los campos (fig. 3).

La práctica de desecar espacios palustres en pro de servir como zonas de cultivo fue un recurso común en los tiempos de la colonización en todo el territorio del reino[21]. De hecho, la desecación de áreas inundables permite conseguir suelos notablemente ricos en nutrientes durante los primeros años. En este sentido, la inversión realizada en el proceso de desecación se vislumbraría como una inversión estratégica, con la promesa de generosos beneficios en las cosechas inaugurales. Por lo tanto, dentro de las obras de reacondicionamiento del espacio agrario andalusí de Ontinyent se habría ideado la desecación de esta zona para extender su capacidad cultivable.

....

[19] AMO, Pergamins, n.º 1.
[20] J. Torró, «Paisajes de frontera...», op. cit.
[21] J. Torró, «Tierras ganadas. Aterrazamiento de pendientes y desecación de marjales en la colonización cristiana del territorio valenciano», en H. Kirchner (ed.), Por una arqueología agraria. Perspectivas de investigación sobre espacios de cultivo en las sociedades medievales hispánicas, Oxford, Archaeopress, 2010, pp. 157-172.

Figura 3. Posible espacio desecado durante la colonización cristiana en El Llombo (Ontinyent, València). Elaboración propia.

5. CONCLUSIONES

Con este estudio contribuimos a conocer mejor los paisajes agrarios de la frontera meridional valenciana en la segunda mitad del siglo XIII. Mediante el proceso de implantación de la sociedad feudal en el Šarq Al-Andalus, se pretendió erradicar todo resorte social y productivo existente con anterioridad a la conquista, desposeyendo y expulsando a una gran parte de la población nativa. Los bienes expropiados a los andalusíes fueron objeto de repartimientos para una población llegada desde los reinos feudales dispuesta a habitar y explotar el territorio conquistado. Con la creación de las conocidas como «villas nuevas de colonización», se buscó concentrar a la población en las fértiles llanuras agrícolas, pero también en los lugares de mayor hostilidad y tráfico de personas y de mercancías, como la frontera sur del reino.

El caso de Ontinyent nos demuestra cómo la voluntad de erigir un asentamiento mayoritariamente cristiano se dio con el fin de consolidar un núcleo fuerte en la frontera con Castilla y Al-Andalus en el siglo XIII. El éxito de este poblamiento de colonización estuvo condicionado por una serie de factores favorables para los recién llegados, que incluyeron la concesión de privilegios y la asignación de bienes inmuebles, especialmente tierras en el antiguo término del *'amal* y casas dentro del sector intramuros del *ḥiṣn*.

Mediante la metodología de la arqueología agraria hemos podido llegar a identificar y constatar en el paisaje actual *ontinyentí* aquellos repartimientos en el agro que conocemos para esta época gracias a los documentos. Con la reconstrucción parcelaria llevada a cabo gracias a la identificación de los resortes materiales del paisaje actual de la huerta y su análisis morfológico, podemos comprender cómo se repartieron los antiguos campos de la vega andalusí de Untinyān; si bien se mantuvo la estructura de las antiguas huertas, a su vez se llevaron a cabo diferentes prácticas de apertura de nuevos espacios de cultivo irrigado, llevando el agua hacia los antiguos campos de secano, y roturando y desecando el espacio inculto ampliando considerablemente así la superficie hortícola. Los objetivos perseguidos por los colonos eran obtener los recursos suficientes para sufragar el pago de la renta feudal, así como crear excedentes destinados a un mercado en desarrollo. La colonización cristiana en el este peninsular, por tanto, supuso un gran cambio en las estructuras agrarias, transformando el paisaje con el horizonte de una nueva dirección productiva de tipo feudal[22].

Como ha quedado patente a lo largo de este estudio, la conjunción de fuentes escritas con las de tipo arqueológico se presenta como una práctica fundamental para la identificación de múltiples aspectos materiales de las dinámicas productivas de las sociedades campesinas, tanto actuales como precapitalistas.

---

[22] No solo se ha estudiado este fenómeno en el País Valenciano, sino también en Catalunya y las Islas Baleares. Algunos estudios recientemente publicados: H. Kirchner, «Feudal conquest and colonisationan archaeological insight into the transformation of Andalusi irrigated spaces in the Balearic Island», en T. F. Glick *et al.* (coords.), *From Al-Andalus to the Americas (13th-17th Centuries). Destruction and construction of societies*, Leiden, Brill, 2018, pp. 191-227; y H. Kirchner, «Hydraulic technology as means of Christian colonisation. Watermills and channels in the Lower Ebro (Catalonia)», *World Archaeology*, 53(5), 2021, pp. 862-880.

Dendrocronología y patrimonio edificado. Las dataciones medievales de los caseríos-lagar

Josué Susperregi
Fundación Arkeolan
arkeolan@arkeolan.com

Ibon Telleria
UPV/EHU
ibon.telleria@ehu.eus

Mertxe Urteaga
Diputación Foral de Gipuzkoa
murteaga@gipuzkoa.net

1. PRELIMINARES

La dendrocronología, un término compuesto que dervia del griego *dendron* = árbol, *cronos* = tiempo y *logos* = estudio, es la ciencia que se encarga de datar los anillos de crecimiento de los árboles.

Su origen se debe al astrónomo A. E. Douglass quien, estudiando la influencia del sol en el clima terrestre, llegó a confirmar que el tamaño de los anillos de crecimiento de los árboles dependía de la cantidad de sol y lluvia recibida. Durante sus viajes por los bosques del norte de Arizona, comenzó a desarrollar una hipótesis según la cual, en esta región semiárida el crecimiento de los árboles estaría principalmente determinado por la disponibilidad de agua, quedando en muy segundo plano otros factores como la luz o la competencia entre individuos, con lo que los años secos deberían quedar registrados como anillos estrechos.

En 1914, Douglass había conseguido construir una cronología de casi quinientos años a partir del anillo de *Pinus ponderosa*, llegando a demostrar, mediante los registros climáticos disponibles, que la anchura de los anillos estaba directamente relacionada con la precipitación del invierno anterior. En 1937 fundó el primer laboratorio dedicado a este cometido. En Europa, los estudios llegaron años después, siendo el roble la especie principal elegida para realizar las dataciones[1].

---

[1] M. G. L. Baillie, *Tree-Ring Dating and Archaeology*, Chicago, University of Chicago Press, 1982.

XLIX SEMANA INTERNACIONAL DE ESTUDIOS MEDIEVALES. ESTELLA-LIZARRA. 2023 | Transformaciones del medioambiente en la Edad Media
DOI: https://doi.org/10.35462/siemel.49 | 361-373

Las dos principales aplicaciones de esta disciplina son la dendro-arqueología y la dendro-climatología. La primera consiste en la datación absoluta (a año del calendario) de maderas de cronología desconocida. La segunda se refiere a la realización de estudios climáticos a partir de la información registrada en los anillos de crecimiento de los árboles, e incluso la reconstrucción de parámetros climáticos para periodos en los que no existen registros de los observatorios.

El primer paso para la aplicación de los análisis dendrocronológicos en la datación de madera consiste en la confección de cronologías de referencia o curvas maestras. Estas deben establecerse de forma separada para cada taxón y zona climática. Se comienza con la toma de muestras de árboles vivos y, una vez cubierto el periodo cronológico que proporcionan con la suficiente representatividad, se van solapando maderas sucesivamente más antiguas, alargando la secuencia de referencia en función de la disponibilidad de madera de épocas históricas. De esta manera, se han desarrollado cronologías en Irlanda y Alemania que cubren los últimos 7000 años, donde los primeros tramos (los más antiguos) se han completado gracias a los bosques de ribera –bosques que en su momento se encontraban en tierra firme y hoy se localizan bajo el mar– y los árboles conservados en las turberas. La importancia de estos registros reside en su precisión, y un claro ejemplo es su utilización no solamente como herramienta de datación directa de la madera, sino para la calibración de las curvas que se usan en las dataciones por Carbono 14.

La principal ventaja del análisis dendrocronológico frente a otras técnicas de datación como el C14 radica en su precisión. Mientras que las dataciones obtenidas por este último método se sitúan en arcos de hasta cien años, las fechas producidas por dendrocronología pueden precisar el año, e incluso en algunos casos la estación, de tala del árbol. La precisión con esta técnica va a depender siempre de las características de las muestras analizadas y su estado de conservación. Teniendo en cuenta que el tronco del árbol se compone de duramen, albura y corteza (desde el interior al exterior), se pueden dar tres situaciones diferentes:

1. Muestra en la que se detecta la corteza o el último anillo de albura: la datación proporciona el año de tala y, dependiendo de la composición del último anillo, se podría precisar incluso la estación.
2. Muestra que conserva parte de la albura: el número de anillos de albura es un intervalo constante, por lo que es posible realizar una estimación de los anillos que faltan en la muestra respecto del tronco original. Por lo tanto, aunque la precisión será menor que en el caso anterior, el análisis proporcionará un intervalo para la fecha de tala del árbol (en el caso del roble del norte peninsular, el intervalo utilizado es de 25±15).

3. En el caso de que la muestra no presente rastro de albura (ni se detecte el límite entre duramen y albura, en ocasiones fácilmente reconocible), la datación para el último anillo presente en la muestra sería una datación *post-quem*, es decir, solamente se puede afirmar que el árbol fue abatido con posterioridad a dicha fecha, ya que no es posible estimar los anillos de duramen eliminados del tronco original durante el proceso de preparación de la pieza. En cualquier caso, se trata de una buena aproximación, ya que, siguiendo un aprovechamiento racional de los recursos, el tronco elegido deberá tener unas proporciones semejantes a las de la pieza a obtener, para minimizar el desperdicio de material lígneo.

Esta peculiaridad del método, unida a su base estadística (resultados obtenidos por comparación entre series numéricas), hacen que sea de gran importancia el número de muestras recogidas y analizadas: a mayor número de muestras, más probabilidades de localizar albura y/o corteza en alguna de ellas, y mejor representatividad del bosque originario de las piezas, por lo que los resultados serán más fiables y precisos.

El uso de la Dendrocronología como herramienta de datación es habitual en el resto de Europa y Norteamérica, y su aplicación ha permitido la obtención de una gran cantidad de información acerca bienes patrimoniales. Granjas, iglesias, castillos, monasterios, palacios, casas de los cascos históricos urbanos y pecios han sido cuidadosamente estudiados, y gracias a ese conocimiento adquirido ha sido posible no solamente su puesta en valor y difusión, sino el establecimiento de diferentes categorías y clasificaciones adscritas a sus correspondientes periodos cronológicos[2].

2. EL LABORATORIO DE DENDROCRONOLOGÍA DE LA FUNDACIÓN ARKEOLAN

A día de hoy, los países del norte y centro de Europa disponen de centros de investigación consolidados que pueden realizar estudios que alcanzan fechas de hasta hace varios milenios. En la península ibérica, sin embargo, la disciplina ha

---

2 E. Jansma, *RemembeRings: The development and Application of Local and Regional Tree-Ring Chronologies of Oak for the purposes of Archaeological and Historical Research in the Netherlands,* Nederlandse Archeologische Rapporten (NAR) 19. Dissertation, University of Amsterdam, Dutch Archaeological Service (ROB), Amersfoort, 1995.

tardado en desarrollarse y en la actualidad solo hay dos laboratorios dedicados a las dataciones dendrocronológicas; uno de ellos es el de Arkeolan, fundado en 1998, que trabaja principalmente con muestras de roble y un periodo cronológico que discurre entre el siglo XII y la actualidad.

Durante los veinticinco años de investigación se han recogido más de ocho mil muestras procedentes tanto de árboles vivos, como de maderas de construcción y arqueológicas. Esta ingente base de datos ha permitido la elaboración de varias cronologías de referencia[3], que van mejorándose en función de los datos recogidos, y que se han revelado como eficaces herramientas de datación para maderas de los territorios de Gipuzkoa, Bizkaia, Álava y Navarra[4].

2.1. El pecio de Newport (Reino Unido)

Sin duda uno de los casos más reseñables, por la relevancia de los resultados obtenidos, es el estudio realizado sobre el barco de Newport. Los restos de la nave fueron localizados en dicha ciudad galesa durante unas obras de excavación en el año 2002. Se trataba de un navío mercante de unos treinta metros de eslora, de los que se recuperaron veintiséis metros, y unos ocho metros de manga, construido completamente en madera. La especie utilizada en la madera estructural era exclusivamente roble, excepto en el caso de la quilla que era de haya. El estudio dendrocronológico realizado permitió la elaboración de una cronología flotante a partir de las tablas del casco cuya comparación con las referencias británicas no ofreció resultados significativos. Ante la sospecha de un posible origen extranjero del barco, dicha cronología fue enviada en 2005 a todos los laboratorios de dendrocronología europeos, incluido el de Fundación Arkeolan, con el fin de averiguar el origen del barco y obtener su datación absoluta.

Aunque en ese momento el chequeo con las referencias elaboradas por el laboratorio de Fundación Arkeolan no ofreció resultados concluyentes, las mejoras realizadas en ellas en los años posteriores motivaron la revisión del caso en

3   Las curvas elaboradas por Arkeolan están siendo utilizadas en investigación colaborativa internacional y han sido debidamente analizadas y publicadas bajo supervisión de los estándares de revistas científicas especializadas en la materia. Véase, por ejemplo, N. Nayling & J. Susperregi, 2014; J. Susperregi & E. Jansma, 2017, 2022.
4   J. Susperregi, «Oak dendrochronology studies in the Basque Country», *TRACE-TreeRings in Archaeology, Climatology and Ecology*, 5, 2007, pp. 35-42.

2012. Entonces la comparación con las nuevas cronologías sí arrojó resultados significativos que permitieron datar la serie obtenida del barco a mediados del siglo XV y confirmar el origen vasco de las maderas utilizadas en su construcción. Se trata de un hito de la dendrocronología ibérica, ya que es el primer barco de origen ibérico que se consigue datar de forma absoluta por medio de esta técnica[5].

2.2. Patrimonio edificado

En la zona geográfica comprendida por la Comunidad Autónoma Vasca y la Comunidad Foral de Navarra, se viene constatando la existencia de patrimonio edificado en madera que destaca por su calidad y cantidad. Hasta fechas recientes ha sido objeto de estudio exclusivamente por parte de arquitectos, historiadores o etnógrafos, quienes se han encargado de clasificarlo estableciendo diferentes categorías en función de los estilos constructivos[6]. Sin embargo, la utilización de técnicas de datación directa, caso de la dendrocronología, no ha sido contemplada hasta fechas recientes. En este sentido, la investigación desarrollada por el laboratorio de Arkeolan ha permitido la obtención de fechas precisas para gran cantidad de elementos del patrimonio cultural en madera. Como se verá más adelante, en el caso de los caseríos-lagar la relevancia de los resultados obtenidos ha puesto de manifiesto la necesidad de revisar las teorías establecidas con relación a su origen y evolución; se trata en detalle en artículo separado en esta misma monografía.

El conjunto edificado datado en los últimos años por medio de los anillos de crecimiento ha sido numeroso. Parte del éxito se debe a que mayoritariamente el roble es la especie utilizada en la construcción de las estructuras de esos edificios, y contamos, como ya se ha comentado, con curvas de referencias homologadas para esa especie que se remontan hasta el siglo XII. En esta ocasión hemos seleccionado exclusivamente los registros cronológicos medievales referidos a construcciones religiosas y civiles, pudiéndose establecer en este último grupo una clasificación añadida que separa los caseríos-lagar del resto.

....

5   N. Nayling y J. Susperregi, «Iberian dendrochronology and the Newport Medieval Ship», *International Journal of Nautical Archaeology,* 43(2), 2014, pp. 279–291.
6   A. Santana y J. A. Barrio (eds.), *ArsLignea. Las iglesias de madera en el País Vasco,* Diputación Foral de Bizkaia, 1996; R. Ayerza, *Santa María de Zumarraga, la Antigua; estudio arquitectónico,* Zumarraga, 2013.

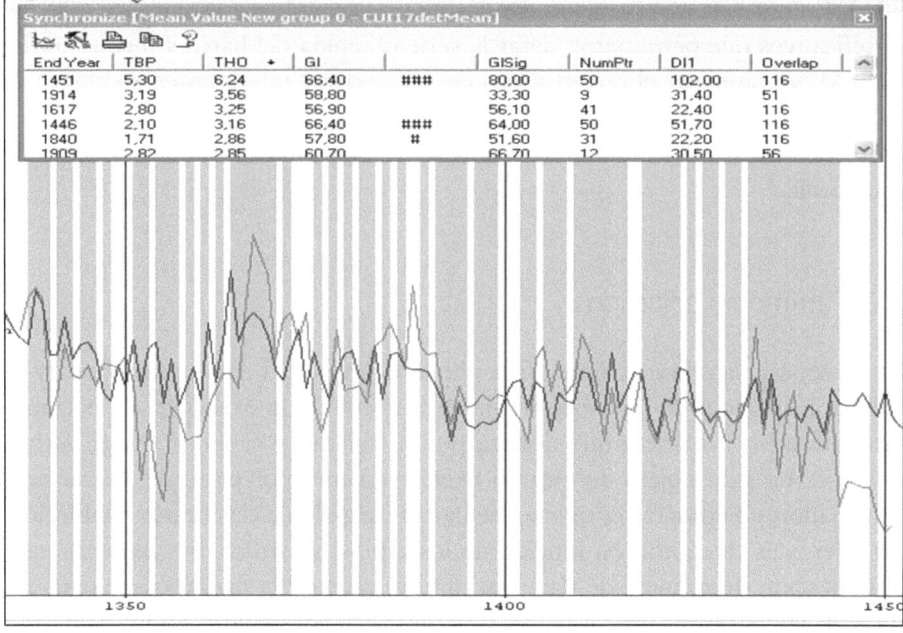

Figura 1. Sincronización del caserío Uribar de Itxaso (Gipuzkoa) con la referencia ARAB9.

Edificios religiosos

• Iglesia de la Visitación de santa María a su prima santa Isabel, Zumarraga (Gipuzkoa). Más conocida como «la Antigua».

Edificio representativo de la arquitectura de madera del País Vasco.
Fue templo parroquial de Zumarraga hasta la construcción del actual
en el siglo XVI (1571). Sus orígenes se confunden entre leyendas, siendo la primera cita documental de 1366, cuando Enrique II de Castilla
otorgó su patronato a Francisco de Lazcano. Los estudios más recientes
consideran que «la construcción del actual templo basilical de madera
en estilo tardogótico isabelino» tuvo lugar entre los años 1480 y 1500[7].

El muestreo se ha llevado a cabo a través de «cores» obtenidas de pilares
y vigas, habiéndose obtenido una datación comprendida entre los años
1454 y 1484. Esa información cronológica podría ponerse en relación con
la fecha que aparece grabada en un relieve recolocado en el ábside en el
siglo XVII con la inscripción «en'lañodemcccclxxx»[8]; es decir, 1480.

----

7 R, Ayerza, *Santa María de Zumarraga…, op. cit.,* p. 120.
8 *Ibid.,* p. 55.

Edificios civiles

- Casa Arretxea de Oronoz (Navarra). También conocida con el nombre de palacio de Arretxea.

  Se trata de un edificio destacado, exento, tejado a dos aguas, con soportal de doble arquería en la fachada principal. Aunque los muros de cierre son de piedra con sillares en esquinas, planta baja y recercos de los huecos en fachadas, mantiene una imponente estructura de madera interior. Aprovechando la sustitución de piezas de esa estructura, se obtuvieron en 2006 varias muestras por corte que ofrecen una datación *post-quem* referida al año 1444, último anillo presente en las piezas muestreadas.

- Casa-torre de Jauregi-zahar, en Arraioz (Navarra). También conocida con el nombre de Jauregizarrea.

  Construcción emblemática con su gran cubierta a cuatro aguas, rematada en palomar; la base de los cierres perimetrales de piedra y el resto cerrado con tablazón de madera. Documentalmente se conocen referencias de 1435 y 1445[9]. En este caso se muestrearon piezas que sus actuales propietarios, Beatriz Etxeberria y Xabi Otero, habían guardado de la restauración realizada en los años 90 del siglo pasado. La datación en este caso también es *post-quem*, con la fecha de 1439 como referencia[10].

- Casa Bikuña, Idiazabal (Gipuzkoa).

  Se trata de una casa urbana, exenta, situada en las inmediaciones de la iglesia parroquial de San Miguel, que se presenta dividida en dos viviendas. En este caso se han aprovechado los trabajos de rehabilitación en una de las mitades, habiéndose datado mediante «cores» varias piezas de la estructura de madera. Destacan las vigas muestreadas de la cubierta a cuatro aguas. La datación se sitúa en el periodo comprendido entre los años 1374-1404.

- Casa urbana en Kalezar 13 de Oñati (Gipuzkoa).

  El edificio, una casa de viviendas por pisos, se ubica en una manzana urbana, justo haciendo esquina. Las dataciones también se han llevado a cabo durante el proceso de rehabilitación del edificio que ha conllevado la sustitución de gran parte de la estructura de madera interior. Las muestras se han obtenido por corte de piezas ya apeadas. La datación obtenida se encuadra en el tramo comprendido entre los años 1480-1510.

---

9   J. Asirón Sáez, «El palacio señorial gótico en la Navarra rural. Palacios cabo de armería, torres de linaje, casas fuertes». Tesis doctoral inédita.

10 J. Susperregi, «Dataciones en Jauregi-Zahar, Arraioz (Navarra)», *Boletín Arkeolan*, 16, 2016, pp. 87-90.

2.3. Los caseríos-lagar

El Laboratorio de Dendrocronología de Arkeolan cuenta con una línea de investigación financiada por el Departamento de Cultura de la Diputación Foral de Gipuzkoa; en ese marco, aquellas intervenciones en el patrimonio arquitectónico del territorio que afectan a estructuras de madera de importancia suelen acompañarse de un muestreo y posterior datación por esa vía. Así se ha realizado en los ejemplos más arriba señalados de Bikuña y Kalezar 13.

En ese mismo marco se realizaron en el año 2013 las dataciones del caserío Zelaa, en Ezkio. Los propietarios del caserío habían solicitado una subvención para rehabilitar el edificio en una convocatoria gestionada por el Servicio foral de Patrimonio Histórico-Artístico y Archivos, por lo que los técnicos responsables de la tramitación, cuando ya estaba iniciada la obra, solicitaron al laboratorio de Arkeolan que se encargara de las dataciones. Si bien solo han pasado diez años desde entonces, hay que reconocer que en aquellos años tan recientes nos encontrábamos todavía en los inicios de la aplicación de la dendrocronología en Gipuzkoa. Entonces, muchos muestreos se llevaban a cabo sobre elementos de la estructura de madera ya apeados e incluso apilados en las inmediaciones de la obra. Pero, como habrá ocasión de comprobar, se han producido mejoras significativas en las formas de actuar.

Así, por primera vez en la historia de los caseríos se obtuvo una datación medieval para la estructura de madera de Zelaa que la fechaba en el año 1453. Se contrastó ese dato con el arquitecto responsable del proyecto de rehabilitación, Ibon Telleria, dando origen a una fructífera colaboración. En esa andadura hay que incluir la datación del caserío Maiz Goena de Lazkao, en 2014, también incluida en la línea de financiación de la Diputación Foral de Gipuzkoa y vinculada a una subvención por rehabilitación del caserío, y también con un resultado con valores cronológicos similares; en este caso, la estructura de madera de Maiz Goena se dató en el año 1445[11].

En efecto, el estudio arquitectónico de los dos caseríos demostró que ambos habían sido levantados siguiendo idéntico modelo constructivo en el que la diferencia de tamaño se explica por el número de repeticiones del patrón. A partir del encadenamiento de esos dos episodios, y visto que se retrasaban las fechas de construcción de los caseríos de Gipuzkoa, la dendrocronología fue adquiriendo protagonismo, lo que sirvió para diseñar estrategias de muestreo

---

[11] J. Susperregi *et al.,* «The Basque farmhouses of Zelaa and Maiz Goena: new dendrochronology-based findings about the evolution of the built heritage in the northern Iberian Peninsula», *Journal of Archaeological Science: Reports,* 11, 2017, pp. 695-708.

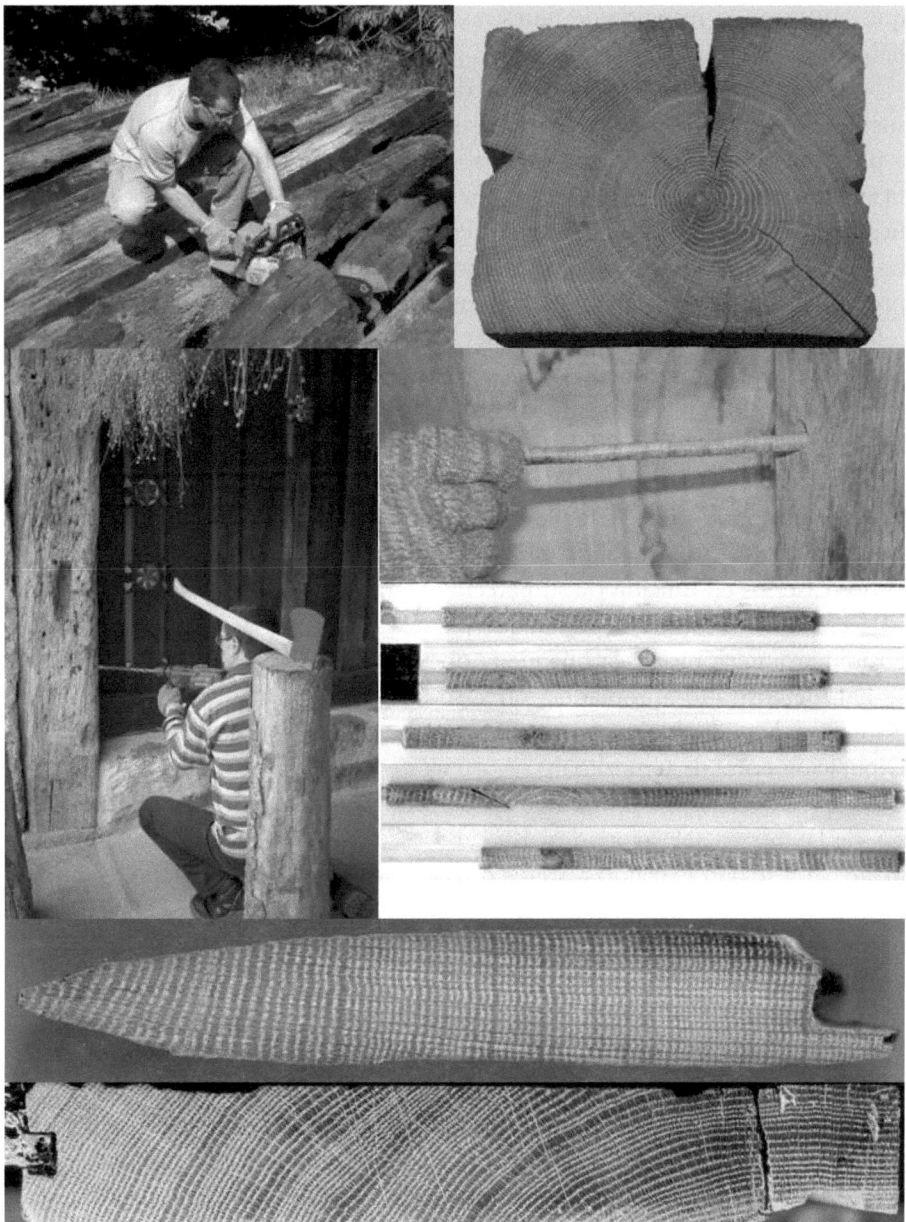

Figura 2. Diferentes modos de muestreo: arriba, muestreos con motosierra; en el medio, muestreos mediante «cores»; abajo, muestras preparadas para la medición de los anillos.

que superaran la recogida de muestras una vez desechadas en las obras de re-habilitación[12].

En esa progresión, se ha pasado de los muestreos limitados a los casos de sustitución de piezas de las estructuras de madera, a los muestreos dirigidos a piezas determinadas de ella; del uso de la motosierra a los taladros específicamente preparados para extraer testigos de las piezas elegidas por su significado y posición en el plano constructivo. Vistos los resultados que repetían las dataciones medievales, se siguió avanzando hasta contar con programas propios de muestreos, independientemente de las obras de rehabilitación y reforma. Como es evidente, disponer de datos cronológicos tan ajustados y poder aplicar fechas concretas a las piezas de la estructura, unido a la capacidad de planificar los muestreos con una estrategia de estudio determinada, ha sido clave para llevar adelante y alcanzar un grado de rigor tan elevado en los resultados.

De este modo vienen repitiéndose campañas anuales de investigación en las que se escoge una zona del territorio histórico de Gipuzkoa y se seleccionan varios caseríos en función de su parecido con el hipotético modelo establecido. El acercamiento multidisciplinar que plantea el análisis dendrocronológico, el estudio arquitectónico y la búsqueda documental de datos relativos al caserío se han demostrado apropiados, ofreciendo excelentes resultados en todas las campañas. Esta dinámica continúa hoy en día gracias al apoyo económico de la Diputación Foral de Gipuzkoa.

Las dataciones se han obtenido en todos los casos mediante muestreo *in situ* de las piezas seleccionadas. En cada caserío se ha revisado la estructura principal y se han extraído testigos o «cores» de las piezas mediante el empleo de una broca hueca especialmente diseñada para estos análisis, acoplada a un taladro de altas prestaciones. Las piezas se han escogido en función de su lugar y función en la estructura principal y, por supuesto, su accesibilidad. De esta forma, los muestreos habituales incluyen piezas que se conservan del lagar de palanca (bernias, viga marrana, viga ballesta) y los postes enterizos y vigas principales y zapatas. El muestreo se complementa en algunas ocasiones con secciones obtenidas de piezas apeadas y conservadas, o restos almacenados de tablazón utilizado como tarima o lata del tejado, así como las espigas para ensamble de piezas que han sido ya eliminadas de la estructura y que se conservan en las cajas de las piezas que las recibían; dichas espigas se extraen

12 I. Telleria, J. Susperregi, y M. Urteaga, «Estudio sobre el origen del caserío vasco mediante el análisis de estructuras medievales en madera», en Grau y Quirós (eds.), *Arqueología de la Edad Moderna en el País Vasco y su entorno,* 2020, pp. 86-101.

fácilmente mediante el corte manual de los pasadores de madera que las mantenían en su posición.

Desde al año 2016 hasta la actualidad son ya cerca de sesenta los caseríos-lagar datados en el siglo XV, siendo la datación más antigua la del caserío Bengoetxea Txiki de Olaberria, en cuya construcción se utiliza madera cortada en el año 1401. Todos ellos presentan unas características constructivas comunes que se explican en otro artículo dedicado específicamente a describir el caserío-lagar.

En las tablas siguientes se presenta la relación de caseríos datados en época medieval en Gipuzkoa. Se han separado en tres bloques: en el primero se incluyen aquellos caseríos en los que se ha obtenido el año de tala; en el segundo, con fecha de tala en un intervalo determinado; en el tercero, con fecha *post-quem*.

1. Caseríos cuya madera se ha fechado en el año de tala.

Nombre	Municipio	Año de tala
Maiz Goena	Lazkao	1445
Zelaa	Ezkio-Itsaso	1453
Gomestio	Arrasate-Mondragón	1471
Aritzaga	Aduna	1458
Loidi Azpikoa	Errezil	1411/1412
Bengoetxea	Olaberria	1401
Otsoategi	Olaberria	1441
Nafarrasagasti	Idiazabal	1469/1470

2. Caseríos cuya madera se ha fechado en un intervalo determinado.

Nombre	Municipio	Fecha más temprana posible	Fecha más tardía posible
Zuaznabar Haundi	Altzo	1449	1480
Uribar	Ezkio-Itsaso	1451	1477
Besagasti	Antzuola	1453	1481
Salete	Ezkio-Itsaso	1449	1478
Goienetxe	Bidania-Goiatz	1455	1486
Monasteriobide	Bergara	1425	1448
Eguren	Bergara	1423	1452
Garitao Martisaezkoa	Bergara	1445	1475

Nombre	Municipio	Fecha más temprana posible	Fecha más tardía posible
Olabarri	Bergara	1438	1468
Eizmendi	Bergara	1419	1445
Garaikoetxea	Alkiza	1424	1454
Txuine Zar	Orexa	1397	1427
Gorostizu	Gaintza	1441	1471
Urdaneta Azpi	Legorreta	1439	1444
Erramuena	Oñati	1470	1483
Eduegi	Bergara	1467	1483
Albitsu	Idiazabal	1454	1484
Sagastizabal	Oñati	1427	1461
Elorrieta	Asteasu	1466	1504
Ugarte	Asteasu	1450	1480
Legarralde	Zizurkil	1437	1462
Berastegi	Zizurkil	1462	1492
Arpide Gain	Alkiza	1413	1453
Igartubeitia	Ezkio	1441	1471
Errekalde	Albiztur	1448	1478
Arretxe	Bidania	1433	1463
Urkiola Azpi	Olaberria	1461	1491
Urkiola Garaikoa	Olaberria	1444	1474
Irun Goena	Idiazabal	1468	1495
Izagirre Erdikoa	Lazkao	1442	1468
Etxeberri Barrena	Olaberrria	1446	1472
Aiestaran Goikoa	Zaldibia	1487	1517
Etxabe Goikoa	Aizarnazabal	1484	1514
Lukusain	Itsasondo	1483	1513
Zubin	Amezketa	1480	1513
Amenabar Behekoa	Beizama	1445	1475
Legarrategi	Beizama	1417	1447
Beruaran	Beizama	1459	1489
Lete	Beizama	1464	1494

XLIX ERDI AROKO IKERLANEN NAZIOARTEKO ASTEA. ESTELLA-LIZARRA. 2023 | Ingurumenaren eraldaketak Erdi Aroan

ISBN: 978-84-235-3705-1 | 361-373

3. Caseríos-lagar cuya madera se ha fechado con una datación *post-quem*.

Nombre	Municipio	Fecha construcción
Ariztizabal	Ezkio-Itsaso	Posterior a 1390
Igor Haundi	Hernialde	Posterior a 1415
Goikoetxea	Legorreta	Posterior a 1425
Mendiazpi	Arrasate	Posterior a 1416

La existencia de caseríos lagar construidos en el siglo XV no es exclusiva del territorio guipuzcoano. A pesar de las limitaciones que conllevan las fronteras administrativas, ya se han datado caseríos de este tipo con cronologías similares en los territorios de Araba y Nafarroa, como son los casos de Uribarri Gainekoa de Aramaio en Álava y Goikoetxea de Azkarate. El primero se ha fechado en el periodo 1446-1480, mientras que para el segundo se ha obtenido una datación *post-quem* relativa al año 1454. En el territorio vizcaíno, el caserío Cadalso de Zamudio también ha sido datado en el siglo XV, aunque en este caso no hay rastro de lagar.

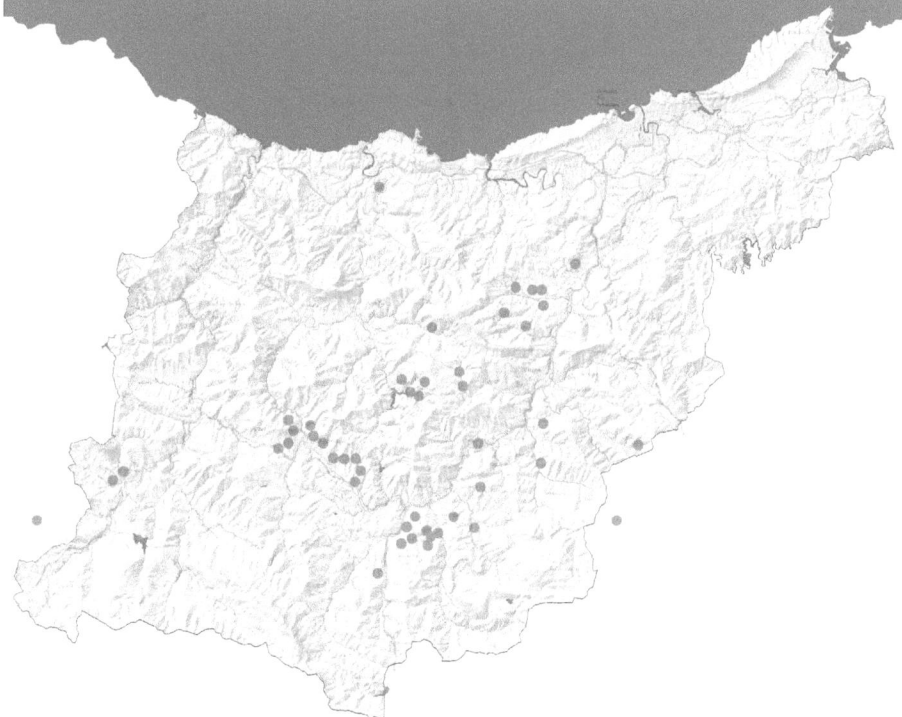

Figura 3. Localización de los caseríos-lagar medievales, septiembre, 2023.

Arquitectura de madera medieval en el País Vasco atlántico, el caserío-lagar

Ibon Telleria
UPV / EHU
ibon.telleria@ehu.eus

Mertxe Urteaga
Diputación Foral de Gipuzkoa
murteaga@gipuzkoa.net

Josué Susperregi
Fundación Arkeolan

1. PRELIMINARES

El caserío-lagar puede definirse como la estructura que contiene una prensa de palanca; es decir, una máquina torcular –de donde viene, en euskara, el término *tolare*– destinada a la obtención del zumo de manzana. El edificio se organiza en dos niveles principales: la planta baja y la planta superior. La máquina del lagar se sitúa en la superior, un gran espacio definido por la cubierta sobre el plano abstracto que conforma el forjado. Por debajo de este queda la planta en contacto con el terreno, la baja, que puede considerarse el nivel secundario, algo así como el cuarto de máquinas del mecanismo ubicado en el nivel superior. Este se encuentra desligado del terreno, bien ventilado y aislado de las humedades.

El mecanismo de prensado, insertado en el corazón de la armadura de madera del edificio, se caracteriza por contar con una serie de elementos organizados en dos ámbitos diferenciados (figs. 1a y 1b).

En el primer ámbito se encuentra la masera, la superficie donde se coloca la manzana, previamente machacada y en diferentes capas, para ser prensada. Se dispone en un lugar central de la planta bajo cubierta, soportada por los sobigaños, unas vigas de gran escuadría que absorben la presión ejercida. Su emplazamiento queda encuadrado entre dos planos entramados que son el pórtico de la viga marrana y el pórtico de la viga ballesta. En el punto central de esos pórticos se ubican el par de postes o bernias que, por lo general, se prolongan hasta la cubierta, coincidiendo con la posición del gallur; en ocasiones se interrumpe aproximadamente un metro antes de llegar a ese punto.

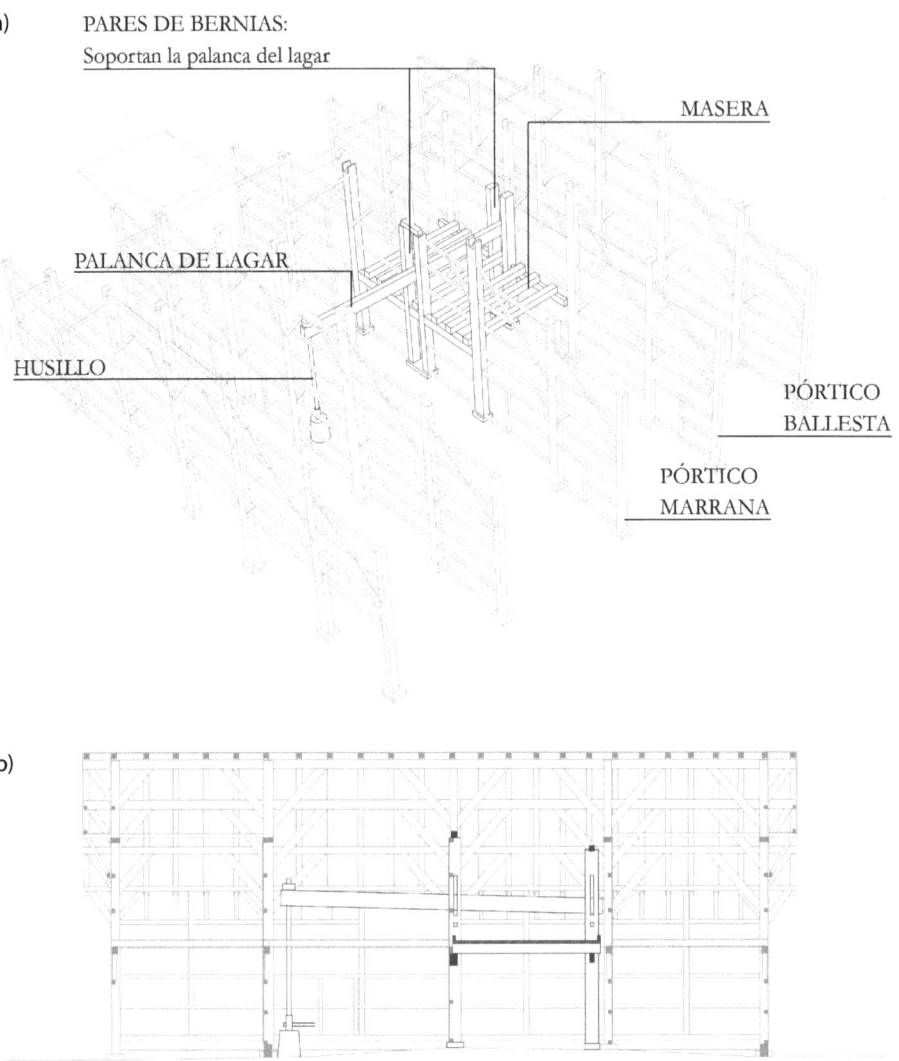

Figura 1. **a)** Esquema del lagar de palanca. Imagen 3D. **b)** Esquema del lagar de palanca. Sección longitudinal. Caserío Zelaa, Ezkio.

La viga de prensado pasa entre las bernias y se activa fijando el fulcro de la palanca en uno u otro par, resultando así dos posiciones de prensado.

El segundo ámbito corresponde a la palanca de la viga de prensa. No se conoce ningún ejemplo conservado, pero se reconstruye como una gran viga apoyada en uno de los pares de bernias y con un husillo —o tornillo de madera— en el otro extremo, acabado en un contrapeso que llegaba hasta la planta baja.

Una palanca en el contrapeso permitía maniobrar el giro que hacía subir o bajar la viga para ejercer la presión sobre la manzana colocada en la masera.

En Europa, la mayoría de los ejemplos de grandes lagares incluidos en edificios con estructuras de madera entramada lo hacen en construcciones de gran volumen, siendo ese el caso de monasterios de relevancia. También se integran en infraestructuras comunales de gran tamaño, como ocurre, por ejemplo, en Metzingen (Alemania), con sus siete lagares. Pero allí el lagar tiene su propia estructura totalmente exenta y desligada de la principal del edificio.

En los caseríos, por contra, las dos estructuras se agrupan, haciendo que las escalas de ambas se fusionen, creando una única trama principal para el funcionamiento solidario, aprovechándose la una de la otra en una misma construcción; es decir, el lagar y el caserío constituyen un mismo elemento. Sin duda en esa fusión y simbiosis radica la característica principal del tipo de edificio que tratamos, cuya estructura se resuelve a través de una serie de pórticos transversales (fig. 2a).

El modelo tipo del caserío-lagar consta de tres pórticos mínimo, que son los que generan las dos crujías referentes al mecanismo del lagar, compuesto por la masera que ocupa los vanos centrales de una de ellas, y la palanca, en la otra. La superficie mínima en planta de esta tipología viene a ser un rectángulo de unos 22 m x 11 m. La crujía de la masera, por los datos registrados hasta la fecha, cuenta con menor anchura, en torno a cinco metros, siendo los seis metros restantes para la crujía de palanca. El modelo de cuatro pórticos, que corresponde a tres crujías, es el más común; la masera en este caso se sitúa en la crujía trasera; en la intermedia, la palanca, y en la delantera se abre un soportal en planta baja (figs. 3b y 3c). Incluso podría decirse que esa primera crujía, la del soportal, se asemeja a un gran hórreo, del mismo ancho del caserío, con la parte inferior abierta para su ventilación; con esa solución, a la vez que se dispone de un acceso al caserío, por lo general bien orientado, se cuenta con un espacio apropiado para realizar labores a cubierto aprovechando las ventajas de un buen asoleo. En este caso, la superficie en planta suele ser de unos 22 m x 17 m. Los ejemplos de mayores dimensiones añaden una crujía trasera adicional, contando con cinco pórticos y cuatro crujías, resultando plantas casi cuadradas de unos 22 m x 23 m.

2. LA CONSTRUCCIÓN

2.1. La cimentación. Los apoyos de la estructura de madera

El apoyo sobre el terreno se realiza de forma relativamente discreta. La estructura se presenta en modo autónomo, con la actitud de tocar el suelo lo menos posible y con la pretensión de no alterar su orografía. La cimentación resulta,

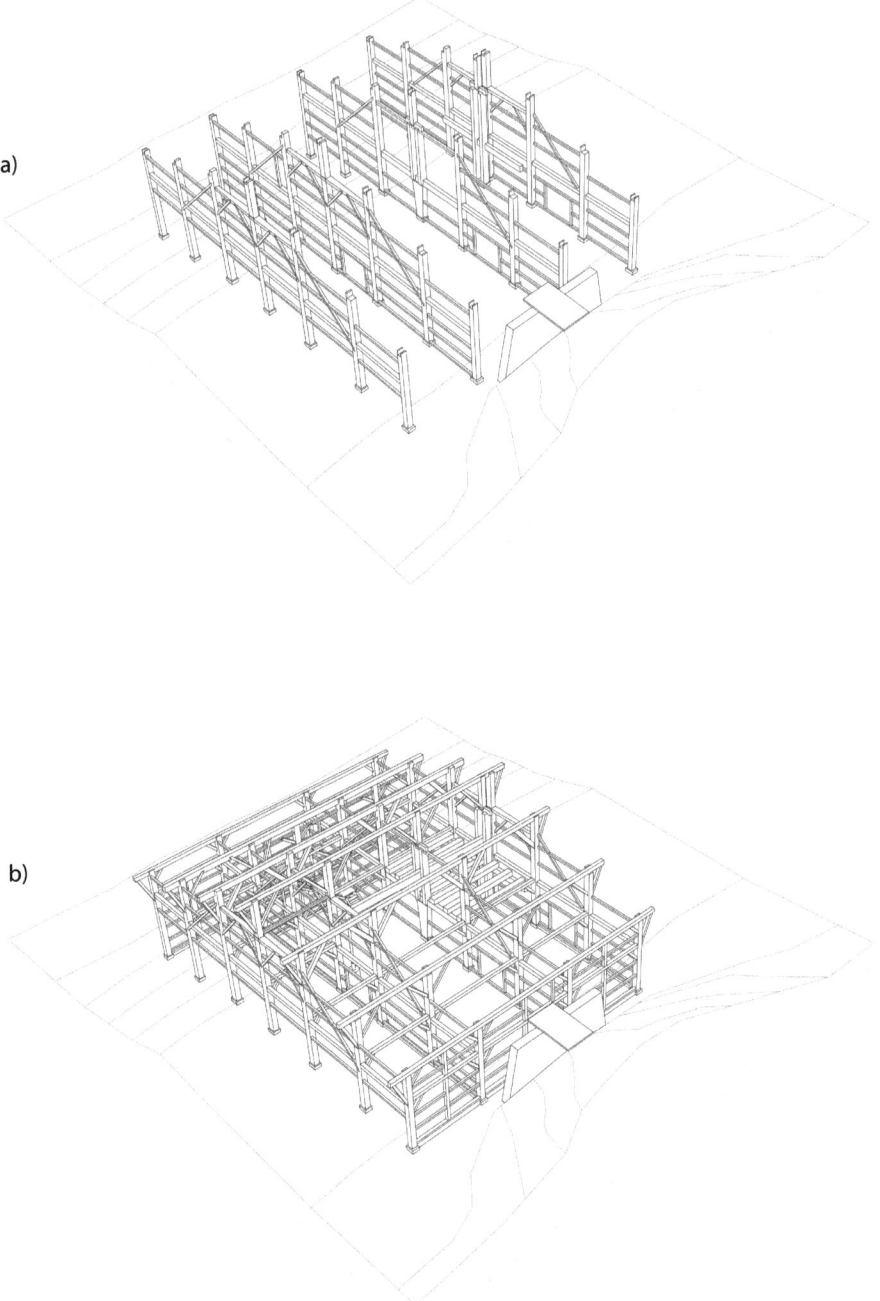

Figura 2. **a)** Imagen 3D de los pórticos transversales. **b)** Imagen 3D de pórticos transversales y longitudinales. Caserío Salete, Ezkio.

por tanto, prácticamente superficial, de manera que la estructura apoya simplemente en el terreno sobre unas bases de piedra que evitan que ascienda directamente la humedad por capilaridad.

2.2. La estructura entramada

La base constructiva de la tipología de caserío-lagar viene definida por una estructura entramada de madera. Diferentes planos entramados dispuestos en dos direcciones conforman el volumen de esta tipología, en la que el pórtico transversal es el protagonista (figs. 2a y 3a). Este pórtico generatriz está compuesto por postes enterizos que van desde la base hasta la cubierta y que conforman el perfil del caserío. En el modelo más estudiado, son siete postes los que crean los seis vanos del pórtico. Una serie de piezas horizontales, las ligazones, unifican los pilares horizontalmente, y unas rezumas diagonales de carácter continuo contribuyen a rigidizar la estructura. Pilares verticales y ligazones horizontales forman el plano del pórtico, mientras que las rezumas diagonales lo rigidizan. Los tres elementos señalados dan lugar a la estructura generatriz del pórtico.

La unión de los pórticos entre sí se realiza a través del forjado y se completa en la coronación de los pilares, allí donde apoyan las vigas de cubierta. La cumbrera, de hecho, funciona solidarizando la estructura en su conjunto. Las vigas de cubierta normalmente tienen una longitud que va más allá de una crujía; suele ser una pieza única que coge dos crujías de longitud, incluso prolongándose hasta el alero de fachada, pudiendo llegar a los doce metros. En estos casos, el encuentro entre pilar y viga es continuo. Como muestra se señala una viga del faldón norte del caserío Zuaznabar Aundi de Altzo que mide 12,35 metros y abarca dos crujías además del alero de fachada.

Cuando la estructura cuenta con más de tres pórticos, las vigas no son ya de una pieza, ofreciendo detalles constructivos más complejos para resolver el encuentro de dos vigas sobre la cabeza de los pilares. La solución adoptada se expresa mediante una sopanda de un canto aproximado de catorce centímetros y una longitud que puede llegar a los tres metros; esta pieza se ata a la viga mediante clavos de madera y un gran tocón de mayores dimensiones (fig. 4a).

Estos encuentros quieren simular la continuidad de las piezas; los pilares son enterizos y las vigas de cubiertas quieren ser enterizas. Las limitaciones las ejerce el bosque para conseguir unas escuadrías de gran longitud, además de los condicionantes de acarreo del material hasta pie de obra. Por lo tanto, más allá de lo que les pueda ofrecer el bosque, se pretende conseguir la continuidad mediante diferentes soluciones constructivas destinadas a garantizar la estabilidad y la indeformabilidad de la propia estructura. Es en estos alardes constructivos, las sopandas, donde se aplican las pocas decoraciones que hemos encontrado. Normalmente las cabezas tienen unos delicados y muy cuidados detalles decorativos con abstracción de alguna cabeza de animal (como puede ser un zorro), formas geométricas o representaciones decorativas clásicas.

Volviendo a los nudos de cubierta, es preciso añadir que se ven reforzados por unas imponentes tornapuntas dispuestas a 45° entre pilar y viga, tanto en los casos en que cuentan con sopanda, como en los que está ausente. En estos nudos se observa una diferencia remarcable en los dos pilares centrales y en los que están a sus laterales. En el primer caso, las tornapuntas están normalmente colocadas a eje de viga y de pilar y son unas piezas de dimensiones tremendas, hasta gigantescas y desproporcionadas en algún caso, como por ejemplo en Gorostizu Aundi de Gaintza. En este caserío se registran tornapuntas de 40 cm x 40 cm. Sin embargo, las dos líneas de pilares exteriores, la correspondiente a la fachada lateral y la inmediatamente interior meridional, ofrecen una sección mucha más fina y normalmente suele ir a cara de pilar y de viga, contando con una caja de junta de solape moldurada. El primer tipo soporta cargas de compresión y, por ello, además de tener mayor sección, cuenta con un tipo de caja y espiga concreto. En cambio, en el segundo caso, tanto el dibujo complejo de la junta de solape como los clavos que unen el pilar y la tornapunta están pensados para que trabajen a tracción, permitiéndose una sección menor.

A estas soluciones de atado se añade, además, la horquilla, una pieza estructural que une los tres pilares centrales en la cumbrera, lo que da lugar a un núcleo mucho más sólido y fuerte y con uniones más potentes que trabajan a compresión, sin que las cargas procedentes de la cubierta sean mayores en estos casos que en los pilares más alejados del centro. Podría ser una manera de crear un cuerpo rígido central, mientras que las piezas laterales serían algo más flexibles, y con esa solución contrarrestar la solicitación de la estructura de girar en torno al eje vertical, pues salta a la vista la diferencia de una manera de trabajar de nudos frente a los otros. En un pórtico aparentemente simétrico, aparentemente regular, en un análisis más a fondo los detalles delatan unas diferencias importantes. En unos faldones existen nudos con tornapuntas de dimensiones y tipos diversos, o bien nudos con vigas pasantes y en su simétrico, nudos que unen dos vigas mediante sopandas. Ante estas diferencias, se cree que hubo una vocación clara de repartir los nudos con penalizaciones entre los diferentes pórticos, evitando construir un pórtico óptimo sin ninguna junta de viga, ni tampoco un pórtico en el que todos los nudos contengan juntas de viga. Esto se repite en todos los casos estudiados.

XLIX ERDI AROKO IKERLANEN NAZIOARTEKO ASTEA. ESTELLA-LIZARRA. 2023 | Ingurumenaren eraldaketak Erdi Aroan
ISBN: 978-84-235-3705-1 | 375-389

Como señalábamos, el pórtico generatriz y su repetición entre tres y cinco unidades paralelas se unen entre sí a diferentes cotas mediante elementos diversos, obteniéndose la unidad de todo el entramado. Pero, además de los planos de planta y de cubierta, también las fachadas laterales se componen a modo de entramado que unifica y cose los diferentes pórticos en toda la longitud de su estructura. Y no solo las fachadas laterales son elementos de unión longitudinal, en el interior también se reconoce un pórtico longitudinal que atraviesa los pórticos interiores del caserío y genera una unión en ese sentido (fig. 2b). Los pórticos longitudinales, tanto de fachada como de interior, unen los pilares mediante ligazones y rezumas que rigidizan el plano en una solución similar a la observada en los pórticos principales.

En este tejido, las ligazones unen los pilares y además las tornapuntas rigidizan este plano, generando unidad en los extremos de los pórticos y, a su vez, un soporte para la tablazón de la fachada. En uno de los vanos interiores paralelos a una u otra fachada lateral se dispone el pórtico longitudinal interior comentado. Tendríamos, por un lado, los pórticos generatrices que son los principales y que se disponen paralelamente y, por otro, los dos planos o entramados laterales que generan los planos de fachada y el pórtico longitudinal interior. Este último serviría de cobijo o núcleo habitacional (figs. 3b y 3c).

En definitiva, pueden establecerse dos tipos de tratamiento en lo que se refiere al entramado de madera. Por un lado, el derivado del propio sistema, el maderamen; en este caso tornapuntas, ligazones y rezumas van a cara de pilares y vigas, alineándose para servir de soporte para los entablados de cierres. Por el otro, cuando el sistema es porticado y cuenta con elementos verticales y horizontales rigidizados por tornapuntas, las piezas están alineadas a eje, ya que están pensadas para soportar un esfuerzo a compresión. Los caseríos que se han estudiado comparten ambos sistemas dependiendo de la razón constructiva que tienen cada pieza en su posición concreta.

En cuanto a la estructura secundaria, el forjado, se resuelve mediante un sistema de solivos o de viguetas dispuestos en paralelo y apoyados sobre vigas. Este sistema de viguetas se reparte con distancias en torno a los ochenta centímetros entre ejes, aproximadamente una vara, y las piezas disponen de unas escuadrías en torno a 15 cm x 18 cm de canto. Las luces a salvar en el caso que sean entre vanos, es decir, en los casos en que las vigas son las piezas de unión de pilares entre pórticos, no son demasiado largas. De ahí que, en los casos de mayor longitud, las vigas puedan rondar los 3,25 m, con un mínimo de 2,75 m. Sin embargo, hay casos en los que la vigueta tiene la longitud de la crujía, llegando a tener 5,75 m en el correspondiente a la palanca de la masera. En ese caso, se da la extraña circunstancia de que la vigueta, siendo un elemen-

a)

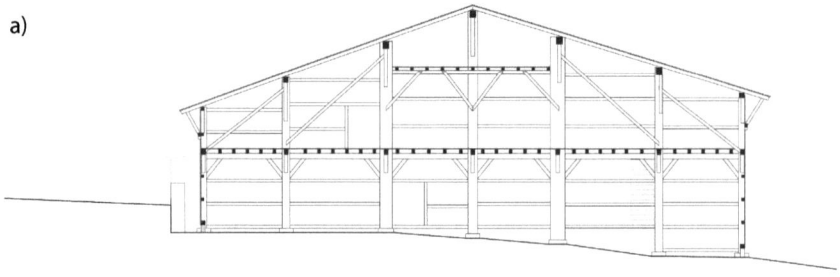

b)

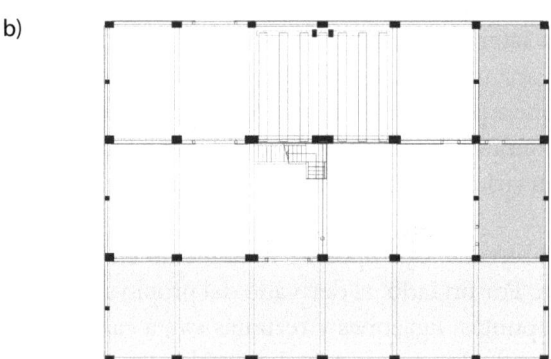

c)

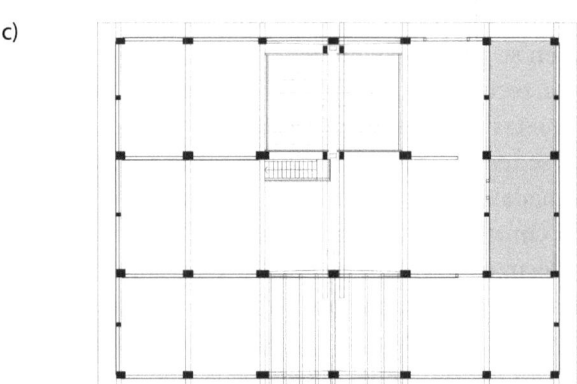

Figura 3. **a)** Sección, pórtico transversal interior. **b)** Distribución, planta baja. **c)** Distribución, planta primera. Caserío Zelaa, Ezkio.

to estructural de segundo orden, es considerablemente más larga que las piezas de primer orden; las vigas tienen una longitud aproximada de 3,25 m, frente a los 5,75 m de la vigueta más larga en el vano de la palanca, 4,75 m en el vano de la masera, y 5 m en los vanos restantes. Tanto primer como segundo orden se asemejan mucho en su dimensión; hay vigas principales insertadas en el pórtico de una escuadría de 20 x 23 cm frente a unas viguetas de 15 cm x 18 cm. Es decir, los dos órdenes se aproximan, perdiéndose la jerarquía clara entre ellos, en el caso de que las viguetas sean perpendiculares al pórtico.

Siguiendo con la estructura secundaria, el volumen se corona con la cubierta cuya base se compone de una serie de cabrios apoyados sobre las vigas carrera colocadas en las cabezas de los pilares de los pórticos. En origen cubrían toda la longitud del faldón –desde la cumbrera hasta los vuelos laterales– en una misma pieza, pudiendo llegar a los doce metros de longitud. Estas características son una prueba más del interés de los maestros carpinteros de evitar la unión entre diferentes piezas, para que estructuralmente fuera más eficiente. Las piezas, además de su gran longitud, presentan una sección tipo de un canto de 15 cm por un ancho de 18 cm. Esta última es la dimensión que sirve de base, buscando una mayor estabilidad y una mayor superficie de apoyo para la lata que vendrá por encima. Los cabrios se fijan mediante pasadores de madera, los *ziris*, a las vigas carrera de cubierta, de manera que así se evita el deslizamiento por la inclinación del faldón; en el vuelo de las fachadas laterales se rematan con una pieza oblicua o tornapunta, que queda fijada, por un lado, a la propia cabeza del cabrio y, por el otro, a una pieza añadida en horizontal que recorre toda la fachada. Con esa solución queda rigidizado el encuentro y además se obtiene una imagen de unidad y de estructura entrelazada.

Los nudos de estas estructuras entramadas se resuelven mediante caja y espiga, y soluciones de uniones a media madera, resultando los dos grandes grupos de uniones a los que sumar las piezas que se acaban de tratar, solivos de planta y cabrios de cubierta; estas piezas apoyan directamente sobre las correas y las vigas correspondientes.

2.3. Los cerramientos

Los cerramientos de los caseríos estudiados originalmente se resolvieron con tabla de madera (fig. 4c). En el caso de los paramentos verticales, la fórmula común observada en pórticos generatrices, longitudinales laterales e interiores mediante ligazones y rezumas, da lugar a un armazón que sirve para colocar las bandas de tablazón en posición vertical. Por las muestras conservadas, las tablas responden al modelo de piezas desgajadas directamente del tronco del árbol de manera radial[1]. El resultado es una pieza de sección triangular que mantiene toda la fibra del árbol y, de esa manera, ofrece mejores propiedades impermeables que la tabla aserrada. Esa modalidad se utiliza tanto en los cerramientos exteriores como en las particiones interiores, por lo que constructivamente no existe una jerarquía diferenciadora entre ellos. Podríamos decir que no es un sistema donde predominan las fachadas, como puede ser la imagen que tenemos establecida hoy en día de los caseríos, en la que la mayoría están cerrados en su perímetro exterior con paramentos de mampostería o algún otro sistema de fábrica. En la hipótesis que se maneja sobre el proyecto original del caserío-lagar medieval, se considera que todos los cerramientos fueron realizados de la misma manera, tanto en fachadas como en particiones interiores. De este modo, podríamos decir que la fachada no es el elemento de referencia. En el caso de los cerramientos horizontales de la planta primera, la tabla que forma los forjados puede defenderse que sean piezas aserradas, ya que presentan mayores dimensiones que las de los cerramientos verticales y un grosor medio de unos 3 cm; cubrirían toda la superficie de la planta horizontal, aunque, como se ha dicho, ese plano presenta pequeños ajustes para adaptarse al medio que rompen la disposición horizontal general. Con respecto a la cubierta, vista ya la disposición de los cabrios, el cerramiento se resolvía mediante tablazón de igual tipo que la señalada para los cerramientos verticales, lata desgajada radialmente que mantiene por esa razón la fibra y gana en propiedades impermeables.

3. LAS UNIDADES COMPOSITIVAS

3.1. La cubierta

Se puede considerar la cubierta como la unidad principal que configura el volumen, a pesar de que los frentes verticales cuentan también con una importante presencia. Es la coronación de la forma compacta que guarda es su interior la diversidad del programa. Su imagen recuerda a las superficies porticadas de las *halles* de las bastidas aquitanas medievales, en las que una cubierta protege las diferentes actividades que se pueden desarrollar en el espacio público principal del lugar. La cubierta de esta tipología se resuelve con dos faldones simétricos respecto al eje de cumbrera y de inclinación moderada, entre un 30 % y un 37 %.

---

[1] J. Susperregi y E. Jansma, «Towards a better chronology of Basque heritage using time-series from renovation waste», *Tree-ring research*, vol. 73 (2), 2017, pp. 126–135.

En la hipótesis establecida, se considera que la configuración de origen no presenta ningún cuerpo anexo que se salga de los planos de los faldones, como chimeneas o mansardas para expandir los lienzos de fachada. Además, los aleros presentan vuelos considerables en todo el perímetro, que dominan sobre las fachadas; esta tipología de caserío primero es cubierta y después, fachada.

A nivel estructural, la cubierta se organiza sobre las siete vigas carrera apoyadas en las cabezas de los pilares enterizos de los pórticos, que se rematan en voladizo con tornapuntas en las fachadas frontales. Las testas de las vigas ofrecen decoraciones con singulares motivos, que protegen el punto más débil de la pieza. En dirección de la pendiente y apoyados sobre las vigas se disponen los cabrios. Separados entre sí a distancia de una vara, están rematados en vuelo y cuentan con una tornapunta por unidad. Estos cabrios de cubierta, como hemos señalado, se construyeron de una pieza, desde el gallur hasta el alero, y presentan también remates con cabezas decoradas con tallas que redondean las esquinas y añaden una muesca para resaltar el extremo final. La continuidad de las piezas permite una distribución de esfuerzos más equilibrada y parece que las razones constructivas y de mayor estabilidad priman en su colocación. Las vigas carrera, de igual modo que los cabrios, buscan la continuidad de la pieza de modo que el nudo quede solucionado de antemano.

No cabe duda de que la teja cerámica era el material de cubrición original de cubierta de los caseríos estudiados. Por un lado, los datos que aporta la propia pendiente de los faldones indica que es la apropiada para la disposición de la teja curva cerámica. Por otro, las menciones de las fuentes documentales contemporáneas cronológicamente al periodo de construcción de estos caseríos lagar refuerzan esta teoría[2].

3.2. Las fachadas

Las fachadas son sin duda el elemento que ofrece mayores dificultades a la hora de reconstruir el programa original. La razón principal es que apenas se han conservado vestigios de los paramentos más antiguos, pues mayoritariamente han sido sustituidos por fábrica de piedra. Los cierres de madera más

---

[2] A. Moraza, «La presencia de maestros tejeros labortanos en Gipuzkoa durante la Edad Moderna», en A. Graciani, *et al.* (eds.), *Actas del Tercer Congreso Nacional de Historia de la Construcción, Sevilla, 26-28 octubre 2000*, Madrid, I. Juan de Herrera, SEdHC, U. Sevilla, Junta Andalucía, COAAT Granada, CEHOPU, 2000, pp. 711-718.

XLIX SEMANA INTERNACIONAL DE ESTUDIOS MEDIEVALES. ESTELLA-LIZARRA. 2023 | Transformaciones del medioambiente en la Edad Media
DOI: https://doi.org/10.35462/siemel.49 | 375-389

Figura 4. **a)** Sopanda bajo viga de cubierta, Caserío Zelaa, Ezkio. **b)** Fachada del caserío Bengoetxea Txiki de Olaberria; la otra mitad simétrica se sustituyó en las obras de reconstrucción de mediados del siglo xx.

c)

Figura 4. c) Fachada principal. Caserío Munuko Goikoa, Urigoiti-Orozko.

significativos se han conservado en la fachada oeste del caserío Zelaa, así como en las partes superiores de las fachadas principales de Uribar, ambos en Ezkio-Itsaso, y en fotos antiguas del caserío Gorostizu Aundi de Gaintza. A estos datos pueden sumarse fuentes bibliográficas, como es el caso del magnífico trabajo de Arin Dorronsoro[3] referente al maderamen de los caseríos de Ataun, y también fuentes arqueológicas como la del caserío Legorburu en Orozko, que fue destruido en un incendio provocado intencionadamente, pero del que se conservan imágenes gráficas; o el también de Orozko caserío Munuko Goikoa,

....

[3]   J. Arin Dorronsoro, «Ataún, el maderamen de las construcciones antiguas», *Anuario Eusko Folklore*, 12, 1932, pp. 75-97, 1932.

que todavía mantiene partes importantes y representativas de los cierres de tablazón. Una línea añadida de avance en ese acercamiento al programa original de las fachadas procede de los ensayos realizados en procesos de restauración científica, casos de los caseríos de Landetxo Goikoa de Mungia y Sari Aundi de Aginaga, en Usurbil.

Respecto al establecimiento original de las fachadas, ¿esta tipología contaba con una jerarquía de fachadas, en la que una de ellas es la principal? Y si así fuera, considerando que las frontales rematadas con hastial cuentan con mayor presencia y a ellas correspondería el protagonismo, ¿cuál de las dos fachadas frontales sería la principal? Estas cuestiones podrían ser parte de otro debate. En los casos estudiados, la posición del lagar puede ser uno de los factores que determinan esta cuestión. La posición del mecanismo donde se activa la palanca, es decir, el husillo de madera, podría indicar el sentido del caserío, quedando del lado de la fachada principal. Por lo tanto, la crujía de palanca quedaría por delante de la crujía de masera, que se encontraría en la parte trasera.

Este factor es detectable en todos los casos, siendo los ejemplos con cuatro crujías los que pueden sembrar alguna duda. Puede servir como punto de partida de este análisis el hecho constatado de que, cuando el modelo es de dos crujías, la de la palanca señala la dirección del caserío, situando una fachada principal, mientras que la crujía de la masera marca la trasera del edificio. En los ejemplos de cuatro crujías, la de la fachada delantera contaría con soportal, mientras que los dos interiores serían cerradas, y la que queda por detrás de la masera, bien podría interpretarse también como un soportal, resultando que las dos fachadas se equipararían. Si por el contrario evitáramos el soportal trasero, podría tratarse de una estancia cerrada independiente. En cambio, en los casos de tres crujías, la masera se sitúa en la trasera, suponiendo ello una fachada posterior ciega.

La distribución de los huecos en esas fachadas resulta dependiente de la situación del entramado, ligazones, rezumas y pilares, lo que se traduce obligadamente en una composición bastante cerrada, con pequeños huecos repetidos en la modulación resultante de la estructura. Parece lógico que sean aperturas de pequeño calado, ya que tendrían que ubicarse en los huecos que dejan los entramados de los pórticos generatrices y de las fachadas laterales. Entendemos que los huecos serían aperturas en el entablado de pequeña dimensión que adquirirían el carácter de una celosía, es decir, pequeñas ventanas repartidas en las diferentes crujías y en el ancho de las ligazones. Es característica la pieza tangente a la fachada y paralela a la ligazón, que permite liberar el paso para que la contraventana pueda deslizarse con un sistema de guillotina.

3.3. El soportal

Exceptuando los ejemplos de dos crujías, la planta baja de la crujía delantera correspondería a un soportal. Ese soportal conformaba la base de la fachada delantera original del caserío-lagar. A nivel funcional, el espacio cubierto funcionaría como un gran filtro de transición que conectaría el interior con el exterior y sería el espacio en el que se desempeñarían diferentes actividades de la casa, tanto productivas como domésticas. El soportal abarcaría todos los vanos y toda la crujía delantera, en torno a 5 m; una vez más, es la estructura la que organiza y dimensiona este espacio. Pero además de los aspectos funcionales, el soportal realiza una función de filtro: jerarquiza los dos planos de esta fachada.

3.4. El voladizo

Se establece como hipótesis que el frente de fachada original de estos caseríos estaba rematado en su parte superior por un voladizo, un cuerpo que ocupaba los dos vanos centrales, volando hasta el límite del alero (fig. 4c). Se interpreta como un segundo quiebro que se da en fachada, además del soportal, a modo de escalonado invertido que protege la planta baja del volumen.

En la tipología estudiada, el voladizo se presenta como la extensión de la entreplanta de bajo cubierta en fachada. Las viguetas que vuelan y configuran el voladizo estarían rematadas con tornapuntas, soportadas a su vez por piezas tangentes a fachada. Todo ello, junto a las piezas también tangentes a modo de alfeizar de los huecos de ventana, configura la imagen característica del modelo medieval. La horquilla, pieza que unifica los vanos centrales del entramado del pórtico, pudiera ser el soporte de las viguetas de este altillo y voladizo en la crujía delantera.

El contexto histórico del caserío-lagar medieval

Mertxe Urteaga
Diputación Foral de Gipuzkoa
murteaga@gipuzkoa.net

Josué Susperregi
Fundación Arkeolan
arkeolan@arkeolan.com

Ibon Telleria
UPV/EHU
ibon.telleria@ehu.eus

E l reconocimiento patrimonial y monumental de esa construcción singular de grandes dimensiones, cuya estructura corresponde a la prensa de palanca con la que obtener zumo de manzana, puede atribuirse al historiador Alberto Santana en los años 90[1]. Este polifacético investigador ha ido avanzando en su caracterización en sucesivas fases. A comienzos del nuevo milenio, en un estudio pluridisciplinar dedicado monográficamente a la arquitectura del caserío[2], estableció las propiedades principales y, en un siguiente episodio, el del proceso de restauración del caserío Igartubeiti de Ezkio, definió la trama que se ha mantenido sin apenas variaciones hasta la actualidad[3].

Según los estudios señalados anteriormente, tuvo su origen en la primera mitad del siglo XVI, en Centroeuropa; concretamente en territorio de Suabia. Se llega a esa conclusión al considerar que existe un tipo de ensamblaje presente en estos caseríos, heredero de «las nuevas técnicas de carpintería de armar diseñadas por los maestros góticos suabos», en el segundo tercio del siglo XV[4]. A

---

[1] A. Santana, *Baserria*, Bertan, 4, Donostia-San Sebastián, Diputación Foral de Gipuzkoa, 1993.
[2] A. Santana *et al.*, *La arquitectura del caserío de Euskal Herria*, vol. I: «Historia y Tipología»; vol. II: «Los Caseríos»; vol. III: «L'architecture de la ferme au Pays Basque; Farmhouse architecture in the Basque Country», Servicio Central de Publicaciones del Gobierno Vasco, 2001.
[3] A. Santana, «Historia del caserío Igartubeiti», en A. Santana *et al.* (coords.), *Igartubeiti, un caserío guipuzcoano: investigación, restauración, difusión*, Diputación Foral de Gipuzkoa, 2003, pp. 25-105.
[4] *Ibid.*, p. 56.

ese modo de ensamblar le han dado el nombre de «ala de golondrina»[5] o simplemente «de golondrina»[6] o «a golondrina», y se define como la unión a cara de las tornapuntas con las piezas mayores, adoptando siluetas curvas que recuerdan la figura de un pájaro explayado[7]. A la hora de explicar las vías de transmisión de la tecnología, se apunta que el aprendizaje pudo darse en la obra de la catedral de Burgos, ya que «esa obra fue dirigida por una familia de maestros alemanes desde 1442 y en la que está bien documentada la participación de numerosos oficiales y artesanos temporeros procedentes del País Vasco»[8]. Al discurso se añade la idea de que el nuevo modelo supone una ruptura total con la vivienda campesina medieval cuya tipología no iría más allá de una choza destartalada «simple e incómoda». Como prueba de esa sustitución se presenta el hallazgo arqueológico del fondo de una cabaña de madera en el espacio ocupado por la vieja cocina del caserío Igartubeiti de Ezkio[9]. No se recuperaron restos ni ajuares con los que precisar las referencias cronológicas[10].

1. EL CASERÍO-LAGAR ¿FENÓMENO DEL RENACIMIENTO O EXPONENTE DE LA CARPINTERÍA DE ARMAR MEDIEVAL?

El Laboratorio de Dendrocronología de Arkeolan comenzó en 2013 a obtener dataciones medievales de las estructuras de madera de los caseríos-lagar. A día de hoy, muestreando en edificios en restauración o con programas específicos de estudio, ha conseguido datar casi sesenta ejemplos de este tipo. Todos ellos coinciden en ofrecer cronologías medievales de tala de los árboles con los que fueron construidos; la fecha más antigua, año 1401, corresponde al caserío Bengoetxea Txiki de Olaberria, situándose la mayoría de las demás dataciones en torno a mitad del siglo XV. También se han obtenido cronologías similares en los pocos caseríos de Navarra y Álava en los que ha habido oportunidad de realizar los muestreos. Estos datos se presentan en una contribución separada en este mismo volumen. A la vista de los resultados, parece evidente que el caserío-lagar constituye una manifestación de fines del medievo. Con los datos disponibles se puede

5   A. Santana *et al.*, *La arquitectura del caserío...*, *op. cit.*, p. 15.
6   A. Santana, «Historia del caserío Igartubeiti», *op. cit.*, p. 54.
7   *Ibidem*.
8   *Ibid.*, p. 56.
9   A. Santana *et al.*, *La arquitectura del caserío...*, *op. cit.*, pp. 42 y ss.
10 M. Ibáñez *et al.*, «Investigación arqueológica de un caserío», en A. Santana *et al.* (coords.), *Igartubeiti, un caserío guipuzcoano: investigación, restauración, difusión*, Diputación Foral de Gipuzkoa, 2003, p. 169.

adelantar en un siglo, al menos, el inicio de su implantación, siendo necesario replantear el contexto de su nacimiento a la vista de que tuvo lugar en un periodo de conflictos protagonizados por los enfrentamientos banderizos[11], y alejado, por tanto, de las condiciones pacificas señaladas por Santana para el siglo XVI.

2. LA REALIDAD DEL ENSAMBLE «ALA DE / A GOLONDRINA»

En los glosarios de carpintería y técnicas constructivas se conoce el ensamble llamado «cola de golondrina» (http://tesauros.mecd.es/tesauros/tecnicas/1002892. html), que es sinónimo de cola de milano. Se define como «técnica de ensamblaje formado por uno o varios recortes trapezoidales, salientes y entrantes, contrapeados, que encajan entre sí». El término «cola de golondrina» se usa cuando la pieza es más pequeña, es decir, cola de golondrina (y no ala de golondrina) es similar a cola de milano y ambos modos de ensamblar difieren notablemente de lo que Santana identifica como tal. Conviene añadir que, en los dos casos, cola de golondrina o de milano, se trata de soluciones universales que se conocen en Egipto, China o América desde tiempo inmemorial.

¿A qué corresponde entonces el enlace que Santana llama «ala de / a golondrina»? Examinado el glosario de Volmer y Zimmerman[12], una de las obras básicas para conocer las soluciones técnicas de la carpintería de madera en Europa, en el apartado 4.3.4 se encuentran las distintas variantes del tipo de enlace que Santana considera «de golondrina»; se encuadran en el grupo de los enlaces llamados *Lap joint* en inglés y *Anblattung* en alemán, que se traduciría como «junta de solape». Nos hemos permitido hacer la consulta a los autores del glosario, quienes han clasificado además la junta de solape de nuestros caseríos en el apartado de: «Lap joints with mortices and curved endings» (Junta de solape con mortajas y remates curvos). De hecho, siguiendo sus indicaciones, hemos podido rastrearlas en un número considerable de ejemplos repartidos por Francia, Reino Unido, Alemania, Suiza... En los armazones de bóvedas de cañón de Alemania central, norte de Francia y Bélgica a partir del siglo XIII[13]; en la estructura de la

---

[11] Véase R. Díaz de Durana Ortiz de Urbina (ed.), *La lucha de bandos en el País Vasco, de los parientes mayores a la hidalguía universal: Guipúzcoa, de los bandos a la provincia (siglos XIV a XVI)*, Bilbao, Servicio Editorial Universidad del País Vasco, 1998.

[12] L. Volmer y W. H. Zimmermann, *Glossary of Prehistoric and Historic Timber Buildings*, Wilhelmshaven, Marie Leidorf, 2012.

[13] T. Eissing, «Zur Entstehung der Holztonnengespärre und Holztonnenwölbe im mittleren und nördlichen Frankreich und ihre Vermittlung nach Mitteldeutschland», en M. Goer *et al.* (eds.), *West- und mitteleuropäischer Hausbau im Wandel 1150-1350*, Berlin, Jonas Verlag, 2016, pp. 89-124.

cubierta en uno de los edificios más antiguos de Inglaterra, «the manor house» en Medourne (Leicestershire), con una fecha confirmada relativa del año 1238[14]; en la llamada «casa del alero» (*traufenhaus*), número 27 de la calle Dr. Julius-Leber de Lübeck (Alemania), datada en 1323-1324[15]; en el entramado de la fachada de la torre de Tübingen en Reutlinger (Alemania), fechado en los años 1329-1330[16]; en la casa número 8 de la calle Burgase en Muttenz, cantón de Basilea (Suiza), considerada la más antigua de la zona, que se ha datado en 1417-1418[17]; y también en la estructura de la cubierta de la granja de la calle Gassenbrunnen 5/7 en Ramlinsburg, cantón de Basilea (Suiza), fechada en 1554-1556[18].

Figura 1. Los ensambles de «ala de/a golondrina» y las juntas de solape: 1. «Ensamblajes con perfiles de golondrina, típicos del siglo XVI», según A. Santana, 1993, figura 77. 2. La cola de milano/cola de golondrina, http://glosario.ldr.webs.upv.es/postout/1291/unin-cola-de-milano 3. «Esquema de los ensambles de golondrina», según A. Santana *et al.*, Figura 14, p. 116. 4. Figura 366 que acompaña el apartado 4.3.4 del glosario de Volmer y Zimmerman, 2012.

En resumen, el ensamblaje que Santana llama «a golondrina» es en realidad una junta de solape con mortaja y remates curvos. Esta junta se utilizó en Europa de forma generalizada en la construcción medieval de entramados de madera a partir del siglo XIII (puede que incluso mucho antes).

[14] N. Hill, «The Manor House, Medbourne: the development of Leicestershire's earliest manor house», *Leicestershire Archaeological & Historical Society Transactions*, 75, 2001, pp. 36-61.
[15] J. Kotte, «Das Traufenhaus Dr. Julius-Leber Strasse 27 in Lübeck. Eine bauarchäeologische untersuchung», *Historical Archaeology in Northern Germany*, 2012, pp. 85-150.
[16] T. Marstaller, «Neue daten zum Ältesten Reutlinger Stadttor», *Reutlinger Geschichtsblätter*, 46, 2008, pp. 9-56.
[17] R. Marti, *Archäologie Basseland, Liestal, Bildungs*, Kultur- und Sportdirektion des Kantons Basel-Landschaft, 2017.
[18] J. Steimann, «Zimmermannshandwerk vor 460 Jahren. Der Abbund eines Mehrreihen-Ständerbaus in Ramlinsburg», *Schriften der Archäeologie Basselland*, 53, Schwabe Verlag, 2018.

3. LA CUESTIÓN ARQUEOLÓGICA DE LOS FONDOS DE CABAÑA

Con el impulso del descubrimiento del fondo de cabaña en el caserío Igartubeiti de Ezkio (1995), se planteó un programa ambicioso de prospecciones arqueológicas en el subsuelo de otros caseríos guipuzcoanos llevado a cabo entre 1996 y 2000[19]. Sin embargo, no se volvió a repetir ese tipo de hallazgo. En las numerosas intervenciones arqueológicas que se han sucedido desde entonces tanto en Gipuzkoa, Bizkaia como en Álava, únicamente en dos ocasiones más se ha registrado la huella de esas cabañas integradas en la planta de los caseríos actuales: los caseríos Landetxo Goikoa de Mungia[20] y Besoitaormaetxea de Berriz[21].

Tabla 1. Relación de fondos de cabaña descubiertos en el interior de caseríos en Gipuzkoa y Bizkaia

Caserío	Año	Registro arqueológico	Datación
Igartubeiti, Ezkio (Gipuzkoa)	1995	Cabaña de planta elipsoide y cubierta a dos aguas, coincidiendo el eje mayor de la misma con la línea de cumbrera del caserío actual y con el propio espinazo de la ladera en la que se asienta. Internamente está dividida en dos ambientes por medio de un mamparo de postecillos, reservando a la zona de entrada el tercio delantero, y a la zona interna, más protegida, el 70 % restante del espacio total.	Sin datación
Landetxo Goikoa, Mungia (Bizkaia)	2006	Hogar de fosa	1040 a 1240 AD
Landetxo Goikoa Mungia (Bizkaia)	2006	Estructura rectangular delimitada con postes y una superficie de 20 metros cuadrados situada en la crujía central	1400-1450 AD
Besoitaormaetxea Berriz (Bizkaia)	2014	Cabaña circular anterior a la de planta rectangular	Sin datación absoluta; la relativa indica que es más antigua que la datada en los siglo XII-XIII.
Besoitaormaetxea Berriz (Bizkaia)	2014	Cabaña de planta rectangular superpuesta a la anterior	1160-1220
Besoitaormaetxea Berriz (Bizkaia)	2014	Silo en el interior de ambas estructuras	Sin datación

---

[19] I. Sagarzazu, «Igartubeiti: un nuevo programa de investigación arqueológica», en A. Santana, *et al.* (coords.), *Igartubeiti, un caserío guipuzcoano: investigación, restauración, difusión*, Diputación Foral de Gipuzkoa, 2003, pp. 135-149.

[20] M. Aguirre Ruiz de Gopegui, «Caserío Landetxo Goikoa (Mungia)», *Arkeoikuska*, 6, 2007, pp. 402-405.

[21] T. Campos López, «Los caseríos en el País Vasco: conocimiento histórico y gestión. Una herramienta para la educación y socialización del patrimonio», en I. Grau y J. A. Quirós (eds.), *Arqueología de la Edad Moderna en el País Vasco y su entorno*, Oxford, Archaeopress, 2020, pp. 71-85.

Como se ve, la muestra es reducida y además pueden plantearse otras opciones a la sustitución de un edificio por otro. Cabría considerar, en ese sentido, que la relación de continuidad entre los fondos de cabaña y los caseríos podría deberse a otros patrones de ocupación. Concretamente queremos apuntar la posibilidad de que esos fondos de cabaña puedan ser los restos de bordas o casillas de los seles (espacios circulares destinados a pasto mediante deforestación de bosque en los que se sabe existían construcciones precarias, casillas, para el ganado y para quienes lo atendían). Por borda se entiende una construcción con uso ganadero o refugio de pastoreo ubicada en zonas de media o alta montaña. Conocemos documentalmente que el proceso de sustitución de estas bordas y casillas por caseríos fue bastante común, como confirma el estudio de Narbarte[22]. Por citar un ejemplo de este autor, hemos elegido el caso de Zizurkil, cuyo concejo pleiteó con Martín Ruiz de San Millán por haber edificado caseríos en esos espacios comunales, seles, en la primera mitad del siglo XVI. Pero hubo muchísimos más; todos aquellos caseríos en cuya denominación se encuentra el término *korta*, responderían a ese origen: Korta, Kortabarria, Korta Goikoa, Korta Bekoa...; igualmente ocurre con los que llevan el término *sarobe* (Sarobe Muino, Sarobe Haundi...); o los acabados en -ola (Urkiola, Sarasola, Mendiola...). *Korta* y *sarobe* son los sustantivos utilizados para referirse a los seles y el sufijo -ola se traduce por borda.

En definitiva, la presencia de fondos de cabaña intramuros de los caseríos puede tener otras explicaciones diferentes a la de la sustitución de una vivienda precaria por otra notable. Ese paso puede explicarse por un cambio de uso del espacio, es decir, el sel con su borda o casilla pasaría a ser el emplazamiento aprovechado para construir un edificio de nueva planta, el caserío, y entre los caseríos, los caserío-lagar que analizamos en este estudio. Los restos de esa borda precaria quedarían englobados en la planta del nuevo edificio, pero esa circunstancia no implica que se haya pasado de vivir en una simple cabaña a hacerlo en un edificio grandioso y monumental.

4. ORIGEN LOCAL O FORÁNEO DEL CASERÍO-LAGAR MEDIEVAL

Siguiendo con la revisión, vamos a recurrir a una reflexión reciente de R. Harris[23], uno de los principales investigadores de la historia de la construcción en

[22] J. Narbarte Hernández, «Late Medieval and Modern Settlement Dynamics in Three Atlantic Basque Villages: An Approach on the Rural Landscape», en I. Grau y J. A. Quirós (eds.), *Arqueología de la Edad Moderna en el País Vasco y su entorno*, Oxford, Archaeopress, 2020, pp. 103-120.

[23] R. Harris, «The development of timber-framed buildings in England and Wales», en T. Eissing y S. Heinrich (eds.), *Fachwerk in Europe*, Jahrbuch für Hausforschung, 68, Petersberg, Michael Imhof, 2022, pp. 85-100.

ISBN: 978-84-235-3705-1 | 391-406

madera en el ámbito británico, para determinar los elementos distintivos de la técnica constructiva de las Islas frente al resto del continente. Así, busca aquellas soluciones constantes a lo largo del tiempo, pero que son diferentes a soluciones semejantes utilizadas en la Europa continental. En sus palabras, esas soluciones vienen a ser el equivalente de las reglas gramaticales en el lenguaje. Esas reglas, que cambian con extrema lentitud pero que son esencialmente arbitrarias, constituyen en sus palabras un sistema coherente.

Esta introducción metafórica viene acompañada a continuación de la siguiente conclusión:

> Technically, a German carpenter could build using English rules, and vice versa, but culturally it was impossible. Building and language are both cultural systems: they have to satisfy the technical and material demands and constraints, but they are determined by their cultural context[24].

No sería posible, por tanto, que los carpinteros vascos construyeran los edificios siguiendo las técnicas de los carpinteros de otras tradiciones culturales (suabos o alemanes), sencillamente porque no encajarían con el saber hacer consolidado en su sistema cultural. Por principio, buscar el origen del caserío medieval vasco fuera de su contexto cultural quedaría descartado, al margen de que el enlace «a golondrina» no sea una invención de los carpinteros de Suabia. Otra idea que debería ser apartada es esa que venimos comentando de que los labradores vascos sustituyeron las cabañas en las que vivían por una construcción sin precedentes[25].

Bedal[26] defiende en un artículo que lleva el expresivo título de «Der vollendete Anfang im Mittelater. Gedanken zur Frühgeschichte des Facchwerkbaus in Europa» (Un comienzo perfecto en la Edad Media. Reflexiones sobre la historia temprana de la construcción de fachadas en Europa) que los edificios más antiguos con entramados de madera que se han reconocido en Europa apare-

....

[24] «Técnicamente, un carpintero alemán podría construir utilizando formas británicas y viceversa, pero culturalmente eso es imposible. La construcción y el lenguaje son ambos sistemas culturales; tienen que satisfacer las demandas y limitaciones técnicas y materiales, pero están determinadas por su contexto cultural».

[25] «Hay muchas circunstancias que, de manera más o menos directa, permiten contextualizar la aparición del caserío en los valles vascos, pero ninguna causa rotunda y definitiva que explique con claridad por qué este tipo de edificio surgió de pronto, de forma tan perfecta y generalizada, cuando en apariencia no existían antecedentes locales previos». A. Santana *et al.*, *La arquitectura del caserío..., op. cit.*, p. 32.

[26] K. Bedal, «Der vollendete Anfang im Mittelalter. Gedanken zur Frühgeschichte des Fachwerkbaus in Europa», en T. Eissing y S. Heinrich (eds.), *Fachwerk in Europe, Jahrbuch für Hausforschung*, 68, Petersberg, Michael Imhof, 2022, pp. 23-40.

cen ya perfectamente definidos y consolidados en lo que se refiere a técnicas y diseños. El análisis de esas construcciones le permite concluir que se trata de «construcciones de madera que ya son perfectas en sí mismas». Entre otras razones, esgrime que pueden competir en altura y superficie con los edificios de entramado de madera pos-medievales, ofreciendo abundantes ejemplos. Es tal la perfección de esos edificios de madera más antiguos que Bedal se pregunta si es solo una coincidencia que los pocos edificios que se pueden fechar antes de 1350 sean precisamente los que definitivamente pueden competir con ejemplos más recientes en términos de tamaño y calidad. ¿Se debe esto a condiciones específicas de conservación?

Pero si ya el modelo del caserío-lagar se encuentra perfectamente consolidado en esos primeros años del siglo XV, y además podemos descartar la hipótesis que relaciona su origen con la carpintería de Suabia, ¿cuál puede ser el origen? ¿Dónde buscarlo?

5. LA SOCIEDAD MEDIEVAL GUIPUZCOANA: UNA SOCIEDAD COSMOPOLITA Y CON RELACIONES INTERNACIONALES

Intentaremos centrar el tema en lo esencial, ya que las familias sobresalientes del territorio forman un grupo social extraordinariamente bien representado. Entre los linajes vinculados a la actividad comercial (los «mercaderes» como define Aguinagalde)[27], e intelectual (escribanos, etc.), podemos citar, siguiendo al mismo autor, al bachiller Jofre Ibáñez de Sasiola, nacido en Zumaia hacia 1460, que fue miembro del Consejo Real y embajador en Inglaterra para pactar el matrimonio de doña Catalina de Aragón con el príncipe de Gales. Su biografía (https://dbe.rah.es/biografias/135926/jofre-ibanez-de-sasiola) aparece repleta de acciones diplomáticas con Inglaterra gracias a su experiencia como mercader en la ruta del Canal. Isabel la Católica lo envió a Inglaterra en 1483 para confirmar la alianza de dicho país con Castilla. Entre las figuras intelectuales no puede pasarse por alto la de Domenjón González de Andía, escribano fiel de las Juntas de Gipuzkoa. En plena guerra de sucesión castellana, parlamentó en 1475 con Isabel la Católica sobre el apoyo militar guipuzcoano al bando de la reina. Años más tarde, obtuvo de la Corona el permiso para el tratado comercial acordado en 1481 con la provincia de Inglaterra. Consta, asimismo, que prestó algunos servicios al rey inglés Eduardo IV, el cual le

---

[27] F. B. Aguinagalde, *Casas Torre y linajes de Guipúzcoa*, Bertan, 11, Donostia-San Sebastián, Diputación Foral de Gipuzkoa, 1997, p. 77.

recompensó en 1471 con el otorgamiento de ventajas comerciales (https://dbe.rah.es/biografias/32078/domenjon-gonzalez-de-andia). Como señala Orella[28],

> La lana castellana era llevada por los marinos vascos a Flandes y a los puertos del antiguo dominio inglés y luego francés tales como Bayona, Burdeos, La Rochela, Harfleur y Rouen. Los marinos vascos transportaron vino de Gascuña a Flandes y a Inglaterra. Fondacos vizcaínos se establecieron en Burdeos, La Rochela, Nantes, Brujas y Amberes. Igualmente, los navíos vascos arribaron a los puertos del norte de Europa incluidos puntualmente los de la Hansa del Báltico.

Los armadores vascos se desplazaban por la geografía europea de los entramados de madera, frecuentando núcleos urbanos costeros de Francia, Flandes, Alemania, Inglaterra, Alemania, Suecia... Entablaban relaciones comerciales con sus homólogos de las ciudades portuarias, incluso en calidad de diplomáticos con encomiendas de la Corona de Castilla. Las clases nobiliarias también se desplazaban por esos entornos, aunque con cometidos de mayor prestigio acordes con su rango social, lo que les daba acceso privilegiado a ámbitos específicos. Intelectuales de talla también se relacionaban *inter pares* con colegas de instituciones de otros territorios lejanos e incluso las relaciones fronterizas se saldaban también con desplazamientos a los ámbitos geográficos de referencia. No hay duda de que conocían de primera mano cuál era el paisaje construido de esos escenarios y que tenían capacidad para detectar y trasladar aquellas soluciones de la carpintería que les resultaban de interés.

6. UNA EXTRAORDINARIA EXPERIENCIA EN LA EDILICIA URBANA DE MADERA: MILES DE EDIFICIOS ENTERAMENTE DE MADERA EN LOS BURGOS MEDIEVALES DE GIPUZKOA

Dejaremos a un lado lo que se refiere a la también extraordinaria experiencia de la construcción naval o carpintería de ribera de la Gipuzkoa medieval para centrarnos exclusivamente en el campo de la construcción residencial. A este respecto, hemos considerado que resulta relevante poner de manifiesto la práctica exclusividad de la construcción de madera en los burgos o villas medievales del territorio. Con la información disponible, es posible plantear que, a excepción de murallas y

---

[28] J. L. Orella Unzue, «Geografías mercantiles vascas en la Edad Moderna: Las relaciones mercantiles y marítimas de los vascos con el condado de Normandía durante los siglos XIII-XV», *Lurralde*, 30, 2005, pp. 25-58.

edificios religiosos, el resto del conjunto urbano se edificó y re-edificó una y otra vez totalmente en madera hasta finales del siglo XV y principios del siglo XVI[29].

En Gipuzkoa, el conjunto se compone de veintiocho burgos: veinticinco villas de realengo (Azkoitia, Azpeitia, Bergara, Zestoa, Deba, Eibar, Elgoibar, Elgeta, Hondarribia, Getaria, Hernani, Mondragón, Mutriku, Oñati, Orio, Plazentzia, Rentería, Salinas de Léniz, Donostia-San Sebastián, Segura, Tolosa, Usurbil, Villafranca –Ordizia–, Villarreal –Urretxu–, Zarautz y Zumaia) con carta de población corroborada por fuentes documentales; dos villas cuya identidad se obtiene de fuentes indirectas, Villabona y Alegría; y un último caso de una villa señorial, Oñati, en la que se conoce un ensanche planificado bajomedieval.

En las próximas líneas se presenta una selección de casos que corroboran la presencia casi en exclusiva de las construcciones domésticas urbanas en madera. Por ejemplo, en la villa de Mondragón, fundada en el año 1260, el conjunto edificado hasta el incendio de 1489 era de madera, aprobándose ese año unas ordenanzas concejiles para la reconstrucción de la población que prohibieron el uso de ese material, siendo sustituido por la piedra y el ladrillo. En Salinas de Léniz, el año 1498 se repite un nuevo incendio, tras el que se adoptaron unas ordenanzas de construcción que prohibieron el uso de la madera como material dominante en la construcción, a favor de la piedra y el ladrillo. En Segura, en 1420 se produjo un incendio devastador, hecho que se repitió en 1492; en este último solo se salvaron una torre y la iglesia parroquial, por lo que hubo de reconstruirse la villa prácticamente al completo. En Tolosa se documenta un incendio generalizado en 1469 y uno más en 1503; tras este último se adoptó la norma de construir los edificios en piedra. En Villafranca, un incendio ocurrido en 1511 redujo a escombros gran parte de la villa. De principios del XVI son también las sustituciones del tejido construido en madera por el de piedra en las villas de Villarreal (Urretxu) y Zestoa. En el primer caso, se redactaron las ordenanzas de construcción de la villa entre 1513 y 1547 a favor de los edificios de piedra, y en Zestoa, un incendio ocurrido en 1549 arrasó la población que se reconstruyó con edificios de piedra[30].

Para el burgo de Mondragón se han estimado 180 unidades edificatorias construidas en piedra distribuidas en un recinto de 3,3 ha; 84 en el caso de Salinas de Léniz en un recinto de 1,4 ha[31]; 90 en Elgoibar para un recinto también

29 M. M. Urteaga Artigas, «Censo de las villas nuevas medievales en Alava, Bizkaia y Gipuzkoa» en P. Martínez Sopena y M. M. Urteaga Artigas (coords.), *Las villas nuevas medievales del suroeste europeo. De la fundación medieval al siglo XXI: análisis histórico y lectura contemporánea*, Arkeolan, 14, 2006, pp. 37-98.
30 M. M. Urteaga Artigas, *Guía Histórico-Monumental de Gipuzkoa*, Donostia-San Sebastián, Diputación Foral de Gipuzkoa, 1992.
31 M. Urteaga, «Trama urbana en las villas medievales del País Vasco. Ejemplo de los estudios histórico-arqueológicos del urbanismo», en J. L. Sainz Guerra, *Las villas nuevas medievales de Castilla y León*, Universidad de Valladolid, 2014, pp. 77-92.

de 1,4, resultando una media de unas 50-60 unidades edificatorias por ha como mínimo, ya que la construcción en piedra requiere de mayor superficie que la de madera. Contando la superficie total de los burgos amurallados de Gipuzkoa, que se puede cifrar en unas 150 ha[32], se superarían las 7500 unidades edificatorias enteramente construidas en madera para los siglos medievales.

En definitiva, si se corrigen los aspectos tecnológicos del ensamble llamado «ala / a golondrina» y se redirige al grupo de las juntas de solape molduradas, la conexión con Suabia quedaría descartada. Igual ocurre con el paso de la cabaña al caserío consolidado, que puede explicarse perfectamente a través de la coincidencia en el emplazamiento con las bordas y casillas de los seles; es más, ese inicio tan desarrollado de la carpintería de armar que se reconoce en los caseríos-lagar tiene explicación *per se* en el contexto europeo, sin tener que recurrir a influencias de otras culturas tecnológicas. Esta cuestión, además, quedaría refrendada por la potencia de la construcción de madera en Gipuzkoa y el País Vasco en el periodo medieval, contándose con una cultura propia tan plena y desarrollada que no daría oportunidad a la inclusión de otras tradiciones constructivas. La opción de un desarrollo local queda, por otra parte, totalmente argumentada teniendo en cuenta el número elevadísimo de construcciones residenciales existentes en el territorio y las relaciones internacionales generalizadas para un grupo social de amplia representación, tanto en su versión de comerciantes aventajados como de nobleza reconocida institucionalmente. Sumado a todo ello el contexto cronológico obtenido por medio de las dataciones absolutas dendrocronológicas, consideramos que el caserío-lagar constituye una representación genuina de la carpintería de armar medieval del territorio guipuzcoano y, por extensión, del área vasca y de la parte atlántica de Navarra.

7. APUNTES SOBRE EL ORIGEN DE VARIOS CASERÍO-LAGAR

7.1. Gorostizu Haundi, Gaintza

La primera mención documental lleva fecha de 2 de diciembre de 1382 y se refiere a Juan de Arsueta y a Juan Miguel de *Urretabisarra* (*sic*), a quienes se relaciona con el solar de «Gorostiçu»[33]. La edificación del caserío, como han

---

[32] M. M. Urteaga Artigas, «Censo de las villas...», *op. cit.*, pp. 37-98.
[33] I. Irixoa Cortés, «Gipuzkoako herrien partaidetza hiribilduen unibertso korporatiboan: Tolosa, Segura eta Ordiziako kasuak Erdi Aro amaieran», *Boletín de la Real Sociedad Bascongada de Amigos del País*, 73, 2017, pp. 1-2.

señalado los trabajos precedentes de Susperregi y Telleria, se ha datado por dendrocronología entre 1441 y 1471, acontecimiento que parece motivar que, en la siguiente mención documental conocida del año 1504[34], la relación entre el solar y el apellido ya se ha formalizado. Esa relación se expresa en la figura de Juan de Gorostizu, citado en un pleito en calidad de fiel de las vecindades de Villafranca, lo que refleja cierto rango y reconocimiento social.

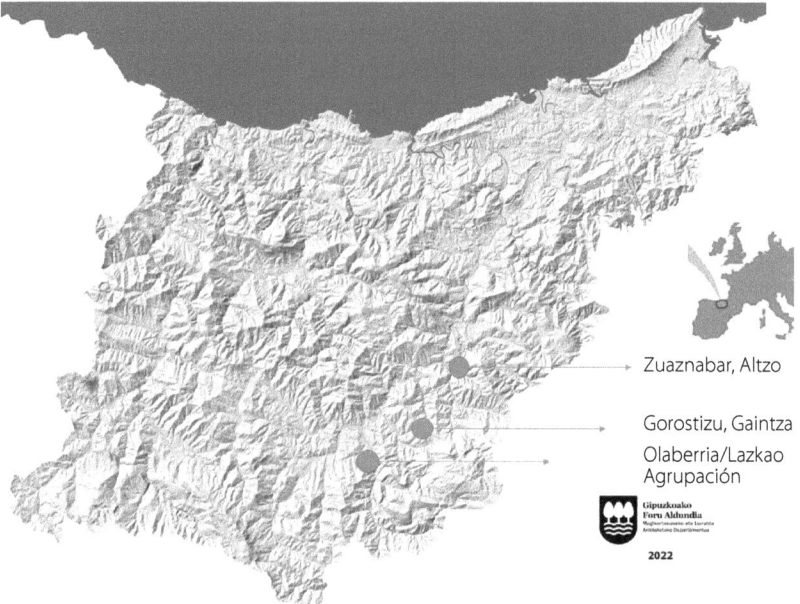

Figura 2. Mapa de Gipuzkoa con la localización de los caseríos tratados en el texto.

La construcción del caserío y su identificación como casa solar, tal y como se concluye de la identidad de Juan de Gorostizu, podría ser resultado de un proceso de colonización y privatización de espacios naturales que venía gestándose desde decenas de años antes. Por lo que se deduce de una serie documental de 1409 y 1410 que reúne los testimonios de diferentes testigos, y la sentencia en relación al pleito mantenido entre la villa de Villafranca y el señor de Amezketa y Lazcano, Oger de Amezketa, sobre el aprovechamiento de seles

---

[34] M.ª R. Ayerbe Iribar y A. San Miguel Osaba, *Documentación medieval del Archivo Municipal de Ataun (1268-1519)*, Fuentes Documentales Medievales del País Vasco, doc. 45, Donostia-San Sebastián, Eusko Ikaskuntza, 2013.

en Enirio y Aralar[35], existía una apropiación de espacios para pastos que venía de antiguo. La sentencia viene a regularizar ese aprovechamiento, confirmando la propiedad a quienes la ejercían *de facto* desde tiempo atrás.

Los seles son espacios acotados donde los usuarios acostumbraban a «poner sus ganados menudos e bestias, faziendo cavannas e setos», como afirma la documentación señalada. En el pleito que se comenta, se nombran los seles propiedad de la villa de Villafranca y de sus vecindades, los que eran propiedad de las colaciones de Amezketa y Abaltzisketa, también los de propiedad privada del señor de Lazcano, que era a su vez señor de Amezketa, y los de otro particular al que dedicaremos las siguientes líneas: Garçí López Vrtasauel. Concretamente, según señalaron los testigos, eran suyos los seles de Arrestarieta, Eizaga (Eyçaga), Zaín (Çayn), Austorobi (Avstoroui) y el sel de Goroztizu (Gorostiçu), que lo tenía a medias con su nieto Lope García. Estos seles eran suyos por haberlos recibido de sus antepasados, lo que da una idea de la antigüedad del aprovechamiento. Volviendo a López de Urtasabel, resulta que por la declaración de uno de los testigos que presentó, un tal Garçí Malo, sabemos que esos seles habían sido antes de su padre, Lope de Albisu. La sentencia del pleito (1410) confirmó la propiedad de los seles a todos los implicados, incluido López de Urtasabel, a quien representó su hijo legítimo y heredero Lope de Arrúe. El mismo capítulo quinto de la sentencia añade un dato más en esta genealogía de propietarios del sel de Gorostizu al señalar que Lope García, el nieto, era hijo de Juan Ruiz de Lazcano.

Entendemos que la confirmación de la propiedad del sel supone el eslabón definitivo en la privatización de espacios de uso comunal y el punto de partida para la construcción del caserío. La trayectoria posterior de la propiedad resulta relativamente bien conocida en las fuentes desde Juan de Gorostizu (1509) en adelante. Al que fue fiel de las vecindades, le sucedió Miguel de Gorostizu, casado con María de Beidazar, solar destacado de Ikaztegieta. En tiempos de Miguel y de su hijo Juan, se hizo la valoración de las propiedades de los vecinos de Villafranca. En esa evaluación se adjudica al señalado Miguel de Gorostizu «la Casa con la otra su Casería y heredades» en 2255 ducados de oro, una cantidad respetable que coloca a sus propietarios entre los de mayor patrimonio de la lista[36].

....

[35] *Ibid.*, doc. 18.
[36] Archivo Municipal de Ataun. Confirmación, datada en 1492, de la carta de vecindad de las comunidades de Ataun, Zaldibia, Gaintza, Itsasondo, Legorreta, Altzaga, Arama, moradores de Lazkao y Ordizia, de la fundación de esta última, de sus privilegios, aprecio y evaluación de sus vecinos en 1549. https://dokuklik.euskadi.eus/badator/visor/058/00716

7.2. Zuaznabar Haundi, Altzo

En este caso, la datación por dendrocronología se ha establecido entre 1451-1470. Los registros documentales se remontan a un manzanal citado en 1025 entre los dominios del monasterio de San Salvador de Olazabal[37]. Los pertenecidos del monasterio acabarían finalmente en manos del señor de Olazabal, que ejercía como patrono de la iglesia de la entidad. Juan Fernández de Olazabal añadió (1417) a las servidumbres habituales, la obligación de los vecinos de moler en el molino construido en esas fechas[38]. En 1466, esos mismos vecinos litigaron con el heredero del señorío, Ochoa de Olazabal, por el patronato de la iglesia, aunque tuvieron que renunciar a sus pretensiones. También rechazaron en 1460 la obligación de ir a moler a un segundo molino que había construido ese linaje de Olazabal, acordando con este su traslado a una ubicación más ventajosa[39]. En ese momento de atenuación señorial es cuando se documenta el que se ha considerado el primer propietario del caserío-lagar de Zuaznabar, Juan López de Zuaznabar, en el año 1460.

7.3. El grupo de caseríos-lagar medievales del barrio de Errekalde: Urkiola Garaikoa, Urkiola Azpi, Otsoategi (Olaberria) e Izagirre Erdikoa (Lazkao)

La confluencia del Laboratorio de Dendrocronología de Arkeolan dirigido por Josué Susperregi, con los estudios pormenorizados sobre el caserío medieval capitaneados por Ibon Telleria, y el interés de la administración pública competente en el patrimonio cultural, Diputación Foral de Gipuzkoa, se traduce en una constante actualización del censo de monumentos de este tipo cuyo número aumenta año a año.

Entre esos nuevos registros, identificados entre los años 2021 y 2023, se incluyen los caseríos citados en el enunciado. Se distribuyen en un espacio de apenas ½ km². Otsoategi, Urkiola Garaikoa y Urkiola Azpi se inscriben en la actualidad en el término municipal de Olaberria, mientras que Izagirre Erdikoa lo hace en el de Lazkao. Sin embargo, en el momento en el que se edificaron, los cuatro pertenecían a la Alcaldía Mayor de Areria, entidad supralocal representativa de las aldeas de su jurisdicción: Olaberria, Lazkao, Arriaran, Ezkio, Itsaso, Zumarraga y Gabiria. Las cronologías suministradas por las dataciones arqueológicas

---

[37] A. Lekuona, *Olazabalgo San Salbatore monasterioaren dohaintzako lurraldea zehazteko eta ulertzeko proposamena*, Telletxea Idigoras beka, Gipuzkoako Foru Aldundia (inédito), 2014, p. 82.

[38] *Ibid.*, pp. 152 y ss.

[39] *Ibid.*, p. 158.

Figura 3. La agrupación de Errekalde: 1. Urkiola Garaikoa (de Arriba); 2. Urkiola Azpi; 3. Otsoategi en Olaberria; 4. Izagirre Erdikoa en Lazkao; 5. Vista general del enclave; 6a. Izagirre Erdikoa, vista 3D. 6b. Izagirre Erdikoa, la nave industrial trasera ha sustituido recientemente al establo exento. 7a. Urkiola Garaikoa, vista 3D. 7b. Urkiola Garaikoa.

XLIX SEMANA INTERNACIONAL DE ESTUDIOS MEDIEVALES. ESTELLA-LIZARRA. 2023 | Transformaciones del medioambiente en la Edad Media

DOI: https://doi.org/10.35462/siemel.49 | 391-406

son las siguientes: Urkiola Garaikoa: 1444-1474; Izagirre Erdikoa: 1442-1468; Urkiola Azpi: 1461-1491; Otsoategi: primavera de 1441.

Las fechas de construcción se agrupan en un momento muy concreto, a mediados del siglo XV, cuando el dominio de la casa de Lazcano sobre el territorio de la Alcaldía Mayor de Areria comienza a resquebrajarse. De hecho, tuvieron que dejar la representación de la entidad, que pasó a manos de los concejos que la integraban. La comunidad de Olaberria fue, además, comprando poco a poco las propiedades de los Lazcano en un proceso que les llevó incluso a cambiar de nombre, pasando de la antigua denominación señorial, Zeba, a la denominación de Olaberria, conocida por primera vez en el año 1470[40].

En ese proceso de compra de propiedades a la familia Lazcano se incluirían las tierras en las que se edificaron los caseríos citados. No hay referencias de esas compra-ventas, retrasándose las primeras menciones documentales hasta principios del siglo XVI; en el año 1514 se cita a Juan de Urkola y cuatro años más tarde se dice que es Juan Urkola de Arriba (Urkiola Garaikoa), probablemente para diferenciarse del otro Urkiola, el de Abajo o Urkiola Azpi[41]. En 1526 se nombra a Martín Otsoa de Etxeberria, que sería el propietario de Otxoategi[42]. Sin embargo, las ventas que siguen produciéndose durante la primera mitad del siglo XVI, acreditan la segregación de terrenos de la familia de los Lazcano, próximos y limítrofes con los caseríos que tratamos[43].

En resumen, los datos indican que los promotores de estas inversiones de importancia no se incluyen en la primera línea de las familias dominantes. No proceden del tronco principal, ni se sitúan en posición protagonista, pero pertenecían a una clase social con posibles y, gracias a la inversión realizada, reforzaron su posición en las filas de los labradores acomodados. Al mismo tiempo, la multiplicación de esas iniciativas que, como se ha visto, llegan a ocupar tupidamente determinados espacios, su relación con procesos de cambios de uso de zonas de pasto o incluso de bosque, su dependencia de las plantaciones de manzanos como materia prima de su actividad, y por supuesto la red viaria y demás infraestructuras creadas para su instalación y funcionamiento; todo ello supone una transformación del medio precedente de gran impacto. Además, esas transformaciones se concentraron en un periodo concreto, entre los años 1430 y 1470, lo que hace todavía más llamativo el cambio.

---

40 J. C. Mora Afán, *Historia de Olaberria desde sus orígenes hasta 1804 (Olaberriaren historia hastapenetatik 1804ra arte)*, Donostia, Aranzadi Zientzi Elkartea, 2004.

41 *Ibid.*, p. 45.

42 *Ibid.*, p. 180.

43 *Ibid.*, p. 53.